구판역저 서문

舊版 譯著 序文

《명심보감》이 우리 유학(幼學)에서 차지하는 위치는 자못 큰 바가 있었다. 그런데도 원본이 있으면서도 초략본에 의지하였고 원본이 있다는 사실조차도 모르면서 초략본에 의하여 교육을 받아왔으며 또 편저자도 모르고 있었는데, 이십여 년 전부터 고려 문헌공(文憲公) 추적(秋適)의 편저라고 소개되기 시작하였다. 그 후 수년 전에 성균관대학교 이우성(李佑成) 교수에 의하여 청주판(淸州版)《新刊校正大字明心寶鑑(신간교정대자명심보감)》이 발견되어 원본이 있었음을 알게 되었고, 편저자가 명나라의 범입본(范立本)임도 알게 된 것은 무척 다행한 일이다.

발견된 책이 영인(影印)되었기에 곧 입수하여 살펴본바 원본으로서 우리나라 첫 번째의 복간본(複刊本)임은 간기(刊記)로 보아 쉽게 알 수 있었다. 그래서 곧 가지고 있던 초략본과 대조하여 다음과 같은 비교표를 만들어 보았다.

種別 篇名	原本		抄略本[潭陽本]	此本	개정증보판
	目次表示	實地表示	實地表示	實地表示	목차·실지
繼善	47條	47條	11條	47條	51
天命	19條	19條	7條	19條	21
順命	16條	16條	5條	16條	18
孝行	19條	19條	5條	19條	19
正己	117條	117條	26條	117條	120
安分	18條	18條	6條	18條	26
存心	83條	82條	21條	82條	85
戒性	15條	15條	11條	15條	18
勤學	22條	22條	8條	22條	29
訓子	17條	17條	10條	17條	20
省心	255條	256條	91條	256條	255
立教	17條	17條	10條	17條	17
治政	23條	23條	8條	23條	25
治家	16條	16條	8條	16條	20
安義	5條	5條	3條	5條	5
遵禮	21條	21條	6條	21條	24
存信	7條	無	無	無	6
言語	25條	16條	7條	20條	28
交友	24條	7條	8條	12條	24
婦行	8條	無	5條	5條	8

아깝게도 새로 발견된 원본이 〈존신(存信)〉·〈언어(言語)〉·〈교우(交友)〉·
〈부행(婦行)〉의 4편이 완전하지 못한 것이다. 이 책은 하는 수 없이 원본에
남아 있는 것을 살리고 초략본에 있는 것을 더하여 아쉬운 대로 이상 4편의
각 편 대문을 살릴 수 있는 데까지 살려 보았고 초략본에 누가 첨가했는지
는 모르나 버리기 아까운 글이기에 〈증보(增補)〉·〈팔반가(八反歌)〉·〈효행
(孝行)〉·〈염의(廉義)〉의 4편을 수록하였다.

생각건대 원본은 명나라의 범입본의 편저이지만 초략본의 초략자만은
고려의 추적(秋適)이 아닌가도 보아진다. 원본이 방대하기 때문에 유학(幼
學)에 적합하게 초략하는 것도 그리 쉬운 일은 아니다. 담양판(潭陽版) 초략
본에는 〈嘉靖庚戌三月念後(가정경술삼월염후) 德水李珥字叔獻謹序(덕수이이
자숙헌근서)〉라 있는데, '嘉靖庚戌(가정경술)'은 1550년〔율곡(栗谷) 15세〕으
로 조선조 명종(明宗) 5년이며 이번에 발견된 청주판이 간행된 것보다 실로
96년 뒤의 일이다.

아무튼 이제 이에 새로 발견된 복간본을 토대로 하여 이 강의본을 내는
데 있어서 간행에 쾌히 임해준 명문당 대표 김동구(金東求) 사장에게 사의
를 표하며 무척 기쁘게 여기는 바이다.

1981년 11월 역저 씀

범례 ───

1. 원문(原文)을 앞에 싣고 독법(讀法)·직역(直譯)·어의(語義)·의역(意譯)·여설(餘 說)의 다섯 항(項)을 두어 차례에 따라 서술하였다.

2. 원문은 출전(出典)이 확인되는 것은 일일이 출전과 대조하여 바로잡을 것은 바 로잡고 {餘說} 항에서 원문을 바로잡은 뜻을 첨기하여 밝혔다.

3. {讀法} 항에서는 구두점·새김 순서·현토·독음을 달아 독자가 자학자습(自學自 習)할 수 있도록 유의하였다.

4. {直譯} 항에서는 우선 {讀法} 항의 새김 순서의 부호대로 새기는 연습을 할 수 있 도록 유의하였기 때문에 현대문과 비교하여 어색한 감이 없지 않으나 한문 학 습에 도움이 되게 하는 데에 목적을 두었기 때문이다.

5. {語義} 항에서는 어려운 단어의 풀이는 물론 인명·지명·출전의 풀이도 게을리 하지 않았다.

6. {意譯} 항에서는 그 대문을 바르게 이해할 수 있도록 하는 데 노력하였다.

7. {餘說} 항에서는 그 대문에 필요한 사항인데 위에 든 항에서 다루지 않은 것, 문 장 분석, 대문의 정오(正誤) 시비, 문법적인 설명, 대문과 관계있는 참고문 등 때 에 따라 필요한 서술을 하였다.

8. 권말의 색인(索引)에 관한 재료는 활용하면 도움이 될 것이다.

以>爲>奇하니 罔>之2古今之要語1라 是以로 使>人迷惑2其心1하고 少
欲>聞2聖賢日用常行之要道1하여 以>致5不>肯4存>心守>分하여 强3
爲亂作2胡行1이니라

근래(近來)에 세상 사람을 권면(勸勉)하고 훈계(訓戒)함에 세상 바깥
의 좋은 인연(因緣) 닦기를 많이 권하고, 마땅히 행해야 할 착한 일
행하기를 적게 권하고 있다. 그《석시현문(昔時賢文)》등의 책도 이에
세상에 널리 퍼져있으나 오늘날의 착한 말 듣기를 좋아하는 군자가 살
펴보면 기이(奇異)하다고만 여기고 고금(古今)의 요긴(要緊)한 말은 알
지 못하니 이 때문에 사람에게 마음을 미혹(迷惑)되게 하고, 성현이 날
마다 사용하고 항상 실천한 요긴한 도(道)를 적게 듣고 싶어 하여, 마음
에 새겨두지도 않고 분수(分數)도 지키지 않아 억지로 어지럽게 못된
짓을 하게 되는 것이다.

ㅇ 及>今(급금) : 지금에 이르다. 지금. ㅇ 권>세(勸世) : 세상 사람을 권면하고 훈
계함. ㅇ 物外之善因(물외지선인) : 세상 밖 선(善)의 원인. ㅇ 當行之善事(당행지선
사) : 마땅히 행하여야 할 선한 일. ㅇ 賢文(현문) : 덕행이 있고 재지(才智)가 있는
글. ㅇ 乃(내) : 이에. 곧. ㅇ 流傳(유전) : 널리 퍼짐. ㅇ 迷惑(미혹) : 정신이 헷갈려
헤맴. ㅇ 不>肯(불긍) : 즐겁게 하고자 아니함. ㅇ 存>心(존심) : 마음에 두고 잊지
아니함. ㅇ 强(강) : 억지로. ㅇ 亂作(난작) : 어지러움을 지음. ㅇ 胡行(호행) : 제멋
대로 못된 짓을 함.

夫爲2善惡1엔 禍福報應이 昭然하며 富貴貧窮과 成敗興衰는 似>夢이니
時刻으로 須防2不測1하되 朝夕으로 如>履2薄冰1하고 常存2一念1하여 中
平하면 非橫이 自然永息이니라

무릇 선(善)과 악(惡)을 하는 데는 화(禍)와 복(福)의 인과응보(因果應報)가 분명하고 뚜렷하며, 부귀(富貴)와 반궁(貧窮)과 성패(成敗)와 흥쇠(興衰)는 꿈과 같은 것이니, 때마다 모름지기 예측할 수 없는 일을 방비(防備)하되 조석(朝夕)으로 살얼음을 밟는 것 같이 하고 항상 한 가지 마음을 간직하면 무난(無難)하여 뜻밖의 재앙(災殃)이 영원히 그칠 것이다.

○ 報應(보응) : 인과응보(因果應報). ○ 昭然(소연) : 분명하고 뚜렷한 모양. 소소(昭昭). ○ 時刻(시각) : 때마다. 항상. ○ 不測(불측) : 예상할 수 없는 일. ○ 薄氷(박빙) : 살얼음. ○ 中平(중평) : 평범한 것. 평평(平平). ○ 非橫(비횡) : 뜻밖의 횡액. 갑작스런 재난. ○ 永息(영식) : 영원히 그침.

伏覩컨대 太上感應篇에 曰 故吉人은 語>善하고 視>善하며 行>善하여 一日에 有2三善1하나니 三年이면 天이 必降>之福하고 凶人은 語>惡하고 視>惡하며 行>惡하여 一日에 有2三惡1하나니 三年이면 天이 必降>之禍하니라

삼가 살펴보건대 〈태상감응편(太上感應篇)〉에 말하기를 "옛적 착한 사람은 선(善)을 말하고, 선을 보고, 선을 행해서 하루에 세 가지 선을 가지니, 삼 년이면 하늘이 반드시 이에 복을 내리고, 흉인(凶人)은 악한 것을 말하고 악한 것을 보며 악한 것을 행하여 하루에 세 가지 악을 가지니 3년이면 하늘이 반드시 이에 화를 내린다." 하였다.

○ 伏覩(복도) : 엎드려 봄. ○ 太上(태상) : 천자. 지존(至尊). ○〈太上感應篇(태상감응편)〉: 도교 경전(道教經典)의 이름. 《송사예문지(宋史藝文志)》 및 《도장(道藏)》에 기록되어 있음. 통설로는 노자의 찬(撰)이라 하고, 청(淸)나라의 혜동(惠棟)은 포

박자(抱朴子)의 작이라 함. 그 사(詞)를 노군(老君)의 태상(太上)에 가탁(假託)해서 권선징악(勸善懲惡)의 뜻을 말함. 송(宋)나라의 이종(理宗)이 간행(刊行)한 뒤로부터 원명(元明) 이후 성하게 행해져 청나라의 순치제(順治帝)는 이에 따라 《권선요언(勸善要言)》을 만들었음. 주해(注解)는 송대에 이미 있었고, 청나라의 혜동·요학상(姚學塽)이 합주(合注)를 달았고, 유월(兪樾)도 《태상감응찬의(太上感應讚義)》 두 권을 지었음.

節孝徐先生이 曰 言₂其所>善₁하고 行₂其所>善₁하며 思₂其所>善₁을 如>此하고서 而不>爲₂君子₁는 未₂之有₁也요 言₂其不>善₁하고 行其不>善₁하며 思其不>善₁을 如>此하고서 而不>爲₂小人₁은 未₂之有₁也라하니 所謂 言>善者는 可₃以感發₂人之善心₁이오 言>惡者는 可₃以懲創₂人之逸志₁니라

절효(節孝) 서적(徐積) 선생이 말하기를, "착한 것을 말하고, 착한 것을 행하며, 착한 것을 생각하고서, 이러고도 군자가 되지 않는 자는 있지 않았다. 착하지 않은 것을 말하고, 착하지 않은 것을 행하며, 착하지 않은 것을 생각하고서, 이러고도 소인이 되지 않는 자는 있지 않았다. 이른바 착한 것을 말하게 되면 이로써 남의 착한 마음을 감동 분발시킬 수 있고, 악한 것을 말하게 되면 이로써 남의 방탕한 뜻을 경계하게 할 수 있다.

○ 節孝徐光生(절효서선생) : 서적(徐積, 1028~1103). 송나라 산양(山陽) 사람. 자는 중거(仲車). 시호는 절효처사. 효자. 고원(故瑗)의 제자. 원우(元祐)의 초에 초주(楚州) 교수가 되었다. 저서에 《절효어록》·《절효집》이 있다. ○ 如>此而不>爲₂君子₁未₂之有₁也(여차이불위군자미지유야) : 이와 같으면서 군자가 되지 않는 것

은 아직 있지 않다. ○感發(감발) : 느껴 일어남. ○懲創(징창) : 징계. 남을 장래에 삼가게 하려고 제재를 가함. ○逸志(일지) : 높이 뛰어난 뜻. 세속을 초월한 뜻.

是故로 集₃其先輩의 已知通俗諸書之要語₁와 慈尊訓誨之善言₂하여 以爲₂一譜₁하여 謂>之明心寶鑑하나니 賢者ㅣ 幸甚覽>之하고 亦可₃以 訓₂其幼學之子弟₁하며 有>補₂於風化敦厚₁하여 諸惡을 莫>作하며 衆 善을 奉行하여 留₂於其意₁하고 存₂於其心₁하면 自然言行이 相顧하며 貫 串無>疑하니 所>爲가 焉從₂差誤₁矣리오

이런 까닭에 선배가 이미 알고 있었던 통속(通俗)의 여러 책의 요긴한 말과 자애(慈愛) 깊은 어른이 가르친 착한 말을 모아서, 하나의 계보 서(系譜書)를 만들어 이름을 《명심보감(明心寶鑑)》이라 하니, 어진 사 람이 다행스럽게도 이를 보고, 또 이로써 그의 유학(幼學)의 자제(子 弟)를 가르치며 풍속과 교화를 돈독히 하는 데 있어 도움이 되게 하여 모든 악을 짓지 않고 모든 선을 받들어 행하여 그 뜻에 머물게 하며 그 마음에 있게 하면, 자연히 말과 행실이 서로 돌아보게 되며 꿰뚫 어 통하여 의심이 없게 될 것이니 행하는 바에 어찌 착오(錯誤)를 따 르겠는가?

○通俗(통속) : 누구나 알기 쉬움. ○慈尊(자존) : 자애(慈愛) 깊은 어른. ○訓誨(훈 회) : 가르침. ○一譜(일보) : 하나의 계통·순서를 따라 열기(列記)한 책. ○幸甚 (행심) : 매우 다행함. ○風化(풍화) : 풍속과 교화. ○敦厚(돈후) : 인정이 두터움. ○相顧(상고) : 서로 돌보아줌. 서로 보살펴줌. ○貫串(관천) : 꿰뚫음. 꿰뚫어 통 함. ○差誤(차오) : 차와(差訛). 틀림. 잘못됨. 착오.

洪武二十六年 歲次癸酉二月旣望에 武林後學 范立本은 序하노라

홍무 26년 계유년[1393] 2월 16일에 무림후학 범입본은 적다.

○洪武二十六年歲在癸酉(홍무이십육년세재계유) : 홍무(洪武)는 명나라 태조 주원장(朱元璋)의 연호. 조선조 태조 2년, 서기로는 1393년에 해당함. ○旣望(기망) : 음력 16일. 보름〔望〕이 이미 지났다는 뜻에서 옴. ○武林(무림) : 범입본(范立本)의 범씨(范氏)의 관향(貫鄕). ○後學(후학) : 학자의 겸칭(謙稱).

목차 目次

개정증보 **명심보감강의**

改訂增補　明心寶鑑講義

제1편

계선편(繼善篇)

이 편은 《주역》의 '계속하는 것이 선(善)이다〔繼之者善也〕'라는 말에서 취하여 계선(繼善)이라 이름을 붙인 것으로 모두 51조목이다.

01-001/ 착한 일을 한 사람에게는 하늘이

子曰。爲善者。天報之以福。爲不善者。天報之以禍。
자 왈 위 선 자 천 보 지 이 복 위 불 선 자 천 보 지 이 화

{讀法} 子ㅣ 曰, 爲>善者는 天報>之以>福하고 爲>不>善者는 天報>之以>禍니라.

• • •

{直譯} 공자께서 말씀하시기를, "착한 일을 한 사람에게는 하늘이 이에 갚기를 복으로써 하고, 착하지 않은 일을 한 사람에게는 하늘이 이에 갚기를 화로써 한다." 하셨다.

{語義} ○子(자) : 본래 자(子)는 남자의 미칭(美稱)이나, 여기서는 공자(孔子)를 말함. 공자는 주(周)나라 영왕(靈王) 21년 10월 21일 노(魯)나라 창평향(昌平鄕) 추읍(鄒邑), 지금의 산동성(山東省) 곡부현(曲阜縣)에서 태어났다. 이날은 음력으로 8월 27일이고, 양력으로 9월 28일이 된다. 유교적 행사로 음

력 8월 27일에는 중국이나 우리나라에서는 석전(釋奠)을 올린다. 공자의 이름은 구(丘), 자(字)는 중니(仲尼), 아버지는 흘(紇, 자字 숙량叔梁)이고, 어머니는 안징재(顔徵在)라 한다. 노(魯)나라의 사구(司寇) 벼슬을 하다가 사직하고, 여러 나라를 두루 돌아다니며 도(道)를 행하려 하였으나 등용되지 않아 노나라로 돌아와 《시(詩)》·《서(書)》·《예(禮)》·《악(樂)》·《역(易)》·《춘추(春秋)》 등 육경(六經)을 산술(刪述)하였음. 그의 언행록(言行錄)에 《논어(論語)》가 있음. ㅇ日(왈) : 옛 새김에는 '가라사대' 와 '가로되' 가 있는데, 지금 말로 하면 '가라사대' 는 '말씀하셨다' 에 해당하고, '가로되' 는 '말하였다' 에 해당한다. '가라사대' 는 성인·현인 및 이에 준하는 분으로 예를 들면 공자·맹자·증자·자사·주자 등의 경우에 사용하였으며, 그 밖의 일반적인 경우는 '가로되' 로 하였다. ㅇ善(선) : 착한 일. 좋은 일. 선사(善事). ㅇ福(복) : 행복. ㅇ不>善(불선) : 나쁜 일. 착하지 못한 일. 좋지 않은 일. 악(惡). ㅇ者(자) : 사람. 것. ㅇ禍(화) : 재앙. 재난.

{意譯} 공자께서 말씀하셨다. "좋은 일을 실행한 사람에게는 하늘이 행복을 내려 주시고, 악한 일을 실행한 사람에게는 하늘이 재앙을 내려 주신다."

{餘說} 이 편(篇)의 이름 〈계선(繼善)〉에서 '繼' 는 '잇는다·이어받다' 는 뜻으로 보는 것보다는 《논어·옹야편(雍也篇)·제3장》의 '불계부(不繼富)' 의 경우처럼 '더하다·늘리다' 의 뜻으로 보고 편명의 뜻을 '더욱 착하게 되라' 는 글로 보았다.

이 대문(對文)을 분석하면 다음과 같다.

와 같이 대립구(對立句)를 이루고 있다. 이 글은 계고문(戒告文)이다.

이 대문에서 '善'과 '不善'은 '善事'·'不善事'의 뜻으로서 바로 앞의 '爲'자의 목적어가 된다. '之'자는 앞의 것은 '善者'를, 뒤의 것은 '不善者'를 가리킨다. '以'자는 앞의 것은 '福'을, 뒤의 것은 '禍'를 수반하여 '가지고'의 뜻이 된다. '福'과 '禍'는 반대되는 글자이다.

01-002/ 착한 일을 하게 되면

尚書云。作善。降之百祥。作不善。降之百殃。
상 서 운 작 선 강 지 백 상 작 불 선 강 지 백 앙

{讀法} 尚書에 云, 作>善이어든 降2之百祥1하시고 作>不>善이어든 降2之百殃1하시나니라.

• • •

{直譯}《상서》에 이르기를, "착한 일을 하게 되면 백 가지 행복을 내려 주시고, 착하지 않은 일을 하게 되면 백 가지 재앙을 내려 주신다." 하였다.

{語義} ○《尙書(상서)》:《서경(書經)》의 별칭. 유교의 기본 경전인《오경(五經)》의 하나로, 요(堯)임금에서부터 주(周)나라에 이르기까지 제왕들의 언행을 기록한 책이다. 이 대문은《서경·이훈(彝訓)》에 나오는 말이다. ○云(운):이르다. 말하다. 남의 말을 간접으로 말할 때 많이 쓰임. ○作(작):하다. 행하다. ○降(강):내려주시다. ○之(지):지시대명사로서 각각 '작선자(作善者)'와 '작불선자(作不善者)'를 가리키며 '그에게'라는 뜻이다. ○百(백):백 가지. 많은. ○祥(상):복. 행복. ○殃(앙):재앙.

{意譯}《서경》에 말했다. "악한 일을 하면 하늘은 이 사람에게 많은 행복을 주시고, 착하지 않은 일을 하면 하늘은 이 사람에게 많은 재앙을 주신다."

{餘說} 이 대문은《서경·이훈(伊訓)》에 나온다. 원문을 소개하면 "惟上帝는 不>常하사 作>善이어든 降>之2百祥1하시고 作>不>善이어든 降>之2百殃1하시나니라"로 되어있다. 그래서 이 책은 이에 따라 토(吐)를 달았다.

　이 조목의 대문도 앞 조목의 대문과 같은 대립구(對立句)의 문장이다. '之'자는 '是'자와 같은 뜻으로 문법상 지시대명사(指示代名詞)로 쓰였다.

　앞 조목과 뜻이 같다. 다음 구문(構文)을 앞의 조목과 비교하여 보기 바란다.

```
尙書云 ┬ 作>善    ┐          ┌ 百祥1
       └ 作>不>善 ┘ 降>之2 ┤
                             └ 百殃1
```

01-003/ 선행을 쌓으면

徐神翁曰。積善逢善。積惡逢惡。仔細思量。天地不錯。
서 신 옹 왈 적 선 봉 선 적 악 봉 악 자 세 사 량 천 지 불 착

{讀法} 徐神翁이 曰 積>善이면 逢>善이오 積>惡이면 逢>惡이니 仔細思量하라, 天地不>錯이니라.

• • •

{直譯} 서신옹이 말하기를 "선을 쌓으면 선을 만날 것이고, 악을 쌓으면 악을 만날 것이니, 자세히 생각해보라, 하늘과 땅처럼 어기지 않을 것이다."

{語義} ○徐神翁(서신옹) : 1032~1108. 송대(宋代)의 도사(道士)로서 팔선(八仙) 중의 한 사람이다. 본명(本名)은 서수신(徐守信)이며, 서신옹은 당시 사람들이 불렀던 별명(別名)이다. 태주해릉〔泰州海陵, 지금의 강소(江蘇) 태주시(泰州市)〕에서 태어났다. 영종(英宗, 1064~1067) 때에 이인(異人)을 만나 도(道)를 얻었다. 어록(語錄)으로 《서신옹어록(徐神翁語錄)》이 있다. ○積>善(적선) : 착한 일을 많이 행해서 쌓임. ○逢>善(봉선) : 좋은 일을 당함. ○積>惡(적악) : 나쁜 일을 많이 행해서 쌓임. ○逢>惡(봉악) : 좋지 못한 일을 당함. ○仔細(자세) : 꼼꼼하고 찬찬함. ○思量(사량) : 고려함. 헤아려봄. 여러모로 생각함. ○不>錯(불착) : 착오가 나지 않음. 정확함. ○天地不>錯(천지불착) : 천지의 차례, 곧 사계(四季)처럼 어긋나는 일 없이 찾아드는 것과 같음을 이르는 말.

{意譯} 서신옹이 말했다. "좋은 일을 많이 해서 그대로 쌓이면 좋은 일이 그만큼 닥칠 것이고, 나쁜 일을 많이 해서 그대로 쌓이면 나쁜 일이 그만큼 닥칠 것이니, 자세히 생각하고 헤아려보라. 천지의 조화로 차례에 따라 찾아드는 사계절처럼 어김이 없다."

{餘說} 이 대문의 구문을 살펴보면 다음과 같다.

徐神翁曰, ┬ 積>善逢>善, ┬ 仔細思量,天地不>錯.
          └ 作>不>善 ┘

01-004/ 착한 행실에는 좋은 보답이 있고

善有善報。惡有惡報。若還不報。時辰未到。
선 유 선 보　악 유 악 보　약 환 불 보　시 신 미 도

{讀法} 善엔 有2善報1이요 惡엔 有2惡報1니 若還不>報면 時辰未>到니라.

• • •

{直譯} 착한 행실에는 좋은 보답이 있고, 나쁜 행실에는 나쁜 보답이 있나니, 만약 되돌려 갚아주지 않았다면 때가 아직 도달하지 않은 것이다.

{語義} ○有(유) : 있다. ○善報(선보) : 선행을 하여 받는 좋은 보답. ○惡報(악보) : 악의 보답. 원래 불교 용어로, 못된 짓을 저질러 받게 되는 나쁜 결과를 말한다. 선보(善報)의 반대. ○若還(약환) : 만약. 만일 …이라면. 가정법(假定法)으로 하는 말. ○時辰(시신) : 시각. 시간. ○未>到(미도) : 도달하지 못함. 되지 않아서.

{意譯} 착한 행실에 대해서는 행복으로 갚아주고, 나쁜 행실에 대해서는 재앙으로 갚아주니, 만약 갚아주지 않았다면 때가 아직 이르지 않은 것이다.

{餘說} 이 대문의 구조는 다음과 같다.

善有2善報1, ┐
　　　　　├ 若還不>報, 時辰未>到.
惡有2惡報1. ┘

　불교에서 말하는 인과응보(因果應報)도 앞의 여러 대문과 통하는 말이다.

01-005/ 착한 일을 하면 저절로 복이 생기고

尚書云。作善自福生。作惡自灾生。
상 서 운 작 선 자 복 생 　 작 악 자 재 생

{讀法} 尙書에 云, 作>善이면 自福生이오, 作>惡이면 自灾生이니라.

• • •

{直譯} 《상서》에 이르기를, "착한 일을 하면 저절로 복이 생기고, 악한 일을 하면 저절로 재앙이 생긴다." 하였다.

{語義} ○自福生(자복생) : 저절로 복이 생긴다. ○自灾生(자재생) : 저절로 재앙이 생긴다. '灾'는 '災'와 같은 글자.

{意譯} 《서경》에 말했다. "착한 행실을 하면 저절로 행복이 생기게 마련이고, 악한 행실을 하면 저절로 재앙이 생기게 마련이다."

{餘說} 이 대문도 완전한 대립구이다.

$$尙書云, \begin{cases} 作>善自福生, \\ 作>惡自灾生. \end{cases}$$

그렇다! 착한 일만 하게 되면 행복을 추구(追求)하지 않아도 자연히 행복은 자기의 것으로 되게 마련이고, 악한 일만 하게 되면 아무리 재앙을 배척해도 용서 없이 재앙은 자기에게 닥쳐오게 마련이니, 착한 일을 하기에 힘쓰라는 것이다.

01-006/ 복은 선을 쌓는 데 있고

福在積善。禍在積惡。
복 재 적 선　화 재 적 악

{讀法} 福在>積>善이오, 禍在>積>惡이니라.

• • •

{直譯} 복은 선을 쌓는 데 있고, 재앙은 악을 쌓는 데 있다.

{語義} ○福在>積>善(복재적선) : 행복이란 착한 일을 계속하여 누적하는 데서 생긴다. ○禍在>積>惡(화재적악) : 재앙이란 악한 일을 계속하여 누적하는 데서 생긴다.

{意譯} 행복이란 착한 행실이 끊이지 않고 계속되는 데에 있고, 재앙이란 악한 행실이 끊이지 않고 계속되는 데에 있다.

{餘說} 행복과 재앙은 선악(善惡)의 축적(蓄積)에 대한 인과적(因果的) 응보(應報)로서 우리게 주어지기 마련이니, 행복을 바란다면 좋은 일 하기에 힘써야 할 것이다.

01-007/ 평소에 선을 행하면

平生作善天加福。若是愚頑受禍殃。善惡到頭終有
평 생 작 선 천 가 복　약 시 우 완 수 화 앙　선 악 도 두 종 유

報。高飛遠走也難藏。
보 　고 비 원 주 야 난 장

{讀法} 平生作>善天加>福인대　若>是愚頑受2禍殃1이라. 善惡到頭
終有>報어든　高飛遠走也難>藏이니라.

• • •

{直譯} 평소에 선을 행하면 하늘이 복을 더해줄 것인데, 이처럼 어
리석고 완고하여 재앙을 받는구나. 선과 악은 결국 마침내는 갚음
이 있으니 높고 날고 멀리 달아난다 해도 감추기 어려운 것이다.

{語義} ○平生(평생) : 평소. 늘. ○天加>福(천가복) : 하늘은 행복을 더해줌.
○若>是(약시) : 이처럼. 이같이. 약차(若>此). ○愚頑(우완) : 어리석고 둔함.
우둔함. ○禍殃(화앙) : 재앙(災殃). ○到頭(도두) : 필경(畢竟). 결국. 마침내.
도저(到底). ○終(종) : 마침내. ○高飛遠走(고비원주) : 숨기 위하여 높이 날아
가고 멀리 달아남. ○也(야) : 시(詩), 또는 속어(俗語)에서는 '亦'자와 같이
쓰여 '또·또한'의 뜻. ○難>藏(난장) : 감추기 어려움. 숨기 어려움.

{意譯} 평소에 좋은 일 하자구나! 하늘이 복을 주신다니. 이같이
어리석어 재앙을 받는구나. 선악은 꼭 응보가 있는 법. 날고뛴들

어디에 숨을 건가?

{餘說} 문장 구조는 다음과 같이 7언절구시이다.

平生作>善天加>福,

若>是愚頑受2禍殃1. …殃자는 운(韻),

善惡到頭終有>報,

高飛遠走也難>藏. …藏자도 운(韻)자이다.

　이상과 같이 한시(漢詩)는 1행 7자 형식이면 칠언(七言)이라 하고, 1행 5자면 오언(五言)이라 하며, 4행이면 절구(絶句)라 하고, 8행이면 율시(律詩)라 한다.

01-008/ 자기 행적의 허실은 자신이 알고 있다

行藏虛實自家知。禍福因由更問誰。善惡到頭終有
행 장 허 실 자 가 지　화 복 인 유 갱 문 수　선 악 도 두 종 유
報。只爭來早與來遲。閒中檢點平生事。靜裡思量日所
보　지 쟁 래 조 여 래 지　한 중 검 점 평 생 사　정 리 사 량 일 소
爲。常把一心行正道。自然天地不相虧。
위　상 파 일 심 행 정 도　자 연 천 지 불 상 휴

{讀法} 行藏虛實自家知ㄴ대 禍福因由更問>誰오? 善惡到頭終有>
報어든 只爭2來早與來遲1라. 閒中檢點2平生事1하고 靜裡思量2日

所1>爲하여 常把2一心1行2正道1하면 自然天地不2相虧1니라.

• • •

{直譯} 행적(行蹟)의 허실(虛實)을 자기가 아는데 화와 복의 원인을 누구에게 묻는가? 선과 악이 결국 갚음이 있으니 다만 일찍 오고 늦게 옴을 다툴 뿐이다. 한가할 때 평소의 일을 점검하고 조용할 때 날마다 한 일을 깊이 생각해 보라. 항상 한결같은 마음으로 바른길을 행하면 천지자연이 푸대접하지 않으리라.

{語義} ○行藏(행장) : 행적(行蹟). 내력(來歷). ○虛實(허실) : 허위와 진실. 거짓과 참. ○自家(자가) : 자기 자체. ○因由(인유) : 까닭. 유래(由來). 이유. ○更(갱) : 다시. '고치다' 의 경우는 음(音)이 '경' 이 된다. ○問(문) : 묻다. ○誰(수) : 누구. ○只(지) : 단지. 다만. ○早(조) : 일찍. ○與(여) : 여기서는 '…과' 의 뜻. ○遲(지) : 늦다. ○閒中(한중) : 한중(閒中). 한가한 동안. ○檢點(검점) : 낱낱이 검사함. ○靜裡(정리) : 정리(靜裏). 고요한 가운데. 고요한 때. ○思量(사량) : 깊이 생각하여 헤아림. 사료(思料). ○所>爲(소위) : 하는 일. 한 짓. ○把(파) : 손으로 잡다. 쥐다. 여기서는 동작·작용의 대상을 동사 앞으로 갖다 놓는 역할을 한다. ○一心(일심) : 마음. 한결같은 마음. 전심(專心). ○正道(정도) : 올바른 길. 정당한 도리. ○虧(휴) : 이지러지다. 여기서는 '위배(違背)하다·저버리다' 의 뜻이다. 휴대(虧待)하다. 푸대접하다.

{意譯} 자기가 행한 일의 잘잘못을 자기 자신이 이미 알고 있으니 재앙과 복이 왜 왔는지 그 원인을 누구에게 물어보겠는가? 선과

악은 결국 언젠가는 반드시 응보(應報)가 있게 마련이다. 오직 그 응보가 빨리 오고 늦게 오는 차이가 있을 뿐이다. 한가한 때 평소 자기가 한 일을 잘 점검해보고 조용할 때 날마다 자기가 한 일을 자세하게 생각해 보라. 항상 한결같은 마음으로 올바른 길로 나아가면 천지자연이 서로 푸대접하지 않을 것이다.

{**餘說**} 아래와 같이 8구의 칠언시(七言詩)이다.

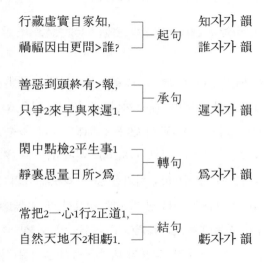

行藏虛實自家知,	┐ ├ 起句	知자가 韻
禍福因由更問>誰?	┘	誰자가 韻
善惡到頭終有>報,	┐ ├ 承句	
只爭2來早與來遲1.	┘	遲자가 韻
閑中點檢2平生事1	┐ ├ 轉句	
靜裏思量日所>爲	┘	爲자가 韻
常把2一心1行2正道1,	┐ ├ 結句	
自然天地不2相虧1.	┘	虧자가 韻

이 시는 당(唐)나라 원진선사(元眞禪師)의 〈수훈시(垂訓詩)〉이다.

명(明) 오승은(吳承恩)의 《서유기(西遊記)·제87회》에 다음과 같은 시사(詩詞)가 있다: "人心生2一念1이어도 天地悉皆知니 善惡若2無1>報면 乾坤必有>私〔사람이 마음으로 하나의 생각을 내면, 그것이 선이든 악이든 천지 귀신은 모두 다 알고 있다. 이 때문에 악의적인 생각을 품지 않도록 스스로 경계해야 한다. 선악에는 반드시 응보가 있는데, 만약 응보가 없다면 그것은 하늘과 땅이 사심(私心)이 있기 때문이다. 하지만 우리는 하늘과 땅이 이기적(利己的)이지 않다고 알고 있다. 따라서 선악에 대한 응보는 진실한 것이다.)"

01-009/ 선을 쌓는 집은 반드시

易云。積善之家。必有餘慶。積不善之家。必有餘殃。
역 운 적 선 지 가 필 유 여 경 적 불 선 지 가 필 유 여 앙

{讀法} 易에 云, 積>善之家는 必有2餘慶1하고 積>不>善之家는 必有2餘殃1하나니라.

• • •

{直譯}《역경》에 이르기를, "선을 쌓는 집은 반드시 남은 경사가 있고, 착하지 못함을 쌓는 집은 반드시 남은 재앙이 있는 것이다." 하였다.

{語義} ○《易(역)》:《역경(易經)》. 오경(五經)의 하나. 복서(卜筮)를 통하여 윤리 도덕을 설명한 책.《주역(周易)》이라고도 함. ○必有(필유) : 반드시 있다. ○餘慶(여경) : 적선의 갚음으로 앞으로 받을 경사(慶事). ○餘殃(여앙) : 나쁜 일을 한 데 대한 갚음으로서 앞으로 받을 재앙. 여경(餘慶)의 대(對).

{意譯} 《역경(易經)》에 말했다. "착한 일을 행하여 쌓으면 자신만이 아니라 그 여택(餘澤)은 자손에게까지 미칠 것이고, 착하지 못한 일을 행하여 쌓으면 자신만이 아니라 그 여해(餘害)는 자손에게까지 미칠 것이다."

{餘說} 이 대문은 《역경·곤괘(坤卦)》에 나오는 글이다. 《설원(說苑)·담총(談叢)》에도 다음과 같은 말이 있다: "天與不>取면 反爲2其咎1이요 時至不>迎이면 反受2其殃1이니라. 天地無>親하여 常與2善人1하고 天道有>常하여 不2爲>堯存1하고 不2爲>桀亡1이니라. 積>善之家는 必有2餘慶1이요 積>惡之家는 必有2餘殃1이니라. 〔하늘이 주는 것을 받지 않으면 도리어 허물을 받고, 시기가 왔는데 맞이하지 않으면 도리어 재앙을 받는다. 천지(天地)는 별도로 친애하는 사람이 없어서 언제나 선인(善人)을 돕는다. 천도(天道)는 일정한 법도가 있어서 요(堯)임금 때문에 존재하는 것도 아니고 걸왕(桀王) 때문에 멸망하는 것도 아니다. 선행(善行)을 쌓은 집안에는 후손에게 반드시 남은 경사가 있게 마련이고, 악행(惡行)을 쌓은 집안에는 후손에게 반드시 남은 재앙이 있게 마련이다.〕"

01-010/ 악이 아무리 작더라도 하지 말고

漢昭烈。將終。敕後主曰。勿以惡小而爲之。勿以善小而不爲。
한 소 열 장 종 칙 후 주 왈 물 이 악 소 이 위 지 물 이 선 소 이 불 위

{讀法} 漢昭烈이 將終에 敕₂後主₁曰, 勿下以₂惡小₁而爲上>之하고 勿下以₂善小₁而不上>爲하라.

• • •

{直譯} 한(漢)나라 소열(昭烈)이 죽음이 다가옴에 후주(後主)에게 신칙(申飭)하여 말하기를, "악한 것이 작음으로써 이를 하지 말고, 착한 것이 작음으로써 하지 않지 말라." 하였다.

{語義} ○漢(한) : 중국의 고대(古代) 나라 이름. B.C. 202년 고조(高祖)가 장안(長安), 지금의 섬서(陝西)에서 왕으로 즉위하여 유자영(孺子嬰)이 폐한 A.D. 8년까지 210년 동안을 전한(前漢)·서한(西漢)이라 하고, 광무제(光武帝)가 하남(河南)의 낙양(洛陽)에서 즉위하여 한실(漢室)을 부흥(復興)한 서기 25년부터 헌제(獻帝)가 폐한 때, 곧 서기 221년까지 197년 동안을 후한(後漢)·동한(東漢)이라 한다. ○昭烈(소열) : 성은 유(劉), 이름은 비(備), 자는 현덕(玄德). 촉(蜀)의 소열제(昭烈帝)이다. 《삼국지(三國志)》에 나오는 유·관·장(劉·關·張) 3인 중의 맏형 유(劉)로, 헌제(獻帝)의 건안(建安, 196~220) 13년 서기 208년에 오(吳)의 손권(孫權)과 협력하여 위(魏)의 조조(曹操)를 무찌르고 건안 19년 서기 214년에 성도(成都)에 들어가 스스로 익주(益州)의 목(牧)이 되고, 건안 24년 서기 219년에 한중(漢中)을 빼앗고 자립하여 한중왕(漢中王)이라 칭하였다. 이어서 헌제가 폐위되고 제위(帝位)에 올랐다. ○敕(칙) : 조칙(詔敕). 타이름. 신칙(申飭). ○後主(후주) : 뒤를 이을 임금. 이름은 선(禪). 위(魏)에 항복하여 나라가 멸망함. ○勿(물) : 말라. 금지사(禁止辭). ○爲>之(위지) : 이를 함. ○不>爲(불위) : 하지 않음.

{意譯} 한나라 소열제가 임종(臨終)에 아들 후주에게 타일러 말했다. "악(惡)이 작다고 해서 행하는 일이 있어서는 안 된다. 작은 악이라도 절대로 하지 말라. 그리고 선(善)이 작다고 해서 행하지 않는 일이 있어서는 안 된다. 작은 선이라도 꼭 행하라."

{餘說} 이 대문은 《촉지(蜀志)·선주유비전주(先主劉備傳注)》에 나오는 글로, "先主ㅣ 遺>詔하여 敕2後主1曰, 勿下以2惡小1而爲上>之하고 勿下以2善小1而不上>爲하라. 惟賢惟德이 能服2於人1이라. 汝父德薄하니 勿>效>之하라."〔선주(先主)가 유언(遺言)으로 후주(後主)를 타일러 말하기를 "악한 일은 작아도 하지 말아야 하며, 선한 일은 작아도 하지 아니하면 안 된다. 오직 현명함과 덕스러움만이 사람들을 복종시킬 수 있다. 네 아비의 덕은 얕으니 본받지 말라."〕가 전문이다.

尚書云 ┌─ 勿下以2惡小1而爲上>之,
        └─ 勿下以2善小1而不上>爲.

이상과 같은 구문이다. '敕2後主1(칙후주)'라고 했으니 틀림없는 명령문(命令文)이구나 하는 것은 쉽게 파악될 것이고, 더욱 '勿 … 爲>之'·'勿 … 不>爲' 등이 눈에 띄는 것으로 보아 행동(行動)에 대한 금지(禁止)의 내용이 담긴 대문이라는 것도 알아차렸을 것이다.

01-011/ 하루라도 선을 생각하지 않으면

莊子曰。一日不念善。諸惡自皆起。
장 자 왈 일 일 불 념 선 제 악 자 개 기

{讀法} 莊子ㅣ 曰, 一日不>念>善이면 諸惡이 自皆起니라.

• • •

{直譯} 장자가 말하기를, "하루라도 선을 생각하지 않으면 여러 악이 스스로 모두 일어난다." 하였다.

{語義} ○莊子(장자) : 춘추시대(春秋時代)의 송(宋)나라 사람. 이름은 주(周)인데, 보통 장자라 높여 일컬음. 그의 주장이 노자(老子)의 사상(思想)에 기초를 두었으므로 노장(老莊)이라 병칭(併稱)함. 장자의 호는 남화진인(南華眞人)이라고 불렀음. 장자가 지은 책을 《장자(壯子)》 또는 《남화진경(南華眞經)》이라고 하며, 모두 10권임. ○一日(일일) : 하루. ○不>念(불념) : 생각하지 않음. ○諸惡(제악) : 모든 악. 온갖 나쁜 일. ○自(자) : 스스로. 저절로. ○皆起(개기) : 모두 일어남.

{意譯} 장자가 말했다. "사람이란 하루 한시라도 착한 일을 생각하지 않으면 그 틈을 타서 여러 가지 악한 일들이 저절로 모두 일어난다."

{**餘說**} 이 대문은 '…을 아니하면 …할 것이니라'의 가정형(假定型)의 문장으로 한문의 격언(格言)·속담(俗談) 등에 많이 보이는 문형(文型)이다.

　사람이란 악이 싹틀 수 없도록 선에서만 살아야 한다는 좋은 말이다. 좌우명(座右銘)으로 삼아 이 각박(刻薄)한 사회를 초연(超然)하게 살기에 힘써 보자.

01-012/ 선을 택하여 굳게 지키기를

西山眞先生曰。擇善固執。惟日孜孜
서 산 진 선 생 왈　택 선 고 집　유 일 자 자

{**讀法**} 西山眞先生이 曰, 擇>善固執을 惟日孜孜니라.

● ● ●

{**直譯**} 서산 진선생이 말하기를, "선을 가려 굳게 지키기를 오직 날마다 쉬지 않고 힘쓸 것이다." 하였다.

{**語義**} ○西山眞先生(서산진선생) : 송(宋)나라 포성(蒲城) 사람으로, 진덕수(眞德秀, 1178~1235)를 말함. 자는 경원(景元). 뒤에 경희(景希)라 고침. 시호는 문충(文忠). 경원(慶元)의 진사(進士). 벼슬은 참지정사(參知政事). 학자들은 서산(西山) 선생이라 일컬음. 명(明)나라 정통(正統) 중에 공자묘(孔子廟)에

종사(從祀)되고, 성화(成化) 3년 서기 1467년에 포성백(蒲城伯)으로 추봉(追封)되었다. 그의 학문은 주희(朱熹)를 종(宗)으로 함. 서실(書室)을 희채당(戱綵堂)이라 함. 저서에는 《대학연의(大學衍義)》·《당서고의(唐書考疑)》·《서산독서기(西山讀書記)》·《문장정종(文章正宗)》·《서산갑을고(西山甲乙稿)》·《서산문집(西山文集)》·《사서집편(四書集編)》등이 있음. ㅇ擇>善(택선) : 선을 택함. 좋은 것을 선택함. ㅇ固執(고집) : 굳게 지킴. ㅇ惟日(유일) : 오직 날마다. ㅇ孜孜(자자) : 부지런한 모양. 쉬지 않고 힘쓰는 모양.

{意譯} 서산 진선생이 말했다. "착한 일을 골라서 단단히 지키되, 날마다 쉬지 않고 힘쓸 것이다."

{餘說} 《중용(中庸)》에 "誠>之者는 擇>善而固執>之者也니라.〔성(誠)하려고 노력하는 자는 선을 택해서 굳게 잡고 행하는 사람을 말한다.〕"고 있다. 곧 '정성스럽게 하는 것은 선을 가려 굳게 잡는 것이다.' 라는 것으로, 날마다 힘써 성자(誠者) 즉 성인의 길을 택하라는 것이 바로 이 대문의 핵심(核心)으로 보아야 할 것이다.

01-013/ 귀로 좋은 말을 듣고서

耳聽善言。不墜三惡。
이 청 선 언　불 추 삼 악

{讀法} 耳聽2善言1하여 不>墮2三惡1하니라.

···

{直譯} 귀로 착한 말을 들어서 삼악(三惡)에 떨어지지 않도록 할 것이다.

{語義} ㅇ 耳聽(이청) : 귀로 듣다. ㅇ 善言(선언) : 착한 것에 관한 말. 착한 말. 좋은 말. ㅇ 不>墮(불타) : 떨어지지 않다. ㅇ 三惡(삼악) : 세 가지 나쁜 일. 포(暴)·학(虐)·파(頗). 《左氏(左氏)·소공(昭公) 14년》에 "三言而除2三惡1하고 加2三利1이니라.〔세 차례 말하여, 세 가지 사악(邪惡)을 제거(除去)하고, 세 가지 이익(利益)을 보탰도다.〕"라는 말의 주(註)에 "三惡은 暴·虐·頗이다. 三惡除去되면 三利追加리라〔삼악(三惡)은 포(暴)·학(虐)·파(頗)이다. 삼악(三惡)이 제거되면 삼리(三利)가 추가(追加)된다.〕"라고 하였다. 곧 '포(暴)'는 사나움, '학(虐)'은 잔학(殘虐)함, '파(頗)'는 치우침이다.

{意譯} 귀로는 착한 일에 관한 말만 들어서 세 가지 악, 곧 포(暴)·학(虐)·파(頗)에 빠지지 말 것이다.

{餘說} 귀로는 착한 일에 관한 말만 듣고 나쁜 일에 관한 말에 대해서는 귀먹은 듯이 듣지 말아서 삼악(三惡)에 빠져들지 않게 하라는 말이다. 선을 행하기에는 괴로움이 따르지만 악은 달콤한 것이어서 악에 관한 일을 들으면 자칫 그에 빠져들 가능성이 누구에게나 많은 것이니, 당초부터 아예 듣지 말아야 유혹을 벗어날 수 있는 것이다.

여기의 삼악(三惡)은 불교에서 말하는 악한 짓을 하는 중생(衆生)이 가게 된다는 세 곳인 삼악도(三惡道:地獄道·餓鬼道·畜生道)로 보는 것보다는 현실적인 데 입각(立脚)하여 포(暴)·학(虐)·파(頗)로 보는 것이 〈계선편(繼善篇)〉 전체의 흐름에 타당(妥當)할 것이다.

01-014/ 착한 소원이 있으면

人有善願。天必從之。
인 유 선 원 천 필 종 지

{讀法} 人有2善願1이면, 天必從>之니라.

• • •

{直譯} 사람이 착한 소원이 있으면, 하늘은 반드시 이를 따라준다.

{語義} ○善願(선원) : 착한 일에 대한 소원. ○從>之(종지) : 이에 좇다. 따르다.

{意譯} 사람에게 선한 소원(所願)이 있으면 하늘은 꼭 그것을 실현(實現)시켜 준다.

{餘說} 본편 [01-043]의 "天網恢恢,報應甚速[하늘 그물이 넓고 넓어 성글지만 그 갚음은 아주 빠르다.]"란 말과 같이 인과(因果)에 대한 응보는 빠르다는 것을 아울러 생각하면 이 대문의 뜻은 명확해질 것이다.

01-015/ 선을 좇는 것은

晉國語云。從善如登。從惡如崩。
진 국 어 운 종 선 여 등 종 악 여 붕

{讀法} 晉國語에 云, 從>善은 如>登이오, 從>惡은 如>崩이니라.

• • •

{直譯} 진(晉)나라의 《국어》에 이르기를, "선을 좇는 것은 오르는 것 같고, 악을 좇는 것은 무너지는 것 같다." 하였다.

{語義} ㅇ晉(진) : 나라 이름. 주대(周代)의 제후국(諸侯國)의 하나. 산서(山西)·직례(直隸) 양성(兩省)의 남쪽 경계와 하남성(河南省)의 북쪽 경계를 영유(領有)하였음. B.C. ?~B.C. 276. ㅇ《國語(국어)》: 여기서는 책 이름. 21권으로 좌구명(左丘明)의 저(著)라 함. 《좌전(左傳)》은 노(魯)나라의 역사를 주로 기술하였는데, 이 책은 진초(晉楚)를 비롯한 제후(諸侯)의 여덟 나라 역사를 기록한 것임. 《춘추외전(春秋外傳)》. ㅇ從>善(종선) : 착한 일을 따름. ㅇ如>

登(여등) : 산에 오르는 것 같이 어려움. ○ 從>惡(종악) : 악한 일을 따름. ○ 如>
崩(여붕) : 무너져 떨어지는 것처럼 쉬움.

{意譯} 진나라《국어》에 말했다. "선에 따라 행하는 것은 산에 오
르는 것과 같이 어렵고 용이한 일은 아니고, 악에 따라 행하는 것
은 무너져 떨어지는 것과 같이 용이하다는 것으로 나쁜 일은 하기
쉽다."

{餘說} 이 대문은《국어(國語)·주어하(周語下)》에 나오는 속담(俗談)이
다. 이 대문 끝 글자 '崩'은 원음이 '붕' 인데, 속음이 '붕' 으로 되었다.
우리나라《언해(諺解)》등에는 원음 표시가 많다.

01-016/ 착한 일은 반드시 탐내야 하고

太公曰。善事須貪。惡事莫樂。
태 공 왈 선 사 수 탐 악 사 막 락

{讀法} 太公이 曰, 善事는 須貪하고 惡事는 莫>樂하라.

• • •

{直譯} 태공이 말하기를, "착한 일은 모름지기 탐해야 하고, 악한
일은 즐겨하지 말라." 하였다.

{語義} ○太公(태공) : 성은 강(姜)이고, 여상(呂尙)·태공망(太公望)이라고도 함. 산동성(山東省) 사람. 생졸(生卒) 연대(年代)는 확실하지 아니함. 주(周)나라의 무왕(武王)·성왕(成王)을 섬긴 훌륭한 정치가(政治家)요, 병략가(兵略家)이기도 함. ○須貪(수탐) : 모름지기 탐함. '須'는 '모름지기 …하여야 함'. 명령 또는 결정의 말. ○莫>樂(막락) : 즐기지 말라. '莫'은 여기서는 금지사(禁止辭)로 쓰임.

{意譯} 강태공이 말했다. "착한 일을 보거든 하나도 빼놓지 말고 자기가 하도록 욕심을 내어서 하고, 악한 일을 보거든 만에 하나라도 즐기지 말라."

{餘說} 이 대문은 다음과 같이 대립구(對立句)로 되어있다.

太公曰, ┬ 善事須貪,
        └ 惡事莫>樂.

01-017/ 선은 자기에게 유익하고

顔子曰。善以自益。惡以自損。故君子務其益以防
안자왈 선이자익 악이자손 고군자무기익이방
損。非以求名且以遠辱。
손 비이구명차이원욕

{讀法}　顏子ㅣ 曰, 善以自益이오 惡以自損이라. 故로 君子는 務2其益1以防>損하며 非2以求1>名하고 且以遠>辱하나니라.

• • •

{直譯} 안자가 말하기를, "선은 이로써 스스로를 더하고, 악은 이로써 스스로를 던다. 그러므로 군자는 그 더함을 힘씀으로써 덞을 방지하며 이로써 이름을 구하지 아니하고 우선 이로써 욕을 멀리한다."

{語義} ○顔子(안자) : 공자의 제자 안회(顔回)를 가리킨다. ○自益(자익) : 스스로 유익함. ○自損(자손) : 스스로 손해됨. ○故(고) : 그러므로. ○君子(군자) : 덕을 갖춘 사람. 소인(小人)의 대(對). ○務(무) : 힘쓰다. ○防>損(방손) : 손해를 막음. ○非(비) : 아님. 그렇지 아니함. ○求>名(구명) : 명예를 구함. ○且(차) : 여기서는 '우선' 의 뜻. ○遠>辱(원욕) : 욕되는 것을 멀리함.

{意譯} 안자(顔子)가 말했다. "착한 것은 자기를 이익이 되게 하고, 악한 것은 자기를 손해가 되게 한다. 그래서 군자는 선으로써 자기를 이익이 되게 하는 데 힘쓰고, 이로써 손해가 되는 것을 방지하며 명예를 원하지 않고 무엇보다도 먼저 욕을 멀리한다."

{餘說} 이 대문의 구문을 살피기로 한다.

顔子曰, ┌ 善以自益, 故君子務2其益1以防>損, ┌ 非2以求1>名,
        └ 惡以自損.   └ 且以遠>辱.

01-018/ 착한 일은 목마를 때 물 찾듯 하고

太公曰。見善如渴。聞惡如聾。
태 공 왈 견 선 여 갈 문 악 여 롱

{讀法} 太公이 曰, 見>善如>渴하고 聞>惡如>聾하라.

• • •

{直譯} 태공이 말하기를, "착한 일을 보거든 목마른 것 같이 하고, 악한 일을 듣거든 귀머거리같이 하라." 하였다.

{語義} ㅇ太公(태공) : 앞의 〔01-016〕 조목 참조 바람. ㅇ見>善(견선) : 착한 일을 봄. ㅇ如>渴(여갈) : 목이 마를 때 물을 찾듯이 함. ㅇ聞>惡(문악) : 악한 일을 들음. ㅇ如>聾(여롱) : 귀머거리같이 무엇을 들어도 못 들은 척함.

{意譯} 강태공이 말했다. "착한 일을 보거든 목이 말라 물을 찾듯이 주저하지 말고, 악한 일을 듣거든 귀머거리같이 못 들은 척하라."

{餘說} 이 대문은 다음과 같은 대립구로 되어 있다.

太公曰,─┌ 見>善如>渴,
　　　　└ 聞>惡如>聾.

01-019/ 착한 일 하는 것이 가장 즐겁고

爲善最樂。道理最大。
위 선 최 락　도 리 최 대

{讀法} 爲>善最樂이오, 道理最大니라.

• • •

{直譯} 착한 일을 하는 것이 가장 즐거운 것이다. 도리가 가장 큰 것이다.

{語義} ○最樂(최락) : 가장 즐거움. 무엇보다도 즐거운 것. ○道理(도리) : 사람이 반드시 행해야 할 바른길. 도의도덕(道義道德).

{意譯} 선행(善行)을 하는 것이 가장 즐거운 것이다. 사람이 꼭 행해야 할 도리를 다하는 것이 가장 큰 것이다.

{餘說} 이 대문은 앞부분의 "爲>善最樂"과 뒷부분의 "道理最大"의 두 개의 문장이다. 전반부(前半部)는 《후한서(後漢書)·동평헌왕창전(東平憲王蒼傳)》 등에 보이는데, 여기에 "日者에 問2東平王1하여 處>家에 何等最樂1고하니 王言2爲>善最樂1이라.〔근래에 누가 동평왕에게 '집에 있을 때 무슨 일이 가장 즐겁습니까?' 하고 물으니, 동평왕이 대답하기를 '선을 하는 것이 가장 즐겁습니다.' 라고 하였다.〕"라고 나온다. 여기서 동평(東平)은 후한(後漢) 광무제(光武帝)의 여덟째 아들인 동평헌왕(東平憲王) 유창(劉蒼)을 말한다. 후반부(後半部)는 중국 송(宋)나라의 학자 심괄(沈括)이 지은 《몽계필담(夢溪筆談)》에 나오는 것으로, "태조황제(太祖皇帝)가 일찍이 조보(趙普)에 묻기를 '천하에 어떤 물건이 가장 큰가?' 했는데, 조보가 한참 생각만 하고 답이 없자 다시 물었다. 그제야 조보가 대답하기를 '도리(道理)가 가장 큽니다.' 라고 대답하자, 태조가 누차 칭찬하였다."는 것이다. 여기서 태조는 송(宋)나라 태조(太祖)인 조광윤(趙匡胤: 재위 960~976)이고 조보(趙普)는 당시(當時) 재상(宰相)이다.

01-020/ 죽을 때까지 선을 행하더라도

馬援曰。終身行善。善猶不足。一日行惡。惡自有餘。
마 원 왈 종 신 행 선 선 유 부 족 일 일 행 악 악 자 유 여

{讀法} 馬援이 曰, 終>身行>善이라도 善猶>不>足하고 一日行>惡이라도 惡自有>餘니라.

• • •

{直譯} 마원이 말하기를, "죽을 때까지 선을 행할지라도 선은 오히려 족하지 못한 것 같고, 하루 동안만 악을 행할지라도 악은 스스로 남음이 있다." 하였다.

{語義} ㅇ馬援(마원) : 후한(後漢)의 정치가. 처음에는 외효(隗囂)를 따르다가 광무제(光武帝)에게 벼슬하여 후한의 건무(建武: 서기 25~56) 때 복파장군(伏波將軍)이 됨. 세상에서 마복파(馬伏波)라 일컬음. 오수전(五銖錢)의 주조(鑄造)를 실현했음. 자는 문연(文淵). 시호(諡號)는 충성(忠成). 무릉(茂陵) 사람이다. 벼슬은 도독우(都督郵)로서 빈객(賓客)으로 귀부(歸附)하는 사람들이 많았다. 봉(封)은 신식후(新息侯), 뒤에 군(軍)에서 졸(卒)함. 저서에《동마상법(銅馬相法)》이 있다. ㅇ終>身(종신) : 일생(一生)을 마칠 때까지. 일평생. 종생(終生). ㅇ猶(유) : 오히려 …같다. 재역(再譯) 문자. ㅇ有>餘(유여) : 남음이 있음. 여유가 있음.

{意譯} 마원이 말했다. "일평생을 착한 일을 행하여도 착한 것은 오히려 부족한 것 같고, 단 하루만이라도 악한 일을 행하여도 악한 것은 언제나 저절로 충분히 남음이 있다."

{餘說} 이 대문은 다음과 같은 대립구로 되어있다.

馬援曰, ┬ 終>身行>善, 善猶>不>足,
        └ 一日行>惡, 惡自有>餘.

01-021/ 군자가 아주 작은 선을 보았다면

顏子曰。君子見毫釐之善。不可傾之。行有纖毫之
<small>안 자 왈 군 자 견 호 리 지 선 불 가 경 지 행 유 섬 호 지</small>

惡。不可爲之。
<small>악 불 가 위 지</small>

{讀法} 顏子ㅣ 曰, 君子는 見2毫釐之善1이라도 不>可>傾>之며 行3有2
纖毫之惡1이라도 不>可>爲>之니라.

• • •

{直譯} 안자가 말하기를, "군자는 아주 작은 선을 보았더라도 없애
버려서는 안 되며, 아주 작은 악이 있는 행동도 그것을 해서는 안
된다." 하였다.

{語義} ㅇ顏子(안자) : 앞의 〔01-017〕조목(條目) 참조(參照) 바람. ㅇ毫釐(호
리) : 자의 눈, 또는 저울의 눈의 호(毫)와 이(釐). 전(轉)하여 아주 짧은 거리
나 적은 분량(分量). ㅇ不>可>傾>之(불가경지) : 쏟아 없애서는 안 된다. ㅇ纖
毫(섬호) : 매우 가는 털. 전하여 미세(微細)함. 아주 작음. ㅇ不>可>爲>之(불
가위지) : 해서는 안 된다.

{意譯} 안자(顏子)가 말했다. "유덕(有德)한 군자는 아무리 작은 선
을 보았다 할지라도 없앨 수 없는 것이며, 아무리 작은 악의 행동
이라 할지라도 해서는 안 되는 것이다."

{餘說} 이 대문도 다음과 같은 대립의 구문으로 성립(成立)되어 있다.

顔子曰, 君子 ┌── 見2毫釐之善1, 不>可>傾>之,
　　　　　　　└── 行2有纖毫之惡1, 不>可>爲>之.

01-022/ 선한 말은 천 리 밖에서도 응하고

易曰。出其言善。則千里應之。出言不善。則千里外
역왈 출기언선 즉천리응지 출언불선 즉천리외
違之。
위지

{讀法} 易에 曰, 出2其言1에 善이면 則千里ㅣ 應>之하고 出>言에 不>
善이면 則千里外ㅣ 違>之하나니라.

• • •

{直譯}《역경(易經)》에 이르기를, "그 말이 나옴에 선(善)하면 천리
(千里) 밖에서도 이에 응하고, 그 말이 나옴에 선하지 않으면 천 리
밖에서도 이에 어긴다." 하였다.

{語義} ○ 易(역) : 앞의 〔01-009〕 조목(條目) 참조(參照) 바람. ○ 應>之(응지)
: 호응(呼應)함. ○違>之(위지) : 반대함.

{意譯} 《역경》에 말했다. "그 말한 것이 선(善)하면 천리(千里) 밖의 먼 곳에서도 이에 호응하게 되고, 그 말한 것이 불선(不善)하면 천리 밖의 먼 곳에서도 이에 반대한다."

{餘說} 이 대문은 다음 〔 〕와 같이 보충하여 고쳐져야 할 것이다.

易曰, ┌ 出2 其 言1 善, 則千里〔之外〕應>之,
　　　└ 出2〔其〕言1 不>善, 則千里〔之〕外 違>之.

《역경·계사상(繫辭上)》에서 원문을 인용(引用)하여 이 대문의 잘못된 부분을 확인하기 바란다: "子ㅣ曰, 君子ㅣ 居2其室1하여 出2其言1에 善이면 則千里之外ㅣ 應>之하나니 況其邇者乎녀 居2其室1하여 出2其言1에 不>善이면 則天里之外ㅣ 違>之하나니 況邇乎녀!〔군자는 방에 앉아서 말을 하여도 그 말이 착하면 천 리 밖에서도 응하니, 가까운 데야 말할 것이 있겠는가! 방에 앉아서 말을 하여도 그 말이 착하지 않으면 천 리 밖에서도 어기니, 하물며 가까운 데야 말할 것이 있겠는가!〕"

01-023/ 마음속에 올바른 것을 품었으면

但存心裏正。不用問前程。但能依本分。前程不用
단 존 심 리 정　불 용 문 전 정　단 능 의 본 분　전 정 불 용

問。若要有前程。莫做沒前程。
문　약 요 유 전 정　막 주 몰 전 정

{讀法} 但存2心裏正1이면 不>用下問2前程1上이오, 但能>依2本分1이면 前程을 不>用>問이니라. 若要>有2前程1커든 莫>做>沒2前程1하라.

• • •

{直譯} 다만 마음속에 바른 것을 가졌으면 전정(前程)을 물을 필요 없고, 다만 본분(本分)에 의할 수 있으면 전정을 물을 필요도 없는 것이다. 만일 앞길이 있기를 필요로 하거든, 앞길 망칠 짓을 하지 말라.

{語義} ○但存(단존) : 다만 …을 갖다. ○心裏(심리) : 마음속. ○不>用(불용) : 필요 없다. ○前程(전정) : 앞길. 전도(前途). ○但能(단능) : 다만 …할 수 있다. ○本分(본분) : 사람마다 갖추고 있는 분수(分數). 의무로 행하여야 할 책임. ○若要(약요) : 만일……을 하고자 하거든. 만일 필요하다면. ○莫>做(막주) : 하지 말라. …한 짓을 말라. ○沒(몰) : 없애다. 멸망하다. ○前程(전정) : 앞길. 전도(前途)와 같다.

{意譯} 마음속이 바르면 앞길도 잘 될 것이니 묻지 않아도 되고, 본분을 지킬 수 있다면 이도 앞길이 좋다는 것이다. 만약 전도(前途)에 좋은 일이 있기를 바란다면 전도를 꺾는 일을 짓지 말라.

{餘說} 이 대문을 다음과 같이 병서 (並書)해서 직역을 되풀이해보자.

　　但存2心裏正1, 不>用下問2前程1上,但能>依2本分1, 前程不>用>問.

若要>有2前程1, 莫>做>沒2前程1.

다른 판본에는 위의 대문에서 마지막 두 구절을 별도의 장(章)으로
한 곳도 있다.

01-024/ 재산을 많이 모아 자손에게 주어도

司馬溫公家訓。積金以遺子孫。未必子孫能盡守。積
<small>사 마 온 공 가 훈　적 금 이 유 자 손　미 필 자 손 능 진 수　적</small>
書以遺子孫。未必子孫能盡讀。不如積陰德於冥冥之
<small>서 이 유 자 손　미 필 자 손 능 진 독　불 여 적 음 덕 어 명 명 지</small>
中。以爲子孫之計也。
<small>중　이 위 자 손 지 계 야</small>

{讀法} 司馬溫公家訓에 積>金以遺2子孫1이라도 未必2子孫이 能盡
守1요, 積>書以遺2子孫1이라도 未必2子孫이 能盡讀1이니 不>如下積2
陰德1於冥冥之中하여 以爲2子孫之計1上也니라.

• • •

{直譯} 사마온공〈가훈〉에, "금을 쌓아서 자손에게 남겨줄지라도
반드시 자손이 능히 다 지키지 못할 것이고, 책을 쌓아서 자손에게
남겨줄지라도 반드시 자손이 능히 다 읽지 못할 것이니, 음덕 쌓기
를 남모르는 가운데 하여서 자손을 위하는 계획만 같지 못하다."라

고 하였다.

{語義} ○司馬溫公(사마온공) : 송(宋)나라 명신(名臣). 사마광(司馬光). 자는 군실(君實). 태사온국공(太師溫國公)을 증직 받았으므로 사마온공이라 함. 신종(神宗) 때 왕안석(王安石)의 신법(新法)을 반대하다가 실각(失脚)하였고, 철종(哲宗) 때 정승이 되어 신법을 모두 폐지하였음. 저서(著書)에 《자치통감(資治通鑑)》·《독락원집(獨樂園集)》이 있음. ○家訓(가훈) : 가정교훈(家庭教訓). ○積>金(적금) : 돈을 모으는 것. 돈을 쌓아두는 것. ○遺(유) : 끼치다. 남겨두다. ○子孫(자손) : 아들과 손자. ○未必(미필) : 반드시 … 못한다. ○能(능) : 능히. 잘. ○積>書(적서) : 책을 모아. 책을 쌓아. ○不>如(불여) : …하는 것만 같지 못하다, …하느니만 못하다. ○陰德(음덕) : 조상(祖上)의 덕. 남몰래 베푸는 덕. 뚜렷이 드러나지 아니하고 아주 작아서 알기 어려운 덕. ○冥冥之中(명명지중) : 깜깜한 가운데. ○計(계) : 꾀. 계획. 계교(計巧).

{意譯} 사마온공 〈가훈〉에, "돈을 모아서 자손에게 남겨준다 해도 그 자손들이 반드시 이 재산을 잘 다 지키지 못할 것이고, 책을 모아서 자손에게 남겨준다 해도 그 자손들이 반드시 다 잘 읽지 못할 것이니, 차라리 남몰래 덕을 쌓아 이것으로 자손들의 계획으로 삼는 것만 못 하다." 하였다.

{餘說} 이 대문도 다음과 같은 대립구로 성립되어 있다. 앞서 나온 대문보다 긴 것 같지만 대립시켜서 읽어 보면 훨씬 이해하기가 쉬울 것이다.

司馬溫公家訓,┌─ 積>金以遺2子孫1, 未必2子孫能盡守1,┐ 不>如下積2陰德1
　　　　　　　└─ 積>書以遺2子孫1, 未必2子孫能盡讀1. ┘ 於冥冥之中, 以2
　　　　　　　　　　　　　　　　　　　　　　　　　　爲子孫1之計上也.

01-025/ 마음도 착하고 운수도 좋으면

心好命又好。發達榮華早。心好命不好。一生也溫飽。
심 호 명 우 호　발 달 영 화 조　심 호 명 불 호　일 생 야 온 포

命好心不好。前程恐難保。心命都不好。窮苦直到老。
명 호 심 불 호　전 정 공 난 보　심 명 도 불 호　궁 고 직 도 로

{讀法} 心好命又好면 發達榮華早요, 心好命不>好면 一生也溫飽라
命好心不>好면 前程恐難>保요, 心命都不>好면 窮苦直到>老니라.

• • •

{直譯} 마음이 좋고 운명이 또 좋으면 발달과 영화가 빠르고, 마음
이 좋고 운명이 좋지 않으면 일생을 또 포식난의(飽食暖衣)한다. 운
명이 좋고 마음이 좋지 않으면 앞길이 아마 지탱하기 어렵고, 마음
도 운명도 모두 좋지 않으면 곤궁하고 고생을 하여 곧장 늙어질
것이다.

{語義} ○命(명) : 운명(運命). ○發達(발달) : 자람. 생각함. 진보함. ○榮華

(영화) : 몸이 귀하게 되어서 이름이 남. ○ 也(야) : 시(詩), 또는 속어(俗語)에서 '또' 의 뜻으로 '亦' 자와 같이 쓰임. ○ 溫飽(온포) : 따뜻이 입고 배불리 먹음. 포식난의(飽食暖衣). ○ 恐(공) : 아마. ○ 難>保(난보) : 지탱하기 어려움. ○ 窮苦(궁고) : 곤궁하여 고생함. ○ 直(직) : 곧. 곧장. ○ 到>老(도로) : 늙어버림. 늙음이 닥쳐옴.

{意譯} 마음과 운명이 다 좋으면 성장(成長)과 몸이 귀(貴)하게 되는 것이 따르고, 마음이 좋으면서 운명이 언짢아도 평생 역시 포식난의(飽食暖衣)하게 된다. 운명이 좋고 마음이 언짢으면 전도(前途)가 아마 지탱하기 어려울 것이고, 마음과 운명이 모두 언짢으면 곤궁하고 고생하며 곧장 늙어버린다.

{餘說} 이 대문은 오언율시(五言律詩)이다.

心好命又好, 發達榮華早. 〔起聯〕

心好命不>好, 一生也溫飽. 〔承聯〕

命好心不>好, 前程恐難>保. 〔轉聯〕

心命都不>好, 窮苦直到>老. 〔結聯〕

01-026/ 충효를 자손에게 물려주는 사람은

景行錄云。以忠孝遺子孫者昌。以智術遺子孫者亡。
경 행 록 운 이 충 효 유 자 손 자 창   이 지 술 유 자 손 자 망

以謙接物者强。以善自衛者良。
이 겸 접 물 자 강   이 선 자 위 자 량

{讀法} 景行錄에 云, 以₂忠孝1로 遺₂子孫1者는 昌하고 以₂智術1로 遺₂子孫1者는 亡하며 以>謙으로 接>物者는 强하고 以>善으로 自衛者는 良하나니라.

• • •

{直譯}《경행록》에 이르기를, "충효로써 자손에게 남겨주는 사람은 창성(昌盛)하고, 슬기로운 꾀로써 자손에게 남겨주는 사람은 망하며, 겸손으로써 타인과 접하는 사람은 강(强)하고, 선으로써 자기를 지키는 사람은 훌륭하다." 하였다.

{語義} ○《景行錄(경행록)》: 책 이름. 원(元)나라 사필(史弼, 1233~1318)이 편찬함. 이 책에는 격언(格言) 100여 조항이 들어있는데 대부분《성심록(省心錄)》의 말을 베낀 것이다. 사필(史弼)은 자(字) 군좌(君佐), 자호(自號) 자미노인(紫微老人), 벼슬은 복건성평장정사(福建省平章政事)에 이르고 악국공(鄂國公)에 봉해졌다. 사적은《원사(元史)·본전(本傳)》에 갖춰져 있다. ○昌(창): 성함. 번성함. ○智術(지술): 슬기 있는 꾀. 지모(智謀). ○亡(망): 없어짐. 멸망함. ○謙(겸): 겸손. 제 몸을 낮춤. ○接物(접물): 타인과의 교제. ○强(강): 여기서는 세력이 강함. ○自衛(자위): 몸이나 나라 등을 스스로 막아 지킴. ○良(량): 훌륭함. 선량함.

{意譯}《경행록》에 말했다. "충효의 정신을 자손에게 물려주는 사람의 가문(家門)은 번창(繁昌)하며, 슬기로운 꾀를 자손에게 물려

주는 사람의 가문(家門)은 멸망(滅亡)하며, 자신을 낮추면서 타인과 교제하는 사람은 타인을 힘입어 세력이 강하게 되고, 자신을 선으로써 지키는 사람은 훌륭하게 된다.”

{餘說} '충효(忠孝)'와 '지술(智術)'의 대(對)로서 전자는 '昌'이고, 후자는 '亡'이라 했다. 충효를 하는 가문에는 언제나 서기(瑞氣)가 감돌아 번창한다는 것이고, 지술, 즉 권모술수(權謀術數)란 좋지 못하기 때문에 암운(暗雲)이 항상 가문에 감돌아 언젠가는 망한다는 것이다. 다음은 겸손하여 언제나 남과 대할 때 자기를 낮추게 되면 자기의 세력이 늘어가서 강하게 되고, 또 선(善)으로 자위(自衛)하는 사람은 훌륭하게 된다는 것이다.

01-027/ 자애를 널리 베풀어라

恩義廣施。人生何處不相逢。讎冤莫結。路逢狹處難
은 의 광 시 인 생 하 처 불 상 봉 수 원 막 결 노 봉 협 처 난

迴避。
회 피

{讀法} 恩義를 廣施하라. 人生2何處1ㄹ들 不2相逢1이랴. 讎冤을 莫>結하라. 路逢2狹處1면 難2迴避1니라.

• • •

{直譯} 은혜와 의리를 널리 베풀어라. 사람이 어느 곳에 산들 서로 만나지 아니하랴. 원수와 원망을 맺지 말라. 길 좁은 곳에서 만나면 회피하기 어렵다.

{語義} ㅇ恩義(은의) : 은혜와 의리. 자애(慈愛). ㅇ廣施(광시) : 널리 베풀다. ㅇ何處(하처) : 어느 곳. ㅇ不(불) : '않는다' 는 부정(否定)의 말. '不' 자의 음은 ㄷ·ㅈ의 앞에서는 '부' 로 읽고, 기타는 '불' 로 읽는다. 예를 들면 '不動産·不當·不貞·不正·不條理' 등은 '부동산·부당·부정·부정·부조리' 등으로 읽고 이 밖의 것은 '불' 로 읽는다. 허용은 되어있지만 '不實企業' 을 '부실기업' 으로 읽는 것보다는 이는 '불실기업' 으로 읽어야 한다. ㅇ相逢(상봉) : 서로 만남. ㅇ讎冤(수원) : 원수와 원망. ㅇ莫>結(막결) : 맺지 말라. ㅇ路逢(노봉) : 길가에서 만남. ㅇ狹處(협처) : 좁은 곳. 좁은 길목. ㅇ難(난) : 어렵다. ㅇ迴避(회피) : 피해 돌아감. 조심함. 어려워함.

{意譯} 남에게 은혜와 의리를 널리 베풀어서 좋은 일을 많이 하라. 사람이 어느 곳에 살아 있든지 서로 만나지 않을 수 있을까? 어느 곳인가에서 또 만나게 된다. 남에게 원수와 원한을 조금도 맺어서는 안 된다. 길이 좁아 피할 수 없는 곳에서 만나게 되면 피하기 어렵다.

{餘說} 이 대문은 앞 대문과 같이 《경행록》에 실려 있는 말이라 해서 초략본(抄略本) 등에는 '景行錄曰' 이라고 대문의 머리에 적혀 있다. 이 대문도 완전한 대립구로 되어있다.

‘人生何處’를 ‘人生이 어느 곳에’로 본 책들이 많으나 그것보다는
‘사람이 어느 곳에 산들’로 보는 것이 다음의 ‘路逢狹處’와의 대에도
맞고 주술불가분(主述不可分)의 원칙에 어긋나지 않으며 사상의 확실·
철저·통일을 이루게 된다.

　　┌ 人生2何處1(사람이 어느 곳에 살든지)
　　└ 路逢2狹處1(길 좁은 곳에서 만나면)

　다시 반복하면 "사람이 어느 곳에 생존해 있든지 서로 만나지 않으
랴? 어느 곳인가에서 다시 우연히 만나게 마련이다. 〔더구나 원수를 맺
고서〕 길 좁은 곳에서 만난다면 돌아 피하기 어렵다."로 사상의 통일이
완전하게 된다. 그러므로 ‘人生’은 사람이란 뜻으로 보지 말고, ‘사람
이 살다’로 보아야 할 것이다.

01-028/ 나한테 착하게 하는 사람에게

　莊子云。於我善者我亦善之。於我惡者我亦善之。我
　장 자 운 어 아 선 자 아 역 선 지 어 아 악 자 아 역 선 지 아
旣於人無惡。人能於我無惡哉。
기 어 인 무 악 인 능 어 아 무 악 재

{讀法} 莊子에 云, 於>我善者도 我亦善>之하고 於>我惡者도 我亦
善>之하고 我旣於>人에 無>惡이면 人能於>我에 無>惡>哉ㄴ저.

{直譯} 《장자》에 이르기를, "나에게 착하게 하는 사람에게도 나는 또한 이에 착하게 하고, 나에게 악하게 하는 사람에게도 나는 또한 이에 착하게 할 것이다. 내가 이미 남에게 악하게 아니하였으면 남이 능히 나에게 악하게 하는 일이 없을 것이다." 하였다.

{語義} ○《莊子(장자)》: 앞의 〔01-011〕 조목 참조 바람. 여기서는 책 이름. ○ 於>我(어아) : 나에게. ○我亦(아역) : 나 또한. ○善>之(선지) : 착하게 하다. ○ 旣(기) : 이미. ○ 能(능) : 능히. 잘. ○ 哉(재) : 반어사(反語辭)이다.

{意譯} 《장자》에 말했다. "나에게 선하게 하는 사람에게도 나는 또한 물론 선하게 하겠지만, 나에게 악하게 하는 사람에게까지도 또한 나는 선하게 할 것이다. 이렇게 내가 남에게 악하게 하지 않는다면 남이 어떻게 감히 나에게 악하게 할 수 있겠는가, 악하게 할 수 없을 것이다."

{餘說} 이 대문도 역시 대립구로 되어있다.

이 대문의 '我' 자를 전부 '汝' 자로 대치(代置)하여도 뜻은 마찬가지며, 장자의 처지에서 볼 때 제자가 면전(面前)에 있어서 그 제자에게 이르는 말이었다면 '汝' 자로 되었을 것인데, 여기에 '我' 자로 되어있는 것은 부정칭(不定稱)적인 표현의 일단으로 보아야 할 것이다.

01-029/ 착한 사람은 착하지 못한 사람의 스승이고

老子曰。善人不善人之師。不善人善人之資。
노 자 왈   선 인 불 선 인 지 사   불 선 인 선 인 지 자

{讀法} 老子ㅣ 曰, 善人은 不>善人之師요, 不>善人은 善人之資니라.

• • •

{直譯} 노자가 말하기를, "착한 사람은 착하지 못한 사람의 스승이고, 착하지 못한 사람은 착한 사람의 도움이 된다." 하였다.

{語義} ○老子(노자) : 주(周)나라 말기의 철학자. 이름이 이(耳). 자는 백양(伯陽). 시호(諡號)는 담(聃). 도가(道家)의 시조. 저서에 《노자도덕경(老子道德經)》이 있음. 이것을 단지 《노자》라고도 함. 이의 도가사상은 장자(莊子)에 계승되어 노장사상(老莊思想)으로 일컬어짐. ○資(자) : 도움, 또는 밑천. 자료.

{意譯} 노자가 말했다. "선인은 원래 불선인의 반성(反省)의 스승이나, 일면 또, 불선인에 있어서는 선인이 반성의 자료이기도 하다."

{餘說} 이 대문은 노자의 《도덕경(道德經)·제27장》 말미(末尾) 직전에 있다. '是謂要妙〔이것을 요묘(要妙)라 한다.〕'고 되어있다.

01-030/ 부드러운 것은 억센 것을 이기고

老子曰。柔勝剛。弱勝强。故舌能存。齒剛則折也。
노 자 왈 유 승 강 약 승 강 고 설 능 존 치 강 즉 절 야

{讀法} 老子ㅣ 曰, 柔勝>剛하고, 弱勝>强이라. 故로 舌能存이나 齒剛
則折也니라.

• • •

{直譯} 노자가 말하기를, "연한 것은 억센 것을 이기고, 약한 것은
강한 것을 이긴다. 그러므로 혀는 〔길게〕 있을 수 있으나, 이는 억
세어서 부러진다." 하였다.

{語義} ○老子(노자) : 앞의 〔01-029〕 조목에 나옴. ○柔(유) : 연함. 부드러
움. ○勝(승) : 이김. ○剛(강) : 억셈. 연하지 않음. 부드럽지 않음. ○弱(약) :
약함. 강하지 못함. ○强(강) : 강함. 약하지 않음. 弱의 대. ○舌(설) : 혀. ○存
(존) : 영존(永存). 오래 있음. ○齒(치) : 이. ○折(절) : 부러진다. 꺾인다.

{意譯} 노자가 말했다. "유한 것은 억센 것을 이기고, 약한 것은 강
한 것을 이긴다. 그런 까닭으로 유한 혀는 잘 오래도록 보존되지
만 이는 억세기 때문에 부러진다."

{餘說} 이 대문의 전반부(前半部)는 《도덕경(道德經) · 제78장》에 이런 뜻

의 글이 있으나, 후반부(後半部)의 것은 없다.

《설원(說苑)·경신(敬愼)》에 다음과 같은 글이 있다: "常摐張2其口1而示2老子1曰, 吾舌存乎. 老子曰, 然. 吾齒存乎. 老子曰, 亡. 常摐曰, 子知>之乎. 老子曰, 夫舌之存也, 豈非>以2其柔1耶. 齒之亡也, 豈非>以2其剛1也. 常摐曰, 嘻, 是已. 天下之事已盡矣. 何以復語子哉!"〔노자의 스승 상창이 임종이 가까워지자 자신을 찾아온 제자 노자에게 자신의 입을 벌려 보여 주면서 이렇게 말했다. "나의 혀가 그대로 있느냐?" 노자가 대답하였다. "그렇습니다." 상창이 다시 말했다. "그럼 나의 이빨은 남아 있느냐?" 노자가 대답하였다. "다 빠지고 없습니다." 상창이 물었다. "자네는 그 이유를 아는가?" 노자가 대답하였다. "무릇 혀가 그대로 있는 것은, 부드럽기 때문이 아니겠습니까? 이빨이 빠지는 것은 어찌 강하기 때문이 아니겠습니까?" 그러자 상창이 이렇게 말했다. "오호라! 맞는 말이다. 천하의 일이 이미 다 끝났다. 그대에게 무엇을 더 말해주겠는가!"〕

이 글이 본 대문과 관계가 있는 듯하다.

01-031/ 인자한 사람은 오래 살고

太公曰。仁慈者壽。凶暴者亡。
태 공 왈   인 자 자 수   흉 포 자 망

{讀法} 太公이 曰, 仁慈者는 壽하고 凶暴者는 亡하나니라.

{直譯} 태공이 말하기를, "인자한 사람은 오래 살고, 흉포한 사람은 쉬 죽는다." 하였다.

{語義} ○太公(태공) : 앞의 〔01-016〕 조목에 나왔음. ○仁慈(인자) : 인후 (仁厚)하고 자애(慈愛)로움. ○壽(수) : 나이. 장수함. ○凶暴(흉포) : 흉악하고 포악(暴惡)함. ○亡(망) : 죽음. 수하지 못함. 壽의 대.

{意譯} 태공이 말했다. "사람의 성품(性品)이 인후(仁厚)하고 자애 (慈愛)로운 사람은 오래 살고, 사람의 성질이 흉악하고 포악(暴惡) 한 사람은 일찍 죽는다."

{餘說} 인자의 집은 더없이 편안한 주택〔仁者之安宅〕이라는 말이 있 다. 편안한 주택에서 살면 수(壽)하게 마련이다. 그 반면에 포악한 짓을 하는 자는 항상 불안한 마음을 간직하기 때문에 오래 살지 못하고 쉬 죽 는다는 말이다.

01-032/ 나약한 사람은 반드시 오래 살고

太公曰。懦必壽昌。勇必夭亡。
태 공 왈 나 필 수 창 용 필 요 망

{讀法} 太公이 曰, 懦必壽昌하고 勇必夭亡하나니라.

• • •

{直譯} 태공이 말하기를, "나약한 사람은 반드시 오래 살고 창성하며, 용감한 사람은 반드시 일찍 죽는다." 하였다.

{語義} ○懦(나) : 무력한 것. 나약(懦弱). ○壽昌(수창) : 오래 살고 창성함. ○勇(용) : 용감. 기운이 있고 동작이 빠름. ○夭亡(요망) : 일찍 죽음. 요절(夭折).

{意譯} 강태공이 말했다. "나약한 사람은 항상 몸을 사리고 무도한 짓을 않기 때문에 반드시 오래 살고 창성하며, 용감한 사람은 항상 자기의 용력(勇力)을 믿고 덤비기 때문에 반드시 일찍 죽는다."

{餘說} 이 대문도 그렇고 앞 대문도 그러한데, 아무리 생각해 보아도 착간(錯簡)인 것 같다.

01-033/ 군자는 선을 행함이 물과 같아서

老子曰。君子爲善若水。擁之可以在山。激之可以過
노자왈 군자위선약수 옹지가이재산 격지가이과

顙。能方能圓委曲隨形。故君子能柔而不弱。能强而不
상 능방능원위곡수형 고군자능유이불약 능강이불

剛。如水之性也。天下柔弱莫過於水。是以柔弱勝剛
강　여수지성야　천하유약막과어수　시이유약승강
強。
강

{讀法} 老子ㅣ 曰, 君子는 爲>善若>水하여 擁>之可2以在山1하고 激>之可2以過顙1하며 能方能圓하여 委曲隨>形이라. 故로 君子는 能柔而不>弱하고 能强而不>剛하여 如2水之性1也라. 天下에 柔弱이 莫>過>於>水니 是以로 柔弱이 勝2剛强1이니라.

• • •

{直譯} 노자가 말하기를, "군자는 선을 행함이 물과 같아서 이를 움켜서 산에 갖다 둘 수 있고 이를 튀기면 이마를 지나가게 할 수 있으며, 잘 모나고 잘 둥글어져서 형상에 따라 모양이 바뀐다. 그러므로 군자는 능히 부드러우면서 약하지 않고, 능히 강하면서 억세지 않아서 물의 성질과 같다. 세상에 부드럽고 약함이 물보다 더함이 없나니, 이로써, 부드럽고 약함이 억세고 강함을 이긴다." 하였다.

{語義} ○若>水(약수) : 물의 성질과 같음. ○擁>之(옹지) : 물을 안음. ○在山(재산) : 산에 있음. 물을 안고 산 위에 갖다둠. ○激>之(격지) : 물을 튀김. 격탕(激盪)시킴. ○過>顙(과상) : 이마를 넘어감. 물을 튀겨서 이마 위를 넘어가게 함. ○能方(능방) : 잘 모가 남. ○能圓(능원) : 잘 둥긂. '能方能圓'은

물이 모난 그릇에 담기면 그릇 모양대로 모가 나고, 둥근 것에 담기면 그대로 둥글다는 뜻임. ○ 委曲隨>形(위곡수형) : 형상에 따라 굽힘. ○ 莫>過>於>水(막과어수) : 물보다 더한 것은 없다.

{意譯} 노자가 말했다. "군자의 위선(爲善)은 경우나 형편 등에 따라 즉응(卽應)하여 품성(品性)이 물과 같다. 물은 안고서 산에 갖다 둘 수 있고, 물은 튀겨서 이마 위를 넘어가게 할 수 있으며, 모나게도 둥글게도 곧잘 되어서 담기는 그릇 안의 형상에 따라 모양이 이루어진다. 그러므로 군자의 성격은 몹시 부드러우면서 약하지 않고, 몹시 강하면서 억세지 않아서 물의 성질과 같다, 세상에 뭐니 뭐니 해도 부드럽고 약하기로는 물보다 더한 것이 없으므로 부드럽고 약한 것이 억세고 강한 것을 이긴다."

{餘說} 《노자도덕경(老子道德經)·제8장》에 '上善若>水'란 말이 있다. 즉 최상(最上)의 선은 물과 같은 것이라고 하였다. 이 최상의 선은 바로 최상의 사람인 군자가 하는 선이요, 이는 물과 같은 것〔君子爲>善若>水〕이라는 뜻이 바로 이 대문의 대의(大意)이다.

　　《맹자(孟子)·고자상(告子上)》에 "人性之善也, 猶2水之就1>下也. 人2無>有>不>善1, 水2無>有>不>下1. 今夫水搏而躍>之, 可使過>顙. 激而行>之, 可使在>山. 是豈水之性哉, 其勢則然也. 人之可>使>爲2不1>善, 其性亦猶>是也〔인성이 선한 것은 물이 아래로 흐르는 것과 같다. 사람은 선하지 않음이 없으며, 물은 아래로 흐르지 않음이 없다. 지금 저 물을 튀겨서 이마 위를 지나가게 할 수 있고, 저 물을 세차게 힘을 가해 가게 하여 산에 있게 할 수 있다. 이것이 물의 성질인가? 그 형세가 그러한 것이다. 사람에게 선하지 않은 행동을 하게 할 수 있는 것도 그 성품이 또한 이와 같기 때문이다.]"라는 말이 나온다.

01-034/ 행한 선이 다르더라도

書云。爲善不同。同歸於理。爲政不同。同歸於治。惡
서 운 위 선 불 동 동 귀 어 리 위 정 부 동 동 귀 어 치 악

必須遠。善必須近。
필 수 원 선 필 수 근

{讀法} 書에 云, 爲>善이 不>同이나 同歸2於理1하고 爲>政이 不>同이나 同歸2於治1하나니 惡은 必須遠하고 善은 必須近이니라.

• • •

{直譯}《서경(書經)》에 이르기를, "행한 선이 다르지만 같은 이치에 돌아가고, 정사를 행함이 같지 않으나 같은 다스림에 돌아가나니, 악한 일은 반드시 모름지기 멀리하고, 착한 일은 반드시 모름지기 가까이할 것이다." 하였다.

{語義} ○《書(서)》:《서경(書經)》. 앞의 〔01-002〕 참조 바람. ○同歸(동귀):
돌아가는 곳이 같음. 귀착점(歸着點)이 동일(同一)함. ○爲>政(위정): 정사(政事)를 행함. ○必須(필수): 꼭 해라. 반드시 모름지기 해라.

{意譯} 《서경》에 말했다. "선을 행하는 방법은 각각 다르지만 귀착점(歸着點)인 이치(理致)에 있어서는 같고, 정사(政事)를 행하는 방법은 각각 다르나 귀착점인 다스림[治]에 있어서는 같은 것이니, 악한 일은 꼭 멀리하고, 착한 일은 꼭 가까이할 것이다."

{餘說} 《서경 · 채중지명(蔡仲之命)》에는 "爲>善不>同, 同歸2于治1. 爲>惡不>同, 同歸2于亂1"이란 말이 있다. 결국 같은 논조(論條)이기는 하나, 똑같은 말은 보이지 않는다. 《서경》 전체의 흐름에서 사상(思想)을 적출(摘出)해 낸 말로 보아야겠다. 이런 일은 교과서(教科書) 등속의 편찬에는 흔한 일이다.

01-035/ 자손이 부귀하도록 계획하는 사람은

景行錄云。爲子孫。作富貴計者。十敗其九。爲人作
경 행 록 운 위 자 손 작 부 귀 계 자 십 패 기 구 위 인 작

方便者。其後受惠。
방 편 자 기 후 수 혜

{讀法} 景行錄에 云, 爲2子孫1하여 作2富貴計1者는 十敗2其九1로되 爲>人하여 作2方便者1는 其後受>惠니라.

• • •

{直譯} 《경행록》에 이르기를, "자손을 위하여 부귀의 계획을 짓는

사람은 열 명 중에 그 아홉은 실패하되, 남을 위하여 선의 기회를
짓는 사람은 그 후손이 은혜를 받는다." 하였다.

{語義} ○十敗2其九1(십패기구) : 열에 아홉은 실패함. ○方便(방편) : 기회(機
會). 임기응변(臨機應變)의 처리(處理). ○其後(기후) : 그의 후손(後孫). 즉 '爲>
人作2善方便1者' 의 후손. ○受>惠(수혜) : 은혜를 받음.

{意譯} 《경행록》에 말했다. "자손을 위하여 부귀(富貴)를 일으키려
고 계획하는 사람은 열 사람 가운데 그들의 아홉 사람은 실패(失
敗)로 돌아가되, 남을 위하여 착한 일을 실행하는 사람은 그 사람
의 후손(後孫)이 은혜(恩惠)를 받는다."

{餘說} 자기 자손의 부귀를 위하여 부모 된 사람이면 노력하지 않을 사람
이 있겠는가! 노력하는 자체가 나쁜 게 아니라 행위에 있어서 남을 해치
지는 않는다고 할지라도 지나치게 자기만을 위하는 것도 이기적(利己的)
이어서 덜 좋은 것이다. 자기를 위할 줄 알면 남도 위할 줄 알아야 한다.

01-036/ 남에게 기회를 주는 사람은

與人方便者。自己方便。
여 인 방 편 자 자 기 방 편

{讀法} 與2人方便1者는 自己方便이니라.

• • •

{直譯} 남에게 기회를 주는 것이 자기 방편이다.

{語義} ○ 與>人(여인) : 남에게 주다.

{意譯} 남에게 선행(善行)을 할 기회를 주는 사람은 자기도 선행할 기회가 있다.

{餘說} 남의 방편(方便)이 내 방편이고, 내 방편이 남의 방편이란 말이다. 그러니 남의 방편을 가로채지 말아야 제 방편도 생기게 된다.

01-037/ 날마다 남을 이롭게 하면

日日行方便。時時發善心。
일 일 행 방 편　시 시 발 선 심

{讀法} 日日行2方便1하면 時時發2善心1이니라.

• • •

{直譯} 날마다 기회 방편(方便)을 행하면 때때로 착한 마음이 일어
난다.

{語義} ○ 日日(일일) : 날마다. ○ 行(행) : 실행하다. ○ 時時(시시) : 때때로.
가끔. ○ 發(발) : 일어남. ○ 善心(선심) : 착한 마음.

{意譯} 날마다 계속해서 기회 있을 때마다 착한 일을 실행하면 시
간 시간마다 착한 마음이 일어나서 선행(善行)이 계속된다.

{餘說} '日日'·'時時'는 후천적(後天的)인 습관(習慣)을 들이라는 말로
풀이된다. 습관이란 후천적으로 형성(形成)되는 인격(人格)이다. 선행의
습관화는 바로 한 인간의 인격화(人格化)다. 좋은 습관을 가져 훌륭한 인
격화가 요구되는 것이 수양(修養)의 일단(一端)이다. 우리 모두 후천적인
선의 인격화를 위하여 노력하자.

01-038/ 힘이 닿는 곳이면

力到處。行方便。
역 도 처　행 방 편

{讀法} 力到處에 行2方便1이니라.

• • •

{直譯} 힘이 닿는 곳이면 선행(善行)을 하라.

{語義} ○到處(도처) : 이르는 곳. 닿는 곳.

{意譯} 힘이 닿고 기회만 있으면 선행을 하라.

{餘說} 여기의 '力'은 '善行力'을 말한다. 이 선행력은 장소를 가리지 않고 기회 있을 때마다 선행(善行)을 하게 마련이라는 것이다. 앞 대문의 습관성과 연관되는 대문이라 하겠다.

01-039/ 천만의 경전에서 효도와 의리가 첫째이고

千經萬典。孝義爲先。天上人間。方便第一。
천 경 만 전 효 의 위 선 천 상 인 간 방 편 제 일

{讀法} 千經萬典은 孝義가 爲>先이오, 天上人間은 方便이 第一이니라.

• • •

{直譯} 천만 가지의 경전은 효의가 첫째이고, 천상이나 인간은 기회가 제일이다.

{語義} ○千經萬典(천경만전) : 천만 가지의 경전. 경전은 경서(經書)로 성인이 지은 책.《사서오경(四書五經)》같은 것. ○孝義(효의) : 효성(孝誠)과 절의(節義)가 있는 사람. ○爲>先(위선) : 첫째로 함. ○天上(천상) : 하늘. ○人間(인간) : 사람이 사는 세상. ○方便(방편) : 기회. 방법과 편의.

{意譯} 천만(千萬)의 경전에서 효성(孝誠)과 절의(節義)가 첫째가 되고, 하늘이나 인간계(人間界)는 선행할 기회가 제일이다.

{餘說} 천만(千萬) 가지나 되는 경전(經典) 내용 중에서 효의(孝義)가 첫째가 되고, 천상계나 인간계에는 찬스〔기회〕가 제일이라는 것이다. 어떤 학자는 맹자의 '天時·地利·人和'에 대하여 '하모니·찬스·팀웍'으로 표현한 것을 본 일이 있다. 여기에 나오는 방편은 찬스로 표현하는 것이 적절하지 않나 싶다.

01-040/ 전화위복

太上感應篇曰。禍福無門。唯人自召。善惡之報。如
태상감응편왈 화복무문 유인자소 선악지보 여

影隨形。所以人心起於善。善雖未爲。而吉神以隨之。
영수형 소이인심기어선 선수미위 이길신이수지

或心起於惡。惡雖未爲。而凶神以隨之。其有曾行惡事
혹심기어악 악수미위 이흉신이수지 기유증행악사

後自改悔久。久必獲吉慶。所謂轉禍爲福也。
후자개회구 구필획길경 소위전화위복야

{讀法} 太上感應篇에 曰, 禍福은 無>門이나 唯人이 自召하나니 善惡之報는 如2影隨1>形이라. 所以로 人心에 起2於善1이면 善雖未>爲나 而吉神以隨>之하고 或心에 起2於惡1이면 惡雖未>爲나 而凶神以隨>之하며 其有下曾行2惡事1後에 自改上>悔久면 久必獲2吉慶1하나니 所>謂轉>禍爲>福也니라.

• • •

{直譯} 《태상감응편》에 말하기를, "화와 복은 들어오는 문이 없으나, 오직 사람이 스스로 불러들이니, 선악의 갚음은 그림자가 형상을 따르는 것과 같다. 그런 까닭에 사람의 마음에 선이 생기면 선행은 비록 아직 하지 않았을지라도 길신이 함께 이에 따르고, 혹 마음에 악이 생기면 악행은 비록 아직 하지 않았을지라도 흉신이 함께 이에 따르며, 그 일찍이 악한 일을 행한 후에 스스로 뉘우쳐 고치는 바가 있은 지 오래면 미구에 반드시 길경(吉慶)을 얻으니, 이른바 화가 변하여 복이 되는 것이다." 하였다.

{語義} ○《太上感應篇(태상감응편)》: 도교(道敎) 경전의 이름. 《송사(宋史)·예문지(藝文志)》 및 《도장(道藏)》에 들어있다. 통설(通說)에는 노자의 찬(撰)이라 하나, 청(淸)나라의 혜동(惠棟)은 포박자(抱子朴)의 작으로 함. 그 사(詞)는 노군(老君)의 스승 태상(太上)에 가탁(假托)하고, 권선징악의 뜻을 서술함. 송(宋)나라의 이종(理宗) 때 간행함으로써 원명(元明) 이후 성행하여 청나라의 순치제(順治帝)는 이로써 《권선요언(勸善要言)》을 지음. 주해(注解)는 이미

송대(宋代)에 있었고, 청나라의 혜동(惠棟)·조학상(姚學塽)이 주(注)를 모았고, 유월(兪樾)도《태상감응찬의(太上感應讚義)》2권을 만들었음. ㅇ 禍福無>門(화복무문) : 화나 복이 들어오는 문은 없고 모두 사람이 자초(自招)하는 것임. ㅇ 唯人(유인)이 自召(자소) : 오직 사람이 스스로 불러들임. ㅇ 如>影隨>形(여영수형) : 그림자가 형상을 따르는 것 같이. ㅇ 所以(소이) : 하는바. 소행(所行). 이유. 까닭. ㅇ 人心起2於善1(인심기어선) : 사람의 마음에 선이 생기면. ㅇ 善雖未>爲(선수미위) : 선행은 비록 아직 하지 않았다 할지라도. ㅇ 吉神以隨>之(길신이수지) : 좋은 것을 가져다준다는 신이 함께 따름. ㅇ 或心起2於惡1(혹심기어악) : 혹 마음에 악이 생기면. ㅇ 惡雖未>爲(악수미위) : 악행은 비록 아직 하지 않았다 할지라도. ㅇ 凶神以隨>之(흉신이수지) : 흉한 것을 가져다준다는 신이 함께 따름. ㅇ 曾行2惡事1(증행악사) : 일찌기 악함을 행하다. ㅇ 自改>悔久(자개회구) : 스스로 뉘우쳐 고친 지 오래됨. ㅇ 久必獲2吉慶1(구필획길경) : '久'는 '久>之'로 '시간이 조금 지남', 즉 오래지 않아 꼭 경사를 얻는다는 뜻. ㅇ 所>謂(소위) : 이른바. ㅇ 轉>禍爲>福(전화위복) : 재앙이 변하여 복이 됨.

{意譯}《태상감응편》에 말했다. "재앙과 행복은 오직 사람들이 자초(自招)하는 것이다. 선행과 악행에 대한 응보(應報)는 그림자가 형상을 따르는 것 같이 꼭 있게 마련이다. 그런 이유로 사람의 마음에 선심(善心)이 일어나면 선행(善行)의 단계에 이르지 않았더라도 벌써 길신(吉神)이 그 사람을 뒤따르고, 혹 마음에 악심(惡心)이 일어나면 악행(惡行)의 단계에 이르지 않았더라도 벌써 흉신(凶神)이 그 사람을 뒤따르게 된다. 그러나 일찍이 악한 일을 행한 후에 스스로 회개(悔改)한 지 오래되면 머지않아 꼭 경사(慶事)를 얻게

된다. 이것이 소위 전화위복(轉禍爲福)이라는 것이다."

{餘說} '禍福無>門,唯人自召'·'善惡有>報,如2影隨1>形' 등은 지언(至言)으로 널리 사람의 입에 오르내린 말들이다. 선·악 그 모습은 행위(行爲)가 따르면 우리 인간의 눈에도 잘 보인다. 그러나 신(神)의 눈에는 행위가 따르지 않더라도 감신(感神)하여 선에는 길신(吉神), 악에는 흉신(凶神)이 뒤따른다. 참으로 무서운 일이다. 그럼에도 인간은 그것을 모르고 제멋대로 행위를 한다. 그래서야 되겠는가? 하는 것이 이 대문의 대의(大意)이다. 또 사람이 어찌하다 실수로 악한 일을 했다고 해서 용서받지 못한다면 영영 악인이 될 터인데 그게 아니다. 지난 잘못을 고치면 곧 길경(吉慶)을 얻게 해준다는 것이다. 이를 전화위복이라 하였다. 예수도 지난 잘못을 회개하면 용서한다고 했다. 좋은 사람으로 이끄는 좋은 길이다.

01-041/ 천지는 사사로움이 없으며

東嶽聖帝垂訓。天地無私。神明暗察。不爲享祭而降
동악성제수훈 천지무사 신명암찰 불위향제이강

福。不爲失禮而降禍。凡人有勢不可盡倚。有福不可盡
복 불위실례이강화 범인유세불가진의 유복불가진

用。貧困不可盡欺。此三者。乃天地循環。周而復始。故
용 빈곤불가진기 차삼자 내천지순환 주이복시 고

一日行善。福雖未至。禍自遠矣。一日行惡。禍雖未至。
일일행선 복수미지 화자원의 일일행악 화수미지

福自遠矣。行善之人。如春園之草。不見其長。日有所
복 자 원 의 행 선 지 인 여 춘 원 지 초 불 견 기 장 일 유 소

增。行惡之人。如磨刀之石。不見其損。日有所虧。損人
증 행 악 지 인 여 마 도 지 석 불 견 기 손 일 유 소 휴 손 인

安己。切宜戒之。
안 기 절 의 계 지

{讀法} 東嶽聖帝垂訓에 天地는 無>私하며 神明은 暗察하여 不>爲2
享祭1而降>福하고 不>爲2失禮1而降>禍하나니 凡人은 有>勢면 不>
可2盡倚1요, 有>福이면 不>可2盡用1이오, 貧困이면 不>可2盡欺1니 此
三者는 乃天地循環하여 周而復>始라. 故로 一日行>善이면 福雖2未
至1라도 禍自遠矣요, 一日行>惡이면 禍雖2未至1라도 福自遠矣니라.
行>善之人은 如2春園之草1하여 不>見2其長1이나 日有>所>增하고
行>惡之人은 如2磨刀之石1하여 不>見2其損1이나 日有>所>虧하나니
損>人安>己는 切宜戒>之니라.

• • •

{直譯} 동악성제 〈수훈〉에, "천지는 사사로움이 없으며, 신명은 몰
래 살피어서 제사를 지내지 아니하여도 복을 내릴 것엔 복을 내리
고, 예의에 벗어나지 아니하여도 화를 내릴 것엔 화를 내리나니,
무릇 사람은 기세가 있으면 기세가 다하도록 맡길 수 없고, 복이
있으면 복이 다하도록 쓸 수 없고 빈곤하면 빈곤이 다 하도록 속
일 수 없나니, 이 셋은 곧 천지로 순환하여 돌아서 다시 처음으로
돌아간다. 그러므로 하루 선을 행하면 복은 비록 이르지 않을지라

도 재앙은 저절로 멀어지고, 하루 악을 행하면 재앙은 비록 이르지 않을지라도 복은 저절로 멀어진다. 선을 행하는 사람은 봄 동산의 풀이 그 자라나는 것은 보이지 않으나 날로 풀은 자라나는 것이 있는 것 같고, 악을 행하는 사람은 칼을 가는 숫돌이 달아지는 것은 보이지 않으나 날로 닳아지는 것과 같으니, 남에게 손해를 끼쳐서 자기를 편안하게 하는 것은 간절히 의당 이를 경계해야 할 것이다." 하였다.

{語義} ㅇ東嶽聖帝(동악성제) : 도가(道家)에서 존경하는 신의 이름. 3월 28일은 동악묘(東嶽廟)의 연일(緣日)로 탄신제(誕辰祭)를 지낸다.《연경세시기(燕京歲時記)·동악묘(東嶽廟)》에 "東嶽廟在2朝陽門外二里許1, 除2朔望1外, 每至2三月1, 自2十五日1起, 開>廟半月, 士女雲集, 至2二十八日1爲2尤盛1, 俗謂2之撢塵會1, 其實乃東嶽大帝誕辰也"라 하였다. ㅇ垂訓(수훈) : 내린 훈계. ㅇ神明(신명) : 하늘의 신령(神靈)과 땅의 신령. ㅇ暗察(암찰) : 몰래 살핌. ㅇ享祭(향제) : 제사(祭祀). ㅇ失>禮(실례) : 예의에 벗어남. ㅇ有>勢不>可盡倚(유세불가진의) : 기세가 있어도 그 기세가 다하도록 맡길 수 없다. ㅇ有>福不>可>盡>用(유복불가진용) : 행복이 있어도 그 행복이 다하도록 쓸 수 없다. ㅇ循環(순환) : 사물의 인과(因果) 왕래가 끝이 없음의 비유. ㅇ周而復>始(주이복시) : 돌아서 처음으로 돌아감. ㅇ福雖未>至(복수미지) : 행복은 비록 아직 이르지 못하더라도. ㅇ禍雖未>至(화수미지) : 재앙은 비록 아직 이르지 못하더라도. ㅇ雖(수) : 비록 …할지라도. ㅇ未(미) : 아직 …하지 아니하다. ㅇ春園(춘원) : 봄 동산. ㅇ不>見(불견) : 보이지 아니함. ㅇ長(장) : 자라남. 크는 것. ㅇ日(일) : 여기서는 '날마다'. ㅇ所>增(소증) : 늘어가는 것. ㅇ磨>刀

之石(마도지석) : 칼을 가는 돌, 즉 숫돌[砥石]. ○ 損(손) : 덞. 손모(損耗). ○ 所> 虧(소휴) : 닳아가는 것. ○ 損人>(손인) : 남에게 손해를 끼침. ○ 安>己(안기) : 자신을 편안하게 함. ○ 切(절) : 간절히. ○ 宜(의) : 마땅히. ○ 戒>之(계지) : 경계함.

{意譯} 동악성제 〈수훈〉에, "천지는 공평하여 사사롭지 않으며, 신명(神明)은 몰래 살펴보고 제사를 지내지 않더라도 행복을 줄 사람에게 행복을 내려 주고, 예에 벗어나는 일이 없어도 재앙을 내려줄 사람에게는 재앙을 내려주니, 대저 사람은 세력(勢力)이 있다 하여 있는 한까지 힘을 다 맡기면 안 되고, 행복이 있다 하여 있는 한까지 행복을 다 쓰면 안 되고 빈곤하다 하여 끝까지 다 속이면 안 되니, 이 세 가지 것은 천지가 끝이 없이 도는 것과 같이 돌아서 다시 처음으로 되돌아간다. 그래서 하루 착한 일을 하면 이내 행복이 닥쳐오지는 않을지라도 재앙은 점점 멀어지고, 하루 악한 일을 하면 이내 재앙이 닥쳐오지는 않을지라도 행복은 점점 멀어진다. 착한 일을 하는 사람은 봄 동산의 풀이 당장 자라나는 것을 눈으로 보아 알 수는 없으나 날마다 자라나는 것이 있는 것과 같고, 악한 일을 하는 사람은 칼을 가는 숫돌이 당장 닳는 것을 눈으로 보아 알 수는 없으나 날마다 닳아지는 것과 같으니, 남에게 손해를 끼쳐 자신을 편안하게 하는 것을 절대로 마땅히 경계해야 할 것이다."

{餘說} 이 대문은 제법 긴 문장이니 다음에 구문을 분석한다.

東嶽聖帝垂訓에

┌─ 天地無>私, ─┐   ┌─ 不爲享祭而降福, ─┐
└─ 神明暗察, ──┘   └─ 不爲失禮而降禍. ─┘

凡人,

┌─ 有>勢不>可2盡倚1, ─┐   此三者,乃天地循環,周而復>始. 故
└─ 有>福不>可2盡用1, ─┘

貧困不>可2盡欺1.

┌─ 一日行>善, 福雖2未至1, 禍自遠矣. ─┐
└─ 一日行>惡, 禍雖2未至1, 福自遠矣. ─┘

┌─ 行>善之人, 如2春園之草1, 不>見2其長1, 日有>所>增. ─┐ 損>人安>己,
└─ 行>惡之人, 如2磨刀之石1, 不>見2其損1, 日有>所>虧. ─┘ 切宜戒>之.

01-042/ 작은 선이라도 남에게 기회를 주고

一毫之善。與人方便。一毫之惡。勸人莫作。衣食隨
일호지선　여인방편　일호지악　권인막작　의식수

緣。自然快樂。算甚麽命。問甚麽卜。欺人是禍。饒人是
연　자연쾌락　산심마명　문심마복　기인시화　요인시

福。天網恢恢。報應甚速。諦聽吾言。神欽鬼伏。
복　천망회회　보응심속　체청오언　신흠귀복

{讀法} 一毫之善이라도 與2人方便1하고 一毫之惡이라도 勸>人莫>作

하라. 衣食隨>緣하여 自然快樂이니 算甚麼命이며 問甚麼卜이리오? 欺
>人이면 是禍요, 饒>人이면 是福이라. 天網이 恢恢하여 報應이 甚速이니
諦聽2吾言1하고 神欽鬼伏이니라.

• • •

{直譯} 작은 선이라도 남에게 기회를 주고, 작은 악이라도 남에게
권하여 하게 하지 말라. 의복과 의식은 인연에 따라서 저절로 즐겁
나니, 셈컨대 무엇이 운명이며 묻건대 무엇이 점집이냐? 남을 속
이면 이것이 재앙이오, 남을 너그럽게 대하면 이것이 행복이다. 하
늘의 그물은 넓고 넓어서 인과응보(因果應報)가 빠르니, 내 말을 주
의하여 똑똑히 들으면, 신이 공경하고 귀가 복종할 것이다.

{語義} ○ 一毫(일호) : 하나의 터럭. 극히 작은 것. 일모(一毛). ○ 與2人方便1(여
인방편) : 남에게 기회를 줌. ○ 勸>人莫>作(권인막작) : 남을 권하여 하게 말
라. ○ 衣食隨>緣(의식수연) : 의복이나 음식은 인연(因緣)에 따름. ○ 自然快
樂(자연쾌락) : 저절로 즐거움. ○ 算(산) : 셈하다. ○ 甚麼(심마) : 무엇. 어느
어떤. ○ 算甚麼命(산심마명) : 산출(算出)하건대 무엇이 운명이며. ○ 問甚麼
卜(문심마복) : 물어보건대 무엇이 점괘이며. ○ 欺>人(기인) : 사람을 속임.
남을 기만함. ○ 饒>人(요인) : 너그럽게 대함. 양보함. ○ 天網(천망) : 하늘이
악인(惡人)을 잡는 그물. ○ 恢恢(회회) : 굉장히 넓음. 넓고 넓음. ○ 報應(보
응) : 인과응보(因果應報). ○ 諦聽(체청) : 주의하여 똑똑히 들음. ○ 神欽(신흠)
: 천신(天神)이 공경함. ○ 鬼伏(귀복) : 망령(亡靈)이 복종함. '神'은 양(陽)의
신으로 천신(天神), '鬼'는 음(陰)의 신으로 제사 지내는 망령(亡靈). 하늘의
신은 '神', 땅의 신은 '기(祇)', 망령의 신은 '귀(鬼)'.

{意譯} 일호(一毫)의 선행(善行)이라도 남에게 할 기회를 주고, 일호의 악행(惡行)이라도 남에게 권하지 말라. 의식(衣食)이라는 것은 인연에 따라 있어서 자연 즐거울 수 있는 것이다. 셈하건대 무엇을 운명(運命)이라 하며, 묻건대 무엇을 점괘(占卦)라 하느냐? 남을 기만(欺瞞)하는 것이면 이것이 곧 재앙(災殃)이고, 남을 풍요(豐饒)하게 하면 이것이 곧 행복(幸福)인 것이다. 악인을 다스리는 하늘의 그물은 굉장히 넓어서 인과응보(因果應報)가 빠짐없이 몹시 빠르니, 내가 하는 말을 주의하여 똑똑히 듣고 천신(天神)을 공경하여 받들고 망령(亡靈)에 복종해야 할 것이다.

{餘說} 여암(呂岩)의 〈권세가(勸世家)〉에 나온다. 다만 끝부분의 '諦聽吾言〔내 말을 살펴 들으면〕'이 '力行此言〔이 말을 힘써 행하면〕'으로 되어있다. 뜻에는 별 차이가 없다.

한편, 여암(呂岩)은 여동빈(呂洞賓)이라고 하고 세칭(世稱) 여조(呂祖), 혹은 순양조사(純陽祖師)라고도 한다. 당말(唐末)의 5대(大) 저명(著名) 도사(道士)에 들어가며 민간(民間) 신화고사(神話故事)에 나오는 8선(仙) 중의 한 사람이다.

01-043/ 강절 소선생이 자손에게 훈계하기를

康節邵先生誡子孫曰。上品之人。不教而善。中品之
강 절 소 선 생 계 자 손 왈 상 품 지 인 불 교 이 선 중 품 지

人。教而後善。下品之人。教亦不善。不教而善。非聖而
인 교 이 후 선 하 품 지 인 교 역 불 선 불 교 이 선 비 성 이

何。教而後善。非賢而何。教亦不善。非愚而何。是知善
_{하 교이후선 비현이하 교역불선 비우이하 시지선}

也者吉之謂也。不善也者凶之謂也。吉也者。目不觀非
_{야자길지위야 불선야자흉지위야 길야자 목불관비}

禮之色。耳不聽非禮之聲。口不道非禮之言。足不踐非
_{례지색 이불청비례지성 구부도비례지언 족불천비}

禮之地。人非善不交。物非義不取。親賢如就芝蘭。避
_{례지지 인비선불교 물비의불취 친현여취지란 피}

惡如畏蛇蝎。或曰。不謂之吉人則吾不信也。凶也者。
_{악여외사갈 혹왈 불위지길인즉오불신야 흉야자}

語言詭譎。動止陰險。好利飾非。貪淫樂禍。疾良善如
_{어언궤휼 동지음험 호리식비 탐음락화 질양선여}

讐隙。犯刑憲如飲食。小則隕身滅性。大則覆宗絶嗣。
_{수극 범형헌여음식 소즉운신멸성 대즉복종절사}

或曰。不謂之凶人則吾不信也。傳有之曰。吉人爲善。
_{혹왈 불위지흉인즉오불신야 전유지왈 길인위선}

惟日不足。凶人爲不善。亦惟日不足。汝等欲爲吉人
_{유일부족 흉인위불선 역유일부족 여등욕위길인}

乎。欲爲凶人乎。
_{호 욕위흉인호}

{讀法} 康節邵先生이 誡子孫曰, 上品之人은 不>敎而善하고 中品
之人은 敎而後善하고 下品之人은 敎亦不>善하나니 不>敎而善은 非>
聖而何며 敎而後善은 非>賢而何며 敎亦不>善은 非>愚而何오? 是
知善也者는 吉>之謂也요, 不>善也者는 凶>之謂也니라. 吉也者는
目不>觀2非禮之色1하며 耳不>聽2非禮之聲1하며 口不>道2非禮之
言1하며 足不>踐2非禮之地1하여 人非>善이어든 不>交하며 物非>義어
든 不>取하며 親>賢을 如>就2芝蘭1하며 避>惡을 如>畏2蛇蝎1하나니

或이 曰 不>謂之吉人이라도 則吾不>信也하리라. 凶也者는 語言이 詭譎하며 動止ㅣ 陰險하며 好>利飾>非하며 貪>淫樂>禍하여 疾2良善1을 如2讐隙1하며 犯2刑憲1을 如2飮食1하여 小則隕>身滅>性하고 大則覆>宗絶>嗣하나니 或이 曰 不>謂之凶人이라도 則吾不>信也하리라. 傳에 有>之하니 曰, 吉人爲>善하되 惟日不>足이어든 凶人爲>不>善하되 亦惟日不>足이라 하니 汝等은 欲>爲2吉人1乎아? 欲>爲2凶人1乎아?

• • •

{直譯} 강절 소선생이 자손에게 훈계하여 말하기를, "상품의 사람은 가르치지 않아도 선하고, 중품의 사람은 가르친 뒤에 선하고, 하품의 사람은 가르쳐도 또한 선하지 않나니, 가르치지 않아도 선함은 성인이 아니면 무엇이며, 가르친 뒤에 선함은 현인이 아니면 무엇이며, 가르쳐도 또한 선하지 않음은 우인이 아니면 무엇인가? 이를 알므로 착한 사람은 이를 좋다고 이르고, 착하지 않은 사람은 이를 흉하다고 이르나니, 좋다고 하는 사람은 눈으로 예의가 아닌 빛을 보지 않으며, 귀로 예의가 아닌 소리를 듣지 않으며, 입으로 예의가 아닌 말을 말하지 않으며, 발로 예의가 아닌 땅을 밟지 않아서, 사람이 예의가 아니거든 사귀지 않으며, 사물이 의리가 아니거든 취하지 않으며, 현인을 친함을 지초와 난초가 있는 곳에 나아가는 것 같이 하며, 악을 피함을 사갈을 두려워하는 것같이 할 것이다. 어떤 사람이 말하기를, '말을 않는 사람이면 나는 믿지 않는다. 흉하다고 하는 사람은 이야기와 말이 이상야릇하며, 행동거지가 내숭하며, 이익을 좋아하고 나쁜 것을 더욱 그런 양 꾸미며, 음

란한 것을 탐하고 재앙을 즐거워하여, 어질고 선함을 미워하기를 원수와 불화한 것 같이 하며, 형벌 규정 범하기를 음식같이 하여, 작으면 몸과 생명을 잃고, 크면 근본을 뒤엎고 대를 끊는다.' 하였다. 어떤 사람이 말하기를, '이르지 않는 흉한 사람이라도 나는 믿지 않는다.' 하였다. 전하는 바에 있어, 말하기를, '좋은 사람은 선을 행함에 오직 날이 부족하다 하고, 흉한 사람은 착하지 않음을 행함에 오직 날이 부족하다고 한다.'고 하니, 너희들은 좋은 사람이 되고자 하느냐? 흉한 사람이 되고자 하느냐?" 하였다.

{語義} ○ 康節邵先生(강절소선생) : 생졸 1011~1077. 성은 소(邵), 이름은 옹(雍), 자는 요부(堯夫). 강절(康節)은 시호(諡號)이다. 염계(濂溪)·장횡거(張橫渠)와 같이 송학(宋學)의 선조(先祖)라 일컫고 도서(圖書)·선천(先天)·상수(象數)의 학을 이지재(李之才)에게 배웠다. 벼슬은 하지 않았다. 저서에 《소자전집(邵子全集)》 15책 24권이 있는데, 그중에 《황극경세서(皇極經世書)》·《이천격양집(伊川擊壤集)》 등이 실려 있다. ○ 誡(계) : 조심하도록 훈계함. ○ 上品(상품) : 최상급(最上級). ○ 中品(중품) : 중간급(中間級). ○ 下品(하품) : 최하급(最下級). ○ 聖(성) : 지덕(知德)이 가장 뛰어나고 사리에 무불통지함. ○ 賢(현) : 덕행(德行)이 있고 재지(才智)가 많음. ○ 愚(우) : 어리석음. ○ 是知(시지) : 이를 앎. ○ 吉(길) : 좋음. ○ 凶(흉) : 길하지 아니함. 흉함. '吉'의 대. ○ 吉也者(길야자) : 좋다고 하는 사람. ○ 禮(예) : 예의. ○ 色(색) : 빛. 용모 ○ 聽(청) : 듣다. ○ 道(도) : 여기서는 '말하다'. ○ 踐(천) : 밟다. ○ 不>交(불교) : 사귀지 않음. ○ 物(물) : 물건. 사물. ○ 不>取(불취) : 가지지 않음. ○ 親(친) : 친함. 가까이함. ○ 如>就2芝蘭1(여취지란) : 향풀인 지초(芝草)와 난초(蘭草)가 있는

곳에 나아감과 같음. ○避>惡(피악) : 악을 피함. ○如>畏2蛇蝎1(여외사갈) : 뱀과 전갈을 두려워하는 것과 같음. ○語言(어언) : 언어. 말. ○詭譎(궤휼) : 궤괴(詭怪). 이상야릇함. 괴상함. ○動止(동지) : 행동거지(行動擧止). ○陰險(음험) : 내흉(內凶)함. 내숭함. ○好>利(호리) : 이익을 좋아함. ○飾非(식비) : 자신의 나쁜 점을 감쌈. 비위(非違)를 분식(粉>飾)함. ○貪>淫(탐음) : 음란함을 탐함. ○樂>禍(낙화) : 재앙을 즐김. ○疾2良善1(질양선) : 어질고 착함을 미워함. ○如2讎隙1(여수극) : 원수와 불화한 것 같음. ○犯2刑憲1(범형헌) : 형벌의 규정을 범함. ○隕>身滅>性(운신멸성) : 몸을 죽이고, '隕>身'도 죽음이고 '滅>性'도 죽음인데, '滅>身'은 친상(親喪)을 당하여 너무 슬퍼한 나머지 병을 얻어 죽음. 성(性)은 생명임. ○覆>宗(복종) : 근본을 뒤집어엎음. ○絶>嗣(절사) : 대가 끊어짐. ○惟日不>足(유일부족) : 오직 날이 부족함. ○欲>爲…乎(욕위…호) : …이 되고 싶으냐?

{意譯} 강절 소선생(康節 邵先生)이 자손에게 훈계하여 말했다. "상품(上品)의 사람은 교육을 받지 않아도 착하고, 중품(中品)의 사람은 교육을 받은 연후에야 착하고, 하품(下品)의 사람은 교육을 받아도 또한 착하지 않다. 교육을 받지 않고도 착한 사람은 성인(聖人)이 아니면 무엇이며, 교육을 받은 연후에 착한 사람은 현인(賢人)이 아니면 무엇이며, 교육을 받고서도 또한 착하지 않음은 우인(愚人)이 아니면 무엇이겠나? 이를 알므로 착하다는 사람은 좋다고 이르고, 착하지 않다는 사람은 흉하다 이른다. 좋다는 사람은 눈으로 예의가 아닌 꼴은 보지 않으며, 귀로 예의가 아닌 소리는 듣지 않으며, 입으로 예의가 아닌 말은 말하지 않으며, 발로 예의가 아닌 땅은 밟지 않으며, 사람이 착하지 않거든 교제하지 않

고, 사물이 의리(義理)가 아니면 가지지 않고, 현인(賢人)에 친하기를 지초(芝草)나 난초(蘭草)가 있는 곳에 나아가듯이 하고, 악을 피하기를 뱀이나 전갈을 두려워하듯 할 것이다. 어떤 사람이 저 사람은 길인(吉人)이라고 말하지 않아도 나는 믿지 않을 것이다. 흉하다고 하는 말은 언어가 이상야릇하고, 행동거지(行動擧止)가 내숭스러우며, 이익을 좋아하며, 자신의 나쁜 점을 감싸고, 음란한 것을 탐하고, 재앙이 될 일을 즐기며, 어질고 착함을 미워하는 것을 원수가 불화(不和)하는 것 같이 하고, 형벌에 관한 규정을 범하기를 음식 먹는 것 같이 할 것이고, 작으면 몸을 망쳐 죽이고, 크면 근본을 뒤엎어 대를 끊을 것이다. 또 어떤 사람이 저 사람은 흉한 사람이라고 말하지 않아도 나는 믿지 않을 것이다. 전하는 말에 말하기를, '길인(吉人)은 착한 일을 행함에 오직 날짜가 넉넉하지 못하고 하고, 흉인(凶人)은 착하지 못함을 행함에 오직 날짜가 넉넉하지 못하다.'고 한다. 너희들은 길인이 되려고 하느냐, 흉인이 되려고 하느냐?"

{餘說} 이 대문은 매우 길어 분석해 보지 않으면 이해하기 어려운 점이 많다. 다음에 병서(並書)를 하여 구문을 알아보기로 한다.

康節邵先生이 誡子孫曰,

┌─ 上品之人은 不>敎而善하고 ─┐   ┌─ 不>敎而善은 非>聖而何며 ─┐
│ 中品之人은 敎而後善하고   │   │ 敎而後善은 非>賢而何며   │
└─ 下品之人은 敎亦不>善하나니 ─┘   └─ 敎亦不>善은 非>愚而何오. ─┘

是知

善也者는 吉>之謂也요,
不>善也者는 凶>之謂也니라.

吉也者는
目不>觀2非禮之色1하며
耳不>聽2非禮之聲1하며
口不>道2非禮之言1하며
足不>踐2非禮之地1하여

人非>善이어든 不>交하며
物非>義어든 不>取하며
親>賢을 如>就2芝蘭1하며
避>惡을 如>畏2蛇蝎1하나니

或이 曰 不>謂之吉人이라도 則吾不>信也하리라.

凶也者는
語言이 詭譎하며
動止ㅣ 陰險하며
好>利飾>非하며
貪>淫樂>禍하여
疾2良善1을 如2讐隙1하며
犯2刑憲1을 如2飲食1하여

小則隕>身滅>性하고
大則覆>宗絶>嗣하나니

或이 曰 不>謂之凶人이라도 則吾不>信也하리라.
傳에 有>之하니 曰,

吉人爲>善하되 惟日不>足이어든
凶人爲>不善하되 亦惟日不>足이라하니
汝等은
欲>爲2吉人1乎아?
欲>爲2凶人1乎아?

01-044/ 초나라에서 보배로 삼는 것은

楚書曰。楚國無以爲寶。惟善以爲寶。
초 서 왈 초 국 무 이 위 보 유 선 이 위 보

{讀法} 楚書에 曰, 楚國은 無2以爲>寶요 惟善을 以爲>寶라 하니라.

• • •

{直譯} 〈초서(楚書)〉에 말하기를, "초나라는 보배로 삼을 만한 것이 없고, 오직 선을 보배로 삼는다." 하였다.

{語義} ㅇ〈楚書(초서)〉: 《국어(國語)》의 〈초어(楚語)〉를 가리킨다. ㅇ楚國(초국): 초나라. ㅇ以爲(이위): 생각함. ㅇ寶(보): 보배. 진귀(珍貴)한 것. 진귀하게 여기다. 소중히 여기다.

{意譯} 〈초서〉에 말했다. "초나라에는 보배로 삼을만한 것이 없고, 오직 선한 사람을 보배로 삼는다."

{餘說} 이 대문은 《대학장구(大學章句)·전십장(傳十章)》에 나오는 것으로, 초나라 대부(大夫) 왕손어(王孫圉)가 진(晉)나라에 사신(使臣)으로 갔을 때 진나라 정공(定公)이 베푼 잔치 자리에서 진나라 대부 조간자(趙簡子)와 주고받은 대화(對話)이며, 《국어(國語)·초어하(楚語下)》에 "言不寶金玉而寶善人〔말하자면, 금과 옥을 보배로 여기지 않고 선을 보배로 여

긴다.]"라는 왕손어(王孫圉)의 말로 나온다. 《국어(國語)》는, 공자시대(孔
子時代) 사람으로 《좌씨전(左氏傳)》을 지었다는 좌구명(左丘明)이 편집한
것이다. 그래서 《좌씨전》을 《내전(內傳)》, 《국어》를 《외전(外傳)》이라 부
르기도 한다. 내용은 주(周)·노(魯)·제(齊)·진(晉)·정(鄭)·초(楚)·오
(吳)·월(越) 등 여러 나라에 전승(傳承)되고 있던 춘추시대(春秋時代)의 교
훈적(敎訓的)인 사화(史話)를 전국시대(戰國時代) 무렵에 모은 것이다.

01-045/ 착한 일을 보거든

子曰。見善如不及。見不善如探湯。
자 왈 견 선 여 불 급 견 불 선 여 탐 탕

{讀法} 子ㅣ 曰, 見>善如>不>及하며 見>不>善如>探>湯하라.

• • •

{直譯} 공자께서 말씀하시기를, "착한 일을 보거든 미치지 못하는
것 같이 하며, 착하지 못한 일을 보거든 끓는 물을 더듬는 것 같이
하라." 하셨다.

{語義} ㅇ不>及(불급) : 미치지 못함. 하여도 할수록 부족함. ㅇ探>湯(탐탕) :
끓는 물에 담그는 것. 속히 손을 빼다.

{意譯} 공자께서 말씀하셨다. "착한 일에 관계되는 것을 보거든 항상 아직도 부족하다는 마음가짐으로 노력하며, 악한 일에 관계되는 것을 보면 마치 끓는 물에 손을 담그는 것 같이 하라."

{餘說} 이 대문은《논어·계씨편(季氏篇)·제11장》의 전문(前文)에 나오는 글이다. 공자께서는 이 대문과 같이 행동하는 사람을 보셨고, 또 그런 말을 들었다고 하셨으니《논어》전편(全篇)을 통해 볼 때 안연(顏淵) 같은 사람을 지칭(指稱)하신 것이 아닌가 한다.

01-046/ 어진 이를 보면

子曰。見賢思齊焉。見不賢而內自省也。
자 왈 견 현 사 제 언 견 불 현 이 내 자 성 야

{讀法} 子ㅣ 曰, 見>賢思>齊焉하며 見>不>賢而內自省也니라.
• • •
{直譯} 공자께서 말씀하시기를, "어진 이를 보면 같게 되기를 생각하며, 어질지 못한 이를 보면 깊이 자기를 반성할 것이다." 하셨다.

{語義} ○齊(제) : 같음. 등(等). 동(同). ○內自省(내자성) : 자기 마음속으로

스스로 반성하다.

{意譯} 공자께서 말씀하셨다. "현명한 사람을 보게 되면 그와 같이 되기를 생각하고, 현명하지 못한 사람을 보게 되면 깊이 스스로 반성해야 할 것이다."

{餘說} 이 대문도 《논어·이인편(里仁篇)·제17장》의 글이다. 자기 수양(自己修養)에 관한 글이다. 끝이 없는 자기 수양에 부단(不斷)한 노력이 요청된다. 자기 수양의 궁극적(窮極的)인 것이 인간 집단의 사회에 처해 나가는 단위활동(單位活動)의 선·불선의 나타남이라고 보는 것이다.

01-047/ 좋은 말 한마디 들었으면

先儒曰。一日或聞一善言。行一善事。此日方不虛生。
선 유 왈　일 일 혹 문 일 선 언　행 일 선 사　차 일 방 불 허 생

{讀法} 先儒曰, 一日或聞2一善言1하거나 行2一善事1면 此日은 方不>虛>生>이니라.

• • •

{直譯} 어느 날 혹 한마디 좋은 말을 듣거나, 한 가지 좋은 일을 행하였다면 이날은 바로 헛되이 살지 않은 것이다.

{語義} ○先儒(선유) : 옛 선비. 선대(先代)의 유학자. ○一日(일일) : 하루. 어느 날. ○善言(선언) : 좋은 말. 유익한 말. ○方(방) : 바야흐로. 바로. 정시(正是)와 같다. ○虛生(허생) : 헛되이 삶.

{意譯} 어느 날에 혹시 유익한 말 한마디라도 들었거나 좋은 일 한 가지를 하였다면 그 하루를 허송세월(虛送歲月)한 것이 아니다.

{餘說} 이 문장을 분석하면 다음과 같다.

```
                        ┌ 聞2―善言1 ┐
先儒曰 一日 或 ─┤            ├─ 或 此日方不>虛>生
                        └ 行2―善事1 ┘
```

01-048/ 행동이 도의에 맞으면

行合道義。不卜自吉。行悖道義。縱卜亦凶。人當自
행 합 도 의   불 복 자 길   행 패 도 의   종 복 역 흉   인 당 자

卜。不必卜神。
복   불 필 복 신

{讀法} 行合2道義1면 不>卜이라도 自吉이요, 行悖2道義1면 縱卜이라도 亦凶이니라. 人當自卜이니 不2必卜>神1이니라.

• • •

{直譯} 행동이 도의(道義)에 맞으면, 점(占)치지 않아도 저절로 길(吉)할 것이고, 행동이 도의에 어긋나면, 설령(設令) 점을 치더라도 또한 흉(凶)할 것이다. 사람은 마땅히 스스로 점을 쳐야지 신령(神靈)에게 점을 칠 필요가 없다.

{語義} ○行(행) : 행하다. ○合(합) : 합하다. 틀리거나 어긋남이 없다. ○道義(도의) : 사람이 마땅히 행해야 할 도덕상의 의리. ○卜(복) : 점치다. 앞일을 내다보아 미리 판단(判斷)하다. 길흉화복(吉凶禍福)을 판단하기 위해 점괘(占卦)를 뽑아 보다. ○悖(패) : 어그러지다, 기준에서 벗어나다. ○自卜(자복) : 스스로 자신을 헤아림.

{意譯} 도의(道義)에 적합(適合)한 일을 하면, 저절로 좋은 일이 생기므로, 앞날이 잘못될까 걱정하여 점(占)을 칠 필요가 없다.

{餘說} 이 문장은 다음과 분석해 볼 수 있다.

行合2道義1 不>卜 自吉, ┐
                        ├ 人當自卜 不2必卜神1.
行悖2道義1 縱卜 亦凶. ┘

또한 아래와 같이 분석할 수 있다.

行 ─┌ 合 ─┐ 2道義1 ─┌ 不 ─┐ 卜 ─┌ 自吉, ─┐ 人當自卜
    └ 悖 ─┘   └ 縱 ─┘   └ 亦凶. ─┘ 不2必卜神1.

01-049/ 내가 선을 행하면

我如爲善。雖一介寒士。有人服其德。我如爲惡。雖
<small>아 여 위 선 　 수 일 개 한 사 　 유 인 복 기 덕 　 아 여 위 악 　 수</small>

位極人臣。有人議其逆。
<small>위 극 인 신 　 유 인 의 기 역</small>

{讀法} 我ㅣ 如爲>善이면 雖一介寒士라도 有>人下服2其德1上이오. 我ㅣ
如爲>惡이면 雖位極ㅣ 人臣이라도 有>人下議2其逆1上이리라.

• • •

{直譯} 내가 만약 선(善)을 행하면 비록 일개 가난한 선비라도 그 덕
을 따르는 사람이 있을 것이다. 내가 만약 악(惡)을 행하면 비록 지
위가 가장 높은 신하라도 그 허물을 나무라는 사람이 있을 것이다.

{語義} ○如(여) : 같다. 여기서는 접속사(接續詞)로서 '가령·만약'의 뜻으
로 가설(假設) 관계를 나타낸다. ○雖(수) : 비록. …라 하더라도. ○一介(일
개) : 보잘것없는 한낱. ○寒士(한사) : 가난한 선비. 권력 없는 선비. ○服(복)
: 옷. 신복(信服)하다. 탄복(歎服)하다. ○位(위) : 지위(地位). ○極(극) : 다하
다. 정점(頂點)에 이르다. 최고 한도에 이르다. ○人臣(인신) : 신하(臣下). ○議
(의) : 의논하다. 헐뜯다. 비방하다. ○逆(역) : 거스르다. 도리에 어긋나다.
상도(常道)를 벗어나다.

{意譯} 내가 만약 선(善)한 행동을 하면 비록 내가 한 사람의 보잘

것없는 선비라도 나의 덕(德)을 따르는 사람이 있을 것이요, 내가 만약 악(惡)한 행동을 하면 비록 내가 정승처럼 지위가 가장 높은 신하라도 나의 허물을 꾸짖는 사람이 있을 것이다.

{餘說} 이 문장은 다음과 같이 분석할 수 있다.

> ┌ 我1 如爲>善, 雖一介寒士, 有>人下服2其德1上,
> └ 我1 如爲>惡, 雖位極1人臣, 有>人下議2其逆1上.

01-050/ 선을 쌓지 않으면

周易曰。善不積。不足以成名。惡不積。不足以滅身。
주 역 왈 선 부 적 부 족 이 성 명 악 부 적 부 족 이 멸 신

小人以小善爲無益而弗爲也。以小惡爲無傷而弗去
소 인 이 소 선 위 무 익 이 불 위 야 이 소 악 위 무 상 이 불 거

也。故惡積而不可掩。罪大而不可解。
야 고 악 적 이 불 가 엄 죄 대 이 불 가 해

{讀法} 周易에 曰, 善不>積이면 不>下足2以成>名1上이오, 惡不>積이면 不>下足2以滅>身1上이니, 小人은 以小善을 爲2無>益1하다고 而弗>爲也하며 以小惡을 爲2無>傷1하다고 而弗>去也라. 故로 惡積하여 而不>可>掩이며, 罪大하여 而不>可>解니라.

• • •

{直譯} 《주역 (周易)》에 이르기를 "선(善)이 쌓이지 않으면 그로써 이름을 이루기에 족하지 아니하고, 악(惡)이 쌓이지 않으면 그로써 몸을 망치기에 족하지 않을 것이니, 소인(小人)은 작은 선(善)을 이로움이 없다고 여겨 행하지 않고, 작은 악(惡)을 손상(損傷)될 것이 없다고 여겨 버리지 않는다. 그러므로 악(惡)이 쌓여서 가릴 수 없으며, 죄(罪)가 커져서 풀어줄 수 없게 된다."고 하였다.

{語義} ○積(적) : 쌓다. ○成＞名(성명) : 명성(名聲)을 얻음, 명성을 세움. ○滅＞身(멸신) : 죽음. 자신을 파멸시킴. ○小善(소선) : 작은 선행(善行). ○소악(小惡) : 작은 악행(惡行), 작은 과실(過失). ○傷(상) : 손상(損傷)시키다. 손실(損失)을 입히다. ○去(거) : 떠나다. 제거(除去)하다. 버리다. ○掩(엄) : 가리다. ○解(해) : 풀다. 놓아주다.

{意譯} 사람은 선을 쌓아야 이름을 빛낼 수 있고, 악을 쌓으면 몸을 망칠 것이다. 인격수양이 되지 않은 소인은 작은 선이나 작은 악은 도움이나 손해가 되지 않는다고 여긴다. 따라서 악이 쌓이면 악이 커져서 가릴 수 없게 되고, 죄가 커지면 그 죄를 해결할 방법이 없게 된다.

{餘說} 위 문장은 다음과 같이 대(對)를 이루고 있다.

　　周易에 曰,

```
┌─ 善不>積이면, 不>足2以成1>名이오,
│
└─ 惡不>積이면, 不>足2以滅1>身이어늘
```

```
        ┌─ 以2小善1으로 爲>無>益而弗>爲也하며,
小人이 ─┤
        └─ 以2小惡1으로 爲>無>傷而弗>去也니라.
```

故로

```
┌─ 惡積而不>可>掩이며,
│
└─ 罪大而不>可>解니라.
```

이 내용은《주역(周易)·계사전하(繫辭傳下)·제4장(章)》에 보인다.

01-051/ 서리를 밟게 되면

履霜堅冰至。臣弑其君。子弑其父。非一旦一夕之
이 상 견 빙 지 신 시 기 군 자 시 기 부 비 일 단 일 석 지
故。其由來者漸矣。
고 기 유 래 자 점 의

{讀法} 履>霜하면 堅冰至하나니 臣弑2其君1하며 子弑2其父1는 非2一
旦一夕之故1라, 其由來者ㅣ 漸矣니라.

· · ·

{直譯} 서리를 밟게 되면 단단한 얼음이 얼게 된다. 신하가 그 임

```
```

금을 시해(弑害)하고 자식이 그 아바를 시해하니 비단 하루아침이나 하루 저녁의 일이 아니니 그 유래(由來)함이 점점 다가온 것이다.

{語義} ㅇ履(리) : 신. 신다. 밟다. ㅇ霜(상) : 서리. ㅇ履>霜(이상) : 서리를 밟음. 서리를 밟으면 겨울이 멀지 않음을 알 수 있음. 사태의 발전에 이미 심각한 조짐이 발생하고 있음을 비유하는 말. ㅇ堅(견) : 굳다. 단단하다. ㅇ冰(빙) : 얼음. ㅇ堅氷(견빙) : 단단하게 굳은 얼음. 하찮은 일이 쌓여 큰 어려움을 겪게 됨, 또는 그러한 어려움. ㅇ弑(시) : 아랫사람이 윗사람을 죽임. ㅇ一旦(일조). 하루아침. ㅇ一夕(일석) : 하루 저녁. ㅇ故(고) : 일. 사정. 뜻밖에 일어난 사고. ㅇ由來(유래) : 원인(原因). ㅇ漸(점) : 점점. 점차 나아가다.

{意譯} 서리를 밟으면 장차 단단한 얼음이 얼 것이라는 조짐을 알게 된다. 그처럼 신하가 임금을 죽이거나 자식이 그 아비를 죽이는 일도 느닷없이 이루어지는 것이 아니라 조짐이 있고 난 뒤에 점진적(漸進的)으로 일어난 것이다.

{餘說} 이 대문을 분석하면 다음과 같다.

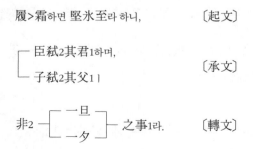

履>霜하면 堅氷至라 하니,　　　　　〔起文〕

┌ 臣弑2其君1하며,
│　　　　　　　　　　　　〔承文〕
└ 子弑2其父1ㅣ

非2 ┬ 一旦 ┬ 之事1라.　〔轉文〕
　　 └ 一夕 ┘

其由來者ㅣ 漸矣니라. 〔結文〕

이상과 같이 '起·承·轉·結'로 나누는 연습을 해보자. '기문(起文)'
은 《주역(周易)·곤괘(坤卦)·문언(文言)》에 있는 말이다: "積善之家, 必有
餘慶. 積不善之家, 必有餘殃. 臣弒其君, 子弒其父, 非一朝一夕之故. 其
所由來者, 漸矣. 由辯之不早辯也. 易曰, 履霜堅氷至, 蓋言順也.〔선을 쌓
은 집안에는 후손에게 반드시 경사가 있고, 불선을 쌓은 집안에는 후손
에게 반드시 재앙이 돌아온다. 신하가 군주를 시해하고 자식이 아비를
시해하는 것은 하루아침과 하루 저녁 사이에 생긴 변고가 아니요, 그 유
래한 것이 점점 진행된 것이니, 이는 분변(分辨)해야 할 것을 일찍 분변
하지 않았기 때문이다. 《역》에서 서리를 밟으면 두꺼운 얼음이 언다고
하였는데, 이는 순차적으로 이름을 말한 것이다.〕"

제2편

천명편(天命篇)

이 편은 하늘에게서 받은 운명에 관한 글을 모은 것으로 모두 21조목이다.

02-001/ 하늘 뜻을 따르는 자는

孟子曰。順天者存。逆天者亡。
맹자왈 순천자존 역천자망

{讀法} 孟子ㅣ 曰, 順>天者는 存하고 逆>天者는 亡하나니라.

• • •

{直譯} 맹자께서 말씀하시기를, "하늘 뜻을 따르는 자는 생존하고, 하늘 뜻을 거스르는 자는 멸망한다." 하셨다.

{語義} ○孟子(맹자) : 성은 맹(孟), 이름은 가(軻). 조기(趙岐)의 '제사(題辭)'에는 '자(字)는 듣지 못했다.'고 되어있다. 초순(焦循)의 《맹자정의(孟子正義)》에는 송(宋)나라 왕응린(王應麟)의 《곤학기문(困學紀聞)》을 인용(引用)하여 맹자의 자에 관한 문제의 토론에서 "맹자의 자는 듣지 못했다. 《공총자(孔叢子)》에 이르기를, '자거(子車), 일명(一名) 자거(子居)'라 주(注)했다. 빈한하게 살며 불우했기〔거빈감가(居貧坎軻)〕 때문에 '가(軻)'라고 명명(命名)했고, 자는 자거(子居), 또는 자여(子輿)라고도 일컫는다."고 했다. 〈성증론

《聖證論》에 이르기를, 자어(子魚)의 책인 《공총자(孔叢子)》에 맹자거(孟子居)가 있는데, 그것이 곧 가(軻)라고 했다. 의심컨대 모두 부회(附會)인 것이다. 《공총자》가 위서(僞書)이므로 증거로 삼기에 부족하다. 노(魯)나라 추(鄒)의 땅에 나셨다. 추(鄒)의 옛땅은 지금의 산동성 추평현(山東省鄒平縣)이다. 세계(世系)는 노나라의 공족(公族) 맹손씨(孟孫氏)의 후손이다. 어머니의 성은 장씨(仉氏) 또는 이씨(李氏), 아버지의 이름은 격(激), 자는 공의(公宜)라는 설이 있으나 믿기 어렵다. 생졸연월(生卒年月)에 관해서도 여러 가지 설이 있다. 74세, 94세, 97세의 네 가지가 있는데, 그중 일반적으로 84세(B.C. 372~289)설이 가장 타당한 것으로 여긴다. 아내는 전씨(田氏), 아들이 역(睪)이라 전한다. 맹자는 송(宋)·등(滕)·제(齊)·양(梁)·추(鄒)·노(魯) 등 여러 나라를 주유(周遊)하였다. ○順>天(순천) : 천명, 즉 하늘의 뜻을 따름. ○逆>天(역천) : 하늘의 뜻을 거스름. ○亡(망) : 멸망(滅亡). '存'의 대(對).

{意譯} 맹자께서 말씀하셨다. "천명(天命)을 순종(順從)하는 사람은 생존(生存)하게 되고, 천명을 거역(拒逆)하는 사람은 멸망(滅亡)하게 된다."

{餘說} 이 대문은 《맹자·이루장구상(離婁章句上)》에 나온다. 생략된 앞부분과 함께 전문을 소개하면 다음과 같다: "孟子曰, 天下有>道, 小德役2大德1, 小賢役2大賢1, 天下無>道, 小役>大, 弱役>强. 斯二者天也. 順>天者存, 逆>天者亡.〔맹자께서 말하셨다. '천하에 도가 있을 때는 소덕(小德)이 대덕(大德)에게 부림을 당하고, 소현(小賢)이 대현(大賢)에게 부림을 당하며, 천하에 도가 없을 때는 나라가 작은 자가 나라가 큰 자에게 부림을 당하고 약자가 강자에게 부림을 당한다. 이 두 가지는 하늘이니, 하늘을 순종하는 자는 보존되고 하늘을 거스르는 자는 망한다.〕"

02-002/ 천리를 따르면

近思錄云。循天理則不求利。而自無不利。循人欲則
근 사 록 운 순 천 리 즉 불 구 리 이 자 무 불 리 순 인 욕 즉

求利未得而害已隨之。
구 리 미 득 이 해 이 수 지

{讀法} 近思錄에 云, 循2天理1면 則不>求>利나 而自無>不>利요, 循2人欲1이면 則求>利未得이나 而害已隨>之니라.

• • •

{直譯} 《근사록》에 이르기를, "천리를 따르면 이익을 구하지 않아도 저절로 불리함이 없고, 사람이 욕심을 따르면 이익을 구하여 아직 얻지 못하였는데도 손해가 이미 이에 따른다." 하였다.

{語義} ○《近思錄(근사록)》: 송(宋)나라 주희(朱喜)·여조겸(呂祖謙)이 편찬한 책. 모두 14권. 송나라의 도학자(道學者) 주무숙(周茂叔)·정명도(程明道)·정이천(程伊川)·장횡거(張橫渠)의 말에서 수신(修身)·제가(齊家)·치국(治國)의 일상생활 수양에 필요한 622조를 추려서 14편(篇)으로 분류하였음. ○循(순): 따르다. 좇다. ○天理(천리): 천지자연(天地自然)의 이치. ○不>求>利(불구리): 이익을 구하지 않는다. ○自無>不>利(자무불리): 저절로 이롭지 않음이 없다. ○人欲(인욕): 사람의 욕심. ○求>利未>得(구리미득): 이익을 구하여 아직 얻지 못함. ○害已隨>之(해이수지): 손해가 이미 이에 따름.

{意譯}《근사록(近思錄)》에 말했다. "사람이 천리(天理)에 순종(順從)하면 이익(利益)을 구하지 않더라도 자연(自然)히 이롭지 않은 것이 없을 것이요, 인욕(人欲)을 순종하면 이익을 구해서 아직 얻지 못하였는데도 손해(損害)가 이미 따른다."

{餘說} 이 장은《맹자·양혜왕상(梁惠王上)》에서 양혜왕이 맹자에게 어떤 방법으로 나라를 이롭게 할 것인가 묻자, 맹자가 "왕께서는 인의를 말해야 할 뿐이니, 어찌하여 굳이 이로움을 거론하십니까?〔王亦曰仁義而已矣, 何必曰利?〕"라고 대답했다. 이 부분에 대한 주자(朱子)의 집주(集註)에 위의 대문처럼 말하였다.

02-003/ 일을 꾀하는 것은 사람에 달려있고

諸葛武侯曰。謀事在人。成事在天。
제 갈 무 후 왈 모 사 재 인 성 사 재 천

{讀法} 諸葛武侯ㅣ 曰, 謀>事는 在>人하고 成>事는 在>天하나니라.

• • •

{直譯} 제갈무후가 말하기를, "일을 꾀하는 것은 사람에 있고, 일을 성공하는 것은 하늘에 있다." 하였다.

{語義} ○諸葛武侯(제갈무후) : 삼국(三國) 촉(蜀)나라의 낭야(瑯琊) 사람. 자는 공명(孔明), 시호(諡號)는 충무(忠武). 양양(襄陽)의 융중(隆中)에 숨어, 스스로 관중(管仲)·낙의(樂毅)에 견주었다. 서서(徐庶)는 공명을 평하여 와룡(臥龍)이라고 말했다. 선주(先主) 유비(劉備)가 삼고초려(三顧草廬)함으로써 드디어 감격하여 나아가 수어지교(水魚之交)를 맺고, 선주(先主)를 위하여 조조(曹操)를 적벽(赤壁)에서 깨고, 성도(成都)를 평정(平定)하여 형주(荊州)를 빼앗고, 익주(益州)·한중(漢中)의 땅을 평정하였으며, 촉(蜀)에 나라를 세우고 위(魏)·오(吳)와 정족(鼎足)하여 서고, 유비가 제위에 즉위(卽位), 승상(丞相)을 받음. 선주(先主)가 죽자, 유조(遺詔)를 받들어서 후주(後主)를 도움. 건흥(建興)의 처음, 무향후(無鄕侯)로 봉(封)해졌고 익주목(益州牧)을 영수(領受)함. 위(魏)를 쳐 중원(中原)을 광복(光復)하려고 뜻을 세우고, 동쪽은 손권(孫權)과 화친(和親)하고, 남쪽은 맹획(孟獲)을 평정하여, 오장원(五丈原)을 근거로 위(魏)의 사마의(司馬懿)와 대진(對陣)하고, 병(病)으로 군중(軍中)에서 죽음. 나이 54세, 교사(巧思)에 능하여 목우유마(木牛流馬)를 만들고, 팔진도(八陣圖)를 추연(推演)하였다. 저서(著書)에 《제갈무후문집(諸葛武侯文集)》이 있다. ○謀>事(모사) : 일을 꾀함. 사업을 도모함. ○成>事(성사) : 일을 이룸.

{意譯} 제갈무후가 말했다. "사업을 도모하는 것은 사람에 달려 있고, 사업을 성공시키는 것은 하늘에 달려 있다."

{餘說} 《삼국연의(三國演義)·제103회(回)》에 〈不期天降大雨, 火不能著, 哨馬報說司馬懿父子俱逃去了. 孔明歎曰, "謀事在人, 成事在天" 不可强也!〔뜻밖에 하늘이 큰비를 내려주어 불을 붙일 수 없었다. 기마초병(騎馬哨兵)은 '사마의(司馬懿) 부자(父子)가 모두 도망쳤습니다.' 라고 말하였다. 공명(孔明)이 한탄하며 말하기를 " '일을 도모하는 것은 사람에 달

려 있고, 일을 이루는 것은 하늘에 달려 있다.' 하니 억지로 할 수 없구나!'] 하였다.〉는 말이 나온다.

02-004/ 사람의 바람은 이러이러하지만

人願如此如此。天理未然未然。
인 원 여 차 여 차　천 리 미 연 미 연

{讀法} 人願은 如>此如>此하되 天理는 未>然未>然이니라.

• • •

{直譯} 사람의 희망은 이러이러하되, 하늘의 이치는 아직 그러그러하지 않다.

{語義} ○人願(인원) : 사람의 염원. 사람의 희망. 사람의 욕망. ○如>此如>此(여차여차) : 이와 같고 이와 같다. 이러이러함. ○未>然未>然(미연미연) : 아직 그렇지 못하고 그렇지 못하다. 아직 그러그러하지 못함.

{意譯} 사람의 염원(念願)은 여차여차하지만, 하늘의 이치(理致)는 아직 그러그러하지 않다.

{餘說}《금병매사화(金甁梅詞話) · 47회》에 나온다.

02-005/ 하늘은 고요하고 소리 없는 것도 다 듣나니

康節邵先生曰。天聽寂無音。蒼蒼何處尋。非高亦非
강 절 소 선 생 왈 천 청 적 무 음 창 창 하 처 심 비 고 역 비
遠。都只在人心。
원 도 지 재 인 심

{讀法} 康節邵先生이 曰, 天聽이 寂無>音이라, 蒼蒼何處尋고? 非>
高亦非>遠이라. 都只在2人心1이니라.

• • •

{直譯} 강절 소선생이 말하기를, "하늘은 고요하고 소리 없는 것도
듣는다. 아득한 하늘을 어느 곳에서 찾을까? 높은 고도 아니고 먼
곳도 아니다. 모두 다만 사람의 마음에 있다." 하였다.

{語義} ○康節邵先生(강절소선생) : 본서 〈계선편(繼善篇)〉〔01-044〕 조목에 나
왔음. ○天聽(천청) : 하늘이 들음. ○寂(적) : 고요함. ○無>音(무음) : 소리가 없
음. ○蒼蒼(창창) : 푸르고 푸름. 아득하여 끝이 없음. 하늘을 이르는 말. ○何
處(하처) : 어느 곳. ○尋(심) : 찾음. ○非(비) : …아니함. ○高(고) : 높음. ○遠
(원) : 멀음. ○都(도) : 모두. 다. ○只(지) : 다만. ○人心(인심) : 사람의 마음.

{意譯} 강절 소선생(康節 邵先生)이 말했다. "하늘은 고요하고 소리가 없는 것도 모두 듣는데, 저 아득한 하늘을 어디에서 찾을 수 있을까? 하늘은 높은 곳에 있는 것도 아니며, 먼 곳에 있는 것도 아니고, 모두 오직 사람의 마음속에 있다."

{餘說} 이 대문을 분석하여 보면 다음과 같이 오언절구(五言絶句)로서 제목이 〈천청음(天聽吟)〉이다.

康節邵先生曰,

天聽寂無>音,　　　　第1句 起句

蒼蒼何處尋.　　　　第2句 承句 임韻(尋)

非>高亦非>遠,　　　　第3句 轉句

都只在2人心1.　　　　第4句 結句 임韻(心)

이상과 같이 일구(一句) 5자인 것을 오언(五言)이라 하고, 4구로 된 것을 절구(絶句)라 한다. 제2구의 끝 글자 '尋' 자와 제4구의 '心' 자는 운(韻)자라 하며, 이런 운을 '임' 자 운이라 한다.
　이밖에 한시(漢詩)에는 오언율시(五言律詩) · 칠언절구(七言絶句) · 칠언율시(七言律詩)가 있다. 다음에 도시(圖示)한다.

오언율시(五言律詩)

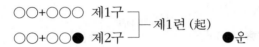

○○+○○○ 제1구 ┐
　　　　　　　├ 제1련 (起)　　●운
○○+○○● 제2구 ┘

○○+○○○　제3구 ┐
　　　　　　　 ├ 제2련 (承)　　　　●운
○○+○○● 제4구 ┘

○○+○○○　제5구 ┐
　　　　　　　 ├ 제3련 (轉)　　　　●운
○○+○○● 제6구 ┘

○○+○○○　제7구 ┐
　　　　　　　 ├ 제4련 (結)　　　　●운
○○+○○● 제8구 ┘

칠언절구(七言絶句)

○○+○○+○○● 제1구 (起)　●운

○○+○○+○○● 제2구 (承)　●운

○○+○○+○○○ 제3구 (轉)

○○+○○+○○● 제4구 (結)　●운

칠언율시(七言律詩)

○○+○○+○○● 제1구 ┐
　　　　　　　　├ (起) 제1련　　　　●운
○○+○○+○○● 제2구 ┘　　　　　　　●운

○○+○○+○○○ 제3구 ┐
　　　　　　　　├ (承) 제2련
○○+○○+○○● 제4구 ┘　　　　　　　●운

○○+○○+○○○ 제5구 ┐
　　　　　　　　├ (轉) 제3련
○○+○○+○○● 제6구 ┘　　　　　　　●운

○○+○○+○○○ 제7구 ┐
　　　　　　　　├ (結) 제4련
○○+○○+○○● 제8구 ┘　　　　　　　●운

이 밖에도 4언·6언 및 장시(長詩) 등이 있다.

02-006/ 사람 마음에 한결 같은 생각이 생기면

人心生一念。天地悉皆知。善惡若無報。乾坤必有
인 심 생 일 념　천 지 실 개 지　선 악 약 무 보　건 곤 필 유

私。
사

{讀法} 人心生2一念1이면 天地悉皆知라. 善惡若無>報면 乾坤必有
>私니라.

• • •

{直譯} 사람의 마음에 한 가지 생각이 생기면, 하늘과 땅이 속속들
이 모두 안다. 선과 악에 만일 갚음이 없다면, 천지에는 반드시 사
사로움이 있다.

{語義} ○一念(일념) : 한 가지 생각. ○悉(실) : 하나도 빠짐없이. 모두. ○乾
坤(건곤) : 乾은 天, 坤은 地. 천지.

{意譯} 사람이 마음에 무엇인가 하나를 골똘히 생각하게 되면, 그
것이 선(善)인지 악(惡)인지를 천지는 모두 다 안다. 선과 악에는
모두 응보(應報)가 있는데, 만약 없었다면 어찌 천지가 사심(私心)
을 갖겠는가마는, 다만 우리는 천지가 사심을 가지고 선악에 응보
(應報)한 것이라고 알아야 한다.

{餘說} 출처는 명(明)나라 때 사람 오승은(吳承恩)이 지은 《서유기(西遊記)·제87회》이다.

人心生2一念1,　　제1구

天地悉皆知.　　제2구 (韻)

善惡若無>報,　　제3구

乾坤必有>私.　　제4구 (韻)

　이상과 같이 이 대문도 오언절구(五言絶句)의 한시로 되어 있다. 운은 이(ㅣ) 운(韻)으로 되어있는 한시인데, 앞 대문의 〔餘說〕에서 이 대문의 시형(詩型)과 같은 것을 찾아내어 시형을 익히도록 하자.

02-007/ 사람들의 사사로운 말이라도

玄帝垂訓。人間私語。天聽若雷。暗室欺心。神目如
현 제 수 훈　인 간 사 어　천 청 약 뢰　암 실 기 심　신 목 여
電。
전

{讀法} 玄帝垂訓에 人間私語라도 天聽은 若>雷하고 暗室欺>心이라도 神目은 如>電이니라.

• • •

{直譯} 〈현제 수훈〉에, "사람들의 사사로운 말이라도 하늘이 듣는

것은 천둥소리와 같고, 어두운 방에서 마음을 속일지라도 신의 눈에는 번개와 같다." 하였다.

{語義} ○玄帝(현제) : 천제(天帝). ○人間(인간) : 사람 사이. 인간. 인간계(人間界). ○私語(사어) : 비밀 이야기. 사사로운 말. ○天聽(천청) : 하늘이 들음. ○若>雷(약뢰) : 우레소리와 같음. 천둥소리와 같이 크게 들림. ○暗室(암실) : 캄캄한 방. 아무도 없는 어두운 방. ○欺>心(기심) : 자기의 마음을 속임. ○神目(신목) : 신의 눈. ○如>電(여전) : 번개와 같이 밝게 보임.

{意譯} 현제(玄帝)가 내린 훈계(訓戒)에, "사람들끼리 주고받는 비밀 이야기라도 하늘이 듣기에는 천둥소리처럼 크게 들리고, 아무도 없는 어두운 방에서 자기 마음을 속이더라도 신의 눈에는 번개와 같이 밝게 보이는 것이다." 하였다.

{餘說} '玄帝'는 도가에서 받드는 신이라고 되어있는 책도 있으나, 역시 {語義}에서 말한 바와 같이 '天帝'로 보아야 신중(神中)에서도 어느 신인가 확실히 깨닫게 될 것이다.

이 대문은 상등대립구(相等對立句)로 되어 있기 때문에 현토가 없는 문장을 대하여도 그리 어렵게 느껴지지 않으리라 믿는다.

02-008/ 남을 속이는 것은

忠孝略云。欺人必自欺其心。欺其心必自欺其天。天
충 효 략 운 기 인 필 자 기 기 심 기 기 심 필 자 기 기 천 천

其可欺乎。
기 가 기 호

{讀法} 忠孝略에 云, 欺2人1이면 必自欺2其心1이오, 欺2其心1이면 必自欺2其天1이니 天其可>欺乎아?

· · ·

{直譯}〈충효략〉에 이르기를, "남을 속이면 반드시 스스로 그 마음을 속이는 것이고, 그 마음을 속이면 반드시 스스로 그 하늘을 속이는 것이니, 하늘을 어찌 속일 수 있을까?" 하였다.

{語義} ○〈忠孝略(충효략)〉: 미상(未詳). ○欺>心(기심) : 남을 속이다. ○必自欺2其心1(필자기기심) : 반드시 자기의 그 마음을 속임. ○必自欺2其天1(필자기기천) : 반드시 그 하늘을 속임. ○天其可>欺乎(천기가기호) : 하늘을 어찌 속일 수 있겠는가? 여기서 '其' 는 힐문(詰問)을 나타내는 것으로서 '어찌·대관절·도대체' 라는 뜻이다.

{意譯}〈충효략〉에 말했다. "남을 속인다는 것은 꼭 자신이 자신의 마음을 속이는 것이고, 자신의 마음을 속인다는 것은 꼭 자신이 저 하늘을 속이는 것이 되니, 하늘을 어찌 속일 수 있겠는가?"

{餘說} 이 대문의 구문을 살펴보면 다음과 같다.

忠孝略云,

┌─ 欺>人 必自欺2其心1.
│   ├─ 天其可>欺乎.
└─ 欺2其心1 必自欺2其天1. ┘

02-009/ 사람은 속일 수 있을지라도

人可欺。天不可欺。人可瞞。天不可瞞。
인 가 기　천 불 가 기　인 가 만　천 불 가 만

{讀法} 人可>欺언정 天不>可>欺요, 人可>瞞이언정 天不>可>瞞이니라.

• • •

{直譯} 사람은 속일 수 있을지언정 하늘은 속일 수 없고, 사람에게 숨길 수 있을지언정 하늘에게는 숨길 수 없다.

{語義} ○可(가) : 할 수 있다. 조동사(助動詞). ○不>可(불가) : 할 수 없다. 부정형(否定形)의 조동사. ○瞞(만) : 숨기다. 속이다. '欺' 도 '瞞' 도 속인다는 뜻으로 '欺瞞' 이라는 단어가 있는데, 역시 '속인다' 는 뜻이다. 그러니 이 대문은 똑같은 말이 된다. 그래서 '瞞' 은 숨긴다는 말로, 뜻은 같지만 달리

새겼다.

{意譯} 사람이야 속일 수 있지만, 무소부재(無所不在)하고 무소불
능(無所不能)한 하늘이야 어떻게 속일 수 있으며, 사람에게야 숨길
수 있지만, 무소부재하고 무소불능한 하늘에게야 어떻게 숨길 수
있을까?

{餘說} 이 대문은 전반부와 후반부가 글자 한 자가 다를 뿐 뜻은 완전히
같다. 그래서 일부러 후반부의 '瞞'자를 '속인다'는 뜻을 취하지 않고
'숨긴다'는 뜻을 취하였다.

02-010/ 세상 사람은 반드시 남을 속이되

世人要瞞人。分明把心欺。欺心卽欺天。莫道天不
세 인 요 만 인   분 명 파 심 기   기 심 즉 기 천   막 도 천 부
知。天在屋簷頭。須有聽得時。儞道不聽得。古今放過
지   천 재 옥 첨 두   수 유 청 득 시   이 도 불 청 득   고 금 방 과
誰。
수

{讀法} 世人要瞞>人하되 分明把>心欺라. 欺>心卽欺>天이니, 莫>道2
天不1>知하라. 天在2屋簷頭1하여 須有聽>得>時라. 儞道>不>聽得
이나 古今放過誰오?

{直譯} 세상 사람은 반드시 남을 속이되, 분명히 마음으로 속인다. 마음을 속이는 것은 곧 하늘을 속이는 것이니, 하늘이 알지 못한다고 말하지 말라. 하늘은 집 처마 끝에 있어서, 모름지기 들을 수 있는 때가 있다. 너는 듣지 못했다고 말하나, 예나 이제나 그대로 버려둔 게 누구냐?

{語義} ○要(요) : 반드시. 꼭. ○把>心(파심) : 마음을 잡아 쥠. ○莫>道(막도) : 말하지 말라. '道'는 '말하다'. ○屋簷頭(옥첨두) : 집의 처마 끝. ○須(수) : 모름지기. ○有>聽>得>時(유청득시) : 들을 수 있는 때가 있다. ○儞道>不>聽>得(이도불청득) : 너는 듣지 못했다고 하나. ○古今(고금) : 예나 이제나. ○放過(방과) : 그대로 지나치다. 듣지 않고 흘려 버렸다. ○放過誰(방과수) : 누구를 그대로 버려두고 그냥 지나갔는가?

{意譯} 세상 사람들은 남을 속일 때 분명히 마음을 속인다. 마음을 속이는 것은 곧 하늘을 속이는 것이다. 하늘이 모른다고 말하지 말라. 하늘은 먼 곳에 있는 것이 아니라 바로 너의 집 처마 끝에 있어서, 하나도 빠짐없이 듣는 때가 있다. 너 자신은 듣지 못했다고 말하지만, 예나 지금이나 누구를 그대로 버려둔 적이 있는가?

{餘說} 이 대문은 오언율시(五言律詩)로 되어있다.

世人要瞞>人,　　第1句 ─┐
　　　　　　　　　　　├─ 首聯 起
分明把>心欺.　　　第2句 ─┘　　　　　欺韻

欺>心則欺>天,　　第3句 ─┐
　　　　　　　　　　　├─ 前聯 承
莫>道2天不1>知.　　第4句 ─┘　　　　　知韻

天在2屋簷頭1,　　第5句 ─┐
　　　　　　　　　　　├─ 後聯 轉
須有聽>得>時.　　第6句 ─┘　　　　　時韻

儞道>不>聽>得,　　第7句 ─┐
　　　　　　　　　　　├─ 尾聯 結
古今放過誰ㅗ.　　第8句 ─┘　　　　　誰韻

　　위 시의 '欺 · 知 · 時 · 誰'의 압운자(押韻字)는 106운(韻) 중에서 지운(支韻)으로 'ㅣ(이)'운(韻)이 되는 것이다.

02-011/ 하늘을 속일 수 없는 것은

湛湛靑天不可欺。未曾擧意早先知。勸君莫作虧心
담 담 청 천 불 가 기　미 증 거 의 조 선 지　권 군 막 작 휴 심

事。古往今來放過誰。
사 고 왕 금 래 방 과 수

{讀法} 湛湛靑天不>可>欺는 未2曾擧意早先知1라. 勸>君莫>作2
虧>心事1하라, 古往今來放過誰ㅗ?

• • •

{直譯} 맑고 푸른 저 하늘을 속일 수 없는 것은, 아직 일찍이 생각하지 않았는데 일찍 앞서 알아서이다. 그대에게 권하나니 양심에 걸리는 행실은 짓지 말라, 예부터 지금까지 누구를 그대로 내버려 둔 적이 있는가?

{語義} ○湛湛(담담) : 침착하고 묵중(默重)한 모양. ○青天(청천) : 푸른 하늘. 하늘. ○擧>意(거의) : 생각을 함. ○早先知(조선지) : 때가 오지 않아도 앞서 알다. ○勸>君莫>作(권군막작) : 그대에게 권하나니 …을 짓지 말라. ○虧>心(휴심) : 양심을 저버림. ○虧>心事(휴심사) : 양심을 저버린 일. 마음에 부끄러움이 있는 일. ○古往今來(고왕금래) : 예로부터 지금까지.

{意譯} 침착묵중(沈着默重)한 하늘을 속일 수 없는 것은, 아직 일찍이 행동할 생각이 없었는데 기회가 오기 전에 하늘은 먼저 알았다. 그대에게 권한다. 양심에 걸리는 행실은 하지 말라, 예부터 지금까지 듣지 않고 흘려버린 것은 그대가 아니고 누구인가?

{餘說} 이 대문은 칠언절구(七言絕句)의 한시(漢詩)이다.

湛湛青天不>可>欺,	第1句 欺韻 起
未2曾擧意早先知1.	第2句 知韻 承
勸>君莫>作2虧>心事1,	第3句 轉
古往今來放過誰.	第4句 誰韻 結

위 시에서 '欺·知·誰'의 압운자(押韻字)는 106운(韻) 중의 지운(支韻)으로 ㅣ(이) 운(韻)이 되는 것이다.

02-012/ 사람이 착하면

人善人欺。天不欺。人惡人怕。天不怕。
인 선 인 기 천 불 기 인 악 인 파 천 불 파

{讀法} 人善이면 人欺하되, 天不>欺하고 人惡이면 人怕하되 天不>怕니라.

• • •

{直譯} 사람이 착하면 사람들은 속이되 하늘은 속이지 못하고, 사람이 악하면 사람들은 두려워하되 하늘은 두려워하지 않는다.

{語義} ○怕(파) : 두려워하다.

{意譯} 착한 사람은 사람들이 그를 속일 수 있지만 전지전능(全知全能)한 하늘은 그를 속이지 않고, 악한 사람은 사람들이 그를 두려워하지만 전지전능한 하늘은 그를 두려워하지 않는다.

{餘說} 사람들은 착한 사람을 속이고 악한 사람을 두려워해도, 하늘은

착한 사람을 속이지 않고 악한 사람을 두려워하지도 않는다.

12-013/ 사람으로서 마음이 나쁘면

人心惡。天不錯。
인 심 악 천 불 착

{讀法} 人心이 惡이면, 天不>錯이니라.

• • •

{直譯} 사람의 마음이 악하면, 하늘은 어긋나지 않는다.

{語義} ㅇ 不>錯(불착) : 어긋나지 아니함.

{意譯} 사람의 마음이 나쁘면 하늘은 어긋나지 않고 반드시 재앙으로 갚는다.

{餘說} 하늘이 화나 복을 선악에 따라 반드시 하나도 어김없이 갚는다는 것을 강조한 대문이다.

12-014/ 하늘은 도덕마음 가진 사람을 저버리지 않고

皇天不負道心人。皇天不負孝心人。皇天不負好心
황 천 불 부 도 심 인 　황 천 불 부 효 심 인 　황 천 불 부 호 심
人。皇天不負善心人。
인 　황 천 불 부 선 심 인

{讀法} 皇天不>負2道心人1하며 皇天不>負2孝心人1하며, 皇天不>
負2好心人1하며 皇天不>負2善心人1하나니라.

• • •

{直譯} 하늘은 도덕적 마음을 가진 사람을 저버리지 않으며, 하늘
은 효도의 마음을 가진 사람을 저버리지 않으며, 하늘은 착한 마음
을 가진 사람을 저버리지 않으며, 하늘은 선량한 마음을 가진 사람
을 저버리지 않는다.

{語義} ○皇天(황천) : 하늘을 공경하여 일컫는 말. 천신(天神). 하느님. 상제
(上帝). ○不>負(불부) : 저버리지 아니함. 은혜를 잊고 덕에 보답 않지 않음.
○道心(도심) : 도덕적인 마음. 본연의 양심. ○孝心(효심) : 효성스러운 마
음. ○好心(호심) : 착한 마음. ○善心(선심) : 선량한 마음.

{意譯} 하느님은 도덕적인 마음을 가진 사람에게는 그에 상응(相
應)한 은혜(恩惠)로 보답하여 주시고, 하느님은 효성스런 사람에게
는 그에 상응한 은혜로 보답하여 주시고, 하느님은 착한 마음을

가진 사람에게는 그에 상응한 은혜로 보답하여 주시고, 하느님은 선량한 마음을 가진 사람에게는 그에 상응한 은혜로 보답하여 주신다.

{餘說} 이 대문의 구문을 살펴보면 다음과 같다.

12-015/ 나쁜 마음이 가득하면

益智書云。惡貫若滿。天必戮之。
익 지 서 운 악 관 약 만 천 필 류 지

{讀法} 益智書에 云, 惡貫이 若>滿이면 天必戮>之니라.

• • •

{直譯} 《익지서》에 이르기를, "악의 꿰미가 만일 가득 찼으면, 하늘은 반드시 그를 죽인다." 하였다.

{語義} ㅇ《益智書(익지서)》: 송(宋)나라 때 저작한 책 이름. ㅇ惡貫(악관):
악의 꿰미. ㅇ若>滿(약만): 만일 가득 차면. '若'은 '만일 …하면'의 가정형
(假定形)의 부사(副詞). ㅇ必(필): 꼭. 반드시. ㅇ戮>之(육지): 그를 죽인다. 죽
인다.

{意譯}《익지서》에 말했다. "사람이 나쁜 짓을 많이 하여 이미 종
말에 도달하면 하늘은 꼭 그 사람을 죽인다."

{餘說}《서경(書經)·태서상(泰誓上)》에 "商罪貫盈,天命誅>之"라 나오
고, 〈공전(孔傳)〉에 "紂之爲惡, 一以貫之, 惡貫已滿, 天畢其命.〔주(紂)가
죄를 지은 것이 한 가지로 관통한다. 악의 꿰미가 이미 꽉 찼으니 하늘
이 그 명(命)을 끝낼 것이다.〕"라 하였다. 이와 관련하여 '惡貫滿盈(악관
만영)·惡貫已盈(악관이영)·惡籍盈指(악적영지)'라는 사자성어가 있다.
'天必戮>之'는 '天必誅>之'로 되어있는 판본도 있다. 뜻은 같다. '若'
자는 '만일 …하면'의 가정형 부사이지만, 두 번 새기는 글자이므로 '재
역문자(再譯文字)'라고 한다. '未〔아직 …하지 않다〕·'雖〔비록 …할지
라도〕·'將〔막 …하려 하다〕·'宜〔마땅히…하다〕' 등도 재역문자이다.

12-016/ 사람이 착하지 않은 일을 해서

莊子曰。若人作不善得顯名者。人雖不害。天必誅
장 자 왈 약 인 작 불 선 득 현 명 자 인 수 불 해 천 필 주
之。
지

{讀法} 莊子ㅣ 曰, 若人이 作>不>善하여 得2顯1>名者는 人雖不>害나 天必誅>之니라.

• • •

{直譯} 장자가 말하기를, "만일 사람이 착하지 못한 일을 하여서, 이름을 세상에 나타낸 사람은, 사람은 비록 해하지 않을지라도, 하늘은 반드시 이를 친다." 하였다.

{語義} ○莊子(장자) : 본서 〈계선편〉〔01-011〕 조목에 나왔음. ○得(득) : 얻다. ○顯>名(현명) : 이름을 세상에 나타내다. ○誅>之(주지) : 베다. 죽이다. 치다. 《서경(書經)》에 나오는 '天命誅>之'와 같이 '치다'로 봄이 좋겠다.

{意譯} 장자가 말했다. "만일 사람이 착하지 못한 일을 하고서도 이름을 세상에 나타낸 사람은, 사람들이 비록 해치지 않는다고 하더라도 하늘은 놓치지 않고 꼭 그 사람을 칠 것이다."

{餘說} '天必誅>之'가 '天必戮>之'로 된 곳도 있다. 위 문장이 '莊子曰'로 시작하고 있으나 이 말이 《장자》에는 보이지 않는다.

12-017/ 외씨를 심으면 외를 얻고

種瓜得瓜。種豆得豆。天網恢恢。疎而不漏。
종 과 득 과 종 두 득 두 천 망 회 회 소 이 불 루

{讀法} 種>瓜得>瓜요, 種>豆得>豆니 天網이 恢恢하여 疎而不>漏니라.

• • •

{直譯} 외씨를 심으면 외를 얻고, 콩을 심으면 콩을 얻을 것이니, 하늘의 그물은 넓고 넓어서 성글어도 새지 않는다.

{語義} ○種>瓜(종과) : 외씨를 심다. '種'은 '씨'의 뜻도 있지만 '심는다'는 뜻도 있다. ○得>瓜(득과) : 외를 얻는다. ○豆(두) : 콩. ○天網(천망) : '網'은 그물로, 천망은 하늘의 그물. 곧 하늘이 악인을 잡는 그물. ○恢恢(회회) : 썩 넓음. 광대하여 포용하는 모양. 여유가 있는 모양. ○疎(소) : '疏'와 같음. 드물다. 성기다. ○不>漏(불루) : '漏'는 새다. '불루'는 '새지 아니함.'

{意譯} 외씨를 심으면 외를 얻고, 콩을 심으면 콩을 얻는 것과 같이 인과응보(因果應報)는 꼭 따르게 마련이다. 그리고 하늘이 죄인을 잡는 그물은 꽤 넓어서 거칠기는 하지만 누락(漏落)시키지도 않는다.

{餘說} 하늘은 인과응보(因果應報)의 신상필벌(信賞必罰)은 빠짐없이 실

행한다는 것이다.

12-018/ 깊이 갈고 얕게 심을지라도

深耕淺種。尚有天災。利己損人。豈無果報。
심 경 천 종 상 유 천 재 이 기 손 인 기 무 과 보

{讀法} 深耕淺種에도 尙有2天災1하니 利>己損>人에 豈無2果報1리오?

• • •

{直譯} 깊이 갈고 얕게 심을지라도 오히려 천재가 있나니, 자신에게 이롭게 하고 남을 손해 보이면 어찌 결과에 대한 갚음이 없으리오?

{語義} ○深耕(심경) : 깊이 갈다. 농사에 땅은 깊이 갈아야 농사가 잘 된다. ○淺種(천종) : 씨앗은 얕게 심다. 농사에 씨앗은 얕게 심어야 씨가 잘 난다. ○尙有2天災1(상유천재) : 오히려 천재가 있다. 심경천종하여 제대로 했는데도 오히려 하늘의 재앙이 있다는 말. ○利>己損>人(이기손인) : 자신을 이롭게 하고 남에게 손해를 붙임. ○豈無(기무) : '어찌 …이 없겠는가? 의 반어사(反語辭). ○果報(과보) : 인과응보(因果應報).

{意譯} 깊이 갈고 얕게 파종(播種)할지라도 오히려 하늘의 재앙이 있는 법인데[제대로 했어도 재앙이 있기가 쉽다는 뜻] 자신을 이롭게 하고 남에게 손해를 보이는 도리에 어긋나는 짓을 하고 어찌 인과응보가 없겠느냐?

{餘說} 할 짓을 도리대로 하고서도 오히려 천재를 면할 수 없는 경우가 있는데, 자기를 위하여 남에게 손해를 보이는 나쁜 일을 하고서도 어찌 인과응보(因果應報)가 없겠느냐? 반드시 있을 것이다.

12-019/ 하늘에 죄를 짓게 되면

子曰。獲罪於天。無所禱也。
자 왈 획 죄 어 천 무 소 도 야

{讀法} 子ㅣ 曰, 獲>罪2於天1이면 無>所禱也니라.

• • •

{直譯} 공자께서 말씀하시기를, "죄를 하늘에 짓게 되면 빌 곳이 없다." 하셨다.

{語義} ○ 獲>罪(획죄) : 죄를 짓다. 죄를 얻다. ○ 無>所>禱也(무소도야) : 빌

곳이 없다.

{意譯} 공자께서 말씀하셨다. "나쁜 일을 하여 하늘에 죄를 짓게 되면, 아무 곳에도 용서받기 위하여 빌 곳이 없다."

{餘說} 하늘에 죄를 진 사람은 아무데도 빌 곳이 없다는 것이니, 빌 곳이 없다면 용서받지 못한다는 것이다.

12-020/ 뜻밖의 재앙과 재난에

先儒曰。非災橫禍。世人常嘆無因。分付安排。皇天
선 유 왈   비 재 횡 화   세 인 상 탄 무 인   분 부 안 배   황 천
必自有說。
필 자 유 설

{讀法} 先儒ㅣ 曰, 非災橫禍에 世人이 常嘆2無>因1하나 分付安排하라고 皇天이 必自2有>1說이니라.

• • •

{直譯} 옛 선비들이 말하기를 "뜻밖의 재앙에 세상 사람들은 항상 원인이 없다고 한탄한다. 처리하고 준비함에는 하늘이 반드시 스스로 말씀이 있었다."고 하였다.

{語義} ○非災(비재) : 뜻밖의 재앙. ○橫禍(횡화) : 뜻하지 않은 재난. ○嘆(탄) : 탄식하다. 한숨 쉬다. 탄식(歎息)하다. ○無>因(무인) : 원인이 없음. ○分付(분부) : 윗사람이 아랫사람에게 명령을 내림. 처리함. 처치함. ○安排(안배) : 자연의 변화에 맡겨둠. 알맞게 배치하거나 늘어놓음. 준비(準備)함. ○皇天(황천) : 크고 넓은 하늘. ○說(설) : 말씀. 말.

{意譯} 옛 선비들이 말하였다. "뜻밖에 일어난 재앙이나 재난에 대해 세상 사람들은 언제나 원인이 없이 갑자기 일어났다고 탄식한다. 그러나 사전에 조치하고 준비하라고 하늘이 반드시 스스로 말씀을 하셨는데 사람들이 이를 듣지 않았을 뿐이다."

{餘說} 다음과 같이 4 · 6 대구(對句)로 분석해 볼 수 있다.

先儒 l 曰,
┌─ 非災橫禍, 世人常嘆2無>因1,
└─ 分付安排, 皇天必自2有>說1.

12-021/ 뒷날 보응이 없다면

若無後來報應。造物何以謝顔回。除卻永劫災殃。上
약 무 후 래 보 응　조 물 하 이 사 안 회　제 각 영 겁 재 앙　상
帝胡以私曹操。
제 호 이 사 조 조

{讀法} 若無2後來報應1이면 造物이 何以謝2顔回1리오? 除卻2永劫
災殃1이면 上帝ㅣ 胡以私2曹操1리오?

• • •

{直譯} 만약 뒷날의 보응(報應)이 없다면 조물주(造物主)가 어떻게
안회(顔回)에게 사례(謝禮)하겠는가? 영겁(永劫)의 재앙(災殃)을 없
애버렸다면 상제(上帝)는 어찌 조조(曹操)를 사사로이 여겼겠는가?

{語義} ○後來(후래) : 늦게 옴. 이후. 나중에. ○報應(보응) : 응보(應報). 인
과응보(因果應報). ○造物(조물) : 조물자(造物者)의 준말. ○謝(사) : 사례하다.
○顔回(안회) : 안회는 공자의 제자 가운데에서 가장 뛰어난 학덕(學德)을 지
니고 있었으나 불행하여 32세의 나이에 죽고 말았는데, 안회가 죽은 뒤에
공자는 '안회가 죽은 뒤에는 진정으로 학문을 좋아하는 자가 없다.' 고 하
면서 슬퍼하였다. 《논어(論語) · 선진(先進)》 ○除卻(제각) : … 이외에. 제외
(除外)함. 제거(除去)함. ○永劫(영겁) : 극히 긴 세월. 영원한 세월. ○胡(호) :
어찌. ○私(사) : 사사로이 하다. ○曹操(조조) : 자는 맹덕(孟德). 후한(後漢)
헌제(獻帝) 때 승상(丞相)이 되어 정권을 오로지하였으며 위왕(魏王)에 봉해
졌음. 그의 아들 비(丕)가 후한을 찬탈하고 제(帝)라 일컬은 후 조조(曹操)를
무제(武帝)라 추존하였음.

{意譯} 만약 선(善)한 행위(行爲)와 악한 행위에 대해 뒷날 인과응
보(因果應報)가 없다면 조물주(造物主)는 뛰어난 학식을 갖추고도

일찍 세상을 떠난 안회(顔回)에게 어떻게 사례(謝禮)하겠는가? 영겁(永劫)의 재앙(災殃)이 없다면 하느님은 어찌 천리(天理)를 어긴 조조(曹操)를 사사로이 여긴 것처럼 천수(天壽)를 누리도록 오래 살게 하였겠는가?

{餘說} 위 문장은 다음과 같이 대(對)를 이루고 있다.

┌─ 若無2後來報應1 造物이 何以謝2顔回1
└─ 除卻2永劫災殃1 上帝ㅣ 胡以私2曹操1

제3편

순명편(順命篇)

이 편은 천명(天命)에 순종(順從)하라는 글을 모은 것으로 모두 18조목이다.

03-001/ 죽고 사는 것은 운명에 달려있고

子夏曰。死生有命。富貴在天。
자 하 왈 사 생 유 명 부 귀 재 천

{**讀法**} 子夏ㅣ 曰, 死生有>命이오, 富貴在>天이니라.

• • •

{**直譯**} 자하가 말하기를, "죽고 삶은 운명에 있고, 부(富)함과 귀(貴)함은 하늘에 있다." 하였다.

{**語義**} ○子夏(자하) : 공자의 제자. 성은 복(卜), 이름은 상(商), 자가 자하(子夏)이다. 공자보다 44세 연소(年少)했다. 공자의 제자 중에서도 자유(子游)와 함께 문학·학문에 뛰어났다. ○死生(사생) : 죽음과 삶. ○有>命(유명) : 운명이 있다. ○富貴(부귀) : 부자가 되는 것과 신분이 귀하게 되는 것. ○在>天(재천) : 하늘에 있음. 천명에 달려 있음.

{意譯} 자하가 말했다. "사람이 죽고 사는 것은 운명(運命)에 달려 있고, 부자가 되고 귀인(貴人)이 되는 것은 천명(天命)에 달려있다."

{餘說} 이 대문은《논어 · 안연편(顏淵篇) · 제5장》에 있는 글이다.

　'生死'는 천명이니, 숙명적인 것으로 인간의 힘만으로는 어쩔 도리가 없다. '貴' 또한 인간의 선악과 노력에 평행하지 아니한다. 인력 이상의 것이니 하늘에 일임(一任)할 도리밖에 없다.

03-002/ 갈 때는 혹 가도록 하며

孟子曰。行或使之。止或尼之。行止非人所能也。
맹 자 왈　행 혹 사 지　지 혹 니 지　행 지 비 인 소 능 야

{讀法} 孟子ㅣ 曰, 行或使>之며, 止或尼>之나, 行止는 非2人所1>能也니라.

・・・

{直譯} 맹자께서 말씀하시기를, "갈 때는 혹 이를 가게 하며, 멎을 때는 혹 이를 멎게 하나, 가고 멎고 하는 것은 사람이 능한 바가 아니다." 하셨다.

{語義} ○孟子(맹자) : 본서 〈천명편〉〔02-001〕 참조 바람. ○使(사) : 시키다. ○尼(녜) : 멈춘다는 뜻. 정지시킴. 그치게 함. ○能(능) : 능하다.

{意譯} 맹자께서 말씀하셨다. "한 사람이 어디로 갈 때는 가게 하는 계기를 만들어 주는 사람이 나타나는 수가 있고, 또 그만둘 때도 그렇기는 하나, 그것은 그렇게 하는 사람의 힘은 아니고 역시 하늘이 그의 의사에 따라 그렇게 시킨 것에 지나지 않으며 사람이 할 수 있는 바가 아니다."

{餘說} 이 대문은《맹자 · 양혜왕장구하(梁惠王章句下)》에 있는 글이다. 다음과 같이 분석할 수 있다.

孟子ㅣ 曰,
┌ 行或使>之 ┐
│   ├ 行止ㅣ 非2人所1>能也.
└ 止或尼>之 ┘

03-003/ 한번 마시는 것이나 한번 쪼는 일은

一飮一啄。事皆前定。
일 음 일 탁　 사 개 전 정

{讀法} 一飮一啄은 事皆前定이니라.

• • •

{直譯} 한번 마시는 것이나 한번 쪼는 일은 모두 미리 정해진 것이다.

{語義} ○ 一飮(일음) : 한번 마심. ○ 一啄(일탁) : 한번 쫌. ○ 一飮一啄(일음일
탁) : 이 말은 본디 새[禽鳥]를 두고 한 말이나, 여기서는 사람들이 입고 먹는
것을 빗대어 말하였다. ○ 前定(전정) : 미리 확정됨. 이전에 정하여짐.

{意譯} 사소한 일이라도 미리 확정된 것이다.

{餘說} 모든 일이 미리 확정된 범주(範疇) 안에서 결과지어진다는 것이
다.

03-004/ 모든 일에 분수가 이미 정해졌거늘

萬事分已定。浮生空自忙。
만 사 분 이 정 부 생 공 자 망

{讀法} 萬事ㅣ 分已定이어늘, 浮生이 空自忙이니라.

• • •

{直譯} 모든 일에 분수가 이미 정하여졌거늘 세상 사람들이 공연히

자기 스스로 바빠한다.

{語義} ○萬事(만사) : 모든 일. ○分(분) : 분수. 명분(名分). ○已(이) : 이미.
○定(정) : 정하다. ○浮生(부생) : 덧없는 인생. ○空(공) : 공연히. ○自(자) :
스스로. ○忙(망) : 바쁘다. 바빠한다.

{意譯} 모든 일에 분수가 이미 정해졌는데 덧없는 인생들은 쓸데
없이 바쁘다.

{餘說} '人生萬事는 塞翁之馬다' 라는 말이 있다. 《회남자(淮南子)·인간
훈(人間訓)》에 있는 말로, 인생 화복이 덧없으므로 복이 있다 하여 기뻐
할 것이 못 되고, 화가 있다 하여 슬퍼할 것이 못 된다는 비유이다.
　　참고할 분을 위하여 다음에 원문(原文)을 적기(摘記)한다.
　　"近2塞上1之人, 有善>術者. 馬無>故亡而入胡, 人皆弔>之, 其父曰, 此
何遽不>爲>福乎. 居2數月1, 其馬將2胡駿馬1而歸. 人皆賀>之, 其父曰,
此何遽不>能>爲>禍乎. 家富2良馬1, 其子好>騎, 墮而折2其髀1, 人皆弔>
之. 其父曰, 何遽不>爲>福乎. 居一年, 胡人大入>塞, 丁壯者引>弦而戰,
近>塞之人, 死者十九, 此獨以2跛之故1, 父子相保. 故福之爲>禍, 禍之爲
>福, 化不>可>極, 深不>可>測也."
　　다음의 비슷한 글자에 대하여 그 차이점을 알아보자 : '己(몸, 기)·已
(이미, 이)·巳(뱀, 사).'

03-005/ 모든 일은 오직 사람의 계획 때문이 아니고

萬事不由人計較。一生都是命安排。
만 사 불 유 인 계 교 일 생 도 시 명 안 배

{讀法} 萬事는 不>由2人計較1요, 一生은 都是命安排니라.

• • •

{直譯} 모든 일은 오로지 계획에 말미암는 것이 아니고, 일생은 모두 이 천명의 안배에 있다.

{語義} ○萬事(만사) : 모든 일. ○不>由>人(불유인) : 사람에 말미암지 않는다. ○計較(계교) : 계책. ○都是(도시) : 오로지. ○安排(안배) : 적당히 배치(排置)함. 안배(按排)함.

{意譯} 만사가 오로지 천명에 말미암은 것이지 사람의 논쟁에 말미암는 것이 아니고, 사람의 일생도 모두 천명의 적당한 배치에 있다.

{餘說} 인간의 만사 · 일생이 다만 천명에 말미암는 것이니, 천명에 순응하라는 것이 이 대문의 뜻이다.

03-006/ 힘을 쓸 수 없는 것이

景行錄云。凡不可著力處。便是命也。
경 행 록 운 범 불 가 착 력 처 변 시 명 야

{讀法} 景行錄에 云, 凡不>可>著>力處가 便是命也니라.

• • •

{直譯}《경행록》에 이르기를, "무릇 힘을 쓸 수 없는 것이 곧 운명이다." 하였다.

{語義} ○著>力(착력) : 힘을 씀. ○處(처) : 곳. ○便是(변시) : 문득. 곧.

{意譯}《경행록》에 말했다. "무릇 사람의 힘으로 할 수 없는 것이 바로 사람의 운명이다."

{餘說} 사람의 운명은 힘으로 어떻게 해볼 수 없다는 것이 이 대문의 대의(大意)이다.

03-007/ 총명은 운명보다 못하고

慧不如命。智不如福。
혜 불 여 명 지 불 여 복

{讀法} 慧不>如>命이오, 智不>如>福이니라.

• • •

{直譯} 총명은 운명만 같지 못하고, 슬기는 복만 같지 못하다.

{語義} ○慧(혜) : 총명함. ○不>如(불여) : 같지 않다. 못하다. ○智(지) : 슬기. ○智不>如>福(지불여복) : 智將不>如2福將1(지장불여복장). 지혜로운 장수가 복 있는 장수만 못하다.

{意譯} 총명함보다 운명이 낫고, 슬기로움보다 복(福)이 낫다.

{餘說} '慧 · 智'가 '命 · 福'만 못하다는 것이다.

03-008/ 화는 요행히 면할 수 없고

景行錄云。禍不可以倖免。福不可以再求。
경 행 록 운 화 불 가 이 행 면 복 불 가 이 재 구

{讀法} 景行錄에 云, 禍不>可2以>倖免1이오, 福不>可2以再求1이니라.

• • •

{直譯} 《경행록》에 이르기를, "화는 요행히 면할 수 없고, 복은 두 번 구할 수 없다." 하였다.

{語義} ○ 不>可(불가) : 안됨. 못함. …할 수 없다. ○ 倖(행) : 요행(僥倖). 분외(分外)에 얻는 행복. ○ 免(면) : 벗어남. ○ 再(재) : 다시. 두 번. 재차. ○ 再求(재구) : 똑같은 것을 두 번 구함.

{意譯} 《경행록》에 말했다. "재앙이라는 것은 요행(僥倖)히 벗어나지 못하고, 복이라는 것은 똑같은 것을 두 번 구하지 못한다."

{餘說} 이 문장의 구문은 다음과 같다.

$$景行錄云 \left[\begin{array}{c} 禍 \\ 福 \end{array} \right] 不>可_2以> \left[\begin{array}{c} 倖免_1 \\ 再求_1 \end{array} \right]$$

03-009/ 혐의를 입어도

素書云。見嫌而不苟免。見利而不苟得。
소 서 운 견 혐 이 불 구 면 견 리 이 불 구 득

{讀法} 素書에 云, 見>嫌而不_2苟免_1하고, 見>利而不_2苟得_1이니라.

• • •

{直譯} 《소서》에 이르기를, "혐의스러움을 당하여도 구차히 면하려 하지 말고, 이로움을 보고도 구차하게 얻으려 하지 말라." 하였다.

{語義} ㅇ《素書(소서)》: 책 이름. 1권, 진(秦)나라 황석공(黃石公)의 찬(撰). 송(宋)나라 장상영(張商英)이 주(註)를 달았다. 실은 장상영이 위탁(僞託)한 것이다. 원시(原始)·정도(正道)·구인지지(求人之志)·본덕종도(本德宗道)·준의(遵義)·안례(安禮)의 6편으로 이루어짐. 책 속에 유(柔)로써 강(剛)을 제어(制禦)하고, 퇴(退)로써 진(進)을 삼는 이치를 설명하고 있다. ㅇ嫌(혐): 혐의(嫌疑). 싫어하다. ㅇ見嫌(견혐): 혐의를 입다. 여기서 見은 '당하다·입다' 는 뜻으로, 동사(動詞) 앞에 쓰여 피동(被動)을 나타낸다. ㅇ苟(구): 구차하게.

{意譯} 《소서》에 말했다. "혐의(嫌疑)를 입었어도 구차(苟且)스럽게 그 경우에서 벗어나려 들지 말고, 이익을 보거든 구차스럽게 그 경우에서 이익을 얻으려 들지 말 것이다."

{餘說} 다음에 이 대문을 분석해 본다.

見> ┬ 嫌 ┬ 而不2苟 ┬ 免1.
    └ 利 ┘   └ 得1.

03-010/ 복이 왔다고

福至不可苟求。禍至不可苟免。
복 지 불 가 구 구 화 지 불 가 구 면

{讀法} 福至不>可2苟求1요, 禍至不>可2苟免1이니라.

• • •

{直譯} 복이 이름에 구차스럽게 구하면 안 되고, 화가 이름에 구차
스럽게 벗어나서는 안 된다.

{意譯} 행복이 왔다고 하여 구차스럽게 구해서는 안 되는 것이고,
재앙이 닥쳤다 해서 구차스럽게 벗어나려 해서는 안 되는 것이다.

{餘說} 이 대문의 대의도 또한 앞 대문과 같다. 구문을 따져보면 다음과
같다.

福 ┐   ┌ 求1.
     ├ 至不>可2苟 ┤
禍 ┘   └ 免1.

03-011/ 재물을 대해서는

曲禮曰。臨財毋苟得。臨難毋苟免。
곡 례 왈 임 재 무 구 득 임 난 무 구 면

{讀法} 曲禮에 曰, 臨>財에 毋2苟得1하고, 臨難에 毋2苟免1하라.

• • •

{直譯} 〈곡례(曲禮)〉에 말하기를, "재물을 대해서는 구차스럽게 얻으려 말고, 난에 임해서 구차스럽게 벗어나려 말라." 하였다.

{語義} ○〈曲禮(곡례)〉:《예기(禮記)》의 편명(篇名)으로 길례(吉禮)·흉례(凶禮)·군례(軍禮)·빈례(賓禮)·가례(嘉禮)의 오례(五禮)에 관하여 상세하게 기록하였다. ○臨>財(임재): 재물을 대함. ○毋(무): '말라'는 금지사(禁止辭). ○臨>難(임난): 어려움을 당함.

{意譯} 〈곡례〉에 말했다. "재물을 대해서는 그것을 얻으려고 구차스럽게 굴지 말고, 어려움을 당해서는 그곳을 벗어나려고 구차스럽게 굴지 말라."

{餘說} 〈곡례(曲禮)〉는 《예기》 속에 있는 편명인데, 그 내용을 알고자 하는 분을 위하여 다음 글을 소개한다:《예(禮)·곡례상(曲禮上)·소(疏)》, 鄭目錄云, "名曰2曲禮1者, 以3其篇記2五禮之事1, 祭祀之說, 吉禮也, 喪荒去>國之說, 凶禮也, 致>貢朝會之說, 賓禮也, 兵車旌鴻之說, 軍禮也, 事>長敬>老·執>贄納>女之說, 嘉禮也, 此於2別錄1屬2制度1."

03-012/ 천명을 아는 사람은

子曰。知命之人。見利不動。臨死不怨。
자 왈 지 명 지 인 견 리 부 동 임 사 불 원

{讀法} 子ㅣ 曰, 知>命之人은, 見>利不>動하고, 臨>死不>怨하나니라.

• • •

{直譯} 공자께서 말씀하시기를, "천명을 아는 사람은 이익을 보아
도 움직이지 않고, 죽음에 다다라도 원망하지 않는다." 하셨다.

{語義} ○ 知>命(지명) : 천명을 앎. ○ 見>利不>動(견리부동) : 이익을 보아도
마음이 움직이지 아니함. ○ 臨>死不>怨(임사불원) : 죽음에 다다라도 남을
원망하지 아니함.

{意譯} 공자께서 말씀하셨다. "천명을 아는 사람은 이익을 보아도
마음이 움직이지 않고, 죽음에 다다라서 남을 원망하지 않는다."

{餘說} 다음 구문을 살펴보고 현토(懸吐) 연습을 하여 보자.

　子曰, 知>命之人,

　┌ 見>利不>動,

　└ 臨>死不>怨.

03-013/ 하루를 얻었으면

得一日過一日。得一時過一時。
득 일 일 과 일 일   득 일 시 과 일 시

{讀法} 得2一日1이면 過2一日1하고 得2一時1면 過2一時1니라.

• • •

{直譯} 하루를 얻었으면 하루가 지나가고, 한때를 얻었으면 한때가 지나간다.

{語義} ○得2一日1(득일일) : 하루의 시간을 얻다. ○過2一日1(과일일) : 하루의 시간이 지나가다. ○得2一時1(득일시) : 한때의 시간을 얻다. ○過2一時1(과일시) : 한때의 시간이 지나가다.

{意譯} 시간적인 천명은, 하루를 얻었으면 그 하루가 지나가게 마련이고, 한때를 얻었으면 그 한때도 지나가게 마련이다. 이같이 시간이 오고 감도 천명인 것이다.

{餘說} 구문(構文)은 다음과 같다.

```
得2一 ┌─日1─┐        ┌─日1.
       │     ├─ 過2一 ┤
       └─時1─┘        └─時1.
```

청(淸)나라 적호(翟灝)가 편찬한《통속편(通俗編)·권지삼(卷之三)·시서(時序)》에 "過得一日, 過一日.〔하루를 지내면 하루가 지나간다.〕"이라고 나오며 출처는《검남집(劍南集)》의 〈취중신필시(醉中信筆詩)〉 "過得一日 過一日, 人間萬事不須憂.〔하루를 지내면 하루가 지나가니 인간 만사를 굳이 근심할 것 없다.〕"라고 하였다.

03-014/ 급히 가나 더디 가나

緊行慢行。前程只有許多路。
긴 행 만 행   전 정 지 유 허 다 로

{讀法} 緊行이나 慢行이나, 前程엔 只>有2許多路1니라.

• • •

{直譯} 급히 가나 더디 가나 앞길에는 오직 많은 길이 있을 뿐이다.

{語義} ○緊行(긴행) : 급히 가다. ○慢行(만행) : 더디 가다. ○前程(전정) : 앞길. 전도(前途). ○只有(지유) : 오직 …이 있을 뿐이다. ○許多路(허다로) : 대단히 많은 노정(路程).

{意譯} 급히 걸어가든 더디 걸어가든 전도(前途)에는 오직 대단히

많은 노정(路程)이 있을 뿐이다. 급히 가든 더디 가든 자기 일생에
는 갈 길을 다 못 가는 것은 마찬가지니 천명에 따라 행하라는 것
이다.

{餘說} 자기 분수에 맞게 좌작진퇴(坐作進退 : 행동거지)를 할 것이다. 분
수에 맞는 것만이 천명(天命)에 순응하는 것이 된다. 역천명(逆天命)을
하지 말고 순천명(順天命)하라는 것이 이 편의 주지(主旨)이다.

03-015/ 때가 오면 바람이 등왕각으로 불어 보내고

時來風送滕王閣。運退雷轟薦福碑。
시 래 풍 송 등 왕 각   운 퇴 뇌 굉 천 복 비

{讀法} 時來에 風送2滕王閣1이오, 運退에 雷轟2薦福碑1니라.

• • •

{直譯} 때가 옴에 바람이 〈왕발(王勃)〉을 등왕각으로 불어 보내고,
운수가 물러감에 천복비에 벼락이 떨어졌도다.

{語義} ○時來(시래) : 적기(適期)가 오다. 시기가 오다. ○風送(풍송) : 바람
이 불어 보내다. ○滕王閣(등왕각) : 각(閣)의 이름. 당(唐)나라의 등왕 원영

(滕王元嬰)이 홍주(洪州)에 도독(都督)으로 있을 때 세웠음. 원영은 당나라 고조(高祖)의 아들임. 원래 강서성(江西省) 신건현(新建縣)의 서쪽, 장강문(章江門)의 위, 양자강(揚子江)에 임했음. 고군명(古郡名)은 남창부(南昌府) 신건현임. 왕발(王勃)의 〈등왕각 서문(序文)〉과 시(詩)는 유명한 시문임. ㅇ運退(운퇴) : 운수가 물러감. ㅇ雷轟(뇌굉) : 우렛소리가 남. 또 벼락을 침. 이 대문의 근거가 되겠기에 다음 글을 참고로 소개함.〔墨客揮犀〕一書生謁2范文正公1, 自言2饑寒1, 時盛稱2歐陽率更書薦福寺碑1, 一本直2數金1, 范爲打2千本1, 紙墨已具, 一夕雷轟2其碑1, 語曰, 有3客打>碑來2薦福1, 無3人騎>上2揚州1.」 ㅇ薦福碑(천복비) : ① 요주(饒州:江西省鄱陽縣)의 천복사비(薦福寺碑). 당나라 이북해(李北海)가 지음. 구양순(歐陽詢)의 서(書). ② 원곡선(元曲選) 백종중(百種中)의 하나. 원(元)나라 마치원(馬致遠)이 지음. 제목은 〈삼봉서알양주목(三封書謁揚州牧)〉. 정명(正名)은 〈반야뇌굉천복비(半夜雷轟薦福碑)〉.

{意譯} 적기(適期)가 찾아오면 왕발(王勃)이 순풍(順風)을 만나 하룻밤에 배를 타고 등왕각에 다다라 〈등왕각 서문(滕王閣序文)〉을 지어서 천하에 이름이 나듯 잘 될 것이며, 운수가 물러가면 천복사비에 벼락이 쳐서 천신만고(千辛萬苦)가 수포(水泡)로 돌아간다는 것이다.

{餘說} 이 대문을 이해하자면 다음에 전하는 말을 참고로 읽어봐야 도움이 되겠다.

"중국 당나라 때 왕발(王勃)이 마당산 신령의 현몽(現夢)으로 순풍(順風)을 만나 배를 타고 하룻밤 사이에 남창(南昌) 7백 리를 가서 등왕각 서문 짓기에 참석하여 서문을 지어 당당히 당선되어 천하에 문명을 떨쳤다. 이에 반(反)하여, 구래공(寇萊公)의 문객 한 사람이 몹시 가난하게 지내므로 어떤 사람이 천복비 비문을 탁본(拓本)해주면 그 수고한 공으로 후한 보수를 주겠다고 하였다. 이에 천신만고(千辛萬苦)하여 수천 리를 애써 천복비가 있는 지점(地點)에 도착하니, 밤은 어둡고 비바람이 몰아치는 바람에 하는 수 없이 다음 날 아침 비도 멎고 밝거든 탁본하려고 객사(客舍)에서 묵고 다음 날 아침에 천복비가 있는 곳으로 가보니 어젯밤 사이에 그 천복비가 벼락에 깨져있었다."는 것이다.

03-016/ 어리석고 귀먹고 고질병에 병어리라도

列子曰。痴聾痼癌家豪富。智惠聰明却受貧。年月日
열 자 왈 치 롱 고 아 가 호 부 지 혜 총 명 각 수 빈 연 월 일

時該載定。算來由命不由人。
시 해 재 정 산 래 유 명 불 유 인

{讀法} 列子ㅣ 曰, 痴聾痼癌라도 家豪富요, 智惠聰明이라도 却受>貧이라. 年月日時該載定인대, 算來由>命不>由>人이니라.

• • •

{直譯} 열자가 말하기를, "어리석고·귀먹고·고질병자이고·병어리라도 집은 호화롭고 부자이고, 지혜롭고, 총명할지라도 도리어 빈궁을 받는다. 사주팔자(四柱八字)는 모두 정해져 있는데 셈해 보았자 천명에 말미암지 사람에 말미암지 않는다." 하였다.

{語義} ㅇ列子(열자) : 중국 전국시대 정(鄭)나라 사람으로, 이름은 어구(禦
寇), 열자는 존칭. 그의 저서에《열자(列子)》8권이 있음. 당나라 때에 그를
도교적인 칭호로 충허지덕진인(冲虛至德眞人)이라고 부르고, 그의 저서를
《충허진경(冲虛眞經)》이라고 부름. 기원전 400년경의 사람. ㅇ痴(치) : '癡'
의 속자(俗字). 어리석음. 백치(白癡). ㅇ聾(롱) : 귀머거리. ㅇ痼(고) : 고질병
자. 고질. ㅇ瘂(아) : 벙어리. 啞와 같은 글자. ㅇ家(가) : 집. ㅇ豪(호) : 호화로
움. ㅇ富(부) : 부자. ㅇ智惠(지혜) : 슬기. 지혜(智慧)와 같음. '慧' 와 '惠' 는
이 경우 같은 글자. ㅇ聰明(총명) : 기억력이 좋고 슬기가 있음. 귀로 듣고 잘
알아차리는 똑똑함을 '聰' 이라 하고, 눈으로 보아 민첩하게 깨닫는 것을
'明' 이라 한다. ㅇ却(각) : 도리어. ㅇ受(수) : 받음. ㅇ貧(빈) : 가난함. ㅇ年月
日時(연월일시) : 사주(四柱). 사주팔자(四柱八字). 팔자는 연월일시의 간지(干
支)가 각각 2자씩이니까 연월일시의 사주가 두 자씩이면 팔자가 됨. ㅇ該
(해) : 마땅히. ㅇ載(재) : '裁' 와 통용. ㅇ裁定(재정) : 결정(決定). ㅇ算來(산래)
: 헤아려 봄. 추측하여 봄. ㅇ由>命(유명) : 운명에 말미암음. ㅇ不>由>人(불
유인) : 사람에 말미암지 않음.

{意譯} 열자가 말했다. "치자(痴者) · 농자(聾者) · 고질병자(痼疾病
者) · 아자(瘂者)라 할지라도 집이 호화롭고 부자로 살 수 있으며,
지혜가 있고 총명한 재질을 가진 사람일지라도 도리어 빈궁(貧窮)
하게 사는 수가 있다. 이로 보면 사주팔자(四柱八字)에 모두 정해
진 것이니 접쳐보면 운명에 있는 것이지 사람의 재능에 있는 것이
아니다, 곧 사람이 잘났느냐 못났느냐에 따라 집이 호화롭고 부유
하고 가난한 것은 아니다."

{餘說} 이 대문은 다음과 같이 칠언절구의 시이다.

痴聾痼瘂家豪富,　　　第1句 起

智惠聰明却受>貧.　　　第2句 貧韻 承

年月日時該栽定,　　　第3句 轉

算來由>命不>由>人.　第4句 人韻 結

'貧‧人'의 운은 106운의 진운(眞韻)이다.

03-017/ 운명이 때를 만나면

命裏有時終須有。命裏無時莫强求。
명 리 유 시 종 수 유　명 리 무 시 막 강 구

{讀法} 命裏에 有>時면 終須有하나, 命裏에 無時면 莫强求니라.

• • •

{直譯} 운명이 때를 만나면 끝내 반드시 기회가 있을 것이지만, 운
명이 때를 만나지 못하면 억지로 구하지 말라.

{語義} ○命裏(명리) : 운명(運命)에. ○有>時(유시) : 때가 있음. ○終須(종수)
: 결국. 필경. ○無>時(무시) : 때를 만나지 못함. ○莫>强(막강) : 더할 수 없
이 셈. ○求(구) : 구하다. 빌다. 탐내다.

{意譯} 명중주정(命中注定) 즉 '모든 것이 운명으로 정해져 있다.'
는 말이 있다.《성세항언(醒世恒言)》에 나온다.

{餘說} 정공법사(淨空法師)의 법어(法語)로서 《석시현문(昔時賢文)》에 보
인다.

03-018/ 세상을 살아가는 맛이

先儒曰。世味非不濃豔。可以淡然處之。若富貴貧
<small>선유왈   세미비불농염   가이담연처지   약부귀빈</small>
窮。由我力取則造物無權矣。
<small>궁 유아력취즉조물무권의</small>

{讀法} 先儒ㅣ 曰, 世味는 非>不2濃豔1하니 可>以2淡然1處>之오. 若
富貴貧窮하여 由我力取면 則造物無>權矣리라.

• • •

{直譯} 세상을 살아가는 맛이 아주 아름답지 않은 것은 아니니 태
연히 대처(對處)하는 것이 좋다. 만약 부귀(富貴)나 곤궁(困窮)을 내
마음대로 힘써 취한다면 조물주는 아무런 권한이 없을 것이다.

{語義} ○世味(세미) : 세상맛. ○非不(비불) : 매우. 지극히. ○濃艶(농염) : 한

껏 무르익은 아름다움. ○淡然(담연) : 무관심한. 냉정한. ○處(처) : 대처(對
處)하다. ○由>我(유아) : 나로 말미암아. 내 마음대로. ○力取(역취) : 힘껏
취함. ○無>權(무권) : 권리나 권력이 없음.

{意譯} 세상살이는 아주 아름다우니 태연히 대처(對處)하는 게 좋
다. 부귀(富貴)나 곤궁(困窮)을 내 마음대로 취하거나 버릴 수 있다
면 조물주는 아무런 힘이 없게 된다. 그래서는 안 된다는 것이다.

{餘說} 부귀와 곤궁은 하늘에 달린 것이지 내가 마음대로 할 수 있는 것
이 아니다.

제4편

효행편(孝行篇)

이 편은 부모에게 효도하는 것에 관한 글을 모은 것이며 모두 19조목이다.

04-001/ 아버지께서 나를 낳으시고

詩曰。父兮生我。母兮鞠我。哀哀父母。生我劬勞。欲
시왈 부혜생아 모혜국아 애애부모 생아구로 욕

報深恩。昊天罔極。
보심은 호천망극

{讀法} 詩에 曰, 父兮生>我하시고 母兮鞠>我하시니 哀哀父母여 生>我劬勞셨다. 欲>報2深恩1인대 昊天罔極이로다.

• • •

{直譯} 《시경》에 말하기를, "아버지께서 나를 낳으시고 어머니께서 나를 기르시니, 가엾은 부모님이시여 나를 낳으시기에 애쓰시고 수고하셨다. 그 깊은 은덕을 갚고자 하나 하늘만큼 한량(限量)없네." 하였다.

{語義} ○《詩(시)》: 《시경(詩經)》을 말함. 공자가 주(周)나라 초기부터 춘추

시대 중기까지의 시가(詩歌) 305편을 모은 것으로 내용은 매우 광범위하며 형식은 4언(四言)을 위주로 하고, 부(賦)·비(比)·흥(興)의 표현 방법을 채용하고 있으며 크게 풍(風)·아(雅)·송(頌)으로 분류되고 모두 노래로 부를 수 있다. ○兮(혜) : 어조사. 어구의 사이나 어미(語尾)에 붙여 어기(語氣)가 일단 그쳤다가 음조가 다시 올라가는 것을 나타내는 조사. 주로 시부(詩賦)에 쓰임. ○鞠(국) : 기르다. 鞠>我는 나를 기름. ○哀哀(애애) : 슬퍼하는 모양. 상심하는 모양. ○劬勞(구로) : 힘써 일하여 피로함. '劬勞之恩'은 자기를 낳아 고생하며 기른 부모의 은혜. ○欲>報(욕보) : 갚고자 하다. ○深恩(심은) : 부모의 깊은 은덕(恩德). 《시경》에는 '深恩'이 '之德'으로 되어있어 마땅히 '之德'으로 고쳐야 할 것이나 이 대문 자체가 《시경》의 한 대문에서 온 것이 아니라 〈육아(蓼莪)〉의 첫 장(章) 후반과 4장의 앞 2구 뒤 2구 이렇게 모아서 된 것이기에 대본대로 두었다. ○昊天(호천) : 하늘. 특히 여름 하늘. 가을 하늘은 민천(旻天)이라 함. ○罔極(망극) : 끝이 없음. 한량(限量) 없음. 부모의 은혜가 하늘같이 한량이 없어서 갚을 바를 알지 못함.

{意譯} 《시경》에 말했다.

"아버지시여, 날 낳으시고, 어머니시여, 날 기르시니,
가엾은지고, 부모님이시여, 날 낳으시느라 무한 애쓰셨네,
그 깊은 은덕 갚으려도 하늘같이 끝이 없네."

{餘說} 《시경》의 〈육아(蓼莪)〉의 시로, 효자가 부모의 봉양을 뜻대로 하지 못하여 슬퍼서 읊은 시다.

04-002/ 몸뚱이와 머리털과 피부는

子曰。身體髮膚。受之父母。不敢毀傷。孝之始也。立
자 왈 신체 발부 수지부모 불감훼상 효지시야 입

身行道。揚名於後世。以顯父母。孝之終也。
신 행도 양명어후세 이현부모 효지종야

{讀法} 子ㅣ 曰, 身體髮膚는 受2之父母1라 不2敢毀傷1이 孝之始也
요, 立>身行>道하여 揚2名於後世1하여 以顯2父母1ㅣ 孝之終也니라.

• • •

{直譯} 공자께서 말씀하시기를, "몸뚱이와 머리털과 피부는 부모에
게서 이를 받았다. 감히 훼손하지 않는 것이 효도의 시작이다. 몸
을 세우고 도를 행하여 이름을 뒤 세상에 드날려서 그로써 부모를
빛나게 하는 것이 효도의 끝이다." 하셨다.

{語義} ㅇ 身體(신체) : 몸. 몸뚱이. ㅇ 髮膚(발부) : 머리털과 피부. ㅇ 不2敢毀
傷1(불감훼상) : 감히 상하게 하지 않음. ㅇ 立>身(입신) : 세상에 나아가 출세
함. ㅇ 行>道(행도) : 도를 행함. ㅇ 揚>名(양명) : 이름을 드날림. ㅇ 顯(현) : 빛
나게 함. ㅇ 終(종) : 마침.

{意譯} 공자께서 말씀하셨다. "효도란 자기 몸을 지키는 것이 가
장 큰 일이니, 자기 몸은 모두 부모에게서 생긴 가지와 같은 것이
다. 이것을 대체로 말하면 한 몸의 사체(四體)요, 작게 들어서 말하

자면 터럭이나 피부에 이르기까지 이것은 모두 부모에게서 받은 것이다. 부모가 온전히 해서 낳아 주셨으니 나도 마땅히 온전히 해서 돌려보내야 한다. 그러므로 사람의 자식이 된 자는 제 몸을 아끼고 소중히 여겨서 감히 조금도 상하게 하지 않는 것이 효도의 시작이라 한 것이다. 다음으로 능히 제 몸을 세워서 그 도(道)를 행하며 제 이름만 드날릴 뿐 아니라, 그 부모의 이름까지도 빛나게 하는 것이 효도의 끝이라 하는 것이다."

{餘說} 이 대문은 《효경(孝經)·개종명의장(開宗明義章)》에 있는 글이다. 이 글은 공자께서 증자(曾子)에게 하신 말씀이다. 이 대문을 곡해(曲解)해서 머리·손톱 하나 깎아서는 안 된다는 식으로 해석하는 측이 있다. 그런 것이 아니다. 자신의 몸을 소중히 하여 부모에게 근심을 끼치지 않도록 하라는 것이며, 부모의 분신(分身)이니 자신이 멋대로 처신하여 다쳐서는 안 된다는 강조형(强調形)으로 보아야 한다.

04-003/ 효자가 부모를 섬길 때

子曰。孝子之事親也。居則致其敬。養則致其樂。病
자 왈 효 자 지 사 친 야 거 즉 치 기 경 양 즉 치 기 락 병

則致其憂。喪則致其哀。祭則致其嚴。
즉 치 기 우 상 즉 치 기 애 제 즉 치 기 엄

{讀法} 子ㅣ曰, 孝子之事>親也에, 居則致2其敬1하고 養則致2其樂1

하고 病則致2其憂1하고 喪則致2其哀1하고 祭則致2其嚴1이니라.

• • •

{直譯} 공자께서 말씀하시기를, "효자가 부모를 섬길 때, [보통] 거처할 때는 그 공경하는 마음을 다하고, 봉양할 때는 그 즐거워하도록 다하고, [부모]가 병이 났을 때는 그 근심을 다하고, [부모가 돌아가셔서] 상중일 때는 그 슬픔을 다하고, 제사 지낼 때는 그 엄숙함을 다할 것이다." 하셨다.

{語義} ○孝子(효자) : 부모를 잘 섬기는 아들. [참고] 축문(祝文)에 쓰는 '孝子某敢昭告于(효자모감소고우)'의 '孝子'는 '孝는 昆也라'고 주(註)에 있듯이 '맏아들'이라는 뜻이다. 차자(次子)가 제사를 받들 때는 '次子某敢昭告于(차자모감소고우)'라 한다. ○事>親(사친) : 부모를 섬김. ○居(거) : 평상시 거처하는 것을 말함, 즉 아무 일도 없을 때. ○則(즉) : 위를 받아 아래에 접속하는 말로서, …할 때는. ○致(치) : 다함. 마음을 미루어서 그 극진함을 이룬다는 말. ○敬(경) : 공경. 항상 공경하는 마음을 가져 조금이라도 소홀히 하지 말라는 것. ○養(양) : 음식으로 봉양(奉養)한다는 말. 봉양함. ○樂(락) : 즐거움. 기쁘고 즐거운 것을 말함, 즉 부모의 뜻을 기쁘게 해드린다는 말. ○病(병) : 부모가 병환이 있다는 말. 병은 질(疾)보다 심한 것. ○憂(우) : 근심하고 걱정함. 마음이 편안하지 못함. ○喪(상) : 불행히 부모가 죽어서 그 복을 입는 것. ○哀(애) : 슬퍼함. 지난날의 부모님을 생각해서 마음 아파하고 슬퍼하는 것. ○祭(제) : 부모가 죽은 뒤에 제사 지내는 것. ○嚴(엄) : 엄숙함. 청결하고, 엄숙하고, 공경하고, 삼가고, 두려워한다는 말.

{意譯} 공자께서 말씀하셨다. "사람의 백 가지 행실 중에서 효도가 제일 큰 것이다. 그런즉 남의 자식 된 자는 진실로 부모를 사랑하는 마음을 가져서 부모 섬기는 도리를 잊지 않아야 한다. 언제나 그 공경하는 마음을 다하고, 이 마음으로 부모를 봉양하여 부모는 즐겁게 해드리고, 병을 만나면 근심하고, 상사(喪事)를 당했을 때는 슬퍼하고, 제사 지낼 때는 엄숙하게 해야 한다."

{餘說} 이 대문은 다음과 같은 구문이다.

> 子曰, 孝子之事>親也,
> 居則致2其敬1,　　(居→敬)
> 養則致2其樂1,　　(養→樂)
> 病則致2其憂1,　　(病→憂)
> 喪則致2其哀1,　　(喪→哀)
> 祭則致2其嚴1.　　(祭→嚴)

이상의 괄호 안과 같이 '居→敬·養→樂·病→憂·喪→哀·祭→嚴'의 다섯 가지는 효자가 부모를 섬기는 법을 열거한 아주 평이(平易)한 문장이다. 이 대문은《효경(孝經)》에 있는 말이다.

04-004/ 제 부모를 사랑하지 않고

子曰。故不愛其親而愛他人者。謂之悖德。不敬其親
자 왈 고 불 애 기 친 이 애 타 인 자 위 지 패 덕 불 경 기 친

而敬他人者。謂之悖禮。
이 경 타 인 자 위 지 패 례

{讀法} 子ㅣ 曰, 故로 不>愛2其親1이오 而愛2他人1者를 謂2之悖德1이
오, 不>敬2其親1이오 而敬2他人1者를 謂2之悖禮1니라.

• • •

{直譯} 공자께서 말씀하시기를, "그러므로 제 부모를 사랑하지 않
고 남을 사랑하는 사람을 이를 덕에 어긋났다고 이르고, 제 부모를
공경하지 않고 남을 공경하는 사람은, 이를 예에 어긋났다고 이른
다." 하셨다.

{語義} ○故(고) : 그러므로. 그런 까닭에. ○悖>德(패덕) : 덕의(德義)에 어긋
남, 또 도(道)에 벗어난 행실. ○悖>禮(패례) : 예의에 어긋남, 또 도에 어긋난
예의. 틀린 예의.

{意譯} 공자께서 말씀하셨다. "그런 까닭에 제 부모를 사랑하지
않고서 남을 사랑하는 사람을 덕에 어긋났다고 이를 것이고, 제
부모를 공경하지 않고서 남을 공경하는 사람을 예의에 어긋났다
고 말한다."

{餘說} 이 대문의 구조는 다음과 같다.

子曰,

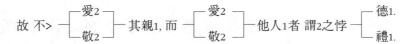

"그러므로 제 부모를 경애하지 않고서 남을 경애하는 사람은 덕과 예에 어긋났다고 말하게 된다."로 요약할 수 있다.

위 문장은 《효경(孝敬)·성치장(聖治章)》에 나오는 것으로, 증자(曾子)가 공자께 "敢問聖人之德, 無以加於孝乎?〔감히 여쭙겠습니다. 성인(聖人)의 덕(德)으로서 효(孝)를 더할 만한 것이 없겠습니까?〕"라고 물은 데 대한 대답 중의 일부분이다. 〈성치장(聖治章)〉의 전문은 다음과 같다.

曾子曰:「敢問聖人之德, 無以加於孝乎?」子曰:「天地之性, 人爲貴。人之行, 莫大於孝。孝莫大於嚴父。嚴父莫大於配天, 則周公其人也。昔者, 周公郊祀后稷以配天, 宗祀文王於明堂, 以配上帝。是以四海之內, 各以其職來祭。夫聖人之德, 又何以加於孝乎? 故親生之膝下, 以養父母日嚴。聖人因嚴以敎敬, 因親以敎愛。聖人之敎, 不肅而成, 其政不嚴而治, 其所因者本也。父子之道, 天性也, 君臣之義也。父母生之, 續莫大焉。君親臨之, 厚莫重焉。故不愛其親而愛他人者, 謂之悖德；不敬其親而敬他人者, 謂之悖禮。以順則逆, 民無則焉。不在於善, 而皆在於凶德, 雖得之, 君子不貴也。君子則不然, 言思可道, 行思可樂, 德義可尊, 作事可法, 容止可觀, 進退可度, 以臨其民。是以其民畏而愛之, 則而象之。故能成其德敎, 而行其政令。《詩》云:『淑人君子, 其儀不忒。』」

04-005/ 군자의 부모 섬김

子曰。君子之事親孝。故忠可移於君。事兄悌。故順
자왈 군자지사친효 고충가이어군 사형제 고순

可移於長。居家理。故治可移於官。
가 이 어 장 거 가 리 고 치 가 이 어 관

{讀法} 子ㅣ 曰, 君子之事>親이 孝라. 故로 忠可>移2於君1이오, 事>
兄이 悌라. 故로 順可>移2於長1이오, 居>家ㅣ 理라. 故로 治可>移2於
官1이니라.

• • •

{直譯} 공자께서 말씀하시기를, "군자의 부모 섬김이 효도이다. 그
러므로 충성을 임금에게 옮길 수 있고, 형을 섬김이 공경이다. 그
러므로 따름을 어른에게 옮길 수 있고, 집에 있음이 다스림이다,
그러므로 다스림을 벼슬에 옮길 수 있다." 하셨다.

{語義} ○君子(군자) : 도덕을 갖춘 훌륭한 사람. '小人'의 대. ○孝(효) : 부
모를 힘을 다하여 섬기는 것.《천자문(千字文)》에 '孝當竭>力(효당갈력)'이
라고 나와 있다. ○忠(충) : 임금을 목숨을 다하여 섬기는 것.《천자문》에
'忠則盡>命(충즉진명)'이라 있다. ○忠可>移2於君1(충가이어군) : 충성을 임
금에게 옮길 수 있다. ○悌(제) : 형 또는 어른을 공손히 잘 섬김. ○順(순) :
순종. 따름. ○長(장) : 어른. ○居>家(거가) : 집에 있음. ○理(리) : 다스림.
○治(치) : 다스림. ○官(관) : 벼슬.

{意譯} 공자께서 말씀하셨다. "군자는 효도로 부모를 섬기기 때문에 이 마음으로 임금에게 충성할 수 있게 되는 것이고, 형을 공경으로 섬기기 때문에 이 마음으로 어른을 따를 수 있게 되는 것이고, 집에서 집안일을 잘 다스리기 때문에 이 마음으로 벼슬살이를 잘할 수 있는 것이다."

{餘說} 이 대문도《효경·광양명장(廣揚名章)》에 있는 글이다. 이 글의 구문을 분석해 보면 다음과 같다.

뒤이어 다음과 같은 내용이 더 있다: "是以行成於內, 而名立於後世矣.〔이러므로 행동이 가정(家庭)에서 완성되어 명성(名聲)이 후세에 확립된다.〕"

04-006/ 남의 자식 된 자는

曲禮曰。夫爲人子者。出必告。反必面。所遊必有常。
곡 례 왈 부 위 인 자 자 출 필 곡 반 필 면 소 유 필 유 상

所習必有業。恒言不稱老。年長以倍。則父事之。十年
소 습 필 유 업 항 언 불 칭 노 년 장 이 배 즉 부 사 지 십 년

以長。則兄事之。五年以長。則肩隨之。
이 장 즉 형 사 지 오 년 이 장 즉 견 수 지

{讀法} 曲禮에 曰, 夫爲2人子1者는 出必告하며 反必面하며 所>遊를 必有>常하며 所習을 必有>業하며 恒言에 不>稱>老니라. 年長以倍, 則父事>之하며 十年以長,則兄事>之하며 五年以長,則肩2隨之1니라.

• • •

{直譯} 〈곡례〉에 말하기를, "무릇 남의 자식 된 자는 밖에 나갈 때마다 부모에게 아뢰며 돌아왔을 때마다 부모에게 뵈며, 노는 곳에는 반드시 곳을 알도록 일정해야 하며, 익히는 바에는 반드시 학업(學業)이 있어야 하며, 항상 말함에 늙었다고 일컫지 말 것이다. 나이가 배로 많으면 부친처럼 이를 섬기며, 열 살 많으면 형으로 이를 섬기며, 다섯 살 많으면 동행(同行)에 나란히 이를 따르되 조금 처져서 걸어야 한다."하였다.

{語義} ○〈曲禮(곡례)〉: 본서 〈순명편〉〔03-011〕 참조 바람. ○夫(부): 무릇. 대저. ○爲2人子1者(위인자자): 남의 아들 된 사람. ○出必告(출필곡): 밖에 나갈 때마다 부모에게 가는 곳을 아룀. ○反必面(반필면): 밖에서 돌아왔을 때마다 부모에게 뵘. ○有>常(유상): 떳떳함이 있음. 유항(有恒). 영구불변(永久不變). ○有>業(유업): 학업. ○肩2隨之1(견수지): 동행(同行) 때 어깨를 나란히 하나 조금 뒤에 처져 걸음. 〈곡례(曲禮)·주(注)〉에 "肩隨者, 與>之並行差退〔견수(肩隨)라는 것은 함께 나란히 걷되 조금 뒤에서 따르는 것이다.〕"라 하였다.

{意譯} 〈곡례〉에 말했다. "남의 자식 된 자의 도리는 외출할 때는 꼭 부모에게 아뢰고 돌아왔을 때는 부모를 뵈며, 노는 곳은 부모가 알 수 있도록 일정불변(一定不變)해야 하고, 익히는 것에는 일정한 일이 있어야 하며, 평상시의 말에 자신을 늙었다고 말하지 않는다. 나이가 배로 많으면 부친처럼 모시고, 10년 많으면 형으로 모시며, 5년 많으면 어디를 같이 갈 때 나란히 가되 조금 쳐져서 걸어야 한다."

{餘說} 일상생활에서 가장 먼저 익혀야 할 것들이다. 출입(出入)에 따른 곡면(告面), 그리고 유필유방(遊必有方) · 소습학업(所習學業) · 연서처신(年序處身) 등의 예법(禮法)에 관한 대문이다.

04-007/ 부모님이 생존해 계시면

子曰。父母在。不遠遊。遊必有方。
자 왈 부 모 재 불 원 유 유 필 유 방

{讀法} 子ㅣ 曰, 父母ㅣ 在어시든 不2遠遊1하며 遊必有>方이니라.

• • •

{直譯} 공자께서 말씀하시기를, "부모님이 생존해 계시거든 먼 여행을 하지 말며, 여행을 하더라도 반드시 일정한 위치가 있어야 한

다.”하셨다.

{語義} ○在(재) : 계시다. 생존하시다. ○遠遊(원유) : 학문 같은 것을 배우기 위하여 먼 곳에 감. 멀리 여행함. ‘不遠遊’ 의 ‘不’ 은 부정(否定). ○遊(유) : 여행. 여기서는 앞의 ‘遠遊’ 의 약어. ○有>方(유방) : 방위가 있음. 위치가 분명함. 방향이 있음.

{意譯} 공자께서 말씀하셨다. “부모님이 살아 계시거든 슬하(膝下)를 떠나 먼 곳에 나가 있지 말며, 만일 먼 곳에 나갈 일이 있어 나가더라도 반드시 간 곳을 쉽게 알 수 있도록 하여야 한다.”

{餘說} 부모님을 모시는 몸은 될 수 있으면 멀리 떨어지지 않는 것을 원칙으로 하되 부득이한 경우에는 가되 반드시 가 있는 곳을 분명히 하여, 곧 연락을 취할 수 있도록 하라는 뜻이다. 예나 지금이나 본뜻은 마찬가지다. 다만 교통수단과 통신수단의 발달로 거리의 원근 개념이 달라졌을 뿐이다.

이 대문은《논어·이인편(里仁篇)·제19장》의 글이다.

04-008/ 부모님의 연세는

子曰。父母之年。不可不知也。一則以喜。一則以懼。
자 왈 부 모 지 년 불 가 불 지 야 일 즉 이 희 일 즉 이 구

{讀法} 子ㅣ 曰, 父母之年은 不>可>不>知也니 一則以喜요 一則以懼니라.

• • •

{直譯} 공자께서 말씀하시기를, "부모님의 연세는 반드시 알아두어야 하나니, 〔오래 사시는 부모님을 뵈면〕 한편으로는 기쁘고 한편으로는 두렵다." 하셨다.

{語義} ○ 年(년) : 연세. 나이. ○ 不>可>不(불가불) : 아니할 수 없다. 반드시. 꼭. ○ 一則(일즉) : 한편. ○ 懼(구) : 두렵다. 겁나다.

{意譯} 공자께서 말씀하셨다. "부모님의 연세는 꼭 알아야 하나, 그것은 한편은 기쁘고, 한편은 두렵다."

{餘說} 부모님의 연세는 알아두는 것이 기쁜 면도 있고 두려운 면도 있다는 것이다. 오래 사는 것은 기쁘지만 벌써 이렇게 되셨구나 하면, 두렵기도 하다는 것이다. 남의 자식 된 자는 항상 부모님의 건강에 유의하여 천명(天命)까지 지성(至誠)으로 받들어 모셔야 할 것이다. 이 대문은 《논어 · 이인편(里仁篇) · 제21장》에 있다.

04-009/ 아버지께서 생존해 계시거든

子曰。父在觀其志。父沒觀其行。三年無改於父之
자왈 부재관기지 부몰관기행 삼년무개어부지
道。可謂孝矣。
도 가위효의

{讀法} 子ㅣ 曰, 父在어시든 觀2其志1하고 父沒이어든 觀2其行1하라. 三
年을 無>改>於>2父之道1라야 可>謂>孝矣니라.

• • •

{直譯} 공자께서 말씀하셨다. "아버지께서 생존해 계시거든 아버지
의 뜻을 살피고, 아버지께서 돌아가셨거든 아버지의 생전 행적을
살펴라. 3년을 두고 선친(先親)의 도(道)를 고치지 않아야 효도라
이를 수 있다." 하셨다.

{語義} ○父在(부재) : 아버지께서 생존해 계심. ○觀(관) : 살피다. ○其志(기
지) : 여기서는 아버지의 뜻. ○沒(몰) : 돌아가시다. 죽다. 사후(死後). ○其行
(기행) : 여기서는 선친의 생존 시의 행적(行蹟). ○三年(삼년) : 부친의 상을
치르는 3년간.

{意譯} 공자께서 말씀하셨다. "아버지께서 생존해 계실 때는 아버
지의 의중(意中)을 살펴 매사를 처리하고, 아버지께서 돌아가셨을
때는 아버지 생존 때의 행적(行蹟)을 살펴서 모든 것을 처리하되 3

년 동안 부친의 도를 고치지 않아야 효라 말할 수 있다."

{餘說} 이 대문은《논어·학이편(學而篇)·제11장》에 있는 글이다. 주자(朱子)는 이 대문을 '부재 시에는 자식의 생각을 살피고, 부몰후(父沒後)에는 자식의 행동을 살펴 그가 효자인지 아닌지를 판단한다.'는 뜻으로 보고 있으나 적의(適義)가 아니라고 생각되어 취하지 않는다.

04-010/ 부모가 안 계시면

伊川先生曰。人無父母。生日當倍悲痛。更安忍置酒
이 천 선 생 왈 인 무 부 모 생 일 당 배 비 통 갱 안 인 치 주

張樂以爲樂。若具慶者可矣。
장 악 이 위 락 약 구 경 자 가 의

{讀法} 伊川先生이 曰, 人無2父母1면 生日에 當倍2悲痛1하나니 更安忍2置>酒張1>樂하며 以爲樂이리오? 若2具慶者1는 可矣니라.

• • •

{直譯} 이천 선생이 말하기를 "사람이 부모가 없으면 생일에 마땅히 슬픔이 갑절이나 되나니, 그런데 더욱 어찌 잔치를 마련하고 음악을 베푸는 것을 참을 수 있으며 생각건대 즐길 수 있겠는가? 만일 부모가 모두 생존한 사람은 좋을 것이다." 하였다.

{語義} ○伊川先生(이천선생): 만년에 용문(龍門) 이수(伊水)가에서 살았던 송나라의 학자 정이(程頤)를 일컬음. ○當倍2悲痛1(당배비통): 마땅히 슬픔이 갑절이나 된다. ○更(갱): 다시. 더욱. ○安忍(안인): 어찌 …을 참을 수 있으랴? 어찌 …을 차마 할 수 있으랴? ○置>酒(치주): 주연을 베풂. ○張>樂(장악): 음악을 베풂. ○以爲(이위): 생각건대. ○具慶(구경): 부모가 다 생존하고 있음.

{意譯} 이천 선생이 말했다. "사람이란 부모님이 생존하지 않으면 뭐니뭐니해도 생일이 되면 마땅히 더욱 비통(悲痛)하게 되는데, 더욱 어찌 주연(酒宴)과 음악을 차마 베풀어 즐길 수 있겠는가? 만일 부모가 모두 생존해 계시는 사람은 그렇게 해도 괜찮을 것이다."

{餘說} 부모님이 모두 돌아가시고 생일을 맞는다는 것은 부모님의 하해(河海)와 같은 은혜를 생각하여 비통(悲痛)한 마음이 들어야 하는 법이다. 이 비통한 날에 어찌 주연(酒宴)과 음악(音樂)을 베풀 수 있겠는가?

04-011/ 부모에게 효도하면

太公曰。孝於親。子亦孝之。身既不孝。子何孝焉。
태 공 왈 효 어 친 자 역 효 지 신 기 불 효 자 하 효 언

{讀法} 太公이 曰, 孝2於>親1이면 子亦孝>之하나니 身既不>孝면 子

何孝焉이리오?

• • •

{直譯} 태공이 말하기를, "내가 부모에게 효도하면 내 자식도 또한 나에게 효도하나니, 내가 이미 효도하지 못하였다면 자식이 어찌 효도하겠는가?" 하였다.

{語義} ○ 於(어) : 에게. ○ 亦(역) : 또. ○ 身(신) : 자신. ○ 旣(기) : 이미. ○ 何…焉(하…언) : 어찌 …하리오. '焉' 은 여기서는 반어(反語) · 암시(暗示)의 종미사(終尾詞)로 쓰임.

{意譯} 강태공이 말했다. "자기가 부모에게 효도하면 자기 자식도 역시 자기에게 효도할 것이다. 이 몸이 이미 효도하지 못했다면 자식이 어찌 효도하기를 바랄 것인가?"

{餘說} '孝於親' 은 '我孝於親' 으로, '我' 자가 생략되어 있으니 '我' 자를 보충하여 새겨야 생각의 통일이 완전하다.

〔我〕孝於親, ……我
子亦孝之 ……子
身旣不孝, ……身(我)
子何孝焉. ……子

'亦' 자, 즉 '子亦孝之' 의 '亦' 은 '내가 그러하듯이 자식도 또한' 의 뜻이 된다.

04-012/ 효도하고 순종하는 이는

孝順還生孝順子。忤逆還生忤逆兒。不信。但看簷頭
<small>효 순 환 생 효 순 자   오 역 환 생 오 역 아   불 신   단 간 첨 두</small>
水。點點滴滴。不差移。
<small>수   점 점 적 적   불 차 이</small>

{讀法} 孝順은 還生2孝順子1하고 忤逆은 還生2忤逆兒1하나니 不>信
커든 但看2簷頭水1하라, 點點滴滴不2差移1니라.

• • •

{直譯} 효도하고 순종하는 이는 도로 효도하고 순종하는 자식을 낳
고, 오역(忤逆)하는 이는 도로 오역하는 자식을 낳나니, 믿어지지
않거든 오직 처마 끝의 물을 보라, 처마에서 떨어지는 물방울은 변
동하는 일이 없다.

{語義} ○孝順(효순) : 효도하고 순종함. 여기서는 그러한 사람. ○還生(환
생) : 도로 낳음. ○孝順子(효순자) : 효순하는 아들. ○忤逆(오역) : 거역함. 거
스름. 불효함. ○不>信(불신) : 믿지 못함. ○但看(단간) : 오직 보라. 오직 …
을 보라. ○簷頭(첨두) : 처마. 처마 끝. '簷頭水' 는 낙숫물. ○點點滴滴(점점
적적) : '點滴(점적)' 의 첩어(疊語)이다. '點滴' 은 처마에서 떨어지는 물방울.
낙숫물, 또는 그 모양. 여기서는 낙숫물이 떨어지는 모양. ○差移(차이) : 어
긋남. 틀림. 변동함. 변경됨.

{意譯} 효순하는 사람은 도로 효순하는 자식을 낳을 것이고, 거역하는 사람은 도로 거역하는 자식을 낳을 것이다. 이 말이 믿어지지 않거든 오직 처마에서 떨어지는 낙숫물을 보라, 방울방울 떨어져도 조금도 다른 곳으로 옮겨 떨어지는 일이 없이 항상 제자리에 떨어진다.

{餘說} 이 대문은 다음과 같은 구문으로 되어있다.

孝順還生2孝順子1,　　第1句 起 韻

忤逆還生2忤逆兒1.　　第2句 承 韻

不>信但看2簷頭水1,　　第3句 轉

點點滴滴不2差移1.　　第4句 結 韻

이상과 같이 칠언절구(七言絶句)로 된 대문이다.

04-013/ 옳지 않은 부모란 없다

羅先生曰。無不是底父母。
나 선 생 왈 　 무 불 시 저 부 모

{讀法} 羅先生 曰, 無>不3是底2父母1니라.

• • •

{直譯} 나 선생(羅先生)이 말씀하시기를, "[천하(天下)에] 옳지 않은

부모는 없다." 하셨다.

{語義} ○ 羅先生(나선생) : 나종언(羅從彦, 1072~1135). 자는 중소(仲素)이다.
○ 不>是(불시) : 옳지 않음. 좋지 않음. ○ 底(저) : 어조사로서 '…의 · …한'
의 뜻으로 '的'에 해당한다. ○ 無>不2是底1(무불시저) : 옳지 않은 …은 없다.

{意譯} 나 선생이 말씀하셨다. "이 세상에는 옳지 않은 부모란 없
다."

{餘說} 이 문장은 《맹자 · 이루장구상(離婁章句上) · 장하주(章下註)》에 나
오는 이욱(李郁)의 말 가운데 있는 나중소(羅仲素:羅從彦)의 말이다. 전문
(全文)은 다음과 같다. "李氏曰, 舜之所以能使瞽瞍底豫者는 盡事親之道하
야 恭爲子職이오 不見父母之非而已라. 昔에 羅仲素ㅣ語此云, 只爲天下無
不是底父母라 하니 了翁이 聞而善之曰, 唯如此而後에 天下之爲父子者ㅣ定
이라 하니 彼臣弑其君하며 子弑其父者ㅣ常始於見其有不是處耳라.〔이씨[李
郁]가 말하였다. '순임금이 고수(瞽瞍)로 하여금 기뻐함에 이를 수 있게
한 것은 〈순임금이〉 어버이 섬기는 도리를 다하여 공손히 자식 된 직분
을 다하고 부모의 잘못을 보지 않았기 때문일 뿐이다. 옛적에 나중소(羅
仲素)가 이것을 말하기를 '다만 천하에 옳지 않은 부모가 없기 때문이
다.' 하였는데, 요옹[진관(陳瓘)]이 이 말을 듣고 옳게 여겨 말하기를 '이
와 같은 뒤라야 천하의 아버지와 아들 된 자가 안정될 수 있으니, 신하
가 군주를 시해하고 자식이 아버지를 시해하는 것은 항상 〈君 · 父의〉
옳지 못한 점을 봄에서 비롯된다.'〕고 하였다." 따라서 위 문장의 맨 앞

에 '天下(천하)'가 생략되었음을 알 수 있다.

04-014/ 자식을 길러보아야

養子方知父母恩。立身方知人辛苦。
양 자 방 지 부 모 은   입 신 방 지 인 신 고

{讀法} 養>子方知2父母恩1이오, 立>身方知2人辛苦1니라.

• • •

{直譯} 자식을 길러보아야 비로소 부모님의 은혜를 알게 되고, 출
세해보아야 비로소 남이 고생한 것을 알게 된다.

{語義} ○ 養>子(양자) : 자식을 낳아 기르다. ○ 方(방) : 바야흐로. 곧. ○ 立>
身(입신) : 출세(出世)함. 영달(榮達)함. ○ 辛苦(신고) : 힘듦. 고생함.

{意譯} 자기도 자식을 낳아 길러보면 곧 부모에 대한 은혜를 알게
되고, 자신이 출세를 해보면 곧 입신출세한 사람의 고생을 알게
된다.

{餘說} 누구나 무엇이든 그 처지와 그 경우를 맛보지 않고서는 직접 경

험한 앞사람의 고충(苦衷)을 이해하기 어렵다는 말이다. 《증광현문(增廣賢文)》에 "當>家才知2鹽米貴1, 養>子方知2父母恩1〔집안일을 맡아보아야 비로소 금전(金錢)이 귀한 줄 알고 자식을 길러보아야 비로소 부모님의 은혜를 안다.〕"라고 나온다.

04-015/ 불효에는 세 가지가 있으니

孟子曰。不孝有三。無後爲大。
맹 자 왈　불 효 유 삼　무 후 위 대

{讀法} 孟子ㅣ 曰, 不>孝有>三하니, 無>後爲>大하니라.

• • •

{直譯} 맹자께서 말씀하시기를, "불효에는 세 가지가 있으니, 〔그중에서〕 뒤를 이을 아들이 없는 것이 큰 것이 된다." 하셨다.

{語義} ○不>孝有>三(불효유삼) : 불효에는 세 가지가 있다는 뜻. ○無>後 (무후) : 대를 이어받아야 할 아들이 없는 것.

{意譯} 맹자께서 말씀하셨다. "불효에 세 가지가 있는데, 그중에서 대를 계승(繼承)하는 자식이 없는 것이 가장 큰 것이다."

{餘說} 이 문장은《맹자(孟子)・이루상(離婁上)》에 있는 글이다. 《십삼경주(十三經注)》에 후한(後漢) 조기(趙歧)가 이르기를, "《예기(禮記)》에 따르면 불효에는 세 가지가 있는데〔于>禮有2不孝者1三者〕, 부모의 뜻을 무조건 따르고 좇아서 부모가 불의에 빠지는 것이 그 첫 번째 불효이고〔謂下阿>意曲>從하야 陷2親不義1를 一不孝上也라 하고〕, 집안이 가난하고 부모가 늙었는데도 벼슬에 나아가서 봉록을 받지 않는 것이 두 번째 불효이며〔家貧親老해도 不>爲2祿仕1를 二不孝也라 하고〕, 결혼을 하지 않아 자식이 없어 선조에 대한 제사가 끊기는 것이 세 번째 불효이다〔不>娶無>子 絶2先祖祀1를 三不孝也라 한다〕."라고 하였음.

04-016/ 자식을 길러서 늙음에 대비하고

養子防老。積穀防餓。
양 자 방 로 　 적 곡 방 아

{讀法} 養>子防>老하고 積>穀防>餓니라.

・・・

{直譯} 자식을 길러서 늙음에 방비하고, 곡식을 쌓아서 굶주림에 방비한다.

{語義} ○防>老(방로) : 노후(老後)에 있을 여러 가지 일에 대비함. ○積>穀 (적곡) : 곡식을 저장함. ○防>餓(방아) : 기아(飢餓)가 닥쳐올 때, 즉 흉년에 대비함.

{意譯} 자식을 낳아 길러서는 노후에 대비하고, 곡식을 저장해서 는 흉년 들어 굶주릴 때에 대비한다.

{餘說} 《논어》에 '유비무환(有備無患)'이란 말이 있다. 평상시(平常時)에 미리 닥쳐올 일들에 대하여 준비해 두면 근심할 것 없이 지낼 수 있다는 말은 이 대문과 같은 뜻이다. 이 말은 송(宋)나라 진원정(陳元靚)이 지은 《사림광기(事林廣記)》에 나오는데, '養>兒防>老, 積>穀防>餓'로 되어있 다. 뜻은 같다.

04-017/ 부모가 사랑해주시거든

曾子曰。父母愛之。喜而勿忘。父母惡之。懼而無怨。
증 자 왈 부 모 애 지 희 이 물 망 부 모 오 지 구 이 무 원

父母有過。諫而不逆。
부 모 유 과 간 이 불 역

{讀法} 曾子ㅣ 曰, 父母ㅣ 愛>之어시든 喜而勿>忘하며 父母ㅣ 惡>之어 시든 懼而無>怨하며 父母ㅣ 有>過어시든 諫而不>逆이니라.

{直譯} 증자가 말하기를, "부모가 사랑해주시거든 기뻐하여 잊지 않으며, 부모가 미워하시거든 두려워하고 원망하지 않으며, 부모에게 잘못이 있으시거든 간(諫)하되 거스르지 않는다." 하였다.

{語義} ○曾子(증자) : 공자의 제자. 이름은 삼(參), 자는 자여(子輿), 노(魯)나라 무성(武城) 사람. 공자보다 46세 연소(年少)했다. 효로써 알려짐. 저서에 《효경(孝經)》·《대학(大學)》이 있다. ○惡>之(오지) : 미워하다. ○懼而(구이) : 두려워하면서. ○無>怨(무원) : 원망함이 없다. ○有>過(유과) : 허물이 있음. ○諫(간) : 임금 또는 웃어른에게 충고하다. ○不>逆(불역) : 거스르지 아니하다.

{意譯} 증자가 말했다. "부모가 나를 사랑하면 기뻐하면서 잊지 말고, 부모가 나를 미워하면 두려워하면서 원망하지 말며, 부모에게 잘못이 있으면 충고하면서 거스르지 말 것이다."

{餘說} 《예기·제의(祭義)》에 나오는 말이다.

04-018/ 형벌 종류 다섯 가지

子曰。五刑之屬三千。而罪莫大於不孝。
자 왈　오 형 지 속 삼 천　이 죄 막 대 어 불 효

{讀法} 子ㅣ曰, 五刑之屬이 三千이로되, 而罪ㅣ莫>大>於2不孝1니라.

• • •

{直譯} 공자께서 말씀하시기를, "다섯 가지 형벌의 종류가 3천이나 되지만 그 죄가 불효보다 더한 것은 없다." 하셨다.

{語義} ○ 五刑(오형) : 다섯 가지의 형벌. 즉 묵형(墨刑)・의형(劓刑)・월형(刖刑)・궁형(宮刑)・대벽(大辟)의 다섯 가지 형벌. ○ 屬(속) : 무리. ○ 五刑之屬三千(오형지속삼천) : 얼굴에 자자(刺字)하는 묵형(墨刑)이 천(千), 코를 베는 의형(劓刑)이 천, 발꿈치를 베는 월형(刖刑)이 5백, 남녀의 생식기를 못 쓰게 하는 궁형(宮刑)이 3백, 사형(死刑)인 대벽(大辟)이 2백으로 도합 3천이다. ○ 而(이) : 그리고. 접속사. ○ 莫>大>於2不孝1(막대어불효) : 불효보다 더 큰 것이 없다. '於' 자는 '…보다' 로 비교형의 개사(介詞)이다.

{意譯} 공자께서 말씀하셨다. "다섯 가지 형벌의 종류에 속하는 수가 3천 가지나 되지만 불효보다 큰 죄는 없다."

{餘說} 이 대문은 《효경(孝經)》에도 있고, 《예기(禮記)・왕제(王制)》에도 있다. 형벌 제도는 옛날에는〔요순시대(堯舜時代)〕{語義}항에서 보인 바와 같지만 그 뒤에 차차 형벌이 가벼워져 가고 있다. 한(漢)나라 문제(文帝)는 육형(肉刑)을 고쳐 태형(笞刑)으로 하였고, 또 경제(景帝)는 이 태형도 더 무르게 정했다.

04-019/ 부모를 잘 섬기고

曾子曰。孝者百行之先。孝至於天。則風雨順時。孝
증자왈 효자백행지선 효지어천 즉풍우순시 효

至於地。則萬物化成。孝至於人。則衆福咸臻。
지어지 즉만물화성 효지어인 즉중복함진

{讀法} 曾子ㅣ 曰, 孝者ㅣ 百行之先이라. 孝至2於天1이면 則風雨ㅣ

順>時하고 孝至2於地1면 則萬物이 化成하며 孝至2於人1이면 則衆福

이 咸臻이니라.

• • •

{直譯} 증자가 말하기를, "효라는 것은 모든 행실에 앞선다. 효도가

하늘에 이르면 풍우(風雨)가 시운(時運)에 응(應)하고, 효도가 땅에

이르면 만물이 화육생장(化育生長)하며, 효도가 사람에게 이르면

많은 복이 온다." 하였다.

{語義} ○孝(효) : 부모를 잘 섬김. ○順>時(순시) : 시운(時運)에 좇음. ○化

成(화성) : 천지(天地)·음양(陰陽)·남녀(男女) 등의 정(精)이 화육(化育)·생

장(生長)하는 일. ○衆福(중복) : 많은 복. ○咸臻(함진) : 모두 온다.

{意譯} 증자가 말했다. "부모에게 효도하는 것이 모든 행실에 우

선(于先)하는 것이다. 효도가 천신(天神)에게 통하면 바람이나 비

가 시운(時運)에 응(應)하고, 효도가 지기(地祇)에게 통하면 만물이 화

육생장(化育生長)하며, 효도가 인신(人神)에게 통하면 많은 복이 이른다."

{餘說} 영조(英祖) 임금이 지은 《어제백행원(御製百行源)》에 "夫孝者 百行之源이니 五倫之中애 孝ㅣ 爲先이라.〔효는 온갖 행실의 근원이니 오륜(五倫) 가운데 효가 먼저가 된다.〕" 하였다.

다음에 이 대문의 구문을 분석한다.

曾子曰, 孝者, 百行之先.

제5편

정기편(正己篇)

이 편은 자신을 바르게 한다는 데 관한 글로서 모두 120조목이다.

05-001/ 남의 착한 것을 보거든

性理書云。見人之善而尋己之善。見人之惡而尋己
성 리 서 운 견 인 지 선 이 심 기 지 선 견 인 지 악 이 심 기

之惡。如此方是有益。
지 악 여 차 방 시 유 익

{讀法} 性理書에 云, 見2人之善1이어든 而尋2己之善1하고 見2人之惡1이어든 而尋2己之惡1하라. 如>此라야 方是有>益이니라.

• • •

{直譯}《성리서》에 이르기를, "남의 착한 것을 보거든 나의 착한 것을 찾고, 남의 악한 것을 보거든 나의 악한 것을 찾아라. 이와 같이 해야 바야흐로 이에 보탬이 있다." 하였다.

{語義} ○《性理書(성리서)》:《성리대전(性理大全)》을 가리킴. 명(明)나라 영락(永樂) 13년에 호광(胡廣) 등이 영락제(永樂帝)의 칙명으로 송(宋)나라 120명의 도학자의 성리설을 모아 70권으로 편찬한 서적. 중국 송(宋)대에 들어

와 공자와 맹자의 유교사상을 '성리(性理)·의리(義理)·이기(理氣)'등의 형이상학 체계로 해석하였는데, 이를 성리학이라 부른다. 성리학은 보통 주자학(朱子學)·정주학(程朱學)·이학(理學)·도학(道學)·신유학(新儒學) 등의 명칭으로 통용되고 있다. 송의 주희(朱熹)는 주렴계(周濂溪), 장횡거(張橫渠), 정명도(程明道), 정이천(程伊川)을 계승하여 성리학을 집대성하였다. ㅇ人之善(인지선) : 남의 착한 것. ㅇ而(이) : 접속사로서, 그리하고. 그러나. ㅇ尋(심) : 찾다. 탐색하다. ㅇ如>此(여차) : 이같이. ㅇ方(방) : 바야흐로. 곧. 그제야 겨우.

{意譯}《성리서》에 말했다. "남의 착한 것을 보거든 나도 착한 일을 했는가 찾아보고, 남의 악한 일을 보거든 나도 악한 일을 했는가 찾아보아라. 이렇게 해야만 바야흐로 유익할 것이다."

{餘說} 이 대문도 분석하여 보자.

$$\text{性理書云, 見2人之}\left[\begin{array}{c}\text{善1,}\\\text{惡1,}\end{array}\right]\text{而尋2己之}\left[\begin{array}{c}\text{善1.}\\\text{惡1.}\end{array}\right]\text{如>此, 方是有>益.}$$

05-002/ 자기의 인격을 소중히 여기지 않는 사람은

景行錄云。不自重者取辱。不自畏者招禍。不自滿者
경 행 록 운 　불 자 중 자 취 욕　 불 자 외 자 초 화　 불 자 만 자
受益。不自是者博聞。
수 익　 불 자 시 자 박 문

{讀法} 景行錄에 云, 不2自重1者는 取>辱하고, 不2自畏1者는 招>禍하며, 不2自滿1者는 受>益하고, 不2自是1者는 博聞이니라.

• • •

{直譯} 《경행록》에 이르기를, "자기의 인격을 소중히 여기지 않는 사람은 욕을 취하게 되고, 자기 자신을 두려워하지 않는 사람은 재앙을 불러오며, 자기 자신을 만족하지 않는 사람은 이익을 받고, 자기가 옳다고 여기지 않는 사람은 널리 듣는다." 하였다.

{語義} ○自重(자중) : 자기의 인격을 소중히 여김. ○取>辱(취욕) : 욕을 받음. ○自畏(자외) : 자기를 두려워함. ○招>禍(초화) : 재앙을 불러들임. ○自滿(자만) : 스스로 만족해함. ○自是(자시) : 스스로 옳다고 함. 자기가 옳다고 여김. ○博聞(박문) : 널리 들음. 견문(見聞)이 넓음.

{意譯} 《경행록》에 말했다. "자중하지 않는 사람은 치욕(恥辱)을 받고, 자외(自畏)하지 않는 사람은 재앙을 불러들이며, 자만(自滿)하지 않는 사람은 이익을 받고, 자시(自是)하지 않는 사람은 견문이 넓게 된다."

{餘說} 이 대문도 구문을 분석하여 보자.

景行錄云, 不2自 ── 重 ── 者1 ── 取>辱.
　　　　　　　　畏 ── 　　　　招>禍.
　　　　　　　　滿 ── 　　　　受>益.
　　　　　　　　是 ── 　　　　博聞.

05-003/ 군자가 무게가 없으면

子曰。君子不重則不威。學則不固。主忠信。
자 왈　군 자 부 중 즉 불 위　학 즉 불 고　주 충 신

{讀法} 子ㅣ 曰, 君子는 不>重則不>威니 學則不>固니라. 主2忠信1하라.

• • •

{直譯} 공자께서 말씀하시기를, "군자는 무게가 없으면 위엄이 없다. 배우면 고루(固陋)하지 않다. 성심과 신의를 위주로 하라." 하셨다.

{語義} ○重(중) : 사람의 됨됨이나 행동이 침중(沈重)함. ○威(위) : 위엄. 위풍. ○固(고) : 고집불통. 고루함. ○主2忠信1(주충신) : 충성과 신의를 위주로 하다. '忠'은 성심. 충성. '信'은 신의(信義). 성실. '主'는 위주로 하다. 지키다.

{意譯} 공자께서 말씀하셨다. "사람의 상위(上位)에 설 군자라는 사람은 장중(莊重)한 태도를 가지고 있지 않으면 범(犯)하지 못할 위엄이 갖추어지지 않는다. 그렇다고 해서 장엄하고 위엄 있는 것만을 마음먹게 되면 간혹 완고(頑固)하기 쉽다. 학문하면 그 완고함이 없어지게 마련이다. 이 두 가지를 주의해서 몸을 갖는 동시에, 더욱 마음가짐에 있어서는, 충신(忠信) 즉 성심을 오로지 하고, 그것이 몸에서 떠나지 않게 하는 것이 좋다."

{餘說} 이 대문은 사람의 상위(上位)에 있는 군자의 마음가짐에 대하여 서술(敍述)한 것으로《논어·학이편(學而篇)·제8장》의 전반부(前半部)이다.

05-004/ 대장부는 마땅히

景行錄云。大丈夫當容人。無爲人所容。
경 행 록 운 대 장 부 당 용 인   무 위 인 소 용

{讀法} 景行錄에 云, 大丈夫어든 當容>人이언정 無>爲2人所1>容하라.

• • •

{直譯}《경행록》에 이르기를, "대장부이거든 마땅히 남을 용서할지언정 남에게 용서받는 바가 되지 말라." 하였다.

{語義} ○大丈夫(대장부) : 사내답고 씩씩한 남자. 지조가 굳어 불의에 굽히지 않는 남자. ○當(당) : 마땅히. ○容>人(용인) : 남을 용서해 줌. ○無>爲 (무위) : 말라. ○人所>容(인소용) : 남에게 용납을 받음. 이것은 爲a所b〔a에게 b를 당하다〕의 피동형(被動形)으로, 見b於a〔a에게 b를 당하다〕형의 '無 見容於人'과 같다.

{意譯}《경행록》에 말했다. "대장부라면 마땅히 남을 용서해 줄지 언정 남에게 용서를 받는 바가 되어서는 안 된다."

{餘說} "大丈夫ㅣ 當容>人이언정 無>爲2人所1>容이니라"의 'ㅣ·이니라' 의 'ㅣ'는 '언정'으로 '이니라'는 '하라'로 부토(附吐)하였다. 즉 '대장 부라면 …하라. 대장부거든 …하라'의 명령문(命令文)으로 보아야 옳을 것이다.

05-005/ 사람은 천성이 억세어야 하니

景行錄云。人資禀要剛。剛則有立。
경 행 록 운 인 자 품 요 강 강 즉 유 립

{讀法} 景行錄에 云, 人이 資稟을 要>剛하나니 剛則有>立이니라.

• • •

{直譯}《경행록》에 이르기를, "사람은 천성이 억세기를 필요로 하

나니, 억세면 설 수 있다." 하였다.

{語義} ○資稟(자품) : 천성. 자성(資性). '資品(자품)'과 같은 뜻. ○剛(강) :
억세다. ○有>立(유립) : 입신출세할 수 있다.

{意譯} 《경행록》에 말했다. "사람은 천성이 억세기를 필요로 한다.
억세면 입신출세할 수 있다."

{餘說} 사람의 천성이 억세어야 입신(立身)한다. 그래서 사람은 천성이
억센 것을 필요로 한다. 춘추시대 때 노(魯)나라 대부 숙손표(叔孫豹)가
진(晉)나라에 갔을 적에 범선자(范宣子)가 길이 썩지 않을 일에 대해 물
어보자, 그가 대답하기를 "최상의 것은 덕을 남기는 것이고, 그다음은
공을 세우는 것이며, 그다음은 말을 전하는 것이다.〔太上有立德, 其次
有立功, 其次有立言.〕"라고 하였다.

05-006/ 자기를 느슨하게 하고서

素書云。釋己以敎人者逆。正己以敎人者順。
소 서 운 석 기 이 교 인 자 역 정 기 이 교 인 자 순

{讀法} 素書에 云, 釋>己以敎>人者는 逆이오, 正>己以敎>人者는 順

이니라.

• • •

{直譯}《소서(素書)》에 이르기를, "자기를 느슨하게 하고서 남을 교
화하려는 사람은 역리(逆理)이고, 자기를 바로잡음으로써 남을 교
화하려는 사람은 순리(順理)이다." 하였다.

{語義} ○《素書(소서)》: 본서 〈순명편(順命篇)〉〔03-009〕 참조 바람. ○釋>
己(석기) : 자신을 느슨하게 하다. 자기를 용서하다. ○以(이) : 으로써. 가지
고. 개사(介詞)임. ○敎(교) : 여기서는 교화(敎化). ○逆(역) : 역리(逆理). 이치
에 거스름. ○正>己(정기) : 자기를 바로잡다. ○順(순) : 순리(順理). 이치에
순종함.

{意譯}《소서》에 말했다. "자신을 용서하고서 남을 교화하려는 사
람은 이치에 거스르는 것이고, 자신의 수양을 쌓아 바로잡고서 남
을 교화하려는 사람은 이치에 순종하는 것이다."

{餘說} 자기 자신을 교화(敎化)하기를 먼저하고 남을 교화하기를 뒤에
하라는 뜻이다. 자기를 바로잡지 못하는 사람이 남을 교화한다는 것은
역리(逆理)일 뿐만 아니라 있을 수 없는 것이다.
    이 대문의 구조는 다음과 같다.

素書云, ┬┌ 釋 ┐┬ 己以敎>人者, ┬ 逆.
        └ 正 ┘   └ 順.

05-007/ 자기의 능숙한 바로써

蘇武曰。不可以己之所能。而責人之不能。不可以己
소 무 왈 불 가 이 기 지 소 능 이 책 인 지 불 능 불 가 이 기

之所長。而責人之所短。
지 소 장 이 책 인 지 소 단

{讀法} 蘇武ㅣ 曰, 不>可下以2己之所1>能,而責中人之不上>能이오,
不>可下以2己之所1>長,而責中人之所上>短이니라.

• • •

{直譯} 소무가 말하기를, "자기의 능한 바로써 남의 불능을 책할 수
없고, 자기의 장점인 것으로써 남의 단점을 책할 수 없다." 하였다.

{語義} ○蘇武(소무) : 한(漢)나라 경조(京兆) 두릉(杜陵) 사람. 자는 자경(子
卿). 봉호(封號)는 관내후(關內侯). 생졸(生卒) B.C. 140~B.C. 60. 흉노(匈奴)에
사신으로 갔다가 잡혀 절개를 지키며 19년 동안 억류되었다가 귀국하였
다. ○不>可下以2己之所1>能,而責中人之不上>能 : 자기의 능한 바로써 남의
능치 못한 것을 책할 수 없다.

{意譯} 소무가 말했다. "자기의 능한 것을 가지고 남의 능치 못한
것을 책하면 안 되고, 자기의 장점을 가지고 남의 단점을 책하면
안 된다."

{餘說} 자기가 잘할 수 있는 것을 가지고 남이 그것을 잘할 줄 모른다고 책망하면 안 된다는 말이다.

위 대문의 문장 구조는 다음과 같다.

蘇武ㅣ 曰, 不>可下以2己之所1> ┬ 能, ┐ ┬ 不上>能,
                                    └ 長, ┘ ─ 而責中人之 ─ ┤
                                                          └ 所上>短.

이 문장의 첫 구절과 뜻을 같으나 표현이 약간 다른 것으로《삼국지・오서(吳書)・제갈량전(諸葛亮傳)》에 다음과 같이 나온다: 不>可下以2己所1>能,而責中人所不上>能.

05-008/ 자신을 귀히 여김으로써

太公曰。勿以貴己而賤人。勿以自大而蔑小。勿以恃
태 공 왈 물 이 귀 기 이 천 인 물 이 자 대 이 멸 소 물 이 시

勇而輕敵。
용 이 경 적

{讀法} 太公이 曰, 勿2以>貴>己而賤1>人하며 勿下以2自大1而蔑>小上하며 勿2以>恃>勇而輕>敵하라.

• • •

{直譯} 강태공이 말하기를, "자신을 귀히 여김으로써 남을 천하게

여기지 말며, 스스로를 크게 여김으로써 〔남을〕 멸시하지 말며, 용기를 믿고서 적을 가벼이 말라." 하였다.

{語義} ○貴>己(귀기) : 자신을 귀히 여김. ○賤>人(천인) : 남을 천하게 여김. '貴>己'의 반대어. ○自大(자대) : 스스로 대단하다고 여김. 잘난 체함. ○蔑>小(멸소) : 작은 것을 멸시(蔑視)함. ○恃>勇(시용) : 용기를 믿음. ○輕>敵(경적) : 적을 넘봄. 적을 가볍게 보다. ○勿下以2…1而…上 : …함으로써 …하지 말라.

{意譯} 강태공이 말했다. "자신을 귀중히 여기면서 남을 천하게 여기지 말며, 자신을 대단하다고 여기면서 작은 것을 업신여기지 말며, 용기를 믿고 의지하여 적을 가볍게 보지 말라."

{餘說} 구문(構文)을 분석하면 다음과 같다.

05-009/ 덕이 남보다 나으면

魯共王曰。以德勝人則强。以財勝人則凶。以力勝人
노 공 왕 왈　이 덕 승 인 즉 강　이 재 승 인 즉 흉　이 력 승 인

則亡。
즉 망

{讀法} 魯共王이 曰, 以>德勝>人이면 則强하고 以>財勝>人이면 則
凶하고 以>力勝>人이면 則亡하나니라.

• • •

{直譯} 노나라의 공왕이 말하기를, "덕으로써 남보다 나으면 강하
고, 재물로써 남보다 나으면 흉하고, 힘으로써 남보다 나으면 망한
다." 하였다.

{語義} ○魯(로) : 나라 이름. 주(周)나라의 이름. 성은 희(姬), 작(爵)은 공
(公). 문왕(文王)의 넷째 아들, 주공단(周公旦)이 봉(封)한 곳. 주공(周公)은 머
물러서 천자를 돕고, 그의 맏아들 백금(伯禽)을 봉해서 노후(魯侯)로 하고 곡
부(曲阜)에 도읍(都邑)했다. 지금의 산동성 곡부현(山東省曲阜縣). 경공(頃公)
에 이르러 초(楚)나라에 멸망(滅亡)되었다. 산동성 자양현(滋陽縣)에서 동남
(東南) 및 강소성 패현(江蘇省沛縣), 안휘성 사현(安徽省泗縣) 등의 땅. ○共王
(공왕) : 주(周)나라의 공왕. 목왕(穆王)의 아들, 또 희예호(姬繄扈) · 희이호(姬
伊扈)로 쓴다. 재위(在位) 12년. ○勝>人(승인) : 남보다 낫다.

{意譯} 노나라 공왕이 말했다. "도덕적으로 남보다 나으면 굳세
고, 재물로 남보다 나으면 재물만을 믿는 나머지 흉하고, 힘으로
남보다 나으면 힘을 믿는 나머지 망하게 된다."

{餘說} 다음과 같이 구문 분석을 되풀이하는 것은 여러분들이 구문을 빨리 파악해서 구두점(句讀點)을 찍을 줄 알고 현토(懸吐)를 시도(試圖)해 보고 어의(語義)를 자전(字典)을 통하여 알고 성해(成解)를 하도록 하기 위함이니, 지루하게 느끼지 말고 하나하나 차근히 고찰(考察)하여 한문 독해의 실력을 길러 주기 바란다.

魯共王,曰以> ┌ 德 ┐
             │ 財 ├ 勝>人,則 ┌ 强. (德化而强)
             └ 力 ┘   ├ 凶. (取>財而凶)
                            └ 亡. (恃>力而亡)

05-010/ 선으로써 남보다 앞서려는 것을

荀子曰。以善先人者謂之教。以善和人者謂之順。以
순 자 왈   이 선 선 인 자 위 지 교   이 선 화 인 자 위 지 순   이
不善先人者謂之諂。以不善和人者謂之諛。
불 선 선 인 자 위 지 첨   이 불 선 화 인 자 위 지 유

{讀法} 荀子ㅣ 曰, 以>善으로 先>人者를 謂>之教요, 以>善으로 和>人
者를 謂>之順이오, 以2不善1으로 先>人者를 謂>之諂이오, 以2不善1으
로 和>人者를 謂>之諛니라.

• • •

{直譯} 순자가 말하기를, "선으로써 사람에게 앞서려는 것을 이를 일러 교화라 하고, 선으로써 사람에게 화목케 하려는 것을 이를 일

러 순화(順和)라 하고, 불선으로써 사람에게 앞서려는 것을 이를 일러 아첨이라 하고, 불선으로써 사람을 화목하게 하려는 것을 이를 일러 아당(阿黨 : 알랑거림)이라 한다." 하였다.

{語義} ㅇ荀子(순자) : 전국시대(戰國時代) 조(趙)나라 사람. 이름은 황(況). 그때 사람들이 존중하여 경(卿)이라 부르고, 한(漢)나라 사람들은 선제(宣帝)의 휘(諱)를 피하여 손경(孫卿)이라 일컬었다. 벼슬은 제(齊)나라 좨주(祭酒), 초(楚)나라의 난릉령(蘭陵令). 나이 50에 비로소 제(齊)나라에 유학(遊學)하고, 양왕(襄王) 때 노사(老師)라 일컬어졌으나, 참소(讒訴)를 당해 떠나가 초나라에 주유(周遊)하였다. 춘신군(春申君)이 죽자, 벼슬을 사양하고 난릉에서 살며 이사(李斯)를 가르쳤다. 항상 탁세(濁世)의 정치를 미워하고, 드디어 유묵도덕(儒墨道德)의 행사(行事)를 숭상하였으며, 《서수만언(書數萬言)》을 지었다. 그의 학문은 공자로써 표준을 삼고, 성악설(性惡說)을 주창(主唱)하여 인성(人性)은 모두 악이니 예의로써 교정(矯正)하지 않으면 선이 될 수 없다고 논했다. 저서에 《순자(荀子)》 20권이 전해지고 있다. 죽어서 난릉(蘭陵)에 장사지냈다. ㅇ敎(교) : 교화(敎化). ㅇ和>人(화인) : 사람을 화목케 함. ㅇ順(순) : 순화(順和). 순정(順正). ㅇ諂(첨) : 아첨. 알랑거림. ㅇ諛(유) : 아첨. 아당(阿黨)함.

{意譯} 순자가 말했다. "선을 가지고 남의 앞장을 서는 것을 교화라 하고, 선을 가지고 사람을 화목하게 하는 것을 순정(順正)이라 하고, 불선(不善)을 가지고 남의 앞장을 서는 것을 아첨이라 하고, 불선을 가지고 사람을 화목하게 하는 것을 아당(阿黨)이라 한다."

{餘說} 이 대문은 순자가 교화·순정·아첨·아당에 관해 설교한 것이다. 선에 대한 '先人·和人', 불선에 대한 '先人·和人'이 교화·순정·아첨·아당의 결과는 지언(至言)이라 하겠다.

공부하려는 이를 위하여 전문을 분석하면 다음과 같다.

05-011/ 힘으로 남을 복종시키는 것은

孟子曰。以力服人者。非心服也。以德服人者。中心
맹 자 왈　이 력 복 인 자　비 심 복 야　이 덕 복 인 자　중 심

悅而誠服也。
열 이 성 복 야

{讀法} 孟子ㅣ 曰, 以>力服>人者는 非2心服1也요, 以>德服>人者는 中>心悅而誠服也니라.

• • •

{直譯} 맹자께서 말씀하시기를, "힘으로써 남을 복종시키는 것은 마음으로 복종케 하는 것이 아니고, 덕으로써 남을 복종시키는 것은 마음속으로 기뻐서 진실로 복종하게 하는 것이다." 하였다.

{語義} ○服(복) : 복종(服從). ○心服(심복) : 마음속으로부터 복종함. ○중심(中心) : 마음속. 진심(眞心). ○誠服(성복) : 정말로 복종함.

{意譯} 맹자께서 말씀하셨다. "힘으로 남을 복종시키는 것은 그것은 마음속으로부터 복종하는 것이 아니고, 덕으로 남을 복종시키는 것은 그것은 마음속으로부터 기뻐서 정말로 복종하는 것이다."

{餘說} 이 대문은 《맹자》의 〈공손추장구상(公孫丑章句上)〉의 〈이력가인장(以力假仁章)〉에 나오는 말이다. 이 장을 참고로 소개한다. "孟子ㅣ 曰, 以>力假>仁者는 霸니, 霸必有2大國1이오, 以>德行>仁者는 王이니, 王不>待>大라. 湯은 以2七十里1하고 文王은 以2百里1라. 以>力服>人者는 非2心服1也요, 力不>贍也라. 以>德服>人者는 中>心悅而誠服也니, 如3七十子之服2孔子1也라.〔맹자께서 말씀하셨다. '힘으로 인을 가장하는 것은 패도니, 패를 칭하려면 반드시 큰 나라를 지니고 있어야 할 것이오, 덕으로 인을 행하는 것은 왕도니, 왕도를 펴는 데는 큰 나라여야 할 것은 없다. 탕왕은 70리로 그것을 해냈고, 문왕은 백리로 그것을 해냈다. 힘으로 남을 복종시키는 것은 마음속으로 복종하는 것이 아니고 힘이 모자라서이다. 덕으로 남을 복종시키는 것은 마음속으로 기뻐서 정말로 복종하는 것이니, 그것은 70명의 제자가 공자에게 복종한 것과 같은 것이다.'〕"

　　이상을 읽어 봄으로써 이 대문의 뜻을 완전히 파악했으리라 믿는다.

05-012/ 남의 착한 일을 보거든

太公曰。見人善事卽須記之。見人惡事卽須掩之。
태 공 왈 견 인 선 사 즉 수 기 지 견 인 악 사 즉 수 엄 지

{讀法} 太公이 曰, 見2人善事1어든 卽須記>之하고 見2人惡事1어든 卽須掩>之하라.

• • •

{直譯} 강태공이 말하기를, "남의 착한 일을 보거든 곧 모름지기 이를 기억하고, 남의 악한 일을 보거든 곧 모름지기 이를 덮어두라." 하였다.

{語義} ○須(수) : 모름지기 …하라. 재역문자(再譯文字). 부사(副詞)이다. ○記>之(기지) : 기억하다. ○掩>之(엄지) : 덮어두다. 숨기다.

{意譯} 강태공이 말했다. "남의 착한 일을 보았거든 즉시 모두 기억해 두고, 남의 악한 일을 보았거든 즉시 모두 덮어두라."

{餘說} 남이 잘한 일을 기억했다가 찬양해주고, 남이 잘못한 일은 덮어두고 헐뜯지 말라는 것이다. 《중용(中庸)》에 다음과 같은 말이 있다. "子ㅣ曰, 舜은 其大知也與신저. 舜好>問而好察2邇言1하시고 隱>惡而揚>善하시니라.〔공자께서 말씀하셨다. '순임금은 큰 지혜를 지니신 분이었구나!

순임금은 묻기를 좋아하시며 가까운 말을 살피시기를 좋아하시고, 악함을 숨기시고 선함을 드러내시었다.']" 이게 은악이양선(隱>惡而揚>善)의 어원(語源)이며 이 대문의 뜻과 같다.

05-013/ 남의 선을 숨기는 것은

孔子曰。匿人之善斯謂蔽賢。揚人之惡斯謂小人。言
공 자 왈　익 인 지 선 사 위 폐 현　양 인 지 악 사 위 소 인　언
人之善。若己有之。言人之惡。若己受之。
인 지 선　약 기 유 지　언 인 지 악　약 기 수 지

{讀法} 孔子ㅣ 曰, 匿2人之善1은 斯謂蔽>賢이오, 揚2人之惡1은 斯謂2小人1이오, 言2人之善1은 若2己有>1之요, 言2人之惡1은 若2己受1>之니라.

• • •

{直譯} 공자님께서 말씀하시기를, "남의 선을 숨기는 것은 곧 '어진 이를 가린다.' 고 이르고, 남의 나쁜 점을 들춰내면 곧 소인이라 이르고, 남의 선을 말하는 것은 자기가 그것을 가진 것과 같고, 다른 사람의 악을 말하는 것은 자기가 그것을 받는 것과 같다." 하셨다.

{語義} ○匿(닉) : 숨기다. ○斯(사) : 이. 이것. ○蔽(폐) : 가리다. 숨기다. ○蔽
>賢(폐현) : 폐명(蔽明)과 같다. 명철한 인재를 폐기함. ○揚(양) : 드날리다.
○若(약) : 마치. ○有>之(유지) : 가지다. ○受>之(수지) : 받다.

{意譯} 공자께서 말씀하셨다. "남의 착함을 숨기는 것은 현인을
엄폐(掩蔽)하는 것이고, 남의 악함을 드날리면 곧 소인이라 부르
고, 남의 착함을 말하는 것은 마치 자기가 그런 착함이 있는 것과
같고, 남의 악함을 말하는 것은 자기가 그런 악의 해를 받는 것과
같다."

{餘說} 이 말은 《공자가어(孔子家語)·변정(辯政)》에 나온다. 이 글의 끝
부분에는 "故君子無所不愼焉〔그래서 군자는 무슨 일이든 삼가지 않는
것이 없는 법이다.〕"는 말이 있다.
　　이 대문의 구조는 다음과 같다.

05-014/ 남의 허물을 듣거든

馬援曰。聞人過失。如聞父母之名。耳可得聞。口不
마 원 왈　문 인 과 실　여 문 부 모 지 명　이 가 득 문　구 불

可得言也。
가 득 언 야

{讀法} 馬援이 曰, 聞2人過失1이어든 如>聞2父母之名1하여 耳可2得聞1이언정 口不>可2得言1也니라.

• • •

{直譯} 마원이 말하기를, "남의 허물을 듣거든 부모의 이름을 듣는 것 같이 하여 귀로는 들을 수 있을지언정 입으로는 능히 말할 수 없다." 하였다.

{語義} ○ 過失(과실) : 잘못. 허물. ○ 父母之名(부모지명) : 부모의 이름. ○ 耳可2得聞1(이가득문) : 귀로는 능히 들을 수 있을지언정. ○ 口不>可2得言1(구불가득언) : 입으로는 능히 말할 수 없다.

{意譯} 마원이 말했다. "남의 과실(過失)을 듣거든 마치 부모의 이름을 듣는 것과 같이 귀로는 들을 수 있을지 모르나 입으로는 말하지 말 것이다."

{餘說} 이 대문을 분석하면 다음과 같다.

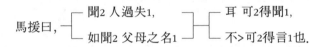

05-015/ 남의 불선을 말하면

孟子曰。言人之不善。當如後患何。
맹 자 왈 언 인 지 불 선 당 여 후 환 하

{讀法} 孟子ㅣ 曰, 言2人之不1>善이면 當下如2後患1에 何上오?

• • •

{直譯} 맹자께서 말씀하시기를, "남의 불선을 말하면 마땅히 후환을 어떻게 할 것인가?" 하셨다.

{語義} ○不善(불선) : 나쁜 점. ○後患(후환) : 남의 원한을 사서 그 결과로 야기되는 재앙. ○如…何: '…을 어떻게 할 것인가? 라고 해석한다.

{意譯} 맹자께서 말씀하셨다. "남의 선을 드러내 주고 남의 악을 덮어두는 것은 군자 충후(忠厚)한 마음가짐이다. 그런데 이에 반해서 좋아하며 남의 과악(過惡)을 말해도 거리낌이 없는 자가 있으나, 그러한 사람은 군자라고 할 수 없을 뿐만 아니라 비방(誹謗)을 당한 사람은 반드시 원망하고 화가 나서 보복함에 틀림이 없다. 장차 닥쳐올 재난을 어떻게 막으려고 하는 것일까? 뒤돌아보고 또 돌아보며 말은 조심하지 않으면 안 된다."

{餘說} 남의 음악(陰惡)을 적발(摘發)하는 것을 경계하고, 군자는 충후(忠

厚)한 마음을 가질 것을 가르친 것이다.

05-016/ 남의 비방을 들을지라도

康節邵先生曰。聞人之謗。未嘗怒。聞人之譽。未嘗
강절소선생왈 문인지방 미상노 문인지예 미상

喜。聞人言人之惡。未嘗和。聞人言人之善則就而和
희 문인언인지악 미상화 문인언인지선즉취이화

之。又從而喜之。故其詩曰。樂見善人。樂聞善事。樂道
지 우종이희지 고기시왈 낙견선인 낙문선사 낙도

善言。樂行善意。聞人之惡。如負芒刺。聞人之善。如佩
선언 낙행선의 문인지악 여부망자 문인지선 여패

蘭蕙。
난혜

{讀法} 康節邵先生이 曰, 聞2人之謗1이라도 未2嘗怒1하며, 聞2人之
譽1라도 未2嘗喜1하며. 聞2人言人之惡1이라도 未嘗和1하며. 聞2人言人
之善1이면 則就而和>之하고, 又從而喜>之니라. 故로 其詩에 曰, 樂>
見2善人1하며 樂>聞2善事1하며 樂>道2善言1하며 樂>行2善意1하고, 聞2
人之惡1이어든 如>負2芒刺1하고, 聞2人之善1이어든 如>佩2蘭蕙1니라.

• • •

{直譯} 강절 소선생이 말하기를, "남의 비방을 들을지라도 곧 성을
내지 말며, 남의 칭찬을 들을지라도 곧 기뻐하지 말며, 남이 말하
는 남의 악을 들을지라도 곧 화(和)하지 말며, 남이 말하는 남의

선을 들으면 곧 나아가서 이에 화(和)하고, 또 따르면서 이에 기뻐
할 것이다. 그러므로 그 시(詩)에 말하기를, '착한 사람을 보는 것
을 즐거워하며, 착한 일을 듣는 것을 즐거워하며, 착한 말하는 것
을 즐거워하며, 착한 행동을 하는 것을 즐거워하고, 남의 나쁜 것
을 듣거든 가시를 등에 진 것 같이 하고, 남의 착한 것을 듣거든
향초를 찬 것 같이 할 것이다.'"하였다.

{語義} ○ 康節邵先生(강절소선생) : 본서 〈계선편〉〔01-044〕조목 참조 바
람. ○ 謗(방) : 헐뜯다. 비방(誹謗). ○ 未2嘗怒1(미상노) : 곧 성을 안 냄. ○ 擧
(예) : 칭찬. 명예. ○ 和(화) : 응함. 따름. ○ 就而和>之(취이화지) : 나아가서
서로 응하여 화합함. ○ 從而喜>之(종이희지) : 따라서 그를 기뻐하다. ○ 其
詩(기시) : 그 시(詩). 여기서는 강절 소선생의 시로서 〈안락음(安樂吟)〉을 가
리킨다. ○ 善意(선의) : 착한 마음. 남을 위해 생각하는 마음. 호의(好意). ○ 負
(부) : 등에 지다. ○ 芒刺(망자) : 가시. ○ 佩(패) : 차다. 끈을 달아 몸에 차다.
○ 蘭蕙(난혜) : '蘭'은 난초과에 속하는 다년초. 향기가 높음. 줄기는 없고,
잎은 뿌리에서 나오며, 꽃은 두상화(頭狀花)로 향기가 매우 좋음. '蕙'도 난
초의 일종으로서 줄기에 꽃이 여러 개 달리며 보통의 난초보다 향기가 더
강함. 난혜는 향초(香草)로서 전(轉)하여 '성정(性情)의 아름다움'의 비유로
쓰임.

{意譯} 강절 소선생이 말했다. "내가 남의 비방을 들더라도 이내
성을 내지 말며, 내가 남의 칭찬을 들더라도 이내 기뻐하지 말며,
내가 남의 악을 들더라도 이내 그에게 화응(和應)하지 말며, 내가

남의 착한 말을 들으면 곧 그에게 나아가서 이에 화열(和悅)하고, 또 따라서 이것을 기뻐한다." 그런 까닭에 그의 시(詩)에 말했다. "착한 사람을 보면 즐거워하며, 착한 일을 들으면 즐거워하며, 착한 말을 하는 것을 즐거워하며, 착한 일을 행하는 것을 즐거워하고, 남의 악한 짓을 듣거든 가시를 등에 진 것 같이 하고, 남의 선한 일을 듣거든 향초를 찬 것 같이 한다."

{餘說} 위 내용은《성리대전(性理大全)‧황극경세서관물외편(皇極經世書觀物外篇)‧소강절선생자서무명공전(邵康節先生自署無名公傳)》에 그대로 보인다. 참고로 위 문장 중에 있는 시(詩) 여덟 구절을 포함하고 있는 《이천격양집(伊川擊壤集)‧제4권》의 〈안락음(安樂吟)〉 전문을 소개한다.

安樂先生,不顯姓氏
안 락 선 생 불 현 성 씨
안락 선생은 성도 이름도 드러내지 않고,

垂三十年,居洛之涘
수 삼 십 년 거 낙 지 사
30년 동안 낙수 가에서 조용히 살았다네.

風月情懷,江湖性氣
풍 월 정 회 강 호 성 기
마음은 바람과 달이고, 기질은 자연 그대로라.

色斯其擧,翔而後至
색 사 기 거 상 이 후 지
새가 기색 살피고 날아올라 돌다 내려앉듯이,

無賤無貧,無富無貴
무 천 무 빈 무 부 무 귀
그에게는 천함도 가난함도 부유함도 귀함도 없고,

無將無迎,無拘無忌
무 장 무 영 무 구 무 기
전송함도 맞이함도 얽매임도 거리낌도 없었다네.

窘未嘗憂,飮不至醉
군 미 상 우 음 부 지 취
가난해도 걱정 않고, 술 마셔도 취하지 않았으며,

收天下春,歸之肝肺
수 천 하 춘 귀 지 간 폐
천하의 봄을 거두어 가슴에 간직하고 즐겁게 살았네.

盆池資吟,甕牖荐睡
분 지 자 음 옹 유 천 수
동이와 연못에서 시상 떠올리고 누추한 집에서 잠자고,

小車賞心,大筆快志
소 거 상 심 대 필 쾌 지
작은 수레로 마음 즐기고, 큰 붓으로 자기 뜻 써 내려갔네.

或戴接羅,或著半臂
혹 대 접 리 혹 착 반 비
혹은 머리에 흰 두건 쓰고 혹은 윗몸에 반소매 걸치고,

或坐林間,或行水際
혹 좌 임 간 혹 행 수 제
혹 숲속에 앉아 쉬다가 혹 물가를 거닐었고,

樂見善人,樂聞善事
낙 견 선 인 낙 문 선 사
착한 사람 보는 것과 착한 일 듣기를 즐거워했네.

樂道善言,樂行善意
낙 도 선 언 낙 행 선 의
남의 악행 들으면 가시를 짊어진 듯하였고,

聞人之惡,若負芒刺
문 인 지 악 약 부 망 자
남의 선행 들으면 난초 혜초 찬 것 같이 좋아했네.

聞人之善,如佩蘭蕙
문 인 지 선 여 패 난 혜
착한 말 하기와 착한 뜻 행하기를 즐거워했으며,

不佞禪伯,不諛方士
불 녕 선 백 불 유 방 사
선사한테 아첨하지도 방사한테 아첨하지도 않았고,

不出戶庭,直遊天地
불 출 호 정 직 유 천 지
집 밖에 나가지 않았으나, 다만 천지에 놀았다네.

三軍莫凌,萬鍾莫致
삼 군 막 릉 만 종 막 치
삼군의 위세도 함부로 못 하고, 거금도 어쩌지 못했으며,

爲快活人,六十五歲
위 쾌 활 인 육 십 오 세
쾌활한 사람으로 65년을 안락하게 살았다네.

05-017/ 망령된 생각을 하지 말며

又其詩曰。心無妄思。足無妄走。人無妄交。物無妄
우 기 시 왈 심 무 망 사 족 무 망 주 인 무 망 교 물 무 망

受。
수

{讀法} 又其詩에 曰, 心無₂妄思₁하며 足無₂妄走₁하며 人無₂妄交₁하며 物無₂妄受₁니라.

• • •

{直譯} 또 〈옹유음(甕牖吟)〉 시(詩)에 이르기를, "마음은 망령된 생각을 말며, 발은 망령된 달리기를 말며, 사람은 망령된 교제를 말며, 물건은 망령되게 받지 말 것이다." 하였다.

{語義} ○妄(망) : 망령되다. 함부로.

{意譯} 또 강절선생 소옹(邵雍)의 〈옹유음(甕牖吟)〉 시(詩)에 말했다. "마음엔 망령된 생각을 말며, 발로는 망령되이 닫지 말며, 남과는 망령되이 사귀지 말며, 물건은 망령되이 받지 말라."

{餘說} 이 대문은 〈옹유음(甕牖吟)〉 시의 일부로서 사언사구(四言四句)이다.

    心無₂妄思₁,   第1句

    足無₂妄走₁. 走韻 第2句

    人無₂妄交₁,   第3句

    物無₂妄受₁. 受韻 第4句

'走·受'는 106운(韻)의 유운(宥韻)이다.

참고로 〈옹유음(甕牖吟)〉 전문을 적어본다.

有客無知,唯知自守
유 객 무 지 유 지 자 수 　어떤 객이 아는 것이 없는데, 단지 아는 것은 스스로
지키는 것뿐이니,

自守無他,唯求寡咎
자 수 무 타 유 구 과 구 　스스로 지키는 것은 다름 아닌 오직 허물이 적기를
구하는 것이네.

有屋數間,有田數畝
유 옥 수 간 유 전 수 무 　두어 칸 집에 몇 마지기의 밭

用盆爲池,以甕爲牖
용 분 위 지 이 옹 위 유 　동이로 연못을 만들고 옹기로 창문을 만들었네.

牆高於肩,室大於鬥
장 고 어 견 실 대 어 두 　어깨 높이의 담장에 방 크기는 겨우 말(斗)만 하나,

布被暖餘,藜藿飽後
포 피 난 여 여 곽 포 후 　무명이불은 충분히 따뜻하고 명아주와 콩잎에 배부
르구나!

氣吐胸中,充塞宇宙
기 토 흉 중 충 색 우 주 　가슴속 기운을 토해내니 우주에 가득 차고,

筆落人間,輝映瓊玖
필 락 인 간 휘 영 경 구 　인간 세상에 붓 들어 글 쓰면, 아름다운 옥처럼 빛나네.

人能知止,以退爲茂
인 능 지 지 이 퇴 위 무 　사람들은 멈출 줄을 알아 물러남을 아름답게 여기나,

我自不出,何退之有
아 자 불 출 하 퇴 지 유 　나는 나가지를 않았으니 어찌 물러남이 있겠는가?

心無妄思,足無妄走
심 무 망 사 족 무 망 주 　마음은 헛된 생각하지 않았고, 발걸음은 아무 데나
가지 않으며,

人無妄交,物無妄受
인 무 망 교　물 무 망 수
사람들과 함부로 사귀지 않고, 재물은 함부로 받지 않았네.

炎炎論之,甘處其陋
염 염 논 지　감 처 기 루
아름답고 성대하게 논해보면 누추한 곳에 달게 처하였지만,

綽綽言之,無出其右
작 작 언 지　무 출 기 우
여유롭게 말한다면 나를 따를 사람이 없다네.

羲軒之書,未嘗去手
희 헌 지 서　미 상 거 수
주역 책과 황제내경 책이 손에서 떠난 적이 없고,

堯舜之談,未嘗離口
요 순 지 담　미 상 이 구
요임금과 순임금의 말씀은 입에서 벗어난 적이 없었도다.

當中和天,同樂易友
당 중 화 천　동 락 이 우
이 태평스러운 시절을 만나 편안한 벗들과 즐거움을 같이 하니

吟自在詩,飮歡喜酒
음 자 재 시　음 환 희 주
읊조리면 자유자재로 시가 되고, 마시는 건 기쁘고 즐거운 건 술이도다.

百年升平,不爲不偶
백 년 승 평　불 위 불 우
평생토록 태평스러웠으니 불우했다고 말할 수 없고,

七十康彊,不爲不壽
칠 십 강 강　불 위 불 수
일흔이 다 되도록 편안하고 건강하니 오래 살지 못했다 할 수 없다네.

05-018/ 선으로 옮겨가기를

近思錄云。遷善當如風之速。改過當如雷之烈。
근 사 록 운　천 선 당 여 풍 지 속　개 과 당 여 뇌 지 열

{讀法} 近思錄에 云, 遷>善을 當如2風之速1하고 改>過를 當如2雷之烈1이니라.

• • •

{直譯} 《근사록》에 이르기를, "선으로 옮기기를 마땅히 바람처럼 빠르게 하고, 허물 고치기를 마땅히 우레처럼 매섭게 해야 할 것이다." 하였다.

{語義} ○遷>善(천선) : 착하게 됨. ○改>過(개과) : 허물을 고침. ○烈(렬) : 세차다. 맵다. ○雷之烈(뇌지열) : 우레처럼 맹렬(猛烈)하게 하다.

{意譯} 《근사록》에 말했다. "선하게 되기를 바람처럼 빠르게 해야 하고, 허물을 고치기를 우레처럼 매섭게 해야 한다."

{餘說} 이것은 주자(朱子)의 말이다. '遷>善'은 빠르게, '改>過'는 맹렬하게 해야 한다는 것이다.

05-019/ 군자의 잘못은

子貢曰。君子之過也。如日月之食焉。過也人皆見
자 공 왈 군 자 지 과 야 여 일 월 지 식 언 과 야 인 개 견

之。更也人皆仰之。知過必改。得能莫忘。
지 경야인개앙지 지과필개 득능막망

{讀法} 子貢이 曰, 君子之過也는 如2日月之食1焉이라 過也에 人皆
見>之하고 更也에 人皆仰>之니 知>過必改에 得能莫>忘하라.

• • •

{直譯} 자공이 말하기를, "군자의 잘못은 일월식과 같다. 잘못에
남들이 모두 이를 보고, 고침에 남들이 모두 이를 우러러본다." 하
였다. 《천자문》에 이르기를 "허물을 알면 반드시 고쳐야 하니, 이
것을 절대로 잊지 말라."고 하였다.

{語義} ○子貢(자공) : 공자의 제자. 성은 단목(端木), 이름은 사(賜). 위인(衛
人)이다. 공자보다 31세 연소하다. 말재주에 뛰어났으며 노(魯)와 위(衛)에
서 외교 활동을 성공적으로 한 일도 있다. ○日月之食(일월지식) : 일식과 월
식. ○見>之(견지) : 그것을 보다. ○改(개) : 고친다. ○得能(득능) : 이렇게.
이같이. ○莫>忘(막망) : 잊지 말라.

{意譯} 자공이 말했다. "유덕(有德)한 군자에게도 과실이 없을 까
닭이 없다. 그러나 군자가 과실을 범했을 경우는 소인이 과실을
꾸며서 숨기려는 것과 달라서, 조금도 숨길 수 없으므로, 중인은
모두 이를 보고 마치 일식 · 월식을 볼 때와 같이 확실히 이것을
인식한다. 그러나 군자는 과실을 깨달았으면 또 곧 고치므로 마치

일식·월식이 끝나서 본디의 빛으로 돌아온 것과 같이, 기쁨과 공경의 기분으로써 그 군자의 자세를 우러러 보는 것이다."《천자문》에 말했다. "자신에게 과오가 있으면 반드시 바로잡으면 된다. 반드시 이것을 잊지 말고 지켜야 한다."

{餘說} 이 대문의 앞부분은 《논어·자장편(子張篇)》에 그대로 나온다. 요컨대, 군자는 과오가 있을 때 이를 꾸미지 않고 고치는 데 꺼려하지 않아서 결국에는 과오가 없음에 이르게 된다.

　　뒷부분은 《천자문》에 나온다. 이어지는 두 구절을 합하면 다음과 같이 4언시가 된다.

知>過 必改,　　허물을 알면 반드시 고쳐라,
지　과　필개

得>能 莫>忘.　　이것을 절대로 잊지 말라.
득　능　막　망

罔>談2彼短1,　　상대방의 단점을 말하지 말고,
망　담　피단

靡>恃2己長1.　　자기의 장점도 믿지를 말라.
미　시　기장

05-020/ 잘못하고서 고치지 않는 것이

子曰。過而不改。是謂過矣。
자　왈　과　이　불　개　시　위　과　의

{讀法} 子ㅣ 曰, 過而不>改ㅣ 是謂>過矣니라.

{直譯} 공자께서 말씀하시기를, "잘못하고서 고치지 않는 것이, 곧 잘못이라 이른다." 하셨다.

{語義} ○過(과) : 과실. 잘못. ○不>改(불개) : 고치지 않음. ○是(시) : 이. 곧. 바로.

{意譯} 공자께서 말씀하셨다. "사람은 누구라도 잘못이 없는 사람은 없으나 그것을 잘못이라고 깨달았을 때 고쳐서 결국 잘못이 없었던 상태로 되돌아오면 된다. 그런데 잘못을 저지르고서 그 범한 잘못을 고치지 않고 있으면 그것이 참으로 잘못이 되는 것이므로 이것을 잘못이라고 한다."

{餘說} 이 대문은 《논어 · 위령공(衛靈公) · 제29장》에 있는 글이다. 이와 같은 뜻의 글은 역시 《논어 · 학이편(學而篇) · 제8장》의 경우와 똑같다. 잘못을 고치기를 꺼리지 말라는 것을 깨우친 것이다.

05-021/ 허물을 듣고도 고치지 않으면

直言訣曰。聞過不改。是謂過矣。愚者若駑馬也。駑
직 언 결 왈 문 과 불 개 시 위 과 의 우 자 약 노 마 야 노

馬自受鞭策。愚人終受毀挫。而不慚其駑也。
마 자 수 편 책 우 인 종 수 훼 좌 이 불 참 기 노 야

{讀法} 直言訣에 曰, 聞>過不>改면 是謂>過矣니라 愚者는 若2駑馬1
也니 駑馬는 自受2鞭策1하고 愚人은 終受2毀挫1나 而不>慚2其駑1
也니라.

· · ·

{直譯}《직언결》에 말하기를, "허물을 듣고도 고치지 않는다면, 이
를 일러 허물이라 한다. 어리석음은 노둔한 말과 같다. 노둔한 말
은 스스로 매질을 당하고, 어리석은 자는 끝내 지탄(指彈)을 받으
나 그 노둔함을 부끄러워하지 않는다." 하였다.

{語義} ○《直言訣(직언결)》: 미상(未詳). ○ 駑(가) : 멍에. 타다. 몰다. ○ 鞭策
(편책) : 채찍질하다. 채찍. ○ 毀挫(훼좌) : 비방(誹謗)함. 지탄(指彈)함. 굴욕을
당함. 창피를 줌. ○ 慚(참) : 부끄러워하다.

{意譯}《직언결》에 말했다. "과실이란 사람이면 누구나 다 있을 수
있으니 과실을 알았으면 이를 고치면 된다. 그 과실을 고치지 않
는다면 이것을 과실이라 한다. 그 어리석음은 노둔한 말과 같다.
노둔한 말은 스스로 채찍질을 받고, 어리석은 사람도 끝내 비방을
받으나 그 노둔함을 부끄러워할 줄 모른다."

{餘說}《진언요결(眞言要訣)》에 위 문장과 비슷한 내용의 말이 있다: 聞>過에 不2卽改1면 是ㅣ 愚人이요 見>鞭에 不2卽行1이면 是ㅣ 駑馬니라. 駑馬는 終日受2鞭策1하고 愚人은 終日被2毁挫1하니 毁挫를 不>知면 慚恥者ㅣ 甚下>於2駑馬1乎上리라〔허물을 듣고도 즉시 고치지 않으면 곧 어리석은 사람이고, 채찍질을 받고도 즉시 나아가지 않으면 곧 노둔한 말이다. 노둔한 말은 스스로 채찍을 받고, 어리석은 사람은 끝내 비방을 받는다. 비방받는 것을 알지 못하면 부끄러움이 노둔한 말보다 더 심하리라.〕

05-022/ 나의 나쁜 점을 말해주는 사람은

道吾惡者。是吾師。道吾好者。是吾賊。
도 오 오 자　시 오 사　도 오 호 자　시 오 적

{讀法} 道2吾惡1者는 是吾師요 道2吾好1者는 是吾賊이니라.

• • •

{直譯} 나의 나쁜 점을 말하는 사람은 곧 나의 스승이고, 나를 좋다고 말하는 사람은 곧 나의 도둑이다.

{語義} ㅇ道(도) : 말하다. ㅇ惡(오) : 미워하다. 비방(誹謗)하다. ㅇ是(시) : 이. 이것. 곧. ㅇ師(사) : 스승. ㅇ賊(적) : 도둑. 해치다.

{意譯} 나의 잘못된 점을 깨우쳐주는 사람은 나의 스승이고, 나를 칭찬해 주는 사람은 반드시 나를 해치는 사람이다.

{餘說}《증광현문(增廣賢文)》에 나오는 말이다. 이 문장은 好惡(호오:좋아함과 싫어함)로써 대를 이루고 있다. 다음과 같이 善惡(선악:착함과 악함)으로 말한 곳도 있다: "道2吾惡1者는 是吾師요, 道2吾善1者는 是吾賊이니라. 〔나의 선한 점을 말하여 주는 사람은 곧 나를 해치는 사람이요, 나의 나쁜 점을 말하여 주는 사람은 곧 나의 스승이다.〕"

이 글은 원래《진확별집(陳確別集)·문과(聞過)》에 나오는 말을 변형한 것으로, 원문은 "訟吾過者是吾師요, 諛吾善者是吾賊이니라.〔나의 허물을 따지는 자는 나의 스승이요, 나에게 아첨하는 자는 나를 망치는 자이다〕"이다.

05-023/ 세 사람이 길을 감에 반드시

子曰。三人行必有我師焉。擇其善者而從之。其不善
자왈 삼인행필유아사언 택기선자이종지 기불선
者而改之。
자이개지

{讀法} 子ㅣ 曰, 三人行에 必有2我師1焉이니 擇2其善者1而從>之요, 其不>善者而改>之니라.

...

{直譯} 공자께서 말씀하시기를, "세 사람이 길을 감에 반드시 나의 스승이 있나니, 그중에서 좋은 점을 가려서 이에 좇고, 그중에서 좋지 못한 점을 가려서 이를 고친다." 하셨다.

{語義} ㅇ三人行(삼인행) : 세 사람이 길을 같이 가다. ㅇ擇(택) : 고르다. 택하다. 가려내다. '其不善者' 앞에는 이 '擇' 자가 생략되어 있다.

{意譯} 공자께서 말씀하셨다. "세 사람이 같은 길을 걷고 있다. 그극히 소수(小數)의 일상(日常) 행동에도 반드시 자기의 스승이 될 도(道)를 구하여 얻을 수 있는 것이다. 삼인 중에서 한 사람은 자기, 다른 두 사람은 갑과 을로서, 갑이 착하고, 을이 착하지 못하다고 하면 두 사람 중 착한 갑을 골라서 이에 따르고, 착하지 못한 을을 보고서는 나의 몸을 반성하여 고쳐 나간다면, 거기에 스승은 저절로 구해진다."

{餘說} 이 대문은《논어·술이편(述而篇)·제21장》의 글이다. 이것은 현(賢)을 보고서는 같아지려 생각하고, 불현(不賢)을 보고서는 자신을 마음속으로 반성한다.《논어·이인편(里仁篇)·제17장》에 있는 것과 같은 뜻이다.

05-024/ 말이 적은 이를 골라 사귀면

景行錄云。寡言擇交。可以無悔吝。可以免憂辱。
경 행 록 운 과 언 택 교 가 이 무 회 린 가 이 면 우 욕

{讀法} 景行錄에 云, 寡>言擇交면 可3以無2悔吝1이오, 可3以免2憂
辱1이니라.

• • •

{直譯}《경행록》에 이르기를, "말이 적은 이를 골라 사귀면 이로써
후회와 뉘우침이 없을 수 있고, 이로써 근심과 욕됨을 면할 수 있
다." 하였다.

{語義} ○寡>言(과언) : 말이 적다. ○悔吝(회린) : 뉘우침. 후회함. ○憂辱(우
욕) : 걱정과 치욕.

{意譯}《경행록》에 말했다. "말수가 적은 친구를 사귄다는 것은 좋
은 말이건 나쁜 말이건 소문을 방지하는 것이 되어 좋은 것이다.
말수가 적은 이와 사귀면 후회가 없을 수 있고, 또 걱정과 치욕에
서 벗어날 수 있다."

{餘說} '寡>言擇交' 란 처신에 있어 중요한 것이다. 언왕설래(言往說來)
가 비극을 가져온 일들이 허다히 많다. 말수가 적은 것은 여러모로 좋다.

05-025/ 부지런함은 값을 매길 수 없을 정도

太公曰。勤爲無價之寶。愼是護身之符。
태 공 왈 근 위 무 가 지 보 신 시 호 신 지 부

{讀法} 太公이 曰, 勤爲2無>價之寶1이요, 愼是護>身之符니라.

• • •

{直譯} 강태공이 말하기를, "부지런함은 값을 매길 수 없을 정도의 귀중한 보배가 될 것이오, 삼가는 것은 이것이 몸을 보호하는 부적(符籍)이다." 하였다.

{語義} ○勤(근) : 부지런함. ○無>價(무가) : 값을 매기지 못할 정도의 귀중한 것. ○寶(보) : 보배. 진귀한 것. ○愼(신) : 삼감. 조심함. ○護>身(호신) : 몸을 보호함. ○符(부) : 부적(付籍). 신불(神佛)이 가호(加護)한다는 나뭇조각이나 종이로 만든 것.

{意譯} 강태공이 말했다. "사람이 부지런하다는 것은 돈으로 살 수 없는 귀중한 보배가 될 것이고, 모든 일에 삼가는 것은 자기 몸을 보호하는 부적이 된다."

{餘說} '無價'란 단어는 값이 없는 하찮은 것이라는 뜻 이외에 값을 칠 수가 없을 만큼 귀중하다는 뜻도 있다. 곧 '無價之寶'는 값을 매길 수

없는 귀중한 보배이다.

05-026/ 말이 많은 것은

太公曰。多言不益其體。百藝不忘其身。
태 공 왈 다 언 불 익 기 체   백 예 불 망 기 신

{讀法} 太公이 曰, 多>言은 不>益2其體1하고 百藝는 不>忘2其身1이니
라.

• • •

{直譯} 강태공이 말하기를, "말이 많은 것은 그 몸에 이익이 되지
못하고, 백 가지 재주는 그 몸을 망가뜨리지 않는다." 하였다.

{語義} ○ 不>益(불익) : 이익이 없다. ○ 百藝(백예) : 백 가지의 재주. 많은 재
주. ○ 不>忘(불망) : '不>昧(불매)'와 같음. 망가지지 않음. 인멸(湮滅)되지
않음. 물욕에 의해 마음이 흐려지지 않음. ○ 不>忘2其身1(불망기신) : 그 몸
을 망가뜨리지 않는다. 그 몸을 보존되게 한다.

{意譯} 강태공이 말했다. "수다스런 말은 그 사람에게 불리한 것
이고, 백 가지 재주는 그 사람을 보존한다."

{餘說} 앞 대문의 대적(對敵)인 말이나 결국 같은 뜻의 말이 된다. 수다
하면 남의 비방을 사서 자기의 몸에 불리(不利)하고, 백 가지 재주를 가
진 사람이면 물욕은 없을 것이다. 그러니 자기의 몸을 보존할 것이다.

05-027/ 말수가 적으면

景行錄云。寡言則省謗。寡慾則保身。
경 행 록 운 과 언 즉 생 방 과 욕 즉 보 신

{讀法} 景行錄에 云, 寡>言則省>謗이오 寡>慾則保>身이니라.

• • •

{直譯}《경행록》에 이르기를, "말수가 적으면 비방을 덜고, 욕심이
적으면 몸을 보전한다." 하였다.

{語義} ○ 省>謗(생방) : 비방(誹謗)을 덜. 省의 음이 '성'이면 살핀다는 뜻이
됨. ○ 寡>慾(과욕) : 욕심이 적음. ○ 保>身(보신) : 몸을 보전함.

{意譯}《경행록》에 말했다. "내가 말수가 적으면 남의 비방이 없을
것이니 남도 또한 내게 대한 비방이 줄어지게 되고, 욕심이 적으
면 이욕(利慾)의 다툼에서 벗어나게 되니 몸을 보존할 수 있다."

{餘說} 이 대문은 뒤의 〔05-029〕 조목과 뜻이 같으며, 〔05-029〕 조목은 이 대문의 부연(敷衍)이라고 할 수 있다. 서로 상관하여 검토하기 바란다.

05-028/ 삶을 보존하려면

景行錄云。保生者寡慾。保身者避名。無慾易。無名
경 행 록 운   보 생 자 과 욕   보 신 자 피 명   무 욕 이 무 명

難。
난

{讀法} 景行錄에 云, 保>生者는 寡>慾하고 保>身者는 避>名하나니 無>慾은 易나 無>名은 難이니라.

• • •

{直譯}《경행록》에 이르기를, "삶을 보존하려는 사람은 욕심이 적고, 몸을 보호하는 사람은 이름을 피하나니, 욕심을 없애기는 쉬운 일이나 이름 없애기는 어려운 일이다." 하였다.

{語義} ○保>生者(보생자) : 삶을 안전하게 보전(保全)하는 사람. ○寡>欲(과욕) : 욕심이 적음. ○保>身者(보신자) : 몸을 안전하게 보전하는 사람. ○避>名(피명) : 이름이 세상에 나는 것을 피함. ○無>慾(무욕) : 욕심이 없음. ○易

(이) : 쉽다. 음이 '역'이면 '바꾼다'는 뜻이 됨. ○ 無>名(무명) : 이름이 세상에 나는 것을 없앰. ○ 難(난) : 어렵다.

{意譯}《경행록》에 말했다. "자기의 삶을 잘 보전하려는 사람은 욕심이 적고, 자기의 몸을 잘 보전하는 사람은 이름이 세상에 나는 것을 피한다. 욕심을 없애기는 쉬운 일이나 이름이 세상에 나는 것을 없애기는 어려운 일이다."

{餘說} 이 대문의 구조는 다음과 같다.

05-029/ 이름나기를 힘쓰는 사람은

景行錄云。務名者殺其身。多財者殺其後。
경 행 록 운 무 명 자 살 기 신   다 재 자 살 기 후

{讀法} 景行錄에 云, 務>名者는 殺2其身1이오 多>財者는 殺2其後1니라.

• • •

{直譯}《경행록》에 이르기를, "이름나기를 힘쓰는 사람은 그의 몸을

없애고, 재물을 많이 가지려는 사람은 그의 뒤를 없앤다." 하였다.

{語義} ㅇ 務>名者(무명자) : 이름이 세상에 드날리기를 힘쓰는 사람. ㅇ 殺
(살) : 지우다. 없애다. ㅇ 多>財者(다재자) : 재물을 많이 가지려는 사람. ㅇ 後
(후) : 후분(後分). 후손.

{意譯} 《경행록》에 말했다. "자기의 이름을 드날리기에 힘쓰는 사
람은 자기의 몸을 망가트리는 결과가 되고, 재산을 많이 모으려는
사람은 자기의 후손을 망가트리게 된다."

{餘說} 좋은 일을 하여 이름이 날만 하면 자기 스스로는 감추려고 해도
자연히 이름이 나게 마련인데, 억지로 이름을 내려고 하면 아무리 좋은
일을 했다손 치더라도 이름을 내려는 행위로 말미암아 자기의 신분마
저 망가뜨리는 것이 되고, 재물을 많이 모으려면 여러 사람 몫의 이익을
가로채는 행위가 따르게 마련이어서 설사 재물은 모아졌을지 몰라도
그 사람의 후손은 여러 사람의 적원(積怨)으로 말미암아 망하게 된다는
것이다.

05-030/ 욕심이 많으면

老子曰。慾多傷神。財多累身。
노 자 왈 욕 다 상 신 재 다 누 신

{讀法} 老子ㅣ 曰, 慾多면 傷>神이오, 財多면 累>身이니라.

• • •

{直譯} 노자가 말하기를, "욕심이 많으면 정신을 상하게 하고, 재물이 많으면 몸에 폐를 끼친다." 하였다.

{語義} ○ 傷>神(상신) : 정신을 상하게 함. ○ 累>身(누신) : 자기 자신에게 해가 됨. 자신에게 해를 끼침.

{意譯} 노자가 말했다. "욕심이 많으면 욕심 때문에 정신을 다치게 하고, 재물이 많다 보면 자신에게까지도 폐를 끼치게 된다."

{餘說} 욕심이란 한이 없는 것이다. 벼 99석(石)을 수확한 사람이 한 석을 수확한 사람에게 100석을 채우려고 하니 한 석을 마저 달라고 했다는 것은 욕심의 대표적인 예이다. 이렇듯이 한이 없는 욕심을 견제하기 위해서는 항상 자기 수양에 노력하여야 할 것이다.

05-031/ 사람은 일체의 세상맛에 대해

胡文定公曰。人須是一切世味。淡薄方好。不要有富
호 문 정 공 왈   인 수 시 일 체 세 미   담 박 방 호   불 요 유 부

貴相。
귀 상

{讀法} 胡文定公이 曰, 人이 須下是一切世味에 淡薄이라야 方好하나
니 不上>要有2富貴相1이니라.

• • •

{直譯} 호문정공이 말하기를, "사람은 모름지기 일체의 세상맛에
대해 깨끗하고 욕심이 없어야 좋으니, 부귀한 상(相)이 있기를 바
랄 필요 없다." 하였다.

{語義} ○ 胡文定公(호문정공) : 송(宋)나라 숭안(崇安) 사람. 연(淵)의 아들. 이
름은 안국(安國), 자는 강후(康侯), 호는 무이선생(武夷先生)·초암거사(草菴居
士). 시호가 문정(文定)이다. 소성(紹聖) 때의 진사(進士). 벼슬은 처음에 태학
박사, 뒤에 급사중(給世中). 저서(著書)에 《춘추전(春秋傳)》·《통감거요보유
(通鑑擧要補遺)》·《상채어록(上蔡語錄)》 등이 있다. ○ 須(수) : 모름지기 …하
다. ○ 一切(일체) : 모두. 전(全). ○ 世味(세미) : 세상맛. 세상 살아가는 맛. 음
식(飮食)·의복(衣服)·거실(居室) 등을 말한다. ○ 淡薄(담박) : 담박(淡泊). 깨
끗하고 욕심이 없음. ○ 方好(방호) : 그래야 좋음. ○ 不>要(불요) : …하지 말
라. …해서는 안 된다. ○ 富貴相(부귀상) : 돈이 많고 지위가 높은 사람의 모
양.

{意譯} 호문정공이 말했다. "사람들은 세상 살아가는 모든 맛이

깨끗하고 욕심 없는 것이 비로소 좋기 때문에 부귀하게 되기를 바라지 말아야 한다."

{餘說} 음식이나 의복, 집 등은 담박(淡薄)한 것이 좋기 때문에 부자가 되기를 바라지 말아야 한다는 말이다.《호씨전가록(胡氏傳家錄)》에 나오는 말이다.

05-032/ 사람이 외물로 몸을 받드는 데는

李端伯師說。人於外物奉身者。事事要好。只有自家
이 단 백 사 설　인 어 외 물 봉 신 자　사 사 요 호　지 유 자 가

一箇身與心。却不要好。苟得外物好時。却不知道自家
일 개 신 여 심　각 불 요 호　구 득 외 물 호 시　각 부 지 도 자 가

身與心已自先不好了也。
신 여 심 이 자 선 불 호 료 야

{讀法} 李端伯師說에 人於2外物에 奉>身者1는 事事要好나 只有2自家一箇身與心1에는 却不>要>好라 苟得2外物好1>時는 却不>知道2自家身與心이 已自先不>好了1也니라.

• • •

{直譯}《이단백사설(李端伯師説)》에, "사람이 외물로 몸을 봉양하는 데는 일마다 좋기를 바라지만, 단지 자기 자신의 몸과 마음에 대해

서는 도리어 좋기를 바라지 않는다. 만약 외물의 좋은 것을 얻었을 때는 도리어 자기 자신의 몸과 마음이 이미 스스로 이에 앞서 좋은 것이 아니었음을 알지 못하고 있다."하였다.

{語義} ○李端伯(이단백) : 송나라 때 노주(潞州) 상당(上黨) 출신 이학자(理學者)로, 정자(程子)의 문인 이지순(李之純)이다. 단백은 자(字)이다.《이단백사설(李端伯師說)》을 지었다. ○外物(외물) : 자기 이외의 사물로서 물욕(物欲)·부귀(富貴)·명리(名利) 등을 말함. ○奉>身(봉신) : 몸을 봉향함. ○事事(사사) : 일마다. ○要>好(요호) : 좋기를 필요로 함. ○身與心(신여심) : 몸과 마음. ○却(각) : 도리어. ○苟(구) : 진실로. 구차스럽게. ○不2知道1(부지도) : 알지 못하다. ○自家(자가) : 자기. 자신. ○不>好了(불호료) : 좋아하지 않고 있다.

{意譯}《이단백사설》에, "사람은 자기 이외의 사물로서 물욕·부귀·명리 등으로 몸을 봉양하는 사람에 있어서는 모든 일이 좋기를 필요로 하지만, 다만 자기 집 한 채만 있을 뿐이고 몸과 마음은 도리어 좋기를 필요로 하지 않는다. 구차스럽게 물욕·부귀·명리 등을 얻은 좋은 때라 하지만 도리어 자신이 몸과 마음은 벌써 스스로 먼저 좋아하지 않고 있다."

{餘說} 이 대문은 문장이《심경부주(心經附註)》〈무명지지장(無名之指章)〉에 '程子曰(정자왈)'로 시작하여 나온다.

05-033/ 남의 악을 공박하지 말아야 하니

呂氏童蒙訓曰。攻其惡。無攻人之惡。盖自攻其惡。
여씨동몽훈왈 공기악 무공인지악 개자공기악

日夜且自點檢。絲毫不盡則慊於心矣。豈有工夫點檢
일야차자점검 사호부진즉겸어심의 기유공부점검

他人邪。
타인야

{讀法} 呂氏童蒙訓에 曰, 攻₂其惡₁이오 無>攻₂人之惡₁이니 盖自攻₂
其惡₁이면 日夜에 且自點檢하여 絲毫不>盡이라도 則慊於心矣니 豈
有₃工夫ㅣ 點檢₂他人₁邪리오.

• • •

{直譯} 《여씨동몽훈》에 말하기를, "그의 악을 공격하고 남의 악을
공격하지 말지니, 대체로 스스로 그의 악을 공격하면 낮이나 밤이
나, 또 스스로 점검하여 조금이라도 다하지 못하면 마음에 찐덥지
않을 것이니, 어찌 공부하여 남을 점검할 수 있겠는가?"하였다.

{語義} ○《呂氏童蒙訓(여씨동몽훈)》: 책 이름. 2권. 송(宋)나라 여본중(呂本
中)의 찬(撰). 가숙훈과(家塾訓課)의 책으로 정론(正論)과 격언(格言)이 많다.
○攻(공) : 치다. 공격하다. 공박하다. ○盖(개) : 대체로. ○日夜(일야) : 낮이
나 밤이나. 밤낮으로. ○點檢(점검) : 낱낱이 조사함. 자세히 조사함. ○絲毫
(사호) : 작은 수량. 조금. 근소(僅少). ○慊(겸) : 찐덥지 아니함. 마음에 차지

아니함. ㅇ工夫(공부) : 공부(功夫). 어떤 일에 깊이 파고 듦. ㅇ邪(야) : 어조사. 그런가. 의문사. 耶와 같음. '사' 음이면 간사하다는 뜻이 됨.

{意譯}《여씨동몽훈》에 말했다. "자기의 악을 다스리고 남의 악을 공박(攻駁)하지 말라. 대개 스스로 자기의 악을 다스리면 밤낮으로, 또 스스로 점검해보고 조금이라도 다하지 않는 것이 있으면 마음에 찐덥지 않을 것이다. 어찌 공부해서 남을 점검할 수 있겠는가?"

{餘說}《공자가어(孔子家語) · 안회(顔回)》에 "言人之惡, 非所以美己. 言人之枉, 非所以正己. 故君子攻其惡, 無攻人之惡.〔남의 악을 말하는 것은 자기를 아름답게 하려고 해서가 아니다. 남의 굽은 것을 말하는 것은 자기를 바르게 하려고 해서가 아니다. 그래서 군자는 자기 악을 공박하고 남의 악을 공박하지 않는다.〕" 하였다.

05-034/ 군자는 세 가지 경계할 것이 있나니

子曰。君子有三戒。少之時。血氣未定。戒之在色。及
자왈 군자유삼계 소지시 혈기미정 계지재색 급
其壯也。血氣方剛。戒之在鬪。及其老也。血氣旣衰。戒
기장야 혈기방강 계지재투 급기노야 혈기기쇠 계
之在得。
지재득

{讀法} 子ㅣ 曰, 君子ㅣ 有2三戒1하니 少之時엔 血氣未>定이라 戒>之在>色이오 及2其壯1也하면 血氣方剛이라 戒>之在>鬪요 及2其老1也하면 血氣旣衰라 戒>之在>得이니라.

• • •

{直譯} 공자께서 말씀하시기를, "군자는 세 가지 경계할 것이 있나니, 젊었을 때는 혈기가 아직 정해지지 않았는지라 이를 경계함은 색에 있고, 그 큼에 이르러서는 혈기가 한창 강한지라 이를 경계함은 싸움에 있고, 그 늙음에 이르러서는 혈기가 이미 쇠한지라 이를 경계함은 얻음에 있다." 하셨다.

{語義} ○君子(군자) : 지덕(知德)을 겸비한 훌륭한 남자. 소아(小兒)의 대(對). ○三戒(삼계) : 세 가지 경계해야 할 것. ○少之時(소지시) : 젊었을 때. ○血氣(혈기) : 격동(激動)하기 쉬운 의기. ○未>定(미정) : 아직 정해지지 않음. ○戒>之(계지) : 이것을 경계함. ○在>色(재색) : 색을 경계하는 데 있음. 색은 남자 여자가 탐하는 것. ○及>其(급기) : 그에 미치어. 그에 이르러. ○方剛(방강) : 바야흐로 굳세다. 한창 굳세다. ○鬪(투) : 싸움. ○旣衰(기쇠) : 이미 쇠약함. ○得(득) : 재물을 얻음. 명리(名利)를 얻음.

{意譯} 공자께서 말씀하셨다. "도에 뜻을 둔 군자에게는 일생에 있어서 각각의 시기를 맞아서 주의해야 할 세 가지 사항이 있다. 제1은 나이가 젊었을 시기는 사람의 혈기가 아직 정해지지 않은

시기이므로 쉽게 정에 움직이기 쉽다. 그중에도 정의 발동이 가장 격심하고 또 맹목적인 데 빠지기 쉬운 것은 남녀 간의 색이므로 소장(少壯)의 사람은 특히 이 점을 경계하지 않으면 안 된다. 제2는 나이 30 또는 40의 장년기(壯年期)가 되면 인간의 혈기도 강하게 되고 따라서 자기의 주장이 확립하는 반면에 자아도 강하게 된다. 이 자아의 주장이 강하게 되는 때는 싸움도 일어나는 때이기도 하니, 이 시기의 사람은 특히 남과 싸우는 일을 경계하지 않으면 안 된다. 제3은 노년이 되어오면 인간의 혈기가 이미 쇠퇴하고, 안일을 얻으려는 마음이 성하게 된다. 그래서 안일은 재화의 이익을 많이 얻는 일에 따라서 만족되므로 노년의 사람은 특히 재화의 이익을 얻는 일에 주의하지 않으면 안 된다."

{餘說} 이 대문은 《논어·계씨편(季氏篇)·제7장》에 있는 글이다. 전체 문장을 아래와 같이 나누어보면 이해하기 쉬울 것이다.

子ㅣ 曰, 君子ㅣ 有2三戒1,

　　少之時, 血氣未>定, 戒>之在>色,

　　及2其壯1也, 血氣方剛,　戒>之在>鬪,

　　及2其老1也, 血氣旣衰,　戒>之在>得.

05-035/ 너무 심하게 성을 내면

孫眞人養生銘。怒甚偏傷氣。思多太損神。神疲心易
손 진 인 양 생 명　노 심 편 상 기　사 다 태 손 신　신 피 심 이

役。氣弱病相因。勿使悲歡極。當令飲食均。再三防夜
역 기 약 병 상 인　물 사 비 환 극　당 령 음 식 균　재 삼 방 야

醉。第一戒晨嗔。
취　제 일 계 신 진

{讀法} 孫眞人養>生銘에 怒甚偏傷>氣요, 思多太損>神이라. 神疲
心易>役이오, 氣弱病相因이라. 勿>使2悲歡極1하고 當令2飲食均1하
며 再三防2夜醉1하고 第一戒2晨嗔1하라.

• • •

{直譯} 손진인의 〈양생명〉에, "화내기를 심히 치우치게 하면 기운
이 상하게 될 것이고, 생각이 많고 심하면 정신을 손상한다. 정신
이 피곤하면 마음을 수고롭게 하기 쉽고, 기운이 약하면 여기 따라
병이 난다. 슬픔과 기쁨에 마음을 다하지 말고 마땅히 음식을 고르
게 하며, 자주 밤에 술에 취하지 말고 첫째로 새벽녘에 성내지 않
도록 경계하라." 하였다.

{語義} ㅇ孫眞人(손진인) : 도가(道家)의 선생. ㅇ眞人(진인) : 참된 도를 체득한
사람. 선인(仙人). 지인(至人). 남자의 선인(仙人)을 진인(眞人)이라 함. ㅇ〈養>
生銘(양생명)〉: 생명을 기르는 데 유의하여야 할 것을 적은 글. ㅇ銘(명) : 마음
에 새겨서 잊지 않는다는 뜻으로, 문체의 이름으로 쓰임. 곧 한문의 한 체
로서 혹은 그릇에 새겨 스스로 경계하고 혹은 묘비(墓碑) 등에 새겨 그 사람
의 공덕을 찬양하는 글이다. ㅇ怒(노) : 성냄. ㅇ偏(편) : 치우치다. ㅇ傷>氣

(상기) : 기운을 상하다. ○思(사) : 생각. ○太(태) : 심하다. ○損>神(손신) : 정신을 손상함. ○神疲(신피) : 정신이 피로함. ○役(역) : 부리다. ○氣弱(기약) : 기운이 약함. ○相(상) : 바탕. ○勿>使(물사) : …하지 말라. '勿'은 금지사(禁止詞). ○極(극) : 궁극. 다하다. ○當令(당령) : 마땅히 …하게 하다. ○再三(재삼) : 두세 번. 자주. ○醉(취) : 술 취하다. ○晨(신) : 새벽녘. ○嗔(진) : 성내다. 꾸짖다.

{意譯} 손진인의 〈양생명〉에, "너무 몹시 성을 내면 기운을 상하게 되고 생각을 너무 지나치게 하면 정신을 손상하게 된다. 정신이 피로하면 마음을 수고롭게 하기 쉽고, 기운이 약하면 병이 이에 따라 일어나게 된다. 슬퍼하는 것이나 기뻐하는 것을 지나치게 하지 말고 음식도 양에 알맞게 먹어라. 자주 밤에 술을 마셔서 취하지 말고 무엇보다도 첫 새벽에 성내는 것을 경계할 것이다."

{餘說} 다음과 같이 이 대문을 분석해 본다.

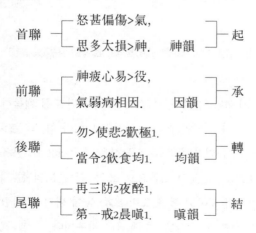

```
首聯 ┬ 怒甚偏傷>氣,            ┐
     └ 思多太損>神.   神韻    ┴ 起

前聯 ┬ 神疲心易>役,            ┐
     └ 氣弱病相因.   因韻    ┴ 承

後聯 ┬ 勿>使悲2歡極1.           ┐
     └ 當令2飮食均1.   均韻  ┴ 轉

尾聯 ┬ 再三防2夜醉1,           ┐
     └ 第一戒2晨嗔1.   嗔韻  ┴ 結
```

오언율시(五言律詩)의 형식으로 된 명(銘)이다. '神·因·均·嗔'이 압운(押韻)이다.

05-036/ 음식을 절제하여 위장을 기르고

景行錄云。節食養胃。淸心養神。口腹不節。致疾之
경 행 록 운 절 식 양 위 청 심 양 신 구 복 부 절 치 질 지

因。念慮不正。殺身之本。
인 염 려 부 정 살 신 지 본

{讀法} 景行錄에 云, 節>食養>胃하고 淸>心養>神하라. 口腹不>節은 致>疾之因이오. 念慮不>正은 殺>身之本이니라.

• • •

{直譯}《경행록》에 이르기를, "음식을 절제하여 위를 기르고 마음을 맑게 하여 정신을 기르라. 입과 배를 절제하지 않음은 병에 이르게 하는 원인이 되고, 생각을 바르게 하지 않음은 몸을 해치는 근본이다." 하였다.

{語義} ㅇ節>食(절식) : 음식을 정도에 맞게 조절함. 음식을 절제함. ㅇ養>胃(양위) : 위를 튼튼하게 기름. ㅇ淸>心(청심) : 마음을 맑게 함. ㅇ養>神(양신) : 정신을 맑게 기름. ㅇ口腹(구복) : 입과 배. ㅇ致>疾(치질) : 병을 이르게

함. 병이 나게 함. ○念慮(염려) : 생각. ○殺>身(살신) : 몸을 망침. 몸을 없 앰.

{意譯} 《경행록》에 말했다. "음식을 조절하여 위장(胃腸)을 보양(補養)하고 마음을 깨끗이 하여 정신을 보양하라. 입이나 배를 조절하지 못하면 병이 나는 원인이 되고, 생각을 바르게 갖지 못하면 몸을 없애는 근본이 된다."

{餘說} 양생(養生)은 정신·육체에 미치는 영양이 크니 적극적인 절제와 조화 유지에 힘써야 할 것이다.

05-037/ 배불리 먹기를 바라지 않으며

子曰。君子食無求飽。居無求安。
자 왈 군 자 식 무 구 포 거 무 구 안

{讀法} 子ㅣ 曰, 君子는 食無>求>飽하며 居無>求>安하나니라.

• • •

{直譯} 공자께서 말씀하시기를, "군자는 배불리 먹기를 구하지 않으며 편히 있기를 구하지 않는다." 하셨다.

{語義} ㅇ飽(포) : 배부르게 먹다. ㅇ居(거) : 있다. 살다.

{意譯} 공자께서 말씀하셨다. "학문에 뜻을 둔 사람으로 음식은 맛있는 것을 배불리 먹으려고 구하는 일이 없어야 하며, 주거에 대해서는 편안하고 훌륭한 집에 있기를 바라지 않아야 한다."

{餘說} 이 대문은 군자는 학문에 뜻을 둔 이상 얄개 따위가 즐기는 포식·안거에는 생각조차 않는다는 것이니 구도자(求道者)의 태도를 밝힌 것이다.

05-038/ 슬기로운 사람은

脉訣云。智者。能調五藏和。
맥 결 운 지 자 능 조 오 장 화

{讀法} 脉訣에 云, 智者는 能調2五藏1和니라.
· · ·

{直譯} 《맥결》에 이르기를, "슬기로운 사람은 능히 오장을 조화시킨다." 하였다.

{語義} ㅇ《脉訣(맥결)》: 책 이름. 1권. 육조(六朝) 때 사람 고양생(高陽生)이

왕숙화(王叔和)에 의탁해서 찬(撰)했다고 전해지고 있다. 의사가 맥(脉)을 보는 방법을 서술함. 송(宋)나라 이후 성행되었다. 원(元)나라의 대계종(戴啓宗)이 이에 수정을 가하여 《맥결간오(脉訣刊誤)》2권, 부록 2권을 지었다. '脉'은 '脈'의 속자. ○智者(지자) : 지혜가 있는 사람. ○五藏(오장) : 五臟(오장)과 같음. 심·신·간·폐·비(心·腎·肝·肺·脾)의 뱃속 창자.

{意譯} 《맥결》에 말했다. "지혜가 있는 사람은 자기의 건강에 유의해서 능히 오장의 이상(異狀)을 잘 알아서 조화(調和)시킨다."

{餘說} 이 대문은 얼핏 보면 이 〈정기편〉에 필요 없는 듯이 생각될지 모르나 보건위생의 중요성을 인식하지 않으면 안 된다. 건강하여야 제대로 정기(正>己)가 되는 것이다.

05-039/ 음식을 먹을 때는

喫食。少添鹽醋。不是去處休去。要人知重勤學。怕
끽 식 소 첨 염 초 불 시 거 처 휴 거 요 인 지 중 근 학 파
人知己莫做。
인 지 기 막 주

{讀法} 喫>食少添2鹽醋1하고 不>是2去處1休>去하라. 要2人知1면 重勤學이오, 怕2人知1면 己莫>做니라.

• • •

{直譯} 음식을 먹을 때는 소금과 식초를 조금만 치고, 가는 곳이 옳지 않거든 가지 말라. 사람들이 알아주기를 바란다면 거듭 부지런히 학문하고, 사람들이 아는 것이 두려우면 자기가 하지 말라.

{語義} ○喫>食(끽식) : 음식을 먹음. ○少添2鹽醋1(소첨염초) : 간을 맞추다. 조금씩 소금과 식초를 첨가하다. ○休>去(휴거) : 가지 말라. ○要2人知1(요인지) : 사람들이 알아주기를 바람. ○重(중) : 거듭. ○勤學(근학) : 부지런히 학문하다. ○怕(파) : 두려워하다. ○莫>做(막주) : 하지 않는다. '莫'은 '無'와 뜻이 같다. '做'는 '作'과 뜻이 같다.

{意譯} 음식을 먹을 때는 간을 맞추고, 가는 곳이 옳지 않거든 가지 말라. 사람들이 나의 선행을 알아주기를 바란다면 더 부지런히 학문하면 되고, 사람들이 나의 잘못을 아는 것이 두려우면 그러한 잘못을 하지 않으면 된다.

{餘說} 이 대문은 육언절구(六言絶句)의 한시 형식으로 되어 있다.

起	喫>食少添2鹽醋1,	押韻
承	不>是2去處1休>去.	押韻
轉	要2人知1重勤學,	
結	怕2人知1己莫>做.	押韻

05-040/ 남이 몰라주기를 바란다면

若欲不知。除非莫爲。
약 욕 부 지 제 비 막 위

{讀法} 若2欲>不1>知ㄴ대 除>非>莫>爲하라.

• • •

{直譯} 만일 남이 알지 않기를 바란다면 그것을 하지 말아야 한다.

{語義} ○若(약) : '만일 …하면' 의 假定法. ○欲(욕) : 하고자 함. ○제비(除非) : 다만 …하지 않음으로써만이 비로소 가장 좋다. 오직 …하여야만 한다. '除是(제시)' 와 같다. 유일한 조건을 표시한다. ○莫>爲(막위) : 하지 말라.

{意譯} 남이 알고 싶어 하지 않는 일은 하지 말아야 한다는 뜻이다.

{餘說} 이 대문은 한(漢) · 매승(枚乘)의 〈상서간오왕(上書諫吳王)〉에 나오는 "欲人勿聞, 莫若勿言 ; 欲人勿知, 莫若勿爲"의 두 번째 구절 "欲人勿知, 莫若勿爲"와 뜻이 같다.

위의 대문에서 다음과 같이 앞뒤 구절에 각각 '人' 과 '己' 를 넣어보면 뜻을 이해하기 쉬울 것이다 : 若下欲2人不>知1上ㄴ대 除非2己莫>爲1.

05-041/ 남이 나의 잘못을 몰라주기 바라거든

老子曰。欲人不知。莫若無爲。欲人不言。莫若不言。
노자왈 욕인부지 막약무위 욕인불언 막약불언

{讀法} 老子ㅣ 曰, 欲2人不1>知어든, 莫>若>無>爲하고, 欲2人不1>言이어든, 莫>若>不>言하라.

• • •

{直譯} 노자가 말하기를, "남이 알지 못하기를 바라거든 하지 않음만 같음이 없고, 남이 말하지 않기를 바라거든 말을 않는 것만 같음이 없다." 하였다.

{語義} ○欲2人不1>知(욕인부지) : 남이 나의 나쁜 것을 알지 못하기를 바라다. '欲'은 '欲望'으로 '바라다'의 뜻임. ○莫>若>無>爲(막약무위) : 내가 나쁜 짓을 하지 않는 것만 같음이 없다. 내가 나쁜 일을 않는 것이 좋다. ○欲2人不1>言(욕인불언) : 남이 나의 나쁜 것을 말하지 않기를 바라다. ○莫>若>不>言(막약불언) : 내가 남의 말을 않는 것만 같음이 없다. 내가 남의 말을 하지 않는 것이 좋다.

{意譯} 노자가 말했다. "자기의 나쁜 일을 남이 알까 생각되거든 내가 나쁜 일을 하지 않는 것이 좋고, 자기의 나쁜 일을 남이 말하는 것이 싫다고 생각되거든 남의 말을 하지 않는 것이 좋다."

{餘說} 이 대문은 노자(老子)의 말이라고 하나《도덕경(道德經)》에는 보이지 않는다. 다만《설원(說苑)·정간(正諫)》에 다음과 같이 뜻이 똑같은 말이 있다: "欲2人勿1>聞, 莫>若>勿>言. 欲2人勿1>知, 莫>若>勿>爲."

05-042/ 담박한 음식을 먹으면

景行錄云。食淡精神爽。心淸夢寐安。
경 행 록 운 식 담 정 신 상 심 청 몽 매 안

{讀法} 景行錄에 云, 食淡精神爽이요, 心淸夢寐安이니라.

• • •

{直譯}《경행록》에 이르기를, "먹는 것이 담박(淡泊)하면 정신이 상쾌하고, 마음이 맑으면 잠도 편안하다." 하였다.

{語義} ○食淡(식담) : 음식의 맛이 담박(淡泊)함. ○爽(상) : 상쾌함. ○心淸(심청) : 마음이 맑음. ○夢寐(몽매) : 잠. 잠결.

{意譯}《경행록》에 말했다. "담박한 음식을 먹고 살면 정신이 상쾌하고, 마음을 깨끗하게 하면 잠도 편안히 잔다."

{餘說} 평소 담박한 음식을 먹으면 정신이 상쾌해지고, 따라서 마음이
맑아져서 잠도 편안히 잘 수 있다는 말이다.

05-043/ 마음이 항상 깨끗하면

老子曰。人能常清靜。天地悉皆歸。
노자왈　인능상청정　천지실개귀

{讀法} 老子ㅣ曰, 人能常淸靜하면, 天地悉皆歸니라.

· · ·

{直譯} 노자가 말하기를, "사람이 능히 항상 맑고 고요하면 천지가
모두 다 돌아온다." 하였다.

{語義} ○淸靜(청정) : 심성이 순수하고 조용함. 정치가 번거롭거나 까다롭
지 않음. ○悉皆(실개) : 모두. 전부. ○歸(귀) : 돌아오다.

{意譯} 노자가 말했다. "사람이 능히 항상 속세의 번거로움을 벗
어나 마음을 깨끗이 가질 수 있다면 천신지기(天神地祇)가 모두 내
게로 돌아온다."

{餘說} 인간이 항상 도심(道心)을 가지고 자기 수양을 부지런히 하면 천신지기(天神地祇)와 융합(融合)되어 나에게 귀의(歸依)한다는 것이다.

05-044/ 도심이 높으면

道高龍虎服。德重鬼神欽。
도 고 용 호 복 덕 중 귀 신 흠

{讀法} 道高龍虎服이오, 德重鬼神欽이니라.

• • •

{直譯} 도심이 높으면 용이나 범도 복종하고, 덕심이 무거우면 귀신도 흠앙한다.

{語義} ○道高(도고) : 도덕적인 것이 높다. ○龍虎服(용호복) : 용도, 범도 복종하다. '龍'은 상상의 세계의 동물이다. 상서(祥瑞)로운 동물이다. ○德重(덕중) : 덕이 무거우면. ○鬼神欽(귀신흠) : 귀와 신이 흠앙(欽仰)한다. '鬼'는 신으로서 제사 지내는 망령(亡靈)으로 '天神·地祇'에 다음 가는 것. '神'은 천신(天神)이다. '欽'은 '欽仰'이다.

{意譯} 도심이 높으면 용호(龍虎)라도 복종시키고, 덕심이 무거우

면 귀신이라도 흠앙케 한다.

{餘說} 이 대문은 완전한 대립구의 구문으로 성립되었다.

```
┌ 道高龍虎服,
└ 德重鬼神欽.
```

05-045/ 의관을 갖추고 패옥을 찼더라도

蘇黃門曰。衣冠佩玉。可以化强暴。深居簡出。可以
소 황 문 왈 의 관 패 옥 가 이 화 강 포 심 거 간 출 가 이

却猛獸。虛心寡欲。可以服鬼神。
각 맹 수 허 심 과 욕 가 이 복 귀 신

{讀法} 蘇黃門이 曰, 衣冠佩玉이어도, 可3以化2强暴1이요, 深居簡出이
어도 可3以却2猛獸1이요, 虛>心寡>欲이면, 可3以服2鬼神1이니라.

• • •

{直譯} 소황문이 말하기를, "의관패옥이면 이로써도 강포한 사람을
교화시킬 수 있고, 깊은 골에 살면서 가끔 나와도 이로써 맹수를
물리칠 수 있고, 겸허하고 욕심이 적으면 이로써 귀신을 복종케 할
수 있다." 하였다.

{語義} ㅇ蘇黃門(소황문) : 황문시랑(黃門侍郎)을 지낸 소철(蘇轍, 1039~1112)을 가리킨다. 북송(北宋)의 문인으로 자는 자유(子由), 호는 영빈(潁濱)이다. 동파(東坡) 소식(蘇軾)의 아우이며, 아버지는 소순(蘇洵)이다. 당송팔대가(唐宋八大家)의 한 사람이다. ㅇ衣冠(의관) : 의관을 차린 벼슬아치의 일컬음. ㅇ佩玉(패옥) : 조복(朝服)의 좌우에 늘이어 차는 옥(玉). ㅇ化(화) : 교화시키다. ㅇ强暴(강포) : 세고 포악함, 또 그 사람. ㅇ深居(심거) : 산간의 깊은 곳에 삶. ㅇ簡出(간출) : 때를 보고 나옴. 때를 가려 나옴. 드물게 나옴. ㅇ深居簡出(심거간출) : 집에만 틀어 박혀 좀처럼 외출하지 않음. ㅇ虛>心(허심) : 남의 마음을 잘 받아들임. 겸허(謙虛)함. 자만(自慢)하지 않음. ㅇ虛>心寡>欲(허심과욕) : 청심과욕(淸>心寡>慾)과 같은 말로, 곧 마음을 깨끗이 하고 욕심을 적게 하는 것을 가리킨다.

{意譯} 소철이 말했다. "관원이 도복을 입고 좌우에 늘어뜨려 옥을 찼더라도 이로써 강포한 사람을 교화시킬 수 있고, 깊은 산에 살면서 가끔 나오더라도 이로써 맹수를 물리칠 수 있고, 마음을 안정시키고 욕심을 적게 하면 이로써 귀신을 복종시킬 수 있다."

{餘說} 이 대문은《송대가소문정공문초(宋大家蘇文定公文抄)·진론(秦論)》에 나온다. 문장 구조는 다음과 같다.

蘇黃門曰,
　衣冠佩玉, 可3以化2强暴1.
　深居簡出, 可3以化2猛獸1.
　虛>心寡>欲, 可3以服2鬼神1.

05-046/ 흙을 쌓아 산을 이루면

荀子曰。積土成山。風雨興焉。積水成淵。蛟龍生焉。
순 자 왈   적 토 성 산   풍 우 흥 언   적 수 성 연   교 룡 생 언

積善成德。而神明自得。聖心備焉。
적 선 성 덕   이 신 명 자 득   성 심 비 언

{讀法} 荀子ㅣ 曰, 積>土成>山하면, 風雨ㅣ 興焉하고. 積>水成>淵하면
蛟龍이 生焉하나니. 積>善成>德이어든, 而神明自得하여 聖心備焉이라.

• • •

{直譯} 순자가 말하기를, "흙을 쌓아 산을 이루면 비와 바람이 일
어나고, 물을 막아 못을 이루면 교룡이 생기고, 선을 쌓아 덕을 이
루면 신명을 스스로 얻어서 성스러운 마음이 갖추어진다." 하였다.

{語義} ○積>土(적토) : 흙을 쌓음. ○成>山(성산) : 산을 이룸. ○風雨(풍우) :
바람과 비. ○興焉(흥언) : 일어나다. '焉'은 지정의 뜻을 나타내는 조사. ○積
>水(적수) : 막아 물을 쌓이게 하다. ○成>淵(성연) : 못을 이루다. ○蛟龍(교룡)
: 용의 한 가지로 상상의 동물. 큰물을 일으킨다고 함. 모양이 뱀 같으며 길이
가 한 길이 넘는다 함. ○積>善(적선) : 착한 행실을 쌓음. ○成>德(성덕) : 덕을
이룸. ○神明(신명) : 사람의 마음, 또는 하늘의 신령과 땅의 신령. 밝은 지혜
가 신과 같음을 이르는 말. ○自得(자득) : 자기 스스로 깨달음. 마음에 만족
하게 여김. 불평을 품지 아니함. ○聖心(성심) : 성인의 마음. ○備焉(비언) :
갖추다.

{意譯} 순자가 말했다. "티끌이 쌓여 산이 되면 산은 바람과 비를 불러일으킨다. 물이 괴어 못이 되면 못에는 교룡이 살게 된다. 선이 쌓여 덕을 쌓으면 자연히 밝은 지혜가 닦아져 성인의 마음이 갖추어진다."

{餘說} 이 대문은 《순자·권학편》에서 인용한 글이다. 나머지 부분은 나중에 이 책의 〈근학편(勤學篇)〉[09-028]을 참고하기 바란다.

05-047/ 수신하는 요점은

性理書云。修身之要。言忠信。行篤敬。懲忿窒慾。遷
성 리 서 운　수 신 지 요　언 충 신　행 독 경　징 분 질 욕　천
善改過。
선 개 과

{讀法} 性理書에 云, 修>身之要는 言忠信하고, 行篤敬하며, 懲>忿窒>慾하고, 遷>善改>過니라.

• • •

{直譯} 《성리서》에 이르기를, "수신의 요점은 말은 성실하며 신의가 있어야 하고, 행실은 독실하고 신중하며, 북받치는 분을 절제하고 욕심을 막으며, 착하게 되고 허물을 고칠 것이다." 하였다.

{語義} ○《性理書(성리서)》: 본서 〈정기편(正己篇)〉[05-001] 조목 참조 바람. ○修>身(수신): 자신의 몸을 닦아 성행(性行)을 바르게 가짐. ○忠信(충신): 성실하고 신의가 있음. ○篤敬(독경): 독실하고 신중함. ○懲>忿窒>慾(징분질욕): 분노를 막고 사욕을 억제함. ○遷>善改>過(천선개과): 선한 쪽으로 나아가고 과실이 있으면 고침.

{意譯}《성리서》에 말했다. "수신의 요점은, '말은 진실되고 믿음 있게, 행실은 철저하면서도 신중하게, 북받치는 분을 절제하고 욕심을 막으며, 선한 쪽으로 나아가고 과실이 있으면 고친다.'는 것이다."

{餘說} 이 대문의 전반부는 범익겸(范益謙)의 〈좌우명(座右銘)〉에 나오는 '凡語必忠信,凡行必篤敬(범어필충신,범행필독경)'과 같고, 하반부는《근사록》에 있는 '懲忿如救火,窒慾如防水(징분여구화,질욕여방수)'와 같다. 다음에 이 책에 나오니 연관시켜 이해하기 바란다. 이 내용은 주자(朱子)의 〈백록동규(白鹿洞規)〉에도 나온다.

05-048/ 몸을 닦고 학문하는 것은

景行錄云。凡修身爲學。不在文字言語中。只平日待
경 행 록 운 범 수 신 위 학 부 재 문 자 언 어 중 지 평 일 대
人接物便是。取非其有。謂之盜。欲非其有。謂之賊。
인 접 물 변 시 취 비 기 유 위 지 도 욕 비 기 유 위 지 적

{讀法} 景行錄에 云, 凡修>身爲>學은 不>在2文字言語中1이오, 只平日待>人接>物이 便是니 取下非>2其有1上면 謂>之盜요 欲下非>2其有1上면 謂>之賊이니라.

• • •

{直譯} 《경행록》에 이르기를, "무릇 몸을 닦고 학문을 함은 문자와 언어 중에 있는 것이 아니고, 다만 평상시 사람을 대하고 외물을 접하는 것이 바로 이것이다. 자기 소유가 아닌 것을 취하면 이를 일러 훔치는 것이라 하고, 자기 소유가 아닌 것을 욕심내면 이를 일러 해치는 것이라 한다." 하였다.

{語義} ○修>身爲>學(수신위학) : 자신의 몸을 닦아 성행(性行)을 바르게 갖고 학문을 함. ○平日(평일) : 평상시. ○待>人接>物(대인접물) : 남을 대접하고 사물에 접함. ○便是(변시) : 다를 것이 없이 바로, 곧 이것임. ○取下非>2其有1上(취비기유) : 자기 소유가 아닌 것을 취하면. ○欲下非>2其有1上(욕비기유) : 자기 소유가 아닌 것을 욕심내면.

{意譯} 《경행록》에 말했다. "수신이나 학문을 하는 것이 문자나 언어 속에 있는 것이 아니다. 다만 평상시에 사람을 대우하고 사물을 접하는 것이 바로 이것이다. 물건을 취함에 그릇됨이 있으면 훔치는 것이 되고, 사물에 욕심을 냄에 그릇됨이 있으면 해치는 것이 된다."

{餘說} 수신과 위학은 문자 언어 속에 있는 것이 아니고 평상시의 대인
접물에 있다는 것이다. 자기 소유가 아닌 것을 취하거나 욕심내면 도적
(盜賊)이라 한다는 것이다. 《맹자·만장장구하》의 〈집주(集註)〉에 "謂非
有而取를 爲盜라.〔자신의 소유가 아닌데, 취하는 자를 도둑이라 한다.〕"
는 말이 나온다.

05-049/ 몸을 닦는 데는 경이 제일 좋고

太公曰。修身莫若敬。避强莫若愼。
태 공 왈　수 신 막 약 경　피 강 막 약 신

{讀法} 太公이 曰, 修＞身은 莫＞若＞敬이오, 避＞强은 莫＞若＞愼이니라.

• • •

{直譯} 강태공이 말하기를, "몸을 닦는 데는 공경함만 같음이 없고,
강포를 피함에는 조심함만 같음이 없다." 하였다.

{語義} ○莫＞若(막약) : …와 같은 것이 없음. …만 못함. …이 낫다. 莫＞如
(막여)와 같다. ○避＞强(피강) : 강포(强暴)를 피함. 강포는 몹시 사나움. ○愼
(신) : 조심함.

{意譯} 강태공이 말했다. "자신의 몸을 닦아 성행(性行)을 바르게 갖는 데는 공경하는 것이 제일이고, 몹시 사나움을 피하는 데는 조심하는 것이 제일이다."

{餘說} 이 대문은 다음과 같은 대립구로 되어있다. 언제나 구두점과 주석이 없는 백문(白文)을 대할 때는 대립구를 찾아내고, 그 밖의 부분을 분석하여 구두점을 찍고 새겨본 후에 현토를 하는 순서로 해결하면 아무리 어려운 문장이라도 해결할 수 있다.

太公曰, ┌ 修>身 ┐   ┌ 敬,
         └ 避>强 ┘ 莫>若> └ 慎.

05-050/ 마음을 안정시켜 모든 일에 응하면

景行錄云。定心應物。雖不讀書。可以爲有德君子。
경 행 록 운 정 심 응 물 수 부 독 서 가 이 위 유 덕 군 자

{讀法} 景行錄에 云, 定>心應>物이면, 雖不>讀>書라도 可₃以爲₂有>德君子₁니라.

• • •

{直譯} 《경행록》에 이르기를, "마음을 안정시켜 모든 일에 응한다면 비록 글을 읽지 않았더라도 이로써 덕이 있는 군자가 될 수 있

다." 하였다.

{語義} ○定>心(정심) : 안정된 마음. 마음을 안정시킴. ○應>物(응물) : 사물에 대응함. 모든 일을 처리함. ○雖(수) : 비록 …할지라도. 재역문자(再譯文字). ○可(가) : 긍정 또는 단정하는 말. ○可2以爲1(가이위) : 될 수 있다. ○有>德(유덕) : 덕이 있음.

{意譯} 《경행록》에 말했다. "안정된 마음으로 모든 일을 처리하는 사람이라면, 비록 글은 읽지 않았다 할지라도 덕이 있는 군자가 될 자격이 있다."

{餘說} 글만 읽었다고 훌륭한 것이 아니라 글 속에 있는 훌륭한 말들을 마음에 간직하고 실행하여 얻은바 지식을 실천하는 산 지식의 소유자야말로 덕이 있는 군자라 할 수 있다는 것이 이 대문의 대의(大義)이다.

05-051/ 간사한 소리와 어지러운 색깔을

禮記曰。君子姦聲亂色不留聰明。淫樂慝禮不接心
예 기 왈 군 자 간 성 난 색 불 류 총 명 음 악 특 례 부 접 심

術。惰慢邪僻之氣不設於身體。使耳目鼻口心知百體。
술 타 만 사 벽 지 기 불 설 어 신 체 사 이 목 비 구 심 지 백 체

皆由順正以行正義。
개 유 순 정 이 행 정 의

{讀法} 禮記에 曰, 君子는 姦聲亂色을 不>留2聰明1하며 淫樂慝禮를 不>接2心術1하며 惰慢邪僻之氣를 不>設2於身體1하여 使2耳目鼻口와 心知百體1로 皆由2順正1하여 以行2正義1니라.

• • •

{直譯}《예기》에 말하기를, "군자는 간사한 소리와 어지러운 빛깔을 귀와 눈에 머물러 두지 않으며, 음란한 음악과 사특한 예절을 마음에 받아들이지 않는다. 태만하고 사악하고 편협한 기운을 몸에 베풀지 아니하여, 귀와 눈과 코와 입과 마음의 지각과 몸의 온갖 기관으로 하여금 모두 순하고 바름을 말미암아 그 옳은 도리를 행하게 한다."라고 하였다.

{語義} ㅇ《禮記(예기)》:《오경(五經)》의 하나. 진한(秦漢)시대의 고례(古禮)에 관한 설을 수록한 책. 한무제(漢武帝) 때 하간(河間)의 헌왕(獻王)이 고서(古書) 131편을 편술한 뒤에 214편으로 된《대대례(大戴禮)》와, 대덕(戴德)이 그것을 85편으로 줄이고, 선제(宣帝) 때에 그의 조카 대성(戴聖)이 다시 49편으로 줄인《소대례(小戴禮)》가 있음. 지금의《예기》는 이《소대례》를 이름.《주례》·《의례》와 함께 삼례(三禮)라 함. ㅇ姦(간):奸(간)과 통용된다. ㅇ姦聲(간성):간사한 소리. ㅇ亂色(난색):절제 없는 욕정. ㅇ不>留(불류):머무르게 하지 않음. 두지 아니함. ㅇ聰明(총명):귀와 눈이 밝음. 듣고 봄. 귀와 눈. ㅇ淫樂(음악):음란한 음악. ㅇ慝(특):匿(특)과 같다. '匿(특)'자로 된 판본이 많다. ㅇ慝禮(특례):나쁜 의례(儀禮). ㅇ不>接(부접):대접하지 않음. 맞지 아

니함. ○心術(심술) : 마음씨. ○惰慢(타만) : 가볍게 여겨 업신여김. ○邪僻之氣(사벽지기) : 도리에 어긋나 편벽되는 마음. ○不>設(불설) : 베풀지 아니함. ○心知(심지) : 지혜. 슬기. 知는 智와 같다. ○百體(백체) : 온몸. ○順正(순정) : 도의에 맞고 올바름. ○正義(정의) : 진리에 맞는 올바른 도리.

{意譯} 《예기》에 말했다. "간사한 소리와 어지러운 빛깔을 귀와 눈에 머물지 않게 하고, 음란한 음악과 나쁜 의례를 마음에 닿지 않게 해야 한다. 가볍게 여겨 업신여김과 도리에 어긋나 편벽된 마음을 신체에 베풀지 않아서, 귀·눈·코·입 그리고 마음의 지각과 몸의 온갖 기관으로 하여금 모두 도의에 맞고 올바르게 함으로써 그 정의를 행하게 한다."

{餘說} 이 대문의 구문을 분석하면 다음과 같다.

```
禮記曰,
        ┌ 姦聲亂色        不>留聰明
君子  ┼ 淫樂慝禮        不>接心術
        └ 惰慢邪僻之氣    不>設2於身體1

使2耳目鼻口心知百體1 皆由2順正1以行2正義1
```

05-052/ 몸을 닦아서 이름남을 피하고

景行錄云。古人修身以避名。今人飾己以要譽。所以
경 행 록 운 고 인 수 신 이 피 명 금 인 식 기 이 요 예 소 이

古人臨大節而不奪。今人見小利而易守。君子人則無
고 인 임 대 절 이 불 탈 금 인 견 소 리 이 역 수 군 자 인 즉 무

古今。無治無亂。出則忠。入則孝。用則智。舍則愚。
고 금 무 치 무 란 출 즉 충 입 즉 효 용 즉 지 사 즉 우

{讀法} 景行錄에 云, 古人은 修>身以避>名하고 今人은 飾>己以要>
譽하나니 所以로 古人은 臨2大節1而不>奪하고 今人은 見2小利1而易>
守니라. 君子人則無2古今1하고 無>治無>亂하며 出則忠하고 入則孝하
며 用則智하고 舍則愚하나니라.

• • •

{直譯} 《경행록》에 이르기를, "옛사람들은 몸을 닦음으로써 명예를
피하고, 지금 사람들은 자신을 꾸밈으로써 명예를 얻고자 하나니,
이런 까닭에 옛사람들은 대절(大節)에 임하여 마음을 빼앗기지 않
았으나, 지금 사람은 소리(小利)를 보고서 지키지 않고 지조를 바
꾼다. 군자라는 사람이라면 예나 지금이나 다를 바 없고, 잘 다스
려져도 다름이 없고 어지러워도 다름이 없다. 나가면 충성하고 들
어오면 효도하며, 등용되면 슬기롭게 하고 버림받으면 어리석은
것처럼 한다." 하였다.

{語義} ○避>名(피명) : 이름나는 것을 기피함. ○飾>己(식기) : 자기 몸을 꾸
밈. 자기를 가식(假飾)함. ○所以(소이) : 이런 까닭. ○大節(대절) : 대의(大義)
를 위하여 죽기로써 지키는 절개. 중대한 대사. 국가의 큰 사변. ○不>奪(불

탈) : 지조를 빼앗기지 않음. ㅇ小利(소리) : 조그마한 이익. 작은 이익. ㅇ易>
守(역수) : 지켜야 할 것을 바꿈. ㅇ舍(사) : 버리다. '捨'와 같음.

{意譯} 《경행록》에 말했다. "옛사람들은 몸을 수양하여 이름나는
것을 피했고, 지금 사람들은 스스로를 꾸며 명예로움을 구한다.
그래서 옛사람들은 큰 절의에 임하여도 그 뜻을 빼앗지 못하였고,
지금 사람들은 작은 이익에도 지키던 바를 쉽게 바꾸어버린다. 군
자인 사람은 예나 지금이 다르지 않고, 다스려지는 세상이나 어지
러운 세상이나 다르지 않아 밖으로 나가서는 임금에게 충성하고,
집으로 돌아오면 부모에게 효도하고, 등용되면 자기의 지혜를 발
휘하고, 버려지면 어리석은 체한다."

{餘說} 고인과 금인의 비교에서 군자의 인성(人性)에 그의 행동을 열거
(列擧)한 글이다. 요즈음 충효사상을 부르짖고 있는 이때에 음미(吟味)해
야 할 조목들이다.

05-053/ 만 가지 살아갈 방법을 구하는 것이

老子曰。萬般求生不如修身。千般求生不如禁口。
노 자 왈　만 반 구 생 불 여 수 신　천 반 구 생 불 여 금 구

{讀法} 老子ㅣ 曰, 萬般求>生이 不>如>修>身이오, 千般求>生이 不>

如>禁>口니라.

• • •

{直譯} 노자가 말하기를, "만 가지 살아갈 방법을 구하는 것이 몸을 닦는 것만 같지 못하고, 천 가지 살아갈 방법을 구하는 것이 입을 다무는 것만 같지 못하다." 하였다.

{語義} ㅇ萬般(만반) : 만 가지. 온갖. ㅇ求>生(구생) : 살길을 찾음. 살려고 노력함. ㅇ不>如(불여) : 같지 않다. 못하다. ㅇ千般(천반) : 천 가지. ㅇ禁>口(금구) : 입을 다물다. 말을 하지 않는다. '開>口'의 반대.

{意譯} 노자가 말했다. "만 가지로 영생(永生)하는 길을 찾는 것은 몸을 수양하고 성품을 기르는 것만 못하고, 천 가지로 영생하는 길을 찾는 것은 입을 굳게 다물고 말을 하지 않는 것만 못하다."

{餘說} 수신(修身)과 금구(禁口)의 중요성을 말한 것이다. 쓸데없는 말로 자신을 망치는 일의 예는 너무나 많다. '발 없는 말이 천리 간다.'고, 말은 말로 이어져 끊이지 않고 번져간다. '침묵이 금(金)'이라는 지언(至言)이 있음은 우연한 일이 아니다.

05-054/ 몸은 행실을 가려서 해야 하며

太公曰。身須擇行。口須擇言。
태 공 왈 신 수 택 행 구 수 택 언

{讀法} 太公이 曰, 身須擇>行하고 口須擇>言하라.

• • •

{直譯} 강태공이 말하기를, "몸은 행실(行實)을 가려서 해야 하며, 입은 말을 가려서 해야 한다." 하였다.

{語義} ○須(수) : 모름지기. ○擇>行(택행) : 행동을 가려서 하다. ○擇>言(택언) : 말을 가려서 하다.

{意譯} 강태공이 말했다. "몸은 반드시 법도에 맞는 좋은 행실을 가려서 해야 하고, 입도 반드시 법도에 맞는 좋은 말을 가려서 해야 한다."

{餘說}《효경(孝經)·경대부장(卿大夫章)》에 "입에는 가릴 말이 없고, 몸에는 가릴 행실이 없으면, 말이 천하에 가득하여도 잘못된 말이 없을 것이고, 행실이 천하에 가득하여도 원망과 증오가 없을 것이다.〔口無擇 言, 身無擇行, 言滿天下, 無口過; 行滿天下, 無怨惡.〕"라고 하였는데, 그 주석(註釋)에 의하면 "말과 행실을 모두 선왕(先王)의 법과 도를 좇아서

하기 때문에 가릴 바가 없는 것이다.〔言行皆遵法道, 所以無可擇也.〕"라
고 하였다.

05-055/ 집안을 다스리고 자신을 다스리는 것은

直言訣曰。治家治身者。猶如構屋者先固基址。立身
직언결왈 치가치신자 유여구옥자선고기지 입신
者先要其德行。成家者先安其産業。治家者須葺其房
자선요기덕행 성가자선안기산업 치가자수즙기방
屋。修舍可以庇人物。立身可以奉神明。全家可以安長
옥 수사가이비인물 입신가이봉신명 전가가이안장
幼。治國可以保君子。若基址不實屋必崩壞。心行若
유 치국가이보군자 약기지부실옥필붕괴 심행약
虛。身體危辱。家必喪亡。百姓離亂。國必顚墜君臣何
허 신체위욕 가필상망 백성이란 국필전추군신하
保。家若喪亡長幼何託。身若危辱神明何安。摧崩房舍
보 가약상망장유하탁 신약위욕신명하안 최붕방사
人物何庇。成敗如斯孰可察也。
인물하비 성패여사숙가찰야

{讀法} 直言訣에 曰, 治>家治>身者ㅣ 猶如2構>屋者1어늘 先固2基
址1하나니 立>身者는 先要2其德行1하며 成>家者는 先安2其産業1하며
治>家者는 須葺2其房屋1하며 修>舍하여 可3以庇2人物1하고 立>身하
여 可3以奉2神明1하고 全>家하여 可3以安2長幼1하고 治>國하여 可3以
保2君子1니라. 若基址ㅣ 不>實하면 屋必崩壞하며 心行이 若虛하면 身

體ㅣ 危辱하여 家必喪亡하며 百姓이 離亂하면 國必顚墜하나니 君臣을 何保하며 家若喪亡이면 長幼를 何託하며 身若危辱하면 神明을 何安하며 摧崩2房舍1하면 人物을 何庇하며 成敗ㅣ 如>斯라면 孰可察>也리오.

• • •

{直譯}《직언결》에 말하기를, "집안을 다스리고 자신을 다스리는 것은 마치 집을 얽는 것과 같아서, 먼저 터를 단단하게 하고, 몸을 세우려는 사람은 먼저 그의 덕행을 필요로 하며, 집을 이루려는 사람은 먼저 그의 산업을 안정하며, 집을 다스리려는 사람은 모름지기 그 집을 이어야 하며, 집을 수리하여서 써 사람과 물건을 가리어야 하고, 몸을 세워서 써 천신과 천명을 받들어야 하고, 집을 온전히 하여서 써 노유(老幼)를 편안케 해야 하고, 나라를 다스려서 써 군자를 보호해야 한다. 만약에 터가 튼튼하지 못하면 집이 반드시 무너지며, 마음과 행실이 만약에 비어 있으면 몸이 위태롭고 욕되어서 집이 반드시 망하며, 백성이 흩어지면 나라가 반드시 추락하나니, 임금과 신하를 어떻게 보전하며, 집이 만일 없어지면 어른과 어린이를 어떻게 의탁하며, 몸이 만일 위태롭고 욕되면 천신과 천명이 어떻게 편안하며, 집이 꺾이고 무너지면 사람과 물건을 어떻게 가리며, 이루고 패함이 이와 같다면 뉘라서 살필 수 있겠는가?" 하였다.

{語義} ○《直言訣(직언결)》: 곧은 말을 모아 이룬 책 이름. 편자·시대·내

용의 구성을 자세히 알 수 없음. ㅇ猶如(유여) : …와 같음. ㅇ構>屋(구옥) : 집을 얽음. 집을 지음. ㅇ基址(기지) : 터. ㅇ葺(집) : 집을 이다. 지붕을 덮다. ㅇ房屋(방옥) : 방. ㅇ舍(사) : 집. ㅇ庇(비) : 가리다. ㅇ人物(인물) : 사람과 물건. ㅇ保(보) : 보전(保全). ㅇ不>實(부실) : 튼튼하지 못함. ㅇ崩壞(붕괴) : 무너짐. ㅇ心行(심행) : 품행(品行). 몸가짐. ㅇ危辱(위욕) : 위태롭고 욕됨. ㅇ喪亡(상망) : 없어짐. ㅇ離亂(이란) : 어지럽게 흩어짐. 유리(遊離). ㅇ顚墜(전추) : 추락함. ㅇ何保(하보) : 어떻게 보전하랴? ㅇ何託(하탁) : 어떻게 의탁하랴? ㅇ神明(신명) : 하늘과 땅의 신령. 사람의 정신이나 심사(心思)를 이름. ㅇ摧崩(최붕) : 꺾이고 무너지다. ㅇ成敗(성패) : 이루고 패함. ㅇ可>察(가찰) : 살필 수 있다.

{意譯}《직언결》에 말했다. "치가(治家)나 치신(治身)이 마치 집을 짓는 것과 같아서 먼저 터를 단단히 다져야 한다. 입신출세하려는 사람은 먼저 그의 덕행을 필요로 하며, 가문을 일으키려는 사람은 그의 산업을 안정시켜야 하며, 치가를 하려는 사람은 모름지기 그의 방을 덮어 이을 것이며, 집을 수리하여 사람과 물건을 가리고, 입신출세하여 신명(神明)을 받들 수 있게 하고, 치국하여 군자를 보전할 수 있게 한다. 만약 터가 단단하지 않으면 집이 반드시 무너지며, 마음과 행실이 만약 비었으면 몸이 위태롭고 욕되어서 집이 반드시 없어지며, 백성이 유리(遊離)하면 나라가 반드시 추락하나니, 군신을 어떻게 보전할 수 있으며, 가문이 만일 없어지면 어른과 어린이를 어떻게 의탁시킬 수 있으며, 몸이 만일 위태롭고 욕되면 천신과 천명이 어떻게 편안할 수 있으며, 집과 방이 부서지고 붕괴하면 사람과 물건을 어떻게 가릴 수 있으며, 성공과 실

패가 이와 같다면 뉘라서 살필 수 있겠는가?"

{餘說} 이 대문은 제법 긴 문장이므로 다음에 구문을 분석하니 주의하여 살펴보기 바란다.

直言訣曰, 治>家治>身者, 猶如2構>屋者1, 先固2基址1.

─立>身者, 先要2其德行1.

─成>家者, 先安2其産業1.

─治>家者, 須葺2其房屋1.

─修>舍 可3以庇2人物1

─立>身 可3以奉2神明1

─全>家 可3以安2長幼1

─治>國 可3以保2君子1.

┌─　　若基址不>實,　　屋必崩壞.

├─心行若虛, 身體危辱,　　家必喪亡.

└─　　百姓離亂,　　國必顚墜.　君臣何保.─┐

　　　　　　　　　　　　家若喪亡,　　長幼何託.　│

　　　　　　　　　　　　身若危辱,　　神明何安.　├─ 成敗如>斯, 孰可察>也.

　　　　　　　　　　　　摧崩2房屋1, 人物何庇.─┘

05-056/ 성스러운 세상을 살아감에

警身錄曰。聖世獲生乎。始覺寸陰勝尺璧。豈不去邪
경신록왈 성세획생호 시각촌음승척벽 기불거사

從正。惜身重命。如人未歷於事。當明根葉之異。禍福
종정 석신중명 여인미력어사 당명근엽지이 화복

之殊。根葉者。賢良篤行。信爲本。正直剛毅。枝葉也。
지수 근엽자 현량독행 신위본 정직강의 지엽야

父母己身。性爲本。妻子財物。枝葉也。一家之內。糧爲
부모기신 성위본 처자재물 지엽야 일가지내 양위

本。不急之物。枝葉也。免辱免刑。仁爲本。倚財靠勢。
본 불급지물 지엽야 면욕면형 인위본 의재고세

枝葉也。疾病欲痊。藥爲本。信卜巫醫。枝葉也。萬事無
지엽야 질병욕전 약위본 신복무의 지엽야 만사무

過。實爲本。巧言裝飾。枝葉也。恩親賢良。敬爲本。私
과 실위본 교언장식 지엽야 은친현량 경위본 사

好之人。枝葉也。衣食飽暖。業爲本。浮蕩之財。枝葉也。
호지인 지엽야 의식포난 업위본 부탕지재 지엽야

爲官治訟。法爲本。恣意擬斷。枝葉也。是故。有根無葉。
위관치송 법위본 자의의단 지엽야 시고 유근무엽

可以待時。有葉無根。甘雨所不能滋也。若務本業。勤
가이대시 유엽무근 감우소불능자야 약무본업 근

謹儉用。隨時知足。孝養父母。誠於靜閒。守分安身。遠
근검용 수시지족 효양부모 성어정한 수분안신 원

惡近善。知過必改。善調五臟。以避寒暑。不必問命。此
악근선 지과필개 선조오장 이피한서 불필문명 차

眞福也。
진복야

{讀法} 警身錄에 曰, 聖世獲>生乎에 始覺3寸陰이 勝2尺璧1이어늘,

豈不2去>邪從>正하고, 惜>身重1>命이리오? 如人未>歷2於事1면 當明2根葉之異와 禍福之殊1니 根葉者란 賢良篤>行이 信爲>本이오, 正直剛毅는 枝葉也며, 父母己身은 性爲>本이오, 妻子財物은 枝葉也며, 一家之內는 糧爲>本이오, 不>急之物은 枝葉也며, 免>辱免>刑은 仁爲>本이오, 倚>財靠>勢는 枝葉也며, 疾病欲>痊은 藥爲>本이오, 信>卜巫醫는 枝葉也며, 萬事無>過는 實爲>本이오, 巧言裝飾은 枝葉也며, 恩親賢良은 敬爲>本이오, 私好之人은 枝葉也며, 衣食飽暖은 業爲>本이오, 浮蕩之財는 枝葉也며 爲>官治>訟은 法爲>本이오, 恣意擬斷은 枝葉也니 是故로 有>根無>葉은 可2以待1>時로되, 有>葉無>根은 甘雨로도 所>不>能>滋也니라. 若>務2本業1하며 勤謹儉用하고, 隨>時知>足하여 孝2養父母1하고, 誠於2靜閒1하여 守>分安>身하고, 遠>惡近>善하여 知>過必改하고, 善調2五臟1하여 以避2寒暑1면, 不2必問1>命이니, 此는 眞福이니라.

• • •

{直譯} 《경신록》에 말하기를, "성스러운 세상에 삶을 얻음에 비로소 촌음(寸陰)이 척벽(尺璧)보다 나음을 깨닫거늘 어찌 사(邪)를 버리어 정(正)을 따르고 몸을 아껴 명(命)을 중히 여기지 않겠는가? 만일 사람이 아직 일에 경력이 없다면 마땅히 뿌리와 잎의 다름과 화복(禍福)의 다름을 밝혀야 한다. 뿌리와 잎이란 것은, 어질고 행실이 두터움에는 믿음이 근본이 되고 정직하고 굳센 것은 지엽(枝葉)이며, 부모와 자기 몸은 성(性)이 근본이 되고 처자와 재물은 지엽이며, 한 집의 안에서는 양식(糧食)이 근본이 되고 급하지 않은 물건은 지엽이며, 욕을 면하고 형벌을 면함에는 인(仁)이 근본이

되고, 재물에 의지하고 힘에 기대는 것은 지엽이며, 질병을 고치려는 데는 약이 근본이 되고 점(占)을 믿고 무당과 의원은 지엽이며, 모든 일에 과실이 없는 것에는 진실이 근본이 되고 교묘한 말과 꾸미는 것은 지엽이며, 은친(恩親)과 현량(賢良)에는 공경이 근본이 되고 사사로이 좋게 지내는 것은 지엽이며, 옷과 밥이 배부르고 따뜻한 데는 생업이 근본이 되고 떠도는 방자한 재물은 지엽이며, 관원이 되어 송사를 다스리는 데는 법이 근본이 되고 자의(恣意)로 헤아려 판단하는 것은 지엽이니, 이런 까닭에 뿌리가 있고 잎이 없는 것은 때를 기다리면 될 수 있으나, 잎이 있고 뿌리가 없는 것은 단비로도 무성하게 할 수 없는 것이다. 만일 본업(本業)을 힘써서 부지런히 조심하여 검소하게 쓰고 때에 따라 족함을 알아 부모를 효도로 봉양하고 조용하고 한가함에 정성을 다하고 분수를 지켜 몸을 편안히 하고 악을 멀리하고 선을 가까이하여 허물을 알면 반드시 고치고 오장(五臟)을 조화롭게 하여 추움과 더위를 피하면 반드시 운명은 물을 필요가 없나니, 이는 참다운 복(福)이다." 하였다.

{語義} ○《警>身錄(경신록)》: 몸을 조심하는 데 관한 글을 모은 책 이름. 저자나 내용은 알 수 없음. ○聖世(성세) : 성군(聖君)이 다스리는 세상. 성대(聖代). ○獲>生(획생) : 삶을 얻음. 살아남음. ○始覺(시각) : 비로소 깨달음. ○寸陰(촌음) : 썩 짧은 시간. ○勝(승) : 낫다. ○尺璧(척벽) : 직경 1척의 보옥(寶玉). ○豈不(기불) : 어찌 …하지 않겠는가? 꼭 …한다. ○去>邪(거사) : 간사

한 마음을 없애다. ○ 從>正(종정) : 정직한 것을 따름. ○ 惜>身(석신) : 몸을 함부로 굴리지 않고 아낌. ○ 重>命(중명) : 천명을 무겁게 여김. ○ 未>歷2於事1(미력어사) : 아직 일에 있어 겪어보지 못한 것. ○ 殊(수) : 다름. ○ 賢良(현량) : 어짊. ○ 篤>行(독행) : 행실이 두터움. ○ 剛毅(강의) : 억세고 굳셈. ○ 枝葉(지엽) : 가지와 잎. 말단. ○ 粮(량) : 양식. '糧'과 같음. ○ 免>辱(면욕) : 욕됨에서 벗어남. ○ 免>刑(면형) : 형벌에서 벗어남. ○ 靠(고) : 기댐. 의지함. ○ 痊(전) : 병이 나음. ○ 卜(복) : 점. 점침. ○ 醫(의) : 병을 고침. ○ 巧言(교언) : 말재간이 있는 말. 교묘한 말. ○ 粧飾(장식) : 꾸밈. 꾸며댐. ○ 私好之人(사호지인) : 개인적으로 좋아하는 사람. ○ 衣食(의식) : 입고 먹음. ○ 飽煖(포난) : 배부르고 따뜻함. 배불리 먹고 따뜻하게 입음. ○ 浮蕩(부탕) : 뜨고 방자함. 부랑방탕함. ○ 爲>官治>訟(위관치송) : 관원이 되고 소송을 다스림. ○ 恣意(자의) : 제멋대로 하는 생각. ○ 擬斷(의단) : 형벌을 헤아려 단죄(斷罪)함. ○ 是故(시고) : 이런 까닭에. ○ 甘雨(감우) : 단비. 알맞은 때 오는 비. ○ 所>不>能>滋(소불능자) : 번성하게 할 수 없는 것. ○ 本業(본업) : 본디의 직업. 부업(副業)의 대(對). ○ 勤謹(근근) : 부지런하고 조심함. ○ 儉用(검용) : 절약하여 씀. 검소하게 씀. ○ 靜閒(정한) : 조용하고 한가함. ○ 守>分(수분) : 분수를 지킴. ○ 安>身(안신) : 몸을 편안히 함. ○ 知>過必改(지과필개) : 허물을 알면 꼭 고침. ○ 調2五臟1(조오장) : 오장을 조화시킴. 오장은 심·간·폐·비·신의 다섯 개의 장. ○ 問>命(문명) : 운명을 묻다.

{意譯}《경신록》에 말했다. "성군(聖君)이 다스리는 세상에 살아감에 있어서 비로소 아주 짧은 시간이 한 자나 되는 보옥(寶玉)보다 낫다는 것을 깨달았는데, 어찌 간사한 것을 버리고 바른 것을 좇으며 몸을 아끼고 목숨을 귀중히 여기지 않겠는가? 만일 사람이 아직 일을 겪어보지 않았다면 마땅히 뿌리와 잎이 다름과 행복과

재앙이 다름을 밝혀야 한다. 이른바 뿌리와 잎, 즉 근본과 지엽이란 것은, 어질고 행실이 두터운 것에는 신의(信義)가 근본이 되고 정직과 굴셈은 지엽이며, 부모와 자기의 몸은 인성(人性)이 근본이 되고 처자와 재물은 지엽이며, 한 집안은 양식이 근본이 되고 급하지 않은 물건은 지엽이며, 옥에서 벗어나고 형벌에서 벗어남은 인(仁)이 근본이고, 재물에 의지하고 힘에 기대는 것은 지엽이며, 병을 고치려 함은 약이 근본이고 점괘를 믿고 무당과 의원은 지엽이며, 모든 일에 허물이 없는 것은 실제가 근본이고 교언(巧言)과 장식은 지엽이며, 은혜로운 친구와 어진 사람에게는 공경이 근본이 되고 사사로이 좋아하는 사람은 지엽이며, 입고 먹음에 배부르고 따뜻한 것은 생업이 근본이고 허황(虛荒)한 재물은 지엽이니, 그런 까닭에 뿌리는 있고 잎이 없는 것은 기다릴 수 있으나, 잎은 있고 뿌리가 없는 것은 감우(甘雨)로도 번성하게 할 수 없는 것이다. 만일 본업에 힘써서 부지런히 삼가고 검약해서 쓰고 때에 따라 만족함을 알아 부모를 효양하고 고요하고 한가함에 정성을 다하여 분수를 지켜 몸을 편안하게 하고, 악을 멀리하고 선을 가까이하여 허물을 알면 반드시 고치고 오장(五臟)을 고르게 함으로써 한서(寒暑)를 피하면 반드시 운명을 물어볼 필요가 없으니 이는 참다운 복(福)이다."

{餘說} 다음과 같이 구문을 분석하였다. 상당히 긴 문장이니 잘 살펴보기 바란다.

警身錄曰, 聖世獲>生乎, 始覺3寸陰勝2尺璧1, 豈不2去>邪從>正, 惜>身

重1>命. 如人未>歷2於事1, 當明2根葉之異 禍福之殊1. 根葉者,

　賢良篤>行信爲>本,　　　正直剛毅枝葉也,

　父母己身性爲>本,　　　妻子財物枝葉也,

　一家之內糧爲>本,　　　不>急之物枝葉也,

　免>辱免>刑仁爲>本,　　倚>財 靠>勢枝葉也,

　疾病欲>痊 藥爲>本,　　信>卜 巫醫枝葉也,

　萬事無>過實爲>本,　　　巧言裝飾枝葉也,

　恩親賢良敬爲>本,　　　私好之人枝葉也,

　衣食飽暖業爲>本,　　　浮蕩之財枝葉也,

　爲>官治>訟法爲>本,　　恣意疑斷枝葉也,

　是故有>根 無>葉 可2以 待1>時,

　　　　有>葉無>根甘雨所>不>能>滋也.

　若>務2本業1勤謹儉用, 隨>時知>足孝2養父母1, 誠於2靜閒1, 守>分安
>身, 遠>惡近>善知>過必改, 善調2五臟1以避2寒暑1, 不2必問1>命, 此
眞福也.

05-057/ 가장 큰 재앙은

景行錄云。禍莫大於從己之欲。惡莫甚於言人之非。
경행록운 화막대어종기지욕 악막심어언인지비

{讀法} 景行錄에 云, 禍는 莫>大3於從2己之欲1이오, 惡은 莫>甚3於

言2人之非1니라.

• • •

{直譯} 《경행록》에 이르기를, "화는 나의 욕심을 따르는 것보다 큼
이 없고, 악은 남의 그름을 말하는 것보다 심함이 없다." 하였다.

{語義} ○ 莫>大>於(막대어) : …보다 큼이 없다. 가장 크다. ○ 從2己之欲1(종
기지욕) : 자기의 욕심을 따름. ○ 莫>甚>於(막심어) : …보다 심함이 없다. ○ 言
2人之非1(언인지비) : 남의 비위를 말함.

{意譯} 《경행록》에 말했다. "화란 자기의 욕심을 좇으려는 것보다
더 큰 것이 없고, 악이란 남의 비위를 말하는 것보다 더 심한 것이
없다."

{餘說} 화의 큼과 악의 큼에 대하여 말했다. "화는 자기의 욕심대로 하
려는 것이 가장 크고, 악은 남의 잘못을 말하는 것이 가장 심하다."

05-058/ 군자는 말이 굼뜨나 행동은 민첩하고자

子曰。君子欲訥於言。而敏於行。
자 왈 군 자 욕 눌 어 언 이 민 어 행

{讀法} 子ㅣ 曰, 君子ㅣ 欲下訥2於言1, 而敏中於行上이니라.

• • •

{直譯} 공자께서 말씀하시기를, "군자는 말은 무디지만 행동은 민첩(敏捷)하고자 한다." 하셨다.

{語義} ○訥(눌) : 말을 더듬거리다. 느리고 둔하다. 말을 신중하게 하다.

{意譯} 공자께서 말씀하셨다. "군자는 입은 충분히 돌아가지 않지만, 실행에는 민첩하기를 마음먹는다."

{餘說} 이 대문은《논어 · 이인편(里仁篇) · 제24장》에 있는 글이다. 이와 똑같은 뜻의 말이 〈학이편(學而篇) · 제14장〉에도 다음과 같이 있다: "敏於事而愼於言〔일은 민첩하게 하고 말은 신중하게 한다.〕" 대개 사람은 말은 빠르고 실행은 느리게 하기에, 이를 교정(矯正)하려는 말일 것이다.

05-059/ 한마디 말의 도움이 천금보다 무겁고

蘇武曰。一言之益。重於千金。一行之虧。毒如蛇蝎。
소 무 왈   일 언 지 익   중 어 천 금   일 행 지 휴   독 여 사 갈

{讀法} 蘇武ㅣ 曰, 一言之益이 重2於千金1이오, 一行之虧ㅣ 毒如2蛇蝎1이니라.

• • •

{直譯} 소무가 말하기를, "한마디 말의 도움이 천금보다 무겁고, 한 가지 행실의 이지러짐이 독하기가 사갈과 같다." 하였다.

{語義} ○蘇武(소무) : 본서 〈정기편〉〔05-007〕조목 참조 바람. ○一言(일언) : 한마디 말. ○益(익) : 이익. 도움. ○千金(천금) : 많은 돈. ○重(중) : 무겁다. 귀중하다. ○一行(일행) : 한 가지 행실. ○虧(휴) : 이지러지다. 휴손(虧損). ○毒(독) : 독. ○蛇蝎(사갈) : '蛇蠍'이라고도 쓰며, 뱀과 전갈(全蠍). 사람이 두려워하고 싫어하는 자, 또는 몹시 징그러운 물건의 비유.

{意譯} 소무가 말했다. "한마디 말의 도움이 많은 돈보다 귀중하고, 한 가지 행실의 휴손(虧損)이 독하기가 뱀과 전갈의 독과 같다."

{餘說} 한마디 말이란 아주 적은 말이지만 그 이익이 됨은 천만금보다 귀중한 것이다. 또 한 가지의 행실이란 아주 작은 행실이지만, 그 휴손(虧損)이 됨은 뱀과 전갈의 독과 같이 지독한 것이라는 것이다. 일언일행(一言一行)의 크고 중요함을 설파(說破)한 대문이다.

05-060/ 분을 참기를 불 끄듯이 하고

近思錄云。懲忿如救火。窒慾如防水。
근 사 록 운 징 분 여 구 화 질 욕 여 방 수

{讀法} 近思錄에 云, 懲>忿을 如>救>火하고 窒>慾을 如>防>水하라.

• • •

{直譯}《근사록》에 이르기를, "분함을 참기를 불을 끄는 것 같이 하고, 욕심을 막기를 물을 막는 것 같이 하라." 하였다.

{語義} ○《近思錄(근사록)》: 본서 〈천리편〉〔02-002〕조목 참조 바람. ○ 懲>忿(징분): 분한 것을 참음. ○ 救>火(구화): 불을 끔. 소화(消火). ○ 窒>慾(질욕): 욕심을 막음. ○ 防>水(방수): 물을 막음.

{意譯}《근사록》에 말했다. "분이 나는 것과 욕심이 나는 것은 군자의 수도(修道)에 커다란 장애물이니, 이것을 참고 막기를 불난 데 불을 끄고, 물 터진 데 물을 막듯이 하라."

{餘說} '懲>忿窒>慾'이라는 말은《역경(易經)·손괘(損卦)》에 나오는 말인데, 분노(忿怒)와 사욕(私慾)은 덕을 쌓는 데 해로우므로 이를 참고 억제함이 마땅하다는 것이다. 이 대문은 '如>救>火·如>防>水'의 비유어(比喩語)를 가지고 이룬 글이다.

近思錄云,　┌ 懲>忿 如>救>火.
　　　　　┤　‖　　　‖
　　　　　└ 窒>慾 如>防>水.

05-061/ 여색 피하기를 원수 피하듯이 하고

夷堅志云。避色如避仇。避風如避箭。莫喫空心茶。
이 견 지 운　　피 색 여 피 구　　피 풍 여 피 전　　막 끽 공 심 다

少食中夜飯。
소 식 중 야 반

{讀法} 夷堅志에 云, 避>色을 如>避>仇하고, 避>風을 如>避>箭하라.
莫>喫2空心茶1하고, 少>食2中夜飯1하라.

• • •

{直譯} 《이견지》에 이르기를, "여색 피하기를 원수 피하는 것 같이
하고, 바람 피하기를 화살을 피하는 것 같이 하라. 빈속에 차를 마
시지 말고, 밤중에는 밥을 먹기를 적게 하라." 하였다.

{語義} ○《夷堅志(이견지)》: 책 이름. 송나라 홍매(洪邁)의 찬(撰)으로, 신선
과 귀신의 이야기를 잡록(雜錄)한 것. 원래 420권이었으나 지금은 산일(散佚)
되어 50권뿐임. ○夷(이): 오랑캐. 동쪽 오랑캐임. 그래서 중국에서는 우리

나라를 동이(東夷)라 했다. ○志(지) : 기록하다. 적다. '誌'과 같다. ○避(피) : 피함. ○色(색) : 여색(女色). 남자와 여자 사이에 탐하는 것. ○仇(구) : 원수. ○風(풍) : 바람남. 마음이 들뜸. ○箭(전) : 화살. ○莫(막) : 말라. 금지사(禁止 詞). ○喫(끽) : 먹다. ○空心(공심) : 빈속. 공복. ○茶(다) : 차. '早取曰>茶, 晚取曰>茗.' 본음(本音)이 '차'. 예 : 차례(茶禮). ○中夜(중야) : 밤중. 한밤중.

{意譯} 《이견지》에 말했다. "여색(女色) 피하기를 원수 피하듯이 하고, 바람 피하기를 날아오는 화살 피하듯 하라. 속이 비었을 때 차를 마시지 말고, 한밤중에 밥을 많이 먹지 말라."

{餘說} 이 대문은 다음과 같이 오언절구(五言絶句)의 한시 형식으로 되어있다.

　　避>色如>避>仇,　　起 第一句

　　避>風如>避>箭.　　承 第二句　　箭韻

　　莫>喫₂空心茶₁,　　轉 第三句

　　少>食₂中夜飯₁.　　結 第四句　　飯韻

05-062/ 이익을 구차하게 탐하지 않으면

利不苟貪終禍少。事能常忍得身安。頻浴身安頻慾
이 불 구 탐 종 화 소　사 능 상 인 득 신 안　빈 욕 신 안 빈 욕
病。學道無憂學道難。
병　학 도 무 우 학 도 난

{讀法} 利不2苟貪1終禍少요, 事能2常忍1得2身安1이라. 頻浴身安頻慾病1이오, 學>道無>憂學>道難이니라.

• • •

{直譯} 이익을 구차스럽게 탐하지 않으면 결국 재앙이 적을 것이고, 일에 항상 참을 수 있다면 몸의 편안을 얻을 수 있다. 자주 목욕하면 몸은 편안하나 자주 욕심을 가지면 병이 나고, 도를 배우면서 걱정이 없으면 도를 배우기 어렵다.

{語義} ○貪(탐) : 탐하다. ○終(종) : 몸을 마친다. 종신(終身). ○身安(신안) : 몸이 편안함. ○頻(빈) : 자주. 연(連)하여. ○浴(욕) : 목욕하다. ○學>道(학도) : 인도(仁道)를 공부하다. ○無>憂(무우) : 걱정이 없음. 아무 생각이 없음.

{意譯} 이욕(利慾)에 대하여 구차스럽게 탐내지 않으면 결국에는 재앙이 없을 것이고, 매사에 있어 항상 참을 수 있으면 일신상의 편안을 얻을 것이다. 자주 목욕을 하면 몸이 상쾌하고 좋으나 자주 욕심을 내면 병이 되고, 도(道)를 배우면서 세상 근심이 없으면 도를 배우기 어렵다.

{餘說} 이 대문도 칠언절구(七言絶句)의 한시이다.

　　利不2苟貪1終2禍少1,　起 第一句

事能2常忍1得2身安1.　　承 第二句　安韻

頻浴身安頻慾病,　　　　轉 第三句

學>道無>憂學>道難.　結 第四句　難韻

05-063/ 탐하는 마음은 몸을 해롭게 하고

太公曰。貪心害己。利口傷身。
태 공 왈　탐 심 해 기　이 구 상 신

{讀法} 太公이 曰, 貪心은 害>己하고, 利口는 傷>身이니라.

• • •

{直譯} 강태공이 말하기를, "탐하는 마음은 몸을 해롭게 하고, 날카로운 입은 몸을 다치게 한다." 하였다.

{語義} ○貪(탐) : 과도하게 욕심을 냄. ○害(해) : 해롭게 함. ○利口(이구) : 구변이 좋음. 말을 잘함. ○傷>身(상신) : 몸을 다침.

{意譯} 강태공이 말했다. "과도하게 욕심을 내는 마음은 자기 자신을 해롭게 하고, 말을 잘하는 사람은 자기 자신을 다치게 한다."

{餘說} 탐심(貪心)과 이구(利口)는 자기 자신을 손상(損傷)한다는 것이다.

05-064/ 음악과 여색은

景行錄云。聲色者敗德之具。思慮者殘生之本。
경 행 록 운 성 색 자 패 덕 지 구 사 려 자 잔 생 지 본

{讀法} 景行錄에 云, 聲色者는 敗>德之具요, 思慮者는 殘>生之本
이니라.

• • •

{直譯} 《경행록》에 이르기를, "음악과 여색(女色)은 도덕을 어그러지
게 하는 도구이고, 깊은 생각은 몸을 상하게 하는 근본이다." 하였다.

{語義} ○聲色(성색) : 음악과 여색(女色). ○敗>德(패덕) : 덕의(德義)를 그르
침. 부정한 품덕. ○具(구) : 도구(道具). ○思慮(사려) : 생각. 깊은 생각. 《의
방유취(醫方類聚)》에 "憂愁思慮則傷心〔걱정과 염려를 지나치게 하면 심을
상하는데, 심이 손상되면 심하게 놀라고 잘 잊어버리며 성을 잘 낸다.〕이라
는 말이 나온다. ○殘>生(잔생) : 생명을 해침. 몸을 상하게 함. 수명이 남아
있음. 노후의 남은 세월이나 수명. 참고로, 戕身殞命〔장신운명, 건강을 해치고
목숨을 잃다〕라는 말이 있다.

{意譯} 《경행록》에 말했다. "음악과 여색이라는 것은 도덕을 어그러트리는 도구이고, 깊은 생각이라는 것은 건강을 해치는 근본이다."

{餘說} 이 문장은 송(宋) 장자(張鎡)가 지은 《사학규범(仕學規範)·제13권》에 나오며, 북송(北宋) 임포(林逋, 967~1028)가 지은 《성심록(省心錄)》에도 나온다.

05-065/ 쓸데없는 의논과 급하지 않은 고찰을

荀子曰。無用之辨。不急之察。棄而勿治。若夫君臣
순자왈 무용지변 불급지찰 기이물치 약부군신

之義。父子之親。夫婦之別。則日切磋而不捨也。
지의 부자지친 부부지별 즉일절차이불사야

{讀法} 荀子ㅣ 曰, 無>用之辨과 不>急之察을 棄而勿>治니 若2夫
君臣之義와 父子之親과 夫婦之別1은 則日切磋而不>捨也니라.

• • •

{直譯} 순자가 말하기를, "쓸데없는 의논과 급하지 않은 고찰을 버려두고 다스리지 마라. 무릇 군신 간의 의(義)와 부자간의 친함과 부부간의 분별과 같은 것은, 곧 날로 힘써 닦으면서 버리지 말 것이다." 하였다.

{語義} ○ 無>用之辨(무용지변) : 쓸데없는 논의. 辨은 辯과 같다. ○ 不>急之察(불급지찰) : 급하지 않은 고찰. ○ 棄而勿>治(기이물치) : 버려두고서 다스리지 않는다. ○ 夫(부) : 대저. 무릇. 그. ○ 君臣之義(군신지의) : 임금과 신하사이의 도(道). ○ 父子之親(부자지친) : 부자 사이의 정애(情愛). ○ 夫婦之別(부부지별) : 남편과 아내 사이의 분별. ○ 切磋(절차) : '절차탁마(切磋琢磨)'의 준말로, 골각(骨角) 또는 옥석(玉石)을 자르고 갈고 쪼고 닦는다는 뜻으로, 학문과 덕행(德行)을 힘써 닦음의 비유로 쓰임. ○ 不>捨(불사) : 버리지 않음. '捨'는 '舍'와 통용된다.

{意譯} 순자가 말했다. "무익한 의논과 급하지 않은 일에 대한 관찰은 버려두어 다스리지 말아야 할 것이다. 그러나 군신 사이의 의리, 부자 사이의 정애(情愛), 부부 사이의 분별 같은 것은 인륜(人倫)이므로 서로 경계해 가면서 날마다 높여가지 않으면 안 된다."

{餘說} 이 대문은《순자ㆍ천론편(天論篇)》에 있는 말이다.《한시외전(韓詩外傳)ㆍ제5권》에 "若夫君臣之義, 父子之親, 夫婦之別, 長幼之序, 此儒者所謹守, 日切磋而不舍也.〔군신 사이에는 의리가 있어야 하고, 부부사이에는 분별이 있어야 하고, 어른과 어린이 사이에는 순서가 있어야한다는 이것은, 선비들이 삼가 지키고 날마다 갈고 닦으며 버리지 말아야 할 것들이다.〕"라고 나온다.

05-066/ 모든 사람이 미워할지라도

子曰。衆惡之必察焉。衆好之必察焉。
자왈 중오지필찰언 중호지필찰언

{讀法} 子ㅣ 曰, 衆이 惡>之라도 必察焉하고 衆이 好>之라도 必察焉이니라.

• • •

{直譯} 공자께서 말씀하시기를, "모든 사람이 미워할지라도 반드시 살필 것이며, 모든 사람이 좋아할지라도 반드시 살필 것이다." 하셨다.

{語義} ○衆(중) : 여러 사람. 모든 사람. ○惡>之(오지) : 미워하다. ○焉(언) : 어조사. 여기에서는 지정(指定)의 뜻을 나타내는 조사(助詞).

{意譯} 공자께서 말씀하셨다. "많은 사람이 어느 한 사람을 미워할 경우에도 그 세평(世評)을 그대로, 곧 신용(信用)하지 않고 반드시 충분히 그 인물을 관찰해보아야 한다. 또 많은 사람이 어느 한 사람을 좋아하는 경우도 똑같이 해서 반드시 충분히 그 인물을 관찰해보아야 한다."

{餘說} 이것은 대개 사람에 대한 세평이라는 것은 틀리기 쉬운 것이므로, 경솔하게 세평을 신용하지 말고 그 인물에 대해서 스스로 신중하게

관찰해야 할 것을 설명한 것이다. 이 신중한 관찰이 있어서 비로소 '惟 仁者라야 能好>人하며, 能惡>人이니라.〔《논어·이인(里仁)》〕' 하여 인자다 운 실(實)을 올릴 수 있기 때문이다.

이 대문은《논어·위령공(衞靈公)·제27장》에 있다.

05-067/ 하늘이 지은 재앙은

太甲曰。天作孽猶可違。自作孽不可逭。此之謂也。
태 갑 왈　천 작 얼 유 가 위　자 작 얼 불 가 환　차 지 위 야

{讀法} 太甲에 曰, 天作孽은 猶可>違어니와, 自作孽은 不>可>逭이니 此之謂也니라.

• • •

{直譯}《서경·태갑》에 말하기를, '하늘이 지은 재앙은 오히려 피 할 수 있어도, 스스로 지은 재앙은 면할 수 없다.'고 하였으니, 이 를 두고 한 말이다.

{語義} ○〈太甲(태갑)〉:《서경·상서(商書)》의 편명(篇名). 위고문(僞古文). 상(商)나라의 사관(史官) 이윤(伊尹)의 〈고계(告戒)〉와 〈태갑〉의 사(辭)를 수록 하여 상중하(上中下)의 3편이 있다. 상편은 이윤(伊尹)이 태갑의 불명(不明)

을 훈계했으나 듣지 않으므로 그를 동궁(桐宮)에 유폐(幽閉)할 것을 말하고, 중편은 왕이 동궁(桐宮)에 있으면서 덕을 공경했으므로, 그를 박(亳: 은나라 탕왕(湯王)이 도읍한 곳)에 맞아, 또 왕과 이윤이 서로 덕과 충과(忠果)를 가송(嘉頌)하는 것을 서술하고, 하편은 왕이 잘 덕을 닦고 백성을 연민하고 천명을 삼갈 것을 말하며 거듭 왕의 장래를 경계한 것을 서술함. ○孼(얼) : 재앙. ○逭(환) : 도망감. 달아남. 면(免)하다.

{意譯} 《서경 · 태갑》에 말했다. "하늘 재앙은 노력에 의하여 피할 수 있으나, 스스로 부른 재앙은 도망갈 수 없다는 것이 이 말이다."

{餘說} 이 대문은 《서경 · 태갑편상(太甲篇上)》에 나오는 말이다. 이 말이 《맹자 · 공손추상(公孫丑上)》에도 나오는데, '逭'이 '活'로 되어있다.

05-068/ 듣기 좋은 말을 들으면

景行錄云。聞善言則拜。告有過則喜。有聖賢氣象。
경 행 록 운 문 선 언 즉 배 고 유 과 즉 희 유 성 현 기 상

{讀法} 景行錄에 云, 聞2善言1則拜하고, 告2有過1則喜하라. 有2聖賢氣象1이니라.

• • •

{直譯} 《경행록》에 이르기를, "본받을 만한 좋은 말을 들으면 절하고, 허물이 있다고 알려주면 기뻐한다. 성인과 현인의 기상(氣象)이 있다." 하였다.

{語義} ○善言(선언) : 본받을 만한 좋은 말. 훈계가 될 만한 좋은 말. ○拜(배) : 감사(感謝)하다. 사례하다. 순종하다. ○聖賢(성현) : 성인과 현인. ○氣象(기상) : 기품(氣稟)이 겉으로 드러난 상태.

{意譯} 《경행록》에 말했다. "착한 말을 들었을 때는 감격하여 절하고, 자기의 과실을 숨기지 않고 알려줄 때는 기뻐한다. 이러한 사람에게는 성인과 현인의 기상이 있는 것이다."

{餘說} 훈계가 될 만한 좋은 말을 들었을 때는 고맙게 여기며 그 말을 존숭한다. 어쩌다가 실수로 잘못을 저질렀을 경우 그것을 남이 알려주었을 때 그 말을 듣고 기뻐한다. 전자는 성인인 우임금의 경우이고, 후자는 현인 자로의 경우이다. 이에 성인의 기품과 현인의 기품이 있다고 하였다.

05-069/ 허물을 들으면

子路聞過則喜。禹聞善言則拜。
자 로 문 과 즉 희 우 문 선 언 즉 배

{讀法} 子路는 聞>過則喜하고 禹는 聞2善言1則拜하니라.

• • •

{直譯} 자로는 허물을 들었으면 기뻐하였고, 우임금은 훌륭한 말을 들었으면 순종하였다.

{語義} ㅇ子路(자로) : 공자의 제자, 자는 자로 또는 계로(季路)라고도 한다. 성은 중(仲), 이름은 유(由), 노(魯)나라 사람으로 지나치게 호용(好勇)했다. 따라서 지나치게 서두르고 학문의 깊이가 부족한 데가 있었으므로, 《논어》 에서도 공자가 그를 탓한 글이 여러 곳에 나온다. ㅇ禹(우) : 하나라를 창업한 성왕(聖王). 왕이 되기 전에, 요(堯)·순(舜) 두 임금을 섬겨 홍수(洪水)를 다스리는 데 큰 공을 세웠다 함.

{意譯} 자로는 남이 자기 허물을 말하는 것을 들었을 경우 기뻐했고, 우임금은 본받을 만한 좋은 말을 들으면 그 말에 순종했다.

{餘說} 앞의 〔05-068〕 조목과 같은 말인데, 주어(主語)로 자로와 우임금을 넣은 것이 다를 뿐이다. 이 내용은 다음과 같이 《맹자·공손추상 (公孫丑上)·자로장(子路章)》에 나온다: 孟子ㅣ 曰, 子路ㅣ 人ㅣ 告>之以2有過1면 則喜하니라. 禹ㅣ 聞2善言1하면 則拜러시다.〔맹자께서 말하셨다. "공자 제자 자로는 남이 자신의 과실이나 잘못을 지적하여 말해주면 좋아하였다." "우임금은 본받을 만한 좋은 말을 들으면 그 말에 순종하였다."〕"

05-070/ 군자가 되고자 하면서

節孝徐先生。訓學者曰。諸君欲爲君子而使勞己之
절효서선생 훈학자왈 제군욕위군자이사로기지

力。費己之財。如此而不爲君子。猶可也。不勞己之力。
력 비기지재 여차이불위군자 유가야 불로기지력

不費己之財。諸君何不爲君子。鄉人賤之。父母惡之。
불비기지재 제군하불위군자 향인천지 부모오지

如此而不爲君子。猶可也。父母欲之。鄉人榮之。諸君
여차이불위군자 유가야 부모욕지 향인영지 제군

何不爲君子。
하불위군자

{讀法} 節孝徐先生이, 訓2學者1曰, 諸君이 欲>爲2君子1, 而使下勞2
己之力1, 費中己之財上인대, 如>此而不>爲2君子1猶>可也어니와. 不>
勞2己之力1하며, 不>費2己之財1어늘, 諸君은 何不>爲2君子1오? 鄉人
이 賤>之하고, 父母ㅣ 惡>之ㄴ대, 如>此而不>爲2君子1는 猶可也어니와
父母ㅣ 欲>之하고, 鄉人이 榮>之어늘, 諸君은 何不>爲2君子1오?

• • •

{直譯} 절효 서선생이 배우는 자들을 가르쳐 말하기를, "제군이 군
자가 되고자 자기의 힘을 수고롭게 하며 자기의 재물을 소비하는
데, 이같이 하면서 군자가 되지 못하는 것은 오히려 괜찮으나, 자
기의 힘을 수고롭게 하지 않으며 자기의 재물을 소비하지 않는데,
제군은 어찌 군자가 되려고 하지 않는가? 향당의 사람들이 천하게
여기고 부모가 미워하는데, 이같이 하면서 군자가 되지 못하는 것

은 오히려 괜찮으나, 부모가 이를 바라고 향당 사람들이 이를 영화
롭게 여기거늘, 제군은 어찌 군자가 되려고 하지 않는가?" 하였다.

{語義} ○節孝徐先生(절효서선생) : 생졸 1028~1103. 송나라 사람. 이름 적
(積), 자 중거(仲車)로, 호원(胡瑗)의 제자이다. 신종(神宗) 때 여러 번 소대(召
對)하였으나 귀가 먹어 출사하지 못하였다. 효행(孝行)으로 유명하여 정화
(政和) 6년(1116)에 절효처사(節孝處士)라는 시호가 내려졌다. 《절효집(節孝
集)》 30권과 부록 1권이 있으며, 《송사(宋史)》에 본전(本傳)이 있다. ○費
(비) : 소비하다. ○財(재) : 재물. ○猶可(유가) : 오히려 가(可)하다. ○鄕人(향
인) : 향당(鄕黨) 사람. ○諸君은 何不>爲2君子1오 : 제군은 어찌 군자가 되려
고 하지 않는가? 반어문(反語文)임.

{意譯} 절효 서선생이 배우는 자들에게 훈계하여 말했다. "제군들
이 군자가 되려고 자기의 힘도 수고하고 자기의 재물도 소비한다.
이와 같은 이유로 군자가 되지 않는 것은 그래도 괜찮다. 그러나
자기의 힘도 수고롭게 하지 않고 자기의 재물도 소비하지 않는데
도, 제군은 어찌 군자가 되려고 하지 않는가? 향당 사람들이 천시
(賤視)하고 부모가 미워한다. 이와 같은 이유로 군자가 되지 않는
것은 그래도 괜찮다. 그러나 부모가 희망하고 향당 사람들이 영화
롭게 여기는데, 제군은 어찌 군자가 되려고 하지 않는가?"

{餘說} 이 대문은 구문이 약간 까다로우니 다음을 살펴보기 바란다.

節孝徐先生, 訓2學者1曰,

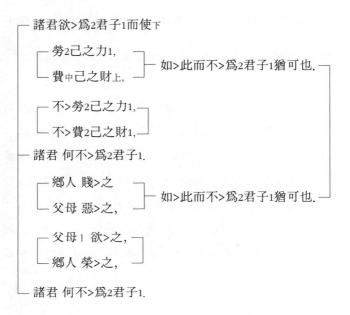

節孝徐先生, 訓2學者1曰,

諸君欲>爲2君子1而使下

勞2己之力1,
費中己之財上,

如>此而不>爲2君子1猶可也.

不>勞2己之力1,
不>費2己之財1,

諸君 何不>爲2君子1.

鄉人 賤>之
父母 惡>之,

如>此而不>爲2君子1猶可也.

父母1 欲>之,
鄉人 榮>之,

諸君 何不>爲2君子1.

05-071/ 때가 된 뒤에 말한다

論語云。夫子時然後言。人不厭其言。樂然後笑。人
논 어 운 부 자 시 연 후 언 인 불 염 기 언 낙 연 후 소 인

不厭其笑。義然後取。人不厭其取。
불 염 기 소 의 연 후 취 인 불 염 기 취

{讀法} 論語에 云, 夫子時然後言이라. 人不>厭2其言1하며 樂然後

笑라. 人不>厭2其笑1하며 義然後取라. 人不>厭2其取1하나니라.

• • •

{直譯} 《논어》에 이르기를, "부자(夫子)는 때가 있은 연후에 말한다. 남이 그가 말하는 것을 싫어하지 않으며, 즐거워한 연후에 웃는다. 남이 그가 웃는 것을 싫어하지 않으며, 의로운 연후에 취한다. 남이 그가 취하는 것을 싫어하지 않습니다." 하였다.

{語義} ○夫子(부자) : 대부(大夫)의 지위에 있는 자에 대한 경칭. 여기서는 위(衛)나라 대부(大夫) 공숙문자(公叔文子: 공손발(公孫拔), 文은 시호)를 가리켜 부른 말. 다음의 {餘說} 참조 바람. ○時然後(시연후) : 때가 된 다음에. ○人不>厭2其言1(인불염기언) : 남들이 그의 말을 싫어하지 않는다. ○樂(낙) : 즐거움. 기쁨이 밖으로 발하는 것. 참고로, '悅'은 마음에 기쁨을 느끼는 것. ○笑(소) : 웃음. ○義(의) : 옳은 길. 사람이 지켜야 할 준칙.

{意譯} 《논어》에 말했다. "대부는 말할 때를 만나야 말합니다. 따라서 듣는 사람은 그 말이 귀찮다거나 싫다거나 생각하지 않습니다. 또 진실로 마음이 즐거움을 깨닫고 웃기 때문에 듣는 사람은 그 웃음을 비웃거나 싫어하거나 생각하지 않습니다. 또 의에 합당해야 비로소 물건을 취하기 때문에 남들은 대부가 물건을 취하는 것을 탐한다거나 싫다거나 생각하지 않습니다."

{餘說} 이 대문은 《논어·헌문편(憲問篇)·제14장》의 일부이다. 전문을

모르고서는 이 대문을 옳게 이해하기 곤란하겠기에, 다음에 전문을 소개한다.

子ㅣ 問公叔文子於公明賈曰, 信乎아, 夫子不言, 不笑, 不取乎아? 公明賈賈對曰, 以告者過也로소이다. 夫子時然後言이라 人不厭其言하며 樂然後笑라 人不厭其笑하며 義然後取라 人不厭其取하나니이다. 子ㅣ 曰, 其然, 豈其然乎리오?〔공자께서 공명가에게 공숙문자에 대해 물으셨다. "참으로 공숙문자는 말이 없고, 웃지 않고, 재물을 취하지도 않느냐?" 이에 공명가가 대답했다. "그 말을 전한 사람이 지나쳤습니다. 공숙문자는 반드시 말할 때가 되어서 말하므로, 남들이 그의 말을 싫어하지 않고, 또 정말로 즐거워할 때가 되어서 웃으므로, 남들이 그의 웃음을 싫어하지 않고 언제나 의롭다는 것을 안 뒤에 재물을 취하였으므로 남들이 그가 가져도 싫어하지 않습니다." 이 말을 듣고 공자께서 말씀하셨다. "그래야지! 그러나 정말 그랬을까?"〕

05-072/ 술에 취해 말을 하지 않는 사람은

酒中不語眞君子。財上分明大丈夫。
주 중 불 어 진 군 자 　 재 상 분 명 대 장 부

{讀法} 酒中不>語는 眞君子요, 財上分明은 大丈夫니라.

• • •

{直譯} 술자리가 무르익었을 때 말을 하지 않는 사람은 참다운 군

자고, 재물에 대하여 분명한 사람은 대장부이다.

{語義} ○酒中(주중) : 술자리가 한창일 때. ○不>語(불어) : 말을 하지 않음. ○財(재) : 재물. ○分明(분명) : 똑똑함. 명료함.

{意譯} 술자리에서 말을 많이 하지 않는 사람은 참다운 군자이고, 재물을 가지고 분명한 사람은 대장부이다.

{餘說} '酒中不語'란 말은, 술자리에서 전연 말을 하지 않는 게 아니라 많이 지껄이지 않는 것으로 풀어야 옳을 것이다. 술이 얼큰하면 이 소리 저 소리 이야기가 많이 나오는 것이 상정(常情)이다. 이렇게 말을 듣기 싫을 정도로 많이 하지 않는 것으로서 적당히 말하고, 적당히 끝내는 것을 뜻한다.

05-073/ 부유함은 집을 윤택하게 하고

大學云。富潤屋。德潤身。
대 학 운 부 윤 옥 덕 윤 신

{讀法} 大學에 云, 富潤>屋이오, 德潤>身이니라.

{直譯} 《대학》에 이르기를, "부는 집을 윤택케 하고, 덕은 몸을 윤택케 한다." 하였다.

{語義} ㅇ《大學(대학)》: 《사서(四書)》의 하나. 《예기(禮記)》 49편 가운데의 제42편에 해당한다. 주자는 《대학》에 장구(章句)를 짓고 자세한 해설을 붙이는 한편, 착간(錯簡)을 바로잡았다. 그는 전체를 경(經) 1장, 전(傳) 10장으로 나누어 '경'은 공자(孔子)의 사상을 제자 증자(曾子)가 기술한 것이고, '전'은 증자의 생각을 그의 문인이 기록한 것이라고 하였다. ㅇ潤(윤): 윤택하다. 여유가 있어 뵈는 것을 말한다.

{意譯} 《대학》에 말했다. "부(富)라는 것은 집을 화려하고 빛나게 하는 것이고, 덕(德)이라는 것은 자신의 수행을 풍부하고 아름답게 하는 것이다."

{餘說} 이 대문은 《대학장구(大學章句)·전(傳)·제6장》에 나오는 글이다. 전문은 다음과 같다: 富潤>屋이오 德潤>身이니, 心廣體胖하니라. 故로 君子는 必誠2其意1니라. 〔부는 집을 윤택하게 하고 덕은 몸을 윤택하게 하는 것이니 마음이 넓고 몸이 편안한 것이다. 그러므로 군자는 반드시 자기의 뜻을 참되게 한다.〕

05-074/ 정직하면서 부족한 것은

寧可正而不足。不可邪而有餘。
영 가 정 이 부 족　불 가 사 이 유 여

{讀法} 寧可2正而不1>足이언정 不>可2邪而有1>餘니라.

• • •

{直譯} 차라리 정직하면서 넉넉하지 못한 것은 좋다 할 수 있을지 언정 그릇되게 남음이 있는 것은 좋다 할 수 없을 것이다.

{語義} ○寧(녕) : 차라리. 선택하는 뜻을 나타내는 말. ○正(정) : 바름. 정직. ○邪(사) : 비뚤어짐. 그릇됨. '正'의 반대. ○有>餘(유여) : 남음이 있음. 넉넉함.

{意譯} 차라리 정직하면서 가난하게 사는 것은 좋지만 그릇되게 부자로 사는 것은 옳지 못하다.

{餘說} 출처는《증광현문(增廣賢文)·상집(上集)》이다.

05-075/ 사람의 됨됨이는

景行錄云。爲人要忠厚。若刻峻大甚則不肖之子。應
경 행 록 운 위 인 요 충 후   약 각 준 대 심 즉 불 초 지 자   응

之矣。
지 의

{讀法} 景行錄에 云, 爲>人은 要2忠厚1하나니 若刻峻太甚하면, 則不
肖之子라도 應>之矣니라.

• • •

{直譯}《경행록》에 이르기를, "사람됨은 성실하고 순후(純厚)함을
필요로 하니, 만일 가혹하고 준엄함이 극심(極甚)하면 못난 자식이
라도 맞설 것이다." 하였다.

{語義} ○爲>人(위인) : 사람의 됨됨이. ○忠厚(충후) : 충직하고 순후(純厚)
함. ○刻峻(각준) : 가혹하고 준엄함. ○太甚(태심) : 아주 심함. 극심(極甚)함.
○不>肖之子(불초지자) : 아버지를 닮지 않고 못난 자식. ○應>之(응지) : 맞
서다. 맞받아치다.

{意譯}《경행록》에 말했다. "사람의 됨됨이는 충후해야 한다. 만일
너무 가혹하고 준엄하게 한다면 아무리 못난 자식이라도 이에 맞
서게 된다."

{餘說} '刻悛'으로 판본도 있으나, 이는 '刻峻'의 잘못이다.

05-076/ 덕이 재주보다 나으면

德勝才爲君子。才勝德爲小人。
덕 승 재 위 군 자　재 승 덕 위 소 인

{讀法} 德勝才爲2君子1이요, 才勝德爲2小人1이니라.

• • •

{直譯} 덕이 재주보다 나으면 군자가 되고, 재주가 덕보다 나으면 소인이 된다.

{語義} ㅇ德(덕) : 도를 행하여 체득한 품성. ㅇ才(재) : 재주. ㅇ勝(승) : 낫다. 이기다.

{意譯} 사람으로서 그 사람의 품성의 덕이 그 사람의 재주를 이기고 덕이 우위에 있는 사람이면 군자가 되고, 이와 반대로 그 사람의 재주가 그 사람의 덕성을 이기게 되면 소인이 된다.

{餘說} 《자치통감(資治通鑑) · 제1권 · 주기(周紀) · 위열왕(威烈王) 23년》

에 "德勝才謂之君子, 才勝德謂之小人.〔덕이 재주보다 나으면 군자라
하고, 재주가 덕보다 나으면 소인이라 한다.〕"로 나와 있다.

05-077/ 좋은 약은 입에 쓰나

子曰。良藥苦於口。而利於病。忠言逆於耳。而利於行。
자 왈 양 약 고 어 구 이 리 어 병 충 언 역 어 이 이 리 어 행

{讀法} 子ㅣ 曰, 良藥은 苦2於口1나 而利2於病1이오, 忠言은 逆2於耳1
나 而利2於行1이니라.

• • •

{直譯} 공자께서 말씀하시기를, "좋은 약은 입에는 쓰나 병에는 이
롭고, 충성스런 말은 귀에는 거슬리나 행함에는 이롭다." 하셨다.

{語義} ○良藥(양약) : 좋은 약. 병에 잘 듣는 약. ○苦2於口1(고어구) : 입에는
쓰다. ○利2於病1(리어병) : 병에는 이롭다. ○忠言(충언) : 충성된 말. ○逆2於
耳1(역어이) : 귀에는 거스르다. ○利2於行1(리어행) : 행실에는 이롭다.

{意譯} 공자께서 말씀하셨다. "좋은 약은 써서 먹기 어려우나 병
을 잘 낫게 하고, 충성된 말은 듣기 거북하나 사람의 행실에는 이

익이 있다."

{餘說}《공자가어(孔子家語) · 육본편(六本篇)》에 있는 말이다. 이 대문 중의 '於' 자는 '에는 · 에' 의 뜻으로 개사(介詞)이고, '而' 자는 '나 · 그러나' 의 뜻으로 접속사(接續詞)이다. 허사(虛詞)에 대한 품성(品性)을 그때그때 잘 파악하여야 올바르게 문장을 이해할 수 있다.

05-078/ 복을 짓는 것은

作福不如避罪。避禍不如省非。
작 복 불 여 피 죄   피 화 불 여 생 비

{讀法} 作>福엔 不>如>避>罪요, 避>禍엔 不>如>省>非니라.

• • •

{直譯} 복을 짓는 것은 죄를 피함만 같지 못하고, 재앙을 피하는 것은 시비를 줄이는 것만 같지 못하다.

{語義} ○作>福(작복) : 행복을 장만하다. 행복을 만들다. ○不>如(불여) : …하는 것만 못하다. …하는 것이 제일이다. ○避>罪(피죄) : 죄를 피하다. 죄가 따르지 못하게 벗어나다. ○避>禍(피화) : 재앙을 피하다. ○省>非(생비) : 시비를 줄임.

{意譯} 복을 지으려면 죄를 피하는 것이 제일이고, 화를 피하려면 시비를 줄이는 것이 제일이다.

{餘說} 복(福)을 지으려면 죄를 짓지 말아야 하고, 화(禍)를 입지 않으려 면 시비를 줄여야 한다는 것이다.

05-079/ 만사에 너그러움을 따르면

萬事從寬。其福自厚。
만 사 종 관   기 복 자 후

{讀法} 萬事에 從>寬이면 其福이 自厚니라.
• • •
{直譯} 만사에 너그러움을 따르면 그 복이 저절로 많아진다.

{語義} ○萬事(만사) : 모든 일. 만 가지 일. ○從>寬(종관) : 너그러이 (보아 주다). 관대히 (하다). ○其福(기복) : 자기에게 오는 복. ○自厚(자후) : 저절 로 많다.

{意譯} 모든 일을 처리할 때 너그러운 마음으로 하게 되면 그 행복 은 저절로 많아진다.

{餘說} 이 문장은《우언백칙(迂言百則)·제분노잠(除忿怒箴)》의 일부로
서, 전문은 다음과 같다.

塵生便掃 진 생 변 소	티끌 일면 쓸면 되니
莫論是否 막 론 시 부	옳고 그름을 논하지 말라.
百年偶聚 백 년 우 취	한평생 우연히 모였는데
何苦煩惱 하 고 번 뇌	무엇 때문에 번뇌하나?
太虛之內 태 허 지 내	이 세상에는
無物不有 무 물 불 유	없는 물건이라고는 있지 않으니.
萬事從寬 만 사 종 관	만사에 너그러우면
其福自厚 기 복 자 후	그 복이 절로 두터우리라.

05-080/ 성취한 사람은

成人不自在。自在不成人。
성 인 불 자 재   자 재 불 성 인

{讀法} 成>人은 不2自在1니 自在는 不2成人1이니라.

• • •

{直譯} 사람을 성취시키는 것은 저절로 그렇게 되는 것이 아니며, 저절로 그렇게 되도록 두면 사람을 성취시킬 수 없다.

{語義} ○成>人(성인) : 사람을 성취시킴. ○自在(자재) : 편안하고 여유가 있음. 몸과 마음이 편안하고 즐거움.

{意譯} 성공한 사람은 안일하게 살지 않았고, 안일하게 살았다면 성공한 사람이 되지 못했다는 말이다.

{餘說} 이 문장은 사람이 성공하기를 바란다면 반드시 각고(刻苦)로 노력해야 되는 것이지, 그렇지 않고 안일(安逸)하게 지내서는 안 된다는 말이다. 송(宋)나라 나대경(羅大經)의 《학림옥로(鶴林玉露)·제9권》에 위의 말을 속담으로 소개하고, 이어서 "此言雖淺.然實切至之論,千萬勉之.〔이 말이 비록 천근(淺近)하지만 실제로는 절실한 말이니 부디 힘쓰기 바란다.〕"고 하였다.

05-081/ 군자의 세 가지 배려하는 마음

子貢曰。君子有三恕。有君不能事。有臣而求其使。
자 공 왈   군 자 유 삼 서   유 군 불 능 사   유 신 이 구 기 사

非恕也。有親不能報。有子而求其孝。非恕也。有兄不
비 서 야   유 친 불 능 보   유 자 이 구 기 효   비 서 야   유 형 불

能敬。有弟而求其聽令。非恕也。爲士者明於此三恕。
능 경 　 유 제 이 구 기 청 령 　 비 서 야 　 위 사 자 명 어 차 삼 서

則可以端身矣。
즉 가 이 단 신 의

{讀法} 子貢이 曰, 君子有2三恕1하나니, 有>君不>能>事에 有>臣而求2其使1는, 非>恕也요. 有>親不>能>報에 有>子而求2其孝1는, 非>恕也요. 有>兄不>能>敬에 有>弟而求2其聽1>令은 非>恕也니, 爲>士者ㅣ 明2於此三恕1면 則可以端>身矣니라.

• • •

{直譯} 자공이 말하기를, "군자는 세 가지의 관대한 마음이 있다. 자신은 임금을 잘 섬기지 않으면서 자기 부하에게는 자기가 시키는 대로 해주기를 요구한다면, 이것은 용서하는 마음이 아니다. 자신은 부모에게 보답하지 않으면서 자기 자식에게는 자기에게 효도해주기를 요구한다면, 이것은 용서하는 마음이 아니다. 자신은 형에게 공경하지 않으면서 자기의 아우에게는 자기를 잘 따라주기를 요구한다면, 이것은 용서하는 마음이 아니다. 선비 된 자가 세 가지 관대한 마음을 명확히 한다면, 자기 몸을 바르게 할 수 있을 것이다." 하였다.

{語義} ㅇ子貢(자공) : 본서 〈정기편〉 〔05-019〕 참조 바람. ㅇ恕(서) : 남에 대하여 배려하는 것. ㅇ三恕(삼서) : 신(臣) · 자(子) · 제(弟)에 대한 세 가지

배려. ○有>君不>能>事(유군불능사) : 임금에게 잘 섬기지 못함. ○有>臣而
求2其使1(유신이구기사) : 자기 부하에게 시키는 대로 잘 해주기를 요구함.
○非>恕(비서) : 배려가 아니다. ○有>親不>能>報(유친불능보) : 부모님께 은
덕을 갚지 않음. ○有>子而求2其孝1(유자이구기효) : 자식이 있다고 해서 효
도를 요구함. ○有>兄不>能>敬(유형불능경) : 형이 있어도 공경할 수 없는
형편에 있어 공경하지 않음. ○聽>令(청령) : 명을 따르다. 말을 잘 따르다.
○有>弟而求2其聽1>令(유제이구기청령) : 아우에게 자기 말 듣기를 요구함.
○士(사) : 선비. 도의를 행하고 학예(學藝)를 닦는 사람. ○明於此三恕(명어
차삼서) : 세 가지 배려하는 마음을 밝힘. ○可以(가이) : … 할 수 있다. …해
도 좋다. …할 가치가 있다. ○端>身(단신) : 몸가짐을 바르게 함.

{意譯} 자하가 말했다. "군자에게는 세 가지의 관대한 마음이 있
다. 자신은 임금을 잘 섬기지도 않으면서 자기 부하에게는 자기가
시키는 대로 잘해주기를 바란다면, 이것은 용서할 일이 아니다.
자신은 부모님의 은혜에 대해 보답하지 않으면서 자기 자식에게
는 자기에게 잘 효도해주기를 바란다면, 이것은 용서할 일이 아니
다. 자신은 형에게 공경하지 않으면서 자기 아우에게는 자기가 시
키는 일을 잘 해주기를 바란다면, 이것은 용서할 일이 아니다. 선
비 된 자가 이 세 가지 관대한 마음을 명확히 한다면 자기 몸가짐
을 바르게 할 수 있을 것이다."

{餘說} 이 대문은 《순자(荀子)·법행(法行)》에 있는 글이다. 《공자가어
(孔子家語)·삼서(三恕)》에도 같은 글이 있다.

　　아랫사람에게 자신을 따르도록 하려면 반드시 자신이 모범을 보여야

하고, 자식에게 효도를 가르칠 때도 자신이 먼저 효성으로 부모를 섬기면 된다. 이것은 입장을 바꿔 생각하면 쉽게 알 수 있다. 공자는 "己所不欲,勿施於人.〔자기가 원하지 않는 일을 남에게 시키지 말라.〕"고 했다. 이것을 다른 말로 표현하면 "자신이 원하는 것을 남도 원할 것이라는 생각으로 남을 대하라."라고 할 수 있다.

다시 말하면, 다른 사람의 사랑을 받고 싶으면 내가 먼저 사랑하면 되고, 다른 사람에게 존경을 받고 싶으면 내가 먼저 존경하면 되는데, 대부분의 사람들은 자신이 해야 할 도리는 뒤로 한 채 남에게만 요구하는 경향이 강하다는 것이다.

05-082/ 스스로 드러내는 자는

老子曰。自見者不明。自是者不彰。自伐者無功。自
노자왈 자현자불명 자시자불창 자벌자무공 자

矜者不長。
긍자부장

{讀法} 老子ㅣ 曰, 自見者는 不>明하고, 自是者는 不>彰하며 自伐者는 無>功하고 自矜者는 不>長이니라.

• • •

{直譯}《노자(老子)》에 이르기를, "스스로 드러내는 자는 밝지 못한 것이고, 스스로 옳다고 하는 자는 드러나지 않고, 스스로 뽐내는 자

는 공이 없고, 스스로 자랑하는 자는 오래가지 못한다."라 하였다.

{語義} ○《老子(노자)》:《노자도덕경(老子道德經)》.《사기(史記)·노자열전(老子列傳)》에, 노자(老子)가 주(周)나라가 쇠퇴해지는 것을 보고 주나라를 떠났는데, 함곡관(函谷關)에 이르렀을 때 관문을 지키던 윤희(尹喜)가 노자를 보고 기뻐하면서 "선생께서 은거하려 하시는군요. 부디 저를 위해 글을 써 주십시오" 하자, 마침내《도덕경(道德經)》5천여 자(字)를 써주고는 떠나 그 뒤로는 행적을 알 수 없었다고 한다. ○自見者(자현자) : 자기 자신을 드러내는 사람. ○不>明(불명) : 밝지 않음. 현명하지 못함. 사리에 어두움. ○自是者(자시자) : 자기가 옳다고 하는 사람. ○不>彰(불창) : 세상에 나타나지 않음. 드날리지 못함. 널리 드러나 알려지지 않음. ○自伐者(자벌자) : 자기가 자기의 공적을 자랑하는 사람. ○無>功(무공) : 공적이 없어짐. ○自矜者(자긍자) : 스스로 대단하게 여기는 사람. 스스로 자신의 공로를 뽐냄. ○不>長(부장) : 그 능력을 길게 보존하지 못함. 오래가지 못함.

{意譯} 노자가 말했다. "스스로 드러내는 자는 현명하지 못한 것이고, 스스로 옳다고 하는 자는 드날리지 못할 것이고, 스스로 뽐내는 자는 아무런 공적(功績)이 없을 것이고, 스스로 자랑하는 자는 오래가지 못할 것이다."

{餘說} 이 대문은《노자도덕경(老子道德經)·제24장》에 나온다.

05-083/ 곡식과 옷감을 모아놓은 사람은

劉會曰。積穀帛者不憂飢寒。積道德者不畏凶邪。
유 회 왈　적 곡 백 자 불 우 기 한　적 도 덕 자 불 외 흉 사

{讀法} 劉會ㅣ 曰, 積2穀帛1者는 不>憂2飢寒1하고 積2道德1者는 不>
畏2凶邪1니라.

• • •

{直譯} 유회가 말하기를, "곡식과 옷감을 모아놓은 사람은 굶주림
과 추위를 근심하지 않고, 도덕을 쌓은 사람은 흉측(凶測)함과 사
악(邪惡)함을 두려워하지 않는다." 하였다.

{語義} ○劉會(유회) : 사람 이름. 생몰년 미상. 자(字)는 봉갑(逢甲). 복건(福
建) 천주부(泉州府) 혜안현(惠安縣) 출신으로 1583년에 진사(進士) 합격. 소산
지현(蕭山知縣)에 제수되고 어사(御史)가 되었으며, 운남(雲南)을 순안(巡按)
하고 강서우참정(江西右參政)·안찰사(按察使) 등을 역임하였다. 75세에 졸
하였다. ○積(적) : 쌓다. 모으다. ○穀帛(곡백) : 곡물과 포백(布帛). ○憂(우) :
근심하다. ○不>畏(불외) : 두려워하지 않다. ○凶邪(흉사) : 흉측(凶測)하고
사악(邪惡)함.

{意譯} 유회가 말했다. "곡식과 옷감을 마련해서 가지고 있는 사
람은 배불리 먹고 따뜻하게 입을 수 있기 때문에 굶주림과 추위를

걱정할 것이 없고, 도덕을 쌓아올린 사람은 흉측하고 사악한 사람을 두려워하지 않는다."

{餘說} 곡식과 옷감을 준비하여 추위와 배고픔에 대비하듯 도(道)와 덕(德)을 길러두면 흉측하거나 사특한 사람도 겁나지 않다는 말이다. 《논어·술이편(述而篇)》에, 환퇴(桓魋)가 공자를 해치려 할 때, 공자께서 "天生德於予, 桓魋其如予何?〔하늘이 나에게 이런 덕(德)을 내려 주었으니, 환퇴 그가 나를 어떻게 하겠는가?〕"라고 말한 고사가 나온다.

05-084/ 다른 사람을 헤아리고 싶다면

太公曰。欲量他人。先須自量。傷人之語。還是自傷。
태공왈 욕량타인 선수자량 상인지어 환시자상

含血噴人。先汚自口。
함혈분인 선오자구

{讀法} 太公이 曰, 欲>量2他人1이어든, 先須2自量1하라. 傷>人之語면 還是自傷이니 含>血噴>人이면 先汚2自口1니라.

• • •

{直譯} 강태공이 말하기를, "다른 사람을 헤아리고 싶다면 먼저 반드시 자기를 헤아려라. 남을 해롭게 하는 말은 도리어 자기를 해롭게 하나니, 피를 머금고 남에게 뿜으면 먼저 자기 입이 더러워진

다." 하였다.

{語義} ○欲(욕) : 하고자 함. 하려고 함. ○量(량) : 헤아리다. 상량(商量)하다. 추측하다. ○須(수) : 모름지기 …하다. 명령 또는 결정의 말. 재역문자(再譯文字). ○還是(환시) : 오히려. 도리어. ○含(함) : 머금음. ○噴(분) : 뿜다. ○汚(오) : 더럽다. 더럽히다.

{意譯} 강태공이 말했다. "남의 마음을 헤아리고자 하면, 먼저 자기의 마음을 추측하여 생각해 보아라. 남의 마음을 상하게 하는 말은 도리어 자기를 상하게 한다. 이것은 마치 자기 입으로 피를 머금어 남에게 뿜으면 먼저 자기 입이 더러워지는 것과 같다."

{餘說} 상대방의 행실에 대해 알고 싶으면, 반드시 먼저 자기 자신의 행실이 어떠한지를 생각한 다음에 상대방에 대해 말하고 행동하라는 메시지이다.

05-085/ 뛰어난 언변은 어눌한 것과 같고

老子曰。大辯若訥。大巧若拙。澄心淸靜。可以安神。
노자왈 대변약눌 대교약졸 징심청정 가이안신

辨口多言。自亡其身。
변구다언 자망기신

{讀法} 老子ㅣ 曰, 大辯은 若>訥하고 大巧는 若>拙이라. 澄心淸靜하면 可2以安1>神하고 辨口多>言은 自亡2其身1이니라.

• • •

{直譯} 노자가 말하기를, "뛰어난 언변은 어눌한 것과 같고, 대단한 솜씨는 서투른 것과 같다. 마음을 맑게 하여 맑고 고요하면 이로써 정신을 안정시킬 수 있다. 뛰어난 말재주로 말을 많이 하면 스스로 자기 몸을 망친다." 하였다.

{語義} ○大辯(대변) : 썩 잘하는 웅변. ○訥(눌) : 말을 더듬다. ○大巧(대교) : 뛰어난 재주. ○拙(졸) : 졸렬(拙劣). 서투르다. ○澄心(징심) : 마음을 맑게 함. ○淸靜(청정) : 맑고 고요함. ○辨口(변구) : 뛰어난 말재주. ○多>言(다언) : 말이 많음. 여러 말. ○亡>身(망신) : 목숨을 잃음.

{意譯} 노자가 말했다. "뛰어난 말재주를 가진 사람은 말을 잘못 하는 척 행동하고, 뛰어난 재주를 가진 사람은 서투른 척 행동한 다. 마음을 맑게 하여 깨끗하고 고요하게 되면 이로써 정신을 안 정시킬 수 있다. 뛰어난 말솜씨에 말까지 많이 하게 되면 스스로 몸을 죽이게 된다."

{餘說} 《도덕경(道德經)・제45장》에 "大成若缺, 其用不敝. 大盈若沖, 其 用不窮. 大直若屈. 大巧若拙. 大辯若訥. 躁勝寒, 靜勝熱. 淸靜爲天下正.

〔크게 이룬 것은 모자란 듯하나 그 쓰임이 낡지 않고, 크게 찬 것은 비어 있는 듯하나 그 쓰임이 다하지 않고, 크게 곧은 것은 구부러진 듯하고, 크게 정교한 것은 엉성한 듯하고, 뛰어난 언변은 어눌한 듯하다. 부지런한 움직임은 추위를 이기고, 고요히 가만있음은 더위를 이기니, 맑고 고요히 가만있으면서 〈백성을 부리는 일을 하지 않으면〉 천하가 바르게 된다.〕"라고 하였다. 본문의 나머지 뒷부분은 《도덕경(道德經)·제81장》의 원전(原典) 중의 "信信不美, 美言不信; 善者不辨, 辨者不善.〔믿음직스러운 말은 아름답지 못하고, 아름다운 말은 믿음직스럽지 못하다. 선한 사람은 변론하지 않고, 변론하는 사람은 선하지 않다.〕"에 대한 하상공 (河上公)의 주(注)에 "辯口多言, 亡其身〔뛰어난 말재주로 많은 말을 하게 되면 스스로 그 목숨을 잃게 된다.〕"라고 나온다. 따라서 이 부분이 《도덕경》에는 들어있지만 엄밀하게 말하면 노자의 말이 아닌 것이다.

05-086/ 가난한 자는 게으름을 피우고

太公曰。貧而雜懶。富而雜力。
태 공 왈 빈 이 잡 라 부 이 잡 력

{讀法} 太公이 曰, 貧而雜>懶하고 富而雜>力이니라.

• • •

{直譯} 강태공이 말하기를, "가난한 자는 게으름을 피우고, 부유한 자는 온 힘을 다 쓴다." 하였다.

{語義} ○雜(잡) : 많다. 여러 가지이다. ○懶(라) : 게으르다. ○雜>懶(잡라) :
모든 게으름을 다 피운다. ○雜>力(잡력) : 모든 노력을 다 기울인다.

{意譯} 강태공이 말했다. "가난한 사람은 온갖 게으름을 다 피우
고, 부유한 사람은 온갖 노력을 다한다."

{餘說} 가난한 사람은 온갖 게으름을 다 피웠기에 가난하게 된 것이고,
부자는 온갖 노력을 다했기 때문에 부자가 된 것이다. 빈부(貧富)의 차
이는 노력 여하에 달려있다는 것이다.

05-087/ 식사할 때 이야기하지 않으며

孔子。食不語。寢不言。
공 자　식 불 어　침 불 언

{讀法} 孔子ㅣ 食不>語하시며 寢不>言이러시다.

• • •

{直譯} 공자께서는 식사하실 때 이야기하지 않으셨으며, 주무실 때
도 말을 하지 않으셨다.

{語義} ○食(식) : 식사할 때. ○語(어) : 이야기. ○寢(침) : 잠자리에 들다.

○ 言(언) : 말.

{意譯} 공자께서는 식사하실 때 이야기를 하지 않으셨고, 잠자리에 누우셨을 때 말씀을 하지 않으셨다.

{餘說} 이 대문은《논어 · 향당편(鄕黨篇) · 제8장》에 나오는 말로, 공자의 일상생활 중의 한 토막이다.《논어 · 향당편》을 읽어보고 공자의 일상생활을 알아보자.

05-088/ 잘 때는 시체처럼 누워 자지 않으며

論語云。寢不尸。居不容。
논 어 운 침 불 시 거 불 용

{讀法} 論語에 云, 寢不>尸하시며, 居不>容이러시다.

• • •

{直譯}《논어》에 이르기를, "주무실 때는 죽은 사람처럼 누워 자지 않으시며, 집에 있을 때는 엄숙한 얼굴을 짓지 않으셨다." 하였다.

{語義} ○《論語(논어)》: 주로 공자의 언행과 문인의 말을 그가 죽은 뒤에

제자들이 수집하여 편찬한 책으로 전 20권이다. 《맹자(孟子)》·《중용(中庸)》·《대학(大學)》과 더불어 《사서(四書)》라 함. ○尸(시) : 시체. ○居(거) : 집에서 한거(閑居)한다는 뜻. ○不>容(불용) : 용의(容儀)를 갖추지 않았다. 엄숙한 낯을 짓지 않고 너그러운 표정으로 있었다.

{意譯} 《논어》에 말했다. "공자께서는 주무실 때 시체처럼 누워서 주무시지 않으시며, 집에 계실 때는 엄숙한 얼굴을 짓지 않고 너그러운 표정으로 계셨다."

{餘說} 이 대문도 〈향당편 · 제16장〉에 나오는 계속 부분이다. 앞 대문과 아울러 《논어 · 향당편》을 참고로 찾아보기 바란다.

05-089/ 어진 농사꾼은

荀子云。良農不爲水旱不耕。良賈不爲折閱不市。士
순 자 운 양 농 불 위 수 한 불 경 양 가 불 위 절 열 불 시 사
君子不爲貧窮怠乎道。
군 자 불 위 빈 궁 태 호 도

{讀法} 荀子에 云, 良農은 不下爲2水旱1不上>耕이오, 良賈는 不下爲2折閱1不上>市요, 士君子는 不下爲2貧窮1怠中乎道上니라.

• • •

{直譯} 《순자》에 이르기를, "어진 농사꾼은 홍수나 가뭄으로 인해서 농사짓지 않음이 없고, 어진 장사치는 값이 떨어져 손해를 본다고 해서 팔지 않음이 없고, 학덕이 높은 사람은 빈궁하다고 해서 도를 게을리하지 않는다." 하였다.

{語義} ○良農(양농) : 어진 농부. 농사를 잘 짓는 훌륭한 농부. ○水旱(수한) : 홍수(洪水)와 가뭄. ○不>耕(불경) : 갈지 않는다. 농사를 짓지 않는다. ○良賈(양가) : 훌륭한 상인. ○折閱(절열) : 상품의 가격을 낮추어 손해를 보고 팖. 밑지고 팖. 값을 깎음. 에누리함. ○市(시) : 팔다. ○士君子(사군자) : 학문이 있고 덕행이 높은 사람. ○貧窮(빈궁) : 가난하고 궁함. ○怠(태) : 게으르다. ○乎(호) : …에 있어. '於·于'와 같음.

{意譯} 《순자》에 말했다. "훌륭한 농부는 홍수나 가뭄을 타지 않고 농사를 짓고, 훌륭한 상인은 손해를 보아도 팔 때는 팔고, 학덕을 겸비한 사람은 가난하다고 해서 도를 닦는 데 게을리하지 않는다."

{餘說} 이 대문은 《순자·수신편(修身篇)》에 있는 글이다.

05-090/ 음식을 탐내는 사람은

孟子曰。飲食之人則人賤之矣。爲其養小以失大也。
맹 자 왈 음 식 지 인 즉 인 천 지 의 위 기 양 소 이 실 대 야

{讀法} 孟子ㅣ 曰, 飮食之人을 則人賤>之矣니 爲2其養>小以失1>大也니라.

• • •

{直譯} 맹자께서 말씀하시기를, "음식을 탐하는 사람을 남들이 천히 여기니, 그것은 그가 작은 것을 기름으로써 큰 것을 잃고 있기 때문이다." 하셨다.

{語義} ㅇ飮食之人(음식지인) : 먹고 마시는 일만 일삼는 사람. 음식을 탐하는 사람. ㅇ賤>之(천지) : 천하게 여김.

{意譯} 맹자께서 말씀하셨다. "먹고 마시기만 하는 사람은 남이 천하게 여긴다. 작은 것을 길러 큰 것을 잃고 있기 때문이다. 왜냐면 작은 구복(口腹)은 기르면서 커다란 심지(心志)를 기르는 것을 잃어버리고 있기 때문이다."

{餘說} 《맹자·고자장구상(告子章句上)·양소실대장(養小失大章)》에 나오는 글이다. 〈집주(集註)〉에 "賤而小者ㅣ口腹也오, 貴而大者ㅣ心志也라.〔천하고 작은 것은 구복이고, 귀하고 큰 것은 심지이다.〕"라고 하였다. 이 구문의 다음에 "飮食之人이 無>有>失也면 則口腹이 豈適爲2尺寸之膚1哉?〔음식을 탐하는 사람이 만일 큰 것을 잃지 않는다면, 구복(口腹)이 어찌 다만 한 자나 한 치의 살갗을 위할 뿐이겠는가?〕"라는 말이 더 있다.

05-091/ 유희는 유익함이 없고

凡戱無益。惟勤有功。
범 희 무 익 유 근 유 공

{讀法} 凡戱는 無>益이오, 惟勤이 有>功이니라.

• • •

{直譯} 무릇 유희는 이익이 없고, 오직 부지런한 것만이 공적이 있다.

{語義} ○凡(범) : 무릇. 대저. 대개. ○戱(희) : 놀다. 희롱하다. 유희(遊戱)하
다. ○惟(유) : 오직. 오직 …할 뿐이다. ○功(공) : 공. 공훈(功勳). 공적(功績).

{意譯} 대개 공연히 희롱하고 놀기만 하는 것은 아무런 유익함이
없고, 오직 부지런한 사람만이 공훈을 세울 수 있다.

{餘說} 이 대문은 다음과 같은 상등대립구(相等對立句)로 성립되어 있
다. '凡' 자와 '惟' 자의 사용법을 알아두기 바란다.

```
┌ 凡戱 無>益,
│    ‖    ‖
└ 惟勤 有>益.
```

05-092/ 외밭에서 신을 고쳐 신지 말고

太公曰。瓜田不納履。李下不整冠。
태 공 왈　 과 전 불 납 리　 이 하 불 정 관

{讀法} 太公ㅣ 曰, 瓜田에 不>納>履하고 李下에 不>整>冠하라.

• • •

{直譯} 강태공이 말하기를, "외밭에서 신을 고쳐 신지 말고, 자두나무 아래에서 갓을 고쳐 쓰지 말라." 하였다.

{語義} ○瓜田(과전) : 외밭. ○不>納>履(불납리) : 신을 신지 말라. 신을 고쳐 신지 말라. '納'은 신발 끈을 매다. '履'는 신발. ○李下(이하) : 오얏나무 아래. 자두나무 아래. ○不>整>冠(불정관) : 갓을 바르게 고쳐 쓰지 아니함.

{意譯} 강태공이 말했다. "남의 외밭을 지나갈 때는 외를 훔치지 않나 하고 의심할 터이니 구부리고 신발을 고쳐 신지 말고, 남의 자두나무 아래를 지나갈 때는 혹시 자두를 훔치지나 않나 의심받을 수 있으니 갓을 바로 고쳐 쓰지 말라. 즉 어떤 행동이 장소에 따라 의심을 유발할 우려가 있으면 하지 말라."

{餘說} '瓜 · 爪'는 혼동하기 쉽다. '외에는 손톱이 있고, 손톱에는 손톱이 없다.'로 기억하면 '瓜(외 과) · 爪(손톱 조)'를 구별하는 데 도움이

된다. '瓜' 자는 수로는 14라는 뜻이 있다. 외꽃이 피었다 시들어 떨어지기까지는 14일 동안이 걸린다는 데서 근거한 뜻이다. 여자는 14세가되면 월경을 갖는다고 해서 여자의 나이 14세를 과년이라 한다. 지금도노인들의 말에 '아무개에게 과년(瓜年)된 딸이 있을 걸' 하는 말을 듣는경우가 있다. '過年' 이라고도 쓰지만 어원(語源)에 치중한다면 '瓜年'이라 해야 한다.

05-093/ 남을 아껴주는데도

孟子曰。愛人不親反其仁。治人不治反其智。禮人不
맹자왈　애인불친반기인　치인불치반기지　예인부

答反其敬。
답반기경

{讀法} 孟子ㅣ 曰, 愛>人不>親이어든 反2其仁1하고 治>人不>治어든
反2其智1하고, 禮>人不>答이어든 反2其敬1하라.

• • •

{直譯} 맹자께서 말씀하시기를, "남을 아껴주는데도 가까워지지 않거든 자기의 인자함을 되돌아보고, 남을 다스리는데 다스려지지않거든 자기의 지혜를 반성하고, 남을 예로써 대하는데도 반응이없거든 자기의 공경심을 되돌아보라." 하셨다.

{語義} ○愛>人(애인) : 남을 아껴줌. ○親(친) : 친근(親近)해짐. 가까워짐. ○反(반) : 반성(反省)함. 돌이켜 생각함. ○仁(인) : 인자함. ○智(지) : 지혜. 슬기. ○禮>人(예인) : 남을 예로써 대해줌. ○不>答(부답) : 응답이 없음. 반응이 없음. ○敬(경) : 공경.

{意譯} 맹자께서 말씀하셨다. "내가 남을 사랑하여도 남이 나에게 친근해지지 않을 때는, 결국 자기의 인애(仁=愛)가 아직 부족하기 때문이 아닌가 하고 반성하여 더욱더 인을 닦지 않으면 안 된다. 또 남을 다스려도 남이 나를 좇지 않아서 잘 다스려지지 않을 때는, 남을 허물치 말고 자기의 지혜가 아직 불충분하기 때문이 아닌가 하고 반성하여 더욱더 지혜를 연마하지 않으면 안 된다. 남을 공경하여도 남이 답례하지 않을 때는, 자기의 공경심이 아직 부족하기 때문이 아닌가 하고 반성해서 더욱더 공경을 닦도록 하지 않으면 안 된다."

{餘說} 이 대문은 《맹자·이루상(離婁上)·애인불친장(愛人不親章)》에 나오는 말이다. 남을 책하기를 좋아하면서 자기를 책할 줄 모르는 사람을 경계한 글이다.

05-094/ 스스로 만족하는 사람은 실패하고

景行錄云。自滿者敗。自矜者愚。自賊者忍。
경 행 록 운   자 만 자 패   자 긍 자 우   자 적 자 인

{讀法} 景行錄에 云, 自滿者는 敗하고, 自矜者는 愚하며, 自賊者는 忍하니라.

• • •

{直譯}《경행록》에 이르기를, "스스로 만족하는 사람은 실패하고, 스스로 자랑하는 사람은 어리석고, 스스로 해치는 사람은 잔인하게 된다." 하였다.

{語義} ㅇ自滿(자만) : 스스로 만족해함. ㅇ敗(패) : 실패함. 패멸(敗滅)함. ㅇ自矜(자긍) : 스스로 자랑함. 자기 자신의 긍지. ㅇ愚(우) : 어리석음. ㅇ自賊(자적) : 스스로 자신을 해침. 선(善)을 버리고 하지 않음. ㅇ忍(인) : 잔인함. 동정심이 없음.

{意譯}《경행록》에 말했다. "자기만족이 있는 사람은 그 만족심으로 인해 패멸(敗滅)하게 되고, 자기를 자랑하는 사람은 어리석기 때문에 자기를 자랑하게 되고, 선(善)을 버리고 하지 않는 사람은 동정심이 없기 때문에 선(善)을 하지 않는다."

{餘說} 자기 자신에 대한 행동에 있어 단점이 될 만한 것들을 들어서 경계한 것이다.

```
┌─ 自滿者,敗. …… 自滅行爲 → 敗滅
├─ 自矜者,愚. …… 自譽行爲 → 痴愚
└─ 自賊者,忍. …… 自害行爲 → 殘忍
```

05-095/ 집안에 악이 있으면

太公曰。家中有惡。外已知聞。身有德行。人自稱傳。
태 공 왈 가 중 유 악 외 이 지 문 신 유 덕 행 인 자 칭 전

{讀法} 太公이 曰, 家中有>惡이면 外已知聞하고 身有2德行1이면 人
自稱傳이니라.

• • •

{直譯} 강태공이 말하기를, "집에 악이 있으면 밖에 이미 알려지고,
자신에게 덕행이 있으면 남이 스스로 칭찬하여 전해준다." 하였다.

{語義} ○ 知聞(지문) : 앎. 들어서 앎. 알려줌. ○ 德行(덕행) : 도덕적인 행실.
○ 稱傳(칭전) : 칭찬하여 널리 전함.

{意譯} 강태공이 말했다. "집안에 악한 일이 있으면 집안사람이
말해서 알기 전에 바깥사람들이 이미 알고 있고, 자신에게 덕행이
있으면 자신은 말하지 않지만 남이 먼저 스스로 칭찬하여 널리 전
해준다."

{餘說} 이 대문의 구문을 분석해 보기로 한다.

太公曰,
　┌ 家中有>惡, 外已知聞.
　└ 身有2德行1, 人自稱傳.

05-096/ 사람이 어질지 않거든 사귀지 말며

人非賢莫交。物非義莫取。忿非善莫擧。事非是莫
_{인 비 현 막 교 물 비 의 막 취 분 비 선 막 거 사 비 시 막}
說。謹則無憂。忍則無辱。靜則常安。儉則常足。
_{설 근 즉 무 우 인 즉 무 욕 정 즉 상 안 검 즉 상 족}

{讀法} 人非>賢莫>交하며, 物非>義莫>取하며, 忿非>善莫>擧하며, 事非>是莫>說하라. 謹則無>憂하고 忍則無>辱하며 靜則常安하고 儉則常足이니라.

• • •

{直譯} 사람이 어질지 않거든 사귀지 말며, 물건이 의(義)가 아니거든 취하지 말며, 분(忿)이 선(善)이 아니거든 거동하지 말며, 일이 옳지 않거든 말하지 말라. 삼가면 근심이 없고, 참으면 욕됨이 없으며, 고요하면 항상 편안하고, 검약하면 항상 넉넉하다.

{語義} ㅇ非(비) : 그렇지 아니함. ㅇ莫(막) : 말라. ㅇ義(의) : 정의. ㅇ忿(분) : 성. 화. ㅇ擧(거) : 거동. ㅇ靜(정) : 안정됨. 고요함. ㅇ儉(검) : 검약. 검소. ㅇ足(족) : 넉넉함. 족함.

{意譯} 어질지 않은 사람과는 사귀지 말며, 의롭지 못한 물건은 취하지 말며, 화가 선에 이르는 것이 아니거든 거동하지 말며, 일이

옳지 않거든 말하지 말라. 조심하면 걱정이 없고, 참으면 욕될 것이 없으며, 안정하면 항상 편안하고, 검소하면 항상 넉넉하다.

{餘說} 이 대문을 분석하면 다음과 같다.

앞부분 5언4구 중 앞의 두 구절의 출처는 송(宋)나라 사람으로, 주자의 제자인 유청지(劉淸之, 1134~1190)의 《계자통록(戒子通錄)》이다. 뒷부분 4언4구는 명(明)나라 장영명(張永明)이 찬(撰)한 《장장희문집(張莊僖文集)·제5권·가훈(家訓)》에 나온다.

05-097/ 교만은 자라게 하면 안 되고

曲禮曰。敖不可長。欲不可縱。志不可滿。樂不可極。
곡 례 왈 오 불 가 장 욕 불 가 종 지 불 가 만 낙 불 가 극

{讀法} 曲禮에 曰, 敖不>可>長이오, 欲不>可>縱이오, 志不>可>滿이오, 樂不>可>極이니라.

• • •

{直譯} 〈곡례〉에 말하기를, "교만은 자라게 할 수 없고, 욕심은 방

종하게 할 수 없고, 뜻은 만족시킬 수 없고, 즐거움은 다하게 할
수 없다.” 하였다.

{語義} ○〈曲禮(곡례)〉: 본서 〈순명편〉〔03-011〕 조목 참조 바람. ○敖(오)
: 교만함, ‘傲’ 와 같음. ○不>可(불가) : 안 된다. 할 수 없다. ○欲(욕) : 욕심.
‘慾’ 과 같음. ○縱(종) : 방종(放縱). 방자함. ○志(지) : 뜻. 지망(志望). 일설
(一說)에는 육정(六情), 즉 감정. ○滿(만) : 만족. ○樂(낙) : 즐거움. 기쁨이 겉
으로 나타나는 것. ○極(극) : 다함.

{意譯} 《예기 · 곡례》에 말했다. “교만한 마음을 증장(增長)시켜서
는 안 되고, 욕심은 방자하게 제멋대로 두어서는 안 되고, 지망(志
望)은 충분히 만족시켜서는 안 되고, 즐거움은 이 위에 없을 곳까
지 다해서는 안 된다.”

{餘說} 이 대문을 분석하면 다음과 같다.

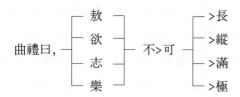

05-098/ 행실은 족히 모범이 될 만해야 하고

素書云。行足以爲儀表。智足以決嫌疑。信可以守
<small>소 서 운 행 족 이 위 의 표 지 족 이 결 혐 의 신 가 이 수</small>

約。廉可以分財。
<small>약 염 가 이 분 재</small>

{讀法} 素書에 云, 行足以爲2儀表1하고, 智足以決2嫌疑1하며 信可2
以守1>約하고 廉可2以分1>財니라.

• • •

{直譯} 《소서》에 이르기를, "행실은 족히 모범이 될 만해야 하고,
지혜는 족히 미심쩍은 것을 결단을 내릴 만해야 하며, 믿음은 약속
을 지킬 수 있어야 하고, 검소함은 재물을 나눌 수 있어야 한다."
하였다.

{語義} ○《素書(소서)》: 본서 〈순명편〉〔03-009〕 조목 참조 바람. ○行(행):
행실. ○足(족): 넉넉히. ○儀表(의표): 사표(師表). 모범. ○智(지): 지혜로움.
○決(결): 결단하다. 결정하다. ○嫌疑(혐의): 의심스러움. 미심쩍음. ○信
(신): 신의로움. ○守>約(수약): 약속을 지킴. ○廉(염): 검소함. ○分>財(분
재): 재물을 나누다.

{意譯} 《소서》에 말했다. "행실은 사람들의 모범이 될 수 있어야
하고, 지혜는 미심쩍은 것을 밝혀 결정 내릴 수 있어야 하며, 신의

가 있어서 남과의 약속을 어기지 않고 지킬 수 있어야 하고, 검소
하여 재물을 모아 남에게 나누어 줄 수 있어야 한다."

{餘說} 행동과 지혜, 그리고 신의와 청렴의 중요성을 말한 것이다. 문장
구조는 다음과 같다.

素書 云,
　行 足以 爲2儀表1,
　智 足以 決2嫌疑1.
　信 可2以 守1>約하고,
　廉 可2以 分1>財니라.

05-099/ 마음은 편안할 수 있을지라도

景行錄云。心可逸。形不可不勞。道可樂。身不可不
경행록운 심가일 형불가불로 도가락 신불가불
憂。形不勞。則怠惰易弊。身不憂。則荒淫不定。故逸生
우 형불로 즉태타이폐 신불우 즉황음부정 고일생
於勞而常休。樂生於憂而無厭。逸樂者。憂勞。其可忘
어노이상휴 낙생어우이무염 일락자 우로 기가망
乎。
호

{讀法} 景行錄에 云, 心可>逸이언정 形不>可>不>勞요 道可>樂이언정

身不>可>不>憂니 形不>可>勞면 則怠惰易>弊하고 身不>憂면 則荒淫不>定이라. 故로 逸生2於勞1 而常休하고 樂生2於憂1하여 而無>厭하나니 逸樂者는 憂勞를 其可>忘乎아?

• • •

{直譯} 《경행록》에 이르기를, "마음은 편안할 수 있을지언정 몸은 수고롭지 않을 수 없고, 도는 즐길 수 있을지언정 몸은 근심하지 않을 수 없을 것이니, 몸이 수고롭지 않으면 게을러서 피곤하기 쉽고, 몸에 근심이 없으면 주색에 빠져서 마음을 정하지 못한다. 그러므로 편안한 것은 수고하는 데서 생겨 늘 기쁜 것이고, 즐거운 것은 걱정하는 데서 생겨 늘 싫지 않은 것이니, 편안하고 즐거운 사람은 걱정과 수고로움을 어찌 잊을 수 있겠는가?" 하였다.

{語義} ○ 可(가) : 할 수 있다. ○ 逸(일) : 편안하다. ○ 形(형) : 나타남. ○ 不>可>不(불가불) : 아니할 수 없다. ○ 勞(로) : 수고로움. ○ 道(도) : 길. 준수하여야 할 도덕. ○ 樂(락) : 즐거움. ○ 憂(우) : 근심. 걱정. ○ 怠惰(태타) : 게으름. ○ 易(이) : 쉽다. ○ 弊(폐) : 피곤함. ○ 荒淫(황음) : 주색(酒色)에 빠짐. ○ 不>定(부정) : 정하지 못함. ○ 常(상) : 늘. 항상. ○ 休(휴) : 좋아함. ○ 厭(염) : 싫어함. ○ 其可>忘乎(기가망호) : 어찌 잊을 수 있겠는가? 여기서 '其'는 '豈'와 같다.

{意譯} 《경행록》에 말했다. "마음은 편안할 수 있다손 치더라도 몸은 항상 수고로워야하고, 도를 즐길 수 있다손 치더라도 몸에

걱정이 있어야 한다. 몸이 수고하지 않고 보면 게으르고 쉽게 피곤하며, 몸에 걱정하는 것이 없다 보면 주색의 음탕한 데로 빠져서 믿기 어렵다. 그렇기 때문에 편안한 것은 수고하는 데서 생겨 항상 좋을 것이고, 즐거운 것은 걱정하는 데서 생겨 언제나 싫지 않을 것이니, 모든 일에 편안하고 즐겁고자 하는 사람은 걱정과 수고를 어찌 잊을 수 있겠는가?"

{**餘說**} 이 대문은 다음과 같은 대립구(對立句)로 된 문장이다.

景行錄云,

┌ 心可>逸, 形不>可>不>勞,
└ 道可>樂, 身不>可>不>憂.

┌ 形不>勞, 則怠惰易>弊,
└ 身不>憂, 則荒淫不>定.

故

┌ 逸生2於勞1, 而常休,
└ 樂生2於憂1, 而無>厭.

逸樂者, 憂勞, 其可>忘乎.

05-100/ 아첨하는 마음이 없으면

心無諂曲。**與霹靂同居**。
심 무 첨 곡　여 벽 력 동 거

{讀法} 心無²諂曲1이면 與²霹靂1로 同居니라.

• • •

{直譯} 마음이 남에게 아첨하여 자기 마음을 굽히는 일이 없으면 벼락과 더불어 같이 살 수 있다.

{語義} ○諂曲(첨곡) : 남에게 아첨해서 자기의 마음을 굽히는 일. ○霹靂 (벽력) : 벼락. ○同居(동거) : 같이 살 수 있음. 함께 삶.

{意譯} 마음속으로 아첨해서 남을 불좇는 일이 없는 사람, 즉 강직한 사람은 마음이 안정(安靜)되어 있기 때문에 벼락과 함께 살 수 있어 두려운 마음이 없다는 것이다.

{餘說} 자기 마음이 떳떳하면 아무리 무서운 것이라도 무섭지 않고 마음가짐이 덤덤하게 된다는 것으로 추상적인 표현의 글이다.

05-101/ 귀로는 남의 그릇된 것을 듣지 않고

景行錄云。耳不聞人之非。目不視人之短。口不言人
경 행 록 운 이 불 문 인 지 비 목 불 시 인 지 단 구 불 언 인

之過。庶幾君子。
지 과 서 기 군 자

{讀法} 景行錄에 云, 耳不>聞2人之非1하고, 目不>視2人之短1하고, 口不>言2人之過1라야 庶幾2君子1니라.

• • •

{直譯} 《경행록》에 이르기를, "귀로는 남의 그릇된 것을 듣지 않고, 눈으로는 남의 단점을 보지 않고, 입으로는 남의 허물을 말하지 않아야 군자에 가깝다." 하였다.

{語義} ○不(불) : 이 대문에 세 번 나오지만, 뜻은 다 같이 '아니다'로 부정(否定)을 나타낸다. ○非(비) : 비위(非違). 그름. 옳지 않은 것. 잘못. ○短(단) : 단점. 부족한 점. ○過(과) : 허물. 과실(過失). ○庶幾(서기) : 가까움. 거의 되려고 함.

{意譯} 《경행록》에 말했다. "귀로는 남의 비위(非違)를 듣지 않아야 하고, 눈으로는 남의 단점을 보지 않아야 하고, 입으로는 남의 과실을 말하지 않아야만 거의 군자에 가깝다고 한다."

{餘說} 이(耳)·목(目)·구(口)의 세 가지 감각에 따라 남의 비위·단점·과실 등을 듣지도, 보지도, 말하지도 않아야 군자라고까지는 할 수 없지만 군자의 범주에 가깝다고 하였다. 즉 군자의 범주에는 반드시 이 세 가지가 결여(缺如)되어서는 안 된다는 말도 되며, 이 밖에도 여러 가지 조건이 허다하다는 뜻도 있다.

05-102/ 집 안에 군자가 있으면

門內有君子。門外君子至。門內有小人。門外小人至。
문 내 유 군 자 문 외 군 자 지 문 내 유 소 인 문 외 소 인 지

{讀法} 門內에 有2君子1면 門外에 君子ㅣ至요, 門內에 有2小人1이면 門外에 小人이 至니라.

• • •

{直譯} 문 안에 군자가 있으면, 문 밖에도 군자가 이르고, 문 안에 소인이 있으면, 문 밖에도 소인이 이른다.

{語義} ㅇ門內(문내) : 대문(大門) 안. ㅇ君子(군자) : 심성(心性)이 어질고 덕행(德行)이 높은 사람. 남의 사표가 될 만한 사람. ㅇ門外(문외) : 대문 밖. ㅇ小人(소인) : 간사(奸邪)하고 도량이 좁은 사람. 덕(德)이 없는 사람. ㅇ至(지) : 다다름. 와서 모임.

{意譯} 대문 안에 군자가 있으면, 대문 밖에도 군자가 와서 모이고, 즉 군자가 사는 집에는 군자가 와서 모이고, 대문 안에 소인이 살면 대문 밖에도 소인이 와서 모인다. 즉 소인이 사는 집에는 소인이 와서 모인다.

{餘說} 이 대문은 오언절구(五言絶句)의 한시형(漢詩型)으로 되어있다.

門內有2君子1,　　起 第一句

門外君子至.　　　承 第二句 押韻

門內有2小人1　　轉 第三句

門外小人至.　　　結 第四句 押韻

이상을 살펴보면 '門·內·有·君·子·外·至·小·人'의 아홉 자로 훌륭하게 이러한 글이 이루어졌다. 이것이 한자의 장점이다.

05-103/ 한 가지 행실에 과실이 있으면

太公曰。一行有失。百行俱傾。
태 공 왈 일 행 유 실 백 행 구 경

{讀法} 太公이 曰, 一行에 有>失이면 百行이 俱傾이니라.

· · ·

{直譯} 강태공이 말하기를, "한 가지 행실에 과실이 있으면 백 가지 행실이 모두 한쪽으로 기울어진다." 하였다.

{語義} ○一行(일행) : 한 가지의 행실. ○有>失(유실) : 과실이 있음. 실수가 있음. ○俱傾(구경) : 모두 한쪽으로 기울어 엎어짐.

{意譯} 강태공이 말했다. "사람에게는 한 가지 실수가 있으면 다른 사람들이 백 가지를 모두 실수 쪽으로 기울어뜨려 나머지 전부를 실수로 보게 된다."

{餘說} 우리의 주변에서 흔히 볼 수 있는 일이다. 어찌하다 한 가지 잘못으로 낙인(烙印)을 찍어 그가 가까이 있는 일에서 잘못이 일어나면 꼭 그 사람의 짓이 아닌가 하고 보아 넘긴다. 이런 편견은 시정되어야 할 것이다. 편견의 속단은 금물(禁物)이다.

05-104/ 구차한 덕보다 더한 허물이 없고

素書云。短莫短於苟德。孤莫孤於自恃。
소 서 운 단 막 단 어 구 덕 고 막 고 어 자 시

{讀法} 素書에 云, 短莫>短2於苟德1이오, 孤莫>孤2於自恃1니라.

• • •

{直譯}《소서》에 이르기를, "허물은 구차한 덕보다 더한 허물이 없고, 외로움은 자신의 능력을 믿는 것보다 더한 외로움이 없다." 하였다.

{語義} ○《素書(소서)》: 책 이름. 본서 〈순명편〉〔03-009〕참조 바람. ○ 短
(단) : 허물. 허물되다. ○ 苟德(구덕) : 구차하게 얻은 덕. 구차한 덕. ○ 孤(고)
: 외로움. 외롭다. ○ 自恃(자시) : 자부(自負)함. 자신의 능력과 가치를 믿음.

{意譯} 《소서》에 말했다. "허물이란 구차하게 얻은 덕보다 더 허
물될 것이 없다. 또 외로움이란 저 혼자 짐작하여 믿고 겉에 드러
내는 것보다 더한 외로움이 없다."

{餘說} 선비가 경계해야 할 것은 '구덕(苟德)'과 '자시(自恃)'이다. 구차
하게 얻은 덕은 선비 자신을 더욱더 덕이 없는 사람이 되게 하고, 혼자
잘났다고 여기면서 스스로를 의지하게 되면 선비 자신을 더욱더 외로
운 사람으로 만든다는 것이다.

05-105/ 거울이 밝으면

老子曰。鑑明者。塵埃不能汚。神淸者。嗜慾不能膠。
노 자 왈 감 명 자 진 애 불 능 오 신 청 자 기 욕 불 능 교

{讀法} 老子ㅣ 曰, 鑑明者면 塵埃도 不>能>汚며, 神淸者면 嗜慾도
不>能>膠니라.

• • •

{直譯} 노자가 말하기를, "거울이 밝으면 티끌이 더럽힐 수 없으며,

정신이 맑으면 기호(嗜好)와 욕망이 붙을 수 없다." 하였다.

{語義} ○鑑明者(감명자) : 거울이 밝은 것. ○塵埃(진애) : 티끌. ○不>能>汚
(불능오) : 더럽힐 수 없다. ○神淸者(신청자) : 사람의 정신이 맑은 것. ○嗜
慾(기욕) : 기호(嗜好)와 욕심. ○不>能>膠(불능교) : 붙을 수 없다.

{意譯} 노자가 말했다. "밝은 거울은 티끌도 더럽힐 수 없으며, 맑
은 정신은 좋아하고 즐기려는 욕심도 달라붙을 수 없다."

{餘說} 거울을 깨끗하게 닦아 먼지를 없애듯, 자기의 정신도 맑게 하여
사사로운 욕심이 생기지 않게 해야 한다는 말이다.

05-106/ 작은 행동을 조심하지 않으면

書云。不矜細行。終累大德。
서 운 불 긍 세 행 종 루 대 덕

{讀法} 書에 云, 不>矜2細行1하시면 終累2大德1하리이다.

• • •

{直譯} 《서경》에 이르기를, "작은 행동을 받아들이지 않으시면 마

침내 큰 덕행에 누(累)가 될 것입니다." 하였다.

{語義} ○不>矜(불긍) : 즐겨 하지 않음. 받아들이지 않음. 승인하지 않음. ○細行(세행) : 조그만 행위. ○累(루) : 폐단(弊端). 걱정. ○大德(대덕) : 큰 덕행.

{意譯}《서경》에 말했다. "자질구레한 일도 받아들여야 마침내 큰 덕행에 누(累)를 끼치지 않을 것이다."

{餘說}《서경·여오(旅獒)》에 "夙夜, 罔或不勤. 不矜細行, 終累大德. 爲山九仞, 功虧一簣.〔밤낮으로 혹시라도 부지런히 하지 않는 일이 없게 해야 한다. 작은 행동이라도 받아들이지 않으면 마침내 큰 덕에 누를 끼친 결과, 마치 아홉 길의 산을 쌓아 올리다가 한 삼태기의 흙을 덜 부어 망쳐 버리는 것처럼 될 것이다.〕"라는 말이 나온다.

05-107/ 군자는 태연하면서 교만하지 않고

子曰。君子泰而不驕。小人驕而不泰。
자 왈 군 자 태 이 불 교 소 인 교 이 불 태

{讀法} 子ㅣ曰, 君子는 泰而不>驕하고, 小人은 驕而不>泰니라.

...

{直譯} 공자께서 말씀하기를, "군자는 태연하면서 교만하지 않고, 소인은 교만하면서 태연하지 않다." 하셨다.

{語義} ○ 泰(태) : 태연하다. ○ 驕(교) : 교만하다.

{意譯} 공자께서 말씀하셨다. "군자는 닦는 것이 깊고 믿는 것이 두텁기 때문에 자연히 항상 마음이 넓고 태도가 풍부하며 태연하게 있으므로 장부다운 태도를 가지고 있다. 그리고 자기가 한 일이 큰 것이라 할지라도 그것은 어디까지나 자기가 해야 할 당연한 일을 했다 하고 조금도 남에게 자랑하는 일이 없다. 이에 반하여 소인은 근소(僅少)한 일에도 자기를 자랑하나 마음의 수양이 안 되어 있기 때문에 자연히 그 태도에 태연한 것이 보이지 않는다."

{餘說} 이 대문은《논어 · 자로편(子路篇) · 제26장》에 있는 글이다. 군자와 소인의 태도가 상위(相違)한 것을 서술한 것이다.

05-108/ 총명하고 슬기롭더라도

荀子云。聰明聖智。不以窮人。齊給速通。不爭先人。
순 자 운 총 명 성 지 불 이 궁 인 제 급 속 통 부 쟁 선 인

剛毅勇敢。不以傷人。不知則問。不能則學。雖能必讓。
강 의 용 감　 불 이 상 인　 부 지 즉 문　 불 능 즉 학　 수 능 필 양

然後爲德。
연 후 위 덕

{讀法} 荀子에 云, 聰明聖智라도 不2以窮1>人하고 齊給速通이라도
不>爭2先人1하며 剛毅勇敢이라도 不2以傷1>人이라. 不>知則問하고
不>能則學하며 雖能이라도 必讓이니 然後에 爲>德이니라.

• • •

{直譯}《순자》에 이르기를, "총명하고 슬기롭더라도 사람을 곤궁하
게 하지 않고, 민첩하고 신속하더라도 남보다 앞서기를 다투지 않
으며, 굳세고 용감하더라도 남을 해치지 않아야 한다. 알지 못하면
물어야 하고, 능하지 못하면 배워야 하며, 비록 능하다 할지라도
반드시 양보하여야 하며 그러한 뒤에 덕을 이루게 된다." 하였다.

{語義} ○聰明(총명) : 기억력이 있고 슬기가 있음. ○聖智(성지) : 통하지 않
는 바가 없는 지혜. ○窮>人(궁인) : 사람을 곤궁하게 하다. ○齊給(제급) : 민
첩함. 재빠름. ○速通(속통) : 신속함. ○先>人(선인) : 남을 앞서다. ○剛毅
(강의) : 의지가 굳셈. ○勇敢(용감) : 용기. 담력(膽力).

{意譯}《순자》에 말했다. "기억력이 있고 슬기가 있더라도 남들을
곤궁하게 해서는 안 되고, 행동이 재빠르고 신속하더라도 남들보

다 앞서려고 하지 않으며, 마음이 강하고 급하지 않으며 용감하더라도 남을 해치지 않으며, 알지 못하는 것이면 물어보고, 능하지 못하면 배우며, 비록 능할지라도 반드시 양보하여야 하며, 그런 다음에라야 덕을 이루게 된다."

{餘說} 이 대문은《사자경(四字經)》과 같은 형식의 글로서,《순자 · 비십이자편(非十二子篇)》에 있는 문장이다.

05-109/ 여색에 물들지 않으면

賢士傳曰。色不染。無所穢。財不貪。無所害。酒不貪。
현 사 전 왈 색 불 염 무 소 예 재 불 탐 무 소 해 주 불 탐

無所觸。不輕他自厚。不屈他自安。心平則無怨惡。
무 소 촉 불 경 타 자 후 불 굴 타 자 안 심 평 즉 무 원 오

{讀法} 賢士傳에 曰, 色不>染이면 無>所>穢하며 財不>貪이면 無>所>害하며 酒不>貪이면 無>所>觸하며 不>輕>他면 自厚하고 不>屈>他면 自安하며 心平則無2怨惡1니라.

• • •

{直譯}《현사전》에 이르기를, "여색에 물들지 않으면 더러워질 일이 없으며, 재물을 탐하지 않으면 해 되는 바가 없으며, 술을 탐하지 않으면 범하는 바가 없으며, 남을 가벼이 여기지 않으면 스스로

는 두터워지고, 남에게 굽히지 않으면 스스로는 편안하며, 마음이 편안하면 원망과 미워함이 없어진다." 하였다.

{語義} ○《賢士傳(현사전)》: 현사(賢士)들의 전기(傳記)를 모은 책인 것 같은데 자세히 알 수 없음. ○色(색) : 여색(女色). ○染(염) : 물들이다. ○無>所(무소) : …하는 바가 없다. ○穢(예) : 더럽다, 더럽히다. ○貪(탐) : 탐하다. 마음대로 욕심내다. ○害(해) : 손해보다. ○觸(촉) : 범하다. 범법(犯法)하다. '觸'이 '縱'으로 된 곳도 있다. '縱'으로 하면 '멋대로 하는 바가 없다'가 되어 뜻은 통한다. ○輕(경) : 가볍다. 가벼이 여기다. ○自厚(자후) : 스스로 덕이 두터워지다. 자신이 존중받게 된다. ○屈(굴) : 굽히다. ○自安(자안) : 스스로 마음이 편안해진다. ○怨惡(원오) : 원망하며 미워하다.

{意譯}《현사전》에 말했다. "여색에 물들지 않으면 자기 몸을 더럽히는 일이 없게 되고, 재물을 탐내지 않으면 손해 보는 일이 없으며, 술을 탐내어 마시지 않으면 법(法)에 걸리는 일이 없다. 남을 가벼이 여기지 않으면 자신이 존중받게 되고, 남에게 굽히지 않으면 자기 마음이 편안해지니, 마음을 편안히 가지면 원망과 미워함이 없게 된다."

{餘說} 이 대문의 구문을 분석하여 보면 다음과 같다.

05-110/ 성인은 덕은 쌓아도

老子曰。聖人積德不積財。執道全身。執利招害。
노 자 왈 성 인 적 덕 불 적 재 집 도 전 신 집 리 초 해

{讀法} 老子ㅣ 曰, 聖人은 積>德하되, 不>積>財시니라. 執>道면 全>身
하고 執>利면 招>害니라.

• • •

{直譯} 노자가 말했다. "성인은 덕은 쌓아도 재물은 쌓지 않으신다.
정도를 지키면 몸을 보전할 수 있고, 이익에 집착하면 손해를 부른
다." 하였다.

{語義} ○聖人(성인) : 지혜와 도덕이 뛰어나고 사물의 이치에 정통(精通)하
여 만세에 사표(師表)가 될 만한 사람. ○積>德(적덕) : 덕을 쌓음. ○執>道
(집도) : 정도(正道)를 준수함. ○全>身(전신) : 생명, 또는 명예를 보전함. ○執
>利(집리) : 이익을 고집(固執)함. 이익에 집착(執着)함. ○招>害(초해) : 손해
를 부름, 손해를 초래(招來)함.

{意譯} 노자가 말했다. "성인은 도덕을 쌓지만 재물을 모으지는
않는다. 정도를 좇아 지키면 자신을 보전할 수 있고, 이익에 집착
하면 손해를 보게 된다."

{餘說} 이 대문은 노자의 말이라고 하지만 출전(出典)을 확인할 수 없다. 《도덕경·제81장》에 뜻이 같은 말은 있지만 본 대문과 전적으로 같은 것이 아니다. 참고로 《도덕경·제81장》의 후반부를 다음에 소개한다 : "聖人不>積, 旣以爲>人, 己愈有. 旣以與>人, 己愈多. 天之道, 利而不> 害. 聖人之道, 爲而不>爭〔성인은 쌓아 두지 않는 사람이라 남을 위해 다 쓰지만 자기에게 더욱 있게 되고, 남에게 다 주지만 자기에게 더욱 많아진다. 하늘의 도는 이롭게 하면서도 해침이 없고 성인의 도는 다 해주면서도 다투지 아니한다.〕"

05-111/ 기쁨과 노여움은 마음에 있고

蔡伯喈曰。喜怒在心。言出於口。不可不愼也。
채 백 개 왈 희 노 재 심 언 출 어 구 불 가 불 신 야

{讀法} 蔡伯喈ㅣ 曰, 喜怒는 在>心하고 言出2於口1하나니, 不>可>不> 愼也니라.

• • •

{直譯} 채백개가 말하기를, "기쁨과 노여움은 마음에 있고, 말은 입에서 나오나니, 삼가지 않을 수 없다." 하였다.

{語義} ○蔡伯喈(채백개) : 후한(後漢) 진류(陳留) 어현(圉縣) 사람. 이름은 옹
(邕)이고, 백개(伯喈)는 자이다. 생몰 133~192. 성품이 지극히 효성스러우
며, 젊어서부터 박학하여 사장(辭章)·술수(術數)·천문(天文)을 좋아하였음.
음률을 교묘(巧妙)히 조작(操作)하고 금(琴)을 잘 탐. 벼슬은 의랑(議郞), 봉(封)
은 고양후(高陽侯). 가평(熹平, 172~177) 때 양사(楊賜, ?~185)와 함께《육경(六
經)》을 주정(奏定)하고 몸소 쓰고 비(碑)에 새겨 태학(太學)의 문 바깥에 세움.
재이(災異)가 자주 일어나자 정황(程璜)에 의해 원방(遠方)으로 귀양 감. 다
음에 사면(赦免)되어 돌아와 강해(江海)에 망명하다가 왕윤(王允) 때문에 옥
사(獄死)함. 뒤에 좌중랑장(左中郞將)을 지냈음. 저서에《독단(獨斷)》·《석회
(釋誨)》·《채중랑집(蔡中郎集)》 등이 있음. ○伯(백) : 맏. '伯仲叔'의 '伯' 임.
○喈(개) : 종소리. 새소리. ○於(어) : '…에서'로 개사(介詞)이다.

{意譯} 채백개가 말했다. "사람이 기뻐하고 노여워하는 것은 사람
의 마음에 달려 있고, 말이란 입으로부터 나오는 것이니, 삼가지
않을 수 없다."

{餘說} '蔡伯喈'의 '喈' 자가 '諧·皆' 자로 되어있는 책이 많은데, 이는
잘못이다.

05-112/ 마음이 너그럽고 동정심이 깊으며

衛伯曰。寬惠博愛。敬身之基。勤學者。立身之本。
위 백 왈 관 혜 박 애 경 신 지 기 근 학 자 입 신 지 본

{讀法} 衛伯이 曰, 寬惠博愛는 敬>身之基요, 勤>學者는 立>身之本
이니라.

• • •

{直譯} 위백이 말하기를, "관혜와 박애는 몸가짐을 공경하게 갖는
기본이고, 학문에 힘쓰는 것은 입신의 근본이다." 하였다.

{語義} ○衛伯(위백) : 위나라의 임금〔衛國君〕, 백(伯)은 주백(州伯)으로 주
목(州牧)을 보좌(輔佐)하는 사람. ○寬惠(관혜) : 마음이 너그럽고 은혜가 있
음. ○博愛(박애) : 많은 사람을 한결같이 평등하게 사랑함. ○敬>身(경신) :
몸가짐을 공경하게 가짐. ○勤>學(근학) : 부지런히 학문에 힘씀. ○立>身
(입신) : 입신출세(立身出世).

{意譯} 위백이 말했다. "사람이 마음이 너그럽고 동정심이 깊으며
모든 사람을 한결같이 평등하게 사랑하는 것은 몸가짐을 공경하
게 갖는 기본이고, 학문을 부지런히 힘쓰는 것은 입신출세하는 근
본이다."

{餘說} 몸가짐을 공경하게 갖는 기본과 입신출세하는 근본을 말한 것
이다.

子曰。身居富貴而能下人者。何人而不與富貴。身居
자왈 신거부귀이능하인자 하인이불여부귀 신거

人上而能愛敬者。何人而不敢愛敬。身居權職而能嚴
인상이능애경자 하인이불감애경 신거권직이능엄

肅者。何人而不敢畏懼也。發言當理。動止合規。何人
숙자 하인이불감외구야 발언당리 동지합규 하인

而敢違命也。
이감위명야

{讀法} 子ㅣ 曰, 身居2富貴1하며 而能2下人1者를 何人이 而不>與2富
貴1리오? 身居2人上1하며, 而能2愛敬1者를, 何人이 而不敢2愛敬1이리
오? 身居2權職1하여 而能2嚴肅1者를, 何人이 而不2敢畏懼1也며, 發>
言ㅣ 當>理하며 動止ㅣ 合>規면 何人이 而敢違>命也오?

• • •

{直譯} 공자께서 말씀하시기를, "몸이 부귀에 처해 있으면서 아랫
사람에게 잘하는 자를 어떤 사람이 부귀를 허여(許與)하지 않겠는
가? 몸이 남의 위에 처해 있으면서 사랑하고 공경하기에 능한 사
람을 어떤 사람이 감히 사랑하고 공경하지 않겠는가? 몸이 권직
(權職)에 있으면서 능히 엄숙한 사람을 어떤 사람이 감히 두려워하
지 않겠으며, 말을 함이 이치가 합당하고 행동거지가 법규에 맞는
데 어떤 사람이 감히 명을 어기겠는가?" 하였다.

{語義} ○身居2富貴1(신거부귀) : 몸이 부귀에 있다. 몸이 부귀에 살고 있다.
○能2下人1者(능하인자) : 아랫사람에게 잘하는 사람. ○不>與2富貴1(불여부
귀) : 부귀를 허여(許與)하지 않으랴? ○身居2人上1(신거인상) : 몸이 사람의
위에 있다. ○能2愛敬1者(능애경자) : 사랑하고 공경을 잘하는 사람. ○不2敢
愛敬1(불감애경) : 감히 사랑하고 공경하지 않겠는가? ○身居2權職1(신거권
직) : 몸이 권력이 있는 직업에 처해 있다. ○能2嚴肅1者(능엄숙자) : 엄숙하기
를 잘하는 사람. ○不2敢畏懼1(불감외구) : 감히 두려워하지 않겠는가? ○發>
言(발언) : 말을 함. ○動止(동지) : 행동거지(行動擧止). ○合>規(합규) : 규칙에
합함. ○敢違>命也(감위명야) : 어찌 명을 어기겠는가?

{意譯} 공자께서 말씀하셨다. "몸이 부귀한 지위에 있는 것은 아
랫사람들도 능한 것이다. 그러므로 누구인들 부귀를 허여하지 않
는가? 몸이 사람의 위에 있으면서 남을 사랑하고 공경할 수 있는
자를 누가 감히 사랑하고 공경하지 않겠는가? 몸이 권세가 있는
직위에 있으면서 그 행실에 위엄이 있는 사람을 누가 감히 두려워
않겠으며 말을 함이나 예스러운 행동거지가 예법에 부합하다면
누가 감히 명을 어기겠는가?"

{餘說} 이 대문을 병서(竝書)해보면 다음과 같다.

子曰,

┌ 身居2富貴1, 而能2下人1者,
└ 何人, 而不>與2富貴1.

┌ 身居2人上1, 而能2愛敬1者,
└ 何人, 而不2敢愛敬1.

```
┌─ 身居2權職, 而嚴肅者,
│
└─ 何人, 而不2敢畏懼1也,

┌─ 發>言이當>理, 動止1合>規,
│
└─ 何人, 而敢違>命也.
```

05-114/ 남에게서 빌린 서적은

顔氏家訓曰。借人典籍。皆須愛護。先有缺壞。就爲
안 씨 가 훈 왈　차 인 전 적　개 수 애 호　선 유 결 괴　취 위

補治。此亦士大夫百行之一也。
보 치　차 역 사 대 부 백 행 지 일 야

{讀法} 顔氏家訓에 曰, 借人典籍을 皆須2愛護1하라. 凡有2缺壞1어든
就爲2補治1니 此亦士大夫의 百行之一也니라.

• • •

{直譯} 《안씨가훈》에 말하기를, "남에게서 빌린 서적을 모두 모름
지기 애호하라. 무릇 훼손된 곳이 있거든 나아가 깁고 고칠 것이
니, 이 또한 사대부의 백행(百行) 중의 하나이다." 하였다.

{語義} ○《顔氏家訓(안씨가훈)》: 북제(北齊) 때 안지추(顔之推, 531~602)가 자
손을 위하여 저술한 교훈서로서 2권 20편으로 구성되어 있다. ○ 借(차): 빌

리다. ○典籍(전적) : 옛날의 중요한 서적. ○皆須(개수) : 모두 모름지기 …하라. '須'는 재역문자(再譯文字). ○愛護(애호) : 사랑하여 보호함. ○缺壞(결괴) : 잔결(殘缺)되고 파괴(破壞)됨. ○就爲(취위) : 나아가 …함. ○補治(보치) : 깁고 고침. ○士大夫(사대부) : 사(士)와 대부(大夫). 천자와 제후를 섬기는 벼슬아치. ○百行之一(백행지일) : 백 가지 행실의 하나.

{意譯} 《안씨가훈》에 말했다. "다른 사람한테서 서적을 빌렸으면 모두 반드시 그 책을 사랑하고 보호하여야 한다. 무릇 찢어지거나 구겨진 곳이 있으면 나아가 깁고 고쳐야 하니, 이 또한 사대부가 해야 할 많은 일 가운데의 하나이다."

{餘說} 서적(書籍)의 중요성을 말한 것이다. 남의 것이든 내 것이든 모두 중요하니, 해지고 파괴되어 있거든 깁고 고치고 사랑하여야 한다. 이것은 또 사대부가 해야 할 한 가지 중요한 일이다.

05-115/ 썩은 나무는 조각할 수 없으며

宰予晝寢。子曰。朽木不可雕也。糞土之牆。不可圬
재 여 주 침 자 왈 후 목 불 가 조 야 분 토 지 장 불 가 오

也。
야

{讀法} 宰予晝寢이어늘 子ㅣ 曰, 朽木은 不>可>雕也며 糞土之牆은

不>可>圬也니라.

• • •

{直譯} 재여가 낮잠을 자고 있거늘, 공자께서 말씀하시기를, "썩은 나무는 조각할 수 없으며, 거름흙으로 쌓은 담장은 흙손질할 수 없다." 하셨다.

{語義} ○宰予(재여) : 공자의 제자로 십철(十哲)의 한 사람. 중국 춘추시대 (春秋時代) 노나라 사람이다. 성은 재(宰), 이름은 여(予). 자는 자아(子我) 또는 재아(宰我)라고 불렀음. 말을 잘하였고, 늘 낮잠을 잘 자서 공자께서 이러한 경계의 말씀을 하셨다고 함. ○晝寢(주침) : 낮잠. ○朽木(후목) : 썩은 나무. ○不>可(불가) : 할 수 없다. ○雕(조) : 새기다. ○糞土(분토) : 썩은 흙. 더러운 흙. ○牆(장) : 담. '墻'은 속자. ○圬(오) : 흙손. 흙손질하다. '杇'와 같음.

{意譯} 제자 재여가 낮잠을 자고 있었다. 거기서 공자께서는 몹시 심하게 재여의 태도를 꾸짖으시며 말씀하셨다. "썩어빠진 나무는 아무리 이에 조각하여 훌륭한 것으로 하려고 생각해도 될 수 있는 것은 아니다. 또 일단 거름이 섞인 흙으로는 아무리 흙을 발라서 굳혀 토담을 만들려 해도 될 수 있는 것은 아니다. 재여는 그 후목 분토(朽木糞土)와 같은 것이다."

{餘說} 《논어(論語)·공야장(公冶長)》에 나온다. 이 말에 이어서 "於>予 與何誅?〔재여에 대하여 어찌 나무랄 것이나 있겠느냐?〕"라는 글이 더

있다. 한편 《논어질서》라는 책에, "침(寢)은 쉬는 방〔燕寢〕 또는 안방〔內寢〕이라는 뜻이니, 이는 곧 편히 쉬거나 잠을 자는 방을 의미한다. 군자가 낮에 안방에 있으면 병이 있는지 물어도 좋다고 하였으니 재계(齋戒)를 하거나 병에 걸린 경우를 제외하고서는 낮에 안방에 거처해서는 안 된다. 그러므로 반드시 밤이 되어야만 안방에 들어가 잠을 잘 수 있으며, 잠을 자는 것을 안방에 든다는 뜻의 취침(就寢)이라고 한다."라는 설명이 나온다.

05-116/ 자허원군 계유심문

紫虛元君誠諭心文。福生於淸儉。德生於卑退。道生
자허원군계유심문 복생어청검 덕생어비퇴 도생

於安樂。命生於和暢。患生於多慾。禍生於多貪。過生
어안락 명생어화창 환생어다욕 화생어다탐 과생

於輕慢。罪生於不仁。戒眼莫視他非。戒口莫談他短。
어경만 죄생어불인 계안막시타비 계구막담타단

戒心莫恣貪嗔。戒身莫隨惡伴。無益之言莫妄說。不干
계심막자탐진 계신막수악반 무익지언막망설 불간

己事莫妄爲。默默默無限神仙從此得。饒饒饒千災萬
기사막망위 묵묵묵무한신선종차득 요요요천재만

禍一齊消。忍忍忍債主冤家從此盡。休休休蓋世功名
화일제소 인인인채주원가종차진 휴휴휴개세공명

不自由。尊君王孝父母。敬尊長奉有德。別賢愚恕無
부자유 존군왕효부모 경존장봉유덕 별현우서무

識。物順來而勿拒。物旣去而勿追。身未遇而勿望。事
식 물순래이물거 물기거이물추 신미우이물망 사

已過而勿思。聰明多暗昧。算計失便宜。損人終自失。
이과이물사 총명다암매 산계실편의 손인종자실

倚勢禍相隨。戒之在心。守之在志。爲不節而亡家。因
의 세 화 상 수 　계 지 재 심 　수 지 재 지 　위 부 절 이 망 가 　인

不廉而失位。勸君自警於平生。可嘆可驚而可畏。上臨
불 렴 이 실 위 　권 군 자 경 어 평 생 　가 탄 가 경 이 가 외 　상 임

之以天神。下察之以地祇。明有王法相繼。暗有鬼神相
지 이 천 신 　하 찰 지 이 지 기 　명 유 왕 법 상 계 　암 유 귀 신 상

隨。惟正可守。心不可欺。戒之戒之。
수 　유 정 가 수 　심 불 가 기 　계 지 계 지

{讀法} 紫虛元君, 誠諭心文에, 福生2於淸儉1하고, 德生2於卑退1하
고, 道生2於安樂1하고, 命生2於和暢1하고, 患生2於多欲1하고, 禍生2於
多貪1하고, 過生2於輕慢1하고, 罪生2於不仁1이니라.

　戒>眼莫2視2他非1하고, 戒>口莫2談他短1하라, 戒>心莫>恣2貪嗔
1하고, 戒>身莫2隨惡伴1하라. 無>益之言을 莫2妄說1하고, 不>干>己
事를 莫2妄爲1하라.

　默默默이면, 無>限神仙도 從>此得이오. 饒饒饒면, 千災萬禍도 一
齊消니라, 忍忍忍이면, 債主冤家도 從>此盡이오, 休休休면, 蓋>世功
名도 不2自由1니라.

　尊2君王1孝2父母1하고, 敬2尊長1奉2有德1하고, 別2賢愚1恕2無識1
하라.

　物順來而勿>拒하고, 物旣去而勿>追하고, 身未>遇而勿>望하고,
事已過而勿>思하라.

　聰明도 多2暗昧1요, 算計도 失2便宜1니라. 損>人終自失이오, 倚>
勢禍相隨라.

　戒>之在>心하고, 守>之在>志라. 爲2不節1而亡>家하고, 因2不廉1

而失>位니라. 勸>君自警2於平生1하나니, 可>嘆可>驚而可>畏라.

上臨>之以2天神1하고, 下察>之以2地祇1라. 明有2王法1相繼하고, 暗有2鬼神1相隨라. 惟2正可1>守요, 心不>可>欺니, 戒>之戒>之하라.

• • •

{直譯} 〈자허원군 계유심문〉에 "복은 깨끗하고 검소한 데서 생기고, 덕(德)은 자기 몸을 낮추고 겸손하게 하는 데서 생기고, 도(道)는 안락한 데서 생기고, 명(命)은 화창(和暢)한 데서 생기고, 근심은 욕심이 많은 데서 생기고, 재앙은 탐(貪)이 많은 데서 생기고, 과실은 경만(輕慢)한 데서 생기고 죄는 어질지 못한 데서 생긴다.

눈을 경계하여 남의 비위(非違)를 보지 말게 하고, 입을 경계하여 남의 단점을 말하지 말게 하고, 마음을 경계하여 재물을 탐내거나 성내지 말게 하고, 몸을 경계하여 나쁜 동무를 따르지 말게 하라. 이익이 없는 말을 함부로 지껄이지 말고, 자기와 관계가 없는 일을 함부로 하지 말라.

잠잠하고 또 잠잠하면 끝없이 신선을 이에 따라 얻게 된다. 넉넉하고 또 넉넉하면 천 가지 만 가지 재앙도 모두 없어지게 된다. 참고 또 참으면 빚쟁이나 원수의 집도 모두 복종할 것이고, 쉬고 또 쉬면 세상을 뒤덮을 기개와 공명으로도 마음대로는 못한다.

군왕을 존경하며 부모에게 효도하고 어른을 존경하며 유덕한 이를 받들고, 어질고 어리석음을 구별하며 무식한 것을 용서하라.

물건이 순리로 오거든 막지 말고 물건이 이미 가버렸거든 쫓아가지 말고, 몸이 아직 대우를 받지 못했거든 바라지 말고, 일이 이

미 지나갔거든 생각하지 말라.

　총명해도 어둡고 실수할 수가 있고 셈하고 따져도 편의를 놓친다. 남에게 손해를 보이면 마침내는 자신이 손실을 보게 되고 형세를 따르면 화도 서로 따른다.

　이를 경계하는 데는 마음에 있고, 이를 지키는 데는 뜻에 있다. 절약을 안 하면 집이 망하고, 청렴하지 않기 때문에 지위를 잃는다. 그대에게 권하나니 스스로 평소에 경계해야 하니, 탄식해야 하고 놀라야 하며 두려워해야 할 것이다.

　위로는 이에 임하기를 하늘의 신으로써 하고, 아래로는 이를 살피기를 땅의 신으로써 한다. 밝으면 왕법(王法)이 있어 서로 계승하고, 어두우면 귀신이 있어 서로 따른다. 오직 바르게 지킬 수 있을 뿐이고, 마음은 속일 수 없나니 이를 경계하고 또 이를 경계하라." 하였다.

{語義} ○ 紫虛元君(자허원군) : 도가(道家)에서 받드는 여자의 선인(仙人). '紫虛'는 하늘을 말한다. 운하(雲霞)가 햇빛에 비치어 자색(紫色)이 되기 때문에 이렇게 말함. 원군(元君)은 여자의 신선을 아름답게 일컫는 말. 남자 선인은 진인(眞人)이라 함. ○〈誠諭心文(계유심문)〉: 마음을 훈계하여 깨우쳐주는 글이라는 뜻으로 문장의 이름, 또는 그 제목. ○ 淸儉(청검) : 깨끗하고 검소함. ○ 卑退(비퇴) : 겸손함. ○ 安樂(안락) : 마음과 정신이 편안하고 즐거움. ○ 和暢(화창) : 마음이 온화(溫和)하고 상쾌함. ○ 多>欲(다욕) : 욕심이 많음. ○ 多>貪(다탐) : 재물을 탐하는 마음이 많음, 또는 명예나 좋아하는 무

엇을 탐하는 마음이 많음. ㅇ輕慢(경만) : 업신여김. ㅇ不>仁(불인) : 어질지
못함. 잔인함. 불편함. ㅇ戒(계) : 주의함. 경계함. ㅇ莫>視(막시) : 보지 말
라. ㅇ非(비) : 잘못. 비위(非違). 그름. ㅇ談(담) : 말하다. ㅇ短(단) : 단점. 부
족한 점. ㅇ恣(자) : 마음 내키는 대로 하다. 자행(恣行)하다. ㅇ貪嗔(탐진) :
마음에 하고 싶은 일을 탐하고 성을 냄. ㅇ隨(수) : 따르다. ㅇ惡伴(악반) : 나
쁜 친구. 몹쓸 동무. ㅇ妄(망) : 분별없이. 망령되이. 함부로. ㅇ不>干>己事
(불간기사) : 나와 관계가 없는 일. 나와 무관한 일. ㅇ默默默(묵묵묵) : 몹시
조용함. 아래 '無限'과 합하여 다섯 글자를 채우기 위해 같은 글자를 셋이
나 겹쳐 놓았으며, 아주 조용한 모양의 강조형도 된다. ㅇ無>限(무한) : 한이
없음. ㅇ神仙(신선) : 선도(仙道)를 닦아 도통(道通)하여 장생불사(長生不死)하
는 사람. ㅇ饒饒饒(요요요) : 몹시 넉넉함. '默' 자의 경우와 같은 용법. ㅇ千
災萬禍(천재만화) : 천만 가지의 재화. ㅇ一齊消(일제소) : 동시에 없어짐. 모
두 없어짐. ㅇ忍忍忍(인인인) : 몹시 참음. '默' 자의 용법과 같음. ㅇ債主(채
주) : 빚을 준 임자. 빚쟁이. 채권자. ㅇ寃家(원가) : 원수. 구수(仇讐). '冤' 과
같음. ㅇ從>此盡(종차진) : 이에 따라 다 없어짐. ㅇ休休休(휴휴휴) : 그만두
고 한가히 지냄의 강조형. 용법은 '默' 자의 경우와 같음. ㅇ蓋世(개세) : 기
개가 세상을 뒤덮음 '盖'는 '蓋'의 속자. ㅇ功名(공명) : 공적과 명예. ㅇ不2
自由1(부자유) : 제 마음대로 되지 않음. ㅇ敬(경) : 공경함. ㅇ尊(존) : 높이다.
존경하다. ㅇ尊長(존장) : 웃어른. 나이가 많은 어른. ㅇ奉(봉) : 받들다. 받들
어 모심. ㅇ別(별) : 분별함. ㅇ賢愚(현우) : 어진 사람과 어리석은 사람. ㅇ恕
(서) : 용서함. ㅇ物(물) : 물건. ㅇ順來(순래) : 순순히 옴. 순하게 옴. ㅇ拒(거)
: 막음. '勿>拒' 는 '막지 말라'. ㅇ旣(기) : 이미. ㅇ去(거) : 가버림. ㅇ未>遇
(미우) : 아직 대우를 받지 못함. 출세하지 못함. 불우(不遇). ㅇ勿>望(물망) :
바라지 말라. ㅇ事(사) : 일. ㅇ已(이) : 이미. ㅇ勿>思(물사) : 생각하지 말라.
ㅇ聰明(총명) : 기억력이 좋고 슬기가 있음. ㅇ暗昧(암매) : 사리를 분간 못

함. ㅇ算計(산계) : 계획함. 헤아려 봄. ㅇ失(실) : 잃는다. ㅇ便宜(편의) : 편리
함. 편리하고 유익함. 장점. ㅇ倚勢(의세) : 권세에 의지함. ㅇ相隨(상수) : 서
로 따름. ㅇ不>節(부절) : 절약하지 아니함. ㅇ亡>家(망가) : 집이 망함. ㅇ因
(인) : 때문에. ㅇ不>廉(불렴) : 청렴하지 못함. ㅇ失>位(실위) : 지위를 잃음.
ㅇ勸>君(권군) : 그대에게 권한다. ㅇ天神(천신) : 하늘의 신령. ㅇ地祇(지기) :
국토(國土)의 신. ㅇ王法(왕법) : 나라의 법. 제왕(帝王)의 법. ㅇ相繼(상계) :
서로 이어감. 서로 계승(繼承)함. ㅇ惟(유) : 오직 …할 뿐. ㅇ可>守(가수) : 지
킬 수 있음. 지켜야 함. ㅇ不>可>欺(불가기) : 속일 수 없음. ㅇ戒>之(계지) :
조심함. 조심하라.

{意譯} 〈자허원군계유심문〉에 "복이란 깨끗하고 검소한 데서 생겨
나고, 덕이란 자기를 낮추고 겸손하게 하는 데서 생겨나고, 도란
마음과 정신이 편안하고 고요한 데서 생겨나고, 수명이란 마음이
온화하고 상쾌한 데서 생겨나고, 근심이란 욕심이 많은 데서 생겨
나고, 화란 재물을 많이 탐내는 데서 생겨나고, 과실이란 남을 업
신여기는 데서 생겨나고, 죄란 잔인한 데서 생겨나는 것이다.

자기의 눈을 조심스럽게 가져서 남의 잘못을 보지 말고, 입을
조심스럽게 가져서 남의 단점을 말하지 말고, 마음을 조심스럽게
가져서 스스로 탐하고 성을 내지 말고, 몸을 조심스럽게 가져서
나쁜 친구를 좇지 말라. 아무 도움이 없는 말을 분별없이 말하지
말고, 자기와 관계없는 일을 함부로 하지 말라.

잠잠히 있으면 한없는 신선도 이를 좇아서 얻을 수 있고, 넉넉
하면 천 가지 만 가지 재앙(災殃)도 한 번에 없어지고, 참으면 채권
자나 원수도 이에 따라 없어지고, 모두 다 그만두고 한가히 지내

면 기개(氣槪)가 세상을 뒤덮는 공명(功名)이라도 제 마음대로는 되지 않는다.

임금을 존중하며 부모에게 효도하고, 존장을 공경하며 유덕(有德)한 사람을 받들고, 어질고 어리석은 사람을 분별하며 무식한 사람을 용서하라.

물건이 순리로 자기에게 오거든 거절하지 말고, 물건이 이미 가버렸거든 쫓아가 따르려 하지 말고, 자기 몸이 대우를 받지 못했더라도 구태여 바라지 말고, 일이 이왕 지나가 버렸거든 그것을 생각하지 말라.

기억력이 좋고 머리가 슬기로워도 사리를 분간 못하는 경우가 많고, 셈하고 헤아려도 때로는 편리함을 놓친다. 남에게 손해를 보이려다 마침내 자기가 손실을 볼 것이오, 너무 세력에 의존하다가는 화가 따르는 수가 있다. 이를 경계하는 것은 마음에 달려 있고, 이를 지키는 것은 의지에 달려 있다. 언제나 절약하지 않기 때문에 집이 망하고, 청렴하지 않기 때문에 지위를 잃는다. 그대에게 권하니 스스로 평소에 경계해야 하니, 탄식해야 하며, 놀라야 하며, 두려워해야 한다.

위에서는 하늘의 신령이 내려다보고 있고 아래에서는 땅의 신령이 살피고 있다. 밝은 이 세상에는 군왕의 법이 있어 계승되어 오고, 어두운 저 세상에는 귀신이 있어 서로 따른다. 그러니 오직 바른 것을 지켜야 할 뿐이고, 마음은 속일 수 없나니, 경계하고 또 경계하라."

{餘說} 이 대문은 무척 길다. 그러므로 기초 과정을 공부하는 사람은 단계별 정리가 어렵겠기에 다음에 병서(並書)하여 알아보기 쉽도록 정리하였다.

紫虛元君, 誠諭>心文,

福生2於淸儉1, ─ 道生2於安靜1, ─ 患生2於多慾1, ─ 過生2於輕慢1,
德生2於卑退1, ─ 命生2於和暢1, ─ 禍生2於多貪1, ─ 罪生2於不仁1.

戒>眼 莫>視2他非1, ─ 戒>心 莫>恣2貪嗔1, ─ 無>益之言 莫2妄說1,
戒>口 莫2談他短1, ─ 戒>身 莫2隨惡伴1. ─ 不>干>己事 莫2妄爲1.

默默默, 無>限神仙 從>此得, ─ 忍忍忍, 債主冤家 從>此盡,
饒饒饒, 千災萬禍 一齊消, ─ 休休休, 蓋>世功名 不2自由1.

尊2君王1 孝2父母1, ─ 別2賢愚1 ─ 物順來而勿>拒,
敬2尊長1 奉2有德1, ─ 恕2無識1, ─ 物既去而勿>追,

身未>遇而勿>望, ─ 聰明 多2暗昧1, ─ 損>人 終自失,
事已過而勿>思. ─ 算計 失2便宜1. ─ 倚>勢 禍相隨.

戒>之在>心, ─ 爲2不節1而亡>家, ─ 勸>君自警2於平生.
守>之在>志. ─ 因2不廉1而失>位. ─ 可>嘆可>驚而可>畏.

上臨>之以2天鑑1, ─ 明有2王法1相繼, ─ 惟2正可>守, ─ 戒>之
下察>之以2地祇1. ─ 暗有2鬼神1相隨. ─ 心不>可>欺. ─ 戒>之

05-117/ 불효에는 다섯 가지가 있나니

孟子曰。世俗所謂不孝者五。惰其四肢不顧父母之
맹 자 왈   세 속 소 위 불 효 자 오   타 기 사 지 불 고 부 모 지

養。一不孝也。博奕好飲酒不顧父母之養。二不孝也。
양   일 불 효 야   박 혁 호 음 주 불 고 부 모 지 양   이 불 효 야

好貨財私妻子不顧父母之養。三不孝也。從耳目之欲
호 화 재 사 처 자 불 고 부 모 지 양   삼 불 효 야   종 이 목 지 욕

以爲父母戮。四不孝也。好勇鬪狠以危父母。五不孝
이 위 부 모 륙   사 불 효 야   호 용 투 한 이 위 부 모   오 불 효

也。
야

{讀法} 孟子ㅣ 曰, 世俗所>謂不孝者ㅣ 五니 惰2其四肢1하여 不>顧2
父母之養1이 一不孝也요, 博奕好2飲酒1하여 不>顧2父母之養1이 二
不孝也요, 好2貨財1하며 私2妻子1하여 不>顧2父母之養1이 三不孝也
며, 從2耳目之欲1하여 以爲2父母戮1이 四不孝也며, 好>勇鬪狠하여
以危2父母1ㅣ 五不孝也니라.

• • •

{直譯} 맹자께서 말씀하시기를, "세속에서 말하는 불효에는 다섯
가지가 있나니, 자기의 사지를 게을리하여 부모의 봉양을 돌아보
지 않는 것이 첫째 불효이고, 장기바둑을 두며 술 마시기를 좋아하
여 부모의 봉양을 돌아보지 않는 것이 둘째 불효이고, 재물을 좋아
하며 처자의 애정에만 빠져버려서 부모의 봉양을 돌아보지 않는
것이 셋째 불효이며, 귀와 눈의 욕구를 좋아서 부모를 치욕스럽게

하는 것이 넷째 불효이며, 용맹한 것을 좋아하며 모질게 싸워 이로써 부모를 위험하게 하는 것이 다섯째의 불효이다." 하셨다.

{語義} ○ 世俗(세속) : 세상 사람. ○ 所>謂(소위) : 이른바. 말하기를, ○ 惰2其四肢1(타기사지) : 수족을 놀려서 일하는 것을 게을리함. 근로를 하지 않고 게으름을 핌. '四肢'는 '手足'임. ○ 博奕(박혁) : 장기와 바둑. '博'은 상류(또는 쌍류)이고, '奕'은 위기(圍碁). ○ 貨財(화재) : 돈과 재물. ○ 私2妻子1(사처자) : 처자에게만 잘해주는 것을 말함. ○ 從(종) : 제멋대로 함. 방종함. '縱'과 같음. ○ 爲2父母戮1(위부모륙) : 부모에게 치욕스럽게 함. '戮'은 여기서는 치욕의 뜻으로 쓰임. ○ 鬪狠(투한) : 싸움질을 하고 거칠게 굶. '狠'은 거스르다. '很'과 통용.

{意譯} 맹자께서 말씀하셨다. "세상에서 불효라고 하는 것이 다섯 가지가 있다. 즉 양손 양발을 움직이는 것을 싫어서 자기의 직업을 게을리하고 부모를 봉양하는 것을 돌볼 생각이 없는 것은 첫 번째 불효다. 노름하거나 술을 마시는 것을 좋아하면서 부모를 봉양하는 것을 돌보지 않는 것은 두 번째 불효다. 욕심이 많고 금전 재물을 저축하는 것을 좋아하고 자기의 처자만을 잘해주고 부모를 봉양 않는 것은 세 번째 불효이다. 귀와 눈의 욕심, 즉 음악이나 여색에 탐닉(耽溺)하여 방종하고 부모에게까지 치욕을 미치게 하는 것은 네 번째 불효다. 혈기의 용기를 좋아하며 무턱대고 사람과 다투고 시비를 하여 부모에게까지 위난(危難)을 미치게 하는

것은 다섯 번째 불효다."

{餘說} 이 대문은 《맹자·이루하(離婁下)》의 〈광장통국개칭불효장(匡章
通國皆稱不孝章)〉에 있는 말이다. 또 《맹자·이루상》에는 불효유삼(不孝
有三)이 열거되어있다. 이 책 〈효행편〉 〔04-015〕 조목에도 같은 글이
실려 있다. 참조하기 바란다.

05-118/ 자기를 세우지 않았는데

先儒曰。未能植己。何以耘人。
선 유 왈　미 능 식 기　하 이 운 인

{讀法} 先儒ㅣ曰, 未>能>植>己한데 何以耘>人가?

• • •

{直譯} 선유께서 말씀하시기를 "아직 능히 자기를 세우지 않았는데
어찌 그러고서 남을 북돋우겠는가?"라고 하셨다.

{語義} ○先儒(선유) : 선대(先代)의 유학자. ○植>己(식기) : 자신을 확립하
다. 수양하여 도리에 맞게 처신하다. ○耘(운) : 김매다. 북돋우다. 가르치
다.

{意譯} 선유께서 말하셨다. "먼저 자신을 수양하여 도리에 맞게 처신할 수 있게 한 다음에 남을 가르치고 북돋아 주어야 한다."

{餘說} 자신〔己〕을 먼저 세우고〔立=植〕 그런 다음에 남〔人〕을 가르쳐 야〔教=耘〕하니, 입기(立己)가 교인(教人)보다 먼저라는 것이다.

05-119/ 고운 것과 추한 것은

先儒曰。妍醜不可太明。議論不可務盡。情勢不可殫
선 유 왈 연 추 불 가 태 명 의 론 불 가 무 진 정 세 불 가 탄

竭。好惡不可驟施。
갈 호 악 불 가 취 시

{讀法} 先儒 ㅣ 曰, 妍醜는 不>可2太明1이오, 議論은 不>可2務盡1이라. 情勢는 不>可2殫竭1이오, 好惡는 不>可2驟施1이라.

• • •

{直譯} 선유께서 말씀하시기를, "고운 것과 추한 것은 매우 분명하게 할 수 없으며, 비평(批評)은 힘써 다할 수 없다. 정세(情勢)는 남김없이 다 쏟아낼 수 없으며, 좋아함과 싫어함은 급격하게 베풀 수 없다."고 하셨다.

{語義} ○ 姸醜(연추) : 고운 것과 추한 것. ○ 太明(태명) : 몹시 분명하게 하다. ○ 議論(의론) : 사람이나 사물에 대하여 내는 의견이나 주장. ○ 情勢(정세) : 정황과 추세. 형세. ○ 殫竭(탄갈) : 마음이나 힘을 남김없이 다 쏟음. ○ 驟施 (취시) : 급격하게 베풂.

{意譯} 선유께서 말하셨다. "장점과 결점을 아주 분명하게 밝혀서는 안 되며, 자기의 주장을 힘써 끝까지 다 펼쳐서는 안 된다. 정황이나 추세를 하나도 남김없이 다 말해서는 안 되며, 좋아함과 싫어함을 갑자기 베풀어서는 안 된다."

{餘說} 연추(姸醜) · 의론(議論) · 정세(情勢) · 호오(好惡) 같은 것은 상황을 살펴서 잘 판단하여야 한다는 말이다. 이 문장의 구조는 다음과 같다.

姸醜 不>可2太明1,

議論 不>可2務盡1.

情勢 不>可2殫竭1,

好惡 不>可2驟施1.

05-120/ 남의 그릇된 점을 꾸짖는 것은

責人之非。不如行己之是。揚己之是。不如克己之非。
책 인 지 비 불 여 행 기 지 시 양 기 지 시 불 여 극 기 지 비

{讀法} 責2人之非1는 不>如下行2己之是1上, 揚2己之是1는 不>如下克2己之非1上니라.

• • •

{直譯} 남의 그릇된 점을 꾸짖는 것은 자기의 옳은 점을 실행하는 것만 못하고, 자기의 옳은 점을 드러내는 것은 자기의 그릇된 점을 이기는 것만 못하다.

{語義} ○責(책) : 책망하다. 꾸짖다. ○非(비) : 그릇된 점. ○行(행) : 행하다. 실천하다. ○是(시) : 옳은 점. '非'의 대(對). ○揚(양) : 드날리다. 드러내다. ○克(극) : 이기다. 억제하다.

{意譯} 남의 그릇된 점을 찾아내어 꾸지람할 것이 아니라 자기의 옳은 점을 찾아내어 실천해야 하고, 자기의 옳은 점을 드러내어 자랑할 것이 아니라 자기의 그릇된 점을 이겨서 극복해야 한다.

{餘說} 문장 구조는 다음과 같다.

責2人之非1 不>如下行2己之是1上,
揚2己之是1 不>如下克2己之非1上.

제6편

안분편(安分篇)

이 편은 편안한 마음으로 제 분수를 지키라는 글을 모은 것으로 모두 26조목
이다.

06-001/ 넉넉함을 알면 항상 즐겁고

景行錄云。知足常樂。多貪則憂。
경 행 록 운 지 족 상 락 다 탐 즉 우

{讀法} 景行錄에 云, 知>足常樂이오, 多>貪則憂니라.

• • •

{直譯} 《경행록》에 이르기를, "넉넉함을 알면 항상 즐겁고, 탐욕이
많으면 곧 근심하게 된다." 하였다.

{語義} ○ 知>足(지족) : 족한 줄을 앎. 넉넉한 줄을 앎. ○ 常樂(상락) : 항상
즐겁다. ○ 多>貪(다탐) : 탐욕이 많음. ○ 則(즉) : 만약 …하면, 만일 …한다
면. 가설(假設)을 나타낸다.

{意譯} 《경행록》에 말했다. "자기 자신이 족한 것을 알면 언제나
즐거울 것이고, 탐욕이 많게 되면, 곧 이것이 근심거리가 된다."

{餘說} 오로지 위를 쳐다볼 것이 아니라 때로는 아래를 내려다보는 것도 필요하며, 끝없이 탐욕을 부리면 더 얻기는커녕 근심만 늘어날 것이다. 《좌전(左傳)·양공 3년(襄公 31年)》에 "大夫多＞貪, 求欲無＞厭.〔대부가 탐욕이 많아 요구와 욕심이 끝이 없을 것이다.〕"는 말이 나온다.

06-002/ 만족할 줄 아는 사람은

知足者。貧賤亦樂。不知足者。富貴亦憂。
지 족 자 빈 천 역 락 부 지 족 자 부 귀 역 우

{讀法} 知＞足者는 貧賤하여도 亦樂이오, 不＞知＞足者는 富貴하여도 亦憂니라.

• • •

{直譯} 만족할 줄 아는 사람은 가난하고 신분이 낮아도 또한 즐거울 것이고, 만족할 줄 알지 못하는 사람은 돈이 많고 신분이 귀하여도 또한 걱정한다.

{語義} ○貧賤(빈천) : 가난하고 신분이 낮음. ○富貴(부귀) : 돈이 많고 신분이 높음.

{意譯} 만족할 줄 아는 사람은 비록 가난하고 신분이 낮아 보잘것

없을지라도 또한 즐겁게 여기고, 만족할 줄 모르는 사람은 비록
돈이 많고 신분이 높다 할지라도 또한 그것을 근심할 것이다.

{餘說} 만족을 모르면 아무리 부귀해도 행복을 모르는 불행한 사람이
될 것이고, 가난해도 분수를 편안하게 여기는 사람은 참다운 행복을 느
끼게 될 것이다.

　　이 대문은 대립구로 성립되어 있다.

　　┌ 知>足者, 貧賤亦樂.
　　└ 不>知>足者, 富貴亦憂.

06-003/ 만족할 줄 알아 항상 만족하면

知足常足。終身不辱。知止常止。終身無恥。
지 족 상 족　종 신 불 욕　지 지 상 지　종 신 무 치

{讀法} 知>足常足하면 終>身不>辱하고, 知>止常止하면 終>身無>恥
니라.

・・・

{直譯} 만족할 줄 알아 항상 만족하면 몸을 마치도록 욕되지 아니
하고, 그칠 줄을 알아 항상 그치게 되면 몸을 마치도록 부끄럽지
않을 것이다.

{語義} ○常足(상족) : 늘 만족함. 항상 만족함. ○終>身(종신) : 몸을 마침. ○不>辱(불욕) : 욕되지 아니함. ○常止(상지) : 항상 그침. ○無>恥(무치) : 부끄러움이 없음.

{意譯} 사람은 만족해야 할 때 만족하지 못하고 멈추어야 할 때 멈추지 못하는 경우가 많다는 것이다. 자기가 넉넉하다는 것을 알고 항상 만족하게 여기면 한평생 욕을 보지 않을 것이고, 그칠 곳을 알고 항상 그치면 한평생 부끄러움이 없을 것이다.

{餘說}《노자도덕경·제44장》에 "知>足不>辱, 知>止不>殆, 可以長久. 〔만족할 줄 알면 욕을 당하지 않고, 그칠 줄 알면 위태롭지 않아 오래 갈 수 있으리라.〕"라는 말이 있고, 또 제46장에 "禍莫>大2於不1>知>足, 咎莫>大2於欲1>得. 故知>足之足이면 常足矣.〔만족할 줄 모르는 것보다 더 큰 재앙이 없고, 얻기만 바라는 것보다 더 큰 허물이 없다. 그래서 만족할 줄 아는 〈데서 오는〉 만족이야말로 영원한 만족이다.〕"라 하였다. 아마 앞 대문이나 이 대문의 출전(出典)은 이에 근거하고 있는 것 같다.

06-004/ 나보다 나은 사람과 비교하면

比上不足。比下有餘。
비 상 부 족 　 비 하 유 여

{讀法} 比>上不>足이나 比>下有1>餘니라.

{直譯} 위와 비교하면 족하지 못하나 아래와 비교하면 남음이 있다.

{語義} ㅇ比(비) : 비교하다. 견주다. ㅇ有>餘(유여) : 남음이 있다. 넉넉하다.

{意譯} 나보다 나은 사람과 비교하면 나는 넉넉하지 못한 사람이
지만, 나보다 못한 사람과 비교하면 나는 풍족한 사람인 것이다.

{餘說} 한(漢)나라 조기(趙岐, 108~201)의 《삼보결록(三輔決錄)》에 "上比
崔杜不足, 下比羅趙有餘.〔위로 최두(崔斗=崔瑗 · 崔寔과 杜度)와 비교하면
부족하고, 아래로 나조(羅趙=羅暉와 趙襲)와 비교하면 남음이 있다.〕"는
말이 나온다.
　　이 말과 비슷한 것으로서 "不>求2有功1하고 但求2無過1하라.〔공을 세우
는 것을 바라지 말고 과오가 없기를 바라라.〕"라는 말이 있다.

06-005/ 자기보다 못한 사람과 비교하면

若比向下。生無有不足者。
약 비 향 하　생 무 유 부 족 자。

{讀法} 若>比>向>下면, 生에 無>有2不>足1者니라.

・・・

{直譯} 만일 아래를 향하여 비교하면 삶에 족하지 못한 것이 있지 않다.

{語義} ○向>下(향하) : 아래를 향함. 자기보다 못한 사람을 보다. ○生(생) : 삶. 생애. ○無>有(무유) : 있지 않다. 있는 게 없다. 즉 없다.

{意譯} 만일 자기보다 못한 사람과 비교한다면 자기의 생애에 부족한 것이 없다.

{餘說} 이 대문의 뜻도 앞 대문과 같다. 부족에 대해서는 항상 자기보다 낮은 사람, 즉 못한 사람에다 비교하면 부족을 느낄 것이 없다는 것이다.

06-006/ 편안한 마음으로 제 분수를 지키면

擊壤詩云。安分身無辱。知幾心自閒。雖居人世上。
격 양 시 운   안 분 신 무 욕   지 기 심 자 한   수 거 인 세 상

却是出人間。
각 시 출 인 간

{讀法} 擊壤詩에 云, 安>分身無>辱이오, 知>幾心自閒이라. 雖>居2

人世上1이라도 却是出2人間1이니라.

• • •

{直譯} 〈격양시〉에 이르기를, "편안한 마음으로 제 분수를 지키면 몸에 욕됨이 없고, 세상 돌아가는 계기를 알면 마음이 저절로 한가할 것이다. 비록 사람이 세상에 산다고 할지라도, 도리어 이 인간 세상에서 벗어난 것이 된다." 하였다.

{語義} ○〈擊壤詩(격양시)〉: 송(宋)나라 정이(程頤)의 《이천격양집(伊川擊壤集)》에 있는 시. 안분을 읊은 시라 해서 〈안분음(安分吟)〉에 왈(曰)'로 되어 있는 판본이 많다. ○辱(욕) : 욕을 봄. ○知>幾(지기) : 기미(機微)를 알아차림. '知機'로도 씀. ○閒(한) : 한가함. '閑'으로도 씀. ○雖(수) : 비록 …할지라도. 아무리 …하여도. ○却(각) : 도리어. '卻'이 본자(本字)이다. ○却是出2人間1(각시출인간) : 도리어 이것이 인간 세상에서 벗어난 사람이 됨.

{意譯} 〈격양시〉에 말했다. "편안한 마음으로 자기 분수를 지키면 자신에게 욕될 것이 없을 것이고, 기미를 알아차려 세상 돌아가는 것을 미리 알면 마음이 저절로 한가로워진다. 이런 사람은 비록 이 세상에 살더라도 도리어 이 세상에서 벗어난 인생[초연한 인생]이 될 것이다."

{餘說} 이 대문은 오언절구(五言絶句)의 한시이다. 제목은 〈안분음(安分吟)〉이다.

安>分身無>辱,　　　起　　　第一句

知>幾心自閒.　　　承　韻　　第二句

雖>居2人世上1,　　轉　　　第三句

却是出2人間1.　　結　韻　　第四句

‘閒·間’이 압운(押韻)자이다.

06-007/ 장수와 요절은 천명이 아님이 없고

神童詩云。壽夭莫非命。窮通各有時。迷途空役役。
신 동 시 운　수 요 막 비 명　궁 통 각 유 시　미 도 공 역 역

安分是便宜。
안 분 시 편 의

{讀法} 神童詩에 云, 壽夭莫>非>命이오, 窮通各有>時라. 迷途空役役은 安分是便宜니라.

• • •

{直譯} 《신동시》에 이르기를, "장수와 요절은 천명이 아님이 없고, 곤궁과 영달은 각각 때가 있다. 길을 잃고 헛되이 애쓰나, 분수를 편안히 여기는 것이 곧 적당할 것이다." 하였다.

{語義} ○《神童詩(신동시)》: 책 이름. 1권. 오언절구(五言絶句)의 시 약 천수

(千首)를 수록한 것. 제1수(第一首)는 송(宋)의 왕수(汪洙)의 작(作). 옛날 동몽(童蒙)을 가르치는 데 쓰였다. ○壽夭(수요) : 오래 사는 것과 일찍 죽는 것. ○窮通(궁통) : 곤궁과 영달. 궁달(窮達). 빈곤과 입신출세. ○迷>途(미도) : 길을 잃음. 잘못된 길. ○役役(역역) : 쉬지 않고 애쓰는 모양. '勞勞'와 같은 말. ○安分(안분) : 편안한 마음으로 제 분수를 지킴. ○便宜(편의) : 편리하고 마땅함. 아주 적절함.

{意譯}《신동시》에 말했다. "장수하거나 요절하는 것이 모두 다 천명이 아님이 없고, 궁달(窮達)은 각각 때가 있다. 그러니 잘못된 길에서 헤매며 괜히 끙끙대고 애쓰는 것보다는 제 분수를 편안히 여기는 것이 곧 마땅한 일이다."

{餘說} 이 대문의 시는 다음과 같이 분석된다.

壽夭莫>非命, 　　起　　　第一句

窮通各有>時. 　　承 韻　　第二句

迷>途空役役, 　　轉　　　第三句

安分是便宜. 　　結 韻　　第四句

'時·宜'의 두 자가 압운자이다.

06-008/ 부귀는 사람이 탐내는 것이나

子曰。富與貴是人之所欲也。不以其道得之不處也。
자 왈 부 여 귀 시 인 지 소 욕 야 불 이 기 도 득 지 불 처 야

貧與賤是人之所惡也。不以其道得之不去也。
빈 여 천 시 인 지 소 오 야　불 이 기 도 득 지 불 거 야

{讀法} 子 ｜ 曰, 富與>貴는 是人之所>欲也니, 不>以2其道1得>之어
든 不>處也하며, 貧與>賤은 是人之所>惡也나, 不>以2其道1得>之라
도 不>去也니라.

・・・

{直譯} 공자께서 말씀하시기를, "부와 귀는 이것은 사람이 탐내는
바이나, 그 도(道)로써 하지 않았으면 그것을 얻었더라도 처(處)하
지 아니하며, 가난과 천함은 이것은 사람이 싫어하는 바이나 그 도
로써 하지 않았으면 그것을 얻었더라도 떠나지 말아야 할 것이다."
하셨다.

{語義} ○富(부) : 돈이 있음. '貧'의 대(對). ○貴(귀) : 신분이 높음. '賤'의
대. ○不>以2其道1得>之(불이기도득지) : 그 도로써 그것을 얻은 게 아니라
면. '道'는 '올바른 길・인(仁)의 길・부귀를 누리는 올바른 방법' 등의 뜻
이 있다. ○人之所>惡(인지소오) : 누구나 사람이 싫어하다. ○不>去(불거) :
빈천을 떠나지 않는다. 감수(甘受)한다. 즉 빈천한 대로 만족하고 산다.
'去'는 '處'의 대이다.

{意譯} 공자께서 말씀하셨다. "부귀는 인정(人情)이 다 같이 바라

는 바이다. 따라서 부귀를 구하는 것은 좋다고 할지라도, 올바른 방법으로 얻는 것이 아니면 비록 부귀의 신분에 있을 수 있을지라도 군자는 그 경우에 있으려 하지 않는다. 또 빈천은 인정이 다 같이 싫어하는 바이다. 따라서 빈천을 벗어나려고 힘쓰는 것은 좋다고 할지라도 올바른 방법으로 벗어나는 것이 아니라면 비록 빈천을 벗어날 수 있을 경우라도 군자는 그 경우에 안주(安住)하면서 떠나려 하지 않는다. 요컨대 군자는 부귀도 바른 올바른 방법으로써 얻는 것이 아니면 그 부귀를 취해선 안 되고, 빈천도 올바른 방법으로써 벗어나는 것이 아니면 그 빈천을 떠나려 하면 안 된다."

{餘說} 이 대문은《논어·이인편(里仁篇)·제5장》에 있는 글이다.《논어》에 보면, 이 구절 다음에 "君子ㅣ 去>仁이면 惡乎成>名이리오?〔군자(君子)가 인(仁)을 떠난다면, 무엇으로 군자라는 이름을 이룰 수 있겠는가?〕"라는 말이 나온다. 따라서 두 '不>以2其道1得>之' 이하의 주어(主語)는 똑같이 군자(君子)이다.

06-009/ 의롭지 못하면서 부귀하면

子曰。不義而富且貴。於我如浮雲。
자 왈 불 의 이 부 차 귀 어 아 여 부 운

{讀法} 子ㅣ 曰, 不>義而富且貴는 於>我에 如2浮雲1이니라.

{直譯} 공자께서 말씀하시기를, "의롭지 못하면서 부하고 게다가 귀해지는 것은 내게는 뜬구름과 같다." 하셨다.

{語義} ○不>義(불의) : 의롭지 못하다. ○富且富(부차귀) : 부하고, 또한 귀하다. 돈이 많고, 또한 높은 지위에 오르다. ○於>我(어아) : 나에게 있어서는. ○浮雲(부운) : 뜬구름.

{意譯} 공자께서 말씀하셨다. "불의를 행해서 얻는 부귀 등은 나에게 있어서는 저 집산무상(集散無常)한 뜬구름을 보는 것 같이 하등 마음의 번거로움이 되는 것은 아니다."

{餘說} 이 대문은《논어·술이편(述而篇)·제15장》에 있는 글이다. 뜬구름은 문득 모였다가 문득 흩어지는 것이다. 불의의 부귀도 또 모였다고 생각하면 또 흩어져가는 것이다. 그래서 구름이 우리들의 마음을 번거롭게 하지 않는 것과 같이 불의의 부귀도 공자의 마음을 번거롭게 할 수 없다는 뜻이다.

06-010/ 영예스러움을 알면서도

老子曰。知其榮。守其辱。
노 자 왈 지 기 영 수 기 욕

{讀法} 老子ㅣ 曰, 知2其榮1하고, 守2其辱1하라.

. . .

{直譯} 노자가 말하기를, "그 영예스러움을 알면서도 그 욕됨을 지켜야 한다." 하였다.

{語義} ○榮(영) : 영예(榮譽). ○辱(욕) : 치욕(恥辱). ○守辱(수욕) : 욕됨을 참아 견딘다.

{意譯} 노자가 말했다. "영예를 누릴 길을 알면서도 굴욕의 위치를 지켜야 할 것이다."

{餘說} 이 대문은《도덕경 · 제28장》에 있는 글이다. 생략된 뒷부분을 보충하면 다음과 같다: 知2其榮1하나 守2其辱1하면 爲2天下谷1이니 爲2天下谷1이면 常德乃足하여 復歸於樸이라.〔영예를 누릴 길을 알면서도 굴욕의 위치를 지킨다면 모든 물이 모여드는 빈 골짜기처럼 온 세상의 인심이 몰려드는 위치가 되리라. 온 세상의 인심이 몰려드는 위치가 되면 늘 그 덕이 넉넉하여 다시 통나무로 돌아간다.〕

  한편 "知其榮, 守其辱. 爲天下谷"에 대한 〈河上公注(하상공주)〉에, "榮以喩尊貴, 辱以喩汚濁, 知己之有榮貴, 當守之以汚濁, 如是, 則天下歸之如水流入深谷也.〔榮은 尊貴로 비유되고, 辱은 汚濁으로 비유된다. 자기에게 영귀가 있음을 알고 마땅히 그 영귀를 오탁으로 지켜야 한다.

이같이 하면, 천하가 자기에게 돌아오기를 마치 물이 흘러서 깊은 골짜기로 들어가는 것과 같이 할 것이다.〕"라고 하였다.

또한 "知榮守辱"이라는 성어(成語)로 사용되기도 한다.

노자《도덕경ㆍ제28장》을 모두 소개하니 참조하기 바란다: 知其雄, 守其雌, 爲天下谿. 爲天下谿, 常德不離, 復歸於嬰兒. 知其白, 守其黑, 爲天下式. 爲天下式, 常德不忒, 復歸於無極. 知其榮, 守其辱, 爲天下谷. 爲天下谷, 常德乃足, 復歸於樸. 樸散則爲器, 聖人用之, 則爲官長. 故大制不割.〔그 수컷 됨을 알면서도 암컷 됨을 지킬 수 있으면 천하의 계곡이 된다. 천하의 계곡이 되면, 늘 변함없는 덕이 떠나지 않아서, 다시 갓난아이로 되돌아간다. 그 밝음을 알면서도 어둠을 지킬 수 있으면 천하의 모범이 된다. 천하의 모범이 되면, 늘 변함없는 덕이 어긋나지 않아서, 다시 극(極)이 없는 곳[무극(無極)]으로 되돌아간다. 그 영화로움을 알면서도 그 욕됨을 지킬 수 있으면, 천하의 골짜기가 된다. 천하의 골짜기가 되면, 늘 한결같은 덕이 가득 차게 되므로, 다시 다듬지 않은 통나무로 되돌아간다. 다듬지 않은 통나무가 〈사람에 의해 잘려져〉 흩어지면 그릇이 만들어지지만, 성인은 이를 써서 관청의 우두머리 정도로 삼을 뿐이다. 그러므로 위대한 다스림은 〈사람이〉 자르지 않는다.〕

06-011/ 자신을 아는 사람은

荀子云。自知者不怨人。知命者不怨天。怨人者窮。
순자운　자지자불원인　지명자불원천　원인자궁

怨天者無志。失之己。反之人。豈不亦迂哉。榮辱之大
원천자무지　실지기　반지인　기불역우재　영욕지대

分。安危利害之常體。先義而後利者榮。先利而後義者
분 안위이해지상체 선의이후리자영 선리이후의자

辱。榮者常通。辱者常窮。通者常制人。窮者常制於人。
욕 영자상통 욕자상궁 통자상제인 궁자상제어인

是榮辱之大分也。
시 영욕지대분야

{讀法} 荀子에 云, 自知者는 不>怨>人하고, 知>命者는 不>怨>天하나
니 怨>人者는 窮하고 怨>天者는 無>志하며 失>之己하고 反>之人하나니
豈不2亦迂1哉아? 榮辱之大分과 安危利害之常體는, 先>義而後>
利者는 榮하고, 先>利而後>義者는 辱하며, 榮者는 常通하고, 辱者는
常窮하며. 通者는 常制>人하고, 窮者는 常制2於人1하나니. 是榮辱之
大分也니라.

• • •

{直譯} 《순자》에 이르기를, "자기를 아는 사람은 남을 원망치 않고,
천명을 아는 사람은 하늘을 원망하지 않나니, 남을 원망하는 사람
은 궁하고 하늘을 원망하는 사람은 뜻이 없다. 자기의 잘못인데 남
의 탓으로 돌리는 것이니, 어찌 또한 우활(迂闊)한 것이 아니겠는
가? 영과 욕의 큰 구별과 안위와 이해(利害)의 일반적인 정황은 이
렇다. 정의를 우선시하고 사적인 이익을 뒤로하는 자는 영예스럽
고, 사적인 이익을 우선시하고 정의를 뒤로하는 자는 치욕스럽다.
영예로운 사람은 항상 통하고 치욕스러운 사람은 항상 궁하며, 통
하는 사람은 항상 사람을 제어(制御)하고 궁한 사람은 항상 남들에

게 제어 당하니, 이것이 곧 영예와 치욕의 커다란 구별이다."

{語義} ○自知者(자지자) : 자기 자신을 아는 사람. ○不>怨>人(불원인) : 남을 원망하지 않는다. ○知>命者(지명자) : 천명을 아는 사람. ○窮(궁) : 궁함. 막힘. ○無>志(무지) : 본심이 없다. ○失>之己(실지기) : 자기가 잘못함. ○反>之人(반지인) : 잘못을 남에게 돌림. ○豈不(기불) : 어찌 …않겠는가? 꼭 …한다. 반어. ○迂(우) : 멀다. 우활(迂闊). 우원(迂遠). ○榮辱(영욕) : 영예와 치욕. ○大分(대분) : 큰 나눔. 근본 구별(區別). 대체(大體). 대강(大綱). ○安危(안위) : 편안함과 위태함. ○體(체) : 본체. 바탕. ○先>義而後>利(선의이후리) : 의를 먼저 하고 이로운 것을 뒤로하다. ○榮者常通(영자상통) : 영예스러운 사람은 항상 통한다. ○通者常制>人(통자상제인) : 통하는 사람은 항상 사람을 제어(制御)한다. ○窮者常制2於人1(궁자상제어인) : 궁한 사람은 항상 사람에게 제어 당한다.

{意譯} 《순자》에 말했다. "자기 자신을 아는 사람은 남을 탓하지 않고 천명을 아는 사람은 하늘을 탓하지 않는다. 남을 탓하는 사람은 궁하고 하늘을 탓하는 사람은 뜻이 없는 사람이다. 이는 자신이 잘못을 저지르고 그 잘못을 남의 탓으로 돌리는 사람이다. 어찌 우원(迂遠)하지 않겠는가? 영예와 치욕의 큰 구별과 편안함과 위태함, 그리고 이익됨과 해(害)가 됨의 일반적인 정황은 이러하다. 먼저 정의를 생각하고 뒤에 이익을 생각하는 사람은 영달하고, 먼저 이익을 생각하고 정의를 뒤에 생각하는 사람은 치욕스럽게 된다. 영예스러운 자는 항상 형통하고 치욕스러운 자는 항상

궁지에 몰리니, 형통한 자는 항상 남을 제어하고 궁지에 몰린 자는 항상 남에게 제어를 당한다. 이것이 곧 영예와 치욕의 큰 구별이다."

{餘說} 이 대문은 《순자·영욕편(榮辱篇)》에 있는 글이다. 문장이 좀 길기는 하지만 전문(全文)이 다음과 같이 모두 대립구를 이루고 있기 때문에 그다지 어렵지 않은 문장이다.

荀子云

　　自知者不怨人，知命者不怨天.

　　　怨人者窮，怨天者無志.

　　　　失之己，反之人.

　　　　　　豈不亦迂哉.

　　榮辱之大分，安危利害之常體.

先義而後利者榮，先利而後義者辱.

　　　榮者常通，辱者常窮.

　　通者常制人，窮者常制於人.

　　　　　是榮辱之大分也.

06-012/ 운명에 거친 밥을 먹도록 정해져 있다면

命合喫麁食。莫思重羅麵。
명 합 끽 추 식　막 사 중 라 면

{讀法} 命3合喫2麄食1이면, 莫>思2重羅麵1하라.

• • •

{直譯} 운명이 거친 밥을 먹도록 정해져 있다면, 면발 고운 국수를 생각하지 말라.

{語義} ○合(합) : 맞다. 틀리거나 어긋남이 없다. ○喫(끽) : 마시다. 먹다. ○麄(추) : 거칠다. 麤가 본자이다. ○麄食(추식) : 변변찮은 음식. 거친 식사. 粗食(조식)과 같다. ○重羅(중라) : 겹겹이 쳐진 그물. 망이 촘촘한 체. ○重羅麵(중라면) : 촘촘한 체로 거르거나 체질을 두 번 하여 면발이 고운 국수. '麵'은 '麪'과 같다.

{意譯} 자기 운명이 거친 밥을 먹도록 정해져 있다면 곱게 친 밀가루 음식은 생각지도 말라.

{餘說} 자신의 운명에 가난하게 살라고 되어있다면 억지로 좋은 음식 먹기를 생각하지 말고 분수에 따라 살라는 말이다.

06-013/ 들어올 것을 헤아리고

量其所入。度其所出。
양 기 소 입   탁 기 소 출

{讀法} 量2其所1>入하고 度2其所1>出이니라.

• • •

{直譯} 그 들어올 바를 헤아리고, 그 나갈 바를 헤아릴 것이다.

{語義} ○量2其所1>入(양기소입) : 그 수입을 계산하다. ○度2其所1>出(탁기소출) : 그 지출을 계산하다.

{意譯} 그 수입을 계산하고, 그 지출을 계산할 것이다.

{餘說} 《예기·왕제(王制)》에 "以2十年之通1으로 制2國用1하고 量>入하여 以爲>出하라."하고, 그 〈소(疏)〉에 "量2其今年入之多少1하여, 以爲2來年出用之數1하라."고 하였다.

　현대적인 말로 바꾸어 말하면 "내년의 예산(豫算)은 금년의 수입과 지출의 다소에 따라 이를 감안(勘案)하여 예산을 수립(樹立)해야 한다."는 것이다.

06-014/ 군자는 본디 궁하나니

子曰。君子固窮。小人窮斯濫矣。
자 왈 군 자 고 궁 소 인 궁 사 람 의

{讀法} 子ㅣ 曰, 君子固窮이니 小人窮斯濫矣니라.

• • •

{直譯} 공자께서 말씀하시기를, "군자는 본디 궁하나니, 소인은 궁하면 이에 넘나든다." 하셨다.

{語義} ○固(고) : 진실로. 본디. 원래. ○窮(궁) : 궁색하다. 곤궁하다. ○濫(람) : 넘나든다. 지나쳐 잘못을 저지르다.

{意譯} 공자께서 말씀하셨다. "군자는 아무리 빈궁해도 이를 편안히 여기면서 도의를 고수(固守)하지만, 소인은 빈궁하면 제멋대로 굴게 마련이다."

{餘說} 이 대문은《논어 · 위령공편(衛靈公篇) · 제1장》에 있는 말이다. 자로(子路)가 "君子亦有>窮乎?〔군자도 이렇게 쪼들려야 합니까?〕" 하고 물은 데 대한 공자의 말씀이다.

06-015/ 먹는 것을 줄이고

省喫。省用。省求人。
생 끽　생 용　생 구 인

{讀法} 省>喫하고 省>用하며 省2求>1人하라.

• • •

{直譯} 먹는 것을 줄이고, 쓰는 것을 줄이고, 남에게 요구하는 것을 줄여야 한다.

{語義} ○ 省(생) : 덜다. 줄이다. ○ 省>喫(생끽) : 음식을 줄이다. ○ 省>用(생용) : 비용을 줄이다. ○ 省2求>1人(생구인) : 남에게 요구하는 것을 줄이다.

{意譯} 음식은 적게 먹고, 비용은 적게 지출하고, 남에게 요구하는 것도 줄여야 한다. 분수에 맞게 행동하라는 말이다.

{餘說} 일부 번역본에 '省'을 '살피다'의 뜻으로 풀이한 곳이 있다. 《유림외사(儒林外史)·제47회》의 "虞華軒在家, 省喫儉用, 積起幾兩銀子.〔우화헌(虞華軒)이 집에 있을 때, 식사를 줄이고 쓰임을 적게 하여 몇 양(兩)의 은자(銀子)를 모아 일어났다.〕"라는 구절이 있는데, 이로써 보면 '省'을 '줄이다'의 뜻으로 보는 것이 타당할 것이다.

06-016/ 항상 나물 뿌리를 캐어 먹고 살 수 있다면

汪信民嘗言。人常咬得菜根。則百事可爲。
왕 신 민 상 언 인 상 교 득 채 근 즉 백 사 가 위

{讀法} 汪信民이 嘗言에 人이 常咬2得菜根1하면 則百事를 可>爲니라.

• • •

{直譯} 왕신민이 늘 말하기를, "사람이 항상 나물 뿌리를 캐어 먹을 수 있다면 백 가지 일을 할 수 있다." 하였다.

{語義} ㅇ汪信民(왕신민) : 생졸 1071~1110. 왕혁(汪革). 송(宋)나라 임천(臨川) 사람. 자가 신민(信民)이다. 호는 청계(靑溪). 소성(紹聖, 1094~1098) 때의 진사(進士). 여희철(呂希哲)의 문인(門人). 채경(蔡京)에 소명(召命)되었으나 불취(不就)함. 성품(性稟)은 독실강경(篤實剛勁)함. 강서시파(江西詩派) 임천사재자(臨川四才子) 중의 한 사람. 저서에 《청계유고(靑溪類稿)》·《논어직해(論語直解)》가 있다. ㅇ嘗言(상언) : 일찍이 말했다. ㅇ咬(교) : 깨물다. 씹다. ㅇ菜根(채근) : 나물 뿌리. ㅇ可爲(가위) : 할 수 있다. '爲'가 '做'로 된 판본도 많으나 두 글자의 뜻은 같다.

{意譯} 왕신민이 일찍이 말했다. "사람은 항상 빈궁 속에서 큰일을 할 바탕이 생기는 것이다."

{餘說} 이 대문은 《소학(小學)·선행(善行)》에서 따온 말이다. 출전은 다음과 같다: "汪信民嘗言, 人咬2得菜根1 則百事可>做. 胡康侯聞>之. 擊>節嘆賞.〔왕신민(汪信民)이 일찍이 '사람이 항상 나물 뿌리를 씹을 수 있다면 무슨 일이든지 할 수 있다.'라고 말하자, 호강후(胡康侯)가 이를 듣

고 무릎을 치면서 칭찬하였다.]" 그리고 이 말의 출처는 《여씨잡록(呂氏雜錄)》이라 하였다.

06-017/ 부귀에 처해선 부귀를 행하며

中庸云。素富貴行乎富貴。素貧賤行乎貧賤。素夷狄
중 용 운 소 부 귀 행 호 부 귀 소 빈 천 행 호 빈 천 소 이 적
行乎夷狄。素患難行乎患難。
행 호 이 적 소 환 난 행 호 환 난

{讀法} 中庸에 云, 素2富貴1하면 行2乎富貴1하며 素2貧賤1하면 行2乎貧賤1하며 素2夷狄1하면 行2乎夷狄1하며 素2患難1하면 行2乎患難1이니라.

• • •

{直譯} 《중용》에 이르기를, "부귀에 처해선 부귀를 행하며, 빈천에 처해선 빈천을 행하며, 이적에 처해선 이적을 행하며, 환난에 처해선 환난을 행한다."하였다.

{語義} ㅇ《中庸(중용)》: 《사서(四書)》 중의 하나. 본래 《예기·제31편》으로 들어있던 것이 단행본으로 행세한 것은 한대(漢代)의 일로 《대학(大學)》보다 앞서였다. 작자는 공자의 손자 자사(子思:孔伋)라고 함. 그러나 근세에 와서

는 무명씨(無名氏)의 작이라고 단정함에 이르렀다. ○素(소) : 처하다. 주자(朱子)는 '현재'의 뜻으로 보았고, 정현(鄭玄)은 '향한다'의 뜻으로 보았다. ○行2乎富貴1(행호부귀) : 부귀에 알맞게 행동한다는 뜻. 그 다음의 '行乎貧賤, 行乎夷狄, 行乎患難'도 이에 준하여 해석한다. ○夷狄(이적) : 미개한 외국 민족. 오랑캐. ○患難(환난) : 근심과 재난.

{意譯}《중용》에 말했다. "부귀에 처해 있어서는 부귀의 행동을 하며, 빈천에 처해 있어서는 빈천의 행동을 하며, 오랑캐에 처해 있어서는 오랑캐의 행동을 하며, 근심과 재난에 처해 있어서는 근심과 재난의 행동을 한다."

{餘說} 이 대문은《중용(中庸)·제3장》에 나오는 말이다. 앞의 생략 부분과 뒤의 생략 부분을 보충하여 적어둔다. 밑줄 친 부분이 보충된 내용이다.

"君子素其位而行. 不願乎其外, 素富貴. 行乎富貴, 素貧賤. 行乎貧賤, 素夷狄, 行乎夷狄. 素患難, 行乎患難. 君子無入, 而不自得焉.〔군자는 현재의 위치에 따라 행하고, 그 밖의 것을 원하지 않는다. 현재 부귀하면 부귀한 처지에 알맞게 행동하고, 현재 빈천하면 빈천한 처지에 알맞게 행동하며, 현재 이적의 가운데에 있으면 그 상황에 알맞게 처신하고, 현재 환난의 가운데에 있으면 그 상황에 알맞게 처신한다. 따라서 군자는 어느 곳에 있든 간에 자득(自得)하지 못하는 경우가 없는 것이다.〕"

06-018/ 그 지위에 있지 않고서는

子曰。不在其位。不謀其政。
자 왈 부 재 기 위 불 모 기 정

{讀法} 子ㅣ 曰, 不>在₂其位₁하얀 不>謀₂其政₁이니라.

• • •

{直譯} 공자께서 말씀하시기를, "그 지위에 있지 않고서는 그 정사를 꾀하지 않을 것이다." 하셨다.

{語義} ○ 其位(기위) : 그 지위(地位). ○ 謀(모) : 꾀하다. 도모하다. 논의하다. 정사의 처리에 대하여 이리저리 생각하다.

{意譯} 공자께서 말씀하셨다. "사람에게 각기 직분이 있는 것이니, 맡은바 자기의 직분 밖의 일에 대하여는 논의하지 말라."

{餘說} 이 대문은 《논어》의 〈태백편(泰伯篇)·제14장〉과 〈헌문편(憲問篇)·제27장〉에 있는 말이다.

〈집주(集註)〉에 "程子曰 不在其位는 則不任其事也라. 若君大夫問而告者는 則有矣니라.〔정자가 말하였다: 그 지위에 있지 않으면 그 일을 책임지지 않는다. 그러나 만약 임금이나 대부(大夫)가 물으면 고(告)해줌은 있다.〕"라고 나온다.

06-019/ 집은 높고 커야 할까?

語云。房室不在高大。不漏便好。衣服不在綾羅。和
어 운 방 실 부 재 고 대 불 루 변 호 의 복 부 재 능 라 화

暖便好。飲食不在珍羞。飽腹便好。娶妻不在顏色。賢
난 변 호 음 식 부 재 진 수 포 복 변 호 취 처 부 재 안 색 현

淑便好。養兒不問男女。孝順便好。弟兄不在多少。和
숙 변 호 양 아 부 문 남 녀 효 순 변 호 제 형 부 재 다 소 화

順便。親眷不在新舊。來往便好。隣里不在高低。和睦
순 변 친 권 부 재 신 구 내 왕 변 호 인 리 부 재 고 저 화 목

便好。朋友不在酒食。扶持便好。
변 호 붕 우 부 재 주 식 부 지 변 호

{讀法} 語에 云, 房室은 不>在高大1라 不>漏便好요, 衣服은 不>在2
綾羅1라 和暖便好요, 飲食은 不>在2珍羞1라 飽>腹便好요, 娶>妻는
不>在2顏色1이라 賢淑便好요, 養>兒는 不>問2男女1라 孝順便好요,
弟兄은 不>在2多少1라 和順便好요, 親眷은 不>在2新舊1라 來往便
好요, 隣里는 不>在2高低1라 和睦便好요, 朋友는 不>在2酒食1이라
扶持便好니라.

. . .

{直譯} 옛말에, "집은 높고 커야 하는 것이 아니라 새지 않으면 좋
고, 의복은 비단이어야 하는 것이 아니라 따뜻하면 좋고, 음식은
진수성찬이어야 하는 것이 아니라 배부르면 좋고, 장가드는 것은
미모(美貌)에 달린 것이 아니라 현숙(賢淑)하면 좋고, 아이를 기르
는 데는 아들딸 구별하지 말고 효순하면 좋고, 형제는 많고 적음에

달린 것이 아니라 화순하면 좋고, 친척은 신구(新舊)를 가리지 않고 자주 왕래하는 것이 좋고, 붕우는 주식(酒食) 접대에 있는 것이 아니라 서로 의지하고 도와주는 것이 좋다."고 하였다.

{語義} ㅇ房室(방실) : 집. ㅇ漏(루) : 새다. 스며들다. ㅇ綾(능) : 비단. 무늬가 있는 비단. ㅇ綾羅(능라) : 비단. ㅇ和暖(화난) : 따뜻함. ㅇ羞(수) : 맛있는 음식. 바치다. 드리다. ㅇ珍羞(진수) : 진수성찬. 갖가지 맛이 좋은 음식. ㅇ飽腹(포복) : 배부르게 먹음. 포식(飽食). ㅇ娶(취) : 장가들다. 아내를 맞다. ㅇ賢淑(현숙) : 현명하고 정숙함. ㅇ睦(목) : 화목하다. 눈길이 온순하다. 공손하다. ㅇ親眷(친권) : 아주 가까운 권속(眷屬). ㅇ扶持(부지) : 서로 도와 부축해 줌.

{意譯} 옛말에 있다. "집은 새지 않으면 되고, 의복은 따뜻하면 되고, 음식은 배부르면 되고, 아내는 현숙(賢淑)하면 되고, 아이는 효순하면 되고, 형제는 화순하면 되고, 친척은 자주 왕래하는 것이 좋고, 붕우는 서로 의지하고 도와주는 것이 좋다."

{餘說} 문장 구조는 다음과 같다.

語云,

房室不在高大, 不漏便好.

衣服不在綾羅, 和暖便好.

飲食不在珍羞, 飽腹便好.

娶妻不在顔色, 賢淑便好.

養兒不問男女, 孝順便好.

弟兄不在多少, 和順便好.

親眷不擇新舊, 來往便好.

隣里不在高低, 和睦便好.

朋友不在酒食, 扶持便好.

06-020/ 내가 남보다 못하다고

先儒曰。休怨我不如人。不如我者尚衆。休誇我能勝
선 유 왈 휴 원 아 불 여 인 불 여 아 자 상 중 휴 과 아 능 승

人。勝於我者更多。
인 승 어 아 자 갱 다

{讀法} 先儒曰, 休>怨2我不>如1>人하라, 不>如>我者ㅣ 尙衆이라.
休>誇2我能>勝1>人하라, 勝>於>我者ㅣ 更多니라.

• • •

{直譯} 옛 선비가 말하기를, "내가 남보다 못하다고 원망하지 말라,
나보다 못한 사람이 오히려 많다. 내가 남보다 낫다고 자만하지 말
라, 나보다 낫거나 같은 사람은 더욱더 많다." 하였다.

{語義} ○休(휴) : 쉬다. 그치다. 그만두다. 부사(副詞)로서 '…하지 말라'의

뜻으로 부정을 나타낸다. '莫・不要'에 해당한다. ○怨(원): 원망하다. 한탄하다. ○尙(상): 오히려. ○誇(과): 자랑하다. 자만(自慢)하다. ○勝(승): 이기다. 낫다. ○於(어): …보다〔비교격〕. ○勝於我者(승어아자): 나보다 나은 사람. ○更(갱): 다시. 또. 더욱. 한층 더. '更'이 '고치다'의 뜻으로 쓰일 때는 음(音)이 '경'이다.

{意譯} 옛 선비가 말하였다. "집안 살림살이가 내가 남보다 못하다고 한탄하지 말고, 살림살이가 나보다 못한 사람이 오히려 더 많다는 알아야 한다. 재주와 학문이 내가 남보다 낫다고 자만하지 말고, 재주와 학문이 나보다 나은 사람은 더욱 많다는 것을 알아야 한다."

{餘說} 이 문장은 명(明)의 육소형(陸紹珩)이 편찬한 《취고당검소(醉古堂劍掃)・집성편(集醒篇)》에 나온다. 한편 작자 미상의 《해인이(解人頤)・가언집(嘉言集)》에는 첫 구절의 앞에 '論家計〔살림살이를 논할 때〕'라는 세 글자와 둘째 구절의 앞에 '論才學〔재주와 학문을 논할 때〕'라는 세 글자가 더 있다. 따라서 원망하고 자랑하는 대상이 '家計'와 '才學'으로 분명하게 제시되어 있다.

06-021/ 남이 나보다 뛰어난 것은

人勝我無害。彼無蓄怨之心。我勝人非福。恐有不測
인 승 아 무 해   피 무 축 원 지 심   아 승 인 비 복   공 유 불 측

之禍。
지 화

{讀法} 人ㅣ勝>我는 無>害니 彼無2蓄>怨之心1이요, 我ㅣ勝>人은 非>福이니 恐有2不>測之禍1니라.

· · ·

{直譯} 남이 나보다 뛰어난 것은 해롭지 않으니 상대가 원망하는 마음을 품지 않기 때문이며, 내가 남보다 뛰어난 것은 복(福)이 아니니 헤아리지 못한 재앙이 있을까 두렵기 때문이다.

{語義} ○無>害(무해) : 손해되지 않음. 지장이 없음. 억울한 피해가 없음. ○彼(피) : 저. 저 사람. 그. 그이. ○蓄>怨(축원) : 원한을 쌓음. 쌓인 원한. ○恐(공) : 두렵다. 아마. 의심컨대. ○不>測(불측) : 헤아릴 수 없음. 알 수 없음. 예상할 수 없는 일.

{意譯} 다른 사람이 나를 이기는 것이 꼭 나에게 나쁜 것만은 아니다. 왜냐하면 그가 나를 원망하는 마음을 품지 않기 때문이다. 내가 다른 사람을 이기는 것이 꼭 나에게 복(福)이 되는 것은 아니다. 왜냐하면 아마도 생각지도 못하는 재앙이 있을 수 있기 때문이다.

{餘說} 남을 이기는 것보다 때에 따라 남에게 지는 경우도 있어야 한다

는 말이다. 이 문장은 상기(上記)《취고당검소(醉古堂劍掃) · 집령편(集靈篇)》에 나온다.

06-022/ 분수에 넘치게 복을 구하다가는

過分求福。適以速禍。安分遠禍。將自得福。
과 분 구 복 적 이 속 화 안 분 원 화 장 자 득 복

{讀法} 過>分求>福타가 適以速>禍하고 安>分遠>禍면 將自得>福이니라.

• • •

{直譯} 분수에 넘치게 복을 구하다가는 마침내 화를 부르고, 편안히 분수를 지켜 재앙을 멀리하면 저절로 복을 얻게 된다.

{語義} ○過>分(과분) : 본분을 넘음. 일정한 정도나 한계를 초과함. ○求>福(구복) : 복을 구함. 신에게 복을 내려 주기를 기원함. ○適(적) : 알맞다. 적합하다. 때마침. 우연히. ○速(속) : 부르다. 초청하다. '召(소)'와 뜻이 같다. ○速>禍(속화) : 재앙을 부름. ○安>分(안분) : 편안한 마음으로 자기의 분수를 지킴. ○遠>禍(원화) : 화를 멀리함. 화를 피함.

{意譯} 자기 분수에 맞지 않게 복을 지나치게 구하면 도리어 재앙을 초래하게 되고, 자기 분수에 맞게 살며 재앙을 멀리하게 되면 오히려 저절로 복을 얻게 된다는 말이다.

{餘說} 이 문장도《취고당검소(醉古堂劍掃)·집령편(集靈篇)》에 나온다.

06-023/ 자기보다 못한 자와 비교하면

人只把不如我者。較量則自知足。
인 지 파 불 여 아 자　교 량 즉 자 지 족

{讀法} 人에 只把2不>如>我者1하여 較>量하면 則自知>足이니라.

• • •

{直譯} 사람 중에서 다만 자기보다 못한 자와 비교하면, 저절로 족(足)함을 알게 된다.

{語義} ○把(파) : 손으로 잡다. 쥐다. 동작·작용의 대상을 동사 앞으로 위치(位置)시키는 역할을 한다. 이 문장의 경우, 동작 '較量'의 대상인 '不如我者'를 '把'를 써서 동사 '較量'보다 앞에 위치시켰다. ○較>量(교량) : 비교함. 기량을 겨루거나 실력을 비교함.

{意譯} 자기를 자기보다 못한 사람들과 비교하면 자기가 그렇게 부족하지 않다는 것을 알게 된다.

{餘說} 이 문장도《취고당검소(醉古堂劍掃)·집령편(集靈篇)》에 나온다. 앞의〔06-019〕에서 말한 바와 같이 '論家計〔살림살이를 논할 때〕'인 경우에 대해 말한 것이다.

06-024/ 온 세상의 부귀와 빈천은

二眉曙靑朱先生曰。天下富貴貧賤。俱有個眞實受
이 미 서 청 주 선 생 왈 천 하 부 귀 빈 천 구 유 개 진 실 수

用。閉戶心無所營。何事掃除開門。活水靑山。見在繁
용 폐 호 심 무 소 영 하 사 소 제 개 문 활 수 청 산 현 재 번

華。凡得天地之正氣者。俱能悅吾之目。盈吾之耳。適
화 범 득 천 지 지 정 기 자 구 능 열 오 지 목 영 오 지 이 적

吾之口。克吾之腹。動容周旋。莫不爲我開設。隨緣取
오 지 구 극 오 지 복 동 용 주 선 막 불 위 아 개 설 수 연 취

用。何曾有意收放。異乎人者。視聽言動。同乎人者。眼
용 하 증 유 의 수 방 이 호 인 자 시 청 언 동 동 호 인 자 안

耳口鼻。其心可富。天下貧者終不患貧。此心可壽。天
이 구 비 기 심 가 부 천 하 빈 자 종 불 환 빈 차 심 가 수 천

下夭者。終不患夭。只管不出戶庭。功德遍及大千。至
하 요 자 종 불 환 요 지 관 불 출 호 정 공 덕 편 급 대 천 지

若妻子田宅。生前安乎本分。身後聽其自然。
약 처 자 전 택 생 전 안 호 본 분 신 후 청 기 자 연

{讀法} 二眉曙靑朱先生l曰, 天下富貴貧賤은 俱有2個眞實受用1
이니 閉>戶心無2所1>營이면 何事로 掃除開>門이리오? 活水靑山이 見
>在2繁華1라. 凡得2天地之正氣1者는 俱能>上悅2吾之目1하고 盈2吾
之耳1하고 適2吾之口1하고 克2吾之腹1下하여 動容周旋이 莫>不>爲>
我2開設1하니 隨>緣取用이오 何曾有>意收放인가? 異2乎>人1者는 視
聽言動이오 同2乎>人1者는 眼耳口鼻이라. 此心可>富면 天下貧者l
終不>患>貧이오 此心可>壽면 天下夭者l 終不>患>夭이니 只管上
不>出2戶庭1下이라도 功德이 遍及2大千1이라. 至>若2妻子田宅1하여는
生前엔 安>乎2本分1, 身後엔 聽2其自然1하리라.

• • •

{直譯} 이미(二眉) 주서청(朱曙靑) 선생이 말하였다. "온 세상의 부
귀와 빈천은 모두 실제로 받아들여서 누려야 할 것들이다. 문을 닫
고 만족하여 마음에 꾀하는 바가 없다면, 어찌 청소를 하며 문을
열 일이 있겠는가? 흐르는 물과 푸른 산은 번화(繁華)한 곳에 있을
때 드러난다. 무릇 하늘과 땅의 바른 기운을 얻은 것은 모두 나의
눈을 즐겁게 할 수 있고, 나의 귀를 가득 채울 수 있으며, 나의 입
에 꼭 맞을 수 있고, 나의 배를 감당할 수 있다. 사물의 행동거지
(行動擧止)가 나를 위해 마련되어 있지 않은 것이 없으니, 인연에
따라 가져다 쓰는 것이지, 어찌 의식적으로 거두어들이거나 놓아
버릴 수 있겠는가? 남과 다른 것은 보는 것, 듣는 것, 말하는 것,
움직이는 것이고, 남과 같은 것은 눈, 귀, 입, 코이다. 그 마음이

부유할 수 있다면 온 세상의 가난한 사람도 결국 가난을 걱정하지 않을 것이고, 이 마음이 장수할 수 있다면 온 세상의 요절하는 사람도 결국 요절하는 것을 근심하지 않을 것이니, 이렇게 하면 단지 집 뜰을 벗어나지 않더라도 공덕이 대천세계(大千世界)에 두루 미칠 것이다. 처와 자식 및 땅과 집에 관해서는 살아 있을 때는 본분에 맞게 편안히 지내고, 죽은 뒤에는 저절로 되어가는 대로 따르면 될 것이다.”

{語義} ㅇ二眉曙青朱先生(이미서청주선생) : 호(號)가 이미(二眉)이고, 이름이 서청(曙青)이며, 성(姓)이 주(朱)인 사람인 것 같으나 어떤 인물인지 자세히 알 수 없음. ㅇ掃除(소제) : 청소(淸掃). ㅇ活水(활수) : 근원이 있어 항상 흐르는 물. 흐르는 물. ㅇ悅(열) : 기쁘다. ㅇ盈(영) : 차다. 가득 차다. ㅇ克(극) : 이기다. 능하다. ㅇ動容周旋(동용주선) : 몸가짐과 행동의 전체를 일컫는 말로, 동용(動容)은 얼굴 표정 또는 몸가짐의 자세, 주(周)는 원(圓)의 법칙(法則)에 맞게 하는 행동이고, 선(旋)은 방(方)의 법칙에 맞게 하는 행동을 뜻한 것임. ㅇ隨>緣(수연) : 인연(因緣)에 따라. ㅇ曾(증) : 일찍. ㅇ收放(수방) : 거두어들임과 내놓음. ㅇ異2乎>人1者(이호인자) : 사람에게 다른 것. ‘乎’는 …에게. ㅇ患>貧(환빈) : 가난을 걱정함. ㅇ夭(요) : 일찍 죽다. 단명(短命)하다. ㅇ不>出(불출) : 벗어나지 않음. ㅇ戶庭(호정) : 문 밖의 뜰. 또는 대문. ㅇ遍(편) : 두루. ㅇ大千(대천) : 삼천대천세계(三千大千世界)의 준말. 광대무변(廣大無邊)의 세계. ㅇ田宅(전택) : 농토와 가옥. ㅇ身後(신후) : 사후(死後). ㅇ聽(청) : 들어주다. 받아들이다. 복종하다.

{意譯} 별도로 의역(意譯)하지 않아도 될 것 같으나, 주제가 무엇인지 명확하지 않다.

{餘說} 이 문장의 출전도 상고할 수 없다.

06-025/ 지나친 생각은

濫想徒傷神。妄動反致禍。
남 상 도 상 신　 망 동 반 치 화

{讀法} 濫想은 徒傷>神이오, 妄動은 反致>禍니라.

• • •

{直譯} 지나친 생각은 다만 정신을 상하게 할 뿐이고, 망령된 행동은 도리어 재앙을 부른다.

{語義} ○濫(남) : 범람하다. 정도에 넘치다. ○徒(도) : 다만. ○傷>神(상신) : 정신을 해침. 상심(傷心). ○妄動(망동) : 분별없이 함부로 행동함. ○反(반) : 도리어. ○致>禍(치화) : 화를 부름. 화를 초래함.

{意譯} 호사난상(胡思亂想)하게 되면 정신을 상하게 될 것이고, 경

거망동(輕擧妄動)하게 되면 재앙이 뒤따를 것이라는 말이다.

{餘說} 무엇이든 지나치면 안 되니 행동은 말할 것도 없고 생각도 지나치면 안 된다는 것이다.

06-026/ 교만하면 손해를 부르고

書曰。滿招損。謙受益。
서 왈　 만 초 손　 겸 수 익

{讀法} 書에 曰, 滿招>損하고, 謙受>益이니라.

• • •

{直譯} 《서경(書經)》에 말하기를, "자만(自滿)하면 손해를 부르고, 겸손하면 이익을 받는다."라고 하였다.

{語義} ○《書經(서경)》: 본서 〈계선편(繼善篇)〉〔01-002〕참조 바람. ○滿(만) : 만족하다. 자만(自滿)하다. ○招>損(초손) : 손해를 부름. ○謙(겸) : 겸손하다. ○受益(수익) : 이익을 얻거나 받음.

{意譯} 교만하면 다른 사람들이 그를 낮게 볼 것이며, 겸손하면 다

른 사람들이 그를 높게 볼 것이다.

{餘說} 이이 장의 출전은《상서·우서(虞書)·대우모편(大禹謨篇)》이다. 아래에 이 장의 앞뒤 내용을 함께 소개하니 참조하기 바란다.

30일 동안 묘(苗) 땅의 백성들이 명을 거역하자, 익(益)이 우(禹)를 거들면서 말하였다. "오직 덕만이 하늘을 감동시켜, 멀리 있는 사람도 이르지 않는 경우가 없습니다. 자만하면 손해를 부르고, 겸손하면 이익을 받으니, 이것이 바로 천도입니다. 순(舜)임금께서 처음에 역산에 계셨을 때, 밭에 가서서 날마다 하늘과 부모님께 큰 소리로 울부짖으며 죄를 떠맡아 짊어지시고 사특한 일을 자신에게 돌리시며, 공손히 섬겨 아버지 고수(瞽瞍)를 뵐 때 조심조심하시며 공경하시고 두려워하시니 고수 역시 믿고 따랐습니다. 지극한 정성은 신명을 감동시키니, 하물며 이 묘족 정도이겠습니까?" 우가 좋은 말에 절하며 "옳도다!"라 말하고, 군대를 돌리고 군사를 거두자, 순임금께서 마침내 문덕(文德)을 크게 펴시어, 양쪽 계단 아래서 방패와 깃으로 춤추게 하시니, 70여 일 만에 묘족이 잘못을 바로잡게 되었다.〔三旬, 苗民逆命。益贊于禹曰: "惟德動天, 無遠弗屆。滿招損, 謙受益, 時乃天道。帝初于歷山, 往于田, 日號泣于旻天, 于父母, 負罪引慝。祗載見瞽瞍, 夔夔齋慄, 瞽亦允若。至誠感神, 矧玆有苗" 禹拜昌言曰: "兪!" 班師振旅。帝乃誕敷文德, 舞干羽于兩階, 七旬有苗格。〕

제**7**편

존심편(存心篇)

이 편은 사람이 본심을 잃는 일 없이 가지고 기르라는 글을 모은 것으로 모두 85조목이다.

07-001/ 은밀한 방에 앉았기를

景行錄云。坐密室如通衢。馭寸心如六馬。可免過。
경 행 록 운 좌 밀 실 여 통 구 어 촌 심 여 육 마 가 면 과

{讀法} 景行錄에 云, 坐2密室1을 如2通衢1하고, 馭2寸心1을 如2六馬1
하면 可>免>過니라.

• • •

{直譯} 《경행록》에 이르기를, "은밀한 방에 앉았기를 네거리에 앉
은 것 같이 하고, 마음 다루기를 천자가 타는 수레를 끄는 여섯 마
리의 말을 부리는 것 같이 하면 허물을 면할 수 있다." 하였다.

{語義} ○密室(밀실) : 남의 출입을 금하는 비밀의 방. ○通衢(통구) : 네거리
길. ○馭(어) : 부리다. 말을 어거(馭車)함. ○寸心(촌심) : 방촌(方寸)의 마음.
마음. ○六馬(육마) : 천자가 타는 수레를 끄는 여섯 마리의 말. ○可>免>過
(가면과) : 허물을 면할 수 있다.

{意譯} 《경행록》에 말했다. "남의 출입을 금하는 비밀의 방에 앉아 있어 남이 안 본다고 예의에 벗어나는 행동을 할 것이 아니라, 사람이 많이 통행하여 사람이 많은 네거리 길에 앉아있는 것 같이 행동에 조심하고, 마음 부리기를 천자가 타는 수레를 끄는 여섯 마리의 말을 부리는 것 같이 조심스럽게 하면 습관이 되어 몸에 배면 허물을 몸에서 면할 수가 있다."

{餘說} 사람의 행동이나 마음가짐을 예의에 맞고 바르게 갖는다는 것은 그리 쉬운 것이 아니나, 일상생활을 그렇게 하여 체질화하고 생활화하면 일일이 일거일동에 신경을 쓰지 않아도 저절로 행해지게 되어 허물을 가져오지 않는다는 것이다. 사람은 무의식적인 행동에서 그 사람의 이면(裏面)과 표면(表面)을 찾아낼 수 있는 것이다.

07-002/ 마음이 몸속에 있어야 한다

游定夫錄云。心要在腔子裏。
유 정 부 록 운 심 요 재 강 자 리

{讀法} 游定夫錄에 云, 心要>在2腔子裏1니라.

• • •

{直譯} 《유정부록》에, 이르기를 "마음이 몸속에 있어야 한다."고 하

였다.

___

{語義} ○游定夫(유정부) : 북송(北宋)의 학자인 유초(游酢, 1053~1123)로, 자가 정부(定夫)이다. 주자(朱子)는 여조겸(呂祖儉)에게 준 편지에서 정자(程子)가 한 이 말을 인용하였다. ○腔子裏(강자리) : 사람의 체내 텅 빈 곳의 속. 마음이 있는 곳을 이름. '腔子'는 몸.

{意譯} 《유정부록》에 말했다. "본심은 항상 가슴속에 잡아 두지 않으면 안 된다."

{餘說} 사람의 마음은 지극히 영묘(靈妙)해서 어둡지 않다. 일신(一身)의 주재(主宰)가 만사의 대강(大綱)이므로, 항상 공경으로써 마음을 잃지 않게 하고, 결코 물욕(物慾)에 사로잡혀 밖으로 치닫는 것과 같이 해서는 안 된다. 공경을 갖는 공부를 조금이라도 게을리해서 틈이 있으면 마음은 반드시 밖으로 치달아서 가버리고 만다.

　　이 대문은 《주자어류(朱子語類)》, 《근사록(近思錄)·존양(存養)》, 《정자유서(程子遺書)》 등에 실려 있다. 참고로, 《근사록·존양(存養)》에 있는 것을 소개하면 다음과 같다 : "心要>在2腔子裏1, 只外面에 有2些隙罅1면 便走了니라.〔마음은 〈밖으로 달려가지 말고〉 강자(腔子:몸) 속에 있어야 한다. 다만 외면(外面)에 작은 틈이라도 있으면 마음이 곧 달아난다.〕"

07-003/ 좋은 꾀를 힘쓰는 사람은

素書云。務善策者無惡事。無遠慮者有近憂。
소 서 운　무 선 책 자 무 악 사　무 원 려 자 유 근 우

{讀法}　素書에 云, 務2善策1者는 無2惡事1요, 無2遠慮1者는 有2近憂1니라.

• • •

{直譯}《소서》에 이르기를, "좋은 꾀를 힘쓰는 사람은 나쁜 일이 없고, 멀리 생각함이 없는 사람은 가까운 근심이 있다." 하였다.

{語義} ○《素書(소서)》: 본서 〈순명편(順命篇)〉〔03-009〕참조. ○善策(선책): 좋은 책략(策略). 책략은 '꾀'. ○遠慮(원려): 원대한 생각. ○近憂(근우): 가까운 근심.

{意譯} 황석공(黃石公)의 《소서》에 말했다. "좋은 책략을 세우기에 힘쓰는 사람은 그 결과로 나쁜 일이 없고, 원대한 생각을 하지 않는 사람은 반드시 가깝게 닥쳐올 걱정거리가 있다."

{餘說}《논어·위령공편(衛靈公篇)·제11장》에 "人無2遠慮1면 必有2近憂1니라.〔사람이 멀리 생각하지 않으면 반드시 가까운 걱정이 있을 것이다.〕"라는 말이 있다. 이 대문과 똑같은 말이다.

07-004/ 어떻게 하는 것이 살아가는 방법인가

有客來相問。如何是治生。但存方寸地。留與子孫耕。
유 객 래 상 문 여 하 시 치 생 단 존 방 촌 지 유 여 자 손 경

{讀法} 有>客>來2相問1한데 如何是治>生고? 但存2方寸地1하야 留2
與子孫1耕하라.

• • •

{直譯} 어떤 나그네가 찾아와서 묻기를, "어떻게 하는 것이 살아가
는 방법인가?" 하였네. "오직 마음 밭을 보존하여, 자손에게 남겨
주어 경작하게 하라." 하였네.

{語義} ○相問(상문) : 질문함. ○治>生(치생) : 살림을 꾸림. 생계를 도모함.
○方寸地(방촌지) : 한 치 사방의 땅. 매우 작은 땅. 마음. ○留2與子孫1耕(유
여자손경) : 자손에게 남겨주어 경작하게 하다.

{意譯} 어떤 나그네가 나에게 와서 질문하기를, "어떻게 하는 것
이 살아가는 방도를 강구하는 것입니까?" 하기에, 내가 대답하기
를, "오직 마음을 잘 가지고 있다가 자손들에게 남겨주어 경작하
게 하라." 하였다네.

{餘說} 이 글에서 '方寸地'를 '작은 땅'으로 볼 수도 있으나 다음의 글

을 참조하면 '마음'으로 보는 것이 타당하다는 것을 알 수 있을 것이다:
"耕2堯田者1도 有2水慮1요, 耕2湯田者1도 有2旱憂1나 耕2心田者1는 無>憂
無>慮하야 日日豐年이라.〔요임금의 밭을 경작하는 자도 홍수를 걱정하고,
탕 임금의 밭을 경작하는 자도 가뭄을 근심하지만, 마음 밭을 경작하는
자는 근심 걱정 없이 날마다 풍년이다.〕"

　이 글은 당(唐)나라 하항(賀亢)의 5언절구시로서 《초목자(草木子) · 담
수편(談藪篇)》에 나오며, 압운자(押韻字)는 '生'·'耕'이다.

07-005/ 부귀를 지혜의 힘으로 구할 수 있다면

擊壤詩云。富貴如將智力求。仲尼年少合封侯。世人
격 양 시 운　부 귀 여 장 지 력 구　중 니 년 소 합 봉 후　세 인

不解青天意。空使身心半夜愁。
불 해 청 천 의　공 사 신 심 반 야 수

───────────

{讀法} 擊壤詩에 云, 富貴를 如將智力求,ㄴ대 仲尼도 年少合2封侯1
라. 世人은 不>解2青天意1하고, 空使2身心半夜愁1니라.

• • •

{直譯} 《격양시》에 이르기를, "부귀를 만일 지혜의 힘으로써 구할
수 있을 것 같으면 공자 같은 이는 나이가 젊은 시절에 제후로 봉
하는 데 합당했을 것이다. 세상 사람들은 푸른 하늘의 뜻을 알지
못하고 공연히 몸과 마음을 한밤중에 근심스럽게 한다."하였다.

───────────

{語義} ㅇ如(여) : 만일. 만약. ㅇ將(장) : …으로써. …을 가지고. ㅇ智力(지력) : 지혜의 힘. 슬기의 작용. ㅇ仲尼(중니) : 공자의 자(字). ㅇ合2封侯1(합봉후) : 여러 제후국을 봉하는 데 합당함. ㅇ不>解(불해) : 알지 못하다. 해득하지 못하다. ㅇ靑天(청천) : 푸른 하늘. 하늘. ㅇ空(공) : 헛되이. 공연히. ㅇ使(사) : 시키다. 하여금. ㅇ半夜(반야) : 한밤중. 야반(夜半).

{意譯} 《격양시》에 말했다. "부귀를 지혜의 힘으로 구할 수 있는 것이라면 공자 같은 이는 젊은 시절에 마땅히 여러 제후국에 봉해졌을 것이다. 세상 사람들은 저 푸른 하늘의 뜻을 이해하지 못하고 공연히 밤중에 몸과 마음을 근심케 한다."

{餘說} 이 대문은 《격양시》에 있는 시이다. 제목은 〈부귀(富貴)〉이며 형식은 칠언절구(七言絶句)이다.

富貴如將智力求,　　起　押韻

仲尼年少合2封侯1.　承　押韻

世人不>解2靑天意1,　轉

空使2身心半夜愁1.　結　押韻

07-006/ 사람됨이 지극히 어리석을지라도

范忠宣公誡子弟曰。人雖至愚責人則明。雖有聰明
범 충 선 공 계 자 제 왈　인 수 지 우 책 인 즉 명　수 유 총 명

恕己則昏。爾曹但當以責人之心責己。恕己之心恕人。
서 기 즉 혼　이 조 단 당 이 책 인 지 심 책 기　서 기 지 심 서 인

不患不到聖賢地位也。
불 환 부 도 성 현 지 위 야

{讀法} 范忠宣公이 誡2子弟1曰, 人雖2至愚1나 責>人則明하고 雖>
有2聰明1이나, 恕>己則昏이니, 爾曹는 但當以2責>人之心1으로 責>
己하고 恕>己之心으로 恕>人하면 不>患>不>到2聖賢地位1也니라.

• • •

{直譯} 범충선 공이 자제(子弟)를 경계하여 말하기를, "사람됨이 비
록 지극히 어리석을지라도 남을 꾸짖는 데는 총명하고, 비록 총명
함이 있을지라도 자기를 용서하는 데는 어두우니, 너희들은 다만
마땅히 남을 꾸짖는 마음으로 자기를 꾸짖고 자기를 용서하는 마
음으로 남을 용서하면 성현의 지위에 이르지 못할까 걱정하지 않
아도 될 것이다." 하였다.

{語義} ○范忠宣公(범충선공) : 이름은 순인(純仁). 북송(北宋) 철종(哲宗) 때의
재상. 자는 요부(堯夫). 인종(仁宗) 때 명신인 범중엄(范仲淹)의 둘째 아들. 시
호는 충선(忠宣). ○子弟(자제) : 아들과 아우. 부형(父兄)의 대(對). ○至愚(지
우) : 몹시 어리석음. ○明(명) : 사리에 밝음. 명철(明哲)함. ○恕>己(서기) : 자
기를 용서함. ○不>患(불환) : 근심하지 아니함. ○不>到(부도) : 이르지 못함.

{意譯} 범충선 공이 자제를 훈계하여 말했다. "사람들이 비록 지

극히 자기가 어리석을지라도 남의 잘못을 꾸짖는 데는 밝고, 비록 총명이 있을지라도 자신을 용서하는 데는 어두운 법이니, 너희들은 다만 마땅히 남을 꾸짖는 마음으로써 자신을 꾸짖고 자신을 용서하는 마음으로써 남을 용서하면 성현의 지위에 이르지 못할까 근심하지 않아도 된다."

{餘說} 이 대문은《송명신언행록후집(宋名臣言行錄後集)·범순인조(范純仁條)》에 있다. 이를 분석하면 다음과 같다.

范忠宣公誡2子弟1曰,

┌─ 人雖2至愚1責>人則明. ─┐
│   ├─ 爾曹但當以2
└─ 雖>有2聰明1恕>己則昏. ─┘

┌─ 責>人之心1責>己. ─┐
│   ├─ 不>患>不>到2聖賢地位1也.
└─ 恕>己之心1恕>人. ─┘

07-007/ 자기 마음으로 남의 마음을 견주는 것이

將心比心。便是佛心。
장 심 비 심   변 시 불 심

{讀法} 將>心比>心이 便是佛心이니라.

• • •

{直譯} 자기의 마음으로써 남의 마음을 비교하는 것이 바로 곧 부처의 마음이다.

{語義} ○將(장) : 앞 〔07-005〕에서처럼 '…으로써 ·…을 가지고'의 뜻이다. ○將>心(장심) : 자기의 마음을 가지고. ○比>心(비심) : 다른 사람의 마음을 비교하다. ○便是(변시) : 다를 것이 없고 바로, 곧 이것임. ○佛心(불심) : 부처의 자비심(慈悲心).

{意譯} 나의 마음으로 남의 마음을 견주어보는 것, 즉 나의 처지에서 남의 처지를 생각해보는 것, 이것이 바로 부처 마음이다.

{餘說} 이 말은 '易地思之〔경우를 바꾸어 생각해보라〕.' 와 의미가 비슷하다.

07-008/ 자기의 마음으로 남의 마음을 헤아려라

以己之心。度人之心。
이 기 지 심   탁 인 지 심

{讀法} 以2己之心1으로 度2人之心1이니라.

···

{直譯} 자기의 마음으로 남의 마음을 헤아린다.

{語義} ○ 以2己之心1(이기지심) : 자기의 마음으로써. ○ 度(탁) : 헤아리다.

{意譯} 자신의 마음을 가지고 남의 마음을 측량한다.

{餘說} 이 말은 《논어(論語) · 안연(顏淵)》편에 나오는 공자의 말인 "己所2不1>欲을 勿>施2於>人1하라.〔자기가 하고 싶지 않은 것을 남에게 베풀지 말아야 한다.〕"과 의미가 비슷하다.

07-009/ 널리 배우고 간절히 묻는 것은

素書云。博學切問。所以廣知。高行微言。所以修身。
소 서 운 박 학 절 문 소 이 광 지 고 행 미 언 소 이 수 신

{讀法} 素書에 云, 博學切問은 所2以廣1>知요, 高行微言은 所2以修1>身이니라.

···

{直譯} 《소서》에 이르기를, "널리 배우고 간절히 묻는 것은 지식을

넓히려는 까닭이고, 고상한 행동과 뜻이 깊은 말은 몸을 닦으려는 까닭이다." 하였다.

{語義} ○博學(박학) : 널리 배우다. ○切問(절문) : 간절히 묻다. 절실하게 묻다. ○所以(소이) : 까닭. 하는바. 소행. 이유. ○廣>知(광지) : 널리 알려 하다. 지식을 넓히려 하다. ○高行(고행) : 고상한 행위. 뛰어난 행위. ○微言(미언) : 뜻이 깊은 말. 완곡한 표현과 비유로 권유하거나 간하는 말.

{意譯} 황석공의《소서》에 말했다. "널리 배우고 간곡하게 질문하는 것은 자기의 지식을 넓히기 위한 것이고, 고상하게 행동하고 완곡하게 말하는 것은 자기의 몸을 닦기 위한 것이다."

{餘說}《논어 · 자장편 · 제6장》에 "자하(子夏)가 말하기를, '널리 배우고 뜻을 독실히 하며, 간절하게 묻고 가까운 것부터 생각한다면, 인(仁)이 그 가운데에 있을 것이다.〔子夏ㅣ曰, 博學而篤>志하고 切問而近思하면 仁在2其中1矣라.〕'고 하였다."

07-010/ 굳게 믿고 배우기를 좋아하며

子曰。篤信好學。守死善道。
자 왈 독 신 호 학 수 사 선 도

{讀法} 子ㅣ 曰, 篤信好>學하며 守>死善道니라.

• • •

{直譯} 공자께서 말씀하시기를, "굳게 믿고 배우기를 좋아하며, 죽음으로써 지키며 잘 인도(引導)해야 한다." 하셨다.

{語義} ○篤信好>學(독신호학) : 인도(仁道)가 바르고 옳다는 것을 깊이 믿고, 그 인도를 구현하기 위하여 열심히 학문하다. ○守>死(수사) : 죽음을 무릅쓰고 지킴. ○善道(선도) : 올바르게 인도함. 《논어 · 안연편 · 제23장》에 나오는 "忠告而善道之,不可則止,無自辱焉.〔진심으로 충고하며 잘 이끌어주다가, 벗이 들어주지 않으면 스스로 그만두어 욕을 당하는 일이 없도록 해야 한다.〕"라는 구절에 대해 《육덕명석문(陸德明釋文)》에는 '道는 導也라'라고 주(註)를 내었다. 따라서 본문의 '善道'는 '善導'의 뜻으로 풀이해야 한다.

{意譯} 공자께서 말씀하셨다. "학문에 뜻을 둔 사람은 우선 두텁게 그 학문을 믿고 더욱 나아가 그 학문을 좋아하는 것이 아니면 안 된다. 또 도에 뜻을 둔 사람은 비록 생명을 잃는 경우가 있더라도 그 절개를 굳게 지키며 잘 인도해 나가지 않으면 안 된다."

{餘說} 이 대문은 《논어 · 태백편(泰伯篇) · 제13장》에 있는 글이다. 번역문만 소개하면 다음과 같다: "공자께서 말씀하시기를, '도(道)를 돈독하게 믿고 배우기를 좋아하며, 죽음으로써 지키고 잘 인도해야 한다. 위

태로운 나라에는 들어가지 말고, 어지러운 나라에는 살지 말 것이며, 천하에 도(道)가 있으면 나와 벼슬하고, 도(道)가 없으면 숨어야 한다. 나라에 도(道)가 있을 때 가난하고 천한 것이 부끄러운 일이고, 나라에 도(道)가 없을 때 부유하고 귀한 것이 부끄러운 일이다.' 라고 하셨다."

07-011/ 총명하고 지혜롭더라도

子曰。聰明叡智。守之以愚。功被天下。守之以讓。勇
자왈 총명예지 수지이우 공피천하 수지이양 용

力振世。守之以怯。富有四海。守之以謙。
력진세 수지이겁 부유사해 수지이겸

{讀法} 子ㅣ 曰, 聰明叡智라도 守>之以>愚하고, 功被2天下1라도 守>之以>讓하고, 勇力振>世라도 守>之以>怯하고, 富有2四海1라도 守>之以>謙이니라.

• • •

{直譯} 공자께서 말씀하시기를, "총명하고 지혜롭더라도 이를 지키되 어리석은척함으로써 하고, 공덕이 천하를 덮을지라도 이를 지키되 사양함으로써 하고, 용맹과 힘이 세상에 떨칠지라도 이를 지키되 겁쟁이인 척함으로써 하고, 돈이 사해 같이 있더라도 이를 지키되 겸손으로써 할 것이다." 하셨다.

{語義} ○聰明叡智(총명예지) : 총명하고 지혜로움. ○勇力(용력) : 용맹과 힘. ○振>世(진세) : 세상에 떨치다. ○怯(겁) : 겁쟁이. 겁냄. ○四海(사해) : 사방의 바다. 천하. 세계. 만국.

{意譯} 공자께서 말씀하셨다. "아무리 총명하고 지혜롭더라도 어리석은척하여 자기를 지켜야 하고, 자기가 세운 공덕이 천하를 덮을만하더라도 사양하는 마음으로 자기를 지켜야 하고, 자기의 용맹과 힘이 세상에 떨칠지라도 겁쟁이인 척하여 자기를 지켜야 하고, 돈이 사해 같이 많이 있더라도 겸손한 마음으로 자기를 지켜야 한다."

{餘說} 이 대문은 다음과 같이 열거형(列擧形)의 문장이다.

　　子曰,

　　　聰明叡智, 守>之以>愚.

　　　功被2天下1, 守>之以>讓.

　　　勇力振>世, 守>之以>怯.

　　　富有2四海1, 守>之以>謙.

07-012/ 가난하지만 아첨하지 않으며

子貢曰。貧而無諂。富而無驕。
자 공 왈　 빈 이 무 첨　 부 이 무 교

{讀法} 子貢이 曰, 貧而無>諂하며, 富而無>驕니라.

• • •

{直譯} 자공이 말하기를, "가난하지만 아첨하지 말며, 돈이 많지만 교만하지 말 것이다." 하였다.

{語義} ○子貢(자공) : 본서 〈정기편〉〔05-019〕 참조 바람. ○諂(첨) : 아첨하다. 남에게 비굴하게 굽실거리며 작은 이득을 얻으려고 하다. ○驕(교) : 교만하다. 방자하게 굴다.

{意譯} 자공이 말했다. "사람은 가난하면 대개 아첨하기 쉽고 부유하면 대개 교만하기 쉽다. 그러나 가난하면서도 아첨하지 말아야 하고 부유하면서도 교만하지 말아야 한다."

{餘說} 이 대문은 《논어·학이편(學而篇)·제15장》에 있는 말이다. 여기에 《논어》의 이 부분을 소개한다 : "子貢이 曰, 貧而無>諂하며 富而無>驕하면 何如하니이꼬? 子ㅣ曰, 可也나 未>若2貧而樂하며 富而好>禮者1也니라. 〔자공이 여쭈어 말하기를, '가난하면서 아첨하지 않고 부자이면서 교만하지 않으면 어떻습니까? 하니, 공자께서 말씀하시기를, '괜찮다. 그러나 가난하면서 즐거워하며 부자이면서 예의를 좋아하느니만 못하다.' 하셨다.〕"

07-013/ 가난하면서 원망하지 않기는 어렵고

子曰。貧而無怨難。富而無驕易。
자 왈 빈 이 무 원 난 부 이 무 교 이

{讀法} 子ㅣ 曰, 貧而無>怨은 難하고 富而無>驕는 易하니라.

• • •

{直譯} 공자께서 말씀하시기를, "가난하면서 원망함이 없기는 어렵고, 부유하면서 교만함이 없기는 쉽다." 하셨다.

{語義} ㅇ 無>怨(무원) : 원망함이 없다. ㅇ 無>驕(무교) : 교만함이 없다. ㅇ 易(이) : 쉽다. 앞의 '難'의 대(對)이다.

{意譯} 공자께서 말씀하셨다. "가난한 생활을 하면서 하늘을 원망하고 사람을 탓하는 것과 같은 원망하는 마음을 갖지 않는다는 것은 사람으로서는 어려운 일이다. 그러나 이에 비교하면 부자이면서 교만을 떨지 않는다는 것 등은 또한 쉬운 것이다."

{餘說} 이 대문은 《논어·헌문편(憲問篇)·제11장》에 있는 말이다. 이것은 인정(人情)의 떳떳함을 말하고 빈부(貧富)에 처하는 사람의 마음가짐을 가르친 것이다.

07-014/ 뜻대로 되는 일은

邵康節問陳希夷。求持身之術。希夷曰。快意事不可
소 강 절 문 진 희 이 구 지 신 지 술 희 이 왈 쾌 의 사 불 가

多得。便宜處不可再往。
다 득 편 의 처 불 가 재 왕

{讀法} 邵康節이 問2陳希夷1하여 求2持>身之術1한대, 希夷ㅣ 曰, 快>
意事는 不>可2多得1요, 便宜處는 不>可2再往1이니라.

• • •

{直譯} 소강절이 진희이(陳希夷)에게 물어서 몸을 지키는 방법을 구
하였는데, 희이(希夷)가 말하기를, "뜻대로 되는 일은 많이 얻으면
안 되고, 이익을 본 곳에는 두 번 가면 안 된다." 하였다.

{語義} ○邵康節(소강절) : 〈계선편(繼善篇)〉〔01-044〕 조목에 나왔음. ○陳
希夷(진희이) : 송나라 하남(河南) 진원현(眞源縣) 출신. 생졸 872~989. 이름
은 단(摶). 자는 도남(圖南), 호는 부요자(扶搖子), 사호(賜號)는 희이선생(希夷
先生). 무당산구실암(武當山九室巖)에 숨어서 선술(仙術)을 닦고, 화산(華山)에
이거(移居)함. 5대(代) 때 주(周)의 세종(世宗)에 간의대부(諫議大夫)로 소명(召
命)되었으나 받지 않고, 태평흥국(太平興國, 977~983) 중에 입조(入朝)하여 태
종(太宗)에게 중용(重用)되었다. 송대(宋代) 염락관민(濂洛關閩)의 학파에서는
〈태극도(太極圖)〉라는 것이 극히 중요시되어, 이 그림은 주돈이(周敦頤)가 자
득(自得)한 묘리(妙理)라고까지 말해지고 있으나, 청조(淸朝)의 황종염(黃宗

炎, 1616~1686)의 저서인《역학변혹(易學辨惑)》등의 고발(考發)에 의하면, 〈태극도〉는 한(漢)나라 위백양(魏伯陽)의 창설(創說)에 의한 것으로 도사수련(道士修鍊)의 술(術)로 사용한 것. 그것이 종리(鐘離)·여동빈(呂洞賓)을 거쳐 이 진단(陳搏)에 전해져 다시 충방(种放)·목수(穆修)의 여러 사람을 거쳐 주돈이(周惇頤)에게 전해진 것이라고 한다. 아무튼 진단은 송대(宋代) 철학에서 중대한 지위를 갖는 사람이었다. 저서에《지현편(指玄篇)》81장·《삼봉우언(三峯寓言)》·《고양집(高陽集)》·《조담집(釣潭集)》·《정역심법(正易心法)》등이 있다. ㅇ持>身(지신) : 처신하다. 몸가짐을 하다. ㅇ持>身之術(지신지술) : 처신술(處身術). 세상살이나 대인 관계에 있어서 적절하게 행동하는 방법이나 수단. ㅇ快>意事(쾌의사) : 마음에 내키는 대로 한 일. ㅇ多得(다득) : 많이 얻음. 쉽게 얻음. ㅇ便宜(편의) : 편리함. 유익함. ㅇ再往(재왕) : 두 번 감.

{意譯} 강절 소선생이 진희 이선생에게 물어서 처세(處世)를 잘하는 방법을 구하였는데, 희이 선생이 말하기를 "자기 뜻대로 되는 일이라고 해서 여러 번 하면 안 되고, 이득을 본 곳이라고 해서 두 번 가면 안 된다."고 하였다.

{餘說} 많은 판본에는 "快意事不可做得, 便宜處不可再往"이라고 되어 있다.《진희이선생어록(陳希夷先生語錄)》에 "快意事不可多得, 便宜處不可再往"으로 되어있어 이를 취하였다. 풍몽룡(馮夢龍) 등이 지은《삼언양박(三言兩拍)》에 "得意之事, 不可再做. 得便宜處, 不可再往.〔득의한 이을 두 번 해서는 안 되고, 편의를 얻은 곳에는 두 번 가면 안 된다.〕"라는 말이 나온다.

07-015/ 뜻을 얻은 곳은

得意處。宜早廻頭。
득 의 처   의 조 회 두

{讀法} 得>意處엔 宜早廻>頭니라.

• • •

{直譯} 뜻을 얻은 곳은 마땅히 빨리 머리를 돌려야 한다.

{語義} ○ 廻>頭(회두) : 머리를 돌림. '廻'와 '回'는 통용된다.

{意譯} 일이 내가 바라는 대로 되었던 곳은 빨리 고개를 돌리고 다시 가지 말아야 한다. 그렇지 않으면 오히려 손해를 보게 될 수 있는 것이다.

{餘說} 이 구절은 앞의 〔07-014〕의 뒷부분과 뜻이 같다. 참고로,《채근담(菜根譚)·전집(前集)·제10장》의 내용을 소개한다 : "恩裡由來生害, 故快意時須早回首 ; 敗後或反成功, 故拂心處莫便放手.〔은혜 속에서 재앙은 싹튼다. 그러므로 만족스러운 때에 반드시 일찍이 머리를 돌려라. 실패한 뒤에 도리어 성공한다. 그러므로 일이 뜻대로 안 된다고 하여 바로 포기하지 말라.〕" 이 말도《진희이선생어록》에 나온다.

07-016/ 총명이란 원래

聰明本是陰騰助。陰騰引入聰明路。不行陰隲使聰
총 명 본 시 음 등 조 음 등 인 입 총 명 로 불 행 음 즐 사 총
明。聰明返被聰明誤。
명 총 명 반 피 총 명 오

{讀法} 聰明本是陰隲助요 陰隲引入2聰明1路라. 不>行2陰隲1使2
聰明1은 聰明返被2聰明誤1니라.

• • •

{直譯} 총명은 음즐(陰隲)한 도움이며, 음즐은 총명으로 들어가는
길이다. 음즐을 행하지 않고 총명을 부리면, 총명이 도리어 총명에
의해 그릇된다.

{語義} ㅇ聰明(총명) : 기억력이 좋고 사리에 밝음. ㅇ本是(본시) : 본디. 원
래. ㅇ陰隲(음즐) : 남이 모르는 가운데. ㅇ被(피) : 하게 함. 당함. ㅇ誤(오) :
그릇되다. 도리에 어긋나다. '愲'로 된 판본도 있다. '誤'와 '愲'는 같은 자
이다.

{意譯} 총명이란 원래 음즐의 공이다. 음즐은 총명함으로 들어가
는 방법이다. 음즐을 행하지 않고 총명을 부리게 되면, 총명이 도
리어 총명을 그르치게 되는 것이다.

{餘說} 이 말도《진희이선생어록》에 나오는데 '음즐(陰騭)'이 '음덕(陰德)'으로 되어있다. 뜻은 마찬가지다. 이 문장은 다음과 같이 칠언절구의 시이다.

聰明本是陰騭助, 　　　起　押韻
陰騭引>入聰明路. 　　　承　押韻
不>行2陰騭1使2聰明1, 　轉
聰明返被2聰明誤1. 　　結　押韻

07-017/ 풍수지리설이

風水人間不可無。全憑陰騭兩相扶。富貴若憑風水
풍 수 인 간 불 가 무　전 빙 음 즐 양 상 부　부 귀 약 빙 풍 수
得。再生郭璞也難圖。
득　재 생 곽 박 야 난 도

{讀法} 風水人間不>可>無는 全憑2陰騭1兩相扶라. 富貴若下憑2風水1得上인들 再生2郭璞1也難>圖니라.

• • •

{直譯} 풍수지리설이 인간 세상에 없을 수 없다는 것은, 오로지 음즐에 기대어 둘이 서로 돕기 때문이다. 부귀가 만일 풍수지리설을 쫓아 얻어진들, 곽박이 살아있을지라도 이를 헤아리기는 어렵다.

{語義} ○風水(풍수) : 풍수지리(風水地理). 지술(地術). ○人間(인간) : 사람의 세계. 인간 세상. ○全(전) : 오로지. ○憑(빙) : 기대다. 의지하다. ○陰騭(음즐) : 하늘이 은연중에 사람의 행위를 보고 화복을 줌. ○郭璞(곽박) : 276~324. 동진(東晉)의 학자. 복서가(卜筮家). 자는 경순(景純). 원제(元帝) 때 저작좌랑(著作左郎)을 지냄. 박학하고 시부(詩賦)에 능했으며, 《이아주(爾雅註)》·《산해경주(山海經註)》·《초사주(楚辭註)》등을 지었음. 후에 왕돈(王敦)의 기실참군(記室參軍)이 되었는데, 왕돈이 모반(謀叛)하고자 할 때 그 불가(不可)함을 점(占)쳐서 아뢰었기 때문에 대노(大怒)한 왕돈에게 피살되었음. ○也難>圖(야난도) : 또한 헤아리기 어렵다. '也'는 여기서 '又'자와 같음.

{意譯} 지술(地術)이 인간세상(人間世上)에 없을 수 없다는 것은, 오르지 음즐에 의지하여 서로 도와주기 때문이다. 부하고 귀히 되는 것이 만일 지술에 의하여 얻어지는 것이라 한들, 곽박이 다시 살아날지라도 또한 헤아려 알아내기는 어렵다.

{餘說} 이 말도 《진희이선생어록》에 나온다. 이 대문은 다음과 같이 칠언절구(七言絶句)의 한시이다.

風水人間不>可>無　　起　押韻
全憑2陰騭1兩相扶　　承　押韻
富貴若下憑2風水1得上　轉
再生2郭璞1也難>圖　　結　押韻

07-018/ 옛사람은 형상이 짐승과 비슷했으나

古人形似獸。心有大聖德。今人表似人。獸心安可測。
고 인 형 사 수 심 유 대 성 덕 금 인 표 사 인 수 심 안 가 측

{讀法} 古人은 形似>獸나 心有2大聖德1하고 今人은 表似>人이나 獸心을 安可>測이리오?

• • •

{直譯} 옛사람은 형상이 짐승과 같았으나 마음에는 대성(大聖)의 덕이 있었다. 지금 사람은 겉은 사람과 같으나 짐승의 마음을 어찌 헤아릴 수 있겠는가?

{語義} ㅇ似>獸(사수) : 짐승 같다. ㅇ大聖德(대성덕) : 대성(大聖)의 덕. ㅇ表(표) : 겉. 겉면. ㅇ獸心(수심) : 짐승의 마음. 짐승과 같이 나쁜 마음. ㅇ安(안) : 어찌. ㅇ測(측) : 헤아리다. 측량하다.

{意譯} 고인(古人)은 형상은 짐승과 같지만 마음은 대성(大聖)의 덕을 가지고 있고, 금인(今人)은 겉모양은 사람과 같지만 마음은 짐승과 같이 나쁜 마음이니 어찌 헤아릴 수 있겠는가?

{餘說} 옛사람과 지금 사람을 비교한 말이다. 옛사람은 좋고 지금 사람은 나쁘다는 말이나 전부가 그런 것이 아니고 많고 적음의 차이가 있을

뿐이니, 이 점을 전제로 한 말이라고 보아야 한다. 이 말도《진희이선생
어록》에 나온다.

07-019/ 마음이 있으면 상이 없더라도

有心無相相逐心生。有相無心相從心滅。
유 심 무 상 상 축 심 생   유 상 무 심 상 종 심 멸

{讀法} 有>心이면 無>相이라도 相逐>心生하고 有>相이면 無>心이라도
相從>心滅이니라.

• • •

{直譯} 마음이 있으면 상이 없더라도 상이 마음을 쫓아 생겨나고,
상이 있더라도 마음이 없으면 상은 마음을 따라 소멸된다.

{語義} ○相(상) : 용모. 형세. ○逐(축) : 쫓다. ○從(종) : 따르다. 隨(수)로 된
판본도 있다. ○滅(멸) : 없어지다.

{意譯} 관상(觀相)이 좋지 않다고 할지라도 마음씀이 좋으면 좋은
결과를 얻게 되고, 그 반대로 관상(觀相)이 좋다고 할지라도 마음
씀이 나쁘면 나쁜 결과를 얻게 된다.

{餘說} 사람이 가난하고 고생스러운 관상을 가지고 태어났다 하더라도, 한번이라도 선행을 하게 되면 그 얼굴이 별안간 부귀한 모습으로 바뀌고, 사람이 부귀한 관상을 가지고 태어났다 하더라도, 갑자기 악한 일을 하게 되면 그 얼굴이 갑자기 가난하고 고생스러운 모습으로 변한다. 따라서 사람은 관상(觀相)보다 심상(心相)이 더 중요하다는 것을 말한 것이다.

07-020/ 별 모양 같은 세 개의 점은

三點如星象。橫鉤似月斜。披毛從此得。作佛也由他。
삼 점 여 성 상   횡 구 사 월 사   피 모 종 차 득   작 불 야 유 타

{讀法} 三點如2星象1하고, 橫鉤似2月斜1라. 披>毛從>此得이요 作>佛也由>他라.

• • •

{直譯} 세 개의 점은 별 모양과 같고 비스듬한 갈고리는 지는 달과 같다. 털을 뒤집어쓰는 것도 이것에 따라 얻어지고 부처가 되는 것도 그것에 연유한다.

{語義} ○三點(삼점) : 세 개의 점. ○星象(성상) : 별자리의 모양. ○橫鉤(횡

구) : 비스듬한 갈고리. ㅇ月斜(월사) : 달이 기울어짐. 斜月(사월)은 지는 달. ㅇ披>毛(피모) : 털을 걸침. '披'는 입다·걸치다. '毛'는 털. 披毛戴角(피모대각 : 온몸에 털이 나고 머리에 뿔이 돋음. 곧 사람이 변하여 짐승이 됨)이라는 말이 있다. ㅇ作>佛(작불) : 부처가 됨. '成佛(성불)'로 되어있는 곳도 있다. ㅇ由>他(유타) : 그것에 말미암다.

{意譯} 별자리 모양과 같은 세 개의 점과 지는 달과 같은 비스듬한 갈고리로 된 마음 '心' 자, 이 마음에 따라 짐승 같은 사람이 될 수도 있고 그 마음으로 말미암아 부처 같은 사람이 될 수도 있다.

{餘說} 짐승이 되느냐 성인이 되느냐는 것은 모두 마음먹기에 달렸다는 말이다. 이 글도 5언절구이다.

07-021/ 그 뜻을 성실히 한다는 것은

大學云。所謂誠其意者。毋自欺也。如惡惡臭。如好
대 학 운 소 위 성 기 의 자 무 자 기 야 여 오 악 취 여 호
好色。
호 색

{讀法} 大學에 云, 所謂誠2其意1者는 毋2自欺1也니 如>惡2惡臭1하며 如>好2好色1이니라.

●●●

{直譯} 《대학》에 이르기를, "이른바 '그 뜻을 성실히 한다'는 것은 자기를 속이지 않는다는 것이니, 나쁜 냄새를 싫어함과 같이 하여야 하며 아름다운 여색을 좋아함과 같이 하여야 한다." 하였다.

{語義} ○所>謂(소위): 이른바. ○誠2其意1(성기의): 그 뜻을 성실히 하다. ○毋2自欺1(무자기): 자기를 속이지 않는다. ○惡2惡臭1(오악취): 나쁜 냄새를 싫어하다. ○色(색): 여색(女色).

{意譯} 《대학》에 말했다. "소위 '그 뜻을 성실하게 한다'는 것은 자기를 속이지 않는 것이다. 그것은 악(惡)을 미워하기를 악취를 싫어하는 것과 같이 하며, 선(善)을 좋아하기를 아름다운 여색(女色)을 좋아하는 것 같이 해야 한다."

{餘說} 이 장은 《대학장구(大學章句)·전6장(傳六章)》의 '자겸(自謙)'에 대한 주(注)에 나오는 글이다. 이 대문 뒤에 "此之謂自謙, 故君子必愼其獨也.〔이것을 스스로 만족하는 것이라 이른다. 그러므로 군자는 반드시 홀로 있을 때를 삼가야 한다.〕"라는 부분이 더 있다.

07-022/ 성실하게 하되 우직한 듯이 하며

道經云。用誠似愚。用默似訥。用柔似拙。
도 경 운 용 성 사 우 용 묵 사 눌 용 유 사 졸

{讀法} 道經에 云, 用>誠似>愚하고, 用>默似>訥하며, 用>柔似>拙이
니라.

• • •

{直譯}《도경》에 이르기를, "성실하게 하되 우직한 듯이 하며, 침묵
하되 어눌한 듯이 하고, 부드럽게 하되 우둔한 듯이 하라." 하였다.

{語義} ○《道經(도경)》: 도교(道教)의 경전. 이 장은 명대(明代)의《정통도장
(正統道藏)》에 나온다. 따라서 "道藏에 云"이라 해야 타당할 것이다. ○ 默
(묵) : 침묵(沈默). ○ 訥(눌) : 어눌(語訥). ○ 柔(유) : 부드러움. 유약함. ○ 拙(졸)
: 서투름. 우둔함.

{意譯}《도경》에 말했다. "정성스럽게 하되 우직한 것처럼 하고,
묵묵하게 하되 어눌한 것처럼 하며, 부드럽게 하되 우둔한 것처럼
하라."

{餘說} 이 장의 내용은 명(明)나라 때인 1445년에 편찬된《정통도장(正
統道藏)》이라는 책 가운데 〈구천응원뇌성보화천존설옥추보경(九天應元

雷聲普化天尊說玉樞寶經〉)이라는 제목의 글에 나온다. 〈구천응원뇌성보
화천존설옥추보경〉은 줄여서 〈뇌정옥추보경(雷霆玉樞寶經)〉·〈뇌경(雷
經)〉·〈옥추경(玉樞經)〉이라고도 부른다. 그 일부를 소개하면 다음과 같
다: 道者는 以誠而入하고 以默而守하고 以柔而用하나니 用誠似愚하고 用默
似訥하고 用柔似拙하니 夫如是則可與忘形이오, 可與忘我요 可與忘忘이니라.
〔도라는 것은 정성으로써 거기에 들어가고 묵묵함으로써 그것을 지키
고 부드러움으로써 그것을 쓰나니, 정성으로써 하되 어리석은 것처럼
하고 묵묵히 하되 어눌한 것처럼 하고 부드럽게 하되 우둔한 것처럼 하
여야 한다. 무릇 이같이 하면 나의 몸을 더불어 잊을 수 있고 나의 존재
를 더불어 잊을 수 있고 잊는다는 것도 더불어 잊을 수 있다.〕

07-023/ 사람들이 모두 나를 못났다고 말하고

人皆道我拙。我亦自道拙。有耳常如聾。有口不會
인 개 도 아 졸 　 아 역 자 도 졸 　 유 이 상 여 롱 　 유 구 불 회
說。休自逞豪傑。橫竪有一跌。喫跌教君思。返不如我
설 　 휴 자 령 호 걸 　 횡 수 유 일 질 　 끽 질 교 군 사 　 반 불 여 아
拙。
졸

{讀法} 人皆道2我拙1하고, 我亦自道>拙하니. 有>耳常如>聾하고, 有>
口不>會>說이라. 休自逞2豪傑1하나, 橫竪有2一跌1이라. 喫跌教>君
思하니, 返不>如2我拙1이니라.

···

{直譯} 사람들이 모두 나를 못났다고 말하고, 나도 또한 스스로 못났다고 말하니, 귀가 있어도 항상 귀먹은 것 같이 하고, 입이 있어도 말할 줄 모르는 것 같이 한다. 스스로 호걸이라 뽐내지 말라. 어차피 한 번의 잘못은 저지를 수 있다. 넘어지는 것이 그대더러 생각하게 하니, 도리어 내가 우둔한 것만 못하다.

{語義} ㅇ道(도) : 말하다. ‘言’과 같은 뜻. ㅇ拙(졸) : 졸렬(拙劣)하다. 못나다. ㅇ聾(롱) : 귀머거리. 귀먹다. ㅇ會(회) : …할 가능성이 있다. 不>會(불회)는 불능(不能)과 같다. ㅇ休(휴) : 그치다. 그만두다. ㅇ逞(령) : 왕성하다. ㅇ豪傑(호걸) : 호방하고 걸출함. 豪强(호강)·호강(豪彊). ㅇ橫竪(횡수) : 종횡(縱橫)으로 엇갈림. 어쨌든. 아무튼. ‘橫’은 가로이고, ‘竪’는 세로로, ‘豎’의 속자. ㅇ跌(질) : 넘어지다. ㅇ喫(끽) : 음식을 먹다. ㅇ喫跌(끽질) : 넘어지다. ㅇ教(교) : 하여금. ‘使’와 뜻이 같다. ㅇ君(군) : 그대. ㅇ返(반) : 도리어. 反(반)으로 된 판본도 있으나 뜻은 같다.

{意譯} 남들이 모두 나를 못났다 하고, 나 또한 스스로 못났다 한다. 귀가 있어 들어도 항상 못들은 척하고, 입이 있어 말하여도 능히 다 말하지 못한다. 스스로 호걸이라 뽐내지 말라. 어차피 한 번의 실수는 있게 마련이다. 잘못을 저지르고 나서야 그대더러 생각하게 하니, 도리어 내가 못난 것이 더 나을 것이다.

{餘說} 이 장은 오언율시(五言律詩)이다.

人皆道₂我拙₁,　　第1句 ┐
　　　　　　　　　　　├ 首聯 起　　韻
我亦自道>拙.　　　　第2句 ┘　　　　　韻

有>耳常如>聾,　　　第3句 ┐
　　　　　　　　　　　├ 前聯 承
有>口不>會>說,　　第4句 ┘　　　　　韻

休>自逞₂豪傑₁,　　第5句 ┐
　　　　　　　　　　　├ 後聯 轉
橫堅有₂一跌₁.　　　第6句 ┘　　　　　韻

喫跌教>君思,　　　　第7句 ┐
　　　　　　　　　　　├ 尾聯 結
返不>如₂我拙₁.　　第8句 ┘　　　　　韻

07-024/ 백 가지 재주로 백 가지 이루는 것이

百巧百成。不如一拙。
백　교　백　성　불　여　일　졸

{讀法} 百巧百成이 不>如₂一拙₁이니라.

• • •

{直譯} 백 가지 재주로 백 가지 이루는 것이, 한 가지 못난 것만 같지 못하다.

{語義} ○百巧(백교) : 백 가지 기술. ○不>如(불여) : 같지 못하다. 못하다.

{意譯} 백 가지 기술을 가지고 백 가지를 성공시키면 인간이 교만해지기 때문에 한 가지 잘하지 못하는 것이 있으면서 교만이 없는 것만 못하다 한 것이다.

{餘說} 송(宋) 진원정(陳元靚)의 《사림광기(事林廣記)》에 보면, 이 문장 앞에 "千言千中,不如一嘿.〔천언천중,불여일묵 : 천 마디 말을 해서 천 번 적중하더라도 한 번 침묵을 지킴만 못하다.〕"라는 내용이 더 있다.

07-025/ 미래를 손꼽아 바라지 말고

未來休指望。過去莫思量。
미 래 휴 지 망　과 거 막 사 량

{讀法} 未來를 休2指望1하고 過去를 莫2思量1하라.

• • •

{直譯} 미래를 손꼽아 바라지 말고, 과거를 생각하지 말라.

{語義} ○休(휴) : 그치다. 말다. ○指望(지망) : 손꼽아 바람. 기대함. ○莫

(막) : '勿(물)'과 뜻이 같다. ○思量(사량) : 생각하다. 생각하고 헤아리다.

{意譯} 미래에 대한 기대를 갖지 말고, 과거에 대해 생각하지 말며, 오직 현실에 대해 착실한 행동을 하라는 말이다.

{餘說} 명대(明代)의 격언집인 《증광현문(增廣賢文)》에 보면, 이 장의 두 구절 다음에 아래와 같은 두 구절이 뒤이어 나온다 : 時來遇好友, 病去遇良方〔때가 와야 좋은 벗을 만나고, 병이 다 나아야 좋은 처방을 만난다.〕

07-026/ 날이 있을 때 날이 없었던 때를 항상 생각하고

常將有日思無日。莫待無時思有時。
상 장 유 일 사 무 일   막 대 무 시 사 유 시

{讀法} 常將2有日1思2無日1이니 莫下待2無時1思2有時上하라.
• • •

{直譯} 날이 있을 때를 가지고 날이 없었던 때를 항상 생각하고, 때가 없을 때를 기다려 때가 있었던 것을 생각하지 말라.

{語義} ○將(장) : …으로써. …을. 일반적으로 동작·작용의 대상을 동사

앞으로 전치(前置)시키는 역할을 한다. ○待(대) : 기다리다.

{意譯} 언제나 넉넉할 때 어려울 때를 생각하여야 하고, 어려울 때를 만나서 넉넉했던 때를 회상해서는 안 된다.

{餘說} 북송(北宋) 때의 예도(倪濤, 1086~1125)가 찬(撰)한 《역조서보(歷朝書譜)·제78권·명현묵적(明賢墨跡)》에 심석전(沈石田)의 잡제절구(雜題絶句)로서 다음과 같은 시가 있다. 마지막 두 구가 본문과 같다.

出入行藏要三思 출 입 행 장 요 삼 사	나가고 듦과 벼슬하고 물러남은 여러 번 생각해야 하고,
世情更變斗星移 세 정 경 변 두 성 이	세상 인정의 변화는 북두성이 옮겨가듯 빠르다네.
常將有日思無日 상 장 유 일 사 무 일	언제나 넉넉할 때 어려울 때를 생각하여야 하고,
莫待無時思有時 막 대 무 시 사 유 시	어려울 때를 기다려 때가 있었던 것을 생각하지 말라.

07-027/ 돈이 있을 때

有錢常記無錢日。安樂常思病患時。
유 전 상 기 무 전 일　안 락 상 사 병 환 시

{讀法} 有>錢常記2無>錢日1하고 安樂常思2病患時1하라.

{直譯} 돈이 있을 때 돈이 없었던 날을 항상 생각하고, 편안하고 즐거울 때 아팠던 때를 항상 생각하라.

{語義} ○安樂(안락) : 편안하고 즐거움.

{意譯} 돈이 있거든 돈이 없던 때를 항상 생각하고, 안락하거든 병 들었을 때를 항상 생각하라.

{餘說} 사람이란 잘 되었을 때는 늘 고생하던 시절을 생각하여 매사에 검소하고 겸손해야 한다는 것이다.

07-028/ 박하게 베풀고

素書云。薄施厚望者不報。貴而忘賤者不久。
소 서 운 박 시 후 망 자 불 보 귀 이 망 천 자 불 구

{讀法} 素書에 云, 薄施厚望者는 不>報요, 貴而忘>賤者는 不>久니라.

{直譯} 《소서》에 이르기를, "박하게 베풀고 후하게 바라는 사람은

갚음이 없을 것이고, 귀하게 되고서 천한 때를 잊는 사람은 오래가지 못할 것이다." 하였다.

{語義} ㅇ《素書(소서)》: 책 이름. 본서 〈순명편(順命篇)〉〔03-009〕 참조. ㅇ薄施(박시): 인색하게 줌. ㅇ厚望(후망): 많이 바람. ㅇ不>報(불보): 보답이 없음. ㅇ而(이): 접속사로 '그리하고'의 뜻임. ㅇ不>久(불구): 오래가지 못함.

{意譯}《소서》에 말했다. "자기가 남에게 주기는 박하게 하고 받기를 후하게 바라는 사람은 돌아오는 보답이 없을 것이고, 자기 몸이 귀하게 된 뒤에 천했을 때 일을 잊어버리는 사람은 지위가 오래가지 못할 것이다."

{餘說} 이 글은《소서(素書)·준의장(遵義章)》에 보인다. 사람이란 조금 베풀고 많이 받기를 바라는데 그런 사람에게는 보답이 없고, 사회적 위치가 높게 되었을 때 비천했던 때를 잊는 경우가 많은데 그런 사람은 오래도록 좋은 위치를 보존하지 못한다는 말이다.

07-029/ 사람을 구하되 반드시 대장부를 구하고

求人須求大丈夫。濟人須濟急時無。
구 인 수 구 대 장 부 　 제 인 수 제 급 시 무

{讀法} 求>人須求2大丈夫1하고, 濟>人須濟2急時無1하라.

. . .

{直譯} 사람을 구하되 모름지기 대장부를 구하고, 사람을 구제하되 모름지기 긴급한 때에 없는 사람을 구제하라.

{語義} ○求>人(구인) : 널리 인재를 구함. ○須(수) : 모름지기. ○大丈夫(대장부) : 지기(志氣)와 절조(節操)가 굳세고 실천력이 있는 남자. ○濟>人(제인) : 남을 구제함. ○急時(급시) : 긴급한 때. 바쁜 때.

{意譯} 사람을 구하려거든 모름지기 대장부만을 구하고, 사람을 도와주려거든 모름지기 긴급한 때 가진 것이 없는 사람을 도와주라.

{餘說} 이 문장은 《사림광기(事林廣記)》·《증광현문(增廣賢文)》·《금병매(金瓶梅)》·《청평산당화본(淸平山堂話本)》 등에 나온다. 대장부에 대하여 《맹자·등문공하(滕文公下)》에 "居2天下之廣居1, 立2天下之正位1, 行2天下之大道1, 得>志, 與>民由>之, 不2得>志1, 獨行2其道1, 富貴不>能>淫, 貧賤不>能>移, 威武不>能>屈, 此之謂2大丈夫1.〔천하의 넓은 집인 인(仁)에 거처하며 천하의 바른 자리인 예(禮)에 서며, 천하의 대도인 의(義)를 행하여 뜻을 얻으면 백성과 함께 도를 행하고, 뜻을 얻지 못하면 홀로 그 도를 행하여 부귀가 마음을 방탕하게 하지 못하며, 빈천이 절개

를 옮겨 놓지 못하며 위무가 지조를 굽히게 할 수 없는 것, 이를 대장부라 이르는 것이다.]" 라고 하였다.

07-030/ 은혜를 베풀었거든 갚기를 바라지 말고

施恩勿求報。與人勿追悔。
시 은 물 구 보　여 인 물 추 회

{讀法} 施>恩이어든 勿>求>報하고, 與>人이어든 勿2追悔1하라.

• • •

{直譯} 은혜를 베풀었거든 갚기를 바라지 말고, 남에게 주었거든 뒤에 뉘우치지 말라.

{語義} ○施>恩(시은) : 은혜를 베풂. ○勿(물) : '말라' 는 뜻의 금지사(禁止詞). ○與>人(여인) : 사람에게 줌. ○追悔(추회) : 뒤에 뉘우침. 후회(後悔)함.

{意譯} 자기가 남에게 은혜를 베풀었거든 그것에 대하여 갚음을 바라지 말고, 남에게 물건을 주었거든 그것에 대하여 후회하지 말라.

{餘說} 이 문장은 남송(南宋)의 진원정(陳元靚)이 편찬한 《사림광기(事林

廣記)·전집(前集)·제9권·경세격언(警世格言)·경세경어(應世警語)》에
나온다.

07-031/ 한 치의 마음이 어둡지 않으면

寸心不昧。萬法皆明。
촌 심 불 매　만 법 개 명

{讀法} 寸心不>昧면 萬法皆明이니라.

· · ·

{直譯} 한 치의 마음이 어둡지 않으면 모든 법이 다 밝아진다.

{語義} ㅇ寸心(촌심) : 방촌(方寸)의 마음. 마음. ㅇ不>昧(불매) : 어둡지 않
음. ㅇ萬法(만법) : 모든 법. 우주 간의 모든 법.

{意譯} 한 치밖에 안 되는 마음이 어둡지 않는다면 만 가지 법이
모두 환하게 밝아질 것이다.

{餘說} 송말원초(宋末元初)의 임천노인(林泉老人) 보은종륜(報恩從倫,
1223~1282)의 〈만신찬대일본속장경(卍新纂大日本續藏經)〉에 다음과 같은

말이 나온다: 但肯2寸心不>昧1면 自然萬法皆明이라.〔다만 한 치의 마음이 어둡지 않다는 것을 수긍할 수 있다면, 자연히 만법이 모두 밝아질 것이다.〕따라서 이 장의 내용은 이 글을 줄인 것이 아닌가 여겨진다.

07-032/ 담력은 크고자 하나

孫思邈言。膽欲大而心欲小。智欲圓而行欲方。
손 사 막 언 담 욕 대 이 심 욕 소 지 욕 원 이 행 욕 방

{讀法} 孫思邈이 言, 膽欲>大,而心欲>小하고 智欲>圓,而行欲>方이니라.

• • •

{直譯} 손사막이 말하기를, "담력은 크고자 하나 마음은 작고자 하고, 지혜는 둥글고자 하나 행동은 빙정하게 되고자 해야 한다." 하였다.

{語義} ○ 孫思邈(손사막) : 581~682. 당(唐)나라 명의(名醫). 당태종(唐太宗)이 간의대부(諫議大夫)를 주었으나 사양하고 태백산(太白山)에 들어가 수도(修道)함. 저서에《천금요방(千金要方)》93권이 있다. ○膽(담) : 기백. 용기. 쓸개. ○智(지) : 슬기. 지혜. ○方(방) : 품행이 방정함.

{意譯} 손사막이 말했다. "담은 커서 무슨 일이고 두려워하지 않아야 하며, 마음은 치밀하여 무슨 일이고 소홀히 하지 않아야 하고, 슬기는 둥글둥글하여 막히는 데가 없어야 하며, 품행은 방정하여 예절에 맞아야 한다."

{餘說} 이 문장은 《구당서(舊唐書)》 및 《신당서(新唐書)》의 〈은일열전(隱逸列傳)〉에 나오는 손사막의 말이다. 주자는 《소학집주(小學集註)》에서 "膽大는 是千萬人吾往之意요, 心小는 只是畏敬이니 蓋志不大則卑陋요, 心不小則狂妄이며 圓而不方이면 則流於譎詐하고 方而不圓이면 則執而不通矣니라.〔담이 크다는 것은 곧 천만 사람이 있더라도 내가 간다는 뜻이요, 마음이 작다는 것은 다만 두려워하고 공경함이니, 뜻이 크지 않으면 비루(鄙陋)하고, 마음이 작지 않으면 광망(狂妄)하며, 둥글기만 하고 방정하지 않으면 속임수에 흐르고, 방정하기만 하고 둥글지 않으면 집착하여 통하지 못한다.〕" 하였다. 또 《근사록집해(近思錄集解)》에서 엽채(葉菜)는 "膽大則敢於有爲하고 心小則密於察理하며 智圓則通而不滯하고 行方則正而不流니라.〔담력(膽力)이 크면 훌륭한 일을 함에 용감하고 마음이 작으면 이치를 살핌에 치밀하며, 지혜가 둥글면 통하여 막히지 않고 행실이 모나면 방정하여 방종하지 않는다.〕"고 하였다.

07-033/ 생각은 마치 적과 임해 있는 날같이 하고

念念有如臨敵日。心心常似過橋時。
염 념 유 여 임 적 일 심 심 상 사 과 교 시

{讀法} 念念有如2臨敵日1하고, 心心常似2過>橋時1하라.

• • •

{直譯} 생각은 마치 적과 임해 있는 날같이 하고, 마음은 항상 다리를 지날 때와 같이 하라.

{語義} ○ 念念(염념) : 생각. 찰나(刹那). 아주 짧은 시간. ○ 有如(유여) : 마치 …와 같음. ○ 臨>敵日(임적일) : 적과 대치(對峙)한 날. ○ 心心(심심) : 마음. '念念'의 대구(對句)로 '心' 자를 겹친 것임. ○ 過>橋時(과교시) : 다리를 지날 때.

{意譯} 항상 생각은 적과 대치(對峙)하여 경계하는 날과 같이 조심스럽게 하고, 마음가짐은 항상 다리를 지날 때와 같이 조심성 있게 하라.

{餘說} 《증광현문》 등에 나오는 구절이다. 항상 적군을 만나는 듯, 다리를 건너는 듯 조심하고 조심하라는 말이다.

07-034/ 성실하면 후회가 없으며

景行錄云。誠無悔。恕無怨。和無讎。忍無辱。
경 행 록 운 성 무 회 서 무 원 화 무 수 인 무 욕

{讀法} 景行錄에 云, 誠無>悔하며, 恕無>怨하며, 和無>讎하며, 忍無>辱이니라.

• • •

{直譯}《경행록》에 이르기를, "성실하면 후회가 없으며, 용서하면 원망함이 없으며, 화목하면 원수가 없으며, 참으면 욕이 없다." 하였다.

{語義} ○誠(성) : 성실. 진실. 정성을 다하다. ○悔(회) : 뉘우치다. 후회하다. ○怨(원) : 원망. ○和(화) : 화목. ○讎(수) : 원수. '仇'로 된 판본도 있다. 뜻은 같다. ○忍(인) : 참음. ○辱(욕) : 욕됨.

{意譯}《경행록》에 말했다. "정성을 다하면 뉘우침이 없으며, 용서하면 원망함이 없으며, 화목하면 원수가 없으며, 참으면 욕됨이 없다."

{餘說} 이 문장의 구조는 다음과 같다.

07-035/ 법을 두려워하면

懼法朝朝樂。欺公日日憂。
구 법 조 조 락 기 공 일 일 우

{讀法} 懼>法朝朝樂이오, 欺>公日日憂니라.

• • •

{直譯} 법을 두려워하면 아침마다 즐거울 것이고, 공적인 것을 속이면 날마다 걱정된다.

{語義} ㅇ懼(구) : 두려워하다. ㅇ朝朝(조조) : 매일 아침. 아침마다. ㅇ公(공) : 여러 사람에게 관계되는 일. 공중대의(公衆大義). ㅇ欺(기) : 속이다. ㅇ日日(일일) : 날마다. 매일.

{意譯} 법을 두려워하면 언제나 즐거울 것이고, 공적인 대의(大義)를 속이면 날마다 근심스러울 것이다.

{餘說} 손사막의 말로서,《증광현문》·《천금기(千金記)》·《수호지(水滸誌)》등에 나온다.

07-036/ 소심하면 천하를 다닐 수 있고

小心天下去得。大膽寸步難移。
소 심 천 하 거 득   대 담 촌 보 난 이

{讀法} 小心하면 天下를 去得하고, 大膽하면 寸步를 難>移니라.

• • •

{直譯} 소심하면 천하를 갈 수 있고, 대담하면 몇 발자국을 옮기기
도 어렵다.

{語義} ○小心(소심) : 조심함. 삼감. 소담(小膽). ○去得(거득) : 갈 수 있다.
○大膽(대담) : 겁이 없이 결단하는 담력. ○寸步(촌보) : 몇 발자국 안 되는
걸음. 또 조금 걸음. ○難>移(난이) : 옮기기 어렵다.

{意譯} 소심하여 근신(謹愼)하면 천하 어디라도 갈 수 있고, 대담
하여 제멋대로 일을 저지르면 몇 발자국 안 되는 걸음도 옮기기
어렵다.

{餘說}《경세통언(警世通言)》에는 이 장과 정반대의 구절인 "大膽하면 天
下를 去得하고, 小心하면 寸步도 難行이라.〔대담한 사람은 온 세상을 다닐
수 있으나, 소심한 사람은 몇 걸음도 가기 어렵다.〕"라는 구절이 나온
다.

07-037/ 생각에 사악함이 없다

子曰。思無邪。
자 왈 사 무 사

{讀法} 子ㅣ 曰, 思無邪니라.

• • •

{直譯} 공자께서 말씀하시기를, "시(詩)의 정신에 사악(邪惡)함이 전혀 없다." 하셨다.

{語義} ㅇ思無邪(사무사) : 시(詩)의 정신에 사악함이 전혀 없다. 《시경(詩經)·노송(魯頌)·경(駉)》의 말이다.

{意譯} 공자께서 말씀하셨다. "《시경》에 있는 시는 한마디로 말해서 시정신(詩精神)이 순수하다."

{餘說} 《논어·위정편(爲政篇)·제2장》에 있는 말이다. 전략(前略) 부분이 있어 전문을 소개하면 다음과 같다: "子ㅣ曰, 詩三百에 一言以蔽之하면 曰, 思無邪니라.〔공자께서 말하셨다. 《시경》의 삼백여 편의 시를 한마디로 요약하면 '생각에 삿됨이 없다' 는 것이다.〕"

07-038/ 입 지키기를 병같이 하고

朱文公曰。守口如瓶。防意如城。
주 문 공 왈 수 구 여 병 방 의 여 성

{**讀法**} 朱文公이 曰, 守>口如>瓶하고, 防>意如>城하라.

・・・

{**直譯**} 주문공이 말하기를, "입 지키기를 병과 같이 하고, 욕심 막기를 성과 같이 하라." 하였다.

{**語義**} ○朱文公(주문공) : 중국 남송(南宋)의 대유(大儒), 즉 주자(朱子). 이름은 희(熹), 자는 원회(元晦)·중회(仲晦), 호는 회암(晦庵)·회옹(晦翁)·창주병수(滄州病叟)·돈옹(遯翁)·운곡(雲谷)·자양(紫陽) 등. 휘주(徽州) 무원(務源), 지금의 안휘성(安徽省) 사람. 송학(宋學)의 대성자(大成者)이며 그 학(學)을 주자학(朱子學), 즉 성리학(性理學)이라 한다. 송나라 영종(寧宗)의 경원(慶元) 6년(1200)에 죽음. 나이 71세. ○瓶(병) : 병. ○意(의) : 사욕(私慾). ○城(성) : 재. 성.

{**意譯**} 주문공이 말했다. "말조심하기를 병마개로 병의 주둥이를 막듯이 하고, 욕심을 막기를 성을 지켜 막듯이 하라."

{**餘說**} 이 대문은 다음과 같이 여러 곳에 나온다.《계신잡지(癸辛雜識)》:

"富鄭公有2守口如>甁, 防>意如>城之語1."《송명신언행록후집(宋名臣言行錄後集)・부필(富弼)》:"劉器之云, 富鄭公年八十,書2坐屛1云, 守>口如>甁, 防>意如>城."《주희(朱熹)・경재잠(敬齋箴)》:"守>口如>甁, 防>意如>城."

07-039/ 시비하는 것은 단지

是非只爲多開口。煩惱皆因强出頭。
시 비 지 위 다 개 구　번 뇌 개 인 강 출 두

{讀法} 是非只爲2多開1>口하고, 煩惱皆因2强出1>頭니라.

· · ·

{直譯} 시비하는 것은 단지 입을 열기를 많이 하기 때문이고, 번뇌는 모두 억지로 두각을 나타내려 하는 데에 기인(起因)한다.

{語義} ○是非(시비): 옳고 그름. 다툼. ○爲(위): …때문에. …까닭에. 원인을 나타낸다. ○煩惱(번뇌): 욕정(欲情) 때문에 심신(心神)이 시달림을 받아서 괴로움. ○出>頭(출두): 두각(頭角)을 나타냄.

{意譯} 시비라는 것은 단지 말을 많이 하기 때문에 일어나고, 번뇌

라는 것은 모두 무리하게 자신의 두각을 나타내려 하기 때문에 나오게 된다.

{餘說} 시비(是非)와 번뇌(煩惱)가 생기는 연유를 말한 것이다. 골자(骨子)는 다음과 같다.

是非 → 多開>口.
煩惱 → 强出>頭.

07-040/ 허물이 있음에도 알지 못하는 사람은

素書云。有過不知者自蔽也。以言取怨者自禍也。
소 서 운 유 과 부 지 자 자 폐 야   이 언 취 원 자 자 화 야

{讀法} 素書 云, 有>過不>知者는 自蔽也요, 以>言取>怨者는 自禍也니라.

• • •

{直譯} 《소서》에 이르기를, "허물이 있음에도 알지 못하는 사람은 자기를 가리고, 말로써 원망을 취하는 사람은 스스로 화를 부른다." 하였다.

{語義} ○蔽(폐): 가려지다. 시들다. ○取>怨(취원): 원망을 삼.

{意譯} 《소서》에 말했다. "자기의 허물을 알지 못하는 사람은 스스로 자기 자신을 가리고, 말 때문에 원망을 사게 되는 사람은 스스로 재앙을 받는다."

{餘說} 《소서·준의장(遵義章)》의 여러 구절 중에서 이 두 구절만 취하였다. 앞서 〈존심편〉〔07-028〕 장(章)에서는 이것과 다른 두 구절을 취하였다.

07-041/ 탐욕이란

景行錄云。貪是逐物於外。欲是情動於中。
경 행 록 운 탐 시 축 물 어 외 욕 시 정 동 어 중

{讀法} 景行錄에 云, 貪은 是逐>物2於外1요, 欲은 是情2動於中1이니라.

•••

{直譯} 《경행록》에 이르기를, "탐심(貪心)은 곧 밖에서 물건을 쫓아다니는 것이고, 욕망(欲望)은 안에서 욕심이 움직이는 것이다." 하였다.

{語義} ○貪(탐) : 탐함. 과도히 욕심을 냄. ○是(시) : 곧. ○逐>物(축물) : 물
건을 쫓음. 물건을 잡으려고 쫓음. ○外(외) : 곁. 외부. 바깥. ○欲(욕) : 욕
심. ○情動(정동) : 욕정(欲情)이 움직임. ○中(중) : 속. 가운데. 마음속.

{意譯} 《경행록》에 말했다. "탐욕이라는 것은 바로 밖에서 물질을
추구하는 것이고, 욕망이라는 것은 바로 안에서 욕정이 일어나는
것이다."

{餘說} 탐(貪)과 욕(欲)에 대한 심리학적(心理學的)인 풀이를 한 것이 이
대문이다. 이 문장과 뜻이 비슷한 것으로, 송(宋) 반양귀(潘良貴)의 《묵성
문집(默成文集)·제3권·교재(矯齋)》에 "情動於中,物誘於外〔정동어중,
물유어외 : 인정은 마음속에서 일어나고, 사물은 바깥에서 유혹한다.〕"
라는 것이 있다.

07-042/ 군자는 재물을 사랑하되

君子愛財。取之有道。
군 자 애 재   취 지 유 도

{讀法} 君子는 愛>財하되 取>之有>道니라.

　　　　　• • •

{直譯} 군자는 재물을 사랑하되 이를 취하는 데 도가 있다.

{語義} ○愛>財(애재) : 재물을 사랑하다. 재물을 아끼다.

{意譯} 군자는 재물을 사랑하지만 재물을 취하는 데는 도를 가지고 한다.

{餘說} 《논어 · 이인편(里仁篇)》에 "子曰: 富與貴는 是人之所欲也나 不以其道得之면 不處也니라.〔공자께서 말씀하셨다 : 부와 귀는 사람들이 바라는 바이지만, 정당한 방법으로 얻은 것이 아니면 받아들이지 않아야 한다.〕"라는 구절이 나온다.

07-043/ 군자는 도를 근심하고

君子憂道不憂貧。君子謀道不謀食。
군 자 우 도 불 우 빈　군 자 모 도 불 모 식

{讀法} 君子는 憂>道요, 不>憂>貧이며, 君子는 謀>道요, 不>謀>食이니라.

• • •

{直譯} 군자는 도를 근심하고 가난한 것을 근심하지 않으며, 군자는 도를 꾀하고 먹을 것을 꾀하지 않는다.

{語義} ○憂>道(우도) : 도를 근심함. 도를 걱정함. ○謀>道(모도) : 도를 꾀함.

{意譯} 군자는 도를 성취시킬 것을 걱정하나 가난하게 사는 것을 걱정하지 않고, 군자는 도를 성취시키기를 꾀하지만 먹을 것을 꾀하지는 않는다.

{餘說} 이 대문은《논어·위령공편(衛靈公篇)·제31장》에 있는 공자의 말이다. 전문은 다음과 같다 : 子曰: 君子謀道不謀食이라 耕也나 餒在其中矣요 學也면 祿在其中矣니 君子憂道不憂貧이니라.〔공자께서 말씀하셨다 : 군자는 도(道)를 꾀하고 먹을 것을 꾀하지 않는다. 경작(耕作)하더라도〈학문하지 않으면〉굶주림이 그 가운데 있고, 학문을 하면 녹(祿)이 그 가운데 있으니,〈경작하지 않더라도 굶주리지 않는다.〉군자는 도를 근심하고 가난을 근심하지 않는다.〕

07-044/ 군자는 마음이 평탄하여 너그럽고

子曰。君子坦蕩蕩。小人長戚戚。
자 왈 군 자 탄 당 탕 소 인 장 척 척

{讀法} 子ㅣ 曰, 君子는 坦蕩蕩이오 小人은 長戚戚이니라.

• • •

{直譯} 공자께서 말씀하시기를, "군자는 마음이 평탄하여 너그럽

고, 소인은 항상 근심으로 괴로워한다."하셨다.

{語義} ○坦蕩蕩(탄탕탕) : 너그럽고 넓은 모양이다. ○長戚戚(장척척) : 근심과 두려움이 많음이다.

{意譯} 공자께서 말씀하셨다. "군자는 어떠한 장소, 어떠한 지위에 있어도 항상 도(道)에 의지하고 있으므로 마음이 너그러울 수 있다. 이에 비해서 소인은 어떠한 때라 할지라도, 항상 밖에서 구하고 물건에 사역(使役)되므로 근심과 두려움이 많다."

{餘說} 이 문장은 《논어·술이편(述而篇)·제37장》에 있는 말이다. 〈집주(集註)〉에 "程子曰:君子循理,故常舒泰;小人役於物,故多憂戚.〔정자가 말하기를, '도리를 따르기 때문에 항상 심신이 상쾌하고 안락하며 소인은 외물에 사역을 당하기 때문에 근심과 괴로움이 많다.'〕"이라는 말이 있다.

07-045/ 도량이 크면 복도 또한 크고

量大福亦大。機深禍亦深。
양 대 복 역 대 　기 심 화 역 심

{讀法} 量大면 福亦大하고, 機深이면 禍亦深이니라.

• • •

{直譯} 국량이 크면 복도 또한 크고, 기심(機心)이 깊으면 재앙도 또한 깊다.

{語義} ○量(양) : 국량(局量). 도량. ○機(기) : 기심(機心)으로 교묘하게 속이는 마음을 말한다.

{意譯} 사람이 도량이 크면 복 또한 크고, 사람이 속이는 마음이 크면 화(禍) 또한 크다.

{餘說} 명(明)나라 때 사람 진전지(陳全之, 1512~1580)가 지은 《봉창일록(蓬窓日錄)》에 다음과 같은 5언절구가 있다. 마지막 두 구절이 본문과 동일하다. 이 시에서 '心' 과 '深' 이 압운(押韻)이다.

雀啄復四顧
작 탁 부 사 고
참새는 땅에 떨어진 모이 쪼고도 다시 사방 살피고,

燕寢無二心
연 침 무 이 심
제비는 사람 집 처마에 잠자도 마음 둘로 먹지 않네.

量大福亦大
양 대 복 역 대
도량이 크다면 복도 또한 클 것이고,

機深禍亦深
기 심 화 역 심
기심이 심하다면 재앙도 심할 것이네.

07-046/ 복의 우두머리도 뒤지 말고

寧爲福首。莫作禍先。
영 위 복 수 막 작 화 선

{讀法} 寧爲2福首1언정 莫>作2禍先1하라.

• • •

{直譯} 차라리 복의 우두머리가 될지언정 화의 앞머리는 되지 말라.

{語義} ○寧>爲(영위) : 차라리 …는 될지언정. ○首(수) : 첫째. ○莫>作(막
작) : …는 되지 말라.

{意譯} 복의 머리가 되는 것이 화의 선두에 나서는 것보다 낫다.

{餘說} 《장자(莊子)·각의(刻意)》에 "不爲福先, 不爲禍始.〔불위복선, 불위화
시 : 복(福)의 앞이 되지 말고, 화(禍)의 시작도 되지 말라.〕"는 말이 있다.

07-047/ 자기 집 앞 눈을 쓸되

各人自掃門頭雪。莫管他家屋上霜。
각 인 자 소 문 두 설 막 관 타 가 옥 상 상

{讀法} 各人自掃2門頭雪1하되 莫>管2他家屋上霜1하라.

• • •

{直譯} 각 사람은 자기 문 앞의 눈을 쓸되, 남의 집 지붕 위의 서리는 관여하지 말라.

{語義} ○門頭(문두) : 문 앞. ○莫>管(막관) : 관장하지 말라. 관할하지 말라.

{意譯} 사람들은 자기 집 문 앞의 눈은 쓸되, 다른 사람의 집 지붕 위의 서리에 대해서는 관여하지 말라.

{餘說} 자기 일은 자기가 하되, 남의 일은 간섭하지 말라는 것이다.

07-048/ 일찍이 오늘 일을 알았더라면

早知今日事。悔不愼當初。
조 지 금 일 사   회 불 신 당 초

{讀法} 早知2今日事1면 悔下不>愼2當初1上니라.

• • •

{直譯} 일찍이 오늘 일을 알았더라면, 애당초 조심하지 않았던 것이 후회스럽다.

{語義} ○ 早知(조지) : 일찍 알다. ○ 當初(당초) : 그 맨 처음.

{意譯} 오늘 일이 이렇게 잘못될 줄 일찍이 알았더라면 처음에 조심했을 텐데, 그때 조심하지 않은 것이 지금 새삼 후회가 된다.

{餘說} 이 문장이 여러 판본에 "早知今日,悔不當初〔조지금일,회불당초 : 일찍이 오늘과 같은 일이 있을 줄 알았다면 애당초 그렇게 하지 않았을 텐데, 지금의 일을 생각해 보면 당초의 잘못이 후회스럽네.〕"로 나와 있는 곳도 있다. 한편 위 문장은 《수호전(水滸傳)》과 《선림송구집(禪林頌句集)》에 나오는 내용이다.

07-049/ 마음으로 남에게 빚지지 않았다면

心不負人。面無慚色。
심 불 부 인 면 무 참 색

{讀法} 心不>負>人이면 面無2慚色1이니라.

{直譯} 마음으로 남에게 빚지지 않았으면 얼굴에 부끄러운 빛이 없을 것이다.

{語義} ○負(부) : 빚지다. ○面(면) : 얼굴. ○慚(참) : 부끄러움. '慙'과 같은 자.

{意譯} 마음에 남을 속일 생각이 없었다면 얼굴에 부끄러운 빛이 나타나지 않을 것이다.

{餘說} 《맹자(孟子)·진심상(盡心上)》에 "仰不愧於天,俯不怍於人,二樂也〔앙불괴어천,부부작어인,이락야 : 하늘을 우러러보아도 부끄러움이 없고, 땅을 굽어보아도 부끄러움이 없는 이것이 군자의 두 번째 낙이다.〕"라는 말이 나온다.

07-050/ 재물을 구함에

莊子云。求財恨不多。財多害人己。
장 자 운   구 재 한 부 다   재 다 해 인 기

{讀法} 莊子에 云, 求>財恨不>多나 財多害2人己1니라.

{直譯}《장자》에 이르기를, "재물을 구함에 있어 많지 않을까 걱정하지만, 재물이 많으면 남과 자기를 해치게 된다." 하였다.

{語義} ㅇ恨(한) : 원한. 원망. ㅇ害2人己1(해인기) : 남과 자기를 해친다. 남도 해치고 자기도 해친다.

{意譯}《장자》에 말했다. "재물을 모을 때 많이 모으지 못했다고 한탄하나, 재물을 많이 모으면 남에게도 해가 되고 자기에게도 해가 되는 일이 있을 것이다."

{餘說}《증광현문》에 "磨刀恨不利, 刀利傷人指. 求財恨不多, 財多害人己.〔칼을 갈 때는 날카롭지 못할까 걱정하나, 칼이 날카로우면 사람의 손가락을 다치게 하고, 재물을 모을 때는 많이 모으지 못할까 걱정하나, 재물이 많으면 남도 해치고 자기도 해친다.〕"라는 말이 나온다.

07-051/ 공자 예의 삼분지 일만 보존하여도

但存夫子三分禮。不犯蕭何六律條。
단 존 부 자 삼 분 례　　불 범 소 하 육 률 조

{讀法} 但存2夫子三分禮1면 不>犯蕭何六律條1니라.

• • •

{直譯} 다만 공자의 예의 삼분지 일만 보존하여도 소하의 육률(六律)의 조항을 범하지 않을 것이다.

{語義} ○三分(삼분) : 10분의 3. 즉 '조금'이라는 뜻이다. ○不>犯(불범) : 범하지 않는다. ○蕭何(소하) : ?~B.C. 193년. 전한(前漢)의 재상(宰相). 장량(張良)·한신(韓信)과 함께 고조(高祖) 삼걸(三傑)의 하나. 강소(江蘇) 패현(沛縣) 사람. 유방(劉邦)〔고조(高祖)〕이 관중(關中)에 입성하자마자, 진(秦)의 율령(律令)·도서(圖書)를 입수하고, 군정(軍政)·민정(民政)에도 정통하여 유방이 항우와 싸울 때, 관중을 잘 경영하고 후일의 걱정을 없앴다. 천하가 통일된 후, 상국(相國)〔재상(宰相)〕이 되고, 으뜸가는 공신이라 하여 찬후(酇侯)로 봉해짐. ○六律條(육률조) : 생(生)·살(殺)·상(賞)·벌(罰)·여(予)·탈(奪) 등 군주가 치민(治民)에 쓰는 여섯 가지 법률 조항.

{意譯} 공자의 예법(禮法)을 조금만 지켜도 소하(蕭何)의 여섯 가지 법률 조항에 걸려들지 않을 것이다.

{餘說} 예법을 조금이라도 지키면 법률에 저촉될 일이 없다는 말이다.

07-052/ 어진 이를 추천하고

說苑云。推賢擧能。揚善抑惡。
설 원 운 추 현 거 능 양 선 억 악

{讀法} 說苑에 云, 推>賢擧>能하며 揚>善抑>惡이니라.

• • •

{直譯} 《설원》에 이르기를, "어진 이를 추천하고 능한 이를 천거(薦
擧)하며, 선을 드날리고 악을 억제할 것이다." 하였다.

{語義} ㅇ《說苑(설원)》 : 중국 서한(西漢)의 학자인 유향(劉向)의 편저. 유향
이 중국 고대부터 한나라까지 사이에 기록된 여러 교훈적인 일화와 명언,
경구 등을 수집하고, 이를 역사적 인물들의 문답과 이야기의 형식을 빌려
구성한 책이다. 유가(儒家)의 정신과 실천 사례를 실존 인물의 대화체로 소
개하는 까닭에 이후 중국뿐 아니라 한국에서도 널리 읽히고 장려되었다.
모두 21편으로 구성되어 있으며, 순서대로 군도(君道), 신술(臣術), 건본(建
本), 입절(立節), 귀덕(貴德), 복은(復恩), 정리(政理), 존현(尊賢), 정간(正諫), 경
신(敬愼), 선열(善說), 봉사(奉使), 권모(權謀), 지공(至公), 지무(指武), 담총(談
叢), 잡언(雜言), 변물(辨物), 수문(脩文), 반질(反質), 일문(佚文)이다. ㅇ推(추) :
추천. ㅇ擧(거) : 거용(擧用). 등용(登用). ㅇ能(능) : 능히 함. ㅇ揚>善抑>惡(양
선억악) : 은악양선(隱惡揚善)과 같은 말로, 선은 드날리고 악은 억제함.

{意譯} 《설원》에 말했다. "어진 이와 능한 이를 추천하고 천거하

며, 선은 찬양(讚揚)하고 악은 숨기고 눌러주어야 한다."

{餘說}《서경집전》에 "推賢讓能하면 庶官이 乃和하고 不和하면 政厖하리니 擧能其官이 惟爾之能이며 稱匪其人이 惟爾不任이니라.〔어진 이를 추천하고 능력 있는 이에게 양보하면 모든 관리가 화목해질 것이며, 화목하지 못하면 정사가 더욱 어지러워질 것이다. 추천된 자가 그 벼슬을 감당할 수 있으면 그것은 그대들의 공로가 되는 것이지만, 천거된 자가 그 벼슬에 적합한 자가 아니면 오직 그대들이 임무를 수행하지 못한 것이다.〕" 라 하였고,《중용장구·제6장》에 공자가 순임금의 덕을 일컬어 "舜好問而好察邇言, 隱惡而揚善.〔순임금은 묻기를 좋아하고 천근한 말을 살피기를 좋아하고, 남의 악을 감춰주고 선한 일은 드러냈다.〕" 하였다. 또한 '隱惡揚善'이 '掩惡揚善(엄악양선)'으로 된 곳도 있다.

07-053/ 눈앞의 논밭이 좁다고

景行錄云。休恨眼前田地窄。退後一步自然寬。
경 행 록 운 휴 한 안 전 전 지 착 퇴 후 일 보 자 연 관

{讀法} 景行錄에 云, 休>恨2眼前田地窄1하라. 退>後2一步1면 自然寬이니라.

• • •

{直譯}《경행록》에 이르기를, "눈앞의 논밭이 좁은 것을 한탄하지

말라. 한 걸음 물러나면 저절로 넓어진다." 하였다.

{語義} ㅇ 休(휴) : 그만두다. 그치다. ㅇ 窄(착) : 좁다. ㅇ 寬(관) : 넓다. 면적 (面積) 등이 넓고 크다.

{意譯}《경행록》에 말했다. "바로 눈앞의 자기 땅이 좁다고만 한탄 하지 말고, 한 걸음만 뒤로 물러서면 자연히 넓어 보인다."

{餘說} 모든 것은 마음먹기 달려 있다. 욕심이 크면 더 큰 것이 보이지 않는다. 크게 보고 크게 생각하라는 말이다.

07-054/ 백 살 사는 사람이 없으나

世無百歲人。枉作千年計。
세 무 백 세 인 　 왕 작 천 년 계

{讀法} 世無2百歲人1이나, 枉作2千年計1니라.

• • •

{直譯} 세상에는 백 살을 사는 사람이 없으나 공연히 천 년의 계획 을 세운다.

{語義} ○ 枉(왕) : 헛되이. 공연히.

{意譯} 세상에는 백 살까지 살지도 못하면서 공연히 천 년 살 것 같은 계획을 세운다.

{餘說} "世無2百歲人1"이 "人無2百歲人1"으로 되어있는 판본도 있다.

07-055/ 자손은 스스로 자손의 복이 있나니

兒孫自有兒孫福。莫與兒孫作遠憂。
아 손 자 유 아 손 복 막 여 아 손 작 원 우

{讀法} 兒孫自有2兒孫福1이니, 莫下與2兒孫1作中遠憂上

{直譯} 자손은 스스로 자손의 복이 있나니, 자손에게 남겨줄 먼 훗날의 걱정을 하지 말라.

{語義} ○ 兒孫(아손) : 자손(子孫). 자식과 손자. ○ 與(여) : 유여(遺與)하다. 남겨주다. ○ 作(작) : 하다. 짓다. ○ 遠憂(원우) : 먼 훗날의 걱정.

{意譯} 자손은 자기의 자손 복이 있다. 자손에게 남겨 주기 위하여 원대한 걱정을 하지 말라.

{餘說} "莫與兒孫作遠憂〔아들손자에 줄 먼 훗날 걱정을 하지 말라〕."가 "莫爲兒孫作遠憂〔아들손자 위해 먼 훗날 걱정을 하지 말라〕."로 되어 있는 곳도 있다. 원(元)나라 때 사람 유당경(劉唐卿)의《백토기(白兔記)》에 다음과 같은 7언(七言) 시(詩)가 나온다.

三日孩兒你可收 삼 일 해 아 니 가 수	사흘 된 아이는 그대가 거두는 게 옳지만
三年乳哺不須憂 삼 년 유 포 불 수 우	삼 년 젖 먹여 길렀으면 걱정할 필요없다.
兒孫自有兒孫福 아 손 자 유 아 손 복	아들손자에겐 절로 아들손자 복이 있으니
莫與兒孫作遠憂 막 여 아 손 작 원 우	아들손자 주려고 먼 훗날 걱정하지 말라.

또한 위와 유사한 것으로 다음과 같은 7언시도 유행하고 있다.

兒孫自有兒孫福 아 손 자 유 아 손 복	아들손자에겐 절로 아들손자 복이 있으니
莫與兒孫作遠憂 막 여 아 손 작 원 우	아들손자 주려고 먼 훗날 걱정하지 마라.
子女自有子女福 자 녀 자 유 자 녀 복	아들 딸에게는 절로 아들 딸 복이 있으니
莫爲子女做馬牛 막 위 자 녀 주 마 우	아들 딸들을 위해 말이나 소가 되지 말라.

07-056/ 세상에 어려운 일이 없으니

世上無難事。都來心不專。
세 상 무 난 사　도 래 심 부 전

{讀法} 世上無2難事1니 都來心不>專이니라.

• • •

{直譯} 세상에 어려운 일이 없으니, 모두 마음을 오로지 하지 않기 때문이다.

{語義} ○都來(도래) : 모두. 완전히. 헤아려 봄. 언제나. ○不>專(부전) : 전일(專一)하게 하지 않다.

{意譯} 아무리 어려운 일이라도 자기 마음을 오로지 그 일에만 쏟는다면 그 일을 어렵지 않게 해결할 수 있다는 말이다.

{餘說} '世上(세상)'이 '天下(천하)'로, '都來(도래)'가 '都因(도인)·都由(도유)'로 되어있는 판본도 있으나 의미는 같다.

07-057/ 많은 사람과 마음을 같이 묶을지언정

寧結千人意。莫結一人怨。
영 결 천 인 의　막 결 일 인 원

{讀法} 寧結2千人意1언정 莫>結2一人怨1하라.

• • •

{直譯} 차라리 천 명의 사람과 마음을 맺을지언정 한 사람과 원한
을 맺지 말라.

{語義} ○寧(녕) : 차라리 …할지언정. ○莫>結(막결) : 맺지 말라. ○一人怨
(일인원) : 한 사람과의 원한(怨恨).

{意譯} 차라리 천 명이나 되는 많은 사람과는 마음을 맺을지언정
한 사람과는 원한을 맺지 말라.

{餘說} 부신명(傅新明) 등이 지은《객가생취화천칙(客家生趣話千則)》에는
"寧摎千人好,莫結一人仇〔영규천인호,막결일인구 : 천 명과 좋은 관계를
맺을지언정 한 사람과 원수를 맺지 말라.〕"라는 구절이 있다.

07-058/ 남의 단점 이야기하는 것을

景行錄云。語人之短不曰直。濟人之惡不曰義。
경 행 록 운　어 인 지 단 불 왈 직　제 인 지 악 불 왈 의

{讀法} 景行錄에 云, 語2人之短1을 不>曰>直이요, 濟2人之惡1을 不>曰>義니라.

• • •

{直譯}《경행록》에 이르기를, "남의 단점을 이야기하는 것을 곧다고 말하지 않을 것이고, 남의 악을 구제하는 것을 의롭다고 말하지 않을 것이다." 하였다.

{語義} ○語(어) : 이야기하다. ○不>曰(불왈) : 말하지 않는다. ○直(직) : 곧다. ○濟(제) : 구제(救濟)하다. ○義(의) : 의롭다.

{意譯}《경행록》에 말했다. "남의 단점을 말하는 것을 곧다고 말하지 않고, 남의 악을 구제해 주는 것을 의롭다고 말하지 않는다."

{餘說} 이 대문을 분석하면 다음과 같다.

```
 ┌語2──┐    ┌短1──┐      ┌>直
 │     ├人之┤     ├不>曰┤
 └濟2──┘    └惡1──┘      └>義
```

07-059/ 견디기 어려운 일을 참고

忍難耐事요 恕不明人이라.
인 난 내 사 　 서 불 명 인

{讀法} 忍2難>耐事1요, 恕2不>明人1이니라.

• • •

{直譯} 견디기 어려운 일을 참고, 밝지 못한 사람을 용서하라.

{語義} ㅇ 忍2難>耐事(인난내사) : 견디기 어려운 일을 참다. ㅇ 恕(서) : 용서.
ㅇ 不>明人(불명인) : 현명하지 못한 사람. 사리에 어두운 사람.

{意譯} 견디기 어려운 일이라도 인내하여야 하며, 사리에 밝지 못
한 사람을 용서해야 한다는 말이다.

{餘說} "忍2難>耐之事1요, 恕2不>明之人1이니라."로 된 판본도 있다. 뜻이
더 분명하다.

07-060/ 조그만 절조를 본받는 사람은

景行錄云。規小節者不能成榮名。惡小恥者不能立
경 행 록 운   규 소 절 자 불 능 성 영 명   오 소 치 자 불 능 립

大功。
대 공

{讀法} 景行錄에 云, 規2小節1者는 不>能>成2榮名1하고, 惡2小恥1者는 不>能>立2大功1이니라.

• • •

{直譯}《경행록》에 이르기를, "사소한 일을 꾀하는 사람은 영명(榮名)을 이룰 수 없고, 작은 부끄러움을 싫어하는 사람은 큰 공을 세울 수 없다." 하였다.

{語義} ○規(규) : 꾀하다. 본받다. 모방하다. ○小節(소절) : 작은 절조(節操). 사소한 일. ○不>能(불능) : …할 수 없다. ○榮名(영명) : 영화(榮華)와 명예(名譽). ○小恥(소치) : 작은 부끄러움. 恥는 속자이다. ○大功(대공) : 커다란 성공.

{意譯}《경행록》에 말했다. "별스럽지 않은 일을 도모하는 사람이면 잘달아서 영예를 이룰 수 없고, 별스럽지 않은 잗다란 치욕(恥辱)을 싫어하는 사람이라면 커다란 성공을 세울 수 없다."

{餘說} 이 장은 사마천(司馬遷)의《사기(史記)‧노중련추양열전(魯仲連鄒陽列傳)》에 나오는 말이다. 한편,《전국책(戰國策)‧제책(齊策)》에 "效小節者, 不能行大威, 惡小恥者, 不能立榮名.〔작은 일을 본받는 사람은 큰 위엄을 행할 수 없고, 작은 치욕을 미워하는 사람은 영예와 명성을 세울 수 없다.〕"라는 말이 나온다.

07-061/ 바라지 않는 것이 보시하는 것보다 낫고

無求勝布施。謹守勝持齋。
무 구 승 포 시 근 수 승 지 재

{讀法} 無>求勝2布施1요, 謹守勝2持1>齋니라.

• • •

{直譯} 바라지 않는 것이 보시(布施)하는 것보다 낫고, 삼가 지키는 것이 지재(持齋)하는 것보다 낫다.

{語義} ○布施(보시·포시) : 탐욕이 없는 마음으로 중에게 금품을 베풀어 줌. 가난한 사람에게 물건을 줌. 불교에서는 '보시'라 하고, 일반은 '포시'라 함. ○持>齋(지재) : 불교 용어로, '정진결재(精進潔齋)하여 심신을 깨끗이 함, 계율(戒律)을 준수함'을 말한다. 결재(潔齋)는 '몸과 마음을 깨끗이 재계(齋戒)함'이라는 뜻이다.

{意譯} 구하지 않는 것이 가난한 사람에 금품을 베푸는 것보다 낫고, 말과 행동을 조심하고 예의법절을 지키는 것이 몸을 깨끗이 하여 재계(齋戒)하는 것보다 낫다.

{餘說} 자기를 충실하게 하는 무구(無求)나 근수(謹守) 같은 것이 한 걸음 앞서 실행하는 보시(布施)나 재계(齋戒)보다 낫다는 것을 말한 것이다.

07-062/ 말이 가벼우면

言輕莫勸人。無錢莫請人。
언 경 막 권 인　무 전 막 청 인

{讀法} 言輕莫>勸>人하고 無>錢莫>請>人하라.

• • •

{直譯} 말이 가벼우면 남을 가르치지 말며, 돈이 없으면 남을 청하
지 말라.

{語義} ○言輕(언경) : 말이 가볍다. ○勸(권) : 권하다. 타이르다. 가르치다.
○請>人(청인) : 남을 청하다.

{意譯} 말이 가벼운 사람은 남의 싸움을 말리지 말며, 돈이 없는
사람은 남을 초청하지 말라.

{餘說} 입이 가볍고 말이 경솔한 사람은 함부로 사람들에게 가르치려
해서는 안 되며, 형편이 넉넉하지 못하여 사람을 대접할 형편이 안되는
경우는 손님을 초대해서는 안 된다.

　《석시현문(昔時賢文)》에 다음과 같은 내용이 있다.

力微休負重　　힘이 약하거든 무거운 짐 지려고 생각하지 말고
역 미 휴 부 중

言輕莫勸人　　자기의 말이 경솔하면 남을 가르치려 들지 말라.
언 경 막 권 인

無錢休入衆
무 전 휴 입 중

돈이 없으면 대중들 속에 들어가려고 하지 말며

遭難莫尋親
조 난 막 심 친

어려움을 만나면 친한 사람을 찾으려 하지 말라.

또 이런 말도 있다: "人窮莫>入>衆이요 言輕莫>勸>人〔인궁막입중,언경막권인 : 사람이 궁하면 무리 속에 들어가지 말며, 말이 가벼우면 다른 사람에게 가르치려고 하지 말라.〕"

07-063/ 구래공 육회명

寇萊公六悔銘。官行私曲失時悔。富不儉用貧時悔。
구 래 공 육 회 명 관 행 사 곡 실 시 회 부 불 검 용 빈 시 회

藝不少學過時悔。見事不學用時悔。醉後狂言醒時悔。
예 불 소 학 과 시 회 견 사 불 학 용 시 회 취 후 광 언 성 시 회

安不將息病時悔。
안 불 장 식 병 시 회

{讀法} 寇萊公六悔銘에, 官行2私曲1失時悔요, 富不2儉用1貧時悔요, 藝不2少學1過時悔요, 見>事不>學用時悔요, 醉後狂言醒時悔요, 安不2將息1病時悔니라.

• • •

{直譯} 〈구래공육회명〉에, "벼슬아치가 사사롭고 바르지 못하게 일을 행하면 벼슬이 떨어질 때 뉘우치고, 돈이 많을 때 절약하여 쓰

지 않으면 가난할 때 뉘우치고, 재주를 젊었을 때 배우지 않으면 시기가 지나고서 뉘우치고, 일을 보고 배우지 않으면 써먹을 때 뉘우치고, 술 취한 뒤에 함부로 말하면 깨어났을 때 뉘우치고, 편안한 때에 휴양하지 않으면 병들었을 때 뉘우친다.” 하였다.

{語義} ㅇ寇萊公(구래공) : 생졸 961~1023. 이름은 준(準)으로, 송대(宋代)의 정치가. 화주(華州) 사람. 자는 평중(平仲). 태종(太宗) 때 진사(進士)가 됨. 내국공(萊國公)에 봉해짐. 북송(北宋) 진종(眞宗) 때 재상이 됨. 죽은 후 인종(仁宗) 때 충민(忠愍)으로 불렸음. ㅇ〈六悔銘(육회명)〉 : 여섯 가지를 뉘우친다는 명(銘). ‘銘’은 한문 문체의 이름. 그릇 등에 새겨 스스로 경계하고, 혹은 묘비에 새겨 그 사람의 생전의 공덕을 찬양함. ㅇ私曲(사곡) : 사사롭고 마음이 바르지 못함. ㅇ儉用(검용) : 검약하여 씀. ㅇ藝(예) : 학문 또는 기술. ㅇ狂言(광언) : 도에 벗어난 말. 미친 사람의 말. ㅇ醒(성) : 술이 깸. ㅇ將息(장식) : 양생함.

{意譯} 〈구래공 육회명〉에, “관에 있을 때 바르지 못한 일을 행하고 보면 실직할 때에 후회하게 되고, 부자로 살 때 검약하여 쓰지 않고 보면 가난하게 되었을 때 후회하게 되고, 학문이나 재주를 젊었을 때 배우지 않고 보면 시기가 지났을 때 후회하게 되고, 일을 보고 배우지 않으면 써먹게 되었을 때 후회하게 되고, 술 취했을 때 아무 말이나 하면 깨었을 때 후회하게 되고, 몸 성할 때 양생(養生)하지 않았다가는 병든 후에 후회하게 된다.” 하였다.

{餘說} 이 대문은 한문 문체의 하나인 명(銘)으로, 금석(金石)·기물(器物) 등에 새겨 경계·반성시키기 위한 글이다. 지금은 사람의 공덕을 칭찬하고 후세에 남기기 위하여 새기는 글이라 한다. 〈석명(釋名)〉에 "銘名也, 迹2其功美1,使>可2稱名1也."라고 있다. 또 〈사물원시(事物原始)〉에 "銘志也, 記2銘其功1也."라고 있는 것은 이를 일컬어 말하는 뜻이다. 또 〈문장변체(文章辨體)〉에 "銘名也, 名2其器物1以自警也."라고 있는 것은 경계의 뜻이다. 이것이 본의(本義)인 것이다. 경계에도 두 가지가 있는데 자계(自戒)와 타계(他戒)가 있다. 《대학(大學)》에 있는 은(殷)나라의 탕왕(湯王)의 〈반명(盤銘)〉은 자계(自戒)이니, 이런 종류는 옛것이다. 송찬(頌贊)의 뜻을 가진 것은 〈태산명(泰山銘)〉 등이 있다. 비명(碑銘)·묘명(墓銘) 등 죽은 사람을 칭술(稱述)한 것도 있다. 형식으로는 대개 사언(四言)의 격구운(隔句韻)이다. 옛날에는 삼언(三言) 혹은 오·칠언(五·七言)을 혼용(混用)한 것도 있다.

07-064/ 손경초 안락법

孫景初安樂法。䶂茶淡飯飽卽休。補破遮寒暖卽休。
손 경 초 안 락 법 추 다 담 반 포 즉 휴 보 파 차 한 난 즉 휴

三平二滿過卽休。不貪不妬老卽休。
삼 평 이 만 과 즉 휴 불 탐 불 투 노 즉 휴

{讀法} 孫景初의 安樂法에 䶂茶淡飯은 飽卽休하며 補>破遮>寒은

暖卽休_{하며} 三平二滿은 過卽休_{하며} 不>貪不>妬는 老卽休_{하니라.}

• • •

{直譯} 〈손경초 안락법〉에, "거친 차와 반찬 없는 밥은 배부르면 그만이며, 해진 데를 깁고 추위를 막는 것은 따뜻하면 그만이며, 만족함이 지나치면 그만이며, 탐하지 않고 시샘하지 않는 것은 늙으면 그만이다." 하였다.

{語義} ○ 孫景初(손경초) : 송(宋)나라 사람. 이름은 거방(居昉), 자가 경초(景初). 호는 사휴거사(四休居士). 태의(太醫)가 되었다. 황정견(黃庭堅)에게 〈안락법(安樂法)〉을 설(說)함. ○〈安樂法(안락법)〉: 편안하고 즐거워하는 법. ○ 麤茶(추다) : 거친 차. 변변치 못한 차. '麤'는 '麤'의 속자. ○ 淡飯(담반) : 싱거운 밥. 기름지지 않은 밥. 조다담반(粗茶淡飯) : 질이 나쁜 차와 반찬이 적은 밥. 생활이 검소함을 형용한다. ○ 飽(포) : 배부르다. ○ 卽(즉) : 곧. ○ 休(휴) : 그만두다. 그치다. ○ 補>破(보파) : 해진 곳을 깁다. ○ 遮>寒(차한) : 추위를 막음. ○ 三平二滿(삼평이만) : 아무 걱정 없이 평온하게 나날을 보냄. 만족을 표시하는 말. 이만삼평(二滿三平)도 같은 말이다. ○ 過(과) : 지나치다. ○ 不>妬(불투) : 시샘하지 않음.

{意譯} 손경초의 〈안락법〉에, "거친 차와 담백한 밥이라도 배부르면 그만이며, 해진 옷을 기워 추위를 막을지라도 따뜻하면 그만이며, 만족이 지나치면 곧 그만두며, 탐하지 않고 시샘하지 않으며 늙어가면 그만이다."

{餘說} 이 대문은 다음과 같이 황정견(黃庭堅)의 〈사휴거사시서(四休居士詩序)〉에 나온다: '太醫孫居昉, 字景初. 爲2士大夫1發藥,多不>受>謝. 自號2四休居士1. 山谷問2其說1, 四休笑曰, 麤茶淡飯飽卽休. 補>破遮>寒暖卽休. 三平二滿過卽休. 不>貪不>妬老卽休. 山谷曰, 此安樂法也. 夫少>欲者, 不>伐之家也. 知>足者, 極樂之國也〔태의(太醫) 손거방(孫居昉)은 자(字)가 경초(景初)이다. 사대부의 의약을 처방하면서 대부분 사례를 받지 않았다. 스스로 호를 사휴거사(四休居士)라 하였다. 내(山谷:黃庭堅)가 그 말에 대해서 묻자, 사휴(四休)가 웃으며 말하기를, "거친 차와 담백한 식사라도 배부르면 그만이고, 해진 옷을 기워 추위를 막더라도 따뜻하면 그만이며, 그럭저럭 평온하게 살아가면 그만이고, 욕심 없고 시샘 없이 늙어 가면 그만이네." 하였다. 이에 내(山谷)가 말하기를 "이것이야말로 편안하고 즐겁게 살아가는 방법이요. 무릇 욕심이 적다는 것은 자랑하지 않는 집안이고, 만족함을 아는 것은 극락의 세계이다." 하였다.〕'

07-065/ 사고가 없으면서

益智書云。寧無事而家貧。莫有事而家富。寧無事而
익 지 서 운　영 무 사 이 가 빈　막 유 사 이 가 부　영 무 사 이

住茅屋。不有事而住金屋。寧無病而食麤飯。不有病而
주 모 옥　불 유 사 이 주 금 옥　영 무 병 이 식 추 반　불 유 병 이

食良藥。
식 양 약

{讀法} 益智書에 云, 寧無>事而家貧이언정, 莫₂有>事而家富 I요. 寧無>事而住₂茅屋1이언정, 莫₃有>事而住₂金屋1이오. 寧無>病而食₂麤飯1이언정, 莫₃有>病而食₂良藥1이니라.

• • •

{直譯}《익지서》에 이르기를, "차라리 사고가 없으면서 집이 가난할지언정 사고가 있으면서 집이 부자가 되지는 말 것이고, 차라리 사고가 없으면서 띳집에 살지언정 사고가 있으면서 훌륭한 집에 살지는 말 것이고, 차라리 병이 없으면서 거친 밥을 먹을지언정 병이 있으면서 좋은 약을 먹지 말 것이다." 하였다.

{語義} ○寧(녕) : 차라리 …할지언정. 선택의 뜻을 나타내는 말. ○無>事(무사) : 사고가 없음. 탈이 없음. 유사(有事)의 반대말. ○莫(막) : 하지 말라는 금지사(禁止詞). ○茅屋(모옥) : 띠로 지붕을 인 집. 변변치 못한 집. ○金屋(금옥) : 훌륭한 집. ○麤(추) : 거칠음. '麤'와 같이 '麤'의 속자. '粗'로 된 판본도 있다. 뜻은 동일하다. ○麤飯(추반) : 거친 밥.

{意譯}《익지서》에 말했다. "차라리 아무 탈 없이 가난하게 살지언정 탈이 있으면서 부자가 되지는 말고, 차라리 아무 탈 없이 띳집에 살지언정 탈이 있으면서 훌륭한 집에 살지 말고, 차라리 몸에 병 없이 거친 밥을 먹을지언정 병이 있어서 좋은 약을 먹지는 말 것이다."

{餘說} 이 대문을 분석하면 다음과 같다.

益智書云,

07-066/ 마음이 편안하면

心安茅屋穩。性定菜羹香。世事靜方見。人情淡始長。
심 안 모 옥 온　성 정 채 갱 향　세 사 정 방 견　인 정 담 시 장

{讀法} 心安茅屋穩이오, 性定菜羹香이라. 世事靜方見이오, 人情淡
始長이라.

• • •

{直譯} 마음이 편안하면 띳집이라도 안온하고, 성품이 안정되면 나
물국이라도 향기롭다. 세상일은 고요하면 곧 보일 것이고, 사람 인
정은 담담하면 비로소 자랄 것이다.

{語義} ○穩(온) : 안온함. 편안함. ○性(성) : 성품. ○定(정) : 안정함. ○菜
羹(채갱) : 나물국. 고깃국만 못한 것이니, 좋지 못한 국으로 쓰인 것. '羹'이

'根'으로 된 곳도 있다. ○香(향) : 향기롭다. 좋다. ○世事(세사) : 세상의 일. ○靜(정) : 안정(安靜)됨. 고요함. ○方(방) : 곧. 바야흐로. ○人情(인정) : 사람의 정(情). ○淡(담) : 담백함. ○長(장) : 자람. 크게 됨.

{意譯} 마음이 편안하면 비록 떳집에 살지라도 이것이 편안할 것이고, 성품이 안정되면 비록 나물국을 먹을지라도 고깃국보다 오히려 향기로울 것이다. 세상의 일은 고요하면 곧 드러날 것이고, 사람의 정은 담박하면 비로소 자라게 될 것이다.

{餘說} 이 대문은 다음과 같은 오언절구(五言絶句)의 한시이다.

心安茅屋穩 第一句 起
性定菜羹香 第二句 承 香押韻
世事靜方見 第三句 轉
人情淡始長 第四句 結 長押韻

07-067/ 바람과 물결 사이에는

風波境界立身難。處世規模要放寬。萬事盡從忙裏
풍 파 경 계 입 신 난   처 세 규 모 요 방 관   만 사 진 종 망 리

錯。此心須向靜中安。路當平處更行穩。人有常情耐久
착   차 심 수 향 정 중 안   노 당 평 처 갱 행 온   인 유 상 정 내 구

看。直到始終無悔吝。繞生枝節便多端。
간   직 도 시 종 무 회 린   재 생 지 절 변 다 단

{讀法} 風波境界立身難이오, 處世規模要2放寬1이라. 萬事盡從2忙
裏1錯이니, 此心須向2靜中1安이라. 路當2平處1更行穩이오, 人有2常
情1耐>久看이라. 直到2始終1無2悔吝1이오, 纔生2枝節1便多>端이라.

• • •

{直譯} 바람과 물결 속에서는 한 몸뚱이를 세우기도 어렵고, 세상
에 사는 규모는 넓고 관대해야 한다. 만사는 모두 바쁜 중에 어그
러지니, 이 마음을 모름지기 고요한 가운데로 향하여 편안하게 하
라. 길이 평탄한 곳을 만나면 더욱 가기가 편안하고, 사람이 사람
에게 공통된 인정을 가지면 오래 참고 볼 수 있다. 곧바로 시종(始
終)에 다다르면 뉘우치고 한탄함이 없을 것이고, 간신히 가지와 마
디가 생기면 문득 일도 많아진다.

{語義} ○風波境界(풍파경계) : 바람과 물결〔속세의 귀찮은 일〕의 경계. 바
람과 물결이 닿은 선. ○立>身難(입신난) : 한 몸뚱이를 세우기 어렵다. 풍파
사이는 몸을 세우기 어렵다. ○處>世(처세) : 세상에 삶. ○規模(규모) : 크고
작음의 정도. ○放寬(방관) : 넓히다. 너그럽게 하다. 너그러움. ○忙裏錯(망
리착) : 바쁜 중에 어그러지다. ○此心(차심) : 이 마음. 내 마음. ○須向(수향) :
모름지기 …에 향하라. ○靜中(정중) : 고요한 가운데. 편안한 가운데. ○平
處(평처) : 평탄한 곳. ○行穩(행온) : 가기가 평온함. ○人有2常情1(인유상정) :
사람에게는 사람에게 공통되는 인정이 있음. ○耐久(내구) : 참고 오래. ○直
到(직도) : 곧바로 …에 다다름. ○悔吝(회린) : 뉘우치고 한탄함. 조그만 과

실. ○纔(재) : 겨우. 간신히. 才로 쓰기도 한다. ○枝節(지절) : 나무의 가지
와 마디. 자질구레하고 부차적인 일을 비유하는 말. ○多>端(다단) : 할 일
이 많음. 다방면에 걸침. 일의 갈래가 많음.

{意譯} 속세의 귀찮은 일 사이에서는 몸 세우기도 어렵고, 처세하
는 규모는 너그러움을 필요로 한다. 만사(萬事)는 모두 바쁜 속에
어그러지기 쉬우니, 내 마음을 모름지기 안정된 가운데로 향하게
하여 편안히 하라. 길이 평탄한 곳을 향하면 다시 가기가 평온하
고, 사람이 상정(常情)을 가지면 오래 견디어 보게 된다. 곧장 시종
(始終)에 다다르면 뉘우치고 한탄함이 없을 것이고, 간신히 곡절
이 생기면 문득 사단(事端)이 많을 것이다.

{餘說} 이 대문은 칠언율시(七言律詩)의 한시(漢詩)이다. 다음을 살펴보자.

風波境界立身難,	第1句 ┐		難押韻
處世規模要2放寬1.	第2句 ┘	首聯 起	寬押韻
萬事盡從2忙裏1錯,	第3句 ┐		安押韻 ┐ 對句
此心須向2靜中1安.	第4句 ┘	前聯 承	安押韻 ┘
路當2平處1更行穩,	第5句 ┐		看押韻 ┐ 對句
人有2常情1耐>久看.	第6句 ┘	後聯 轉	看押韻 ┘
直到2始終1無2悔吝1,	第7句 ┐		
纔生2枝節1便多>端.	第8句 ┘	尾聯 結	端押韻

07-068/ 속히 하려고 하지 말며

子曰。無欲速。無見小利。欲速則不達。見小利則大
_{자왈 무욕속 무견소리 욕속즉부달 견소리즉대}

事不成。
_{사 불 성}

{**讀法**} 子ㅣ 曰, 無>欲>速하며, 無>見2小利1니, 欲>速則不>達하고,
見2小利1則大事不>成이니라.

• • •

{**直譯**} 공자께서 말씀하시기를, "속히 하려고 하지 말며 작은 이익
을 보지 말 것이니, 속히 하고자 하면 통달하지 못하고 작은 이익
을 보고자 하면 큰일을 이루지 못한다." 하셨다.

{**語義**} ○無>欲>速(무욕속) : 속히 하려고 하지 말라. 급히 서둘지 말라. ○無
見2小利1(무견소리) : 작은 이익을 보고자 하지 말라. 작은 이익을 보려 말라.
○欲>速則不>達(욕속즉부달) : 속히 하고자 하면 통달하지 못한다. 급히 서
두르면 충분히 통달하지 못한다. ○大事不>成(대사불성) : 큰일을 이루지 못
한다.

{**意譯**} 공자께서 말씀하셨다. "급히 치적(治績)을 올리려고 생각해
서는 안 된다. 또 눈앞의 자그만 이익에만 눈을 빼앗겨서도 안 된
다. 일을 급히 서둘러서 속히 치적을 올리려고만 생각하면, 반드

시 놓치는 것이 생겨서 참으로 목적을 달성할 수가 없고, 또 눈앞의 소리(小利)에 눈이 어두우면, 대사업을 완성할 수가 없다."

{餘說} 이 대문은《논어·자로편(子路篇)·제17장》에 있는 말이다. 우리들의 마음을 다스리고, 도를 다스리며, 나라를 다스리는 위정자(爲政者)의 실상에 대하여 볼 때 하나하나가 모두 요긴한 것에 해당하는 바가 있는 듯이 생각된다.

07-069/ 간교한 말은 덕을 어지럽히고

子曰。巧言亂德。小不忍則亂大謀。
자 왈 교 언 난 덕 소 불 인 즉 난 대 모

{讀法} 子ㅣ 曰, 巧言은 亂>德이오, 小不>忍則亂2大謀1니라.

• • •

{直譯} 공자께서 말씀하시기를, "간교한 말은 덕을 어지럽히고, 작은 것을 참지 못하면 큰일을 어지럽힌다." 하셨다.

{語義} ㅇ巧言(교언) : 간교한 말. ㅇ亂>德(난덕) : 덕을 흐트러뜨린다. 시비(是非)를 어지럽게 한다. ㅇ小不>忍(소불인) : 작은 것을 참지 못함. ㅇ大謀

(대모) : 큰 일. 대사(大事). 크게 꾸미는 일.

{意譯} 공자께서 말씀하셨다. "교묘하게 꾸며서 실제가 없는 말은 그 말을 뱉는 사람 자신의 덕을 어지럽혀 깨버리고, 또 남의 덕의도 어지럽혀 방해하는 일이 된다. 또 평소에 작은 일을 견디지 못하면 드디어 큰일이 생긴 경우에 그것을 흐트러뜨려 방해되게 된다."

{餘說} 이 대문도《논어·위령공편(衛靈公篇)·제26장》에 있는 말이다. '小'를 참지 못할 때는, 즉 '大謀'를 어지럽히는 것은 선악(善惡) 공히 말할 수 있을 것으로 생각된다. 부하의 소과(小過)에 대해, 그것을 다시 탓하는 것이 지나치다는 생각이 들어 드디어 내버려 두었다가 결국에는 큰일을 그르칠 경우도 있다. 이에 반하여 애정이 지나친 나머지 아이들의 교육을 강하게 참지 못하고, 드디어 자제(子弟)의 앞길을 그르치는 등의 일이 있을 수 있다고 생각된다.

07-070/ 남을 꾸짖는 사람은

景行錄云。責人者不全交。自恕者不改過。
경 행 록 운 책 인 자 불 전 교 자 서 자 불 개 과

{讀法} 景行錄에 云, 責>人者는 不>全>交요, 自恕者는 不>改>過니라.

• • •

{直譯} 《경행록》에 이르기를, "남을 꾸짖는 사람은 사귀기를 완전히 하지 못할 것이고, 자기를 용서하는 사람은 허물을 고치지 못할 것이다." 하였다.

{語義} ○責>人者(책인자) : 남을 잘 꾸짖는 사람. ○不>全>交(불전교) : 온전히 사귀지 못함. ○自恕者(자서자) : 자기 잘못을 용서함. ○不>改>過(불개과) : 허물을 고치지 못함.

{意譯} 《경행록》에 말했다. "남을 잘 꾸짖는 사람은 사람과 온전히 사귀지 못할 것이고, 자기 자신을 잘 용서하는 사람이라면 허물을 고치지 못할 것이다."

{餘說} 다음의 비교로써 '不>全>交'와 '全>交‧不>改>過'와 '寡過'에 있어 '責人>恕己'의 원용(援用)을 어떻게 하면 자기 수양에 유익한가를 알게 될 것이다.

　　責>人者는 不>全>交요 → 恕>己之心으로 恕>人,則全>交요
　　自恕者는 不>改>過니라 → 責>人之心으로 責>己,則寡>過니라.

07-071/ 권세가 있다 하여

有勢不要使人承。落得孩兒叫小名。
유 세 불 요 사 인 승　　낙 득 해 아 규 소 명

{讀法} 有>勢不>要2使>人承1하라, 落得下孩兒叫2小名1上이니라.

• • •

{直譯} 권세가 있다 하여 남더러 자기를 받들도록 해서는 안 된다. 그렇지 않으면 어린아이들도 아이 때 이름을 마구 부르는 신세가 될 수 있다.

{語義} ○유세(有勢) : 세력(勢力)이 있음, 또는 세력이 있는 사람. ○不>要 (불요) : …하지 말라. …해서는 안 된다. ○落得(낙득) : …한 결과를 초래함. 기꺼이 …함. 낙적(落的). 낙가(落可). ○孩兒(해아) : 어린아이. 두세 살 먹은 아이. ○叫(규) : 울다. 부르짖다. ○小名(소명) : 보통 부르는 이름. 어릴 때의 이름.

{意譯} 권세가 있다고 하여 다른 사람에게 자기를 받들어 모시도록 해서는 안 된다. 만약 그렇게 하지 않으면 세력이 떨어지고 난 뒤 젖먹이들도 자기의 어릴 때 이름을 마구 부르는 신세가 되고 말기 때문이다.

{餘說} 다른 판본에는 이 문장 뒤에 다음과 같은 공자의 말이 뒤이어 나온다 : "恭則遠>於>患, 敬則人愛>之. 忠則和>於>衆, 信則人任>之.〔공손하면 근심에서 멀어질 수 있고 공경하면 사람들이 그를 사랑해준다. 충성스러우면 무리와 화합할 수 있고 믿음직스러우면 사람들이 그에게

일을 맡겨준다.]"

07-072/ 공자께서 네 가지를 끊으시니

子絶四。毋意。毋必。毋固。毋我。
자 절 사 무 의 무 필 무 고 무 아

{讀法} 子ㅣ 絶>四러시니, 毋>意, 毋>必, 毋>固, 毋>我러시다.

• • •

{直譯} 공자께서 네 가지를 끊으시니, 의(意)가 없으며, 필(必)이 없
으며, 고(固)가 없으며, 아(我)가 없으셨다.

{語義} ○絶(절) : 절무(絶無). 절대로 없음. 완전(完全)하게 없음. 근절(根絶)
하다. ○毋(무) : '無'와 통함. ○意(의) : 사사로운 뜻. 자의(恣意). 주관적이
고 일방적인 억측(臆測). ○必(필) : 기필(期必)코 함. 억지를 무릅쓰고 관철하
는 것. ○固(고) : 고집(固執). 집착(執着). 집체(執滯). ○我(아) : 유아독존(唯我
獨尊). 자기만을 내세움. 사사로운 몸〔私身〕.

{意譯} 공자께서는 네 가지를 절대로 하지 않으셨으니, 첫째는 하
늘의 이치에 따르고 자의(恣意)가 없으신 것이고, 둘째는 도리에

벗어나서 기필(期必)코 하시는 일이 없으신 것이며, 셋째는 하나
만을 고집(固執)하여 융통성이 없는 일이 없으신 것이고, 넷째는
나만을 생각하는 독존(獨尊)이 없으신 것이다.

{餘說} 이 대문은《논어 · 자한편(子罕篇) · 제4장》에 있는 말이다. 의
(意)는 사의(私意), 필(必)은 기필(期必), 고(固)는 집체(執滯), 아(我)는 사기
(私己)이다. 의 · 필은 어떤 일에 앞서 부당한 생각을 품거나 무리해도
기어이 해내려고 작정하는 것이고, 고 · 아는 사후(事後)에 일의 부당함
을 알고도 고집을 부리거나 아집에 사로잡히는 것이다.

07-073/ 군자는 남의 아름다움을 이루고

子曰。君子成人之美。不成人之惡。小人反是。
자 왈 군 자 성 인 지 미 불 성 인 지 악 소 인 반 시

{讀法} 子ㅣ 曰, 君子는 成2人之美1하고, 不>成2人之惡1하나니, 小人은
反>是니라.

• • •

{直譯} 공자께서 말씀하시기를, "군자는 남의 아름다움을 이루고, 남
의 나쁜 것은 이루지 아니하나니, 소인은 이에 반대니라." 하셨다.

{語義} ○成(성) : 꾀고〔誘〕, 끼고〔掖〕, 포장(襃獎)하고, 권(勸)하여 일을 이루게 함. 완성함. ○美(미) : 착하고 아름다운 일. 착하고 아름다운 점. ○惡(악) : 나쁜 일. 나쁜 점. 미(美)의 상대적인 개념.

{意譯} 공자께서 말씀하셨다. "군자는 사람에게 미점(美點)·장점(長點)이 있으면 그 미점·장점을 도와서 신장(伸張)시켜 성공하게 한다. 또 사람에게 결점(缺點)이나 나쁜 점이 있으면 이것을 간(諫)하고 보충하며, 또 때에 따라서는 그것을 세상 사람의 눈에서 비호(庇護)하여 그 사람이 잘못을 저지르지 못하도록 노력해 간다. 그런데 소인은 이와는 전혀 정반대(正反對)의 행방(行方)을 한다. 즉 사람에게 미점(美點)·장점(長點)이 있으면 질투하여 일이 잘 돼가는 것을 방해하고, 또 세상 사람들에게도 그렇게 한다. 이것이 군자·소인이 타인의 선악에 대하는 태도의 상위(相違)이다."

{餘說} 이 대문도 《논어·안연편(顏淵篇)·제16장》에 있는 글이다. 이에 의하여 보면, 군자가 있는 곳에는 사람이 아름답게 된다. 따라서 한 사람의 군자가 있다는 것은 그 사람 한 사람의 아름다움에 그치지 않고 세상의 아름다움을 모으는 것이 된다. 한 사람의 소인이 있다는 것은 그 사람 한 사람의 해(害)가 세상에 남겨지는 외에 모든 악을 모으는 것이 된다. 군자·소인의 근소(僅少)한 마음가짐의 상위(相違)에서 극히 큰 결과를 낳게 한다는 것을 생각하지 않으면 안 된다.

07-074/ 군자는 하늘을 원망치 않으며

孟子曰。君子不怨天。不尤人。曰。彼一時。此一時也。
맹 자 왈 군 자 불 원 천 불 우 인 왈 피 일 시 차 일 시 야

{讀法} 孟子ㅣ 曰, 君子는 不>怨>天하며 不>尤>人이러이다. 曰, 彼一
時며 此一時也니라.

• • •

{直譯} 맹자께서 말씀하시기를, "군자는 하늘을 원망하지 않으며
사람을 허물치 않는다."고 하셨다. 또 말씀하시기를, "그때도 한때
이고 지금도 한때이다." 하셨다.

{語義} ○君子는 不>怨>天하며 不>尤>人이러이다 : 군자는 일이 뜻대로 되지
않는다고 하늘을 원망치 않으며 사람을 허물치 않는다고 하셨다. 《논어·
헌문편(憲問篇)·제37장》에 있는 공자의 말로 "不>怨>天, 不>尤>人"이라
고 한 것이 보이고, 《중용·제14장》에도 "上不>怨>天, 下不>怨>人"이라는
말이 나온다. 결국 맹자는 이러한 공자의 말을 빌려서 자기 제자들을 가르
쳤던 것이라 하겠다. ○彼一時며 此一時也니라 : 옛날에 요순·우·탕·
문·무·주공 같은 현성(賢聖)한 인물이 난 때도 천하를 통일하는 왕자(王
者)가 나올만한 때였고, 지금도 왕자가 나올만한 때라는 말.

{意譯} 맹자께서 말씀하셨다. "사람이 곤궁함도 현달(顯達)함도,

모두 천명이다. 그러므로 덕이 있는 군자는 비록 등용되지 않는다고 해서 천명에 안주(安住)하면서 하늘을 원망치 않는다. 또 사람에게 알려지지 않는다고 해서, 불우(不遇)하다고 해서 조금도 사람을 탓하지 않는다." 하셨다. 또 말씀하셨다. "전날 불원천(不怨天)하며 불우인(不尤人)이라고 말씀하셨을 때는, 수신(修身)하는 군자 때문에 말씀하신 것으로서 그때 취한 일이다. 오늘 불유쾌(不愉快)한 빛이 있는 듯이 보이는 것은 세상을 걱정하고 백성을 불쌍히 여기는 나머지, 오도(吾道)가 행해지지 않는 것을 개탄(慨歎)하고 슬퍼하지 않는 것으로 자연히 그렇게 되는 것이며, 즉 이때 있어서의 일이다. 그렇다면 전일의 말로써 경우가 달라진 오늘의 일을 한 가지로 똑같이 규율(規律)할 수는 없는 것이다."

{餘說} 이 대문은《맹자·공손추하(公孫丑下)·충우로문왈장(充虞路問曰章)》에 있는 말이다. 맹자께서 때를 타고 도(道)를 행하고자 하나, 아직도 때를 만나지 못하고서 세상을 걱정하고 백성을 연민(憐憫)하는 정의 간절함을 말한 것이다.

07-075/ 군자가 두려워할 것 세 가지

子曰。君子有三畏。畏天命。畏大人。畏聖人之言。小
자왈 군자유삼외 외천명 외대인 외성인지언 소

人不知天命而不畏也。狎大人。侮聖人之言。
인부지천명이불외야 압대인 모성인지언

{讀法} 子ㅣ 曰, 君子ㅣ 有2三畏1하니 畏2天命1하며 畏2大人1하며 畏2聖人之言1이니라. 小人은 不>知2天命1而不>畏也라. 狎2大人1하며 侮2聖人之言1이니라.

• • •

{直譯} 공자께서 말씀하시기를, "군자에 세 가지 두려워함이 있나니, 천명을 두려워하며, 대인을 두려워하며, 성인의 말씀을 두려워한다. 소인은 천명을 알지 못하여, 두려워하지 않는다. 대인을 함부로 대하며 성인의 말씀을 업신여긴다." 하셨다.

{語義} ○畏(외) : 공경하며 꺼림. ○天命(천명) : 하늘이 주신 바의 바른 이치. ○大人(대인) : 고귀한 사람. 지위가 높은 사람. 또는 학덕이 높은 현인이나 성인 등을 모두 포함한다. ○聖人之言(성인지언) : 오경(五經)의 전적(典籍)같은 성인들의 유문(遺文). ○狎(압) : 친압하다. 익숙하여 어려워하지 않는다. 존경하지 않는다. ○侮(모) : 업신여기다. 깔보다.

{意譯} 공자께서 말씀하셨다. "군자에게는 세 가지의 두려워 경계하는 것이 있다. 하나는 천명을 두려워하는 것이고, 둘은 대인(大人)을 두려워하는 것이고, 셋은 성인의 말씀을 두려워하는 것이다. 이에 반하여 소인(小人)은 천명을 모르므로, 이것을 두려워하지 않는다. 또 대인에 대해서는 친압(親狎)하여 외경(畏敬)할 줄 모르고 성인의 말씀에 대해서는 시세(時勢)에 먼 것이라 여기고 이

것을 경멸(輕蔑)한다."

{餘說} 이 대문은《논어·계씨편(李氏篇)·제8장》에 있는 글이다. 요컨대, 천명을 두려워하는 것은 신앙의 권위를 조심하는 것이고, 대인(大人)을 두려워하는 것은 사회 질서의 권위를 귀중히 여기는 것이며, 성인의 말씀을 두려워하는 것은 도덕의 권위를 존중하는 것이리라.

07-076/ 아침 일찍 일어나서 밤에 잘 때까지

景行錄云。夙興夜寐所思忠孝者。人雖不知。天必知
경 행 록 운 숙 흥 야 매 소 사 충 효 자   인 수 부 지   천 필 지

之。飽食煖衣怡然自衛者。身雖安。其如子孫何。
지 포 식 난 의 이 연 자 위 자   신 수 안   기 여 자 손 하

{讀法} 景行錄에 云, 夙興夜寐하여, 所>思2忠孝1者는, 人雖不>知나, 天必知>之요. 飽食煖衣하여, 怡然自衛者는, 身雖>安이나, 其如2子孫1에 何오?

• • •

{直譯}《경행록》에 이르기를, "아침 일찍 일어나서 밤에 잘 때까지 충성과 효도를 할 것을 생각하는 사람은, 남은 비록 알아주지 아니할지라도 하늘은 반드시 이를 알아줄 것이고, 배부르게 먹고 따뜻하게 입고서 즐겁게 자기 자신을 지키는 사람은 몸은 비록 편안할

지라도 그 자손은 어찌 될 것인가?" 하였다.

{語義} ○ 夙興夜寐(숙흥야매) : 새벽에 일어나고 밤에는 늦게 잔다는 뜻으로, 부지런히 일하거나 학문을 닦음을 이름. ○ 所>思(소사) : 생각하는 뜻. 생각. ○ 飽食暖衣(포식난의) : 배부르게 먹고 따뜻이 입음. 전하여 의식주(衣食住)에 부자유가 없음. '暖'은 '煖'과 같음. ○ 怡然(이연) : 기뻐하는 모양. 즐거워하는 모양. '怡怡'와 뜻이 같음. ○ 自衛(자위) : 몸이나 나라 등을 스스로 막아 지킴. ○ 其如2子孫1何(기여자손하) : '其子孫如何'와 같은 뜻임.

{意譯}《경행록》에 말했다. "아침에는 새벽같이 일어나서 밤에 늦게 잘 때까지 오직 충성과 효도할 것만을 생각하는 사람은, 이런 것을 남이 알아주지 않더라도 하늘이 이를 반드시 알 것이고, 좋은 음식을 배부르게 먹고, 좋은 옷을 따뜻하게 입고서 기뻐하며 자기만을 지키는 사람은, 자신은 비록 편안할지라도 그 자손의 장래에 대하여 어찌 될지 알겠는가?"

{餘說} '人不>知'가 '人雖不>知'로 되어 있는 곳도 있다. 의미는 별 차이가 없다.

07-077/ 처자를 사랑하는 마음으로 부모를 섬기면

景行錄云。以愛妻子之心。事親則曲盡其孝。以保富
경 행 록 운 이 애 처 자 지 심 사 친 즉 곡 진 기 효 이 보 부

貴之心。奉君則無往不忠。以責人之心。責己則寡過。
귀 지 심 봉 군 즉 무 왕 불 충 이 책 인 지 심 책 기 즉 과 과

以恕己之心。恕人則全交。
이 서 기 지 심 서 인 즉 전 교

{讀法} 景行錄에 云, 以下愛2妻子1之心下으로 事>親,則曲2盡其孝1
요. 以下保2富貴1之心上으로 奉>君,則無2往不1>忠이오. 以2責>人之
心1으로 責>己,則寡>過요. 以2恕>己之心1으로 恕>人,則全>交니라.

• • •

{直譯} 《경행록》에 이르기를, "처자를 사랑하는 마음으로 부모를 섬
기면 그 효도는 마음과 힘을 다한 것이고, 부귀를 보전하는 마음으
로써 임금을 받들면 충성하지 않는 때가 없을 것이고, 남을 꾸짖는
마음으로써 자신을 꾸짖으면 허물되는 것이 적을 것이고, 자신을
용서하는 마음으로써 남을 용서하면 완전히 사귈 것이다." 하였다.

{語義} ㅇ曲盡(곡진) : 마음과 힘을 다함. ㅇ事>親(사친) : 부모를 효도로 섬
김. ㅇ保(보) : 보전(保全)함. ㅇ奉>君(봉군) : 임금을 충성으로 받듦. ㅇ往(왕)
: 언제나. ㅇ責(책) : 꾸짖음. ㅇ寡>過(과과) : 허물이 적음. ㅇ恕(서) : 용서함.
ㅇ全>交(전교) : 사귐을 완전히 함.

{意譯} 《경행록》에 말했다. "자기 처자를 사랑하는 마음을 가지고
자기 부모를 섬기면 그 사람의 효도는 마음과 힘을 다한 것이고,

자기가 누리고 있는 부귀를 보전하는 마음을 가지고 임금을 받들면 언제나 충성 아닌 때가 없을 것이고, 남의 잘못을 꾸짖는 마음을 가지고 자기의 잘못을 꾸짖는다면 허물이 적을 것이고, 자기의 잘못을 용서하는 마음을 가지고 남의 잘못을 용서한다면 사람과 완전히 사귈 수 있을 것이다."

{餘說} 이 대문은 '事>親·奉>君·責>己·恕>人'의 네 가지 실천에 대해 설명한 문장이다. 문장 구조는 다음과 같다.

景行錄云,

이상을 살펴보면 '以 …心' 까지는 마음가짐이고, '事>親·奉>君·責>己·恕>人'은 목적이며, '則…'은 결과라는 것을 알 수 있다.

07-078/ 네 꾀가 착하지 못하다면

景行錄云。爾謀不臧。悔之何及。爾見不長。教之何
경 행 록 운   이 모 부 장   회 지 하 급   이 견 부 장   교 지 하

益。利心專則背道。私意確則滅公。
익   이 심 전 즉 배 도   사 의 확 즉 멸 공

{讀法} 景行錄에 云, 爾謀不>臧이면, 悔>之何及이며, 爾見不>長이면,
教>之何益이리오? 利心專,則背>道요, 私意確,則滅>公이니라.

• • •

{直譯} 《경행록》에 이르기를, "네 꾀가 착하지 못하다면 이를 후회
한들 어찌 미치며, 네 소견이 훌륭하지 못하다면 이를 가르쳐준들
무슨 이익이랴? 이익을 취하는 마음을 오로지한다면 도(道)에 배
반될 것이고, 사사로운 뜻이 굳다면 공사(公事)를 망친다." 하였다.

{語義} ㅇ爾謀(이모) : 네가 꾀하는 일. 네가 도모(圖謀)하는 일. ㅇ臧(장) : 착
함. 마음 곱고 어짊. ㅇ何(하) : 어찌 …하리오. ㅇ見(견) : 소견(所見). ㅇ長
(장) : 보다 우수함. 훌륭함. ㅇ專(전) : 오로지함. ㅇ背(배) : 어그러짐. 배반
함. ㅇ確(확) : 확고함.

{意譯} 《경행록》에 말했다. "그대가 도모하는 것이 착하지 못하다
면 뒤에 이를 뉘우친들 이미 때가 늦어 미치지 못할 것이며, 그대
의 소견이 훌륭하지 못하다면 그것을 가르쳐준들 무슨 이익이 있
겠느냐? 오직 이익만을 취하기를 전적으로 한다면 도(道)에 어그
러질 것이고, 사사로운 마음이 확고하면 공공(公共)의 일을 망칠
것이다."

{餘說} 이 대문은 '爾謀·爾見·利心·私意'의 네 가지에 대한 잘못을

설정해 놓고 그 설정대로라면 이러이러한 결과가 온다고 경계하는 교훈적인 말로 일깨워주고 있다.

07-079/ 쾌활한 사람이 되려면

會做快活人。凡事莫生事。會做快活人。省事莫惹
회 주 쾌 활 인　범 사 막 생 사　회 주 쾌 활 인　생 사 막 야

事。會做快活人。大事化小事。會做快活人。小事化沒
사　회 주 쾌 활 인　대 사 화 소 사　회 주 쾌 활 인　소 사 화 몰

事。
사

{讀法} 會2做快活人1은 凡事엔 莫>生>事하고, 會2做快活人1은 省事엔 莫>惹>事하고 會2做快活人1은 大事엔 化2小事1하고, 會2做快活人1은 小事엔 化2沒事1하나니라.

• • •

{直譯} 쾌활한 사람이 되려면 어떤 일이고 일을 만들어서는 안 되고, 쾌활한 사람이 되려면 일을 줄여야지 일을 야기(惹起)해서는 안 되며, 쾌활한 사람이 되려면 큰일도 작은 일을 만들 수 있고, 쾌활한 사람이 되려면 작은 일은 없던 일로 만들어야 한다.

{語義} ○會>做(회주) : 만들 수 있다. ○快活(쾌활) : 시원스럽고 활발함. ○凡事(범사) : 모든 일. ○生>事(생사) : 일을 일으킴. 조사(造事). ○省>事(생사) : 일을 줄임. ○惹>事(야사) : 일을 저지름. 시비를 걺. ○沒>事(몰사) : 일을 없어지게 함. '沒'은 '無'와 같다.

{意譯} 쾌활한 사람은 범사(凡事)에 일을 만들지 않고, 쾌활한 사람은 일을 줄이고 저지르지 않으며, 쾌활한 사람은 큰일도 작은 일이 되도록 하고, 쾌활한 사람은 작은 일도 없는 일이 되도록 한다.

{餘說} 이 대문은 '快活人'은 '凡事・省事'에는 '莫生事・莫惹事'해야 하고, '大事・小事'에는 '化小事・化沒事'해야 한다는 것이다. 이 글의 출처는 명대(明代)의 고렴(高濂)이 편찬한《준생팔전(遵生八牋)》이다.

07-080/ 말을 조심한 사람이시니

孔子觀周。入后稷之廟。有金人焉。三緘其口。而銘
공자관주　입후직지묘　유금인언　삼함기구　이명

其背曰。古之愼言人也。戒之哉。無多言。多言多敗。無
기배왈　고지신언인야　계지재　무다언　다언다패　무

多事。多事多患。安樂必戒。無所反悔。勿謂何傷。其過
다사　다사다환　안락필계　무소반회　물위하상　기과

將長。勿謂何害。其禍將大。勿謂不聞。禍將及人。焰焰
장장　물위하해　기화장대　물위불문　화장급인　염염

不滅。炎炎若何。涓涓不壅。終爲江河。綿綿不絶。或成
불멸　염염약하　연연불옹　종위강하　면면부절　혹성

網羅요。毫末不折이면 將尋斧柯라。誠能愼之면 福之根也라。口是
망 라   호 말 부 절   장 심 부 가   성 능 신 지   복 지 근 야   구 시

何傷이리오。禍之門也라。强梁者는 不得其死하고。好勝者는 必遇其敵이라。
하 상   화 지 문 야   강 량 자   부 득 기 사   호 승 자   필 우 기 적

君子知天下之不可上也라。故下之知衆人之不可先也라。
군 자 지 천 하 지 불 가 상 야   고 하 지 지 중 인 지 불 가 선 야

故後之溫恭愼德하여 使人慕之라。江海雖左라도。長於百川이라。以
고 후 지 온 공 신 덕   사 인 모 지   강 해 수 좌   장 어 백 천   이

其卑也라。天道無親하여。而能下人하니。戒之哉라。
기 비 야   천 도 무 친   이 능 하 인   계 지 재

{讀法} 孔子觀周에 入2后稷之廟1하실새 有2金人1焉이더니 三緘2其口
1하시며 而銘2其背1曰, 古之愼>言人也시니, 戒之哉로다. 無2多言1라
多>言이면 多>敗며, 無2多事1라 多>事면 多>患이니라. 安樂에 必戒면
無>所2反悔1니라. 勿>謂2何傷1하라 其過1將長하며, 勿>謂2何害1하라
其禍將大하며, 勿>謂2不>聞1하라 禍將及>人하리라. 焰焰不>滅하면
炎炎若何며, 涓涓不>壅하면 終爲2江河1며, 綿綿不>絶하면 或成2網
羅1며, 毫末不>折하면 將尋2斧柯1며, 誠能>愼之면 福之根也니. 口
是何傷이리오. 禍之門也니라. 强梁者는, 不>得2其死1하고, 好>勝者는,
必遇2其敵1하나니, 君子는 知2天下之不1>可>上也라. 故로 下>之하고,
知2衆人之不1>可先也라, 故로 後>之하나니라. 溫恭愼德하여 使人慕>
之하나니라. 江海는 雖左라도 長>於2百川1하니 以2其卑1也니라. 天道는
無>親하여 而能下>人하나니 戒>之哉어다.

• • •

{直譯} 공자께서 주(周)나라를 구경하러 가서 후직(后稷)의 사당에

들어갔더니 그곳에 금(金)으로 된 사람이 있었다. 세 겹으로 그 입이 봉해져 있고 그의 등에는 다음과 같은 글이 새겨져 있었다. "옛날에 말을 조심한 사람이니 경계할 것이다. 말을 많이 하지 말아야 하니 말이 많으면 실패가 많으며, 일을 많이 벌이지 말아야 하니 일이 많으면 근심이 많아진다. 편안하고 즐거울 때는 반드시 경계해야 하니 후회할 일이 없도록 하라. 무슨 손상이 있겠느냐고 말하지 말아야 하니 그 재앙이 장차 자라게 된다. 무슨 손해가 있겠느냐고 말하지 말아야 하니 그 허물이 장차 커지게 된다. 듣지 못했다고 말하지 말라. 재앙이 장차 사람에게 미치리라. 불이 타올라 꺼지지 않으니 그 불꽃은 어찌할 수 없으며, 물은 졸졸 흘러 막히지 않으니 마침내 강하(江河)가 될 것이며, 면면히 이어져 끊임이 없으니 혹 그물처럼 얽히리라. 털끝만 할 때 꺾지 않으면 얼마 안 있어 도낏자루처럼 커지리라. 진실로 능히 조심하는 것은 복의 근본이 되는 것이니, 입이 무엇을 상하게 하느냐 하면 바로 재앙의 문이다. 그러므로 고집으로 뻣뻣한 사람은 그 죽음을 옳게 맞을 수 없고, 이기기를 좋아하는 사람은 반드시 그의 적을 만나니, 군자는 천하보다 위에 올라가서는 안 된다는 것을 알기 때문에 남의 아래로 숙이는 것이요, 뭇 사람보다 앞서서는 안 된다는 것을 알기 때문에 남의 뒤로 물러서는 것이다. 온화하고 공손히 하며 품행이 바르기 때문에 사람들로 하여금 그를 사모하게 하는 것이다. 강이나 바다는 비록 자신을 낮추지만 모든 냇물의 우두머리가 되는 것은 스스로 낮추기 때문이다. 하늘의 도는 따로 친하게 여기는 것이 없기에 능히 사람보다 낮추는 것이다. 경계할지어다."

{語義} ○〈孔子觀周(공자관주)〉:《공자가어(孔子家語)》의 편명(篇名)이다.
《공자가어》는 책 이름으로, 삼국(三國) 위(魏)나라 왕숙(王肅, 195~256)이 지
었으며 10권이다. 공자의 언어 행사 및 문인과의 문대논의(問對論議)의 말
을 집록(集錄)하였다. ○后稷(후직):주(周)나라 시조(始祖). 이름은 기(棄). 어
머니 강원(姜源)이 거인(巨人)의 발자국을 밟고 잉태하여 상스럽지 못하다고
생각하고 기(棄)라 이름 지어 이를 버렸다. 요임금 때 농사(農師)가 되고, 순
임금 때 후직(后稷)의 벼슬에 올라 후직이라 일컫게 되었다. 무왕(武王)의 15
세조(世祖)가 된다. ○金人(금인):금나라 사람. 금나라는 여진(女眞) 사람들
이 세운 나라. 완안부(完顔部)의 아쿠타(阿骨打)가 창건하였음. 서울은 회령
(會寧), 후에 연경(燕京)·변경(汴京). 요(遼) 및 중국 북부를 점거(占據)하였다
가 아홉 임금 120년 만에 원(元)나라에 멸망 당하였음. 1115~1234. ○三緘
(삼함):삼중(三重)으로 입을 봉함. ○銘(명):글씨를 쓰다. ○敗(패):재앙.
○反>悔(반회):뉘우침. 후회함. 이 경우 反의 음(音)은 번. ○勿>謂(물위):
말하지 말라. ○傷(상):근심함. ○長(장):자라남. ○將大(장대):크다. ○焰
焰(염염):불이 조금 타오르는 모양. ○炎炎(염염):활활 타는 모양. ○焰焰
不滅炎炎若何(염염불멸염염약하):불은 타오르기 시작할 때는 끌 수 있지만
화력이 점점 세어져서 활활 타게 되면 어찌할 도리가 없다는 뜻으로, 악(惡)
은 시초에 제거하지 않으면 커져서 마침내 어찌할 도리가 없게 됨을 비유하
는 말. ○涓涓(연연):물이 졸졸 흐르는 모양. ○綿綿不>絶(면면부절):죽 연
이어 끊이지 않는 모양. ○網羅(망라):그물. ○毫末(호말):터럭 끝. 전하여
아주 작거나 적은 것, 또 근소. 약간. ○不>折(부절):꺾지 않음. ○斧柯(부가)
:도낏자루. 전하여 정치를 하는 권력. ○傷禍(상화):해침과 재앙. ○强梁(강

량) : 힘이 셈. 고집스레 자기만 옳다고 여김. ㅇ溫恭愼德(온공신덕) : 온순하고 공순하며 품행이 곧음. ㅇ左(좌) : 낮다. 비천(鄙淺)하다. '강과 바다는 낮은 곳에 처하다' 는 뜻이다. ㅇ天道無>親(천도무친) : 《노자(老子)》에 "천도는 친소(親疎)가 없지만, 늘 선인과 친근하다.〔天道無親, 常與善人.〕" 하였다.

{意譯} {直譯}에서 자세히 번역하였기 때문에 의역(意譯)을 생략한다.

{餘說} 이 대문은 《공자가어(孔子家語)·관주편(觀周篇)》에 있는 글이다. 문장 구조는 다음과 같다.

孔子觀周에 入2后稷之廟1하실새 有2金人1焉이더니,

三緘2其口1하고, 而銘2其背1曰,

古之愼>言人也니, 戒之哉로다.

無2多言1하라 多>言이면 多>敗며,

無2多事1하라 多>事면 多>患이니라.

安樂에 必戒면 無>所2行1悔니라.

勿>謂2何傷1하라 其過1將長하며,

勿>謂2何害1하라 其禍1將大하며,

勿>謂2不>聞1하라 禍將及>人하리라.

焰焰不>滅하면 炎炎若何며,

涓涓不>壅하면 終爲2江河1며,

綿綿不>絶하면 或成2網羅1며,

毫末不>折하면 將尋2斧柯1며,

誠能>愼>之면 福之根也니,

口是何傷이리오 禍之門也니라.

強梁者는, 不>得2其死1하고,

好>勝者는, 必遇2其敵1하나니,

君子는 知2天下之不1>可>上也라 故로 下>之하고,

知2衆人之不1>可先也라 故로 後>之하나니라.

溫恭愼德하여 使>人慕>之하나니라.

江海는 雖左라도 長>於2百川1하니 以2其卑1也니라.

天道는 無>親하여 而能下>人하나니 戒>之哉어다.

07-081/ 일을 생기게 하면

生事事生。省事事省。
생 사 사 생　생 사 사 생

{讀法} 生>事事生이오 省>事事省이니라.

• • •

{直譯} 일을 생기게 하면 일이 생기고, 일을 줄이면 일이 적어진다.

{語義} ○省(생) : 덜다. 줄이다. 살핀다는 뜻일 때는 음(音)이 '성' 이다.

{意譯} 사람이 일을 만들면 일이 생기고, 사람이 일을 덜면 일이

줄어든다.

{餘說} 이 대문은 주어(主語)인 ‘人’이 생략되어 있다.

    主   述 補主述   主   述補主述

    〔人〕이 生>事事生이오, 〔人〕이 省事事省이니라.

07-082/ 부드럽고 약하면 호신의 근본이고

柔弱護身之本。剛强惹禍之因。
유 약 호 신 지 본　강 강 야 화 지 인

{讀法} 柔弱은 護>身之本이오 剛强은 惹>禍之因이니라.

• • •

{直譯} 유약은 호신의 근본이고, 강강은 재앙을 일으키는 원인이다.

{語義} ○柔弱(유약) : 부드럽고 약함. ○護>身(호신) : 몸을 보호함. ○剛强 (강강) : 억세고 강함. ○惹>禍(야화) : 재앙을 일으킴. ‘惹禍之因’이 ‘惹禍之 由’로 된 판본도 있다. 뜻은 마찬가지다.

{意譯} 사람의 성질이 부드럽고 약하면 몸을 보호하는 근본이 되

고, 사람의 성질이 억세고 강하면 허물과 재앙의 원인이 된다.

{餘說} 이 대문은 '柔弱'과 '剛强'에서 오는 결과가 다름을 말한 것이다. 사람의 성질이 유약하면 남과 맞서 다투지 않기 때문에 몸을 보호하게 되고, 사람의 성질이 강강하면 남과 다투어 맞서기 때문에 재앙을 일으키게 된다는 것이다.

07-083/ 지위나 재력이 적으면

宣康府家訓。勢利少時莫交道釋。錢財有日當濟貧
선 강 부 가 훈　세 리 소 시 막 교 도 석　전 재 유 일 당 제 빈
危。
위

{讀法} 《宣康府家訓》에 勢利少時엔 莫>交2道釋1하고 錢財有日엔 當濟2貧危1니라.

• • •

{直譯} 〈선강부(宣康府) 가훈(家訓)〉에 "권세(權勢)나 재리(財利)가 적으면 도교(道教)나 불교(佛教)를 가까이하지 말 것이며, 금전과 재물이 넉넉할 때는 마땅히 가난하고 위급한 사람을 구제(救濟)해야 한다."라 하였다.

{語義} ○〈宣康府家訓(선강부가훈)〉: 자세히 알 수 없음. ○勢利(세리) : 재산
과 권력. 지위와 재산. ○道釋(도석) : 도교와 불교. ○錢財(전재) : 금전과 재
물. ○貧危(빈위) : 가난하고 위급함.

{意譯} 〈선강부가훈(宣康府家訓)〉에 "권세(權勢)나 재리(財利)가 부
족할 때는 도교(道敎)의 도사(道士)나 불교의 승려와는 교제하지
말 것이며, 돈과 재산이 넉넉할 때는 당연히 가난하고 위급한 사
람을 구제하고 도와줘야 한다."라 하였다.

{餘說} 지위(地位)나 재력(財力)이 있을 때 사원(寺院)에 찾아가 시주(施
主)하고 기복(祈福)하는 것보다 가난하고 위급한 사람을 도와주는 것이
마땅하다는 말이다.

07-084/ 사소한 눈 흘김도

先儒曰。睚眥存心小人之淺衷。一飯不忘君子之厚
선 유 왈 애 자 존 심 소 인 지 천 충   일 반 불 망 군 자 지 후
德。
덕

{讀法} 先儒曰호되 睚眥도 存>心은 小人之淺衷이요, 一飯도 不>忘은
君子之厚德이니라.

⋯

{直譯} 옛 선비가 말하기를, "사소한 눈 흘김도 마음에 두는 것은 소인의 얕은 소견이며, 단 한 끼 식사 대접받은 것도 잊지 않는 것은 군자의 두터운 덕이다."라고 하였다.

{語義} ㅇ睚眦(애자) : '眦(자)'는 '眦(자)'와 같다. 애자(睚眦)는 눈을 부라리며 노려본다는 뜻으로, 사소한 원한을 의미함. ㅇ存>心(존심) : 마음에 새겨 두고 잊지 않음. ㅇ淺衷(천충) : 얕은 지식이나 견해. ㅇ一飯(일반) : 한 그릇의 밥. ㅇ厚德(후덕) : 두터운 덕.

{意譯} 옛 선비가 말하였다. "남이 눈을 부라리며 노려본 것을 마음에 두고 잊지 않으니 소인의 소견은 얕으며, 남에게서 한 그릇의 식사를 대접받은 것도 잊어버리지 않으니 군자는 덕이 두텁다."라고 하였다.

{餘說} 소인은 사소한 원한도 마음에 두고 잊지 않으니 마음이 천박하고, 군자는 작은 대접도 잊지 않으니 덕(德)이 두텁다는 것이다.

07-085/ 신선이다 부처다 성현이다

二眉曙青朱先生曰。名曰仙佛聖賢。無非是個好人。
이 미 서 청 주 선 생 왈 명 왈 선 불 성 현 무 비 시 개 호 인

可見諸般容易。惟好人難得。果爾存心天理。毌作非
가 견 제 반 용 이 유 호 인 난 득 과 이 존 심 천 리 무 작 비

爲。唸佛誦經也可。打坐參禪也可。若心不可問。不成
위 점 불 송 경 야 가 타 좌 참 선 야 가 약 심 불 가 문 불 성

人矣。誦經唸佛打坐參禪。俱屬枉然。此曰救人之生。
인 의 송 경 점 불 타 좌 참 선 구 속 왕 연 차 왈 구 인 지 생

濟人之急。憫人之過。扶人之危。遴人之才。拔人之能。
제 인 지 급 민 인 지 과 부 인 지 위 린 인 지 재 발 인 지 능

獎誘人之子弟。稱頌人之德義。體貼人之心行。珍重人
장 유 인 지 자 제 칭 송 인 지 덕 의 체 첩 인 지 심 행 진 중 인

之財物。撫育人之孤寡。保全人之家産。完結人之婚
지 재 물 무 육 인 지 고 과 보 전 인 지 가 산 완 결 인 지 혼

嫁。才是世間有心胸的人物。
가 재 시 세 간 유 심 흉 적 인 물

{讀法} 二眉曙靑朱先生曰호되 名曰2仙佛聖賢1은 無>非2是個好
人1하니 可>見2諸般1容易나 惟好人難1>得하니 果爾存>心2天理1하
고 毌>作非爲1면 唸>佛誦>經也可하고 打坐參禪也可하나 若心不>
可>問면 不>成人矣니 誦>經唸>佛打坐參禪이 俱屬2枉然1하니 此
는 曰호되 救2人之生1하고 濟2人之急1하고 憫2人之過1하고 扶2人之危
1하고 遴2人之才1하며 拔2人之能1하며 獎誘2人之子弟1하고 稱頌2人
之德義1하고 體貼2人之心行1하고 珍重2人之財物1하고 撫育2人之
孤寡1하고 保全2人之家産1하고 完結2人之婚嫁1하고 才是世間의 有
>2心胸1的人物이니라.

• • •

{直譯} 이미서청(二眉曙靑) 주(朱) 선생이 말하였다. "신선이다, 부

처다, 성현이다 하고 일컬어지는 분들은 좋은 사람이 아닌 분들이 없으니, 여러 가지를 상상하는 것은 용이하나 오직 좋은 사람이 되기가 어렵다. 만일 너희들이 하늘의 이치(天理)를 마음에 보존하고 나쁜 짓을 하지 않는다면, 경전을 읊거나 불경을 외워도 좋고, 좌선(坐禪)하거나 참선(參禪)해도 좋으나, 만약 마음에 물어보지 않으면 훌륭한 사람이 될 수 없으니, 경전을 읊고, 불경을 외우며, 좌선을 하고 참선을 하는 것이 모두 헛수고가 될 것이다. 이것은 남의 생명을 구하고, 남의 급함을 구제(救濟)하며, 남의 잘못을 불쌍히 여기고, 남의 위급함을 도우며, 남의 재능을 신중하게 선택하고, 남의 능력을 골라 쓰며, 남의 자제(子弟)를 장려하며 타일러 가르치고, 남의 도덕과 신의를 칭송하며, 남의 마음 씀씀이를 미루어 짐작하고, 남의 재물을 소중히 여기며, 남의 고아와 과부를 잘 돌봐 기르고, 남의 가산을 보전해 주며, 남의 혼인을 완전히 맺어주는 일을 말하니, 이렇게 하여야 비로소 세상에서 마음을 지닌 인물이라 할 수 있다.”

{語義} ○ 二眉曙青朱先生(이미서청주선생) : 자세히 알 수 없음. ○ 諸般(제반) : 여러 가지. 여러 방면. ○ 非爲(비위) : 예법에 어긋나는 행위. ○ 打坐(타좌) : 정좌(靜坐)함. ○ 問>心(문심) : 마음에 물음. 마음에 돌이켜 생각함. ○ 成>人(성인) : 재덕을 고루 갖춘 훌륭한 사람이 됨. 인재가 됨. ○ 枉然(왕연) : 공연히. 헛되이. ○ 遴(린) : 선발하다. 고르다. 인재(遴才) : 인재를 선발함. ○ 拔(발) : 뽑다. ○ 體貼(체첩) : 체첩(體帖). 자세히 체득함. ○ 心行(심행) : 밖으로

드러내지 않고 마음속으로 은덕을 베푸는 일. ○珍重(진중) : 매우 귀중히
여김. ○撫育(무육) : 어루만지듯 잘 보살펴 기름. ○才(재) : 비로소. 纔(재)
와 같음. ○心胸(심흉) : 가슴속 깊이 간직한 마음.

{意譯} {直譯}에서 자세히 번역하였기 때문에 의역(意譯)은 생략한다.

{餘說} 타인에 대하여 救生(구생), 濟急(제급), 憫過(민과), 扶危(부위), 遴
才(인재), 拔能(발능), 獎誘子弟(장유자제), 稱頌德義(칭송덕의), 體貼心行
(체첩심행), 珍重財物(진중재물), 撫育孤寡(무육고과), 保全家産(보전가산),
完結婚嫁(완결혼가)할 수 있어야 세상에서 심흉(心胸)이 있는 사람이라고
말했다.
　문장 구조는 다음과 같다.

　　二眉曙青朱先生曰호되
　　名曰2仙佛聖賢1은
　　無>非2是個好人1하니
　　可>見2諸般1容易나
　　惟好人難1>得하니
　　果爾存>心2天理1하고
　　毋>作2非爲1면
　　唸>佛誦>經也可하고
　　打坐參禪也可하나
　　若心不>可>問면
　　不>成>人矣니
　　誦>經唸>佛打坐參禪이

俱屬2枉然1하니

此는 曰호되

救2人之生1하고

濟2人之急1하고

憫2人之過하고

扶2人之危1하고

遜2人之才1하며

拔2人之能1하며

獎誘2人之子弟1하고

稱頌2人之德義1하고

體貼2人之心行1하고

珍重2人之財物1하고

撫育2人之孤寡1하고

保全2人之家産1하고

完結2人之婚嫁1하고

才是世間의 有>2心胸1的 人物이니라.

제**8**편

계성편(戒性篇)

이 편은 사람의 성질을 경계하라는 글을 모은 것으로 모두 18조목이다.

08-001/ 사람의 성품이 물과 같아서

景行錄云。人性如水。水一傾則不可復。性一縱則不
경 행 록 운 인 성 여 수 수 일 경 즉 불 가 복 성 일 종 즉 불
可反。制水者必以隄防。制性者必以禮法。
가 반 제 수 자 필 이 제 방 제 성 자 필 이 예 법

{讀法} 景行錄에 云, 人性이 如>水하여, 水一傾,則不>可>復이오, 性
一縱,則不>可>反이니, 制>水者는 必以2隄防1하고 制>性者는 必以2
禮法1이니라.

• • •

{直譯}《경행록》에 이르기를, "사람의 성품이 물과 같아서 물이 한
번 엎질러지면 다시 담을 수 없고, 성품도 한번 방종해지고 보면
되돌릴 수 없을 것이니, 물을 제어하려는 사람은 반드시 제방으로
써 하고 성품을 제어하려는 사람은 반드시 예법으로써 해야 한다."
하였다.

{語義} ○人性(인성) : 사람의 성품. ○復(복) : 회복함. ○縱(종) : 방종함. ○反(반) : 되돌림. ○制>水(제수) : 물을 제어함. ○隄防(제방) : 둑. '隄'는 '堤'와 같음. ○制>性(제성) : 성품을 제어함. ○禮法(예법) : 예의를 차리는 법.

{意譯} 《경행록》에 말했다. "사람의 성품은 물과 같은지라, 물이 한 번 엎질러지면 다시 담을 수 없는 것과 같다. 성품도 또한 한번 방종하게 되면 다시 본심으로 돌이킬 수 없는 것이다. 그렇기 때문에 물을 막으려면 반드시 둑을 쌓아서 막아야 하고, 성품을 바로잡으려면 반드시 예법으로 억제해야 한다."

{餘說} 이 대문은 다음과 같이 분석된다.

이상에서 '不可復·不可反'은 원상태로 회복시킬 수 없다는 말이다. '制'는 제어하는 방법까지를 뜻하는 것으로 보아야 할 것이다.

08-002/ 한때의 기분을 참으면

忍一時之氣。免百日之憂。
인 일 시 지 기 면 백 일 지 우

{讀法} 忍2一時之氣1면 免2百日之憂1니라.

• • •

{直譯} 한때의 기분을 참으면 백날의 걱정을 면하게 된다.

{語義} ○忍(인) : 참음. ○氣(기) : 기분. ○免(면) : 면함. 면제함.

{意譯} 한때의 좋지 못한 기분을 참으면 앞으로 백날 동안 근심할 것을 면하게 된다.

{餘說} '忍'에 대한 도덕률을 펴나가는 데 전제가 되는 대문이라 하겠다. '一時之氣'가 '一時之忿'으로 되어 있는 곳도 있다.

08-003/ 참아야 하면 참고

得忍且忍。得戒且戒。不忍不戒。小事成大。
득 인 차 인 득 계 차 계 불 인 불 계 소 사 성 대

{讀法} 得>忍且忍하고 得>戒且戒하라. 不>忍不>戒면 小事成>大니라.

• • •

{直譯} 참을 수 있으면 참고, 경계할 수 있으면 경계하라. 참지 못하고 경계하지 못하면 작은 일이 크게 된다.

{語義} ○得(득) : …할 수 있다.

{意譯} 참을 수 있으면 우선 참아보고, 경계할 수 있다면 우선 경계하라. 참지 않고 경계하지 않으면 작은 일이 크게 될 것이다.

{餘說} 이 대문을 분석하면 다음과 같다.

　　　(命令)　　　　　(推量)　　　　(結果)

　┌── 得>忍且忍,
　│　　　　　　　　── 不>忍不>戒, 小事成>大.
　└── 得>戒且戒.

08-004/ 일체의 모든 번뇌는

一切諸煩惱。皆從不忍生。臨機與對境。妙在先見明。
일 체 제 번 뇌　개 종 불 인 생　임 기 여 대 경　묘 재 선 견 명

佛語在無諍。儒書貴無爭。好條快活路。世上少人行。
불 어 재 무 쟁　유 서 귀 무 쟁　호 조 쾌 활 로　세 상 소 인 행

{讀法} 一切諸煩惱는 皆從2不1>忍生이오, 臨>機與對>境은 妙在2

先見明1이라. 佛語在2無>1諍하고, 儒書貴2無>1爭이라. 好條快活路로되 世上少2人行1이라.

· · ·

{直譯} 모든 여러 번뇌는, 다 참지 못하는 데 따라 생기고, 어떤 시기에 임함과 어떤 경우에 대처함은, 묘(妙)가 선견의 밝음에 있다. 부처의 말은 간쟁(諫諍)하지 않는 데 있고, 유가(儒家)의 책에는 다투지 않는 것을 귀히 여긴다. 좋은 법은 시원스럽고 활발한 길이로되, 세상 사람들은 행하는 바가 적다.

{語義} ○一切(일체) : 전부. 모두. ○煩惱(번뇌) : 마음을 번거롭게 하고 몸을 괴롭게 하는 마음의 움직임. 미혹. ○臨機(임기) : 사태의 변화나 어떤 것을 즉시 결정하여야 할 시기에 임함. ○對境(대경) : 어떤 경우를 대처함. ○妙(묘) : 교묘. ○先見明(선견명) : 선견지명(先見之明). 앞을 내다보는 밝은 지혜. ○佛語(불어) : 부처의 말. ○諍(쟁) : 간하다. 송사하다. 다투다. ○儒書(유서) : 유가(儒家)에서 쓰는 책. ○條(조) : 법. 조문. ○快活(쾌활) : 시원스럽고 활발함. ○少(소) : 적다. 드물다.

{意譯} 모든 여러 번뇌는 전부가 참는 마음이 없는 데서 생긴다. 어떤 때를 당하는 것과 어떤 경우를 대처하는 데 있어서, 묘득은 앞을 보는 밝은 지혜에 있다. 부처님의 말은 간쟁(諫諍)하지 않는 데 있고, 유가(儒家)의 책에는 다툼이 없는 데 귀하다. 좋은 법은 시원스럽고 활발한 길인데도 세상에는 행하는 사람이 적다.

一切諸煩惱,	第1句 ┐		
皆從2不>忍1生	第2句 ┘ 首聯 起	生押韻	
臨>機與對>境,	第3句 ┐		
妙在2先見明1.	第4句 ┘ 前聯 承	明押韻 ┐ 對句	
佛語在2無1>諍,	第5句 ┐		
儒書貴2無1>爭.	第6句 ┘ 後聯 轉	爭押韻 ┐ 對句	
好條快活路,	第7句 ┐		
世上少2人行1.	第8句 ┘ 尾聯 結	行押韻	

08-005/ 참음은 곧 마음의 보배이고

忍是心之寶。不忍身之殃。舌柔常在口。齒折只爲剛。
인 시 심 지 보　불 인 신 지 앙　설 유 상 재 구　치 절 지 위 강

思量這忍字。好箇快活方。片時不能忍。煩惱日月長。
사 량 저 인 자　호 개 쾌 활 방　편 시 불 능 인　번 뇌 일 월 장

{讀法} 忍是心之寶요, 不>忍身之殃이라. 舌柔常在>口요, 齒折只
爲>剛이라. 思量這忍字면, 好箇快活方이라. 片時不>能>忍이면, 煩
惱日月長이니라.

• • •

{直譯} 참음은 곧 마음의 보배이고, 참지 못함은 몸의 재앙이다. 혀

는 부드러워 항상 입안에 있고, 이는 부러지니 다만 강할 뿐이다. 이 '참을 인' 자를 생각하고 헤아려보면, 유쾌하고 즐거운 방법이 하나 있다. 잠시라도 참을 수 없다면, 번뇌는 날로달로 더할 것이다.

{語義} ○寶(보) : 보배. ○殃(앙) : 재앙. ○柔(유) : 부드러움. ○齒折(치절) : 이가 부러짐. ○剛(강) : 억세다. ○思量(사량) : 생각하고 헤아림. ○這(저) : 이. '此' 와 뜻이 같음. ○忍字(인자) : '참을 인' 의 글자. ○好箇(호개) : 찬탄의 말투를 나타냄. 그토록 좋은. '好個' 와 같음. ○快活方(쾌활방) : 유쾌하고 즐거운 방법. ○片時(편시) : 잠시. ○日月(일월) : 날마다 달마다. ○長(장) : 더함. 자람. 큼.

{意譯} 참는 것은 바로 마음의 보배이고, 참지 못하는 것은 몸의 재앙이다. 혀는 항상 입속에 있어 부드럽고, 이빨은 부러지니 오직 억셀 뿐이다. 이 '참을 인' 자를 잘 생각해 보면, 유쾌하고 즐거운 방법이 한 가지 있다. 잠시라도 참을 수 없다면, 번뇌가 날마다 달마다 더해갈 것이다.

{餘說} 이 대문도 앞 대문과 같이 오언율시(五言律詩)의 한시이다. 이해하기에 편리토록 병서를 해본다.

忍是心之寶,	第1句 ┐		
不>忍身之殃.	第2句 ┘	首聯 起	殃押韻
舌柔常在>口,	第3句 ┐		
齒折只爲>剛.	第4句 ┘	前聯 承 對句	剛押韻

思量這忍字,	第5句	┐ 後聯 轉 對句	
好箇快活方.	第6句	┘	方押韻
片時不能忍,	第7句	┐ 尾聯 結	
煩惱日月長.	第8句	┘	長押韻

08-006/ 어리석고 흐리멍덩한 사람은

愚濁生嗔怒。皆因理不通。休添心上焰。只作耳邊風。
우 탁 생 진 노　개 인 리 불 통　휴 첨 심 상 염　지 작 이 변 풍

長短家家有。炎涼處處同。是非無實相。究竟揔成空。
장 단 가 가 유　염 량 처 처 동　시 비 무 실 상　구 경 총 성 공

{讀法} 愚濁生2嗔怒1는 皆因2理不1>通이라. 休>添2心上焰1하고 只作2耳邊風1하라. 長短은 家家有요, 炎涼은 處處同이라. 是非無2實相1하여 究竟揔成>空이니라.

• • •

{直譯} 어리석고 흐리멍덩하면서 꾸짖고 성내는 것은, 다 이치에 통달하지 못한 까닭이다. 마음 위에 불을 더하지 말고, 다만 귓가의 바람같이 하라. 장점과 단점은 집집마다 있는 것이고, 인정의 후박(厚薄)은 곳곳이 같다. 옳고 그름은 실상(實相)이 없으니, 결국에는 다 헛된 것이 된다.

{語義} ㅇ愚(우) : 어리석음. '愚'는 '德'과 뜻이 통하는 것으로, 사람의 이름에 '德'자와 같은 평가로 쓰이는 글자. ㅇ濁(탁) : 머리가 명석하지 못하고 흐리멍덩함. ㅇ嗔(진) : 성냄. ㅇ怒(노) : 성냄. ㅇ嗔怒(진노) : 성냄. 궁중어로 많이 쓰임. ㅇ因(인) : 까닭. 원인. ㅇ理(리) : 이치(理致). 사리(事理). ㅇ不>通(불통) : 통하지 아니함. 글 또는 말을 알지 못함. ㅇ休(휴) : 말음. 금지하는 말. ㅇ添(첨) : 더함. ㅇ焰(염) : 불꽃. 불이 조금 타오르는 모양. ㅇ耳邊風(이변풍) : 귓가에 흔히 스쳐가는 바람같이 아무렇지 않게 생각함. ㅇ長短(장단) : 길고 짧은 것. 장점과 단점. ㅇ家家(가가) : 집집마다. ㅇ炎涼(염량) : 차고 더움. 부귀와 빈천. 인정의 후박(厚薄). ㅇ處處(처처) : 곳곳. ㅇ是非(시비) : 옳고 그름. ㅇ實相(실상) : 실제의 내용이나 모습. 진상(眞相), ㅇ究竟(구경) : 마침내. 필경. ㅇ摠(총) : 다. '總'과 같은 자. ㅇ空(공) : 공연히. 헛되이.

{意譯} 어리석고 흐리멍덩한 사람이 성내는 것은, 모두 사리에 통하지 못한 까닭이다. 마음 위에 불꽃을 더하지 말고, 자기 마음에 거슬리는 말은 오직 귓가의 바람으로 여기라. 장점과 단점은 집집마다 있는 일이고, 인정의 후박(厚薄)은 곳곳이 같은 것이다. 시비(是非)라는 것은 원래 본 모습이 없어서, 마침내는 다 헛된 것이 된다.

{餘說} 이 대문도 오언율시의 한시다.

愚濁生2嗔怒1,　　第1句 ─┐
　　　　　　　　　　　├─ 起 首聯
皆因2理不1>通.　　第2句 ─┘　　　　　通押韻

休>添2心上焰1,　　第3句 ─┐
　　　　　　　　　　　├─ 承 前聯 對句
只作2耳邊風1.　　第4句 ─┘　　　　　風押韻

08-007/ 모든 행실의 근본은

子張欲行。辭於夫子。願賜一言。爲修身之美。夫子
자 장 욕 행　사 어 부 자　원 사 일 언　위 수 신 지 미　부 자

曰。百行之本。忍之爲上。子張曰。何爲忍之。夫子曰。
왈　백 행 지 본　인 지 위 상　자 장 왈　하 위 인 지　부 자 왈

天子忍之。國無害。諸侯忍之。成其大。官吏忍之。進其
천 자 인 지　국 무 해　제 후 인 지　성 기 대　관 리 인 지　진 기

位。兄弟忍之。家富貴。夫妻忍之。終其世。朋友忍之。
위　형 제 인 지　가 부 귀　부 처 인 지　종 기 세　봉 우 인 지

名不廢。自身忍之。無患禍。子張曰。不忍何如。夫子曰。
명 불 폐　자 신 인 지　무 환 화　자 장 왈　불 인 하 여　부 자 왈

天子不忍。國空虛。諸侯不忍。喪其軀。官吏不忍。刑法
천 자 불 인　국 공 허　제 후 불 인　상 기 구　관 리 불 인　형 법

誅。兄弟不忍。各分居。夫妻不忍。令子孤。朋友不忍。
주　형 제 불 인　각 분 거　부 처 불 인　영 자 고　봉 우 불 인

情意疎。自身不忍。患不除。子張曰。善哉善哉。難忍難
정 의 소　자 신 불 인　환 부 제　자 장 왈　선 재 선 재　난 인 난

忍。非人不忍。不忍非人。
인　비 인 불 인　불 인 비 인

{讀法} 子張이 欲>行에 辭>於2夫子1할새 願賜2一言1이면 爲2修>身

之美¹하노이다. 夫子ㅣ 曰, 百行之本이 忍>之爲>上이니라. 子張이 曰,
何爲>忍>之니고? 夫子ㅣ 曰, 天子ㅣ 忍>之면 國無>害하고, 諸侯ㅣ 忍
>之면 成²其大ㅣ하고, 官吏ㅣ 忍>之면 進²其位ㅣ하고, 兄弟ㅣ 忍>之면 家
富貴하고, 夫妻ㅣ 忍>之면 終²其世ㅣ하고, 朋友ㅣ 忍>之면 名不>廢하고,
自身이 忍>之면 無²患禍ㅣ니라. 子張이 曰, 不>忍이면 何如닛고? 夫子ㅣ
曰, 天子ㅣ 不>忍이면 國空虛하고, 諸侯ㅣ 不>忍이면 喪²其軀ㅣ하고, 官
吏ㅣ 不>忍이면 刑法誅하고, 兄弟ㅣ 不>忍이면 各分居하고, 夫妻ㅣ 不>
忍이면 令>子孤하고, 朋友ㅣ 不>忍이면 情意疎하고, 自身이 不>忍이면
患不>除니라. 子張이 曰, 善哉善哉라, 難>忍難>忍이여? 非>人이면 不
>忍이오, 不>忍이면 非>人이로다.

• • •

{直譯} 자장이 길을 떠나고자 함에 공자께 "작별할 제 바라건대 한
말씀을 주시면 몸을 닦는 아름다움으로 삼으려 합니다." 하니, 공자
께서 말씀하시기를, "모든 행실의 근본이 참는 것이 제일이다." 하
셨다. 자장이 말하기를, "무엇이 참는 것이 됩니까?" 하였다. 공자
께서 말씀하시기를, "천자가 참으면 나라에 해가 없고 제후가 참으
면 그 큼을 이루고, 관리가 참으면, 그 지위가 진급되고 형제가 참
으면 집이 부귀하고, 부부가 참으면 그 세상을 같이 마치고, 친구
가 참으면 명예가 깎이지 않고, 자신이 참으면 근심과 재앙이 없을
것이다." 하셨다. 자장이 말하기를, "참지 않으면 어떻게 됩니까?"
하였다. 공자께서 말씀하시기를, "천자가 참지 않으면 나라 안이
텅 비게 되고, 제후가 참지 않으면 자기 몸을 잃게 되고, 관리가
참지 않으면 형법으로 베이게 되고, 형제간에 참지 않으면 각각 헤

어져 살게 되고, 부부간에 참지 않으면 그 자식이 외롭게 되고, 친구 사이에 참지 않으면 정의가 소홀해지고, 자기 자신이 참지 않으면 걱정이 없어지지 않을 것이다." 하셨다. 자장이 말하기를, "참 좋고 좋은 말씀입니다. 참기란 매우 어려운 것이군요? 사람이 아니면 참지 못할 것이고, 참지 못한다면 사람이 아니로다." 하였다.

{語義} ○子張(자장) : 성은 전손(顓孫), 이름은 사(師), 자장은 자이다. 공자의 제자로 특히 언변(言辯)에 능했다 함. ○辭(사) : 작별하고 떠남. ○夫子(부자) : 선생(先生). 장자(長者)·현자(賢者)의 존칭이나, 여기서는 공자(孔子)를 가리킴. ○願(원) : 바라건대. ○賜(사) : 주시면. ○修>身(수신) : 몸을 닦음. ○百行之本(백행지본) : 모든 행실의 근본. ○忍>之(인지) : 참는 것. ○爲>上(위상) : 으뜸이 됨. ○天子(천자) : 한 나라의 임금. ○諸侯(제후) : 중국 봉건시대(封建時代)에 천자 밑에서 봉토(封土)를 받은 여러 임금. ○不>廢(불폐) : 떨어뜨리지 아니함. ○患禍(환화) : 걱정과 재앙. ○何如(하여) : 어찌할꼬? ○空虛(공허) : 속이 빔. 방비가 없음. ○喪(상) : 잃음. 상실(喪失)함. ○軀(구) : 몸. 신체. ○刑法(형법) : 범죄를 처벌하는 법률. ○令(령) : …로 하여금 …하게 함. ○孤(고) : 외로움. ○情意(정의) : 감정과 의지. 마음. 생각. ○疎(소) : 멀음. 가깝지 않음. '疏'와 같은 글자. ○患(환) : 근심. 걱정. ○不>除(부제) : 없애지 못함. ○善哉(선재) : 참 좋다고 찬미하는 말. ○難>忍(난인) : 참기 어려움. ○非>人(비인) : 사람이 아님.

{意譯} 자장이 길을 떠나면서 말했다. "바라옵건대 몸을 닦는 요점을 한마디로 말씀해 주시기 바랍니다." 공자께서 말씀하셨다.

"모든 행실의 근본은 참는 것이 제일이다." 자장이 다시 여쭈었다. "무엇을 참는다고 합니까?" 공자께서 말씀하셨다. "천자가 참으면 나라에 해가 없고 제후가 참으면 자기의 땅이 커지고, 관리가 참으면 자기의 지위가 올라가고, 형제간에 참으면 자기들의 집이 부귀해지고, 부부간에 참으면 일생을 해로(偕老)하고, 친구 간에 참으면 명예를 떨어뜨리지 않고, 자신이 혼자서 참으면 걱정과 재앙이 없을 것이다." 자장이 다시 여쭈었다. "만일 참지 않으면 어찌 되겠습니까?" 공자께서 대답하셨다. "천자의 신분으로서 참지 않으면 온 나라 안이 빈터가 되어버릴 것이고, 제후가 참지 않으면 자기 몸까지 잃게 될 것이고, 관리가 참지 않으면 형법으로 처벌받게 될 것이고, 형제 사이에 참지 않으면 각각 헤어져 살게 될 것이고, 부부간에 참지 않으면 자식을 외롭게 할 것이고, 친구 사이에 참지 않으면 정의가 멀게 될 것이고, 자기 자신이 참지 않으면 걱정과 재앙이 떠나지 않을 것이다." 자장이 감탄하여 말했다. "참 좋은 말씀입니다. 참기란 어려운 것이므로 사람이 아니면 참지 못할 것이오, 참지 못한다면 사람이 아닐 것입니다."

{餘說} 이 대문은 자장의 요청에 따라 공자께서 자장에게 '忍' 자에 대하여 설교하신 데 이어, 다시 자장의 질문에 따라 '不忍'에 대한 설교를 계속하신 것이다.

08-008/ 참고 견디면

忍耐在。
인 내 재

{讀法} 忍耐면 在니라.

• • •

{直譯} 참고 견디면 존재하게 된다.

{語義} ㅇ忍耐(인내) : 견디다. 참아내다.

{意譯} 잘 참고 견디는 자만이 천명이 다하도록 오래 존재할 수 있다는 것이다.

{餘說} 당(唐)나라의 장공예(張公藝)는 구세(九世)가 한 집에서 동거(同居)했다는 사람이다. 《당서(唐書) · 장공예전(張公藝傳)》을 보면, 구세가 동거했다고 해서 북제(北齊) · 수(隋) · 당(唐)에서 그의 가문을 정문(旌門)을 세워 기리었는데, 인덕(麟德) 연중(年中)에 고종(高宗)이 태산(泰山)을 봉하고 그의 집에 납시어 장공예를 불러 보고 가족과 화목하는 방법을 물으니, 종이와 붓을 가져오라 하더니 '참을 인(忍)' 자 백여 개를 써서 바쳤다고 한다.

　이로써 생각해 볼 때 참음이 있으면 지속할 수 있는 것이다.

08-009/ 자기 뜻을 굽히는 자는

景行錄云。屈己者能處衆。好勝者必遇敵。
경 행 록 운 굴 기 자 능 처 중 호 승 자 필 우 적

{讀法} 景行錄에 云, 屈>己者는 能處>衆하고, 好>勝者는 必遇>敵이
니라.

• • •

{直譯}《경행록》에 이르기를, "자기의 뜻을 굽혀서 남에게 순종하
는 사람은 능히 무리들 가운데 있을 수 있고, 이기기를 좋아하는
사람은 반드시 적을 만나게 된다." 하였다.

{語義} ○屈>己者(굴기자) : 자기를 굽혀서 남에게 순종하는 사람. ○處>衆
(처중) : 무리들 가운데에 있음. ○好>勝者(호승자) : 이기기를 좋아하는 사
람. 승벽(勝癖)이 있는 사람. ○遇>敵(우적) : 적을 만남.

{意譯}《경행록》에 말했다. "자기를 죽여 뜻을 굽혀서 남을 위하여
순종하는 사람은 능히 무리 가운데 있을 수 있게 되고, 승벽이 있
어 이기기만을 좋아하는 사람은 반드시 만만찮은 적을 만나게 될
것이다."

{餘說} 이 대문 중에 '能處>衆'이란 말이 있는데, 전체를 살펴보면 '屈

>己者'는 자기 지위를 잘 유지할 수 있으나, '好>勝者'는 반드시 적을 만나서 자기의 지위를 유지하기가 어렵다는 것이니, '處' 자는 '처리'의 뜻이 아니라 어떠한 지위에 '있다' 는 뜻으로 보는 것이 타당할 것이다. *참고로 處>中(처중)은 중추적인 직위에 있음. 요직을 담당함.

08-010/ 작은 용기라는 것은

張敬夫曰。小勇者血氣之怒也。大勇者理義之怒也。
장 경 부 왈 소 용 자 혈 기 지 노 야 대 용 자 리 의 지 노 야

血氣之怒。不可有。義理之怒。不可無。知此。則可以見
혈 기 지 노 불 가 유 의 리 지 노 불 가 무 지 차 즉 가 이 견

情性之正。而識天理人欲之分矣。
정 성 지 정 이 식 천 리 인 욕 지 분 의

{讀法} 張敬夫ㅣ 曰, 小勇者는 血氣之怒也요, 大勇者는 理義之怒也니라. 血氣之怒는 不>可>有요 義理之怒는 不>可>無니 知>此면 則可3以見2情性之正1하여 而識2天理人欲之分1矣니라.

• • •

{直譯} 장경부가 말하기를, "소용(小勇)이라는 것은 혈기의 노함이고, 대용(大勇)이라는 것은 도리와 정의의 노함이다. 혈기의 노함은 가지고 있어서는 안 되고, 도리와 정의의 노함은 없어서는 안 되니, 이를 알고 나면 이로써 천성의 바름을 볼 수 있으며 천리(天

理)와 인욕(人欲)의 구분을 알 수 있을 것이다." 하였다.

{語義} ○張敬夫(장경부) : 송(宋)나라 사람. 이름은 식(栻). 준(浚)의 아들. 자가 경부, 호는 낙재(樂齋). 시호는 선(宣). 학자. 형양(衡陽)에 산다. 남헌선생(南軒先生)이라 일컬음. 관은 이부시랑·우문전수찬. 저서에 《남헌역설(南軒易說)》·《계사논어해(癸巳論語解)》·《계사맹자해(癸巳孟子解)》·《이천수언(伊川粹言)》·《남헌집(南軒集)》이 있음. 주자(朱子)와 교분이 있었음. ○血氣(혈기) : 격동하기 쉬운 의기(意氣). ○義理(의리) : 도리와 정의. ○性情(성정) : 타고난 본성(本性). ○天理(천리) : 천지자연의 이치. ○人欲(인욕) : 사람의 욕심. 물욕(物慾)에서 나오는 사심(私心).

{意譯} 장경부가 말했다. "작은 용기라는 것은 혈기(血氣)가 발현하는 기세이고, 큰 용기라는 것은 도리와 정의가 발현하는 기세이다. 혈기의 기세는 있어서는 안 되고, 의리의 기세는 없어서는 안 되니, 이것을 안다면 이것으로써 천성의 올바름을 볼 수 있으며 하늘 이치와 사람 욕망 사이의 구분도 알 수 있을 것이다."

{餘說} 이 대문은 작은 용기라는 것은 혈기의 기세이니, 이 기세는 절대로 있어서는 안 되고, 이와 반대로 큰 용기라는 것은 의리의 기세이니, 이 기세는 절대로 없어서는 안 된다. 이것을 이해한다면 천리(天理)와 인욕(人欲) 사이의 구분을 인식할 수 있을 것이라 했다.
　문장 구조는 다음과 같다.

張敬夫ㅣ曰,

　　小勇者는 血氣之怒也요.

　　大勇者는 理義之怒也니라

　　血氣之怒는 不>可>有요

　　義理ㅣ之怒는 不>可>無니

　　知>此면 則可3以見2情性之正1하여

　　　　而識2天理人欲之分1矣니라.

08-011/ 악인이 선인을 욕하거든

惡人罵善人。善人總不對。善人若返罵。彼此無智慧。
악 인 매 선 인　선 인 총 부 대　선 인 약 반 매　피 차 무 지 혜

不對心淸涼。罵者口熱沸。正如人唾天。還從己身墜。
부 대 심 청 량　매 자 구 열 비　정 여 인 타 천　환 종 기 신 추

{讀法} 惡人이 罵2善人1커든 善人은 總不>對하라. 善人이 若2返罵1하면 彼此ㅣ 無2智慧1니라. 不>對는 心淸涼이오, 罵者는 口熱沸니라. 正如2人唾1>天하여, 還從2己身1墜니라.

• • •

{直譯} 악인이 선인을 욕하거든, 선인은 전연(全然) 대항하지 말라. 선인이 만일 도로 욕을 할 것 같으면, 그 사람이나 나나 지혜가 없는 것이다. 대항하지 않는 사람은 마음이 맑고 시원할 것이고, 욕

한 자는 입이 뜨거워 끓을 것이다. 마치 사람이 하늘에 침을 뱉는 것 같아서 도로 자기의 몸을 따라 떨어질 것이다.

{語義} ○罵(매) : 욕함. ○總(총) : 다. 모두. 摠도 같은 글자이다. ○不>對(부대) : 응하지 아니함. 대항하지 아니함. ○若(약) : 만약 …할 것 같으면. 재역(再譯) 문자. ○淸涼(청량) : 시원함. 맑고 시원함. ○熱沸(열비) : 뜨겁게 끓어오름. ○正(정) : 마치. 바로. ○唾>天(타천) : 하늘에 침을 뱉음. ○還從2 己身1墜(환종기신추) : 도로 자기 몸을 따라 떨어짐.

{意譯} 악인은 선인에게 욕할지라도, 선인은 못 들은 척하고 도무지 대항하지 말라. 선인이 만약 도로 받아 욕을 한다면, 선인이나 악인이나 다 지혜가 없는 것이다. 대항하지 않으면 마음이 깨끗하며 시원하고, 욕하는 자는 입이 부글부글 끓을 것이다. 바로 사람이 하늘에 대고 침을 뱉는 것과 같아서 도로 자기의 몸에 떨어진다.

{餘說} 이 대문은 오언율시(五言律詩)로 되어있다.

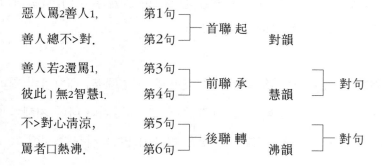

惡人罵2善人1,　　第1句 ┐
　　　　　　　　　　　├ 首聯 起
善人總不>對.　　第2句 ┘　　　　　對韻

善人若2還罵1,　　第3句 ┐
　　　　　　　　　　　├ 前聯 承　　　　　　┐
彼此ㅣ無2智慧1.　第4句 ┘　　　慧韻　├ 對句
　　　　　　　　　　　　　　　　　　　　　　┘

不>對心淸涼,　　第5句 ┐
　　　　　　　　　　　├ 後聯 轉　　　　　　┐
罵者口熱沸.　　第6句 ┘　　　沸韻　├ 對句
　　　　　　　　　　　　　　　　　　　　　　┘

正如2人唾1>天,　　　第7句┐
還從2己身1墜.　　　第8句┘—尾聯 結　　墜韻

08-012/ 내가 만일 남에게 욕을 먹을지라도

我若被人罵。佯聾不分說。譬如火燒空。不救自然滅。
아 약 피 인 매　양 롱 불 분 설　비 여 화 소 공　불 구 자 연 멸

鎭火亦如是。有物遭他熱。我心等虛空。聽你翻脣舌。
진 화 역 여 시　유 물 조 타 열　아 심 등 허 공　청 니 번 순 설

{讀法} 我若>被2人罵1라도, 佯聾不2分說1하라. 譬如2火燒1>空하여 不>救自然滅이라. 鎭>火亦如>是어든 有>物遭2他熱1이라. 我心等2虛空1커늘 聽你翻2脣舌1이니라.

• • •

{直譯} 내가 만일 남에게 욕을 먹을지라도, 거짓 귀먹은 체하여 따지지 말라. 비유컨대 불이 허공을 태우는 것과 같아서 구하려 아니해도 자연히 꺼진다. 불을 끄는 것도 또한 이와 같거늘, 물건이 있으면 다른 열을 만나게 된다. 내 마음은 허공과 같거늘 말다툼한다면 너는 입술과 혀만 번득일 것이다.

{語義} ○若(약) : 만일 …할 것 같으면. ○被(피) : 받음. ○佯(양) : 거짓. ○分

說(분설) : 하나하나 자세히 설명함. 변명함. 해명함. 分雪(분설)과 같다. ○ 譬(비) : 비유함. ○ 燒(소) : 타다. 탐. ○ 不>救(불구) : 구하지 아니함. ○ 滅(멸) : 꺼짐. ○ 鎭>火(진화) : 불을 끔. ○ 亦如>是(역여시) : 또한 이와 같다. ○ 有>物(유물) : 물건이 있음. 물질이 있음. ○ 遭(조) : 만나다. 우연히 만남. ○ 他熱(타열) : 다른 열. 다른 것의 열. ○ 等(등) : 같음. ○ 虛空(허공) : 빈 곳. ○ 聽(청) : 듣다. ○ 翻2脣舌1(번순설) : 입술과 혀를 놀림.

{意譯} 내가 만일 남에게 욕을 먹더라도 일부러 귀먹은 체하여 변명하지 말 것이다. 비유하건대, 이는 마치 불이 공중에서 타다가 끄지 않아도 저절로 없어지는 것과 같다. 불을 끄는 것이 또한 이와 같거든, 물질이 있으면 다른 데서 오는 열을 받게 마련이다. 내 마음은 허공과 같이 아무렇지도 않은데 말다툼하는 너는 입술과 혀만 놀릴 뿐이다.

{餘說} 이 대문도 앞 대문과 같이 오언율시의 한시다. 이 대문도 각자 앞 대문의 {餘說}과 같이 병서(竝書)하여 검토해보자. '說 · 滅 · 熱 · 舌'이 압운자(押韻字)이다.

08-013/ 상사는 다툼이 없고

老子曰。上士無爭。下士好爭。
노자왈 상사무쟁 하사호쟁

{讀法} 老子ㅣ 曰, 上士는 無>爭하고, 下士는 好>爭하나니라.

• • •

{直譯} 노자가 말하기를, "상사는 다툼이 없고, 하사는 다투기를 좋아한다." 하였다.

{語義} ㅇ上士(상사) : 덕이 높고 뛰어난 선비. 士의 계급 중 최상의 신분. '上中下' 세 계급으로 되어 있다. 《노자 · 제41장》에 "上士는 聞>道면 勤而行>之하고 中士는 聞>道면 若存若亡하며 下士는 聞道면 大笑>之니라." 고 있다.

{意譯} 노자가 말했다. "선비 중에 가장 윗자리에 있는 선비는 남과 다투는 일이 없고, 이와 반대로 선비 중에 가장 아랫자리에 있는 선비는 남과 다투기를 좋아한다."

{餘說} 《노자도덕경》에는 없는 대문이다. '上士 · 中士 · 下士' 의 세 종류의 선비 중에 '上 · 下' 만 이야기했지만 '中' 에 대해서도 생략법에 따라 뜻이 깨달아지게 되니, 이렇게 말한 것이라고 보아야 한다. '中士' 는 도에 대하여 들으면 도가 있는 것도 같고 없는 것도 같으니, 이 대문의 경우라면 다투는 것도 같고 다투지 않는 것도 같은 정도의 사람이라 하겠다.

08-014/ 모든 일에 인정을 두면

凡事留人情。後來好相見。
범 사 류 인 정　후 래 호 상 견

{讀法} 凡事에 留2人情1이면 後來에 好2相見1이니라.

• • •

{直譯} 모든 일에 인정을 두면, 뒷날 좋게 서로 보게 된다.

{語義} ○凡事(범사) : 모든 일. ○留(류) : 유의(留意)함. 마음에 둠. ○人情(인정) : 남을 동정하는 따뜻한 마음. ○後來(후래) : 장래. 앞으로 오는 날. 나중에. ○好(호) : 좋음. ○相見(상견) : 서로 봄.

{意譯} 모든 일에 인정을 남겨두면 나중에 좋은 낯으로 대하게 된다.

{餘說} 인정이란 주어서 좋고 받아서 좋은 것이다. 물론 뒷날에 서로 만나기도 좋은 것이 인정이 오고 간 사이끼리인 것이다.

08-015/ 어떤 것이 천명입니까

或問晦庵曰。如何是命。先生曰。性是也。凡性格不
혹 문 회 암 왈　여 하 시 명　선 생 왈　성 시 야　범 성 격 불

通。不近人情者。薄命之士也。
통 불 근 인 정 자 박 명 지 사 야

{讀法} 或이 問2晦庵1曰, 如何是命이니꼬? 先生이 曰, 性이 是也니, 凡性格不>通하고 不>近2人情1者는, 薄命之士也니라.

• • •

{直譯} 어떤 사람이 회암(晦庵)에게 물어 말하기를, "어떤 것이 바로 천명입니까?" 하였다. 선생이 말하기를, "천성이 이것이니, 대저 성격(性格)이 통하지 못하고 인정에 가깝지 않은 자는 천명이 엷은 사나이이다." 하였다.

{語義} ○或(혹) : 어떤 사람. ○晦庵(회암) : 송대(宋代)의 학자인 주자(朱子)가 학문을 강론하던 서재(書齋) 이름. 지금의 복건성(福建省) 연양현(連陽縣) 서북쪽에 있음. 이로 인하여 후세 사람들이 주자를 회암 선생이라 부름. ○如何是命(여하시명) : 어떤 것이 곧 천명입니까? ○性(성) : 천성. 날 때부터 타고난 성질. ○是也(시야) : 이것이다. ○성격(性格) : 성정(性情)의 품격. 사람의 태도와 행위에서 나타나는 심리적 특성. ○不通(불통) : 막힘. 통하지 않음. ○薄命(박명) : 타고난 복이 없음. 복이 없고 팔자가 사나움. ○士(사) : 여기서는 사나이.

{意譯} 어떤 사람이 주자에게 물었다. "어떤 것이 천명입니까?" 선생이 말하였다. "천성이 이것이다. 대저 성격이 막히고 인정(人

情)스럽지 못한 사람은 천명이 박한 사나이이다."

{餘說} 이 문장은《주자어록(朱子語錄)》등에 나오지 않는다.

08-016/ 남들이 잘할 수 없는 것을 하면

先儒曰。爲人所不能爲。方稱奇男子。忍人所不能
선유왈　위인소불능위　방칭기남자　인인소불능

忍。乃是大丈夫。
인　내시대장부

{讀法} 先儒曰, 爲2人所>不>能>爲1면 方稱2奇男子1요 忍2人所>
不>能>忍1면 乃是大丈夫니라.

• • •

{直譯} 옛 선비가 말하기를 "남들이 능히 할 수 없는 바를 하면 바
로 기남자(奇男子)라 일컫고, 남들이 능히 참지 못하는 바를 참으면
곧 대장부(大丈夫)이다." 하였다.

{語義} ○先儒(선유) : 옛 선비. 선대(先代)의 유학자. ○奇男子(기남자) : 비범
(非凡)한 남자. 재주와 슬기가 남달리 뛰어난 사내. ○乃是(내시) : 곧. 바로.
○大丈夫(대장부) : 지기(志氣)와 절조(節操)가 굳세고 실천력이 있는 남자.

{意譯} 옛 선비가 말하였다. "남들이 할 수 없는 일을 해내야 정말로 기남자(奇男子)라 일컬을 수 있고, 남들이 참지 못하는 것을 참아내야, 곧 대장부(大丈夫)이다."

{餘說} 대장부에 대하여《맹자·등문공하(滕文公下)》에 "富貴不能淫, 貧賤不能移, 威武不能屈, 此之謂大丈夫.〔부귀가 마음을 방탕하게 하지 못하며, 빈천이 절개를 바꾸게 하지 못하며, 위무가 지조를 굽히게 할 수 없는 그 사람을 대장부라 이른다.〕"라고 한 말이 있다.

08-017/ 몸을 위태롭게 하는 자는

家語云。危其身者。好發人之惡。
가 어 운 위 기 신 자 호 발 인 지 악

{讀法} 家語에 云, 危2其身1者는 好>發2人之惡1이니라

• • •

{直譯}《가어(家語)》에 이르기를, "그 몸을 위태롭게 하는 자는 남의 악을 드러내기를 좋아한다." 하였다.

{語義} ○《家語(가어)》:《공자가어(孔子家語)》를 말한다.

{意譯} 《가어(家語)》에 이르기를, "자기의 몸을 위태롭게 하는 사람은 남의 악을 드러내기를 좋아한다." 하였다.

{餘說} 이 문장은 《공자가어 · 관주편》에 나온다. 관련 문장 전체를 적어보면 다음과 같다 : 聰明深察하여 而近>於>死者는 好2議>人1者也요, 博辯宏遠하여 而危2其身1者는 發2人之惡1者也라.〔총명하고 깊이 살펴서 죽음에 가까운 자는 남을 평하기를 좋아하는 자이고, 널리 분별하여 논하고 원대하고 심원하여 자기 몸을 위험하게 하는 자는 남의 나쁜 점을 드러내는 자이다.〕

08-018/ 향풀을 달고 아름다운 옥을 지니는 것은

紉蘭握瑾者。誨妬之良謀也。要肆利孔者。招怨之危
인 란 악 근 자　회 투 지 양 모 야　요 사 리 공 자　초 원 지 위

機也。宏談硬論者。騰謗之健駟也。方人擬物者。反刺
기 야　굉 담 경 론 자　등 방 지 건 사 야　방 인 의 물 자　반 자

之銛刃也。
지 섬 인 야

{讀法} 紉>蘭握>瑾者는 誨>妬之良謀也요, 要2肆利孔1者는 招>怨之危機也요, 宏談硬論者는 騰謗之健駟也요, 方>人擬>物者는 反刺之銛刃也니라.

• • •

{直譯} 난초를 달고 아름다운 옥을 쥐는 것은 질투심을 일으키는 좋은 꾀이고, 방자하게 이익을 모으는 것은 원한을 부르는 위험한 실마리이고, 말을 우렁차고 강경(強硬)하게 하는 것은 비방을 들끓게 하는 건장한 네 마리 말이고, 사람을 논평하고 물건을 헤아리는 것은 거꾸로 자기를 찌르는 날카로운 칼날인 것이다.

{語義} ○紉>蘭(인란) : 난초를 몸에 달고 다님. 인품이 고결한 사람을 비유하는 말. ○握(악) : 쥐다. ○瑾(근) : 아름다운 옥. ○握>瑾(악근) : 옥을 손에 쥠. ○誨>妬(회투) : 질투심을 유발함. ○利孔(이공) : 이익의 원천. 利穴(이혈)과 같은 말. ○危機(위기) : 위험한 때나 고비. 잠재된 위험. ○騰謗(등방) : 거리낌 없이 비방함. 크게 질책함. ○駟(사) : 말. 말 네 필. ○方>人(방인) : 인물을 비교 논평함. ○擬(의) : 헤아리다. 비기다. ○刺(자) : 찌르다. ○銛(섬) : 날카롭다. ○刃(인) : 칼날.

{意譯} 향수나 옥 같은 것을 몸에 차고 다니게 되면 남에게 질투심을 생기게 하고, 마구잡이로 이익을 챙기게 되면 원한을 사게 하는 계기가 된다. 훌륭한 언변과 강직한 논변은 비방을 들끓게 하고, 다른 사람을 논평하게 되면 그것이 날카로운 칼날이 되어 거꾸로 자기를 찌르게 된다.

{餘說} 이 문장은 호화치식(豪華侈飾)·폭리취득(暴利取得)·광포언동(狂暴言動)·인물논평(人物論評)에 대한 폐해(弊害)를 경계한 말이다.

제**9**편

근학편(勤學篇)

이 편은 부지런히 공부하라는 글을 모은 것으로 모두 29조목이다.

09-001/ 널리 배우고 두텁게 뜻을 가지며

子夏曰。博學而篤志。切問而近思。仁在其中矣。
자 하 왈 박 학 이 독 지 절 문 이 근 사 인 재 기 중 의

{讀法} 子夏ㅣ 曰, 博學而篤志하며 切問而近思하면 仁在2其中1矣
니라.

• • •

{直譯} 자하께서 말하기를, "배움을 널리 하고 뜻을 돈독히 하며, 묻기를 간절히 하고 생각을 가까이하면 인이 그 가운데 있다." 하셨다.

{語義} ○博學而篤志(박학이독지) : 배움을 널리 하고 뜻을 돈독히 함. ○切問(절문) : 간절히 물음. 하안(何晏)은 "切問者는 切>問2於己所學, 而未悟之事1也라." 주(注)했고, 황간(皇侃)은 "切은 猶>急也요 若>有2所>未>達之事1면 宜2急諮問取1>解라." 하였다. ○近思(근사) : 생각을 가까이함. 자기가 능히

할 수 있는 것부터 생각하다. 하안(何晏)은 "近>思下於己所2能及1之事上라."
고 해석하였다.

{意譯} 자하께서 말하였다. "두루 넓게 배우고 뜻을 돈독하게 하
며, 간절하게 묻고 자기가 능히 할 수 있는 것부터 생각하면 인이
그 가운데 있을 것이다."

{餘說}《논어·자장편(子張篇)》에 있는 자하(子夏)의 말이다. 한편《중용
(中庸)》에 "子曰, 好>學近>乎>知, 力行近>乎>仁, 知>恥近>乎>勇〔공자
께서 말씀하시길, '배움을 좋아하는 것은 지(知)에 가깝고, 힘써 행하는
것은 인(仁)에 가깝고, 부끄러움을 아는 것은 용(勇)에 가깝다.〕"는 말이
나온다.

09-002/ 널리 들어서 잘 기억하고

禮記曰。博聞强識而讓。敦善行而不怠。謂之君子。
예 기 왈 박 문 강 지 이 양 돈 선 행 이 불 태 위 지 군 자

{讀法} 禮記에 曰, 博聞强識而讓하며 敦善行而不>怠하면 謂2之君
子1니라.

• • •

{直譯}《예기》에 말하기를, "널리 들어서 잘 기억하고, 겸손하며 두

텁게 선을 행하여 게으르지 않으면, 이를 군자라고 이른다." 하였다.

{語義} ○《禮記(예기)》: 본서 〈정기편(正己篇)〉〔05-051〕 조목 참조 바람.
○博聞强識(박문강지) : 널리 듣고 잘 기억함. '强識'는 '强志'·'强記'와 같
음. ○讓(양) : 겸손함. ○敦善行(돈선행) : 두텁게 선을 행함. ○不>怠(불태) :
게으르지 아니함.

{意譯}《예기》에 말했다. "널리 보고 듣고서 잘 기억하면서도 아
는 척 않고 겸손하면서 두텁게 선행을 행하되 끊임없이 부지런하
면 그를 군자라고 한다."

{餘說} 이 대문의 문형(文型)은 앞 대문과 똑같다. 큰 뜻은 박람강기(博
覽强記)하여 아는 것이 많아도 겸손하며, 선(善)을 행함이 돈독(敦篤)하고
부지런하다면, 그것을 군자라 한다는 것이다.

09-003/ 민첩하면서 배우기를 좋아하며

子曰。敏而好學。不恥下問。
자 왈 민 이 호 학 불 치 하 문

{讀法} 子ㅣ曰, 敏而好>學하며 不>恥2下問1이니라.

• • •

{直譯} 공자께서 말씀하시기를, "재질이 민첩하면서 배우기를 좋아하며 아랫사람에게 묻기를 부끄러워하지 않았다." 하셨다.

{語義} ○ 敏(민) : 민첩하다. 재질(才質)이 민활(敏活)하다. ○ 下問(하문) : 나이가 어리거나 지위가 낮은 사람에게 물어보다.

{意譯} 공자께서 말씀하셨다. "재질이 민활하면서 학문을 좋아하였고 아랫사람에게 묻기를 좋아하였다."

{餘說} 이 대문은 앞뒤의 생략 부분을 보충하지 않으면 어느 때 무엇에 대한 공자의 말씀인지 막연하다. 《논어 · 공야장편(公冶長篇) · 제15장》의 말로서 전문은 다음과 같다 : "子貢이 問曰, 孔文子를 何以謂>之文也니이꼬? 子1 曰, 敏而好>學하며 不>恥2下問1이라. 是以로 謂>之文也니라.〔자공이 여쭈어 말하기를, '공문자는 어째서 문이라고 시호(諡號)를 붙였습니까?' 하였다. 공자께서 말씀하시기를, '재질이 민활하고 학문을 좋아하며 아랫사람에게 묻기를 부끄러워하지 않았다. 이로써 문이라고 시호를 한 것이다.' 하셨다.〕"

09-004/ 학문하는 차례

性理書云。爲學之序。博學之。審問之。愼思之。明辨
성리서운 위학지서 박학지 심문지 신사지 명변
之。篤行之。
지 독행지

{讀法} 性理書에 云, 爲>學之序에 博學>之하며 審問>之하며 愼思>
之하며 明辨>之하며 篤行>之니라.

• • •

{直譯} 《성리서》에 이르기를, "학문하는 차례에, 널리 이를 배우고,
자세히 이를 물으며, 조심하여 이를 생각하고, 밝히 이것을 분별하
며, 두텁게 이를 실행하라." 하였다.

{語義} ○《性理書(성리서)》: 본서 〈정기편(正己篇)〉〔05-001〕조목 참조 바
람. ○序(서) : 차례. 순서. ○博(박) : 널리. ○審(심) : 자세히. ○愼(신) : 조심
하여. ○明(명) : 밝히. 명확히. ○篤(독) : 두텁게.

{意譯} 《성리서》에 말했다. "학문하는 순서는 첫째 널리 배워야 하
고, 둘째 자세히 물어야 하며, 셋째 조심스럽게 생각해야 하고, 넷
째 명확히 분별해야 하며, 다섯째 독실하게 실행해야 한다."

{餘說} 이 대문은 학문하는 순서를 말한 것이다. 주자(朱子)의 〈백록동

규(白鹿洞規)〉에도 들어있다.

09-005/ 사람이 배우지 않으면

莊子云。人之不學。若登天而無階。學而致遠。若披
장 자 운 인 지 불 학 약 등 천 이 무 계 학 이 치 원 약 피

祥雲而觀靑天。如登高山而望四海。
상 운 이 도 청 천 여 등 고 산 이 망 사 해

{讀法} 莊子에 云, 人之不>學이면 若2登>天而無1>術하고 學而致>
遠이면 若下披2祥雲1而觀中靑天上이니라. 如下登2高山1而望中四海上
니라.

• • •

{直譯}《장자》에 이르기를, "사람이 배우지 않으면 신선이 되어서
술법(術法)이 없는 것 같고, 배워서 심원한 도를 이루면 상서로운
구름을 헤치고서 푸른 하늘을 보는 것 같으며, 높은 산에 올라가서
천하를 바라다보는 것 같다." 하였다.

{語義} ○《莊子(장자)》: 책 이름. 본서 〈계선편(繼善篇)〉〔01-011〕 조목 참
조 바람. ○登>天(등천): 하늘에 오름. 신선이 됨. ○無>階(무계): 사다리가
없음. ○致>遠(치원): 심원한 도를 이룸. ○披(피): 헤침. ○祥雲(상운): 길조

(吉兆)의 구름. 상서로운 구름. ○ 覩(도) : 보다. '睹'와 같음. ○ 靑天(청천) : 푸른 하늘. 하늘. ○ 高山(고산) : 높은 산. ○ 望(망) : 바라봄. ○ 四海(사해) : 사방의 바다. 천하(天下).

{意譯}《장자》에 말했다. "사람에게 학문이 없는 것은 사다리 없이 하늘에 오르려는 것과 같고, 배워서 지식이 심오(深奧)해지면 마치 상서로운 구름을 헤치고서 푸른 하늘을 보는 것과 같으며, 또 높은 산에 올라 천하를 바라보는 것과 같이 세상을 살아가는 데 답답함이 없을 것이다."

{餘說} 이 대문은《장자》라는 책에 나오는 글로 되어있으나 현재의《장자》에는 이 문장이 나오지 않는다.

09-006/ 높은 산봉우리에 오르지 않으면

莊子云。不登峻嶺。不知天高。不履深崖。豈知地厚。
장자운 부등준령 부지천고 불리심애 기지지후

不遊聖道。安得謂賢。
불유성도 안득위현

{讀法} 莊子에 云, 不>登2峻嶺1하면 不>知2天高1하며 不>履2深崖1하면 豈知2地厚1하며 不>遊2聖道1하면 安得>謂>賢이리오?

...

{直譯} 《장자》에 이르기를, "높은 산봉우리에 오르지 않으면 하늘의 높음을 알지 못하며, 깊은 낭떠러지를 밟지 않으면 어찌 땅의 두터움을 알며, 성인의 도에 놀지 않으면 어찌 현인(賢人)이라 이를 수 있겠는가?" 하였다.

{語義} ○峻嶺(준령) : 높은 산봉우리. 험한 산봉우리. ○天高(천고) : 하늘의 높음. ○履(리) : 밟다. ○深崖(심애) : 깊은 낭떠러지. ○豈知(기지) : 어찌 알며. '알지 못한다' 의 반어적인 표현이다. ○地厚(지후) : 땅의 두터움. ○聖道(성도) : 성인의 도. ○安(안) : 어찌. ○謂(위) : 이르다. 일컫다.

{意譯} 《장자》에 말했다. "높은 산에 올라보지 않고서는 하늘이 높다는 것을 느끼지 못하고, 깊은 낭떠러지에 서보지 않고서는 어떻게 땅이 두터운 것을 알며, 사람이 성인의 경지에 놀아보지 않고서는 어찌 현인을 이야기할 수 있겠느냐?"

{餘說} 문장 구조는 다음과 같이 4언으로 되어있다.

莊子云,
　不>登2峻嶺1하면 不>知2天高1하며
　不>履2深崖1하면 豈知2地厚1하며
　不>遊2聖道1하면 安得>謂>賢이리오.

이 장과 뜻이 유사한 것으로《순자(荀子)·권학편(勸學篇)》에 있는 말을 소개한다: "不>登2高山1이면 不>知2天之高1也요, 不>臨2深谿1면 不>知2地之厚2也요, 不>聞2先王遺言1이면 不>知2學問之大1니라.〔높은 산에 오르지 않으면 산이 높은지를 모르고, 깊은 계곡을 내려다보지 않으면 땅이 두터운 것을 모르고, 선왕들이 남긴 말씀을 듣지 않으면 학문이 크다는 것을 알지 못한다.〕"

09-007/ 옥은 다듬지 않으면

禮記云。玉不琢不成器。人不學不知道。
예 기 운 옥 불 탁 불 성 기 인 불 학 부 지 도

{讀法} 禮記에 云, 玉不>琢이면 不>成>器하고 人不>學이면 不>知>道니라.

• • •

{直譯}《예기》에 이르기를, "옥은 다듬지 않으면 그릇이 되지 못하고, 사람은 배우지 않으면 도를 알지 못한다." 하였다.

{語義} ㅇ琢(탁) : 쪼음. 다듬음.

{意譯} 《예기》에 말했다. "옥은 쪼지 않고서는 그릇을 만들 수 없고, 사람은 배우지 않고서는 도리를 알지 못한다."

{餘說} 옥 쪼는 것이나 사람이 배우는 것은 성과를 노리고 하는 작위(作爲)인 것이다. 이 작위 없이 성과를 기다릴 수 없는 것은 비단 옥이나 인간만이 아니라 모든 사물이 다 그러하다. 그기에 우리는 목적을 향하여 노력한다.

09-008/ 사람이 배우지 않으면

太公曰。人生不學。冥冥如夜行。
태 공 왈　인 생 불 학　명 명 여 야 행

{讀法} 太公이 曰, 人生不>學이면 冥冥如2夜行1이니라.

• • •

{直譯} 강태공이 말하기를, "사람이 배우지 않으면 저문 밤에 밤길을 가는 것 같다." 하였다.

{語義} ○冥冥(명명) : 저문 밤. 밤 저물게. '暮夜(모야)'. ○如2夜行1(여야행) : 밤길을 가는 것 같음.

{意譯} 강태공이 말했다. "사람이 세상에 태어나서 배우지 못하면 이 세상을 살아나가는 것이 마치 캄캄한 밤중에 길을 걷는 것과 같다."

{餘說} 강태공이 인생은 학문하여야 한다는 것을 비유를 들어 한 말이다. 그렇다, 사람이 배우지 못하면 지식이 없다. 지식이 없으면 세상을 살아가는 데 캄캄한 밤중에 밤길을 걷는 것처럼 더듬거리게 마련이다. 우리가 못 배웠다면 자식들이라도 잘 가르쳐 이 세상을 더듬거리며 살지 않도록 세상의 부모 된 자는 명심해야 할 것이다.

09-009/ 고금의 역사에 통하지 못하면

韓文公曰。人不通古今。馬牛而襟裾。
한 문 공 왈 인 불 통 고 금 마 우 이 금 거

{讀法} 韓文公이 曰, 人不>通2古今1이면 馬牛而襟裾니라.

• • •

{直譯} 한문공이 말하기를, "사람이 고금의 사실(史實)에 통하지 못한다면 마소에게 옷을 입힌 것과 같다." 하였다.

{語義} ○韓文公(한문공) : 당(唐)나라의 문학자. 이름은 유(愈), 자는 퇴지(退之)이다. 도주남양(都州南陽) 사람. 당송팔대가(唐宋八大家)의 한 사람. 벼슬은 국자감 사문박사(國子監四門博士), 국자박사(國子博士) 등을 거쳐 이부시랑(吏部侍郎)에 이르렀음. 그의 문장은 고문(古文)을 모범으로 삼아 웅위굉심(雄偉宏深)하여 후세의 종(宗)이 됨. 저서에는《한창려집(韓昌黎集)》50권이 있음. 생졸(生卒) 768~824. ○古今(고금) : 예와 이제. ○襟裾(금거) : 옷깃과 옷자락. 옷을 입음.

{意譯} 한문공이 말했다. "사람으로서 고금(古今)의 사실(史實)을 알지 못하면 말이나 소에게 옷을 입힌 것과 같다."

{餘說} 이 대문을 살펴보면, 사람이 고금사(古今史)에 통달하지 못한다면 마소에게 옷을 입힌 것이나 다름없다고 하였다. 사람이면 예〔古〕와 이제〔今〕의 사실(史實)을 알아야만 사람다운 사람이라고 강조한 말이다.
　　출처는 한유(韓愈)의 〈符讀>書城南〔아들 부(符)가 성남에서 독서하다.〕〉라는 고시(古詩)로서 모두 59개의 구로 되어있는데, 그중에서 다음은 41~44번 구이다.

　　人不>通2古今1,　　起

　　馬牛而襟裾.　　承　裾　押韻

　　行>身陷2不義1.　　轉

　　況望2多名譽1　　結　譽　押韻

　　이상과 같이 오언절구(五言絶句)의 시로서 '裾(거)·譽(예)'가 압운자이다.

09-010/ 사람이 배울 줄 모르면

人不知學。譬如牛羊。
인 부 지 학　비 여 우 양

{讀法} 人이 不>知>學이면, 譬如2牛羊1이니라.

• • •

{直譯} 사람이 학문을 알지 못하면, 비유컨대 소나 양과 같다.

{語義} ㅇ 譬(비) : 비유(比喩 · 譬喩)하다. ㅇ 羊(양) : 양. 염소.

{意譯} 사람이 학문을 모르면 비유하건대 소나 양 같은 동물과 같다.

{餘說} 사람이 학문을 모른다면, 축생(畜生)과 같다는 것은 삼강오륜(三綱五倫)을 몰라 사람 구실을 하지 못한다는 것이다.

09-011/ 오늘 배우지 않고

朱文公曰。勿謂今日不學而有來日。勿謂今年不學
주 문 공 왈　물 위 금 일 불 학 이 유 내 일　물 위 금 년 불 학

而有來年。日月逝矣。歲不我延。嗚呼老矣。是誰之愆。
이 유 내 년　일 월 서 의　세 불 아 연　오 호 노 의　시 수 지 건

{讀法} 朱文公이 曰, 勿>謂今日不>學而有2來日1하며, 勿>謂今年 不>學而有2來年1하며, 日月逝矣나 歲不2我延1이니, 嗚呼老矣라. 是 誰之愆고?

• • •

{直譯} 주문공이 말하기를, "말하지 말라, 오늘 배우지 않고서 내일 이 있다고. 말하지 말라, 금년에 배우지 않고 내년이 있다고. 세월 은 가나, 세월은 나를 기다려 주지 않는다. 아! 늙었도다. 이 누구 의 허물인가?" 하였다.

{語義} ○日月逝矣(일월서의): 세월이 흘러가다. ○歲不2我延1(세불아연): 세 월은 나를 기다려주지 않는다. ○嗚呼(오호): 감탄사. 아! ○愆(건): 허물.

{意譯} 주문공이 말했다. "말해서는 안 된다고, 오늘 면학(勉)하지 않아도 내일이 있다고. 또 말해서는 안 된다, 올해 면학하지 않아 도 내년이 있다고. 여기에 좋은 일례가 있다. 세월은 흘러가 버렸 다. 세월이라는 것은 나를 기다려 나와 함께 걸어가 주지 않았다. 아! 늙어버렸다. 대체 이것은 누구의 허물일까? 누구의 잘못도 아니다. 자기 자신의 잘못인 것이다."

{餘說} '矣' 자는 말이 끝났다는 뜻, 또는 단정의 뜻을 표시하는 조자(助 字)이다. 현재의 경우의 예: "祿在2其中1矣.《논어(論語)・위령공편(衛靈

公篇)》." 과거의 경우의 예 : "至則行矣.《논어 · 미자편(微子篇)》." 장래의 경우의 예 : "苟志2於仁1矣, 無>惡也.《논어 · 이인편(里仁篇)》." 또 어중(語中)에 두어서 '哉' 와 같이 쓰인다. "逖矣, 西士之人.《서경(書經) · 목서편(牧誓篇)》." "甚矣,吾衰也.《논어 · 술이편(述而篇)》." 또 반어(反語)의 조사(助詞)로 쓰인다. "則將焉用彼相矣.《논어 · 계씨편(季氏篇)》." 또 '耳' 와 같은 뜻으로 쓰인다. "則連有下赴2東海1死上." 단정의 뜻을 가지고 있는 구의 끝에 오는 자로 그 밖에 '也 · 焉 · 耳' 등이 있다. '也' 는 어세가 평명(平明)하고, '矣' 는 급직(急直)하다. 우리말의 '…인 것이다' 와 '…이다' 의 상위(相違)로 견주어보면 된다.

09-012/ 주자 권학문

朱文公曰。家若貧。不可因貧而廢學。家若富。不可
주 문 공 왈　가 약 빈　불 가 인 빈 이 폐 학　가 약 부　불 가

恃富而怠學。貧若勤學。可以立身。富若勤學。名乃光
시 부 이 태 학　빈 약 근 학　가 이 입 신　부 약 근 학　명 내 광

榮。惟見學者顯達。不見學者無成。學者乃身之寶。學
영　유 견 학 자 현 달　불 견 학 자 무 성　학 자 내 신 지 보　학

者乃世之珍。是故。學則乃爲君子。不學則爲小人。後
자 내 세 지 진　시 고　학 즉 내 위 군 자　불 학 즉 위 소 인　후

之學者。各宜勉之。
지 학 자　각 의 면 지

{讀法} 朱文公이 曰, 家若貧이라도 不>可2因>貧而廢1>學이오, 家若

富라도 不>可2恃>富而怠1>學이니라. 貧若勤>學이면 可2以立>身1이오, 富若勤>學이면 名乃光榮이니라. 惟見2學者顯達1이오, 不>見2學者無1>成이니라. 學者乃身之寶요, 學者乃世之珍이니라. 是故로 學則乃爲2君子1요, 不>學則爲2小人1이니 後之學者는 各宜勉>之니라.

• • •

{直譯} 주문공이 말하기를, "집이 만약 가난할지라도 가난하다고 해서 배우는 것을 포기할 수 없을 것이고, 집이 만약 넉넉할지라도 넉넉하다는 것을 믿고서 배우는 것을 게을리할 수 없을 것이다. 가난하지만 만약 배우기를 부지런히 하면 이로써 입신할 수 있을 것이고, 넉넉하지만 만약 배우기를 부지런히 하면 곧 영광된 이름이 날 것이다. 오직 배운 사람은 입신출세한 것을 보았고, 배운 사람이 성공하지 못한 것은 보지 못하였다. 배운 사람은 곧 자신의 보배이고, 배운 사람은 곧 세상의 보배이다. 이런 까닭에 배우면 곧 군자가 되고, 배우지 못하면 곧 소인이 될 것이니, 뒤의 학자는 각각 마땅히 배우기에 힘쓸 것이다." 하였다.

{語義} ○若(약) : 만일 …할 것 같으면. ○因(인) : 이로 해서. ○廢>學(폐학) : 학문을 그만둠. ○恃(시) : 믿음. ○怠>學(태학) : 학문을 게을리함. ○乃(내) : 이에. 이리하여. 곧. ○光榮(광영) : 영광. 영예. ○顯達(현달) : 높은 지위에 오름. 입신출세함. ○珍(진) : 보배. ○是故(시고) : 이런 까닭으로.

{意譯} 주문공이 말하기를, "집이 만일 가난하더라도 가난하다고

해서 학문을 폐하지 말아야 할 것이며, 집이 만일 부유하더라도 부하다고 해서 그를 믿고 학문을 게을리하지 말아야 할 것이다. 가난하더라도 부지런히 학문을 하면 이로써 출세할 수 있고, 부유하면서 학문을 부지런히 하면 이름이 더욱 빛날 것이다. 배운 사람은 입신출세한다는 것을 보았고, 배운 사람이 성공하지 못한 것은 보지 못하였다. 학자는 곧 자신의 보배요, 학자는 곧 세상의 보배이다. 그런 까닭에 배우면 군자가 되고, 배우지 못하면 소인이 되는 것이니, 앞으로 배우는 자는 저마다 마땅히 힘쓸 것이다."

{餘說} 집이 가난하거나 부하거나 간에 학문을 해야 한다는 것이다. 그렇다면 가난한 사람은 입신출세할 것이고, 부한 사람은 영광될 것이다. 배운 사람은 현달할 것이고, 배운 사람은 성공할 것이다. 학자는 자신과 세상의 보배다. 이런 까닭으로 배우면 군자가 되고, 못 배우면 소인이 되는 것이니, 훗날 배우는 사람은 각기 면학해야 한다.

09-013/ 휘종황제 근학문

徽宗皇帝勤學文。學也好。不學也好。學者如禾如
휘종황제근학문 학야호 불학야호 학자여화여
稻。不學者如蒿如草。如禾如稻兮。國之精糧。世之大
도 불학자여호여초 여화여도혜 국지정량 세지대
寶。如蒿如草兮。耕者憎嫌。鋤者煩惱。他日面牆。悔之
보 여호여초혜 경자증혐 서자번뇌 타일면장 회지
已老。
이 노

{讀法} 徽宗皇帝ㅣ 勤學文에, 學也도 好이어니와, 不>學也도 好니. 學者는 如>禾如>稻하고, 不>學者는 如>蒿如>草로다. 如>禾如>稻兮여! 國之精糧이요, 世之大寶로다. 如>蒿如>草兮여! 耕者憎嫌하고, 鋤者煩惱로다. 他日面牆에 悔>之已老로다.

• • •

{直譯} 〈휘종황제 근학문〉에, "배움도 좋거니와 배우지 않는 것도 좋은 것이니, 배운 자는 곡식과 같고, 배우지 못한 자는 잡초와 같도다. 곡식과 같음이여! 나라의 훌륭한 양식이고, 세상의 크나큰 보배로다. 잡초와 같음이여! 밭을 가는 자가 보기 싫어하고, 김을 매는 자가 괴로워하도다. 다음 날 속이 답답할 때 뉘우친들 이미 늙었도다." 하였다.

{語義} ㅇ 徽宗皇帝(휘종황제) : 중국 북송(北宋) 제8대의 임금. 성은 조(趙), 이름은 길(佶). 선종(神宗)의 11번째 아들로 철종(哲宗)의 뒤를 이어 즉위함. 생졸 1082~1135. 재위 1100~1126. 예술을 좋아하였고 자신이 유명한 화가였다. ㅇ 好(호) : 좋다. ㅇ 禾(화) : 곡식. ㅇ 稻(도) : 벼. ㅇ 蒿(호) : 쑥. ㅇ 精糧(정량) : 훌륭한 식량. ㅇ 耕(경) : 밭을 갊. ㅇ 憎嫌(증혐) : 미워하고 싫어함. ㅇ 鋤(서) : 김을 맴. ㅇ 煩惱(번뇌) : 심신이 시달림을 받아서 괴로움. ㅇ 面牆(면장) : 담을 면한다는 말로, 식견이 좁음.

{意譯} 〈휘종황제 근학문〉에, "배움도 크거니와 배우지 않는 것도

큰 것이니, 배운 사람은 벼와 같고 배우지 않은 사람은 쑥과 같도다. 벼와 같은 곡식은 나라의 훌륭한 식량이요, 세상의 큰 보배로다. 쑥과 같은 풀은 밭을 가는 이도 미워하고 김을 매는 이도 걱정거리로다. 사람이 만일 배우지 아니하면 다음 날에 마치 얼굴을 담에 대는 듯 속이 답답할 것이니, 이를 후회해도 그때는 이미 늙어 어찌할 수 없도다."

{餘說} 문장 구조는 다음과 같다.

徽宗皇帝勤學文,

　　學也好,
不>學也好.

　　學者如>禾如>稻,
不>學者如>蒿如>草.

如>禾如>稻兮,國之精糧,世之大寶.
如>蒿如>草兮,耕者憎嫌,鋤者煩惱.

他日面牆,悔之已老.

이상에서 살펴본 바와 같이 사부(辭賦) 형식의 문장으로 '好‧稻‧寶‧惱‧老'는 운자(韻字)이다.

09-014/ 초를 만드는 것은

直言訣曰。造燭求明。讀書求理。明以照暗室。理以
직 언 결 왈　조 촉 구 명　독 서 구 리　명 이 조 암 실　리 이

照人心。
조 인 심

{讀法} 直言訣에 曰, 造>燭求>明하고, 讀>書求>理하나니. 明以照2暗室1하고, 理以照2人心1이니라.

• • •

{直譯} 《직언결》에 말하기를, "초를 만드는 것은 밝음을 구하는 것이고, 글을 읽는 것은 이치를 구하는 것이니, 밝음으로써는 어두운 방을 비추고, 이치로써는 사람의 마음을 비춘다." 하였다.

{語義} ○《直言訣(직언결)》: 책 이름. 그 외는 미상(未詳). ○造>燭(조촉) : 초를 만듦. ○理(리) : 이치. ○暗室(암실) : 어두운 방. 캄캄한 방. ○人心(인심) : 사람의 마음. 그의 마음가짐.

{意譯} 《직언결》에 말했다. "초를 만드는 것은 촛불을 켜서 밝기를 구하는 것이고, 글을 읽는 것은 글 속에 담겨 있는 이치를 찾는 것이니, 밝음으로는 캄캄한 방을 밝히기 위함이며, 이치로는 사람의 마음을 밝히기 위함이다."

{餘說} 이 글과 같이 어떠한 작위는 목적이 있고 그 성과를 기대함에서 더욱 이루어지는 것이다. 이 대문의 '求明'과 '求理'에 대한 사람의 작

위와 목적은 한 예에 지나지 않으나 모든 것이 그와 같다는 것을 알아야 한다는 것을 말하였다.

09-015/ 누에고치에서 실을 뽑으려면

劉通曰。繭質合絲。待繰方出。人情懷知。須學乃成。
유 통 왈   견 질 합 사   대 조 방 출   인 정 회 지   수 학 내 성

{讀法} 劉通이 曰, 繭質合>絲면 待2繰方出1이오, 人情懷知면 須學乃成이니라.

• • •

{直譯} 유통이 말하기를, "누에고치의 바탕이 실에 합당하더라도 고치 켜는 것을 기다려서 실이 나오고, 사람의 마음속에 지혜를 품었더라도 모름지기 배워야 이에 이룰 수 있다." 하였다.

{語義} ○劉通(유통) : 원(元)나라의 제하(齊河) 사람. 자는 중달(仲達). 벼슬은 군민총관(軍民總管). 생년 미상, 몰년 1256년. ○繭(견) : 누에고치. '蠒'으로도 쓴다. ○質(질) : 바탕. 본디의 상태. ○合>絲(합사) : 실을 만드는 데 합당하다. ○繰(조) : 고치를 켜다. '繰'는 '繅'와 같다. ○方(방) : 비로소. ○出(출) : 나오다. 여기서는 '고치에서 실이 나오다.' ○懷知(회지) : 지혜를

품음. 여기서 '知'는 '智'. ○須(수) : 모름지기 …하다. ○乃(내) : 이에.

{意譯} 유통이 말했다. "누에고치의 품질이 실을 꼬는 데 알맞더라도 누에고치를 켜야 실이 나올 것이고, 사람의 마음이 지혜를 가지고 있더라도 모름지기 먼저 배워야 비로소 이룰 수 있다."

{餘說} 사람이 지혜를 품고 있어도 먼저 반드시 학문하여야 지혜를 이룰 수 있다는 것이다. 이는 마치 누에고치에서 실을 뽑으려면 먼저 누에고치를 켜야 하는 것과 같은 것이다.

09-016/ 독학하면서 벗이 없으면

禮曰。獨學無友則孤陋寡聞。
예 왈 독 학 무 우 즉 고 루 과 문

{讀法} 禮에 曰, 獨學無>友, 則孤陋寡>聞이니라.

• • •

{直譯} 《예기》에 말하기를, "독학하면서 벗이 없으면 견문이 좁고 학식이 천박하다." 하였다.

{語義} ㅇ《禮(예)》:《예기(禮記)》를 가리킴. ㅇ獨學(독학) : 선생을 좇아 배우지 않고 혼자 배움. ㅇ孤陋寡>聞(고루과문) : 견문이 적고 학식이 천박(淺薄)함.

{意譯} 《예기》에 말했다. "벗이 없이 혼자 공부하면 공부한 것이 견문이 좁고 배운 지식이 천박하다."

{餘說} 독학의 단점을 말한 것이다. 독학이란 고루과문해질 뿐만 아니라 독단(獨斷)에 빠지기 쉽다. 독학의 단점을 메꾸는 방법은 글 친구를 사귀는 것이 좋다. 사람의 지혜란 운만(圓滿)히 있기 어렵다. 서로서로 보충을 받고 주는 데서 무엇인가 이루어지는 것이다. 현대의 분업 사회에서는 더욱더 사람끼리의 융합이 또는 협업이 요구된다.

09-017/ 글은 몸에 지니는 근본이고

書是隨身本。才是國家珍。
서 시 수 신 본　재 시 국 가 진

{讀法} 書는 是隨>身本이오, 才는 是國家珍이니라.

• • •

{直譯} 글은 곧 몸을 따라다니는 근본이고, 재주는 곧 국가의 보배이다.

{語義} ○書(서) : 책. 글. ○隨>身(수신) : 몸에 지님. 휴대함. 몸에 따라다님.

{意譯} 글이라는 것은 바로 자기 몸에 지니는 근본이고, 재능은 바로 나라의 보배이다.

{餘說} 대만(臺灣)에서 나온 《천금보(千金譜)》라는 책에 "字는 是隨身寶요, 財는 是國家珍이니라. 一字는 値2千金1이요, 千金으로도 難>買2聖賢心1이니라.〔글자는 몸에 지니는 보배요, 재물은 나라의 보배이다. 글자 한 자는 천금과 맞먹고, 천금으로도 성현의 마음을 사기는 어렵다.〕"라는 말이 나온다.

09-018/ 배움은 따라잡지 못할 듯이 하고

論語云。學如不及。猶恐失之。
논 어 운   학 여 불 급   유 공 실 지

{讀法} 論語에 云, 學如>不>及이오, 猶恐>失>之니라.

• • •

{直譯}《논어》에 이르기를, "배움은 마치 따라잡지 못할 듯이 하고 오히려 놓칠까 두려워해야 한다." 하였다.

{語義} ○《論語(논어)》: 본서 〈정기편(正己篇)〉〔05-088〕 참조 바람. ○不>及(불급): 따라잡지 못함. 미치지 못함. ○猶(유): 그래도 역시. 오히려. ○失(실): 학문의 목표와 방법을 잃어버리는 것. 때와 사람을 놓치는 것.

{意譯}《논어》에 말했다. "학문이라는 것은 비유하면 앞서가는 사람을 뒤에서 따라가는 것과 같다. 사람을 뒤따르려 할 때는 몹시 따라가기 어려울 뿐 아니라, 그 사람을 놓칠까 마음이 초조하기 쉽다. 학문도 그와 같이 뒤쫓아도 뒤쫓아도 따르지 못하는 마음을 가지고 열심히 해도, 그래도 목표를 놓치기 쉬운 것으로 몹시 도달하기는 어려운 것이다. 이것은 이같이 곤란한 것이므로 더 꾸준히 노력하라."

{餘說}《논어 · 태백편(泰伯篇)》에 있는 공자의 말인데 "論語云"이라 했음은, 이 책의 전편의 흐름으로 보아 "子曰"이라 해야 적절하리라 생각된다.

09-019/ 배움은 노년이 되어도

學。到老。不會到老。
학 도 로 불 회 도 로

{讀法} 學到>老나 不>會>到>老니라.

{直譯} 배움은 노년이 되어도 노년이 된 줄을 깨닫지 못한다.

{語義} ○到>老(도로) : 노년이 되다. ○不>會(불회) : 깨닫지 못한다.

{意譯} 배움이라는 것은 골몰하면 노년이 되어도 노년이 된 것을 깨닫지 못한다.

{餘說} 무엇인가 몰두하고 있으면 시간 가는 것을 모르게 된다. 학문도 골몰하면 시간 가는 줄을 모른다는 것이다.

09-020/ 인을 좋아하면서 배우지 않으면

論語云。好仁不好學。其蔽也愚。好知不好學。其蔽
논어운 호인불호학 기폐야우 호지불호학 기폐

也蕩。好信不好學。其蔽也賊。好直不好學。其蔽也絞。
야탕 호신불호학 기폐야적 호직불호학 기폐야교

好勇不好學。其蔽也亂。好剛不好學。其蔽也狂。
호용불호학 기폐야난 호강불호학 기폐야광

{讀法} 論語에 云, 好>仁不>好>學이면 其蔽也ㅣ 愚요. 好>知不>好>

學이면 其蔽也ㅣ 蕩이오. 好>信不>好>學이면, 其蔽也ㅣ 賊이오. 好>直不>好>學이면, 其蔽也ㅣ 絞요. 好>勇不>好>學이면, 其蔽也ㅣ 亂이오. 好>剛不>好>學이면, 其蔽也ㅣ 狂이니라.

• • •

{直譯}《논어》에 이르기를, "인(仁)을 좋아하면서 배우지 않으면 그 폐단은 어리석어지는 것이다. 지(知)를 좋아하면서 배우지 않으면 그 폐단은 방탕해지는 것이다. 믿음을 좋아하면서 배우지 않으면 그 폐단은 남을 해치게 되는 것이다. 곧기를 좋아하면서 배우지 않으면 그 폐단은 각박해지는 것이다. 용감함을 좋아하면서 배우지 않으면 그 폐단은 난폭해지는 것이다. 굳세기를 좋아하면서 배우지 않으면 그 폐단은 광적으로 되는 것이다." 하였다.

{語義} ○蔽(폐) : 폐단(蔽短). 폐단(弊端). 폐해(弊害). ○愚(우) : 어리석음. ○蕩 (탕) : 허황(虛荒). 방탕(放蕩). ○賊(적) : 남을 해롭게 하다. 의를 해치다. ○絞 (교) : 각박하다. 박절하다. ○亂(란) : 반란. ○狂(광) : 광적. 망발.

{意譯}《논어》에 말했다. "인(仁)을 좋아하는 것은 극히 좋은 일이기는 하지만, 만일 그 사람이 인을 좋아함과 동시에 학문을 좋아하지 않으면 자칫하면 우(愚)의 폐단에 빠져 남에게 빠져들어서 남에게 속을 우려가 있다. 지(知)를 좋아함과 동시에 학문을 좋아하지 않으면 자칫하면 행실에 야무짐이 없이 오직 헛되이 높은 데로만 달려가 넓은 것을 기뻐하는 폐단에 빠진다. 신(信)을 좋아하

면서 학문을 좋아하지 않으며 조리를 분별하지 못하고 매사를 강행하려는 결과, 도리어 일을 다치게 하는 폐단에 빠진다. 직(直)을 좋아하면서 학문을 좋아하지 않으면 남을 책망하는 데 급한 나머지 좁고 여유가 없는 답답한 폐단에 빠진다. 용(勇)을 좋아하면서 학문을 좋아하지 않으면 헛되이 남에게 더하는 방면에만 힘쓰므로 그 종국은 반란조차 일으키기에 이르는 폐단에 빠진다. 강(剛)을 좋아하면서 학문을 좋아하지 않으면 침착성을 잃고 헛되이 힘을 휘두르는 광자(狂者)의 폐단에 빠지는 것이다."

{餘說} 《논어·양화편(陽貨篇)·제8장》에 있는 공자의 말이다. 요컨대 이 여섯 가지는 미덕(美德)이기는 하나, 그 미덕을 온전히 하기 위해서는 넓은 견식(見識)을 세우기 위한 학문이 필요하다는 것을 가르치신 것이다.

09-021/ 제자는 집안에 들어오면 효도하고

子曰。弟子入則孝。出則弟。謹而信。汎愛衆而親仁。
자왈 제자입즉효 출즉제 근이신 범애중이친인

行有餘力。則以學文。
행유여력 즉이학문

{讀法} 子ㅣ 曰, 弟子ㅣ 入則孝하고, 出則弟하며, 謹而信하며, 汎愛>衆하되 而親>仁이니 行有2餘力1이어든 則以學>文이니라.

・・・

{直譯} 공자께서 말씀하시기를, "제자는 집안에 들어오면 효도하고, 밖에 나가면 우애롭게 하며, 삼가고 신용 있게 하며, 널리 여러 사람을 아끼되, 인자한 인물을 가까이할 것이니, 이렇게 하고도 여력이 있거든 글을 배울 것이다." 하셨다.

{語義} ○弟子(제자) : 연소자. 남자의 후생자. 자제. ○入則孝(입즉효) : 가정에 있어서 부모에게 효도함. "孝는 爲>仁之本"이라고 하여 인(仁)의 제일보(第一步)로 효도(孝道)를 강조하는 것임. ○出則弟(출즉제) : 문밖에 나가면 즉 사회이니, 사회에 나가면 형이나 손위에게 종순함. 여기서 '弟'는 '悌'. ○謹而信(근이신) : 〈주자주(朱子註)〉에 "謹者는 行之有常也며, 信者는 言之有>實也니라."로 되어있다. 행실은 조심해야 하고 말은 진실해야 함. ○汎(범) : 넓음. '廣也.' ○衆(중) : 중인(衆人). ○親>仁(친인) : 인(仁)에 가까이함. '親'은 '近也.' '仁'은 '仁德也.' ○餘力(여력) : 여가. 틈이 있음. ○文(문) : 문학.《시경》·《서경》기타 육예〔예·악·사·어·서·수〕의 문장.

{意譯} 공자께서 말씀하셨다. "남의 자제인 자는 먼저 가정 내에 있어서는 부모를 효도로 섬기고, 밖에 나가서는 손윗사람에게 종순의 도를 다할 것이다. 더욱 행실을 조심하고 말은 진실해야 한다. 또 누구누구의 차별 없이 널리 사람들을 아낄 것이나, 특히 인덕이 있는 사람을 가까이하고 그러고도 힘에 남음이 있거든 학문(學文)을 하는 것이 좋을 것이다."

{餘說} 이 대문은 《논어 · 학이편(學而篇) · 제6장》에 있는 공자의 말씀이다. 청소년의 수양은 가장 가까운 곳으로부터 인도(人道)를 실행하고 널리 미칠 것이다. 이렇게 한 후에 문학을 할 것이라는 가르침은 당시에 있어서 서적만을 읽고 인도를 소홀히 하는 경향이 있었으리라는 것을 생각하게 한다. 다시 말해서, 이 장은 학문은 실천궁행을 주로 할 것을 가르치고 있다.

09-022/ 제갈공명이 아들에게 경계한 글

諸葛武侯戒子書曰。君子之行。靜以修身。儉以養
제 갈 무 후 계 자 서 왈 군 자 지 행 정 이 수 신 검 이 양

德。非澹泊無以明志。非寧靜無以致遠。夫學須靜也。
덕 비 담 박 무 이 명 지 비 영 정 무 이 치 원 부 학 수 정 야

才須學也。非學。無以廣才。非靜。無以成學。怠慢則不
재 수 학 야 비 학 무 이 광 재 비 정 무 이 성 학 도 만 즉 불

能研精。險躁則不能理性。年與時馳。意與歲去。遂成
능 연 정 험 조 즉 불 능 리 성 연 여 시 치 의 여 세 거 수 성

枯落。悲歎窮廬。將復何及也。
고 락 비 탄 궁 려 장 부 하 급 야

{讀法} 諸葛武侯ㅣ 戒>子書에 曰, 君子之行은, 靜以修>身이오, 儉以養>德이니. 非2澹泊이면 無以明1>志요, 非2寧靜이면 無以致1>遠이니라. 夫, 學은 須靜也요, 才는 須學也라, 非2學이면 無以廣1>才요. 非2靜이면 無以成1>學이니, 怠慢, 則不>能2研精1이오. 險躁則不>能2理

性1이니라. 年與>時馳하며, 意與>歲去하여, 遂成2枯落1하나니, 悲2歎窮廬1인들. 將復何及也리오?

• • •

{直譯} 제갈공명이 아들에게 경계할 것을 적어준 글에 말하기를, "군자의 행실은 조용함으로써 몸을 닦아야 하고 검소함으로써 덕을 길러야 하나니, 욕심이 없고 마음이 깨끗하지 못하면 이로써 뜻을 밝히지 못하고, 무사하고 조용하지 못하면 이로써 크게 되지 못한다. 대저 학문은 모름지기 고요하여야 하고 재주는 모름지기 배워야 하나니, 배움이 없으면 이로써 재주를 넓히지 못하고, 조용함이 없으면 이로써 학문을 이루지 못하나니, 방자하고 거만하면 정밀히 상고하고 궁구할 수 없고, 음흉하고 조급하면 성질을 다스릴 수 없다. 나이는 시간과 더불어 달아나고 뜻은 세월과 더불어 가버려서 드디어 말라 떨어지게 되나니, 가난한 오두막집에서 슬피 한탄한들 또 다시 어찌 미치겠는가?" 하였다.

{語義} ○諸葛武侯(제갈무후) : 제갈량(諸葛亮). 본서 〈천리편(天理篇)〉〔02-003〕 참조 바람. ○澹泊(담박) : 욕심이 없고 마음이 깨끗함. 염정무위(恬靜無爲)함. ○明>志(명지) : 뜻을 밝힘. ○寧靜(영정) : 무사하여 조용함. ○致>遠(치원) : 크게 됨. ○慆慢(도만) : 방자하고 교만함. ○硏精(연정) : 정밀히 상고하고 궁구함. 연심(硏審). ○險躁(험조) : 음흉하고 조급함. ○理>性(이성) : 성질을 다스림. ○枯落(고락) : 말라 떨어짐. ○窮廬(궁려) : 가난한 오두막집. ○將復何及也(장부하급야) : 장차 다시 어찌 미치겠는가?

{意譯} 제갈무후가 아들에게 준 경계해야 할 것을 적은 글에 말했다. "군자의 행실은 안정함으로써 몸을 닦아야 하고 검소함으로써 덕을 길러야 한다. 담박함이 없고 보면 이로 해서 뜻을 밝히지 못하고, 영정(寧靜)함이 없고 보면 이로 인해서 크게 되지 못한다. 대저 학문이라는 것은 전적으로 안정되어야 하고 재주라는 것은 전적으로 배워야 된다. 배움이 없으면 이로 인해서 재주를 넓힐 수 없고, 안정됨이 없으면 이로 인해서 학문을 이룰 수 없으며, 마음이 방자하고 교만하면 정밀히 상고하고 궁구할 수 없고, 마음이 음흉하고 조급하면 성질을 다스릴 수 없다. 나이는 시간과 더불어 경과(經過)하고 마음은 세월과 더불어 가버려서 드디어 말라 떨어지게 되니, 가난한 오두막집에서 슬피 한탄한들 장차 다시 어찌 다다르겠는가? 다다를 수는 없다."

{餘說} 이 대문은 좀 긴 편이니 독자의 해득이 편하도록 병서하여 보기로 한다.

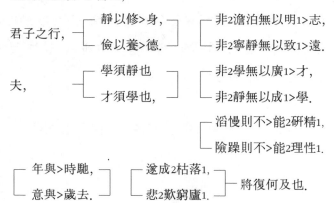

先儒曰。兒曹當以讀書通世務。不可以世務分讀書。
선 유 왈 아 조 당 이 독 서 통 세 무 불 가 이 세 무 분 독 서

{讀法} 先儒曰, 兒曹는 當以2讀1>書로 通2世務1하여 不>可下以2世
務1로 分4讀>3書上니라.

• • •

{直譯} 옛 선비가 말하기를 "너희들은 마땅히 책 읽는 것으로써 세
상일을 통달하도록 해야지, 세상일로 책 읽는 것을 나누어서는 안
된다." 하였다.

{語義} ○兒曹(아조) : 兒輩(아배). 아이들. ○世務(세무) : 세상을 살아가며
겪는 온갖 일.

{意譯} 옛 선비가 말하기를, "너희들은 마땅히 책 읽는 것으로써
세상일에 정통(精通)하도록 해야지, 세상일 때문에 책 읽는 것에
마음을 나누면 안 된다." 하였다.

{餘說} 젊은 나이 때는 오로지 독서에 전념하여야 한다는 말이다.

09-024/ 옛사람에게 양보하는 것이

先儒曰。讓古人便是無志。不讓今人便是無量。
선 유 왈 양 고 인 변 시 무 지 불 양 금 인 변 시 무 량

{讀法} 先儒曰, 讓2古人1이 便是無>志요, 不>讓2今人1이 便是無>量이니라.

• • •

{直譯} 옛 선비가 말하기를, "옛사람에게 양보하는 것이 곧 뜻이 없는 것이고, 요즘 사람에게 양보하지 않는 것은 곧 아량이 없는 것이다." 하였다.

{語義} ○古人(고인) : 옛날 사람. 옛날의 훌륭한 사람. ○便(변) : 곧. 바로. ○量(량) : 도량(度量). 국량(局量). 아량(雅量).

{意譯} 옛 선비가 말하였다. "옛 성현에게 양보하는 것은 곧 뜻이 없는 것이고, 요즘 사람에게 양보하지 않는 것은 곧 아량이 없는 것이다."

{餘說} 옛 성현을 양보하지 않는다는 것은 옛 성현을 따라가도록 열심히 노력해야 한다는 것이고, 지금 사람을 양보하지 않는다는 자신의 도량이 적어 남에게 아량을 베풀지 않는다는 뜻이다. 《격언연벽(格言聯

璧)·지궁류(持躬類)》에는 다음과 같이 뜻은 같으나 표현이 다르게 나와 있다 : "不讓古人是謂有志,不讓今人是謂無量.〔고인에게 양보하지 않는 것을 '뜻이 있다' 고 이르고, 지금 사람에게 양보하지 않는 것을 '아량이 없다' 고 이른다.〕"

09-025/ 도교는 비움을 말한 것이 아니고

二眉曙青朱先生曰。道非談虛。釋非參禪。儒非文
이 미 서 청 주 선 생 왈 도 비 담 허 석 비 참 선 유 비 문

章。若謂有禪可參。是誣釋迦。有虛可談。是誣老子。夫
장 약 위 유 선 가 참 시 무 석 가 유 허 가 담 시 무 노 자 부

子忠恕一貫。顔子心齋坐忘。孟子知言養氣。若謂是文
자 충 서 일 관 안 자 심 재 좌 망 맹 자 지 언 양 기 약 위 시 문

章。本頭功名種子。雖能眼到口誦。不識心會方行。是
장 본 두 공 명 종 자 수 능 안 도 구 송 불 식 심 회 방 행 시

誣孔顔孟氏矣。
무 공 안 맹 씨 의

{讀法} 二眉曙青朱先生이 曰, 道는 非2談>虛1이요, 釋은 非2參禪1이요, 儒는 非2文章1이니, 若謂2有>禪>可1>參이면 是는 誣2釋迦1요 有>虛>可>談이면 是는 誣2老子1니라 夫子의 忠恕一貫과 顔子의 心齋坐忘과 孟子의 知>言養>氣에 若謂下是文章은 本頭功名種子니 雖能眼到口誦이라도 不識2心會方行1上이면 是는 誣2孔顔孟氏1矣리라.

• • •

{直譯} 이미(二眉) 주서청(朱曙靑) 선생께서 말씀하기를, "도교는 담허(談虛)가 아니고, 불교는 참선(參禪)이 아니며, 유학은 문장(文章)이 아니다. 만약 참구(參究)할 선(禪)이 있다고 이른다면, 이는 석가(釋迦)를 비방하는 것이고, 말할 만한 비움이 있다고 이른다면, 실로 노자(老子)를 비방하는 것이다. 공자의 충서일관(忠恕一貫)과 안자(顔子)의 심재좌망(心齋坐忘) 및 맹자의 지언양기(知言養氣)에 대해, 만약 '이런 문장은 본디 공명(功名)을 얻는 씨앗일 뿐이므로, 비록 눈으로 집중해서 읽고 입으로 소리 내어 외울 수는 있을지라도, 마음속으로 깨달아야 비로소 행할 수 있다는 것을 알지 못하겠다.'라고 이른다면, 이는 공자와 안자 및 맹자를 비방하는 것이다." 하였다.

{語義} ○道(도) : 도교(道教). ○談虛(담허) : 헛소리를 함. 헛소리. ○參禪(참선) : 홀로 선의 이치를 참구(參究)하거나 스승을 찾아 묻거나 좌선하는 따위의 선종 수행 방법. ○忠恕一貫(충서일관) : 공자의 도를 꿰뚫고 있는 것은 충과 서라는 뜻임. 공자가 제자 증삼(曾參)을 불러서 "나의 도는 하나의 이치로써 모든 일을 꿰뚫고 있다[吾道一以貫之]."라고 하자, 증삼이 "예, 그렇습니다[唯]."라고 곧장 대답하고는, 다른 문인에게 "부자의 도는 바로 충서이다[夫子之道 忠恕而已矣]."라고 설명해 준 내용이 《논어·이인(里仁)》에 나온다. ○顔子(안자) : 안회(顔回). 자는 연(淵). 공자의 아끼는 제자로 요절하였음. ○心齋坐忘(심재좌망) : 심재(心齋)는 마음의 잡념을 없애어 청정(淸淨)하고 순수하게 하는 것이고, 좌망(坐忘)은 무아(無我)의 경지에 이르는 것

을 말한다. 따라서 심재좌망은 마음의 모든 더러움을 씻고 무아(無我)의 경지에 이름을 뜻한다. ○知>言養>氣(지언양기) : 말을 알아듣는 것과 호연지기(浩然之氣)를 기르는 것. ○心會(심회) : 마음속으로 깨달아 앎. ○方行(방행) : 행동이 정직함.

{意譯} 이미(二眉) 주서청(朱曙靑) 선생께서 말씀하셨다. "도교는 비움(虛)을 말하는 것이 아니고, 불교는 선법(禪法)을 닦아 구하는 것이 아니며, 유학은 문장(文章)을 의미하지 않는다. 만약 닦아서 구할 선법이 있다고 일컫는다면 실로 부처를 비방하는 것이고, 말할 만한 비움이 있다고 일컫는다면 실로 노자를 비방하는 것이다. 공자의 충서일관(忠恕一貫)과, 안자(顔子)의 심재좌망(心齋坐忘) 및 맹자의 지언양기(知言養氣)에 대해, 만약 '이런 문장은 본래부터 공명(功名)을 얻는 종자일 뿐이므로, 비록 눈으로 집중해서 읽고 입으로 소리 내어 외울 수는 있을지라도, 마음속으로 깨달아야만 비로소 행할 수 있다는 것은 알지 못하겠다.'라고 일컫는다면, 이는 바로 공자와 안자와 맹자를 비방하는 것이다."

{餘說} '夫子忠恕一貫'의 구절은《논어·이인편(里仁篇)·제15장》에서 공자가 "삼(參, 曾參)아! 나의 도는 하나로 모든 것을 꿰뚫고 있다."고 말하자, 증자가 "그렇습니다." 하였다. 공자께서 나가자 증자의 문인들이 "무슨 말씀이십니까?" 하자, 증자가 "선생님의 도는 충(忠)과 서(恕)일 뿐이다."라고 한 데서 나왔다.

'顔子心齋坐忘'의 구절에서 먼저 심재(心齋)는《장자(莊子)·내편(內篇)·인간세(人間世)》에서 안회(顔回)와 공자의 대화 중에 안자가 공자에게 심재(心齋)에 대해 여쭈어보자, 공자께서 "너는 [잡념을 없애고] 마음을 전일(專一)하게 하라. 귀로 듣지 말고 마음으로 들으며, 마음으로 듣지 말고 기(氣)를 통해 감응하도록 하라. 귀는 단지 소리를 들을 뿐이고, 마음은 단지 바깥의 사물에 부합할 뿐이지만, 기(氣)라는 것은 텅 비어서 바깥의 사물을 받아들인다. 도는 오로지 비어있는 곳에 모인다. 이 비움이, 곧 심재(心齋)이다."라고 한 말에서 나왔으며, 좌망(坐忘)은 《장자ㆍ내편ㆍ대종사(大宗師)》에서 역시 안회와 공자의 대화 중에 안회가 "회(回)는 좌망(坐忘)하였습니다." 하니, 공자께서 깜짝 놀라 묻기를 "무엇을 좌망(坐忘)이라 하느냐?" 하니, 안회가 대답하기를 "손발이나 몸을 잊고, 듣고 보는 감각(感覺) 작용을 물리쳐서, 형체(形體)를 떠나 지각(知覺) 작용을 제거하여 위대한 도와 하나가 되는 것, 이것을 좌망이라 합니다."라고 한 말에서 나왔다.

'孟子知言養氣'의 구절은 《맹자ㆍ공손추상편ㆍ제2장》에서 맹자의 제자 공손추(公孫丑)가 맹자에게 무엇을 잘하는지를 묻자, 맹자께서 "나는 말을 알아듣고[知言], 나의 호연지기(浩然之氣)를 잘 기른다."고 한 데서 나왔다.

09-026/ 소년은 늙기 쉽고

少年易老學難成。一寸光陰不可輕。未覺池塘春草
소년이노학난성　일촌광음불가경　미각지당춘초

夢。階前梧葉已秋聲。
몽　계전오엽이추성

{讀法} 少年은 易老나 學은 難>成이니 一寸光陰이라도 不>可>輕이니라. 未>覺2池塘春草夢1인데 階前梧葉은 已秋聲이라.

• • •

{直譯} 소년은 늙기 쉽고 배움은 이루기 어려우니, 찰나의 시간이라도 가벼이 여기지 말라. 연못가의 봄풀은 꿈에서 깨지도 않았는데, 섬돌 앞의 오동잎은 벌써 가을 소리를 내는구나!

{語義} ○光陰(광음) : '光'은 낮, '陰'은 밤이기에 '光陰'은 '하루, 세월'을 이른다. ○一寸光陰(일촌광음) : 해그림자가 한 치 정도 움직일 시간. 곧 매우 짧은 시간. 《전당시외편(全唐詩外編)》에 "一寸光陰一寸金, 寸金難買寸光陰. 〔짧은 시간도 금과 같으나, 작은 금으로도 짧은 시간을 사기 어렵다.〕"라 함. ○池塘(지당) 연못. 일반적으로 그다지 크지도 깊지도 않은 못을 이름.

{意譯} 소년은 늙기 쉬우나 배움은 이루기 어려우니, 찰나의 시간이라도 가벼이 여기지 말라. 연못가의 봄풀은 꿈에서 깨지도 않았는데, 섬돌 앞의 오동잎은 벌써 가을 소리를 내는구나!

{餘說} 이 시의 작자가 주자(朱子)로 알려져 있으나 최근 일본의 연구결과에 따르면, 주자의 작품이 아니라 간쥬쥬다이(觀中中諦)의 〈진학재(進學齋)〉라는 제목의 시(詩)일 가능성이 높다고 한다.

09-027/ 한창때는 다시 오지 않고

陶淵明詩云。盛年不重來。一日難再晨。及時當勉
도연명시운 성년부중래 일일난재신 급시당면

勵。歲月不待人。
려 세월부대인

{讀法} 陶淵明詩에 云, 盛年은 不₂重來₁하고 一日은 難>再>晨이니 及>時에 當勉勵하라 歲月은 不>待>人이니라.

• • •

{直譯} 도연명(陶淵明)의 시에 이르기를, "성년(盛年)은 다시 오지 않고, 하루에는 새벽이 두 번 있기 어렵다. 때에 맞추어 마땅히 애써 노력해야 하니, 세월은 사람을 기다려주지 않는다."라 하였다.

{語義} ○陶淵明(도연명) : 생졸 365~427. 동진(東晉) 말기부터 남조(南朝)의 송대(宋代) 초기에 걸쳐 생존한 중국의 대표적 시인이며, 여강(廬江) 심양(潯陽)[지금의 강서성(江西省) 구강현(九江縣) 시상(柴桑)] 출신으로, 자(字)는 연명(淵明) 또는 운량(元亮)이며, 이름은 잠(潛)이고, 문 앞에 버드나무 다섯 그루를 심어 놓고 스스로 오류(五柳)선생이라 칭하였으며, 사시(私諡)는 정절(靖節)임. 기교를 부리지 않고 평담(平淡)한 시풍(詩風)이었기 때문에 당대(當代)에는 별로 주목받지 못하였으나, 당대(唐代) 이후에 육조(六朝) 최고의 시인으로서 추앙받았으며, 그의 시풍은 당대(唐代)의 맹호연(孟浩然), 왕유(王維) 등 많은 시인에게 영향을 주었음. 시 외에도 〈오류선생전(五柳先生傳)〉·〈도

화원기(桃花源記)〉 등의 산문(散文)이 있으며, 저서로 《도연명집(陶淵明集)》이
전함. ○盛年(성년) : 원기가 왕성한 젊은 나이. 한창때. 장년(壯年).

{意譯} 도연명(陶淵明)의 시에 말하였다. "왕성했던 때는 두 번 다
시 오는 것이 아니고, 하루에는 새벽이 두 번 있지 않다. 그러므로
때에 맞추어 당연히 힘써 공부해야 하니, 흘러가는 세월이 사람을
기다리는 법은 없다."

{餘說} 위 문장은 도연명(陶淵明)의 《잡시(雜詩)》 첫 번째 시의 일부분이
다. 전문은 다음과 같다.

人生無根蒂 인 생 무 근 체	사람은 뿌리가 없어
飄如陌上塵 표 여 맥 상 진	언덕 위 티끌처럼 나부낀다.
分散逐風轉 분 산 축 풍 전	바람 따라 흩어져 구르니
此已非常身 차 이 비 상 신	이게 이미 내몸 아니다.
落地爲兄弟 낙 지 위 형 제	이 땅에 태어나면 형제이니
何必骨肉親 하 필 골 육 친	하필 한 핏줄이라야 하나
得歡當作樂 득 환 당 작 락	기쁠 때는 즐겨야 하니.
斗酒聚比鄰 두 주 취 비 린	술상 차려 이웃과 모이세.
盛年不重來 성 년 부 중 래	젊은 시절 또 오지 않고
一日難再晨 일 일 난 재 신	하루 새벽 두 번 없다네.

及時當勉勵
급 시 당 면 려
때가 됐으면 힘써야 하니

歲月不待人
세 월 부 대 인
세월은 날 기다리지 않네.

09-028/ 반걸음을 모으지 않으면

荀子曰。不積跬步。無以至千里。不積小流。無以成
순 자 왈 　부 적 규 보 　무 이 지 천 리 　부 적 소 류 　무 이 성

江河。
강 하

{讀法} 荀子1 曰, 不>積2跬步1면 無>以至2千里1며, 不>積2小流1이면
無>以成2江河1니라.

• • •

{直譯} 순자(荀子)께서 말씀하시기를, "반걸음을 쌓지 않으면 천 리
를 갈 수 없고, 실개천을 쌓지 않으면 강과 하천이 이루어질 수 없
다." 하였다.

{語義} ○跬步(규보) : 반걸음. 매우 가까운 거리를 이르는 말.

{意譯} 순자(荀子)께서 말하였다. "반걸음 되는 짧은 거리라도 여

러 발짝 모으고 모으면 천 리 되는 먼 길도 갈 수 있고, 가느다란 실개천이라도 여러 개를 모으고 모으면 커다란 강과 하천도 이룰 수 있다."

{餘說} 이 말은《순자・권학편・제9장》에 나온다. 전문은 다음과 같다: 積>土成>山하면 風雨興焉이오. 積>水成>淵하면 蛟龍生焉이오. 積>善成>德하면 而神明自得하고 聖心備焉이라. 故不>積2跬步1면 以致2千里1요, 不>積2小流1면 無>以成2江海1니라. 騏驥一躍으론 不>能2十步1요 駑馬十駕는 功在2不>舍1니라. 鍥而舍>之면 朽木不>折이오, 鍥而不>舍면 金石도 可>鏤니라. 〔흙을 쌓아 산을 이루어야 바람 불고 비 내린다. 물이 모여 못을 이루어야 교룡이 살게 된다. 착한 일을 쌓고 덕을 이루면 신명(神明)이 절로 얻어지고 성심(聖心)이 갖춰진다. 그러므로 반보를 쌓지 않으면 천 리를 다 갈 수 없고, 작은 냇물이 모이지 않으면 강과 바다를 이룰 수 없고, 천리마라도 한 번 뛰어서는 열 걸음을 갈 수 없고, 둔한 말이 열 번 짐을 나르는 것도 그 공은 쉬지 않은 데 있다. 자르다가 쉬게 되면 썩은 나무도 자를 수 없고 자르면서 쉬지 않으면 쇠와 돌도 조각할 수 있다.〕

09-029/ 진종황제 권학시

富家不用買良田。書中自有千鍾粟。安居不用架高
부가불용매양전　서중자유천종속　안거불용가고

堂。書中自有黃金屋。娶妻莫恨無良媒。書中有女顏如
당　서중자유황금옥　취처막한무양매　서중유여안여

玉。出門莫恨無人隨。書中車馬多如簇。男兒欲遂平生
옥　출문막한무인수　서중거마다여족　남아욕수평생

志。六經勤向窗前讀。
지 육 경 근 향 창 전 독

{讀法} 富>家不>用>買2良田1하라 書中自>有2千鍾粟1이라. 安居不
用2架高堂1하라. 書中自>有2黃金屋1이라. 娶>妻莫>恨下無2良媒1上
하라. 書中有>女顔如>玉이라. 出>門莫>恨下無2人隨1上하라. 書中車
馬多如>簇이라. 男兒欲>遂2平生志1면 六經勤向2窓前1讀하라.

• • •

{直譯} 집이 부유하려고 좋은 밭을 살 필요 없다. 책 속에 본디 수
없이 많은 재물이 있다. 편안하게 살려고 큰 집을 지을 필요 없다.
책 속에 본디 황금으로 꾸민 집이 있다. 장가들 때 좋은 중매 없다
고 한탄하지 말라. 책 속에 얼굴이 옥 같은 미인이 있다. 문을 나
설 때 따르는 자가 없다 한탄하지 말라. 책 속에 말과 수레가 화살
촉처럼 많이 있다. 사나이가 평생의 뜻을 이루고자 한다면 육경을
창문 앞에 펴놓고 열심히 읽으라.

{語義} ○富>家(부가) : 집을 부유하게 함. ○良田(양전) : 기름진 농지(農地).
○千鍾(천종) : 많은 곡식. 후한 녹봉(祿俸). ○粟(속) : 곡식. ○娶>妻(취처) :
아내를 얻음. 장가듦. ○良媒(양매) : 좋은 중매인. ○無>人>隨(무인수) : 따르
는 사람이 없다. ○簇(족) : 조릿대. 화살촉. ○六經(육경) : 중국의 여섯 경서
《역경(易經)・서경(書經)・시경(詩經)・춘추(春秋)・예기(禮記)・주례(周禮)》.

{意譯} 집을 부유하게 하려고 좋은 논밭을 살 필요가 없다. 왜냐면 책 속에 본디 수없이 많은 재물이 있기 때문이다. 편안하게 살려고 큰 집을 지을 필요 없다. 왜냐면 책 속에 본디 황금으로 꾸민 화려한 집이 있기 때문이다. 장가들 때 좋은 중매가 들어오지 않는다고 한탄하지 말라. 책 속에 얼굴이 옥같이 아름다운 미인이 있기 때문이다. 문을 나설 때 내 뒤를 따르는 자가 없다고 한탄하지 말라. 책 속에 말과 수레가 떨기처럼 많이 있기 때문이다. 사나이로서 평생의 뜻을 이루고자 한다면 여러 경전을 창문 앞에 펴놓고 열심히 읽고 공부하면 된다.

제 10 편

훈자편(訓子篇)

이 편은 자식을 가르치려는 글을 모은 것으로 모두 20조목이다.

10-001/ 자식을 기르면서

司馬溫公曰。養子不敎父之過。訓導不嚴師之惰。父
사 마 온 공 왈　양 자 불 교 부 지 과　훈 도 불 엄 사 지 타　부

敎師嚴兩無外。學問不成子之罪。煖衣飽食居人倫。視
교 사 엄 양 무 외　학 문 불 성 자 지 죄　난 의 포 식 거 인 륜　시

我笑談如土塊。攀高不及下品流。稍遇賢材無與對。勉
아 소 담 여 토 괴　반 고 불 급 하 품 류　초 우 현 재 무 여 대　면

後生力求誨。投明師莫自昧。一朝雲路果然登。姓名亞
후 생 역 구 회　투 명 사 막 자 매　일 조 운 로 과 연 등　성 명 아

等呼先輩。室中若未結親姻。自有佳人求匹配。勉旃汝
등 호 선 배　실 중 약 미 결 친 인　자 유 가 인 구 필 배　면 전 여

等各早修。莫待老來空自悔。
등 각 조 수　막 대 노 래 공 자 회

{讀法} 司馬溫公이 曰, 養>子不>敎는 父之過요, 訓導不>嚴은 師之
惰라. 父敎師嚴하여 兩無>外하되, 學問不>成은 子之罪라. 煖衣飽食
하고 居2人倫1하며, 視>我笑談은 如2土塊1라. 攀>高不>及은 下品流
요, 稍遇2賢材1ㅣ 無2與對1라. 勉2後生1하여 力求>誨하고, 投2明師1하
여 莫2自昧1하라. 一朝雲路果然登이면, 姓名亞等呼2先輩1라. 室中

若未>結2親姻1이면. 自有2佳人1求2匹配1라. 勉>旃汝等은 各早修하
고, 莫下待2老來1空自悔上하라.

• • •

{直譯} 사마온공이 말하기를, "자식을 기르면서 가르치지 않는 것
은 아버지의 과실이고, 엄하게 훈계하여 인도하지 않는 것은 스승
이 게으른 것이다. 아버지가 가르치고 스승이 엄한 이 두 가지에서
벗어남이 없는데도, 학문을 이루지 못하는 것은 자식의 죄이다. 따
뜻하게 입고 배불리 먹으며 인륜 속에 살아도, 나를 보고 우스갯소
리나 하며 흙덩이처럼 여기게 된다. 높이 오르려다 오르지 못하여
저급한 무리와 휩쓸려버리면, 우연히 어질고 재능 있는 사람을 만
난다고 하더라도 더불어 상대할 수 없다. 뒤에 오는 사람들에게 권
하니 힘써 가르침을 구하도록 하라. 훌륭한 스승에게 의지하여 스
스로 몽매(蒙昧)해지지 말라. 정말로 하루아침에 출셋길에 오를 수
있고, 이름이 선현(先賢)들과 버금가게 되어 선배라 불릴 것이다.
집안에서 아직 결혼하지 않았다면, 저절로 아름다운 여인이 배필
이 되려고 할 것이다. 힘써야 할 것이니, 너희들은 각기 일찍이 학
문을 닦아, 늙어서 헛되이 스스로 후회하기를 기다리지 말라." 하였
다.

{語義} ○司馬溫公(사마온공) : 본서 〈계선편(繼善篇)〉〔01-025〕 조목 참조
바람. ○訓導(훈도) : 가르쳐 인도함. ○惰(타) : 타태(惰怠). 게으름. ○父教師

嚴(부교사엄) : 부모가 교육을 시킴에 스승이 엄함. ㅇ 兩無>外(양무외) : 학문을 할 수 있는 조건, 즉 스승은 엄하고 부모는 교육을 시키려는 두 가지 이외에는 학문을 하는 데 지장이 되는 것은 아무것도 없다는 말. ㅇ 煖衣飽食(난의포식) : 따뜻하게 입고 배불리 먹음. 의식이 족함. '煖' 은 '暖' 과 같다. ㅇ 居2人倫1(거인륜) : 사람과 사람과의 관계에서 도의적인 일정한 질서에 삶. ㅇ 笑談(소담) : 웃으며 이야기함. 웃음거리가 되는 이야기. ㅇ 土塊(토괴) : 흙덩이. 생사(生死)가 없는 덩어리의 비유. ㅇ 攀高(반고) : 더위잡고 높은 데로 오름. ㅇ 下品流(하품류) : 낮은 계급의 무리. ㅇ 稍(초) : 점점. 잠깐. ㅇ 賢材(현재) : 어진 인재. ㅇ 無2與對1(무여대) : 더불어 상대할 수 없다. ㅇ 後生(후생) : 자손. 후진(後進). ㅇ 誨(회) : 가르치다. ㅇ 投(투) : 의탁하여 머무르게 함. ㅇ 明師(명사) : 현명한 스승. ㅇ 自昧(자매) : 스스로 어리석음. ㅇ 一朝(일조) : 하루아침. 짧은 시간 사이. ㅇ 雲路(운로) : 구름이 왕래하는 길. 벼슬하여 현관(顯官)에 이르는 것의 비유. ㅇ 果然登(과연등) : 그렇게 오르다. ㅇ 亞等(아등) : 명예와 지위가 동등함. 아정(亞丁). ㅇ 先輩(선배) : 모든 면에서 자기보다 앞선 사람. 당대(唐代)에는 과거에 먼저 급제한 사람을 의미하였음. ㅇ 親姻(친인) : 결혼에 의하여 맺어진 여계(女系)의 친족. ㅇ 佳人(가인) : 여기서는 아름다운 여자. ㅇ 匹配(필배) : 보통 배필이라 하는데, '필배' 라 함은 압운(押韻) 관계로 도치한 것임. 짝. 남녀 간 결혼의 상대. ㅇ 旃(전) : 어조사. '之' 자와 같음. 평측(平仄) 관계로 '之' 자 대신 썼음. ㅇ 修(수) : 배워서 몸을 닦음. ㅇ 老來(노래) : 늘그막.

{意譯} 사마온공이 말했다. "자식을 기르면서 교육시키지 않는 것은 아버지의 잘못이고, 엄하게 훈계하여 인도하지 않는 것은 스승이 게으르기 때문이다. 아버지가 가르치고 스승이 엄한 이 두 가지에서 벗어나지 않는데도, 학문을 이루지 못하는 것은 자식의 잘

못이다. 따뜻하게 옷 입고 배불리 먹으며 인륜 속에 살더라도, 남이 나를 보고 우스갯소리나 하며 나를 흙덩이처럼 여기게 될 것이다. 높이 오르려다 올라가지 못하여 저급한 무리와 휩쓸려버리게 된다면, 우연히 어질고 재능이 있는 훌륭한 사람을 만나도 그 사람과 함께 상대할 수 없다. 뒷사람들에게 권하니 힘써 가르침을 구하도록 하여야 한다. 훌륭한 스승에게 의지하여 스스로 어리석고 사리에 어둡지 말라. 정말로 하루아침에 출셋길에 오를 수도 있고, 이름이 선현(先賢)들과 버금가게 되어 나를 보고 선배라 불러줄 것이다. 그대가 아직 결혼하지 못했다면, 저절로 아름다운 여인이 배필이 되려고 줄을 설 것이다. 너희들은 힘써야 할 것이니, 각기 일찍부터 학문을 닦아, 늙어서 괜히 스스로 후회하는 일이 없어야 할 것이다."

{餘說} 이 대문은 사마광(司馬光)의 〈권학가(勸學歌)〉로서 운문(韻文)으로 되어있다.

養>子不>敎父之過,	訓導不>嚴師之惰.
父敎師嚴兩無>外,	學問不>成子之罪.
煖衣飽食居2人倫1,	視>我笑談如2土塊1.
攀>高不>及下品流,	稍遇2賢材1ㅣ無2與對1.
勉2後生1力求>誨,	投2明師1莫2自昧1.
一朝雲路果然登,	姓名亞等呼2先輩1.
室中若未>結2親姻1.	自有2佳人1求2匹配1.
勉>旃汝等各早修,	莫下待2老來1空自悔上.

위 짝수 구(句)의 끝 글자 "惰·罪·塊·對·昧·輩·配·悔"가 운(韻)자이다.

10-002/ 유둔전 권학문

柳屯田勸學文。父母養其子而不教。是不愛其子也。
유 둔 전 권 학 문 부 모 양 기 자 이 불 교 시 불 애 기 자 야

雖教而不嚴。是亦不愛其子也。父母教而不學。是子不
수 교 이 불 엄 시 역 불 애 기 자 야 부 모 교 이 불 학 시 자 불

愛其身也。雖學而不勤。是亦不愛其身也。是故養子必
애 기 신 야 수 학 이 불 근 시 역 불 애 기 신 야 시 고 양 자 필

教。教則必嚴。嚴則必勤。勤則必成。學則庶人之子爲
교 교 즉 필 엄 엄 즉 필 근 근 즉 필 성 학 즉 서 인 지 자 위

公卿。不學則公卿之子爲庶人。
공 경 불 학 즉 공 경 지 자 위 서 인

{讀法} 柳屯田勸學文에, 父母ㅣ 養2其子1而不>教는 是不>愛2其子1也요, 雖>教而不>嚴은 是亦不>愛2其子1也요, 父母ㅣ 教而不>學은 是子ㅣ 不>愛2其身1也요, 雖>學而不>勤은 是亦不>愛2其身1也니라. 是故로 養>子必教하고 教則必嚴하며 嚴則必勤하고 勤則必成이니라. 學則庶人之子라도 爲2公卿1이오, 不>學則公卿之子라도 爲2庶人1이니라.

• • •

{直譯} 유둔전 〈권학문〉에, "부모가 그의 자식을 양육하면서 가르

치지 않는 것은 바로 그의 자식을 사랑하지 않는 것이고, 비록 가르쳤을지라도 엄하지 않음은 바로 또한 그의 자식을 사랑하지 않는 것이고, 부모가 가르쳤는데도 배우지 않는 것은 바로 자식이 그 자신을 사랑하지 않는 것이고, 비록 배울지라도 부지런히 하지 않는 것은 바로 또한 그 몸을 사랑하지 않는 것이다. 그러므로 자식을 기르거든 반드시 가르쳐야 하고, 가르칠 때는 반드시 엄해야 하며, 엄했을 때는 반드시 부지런해야 하고, 부지런했을 때는 반드시 성공한다. 배우면 서인의 자식이라도 공경이 되고, 배우지 못했으면 공경의 자식이라도 서인이 된다." 하였다.

{語義} ○ 柳屯田(유둔전) : 송(宋)나라 유영(柳永)으로 숭안(崇安) 사람. 자는 기경(耆卿). 초명(初名)은 삼섭(三燮). 경우(景祐, 1034~1038) 원년의 진사. 벼슬은 둔전원외랑(屯田員外郞), 그러므로 유둔전(柳屯田)이라 호(號)함. 사(詞)에 교함. 저서에 《악장집(樂章集)》이 있다. ○ 庶人(서인) : 평민(平民). 서민(庶民). ○ 公卿(공경) : 삼공(三公)과 구경(九卿). 삼공은 가장 높은 세 가지 벼슬, 곧 주(周)나라의 '태사(太師)·태부(太傅)·태보(太保)'. 전한(前漢)의 '승상(丞相)·태위(太尉)·어사대부(御史大夫)'. 후에 '대사도(大司徒)·대사마(大司馬)·대사공(大司空)'으로 개칭. 후한(後漢)의 '태위(太尉)·사도(司徒)·사공(司空)'. 구경(九卿)은 아홉 사람의 장관(長官)으로 시대에 따라 이름이 다름. 주(周)나라에서는 '소사(少師)·소보(少保)·소부(少傅)'의 삼고(三孤)와 '총재(冢宰)·사도(司徒)·종백(宗伯)·사마(司馬)·사구(司寇)·사공(司空)'의 육경(六卿). 한나라에서는 '대상(大常)·광록훈(光祿勳)·대홍로(大鴻

臚)·대사위(大司尉)·종정(宗正)·소부(少府)'. 북제(北齊)에서는 '대상(大常)·광록훈(光祿勳)·위위(衛尉)·태복(太僕)·대리(大理)·종정(宗正)·대홍로(大鴻臚)·대사농(大司農)·대부(大府)'. 청(淸)나라에서는 대구경(大九卿)과 소구경(少九卿)이 있었는데, 대구경은 태자(太子)·태사(太師)·태자태부(太子太傅)·태자태보(太子太保) 및 육부상서(六部尙書). 소구경은 대상(大常)·태복(太僕)·대리(大理)·홍로(鴻臚)·광록(光祿)·오시(五寺)의 경(卿)과 통정사사(通政使司)·국자감(國子監)·한림원(翰林院)·도찰원(都察院)의 장관(長官).

{意譯} 유둔전의 〈권학문〉에, "부모가 제 자식을 양육하면서 교육하지 않는 것은 곧 제 자식을 사랑하지 않는 것이고, 비록 교육시킨다고 할지라도 엄하지 않으면 그것 역시 제 자식을 사랑하지 않는 것이고, 부모가 교육시키는데도 배우지 않는 것은 곧 자식이 제 자신을 사랑하지 않는 것이고, 비록 가르칠지라도 엄하지 않은 것은 곧 또한 제 자식을 사랑하지 않는 것이다. 비록 배울지라도 부지런히 않는 것도 역시 자기 자신을 사랑하지 않는 것이다. 그런 까닭으로 양육하면 꼭 교육해야 하고, 교육할 때는 꼭 엄해야 하며, 엄했을 때는 꼭 부지런히 해야 하고, 부지런히 했을 때는 꼭 성공한다. 학문하면 서민의 자식도 공경이 될 수 있고, 못 배우면 공경의 자식도 서민이 된다."

{餘說} 이 대문은 다음과 같이 간추릴 수 있다.

    제1단은, 부모가 자식을 기르면서 가르치지 않거나 가르치더라도 엄하게 가르치지 못하면 자식을 사랑하지 않는 것이라 했고,

제2단은, 부모는 가르치는데 자식이 배우지 않거나 배우더라도 부지런히 않는 것은 자식 자신이 자기 몸을 사랑하지 않는 것이라 했으며,

제3단은, 제1·2단과 같은 까닭으로 자식을 기르거든 가르치되 엄하고 부지런히 하게 해야 성공한다고 했다.

제4단은, 결과로 서민의 자식이 배우면 공경도 될 수 있고, 공경의 자식도 배우지 않으면 서민이 된다고 하였다.

제1단은 기장(起章)이고, 제2단은 승장(承章)이며, 제3단은 전장(轉章)이고, 제4단은 결장(結章)으로 되어있다.

10-003/ 백시랑 면자문

白侍郎勉子文。有田不耕倉廩虛。有書不敎子孫愚。
백 시 랑 면 자 문　유 전 불 경 창 름 허　유 서 불 교 자 손 우

倉廩虛兮歲月乏。子孫愚兮禮義疎。若惟不耕與不敎。
창 름 허 혜 세 월 핍　자 손 우 혜 예 의 소　약 유 불 경 여 불 교

是乃父兄之過歟。
시 내 부 형 지 과 여

{讀法} 白侍郎이 勉>子文에, 有>田不>耕하면 倉廩이 虛하고, 有>書不>敎하면 子孫愚니라. 倉廩虛兮여 歲月에 乏하고, 子孫愚兮여 禮義ㅣ 疎니라. 若2惟不>耕與>不>敎면, 是乃父兄之過歟아.

· · ·

{直譯} 백시랑이 자손을 권면하는 글에, "밭이 있으면서 갈지 않으

면 창고가 비고, 책이 있으면서 가르치지 않으면 자손이 어리석어
진다. 창고가 비어 있음이여 세월에 궁핍하고, 자손이 어리석음이
여 예의가 성글게 된다. 만약 생각건대 갈지 않는 것과 가르치지
않는 것과 같다면, 이것은 즉 부형의 허물일 것이다."하였다.

{語義} ○白侍郎(백시랑) : 백거이(白居易). 생졸 772~846. 당(唐)나라 태원
(太原) 사람. 계강(季康)의 아들. 자는 낙천(樂天), 호는 취음(醉吟) 선생 · 섭유
옹(囁嚅翁). 시호는 문(文). 원화(元和, 806~820)의 진사. 정원(貞元, 785~805) 중
에 진사발췌(進士拔萃)에 뽑혀 원화(元和)의 초에, 한림(翰林)에 들어가 학사
(學士)가 되어 좌습유(左拾遺)로 옮기다. 후에 죄를 받아 강주사마(江州司馬)
에 좌천되었다. 문종(文宗)이 즉위하자, 형부시랑(刑部侍郎)에 옮기고 회창
(會昌)의 초(初), 형부상서(刑部尙書)로서 치사(致仕)함. 만년에 뜻을 시주(詩
酒)에 자부(恣付)하고 스스로 취음 선생이라 칭하였으며, 또 향산(香山)의 승
려 여만(如滿)과 향화사(香火社)를 맺고, 스스로 향산거사라고 칭함. 회창(會
昌, 841~846) 6년에 졸함. 문장이 정절(精切)하였고, 더욱 시에 능했음. 그의
시는 평이(平易)를 제일로 하고, 원진(元稹)과 더불어 수영(酬詠)하여 원백(元
白)이라 칭함. 또 유우석(劉禹錫)과 이름을 나란히 하여 유백(劉白)이라고도
함. 저서에《백씨장경집(白氏長慶集)》·《백씨육첩사류집(白氏六帖事類集)》이
있다. ○勉>子(면자) : 자식에게 권면함. ○倉廩(창름) : 창고. ○乏(핍) : 모자
람. ○歟(여) : 그런가. 의문사, 또는 추정사.

{意譯} 백시랑이 자손을 권면하는 글에, "농토가 있으면서 농사짓
지 않으면 창고가 텅 비고, 책이 있으면서 자손에게 가르치지 않

으면 자손이 어리석어진다. 창고가 비어 있으면 다음 추수기까지 식량이 모자라고, 자손이 어리석으면 예의에 소홀하다. 만약 생각건대 농사짓지 않는 것과 가르치지 않는 것과 같다면, 이것은 즉 부형의 허물일 게다."라고 하였다.

{餘說} 이 대문은 백낙천(白樂天)의 〈권학문(勸學文)〉이다. 운문으로 되어있다. 병서하면 다음과 같다.

> 白侍郎勉>子文,
>> 有>田不>耕倉廩虛,
>> 有>書不>敎子孫愚.
>> 倉廩虛兮歲月乏,
>> 子孫愚兮禮義１疏.
>> 若2惟不>耕與>不>敎,
>> 是乃父兄之過歟.

이상을 살펴보면 '愚·疏·歟' 자가 운자(韻字)로 되어있다.

10-004/ 손님이 오지 않으면

景行錄云。賓客不來門戶俗。詩書無敎子孫愚。
경 행 록 운 　빈 객 불 래 문 호 속 　시 서 무 교 자 손 우

{讀法} 景行錄에 云, 賓客不>來면 門戶俗하고, 詩書無>敎면 子孫

愚니라.

· · ·

{直譯}《경행록》에 이르기를, "손님이 오지 않으면 집안이 저속(低俗)해지고, 시서(詩書)를 가르치지 않으면 자손이 어리석어진다." 하였다.

{語義} ○ 賓客(빈객) : 손님. ○ 門戶(문호) : 문벌. ○ 俗(속) : 속됨. 고상하지 못함. ○ 詩書(시서) :《시경》과《서경》. 시(詩)에 관한 책. 여기서는 학문. ○ 愚(우) : 어리석음.

{意譯}《경행록》에 말했다. "빈객의 왕래가 없어지면 가문이 낮아지고, 자손들에게 학문을 가르치지 않으면 그 자손이 어리석게 된다."

{餘說} 자기 집에 손님이 드나든다는 것은 이미 현달(顯達)한 가문임이 틀림없다. 그 가문에 손님이 왕래하지 않으면 쇠잔(衰殘)으로 기우는 것이니 문호속(門戶俗)이라 했고, 이와 마찬가지로 자손들에게 학문을 가르치지 않으면 자손들이 어리석어져 역시 가문이 쇠잔해진다.

10-005/ 일이 비록 작으나 하지 않으면

莊子曰。事雖小不作不成。子雖賢不敎不明。
장 자 왈 사 수 소 부 작 불 성 자 수 현 불 교 불 명

{讀法} 莊子ㅣ 曰, 事雖小나 不>作이면 不>成이오, 子雖賢이나 不>敎면 不>明이니라.

• • •

{直譯} 장자가 말하기를, "일이 비록 작으나 하지 않으면 이루지 못할 것이고, 자손이 비록 현명하나 가르치지 않으면 밝지 못하다." 하였다.

{語義} ㅇ 不>作(부작) : 하지 않음. ㅇ 賢(현) : 어짊. 덕행이 있고 재지(才智)가 많음. ㅇ 不>明(불명) : 명석(明晳)하지 못함.

{意譯} 장자가 말했다. "일이 비록 작을지라도 이것을 하지 않고서는 이루지 못하고, 자식이 비록 어질더라도 가르치지 않고서는 똑똑한 사람이 되지 못한다."

{餘說} 아무리 작은 일이라도 해야만 되지, 안 하면 안 된다. 또 자손이 아무리 현명하지만, 가르치지 않으면 똑똑한 사람이 못 된다는 것이다.

10-006/ 황금을 바구니에 가득히 가진 것이

漢書云。黃金滿籝不如敎子一經。賜子千金不如敎
한 서 운 황 금 만 영 불 여 교 자 일 경　사 자 천 금 불 여 교

子一藝。
자 일 예

{讀法} 漢書에 云, 黃金滿>籯이 不>如>敎2子一經1이오, 賜2子千金1
이 不>如>敎2子一藝1니라.

· · ·

{直譯} 《한서》에 이르기를, "황금을 바구니에 가득히 가진 것이 자
손에게 한 권의 경서(經書)를 가르치는 것만 같지 못하고, 자손에
게 천금을 주는 것이 자손에게 한 가지의 재주를 가르치는 것만
같지 못하다." 하였다.

{語義} ㅇ《漢書(한서)》: 책 이름. 120권. 후한의 반고(班固)가 지음. 반소(班
昭)가 보(補)함. 12제기(帝記)·8표(表)·10지(志)·70열전(列傳)이다. 《후한
서(後漢書)》에 대해서 《전한서(前漢書)》 또는 《서한서(西漢書)》라 함. 사마천
(司馬遷)의 《사기(史記)》는 태초(太初) 이전에 그치므로, 양웅(揚雄)·유흠(劉
歆)·저소손(褚少孫)·영성형(陽城衡)·사효산(史孝山)·풍상(馮商)의 무리는
그 후부터 애평(哀平)의 사이에 이르는 사적(事蹟)을 각각 견문한 바에 따라
철집(綴集)했다. 후한의 초기에 반표(班彪) 등 제씨(諸氏)가 철집한바 비속(鄙
俗)하여 《사기(史記)》에 따르지 못해서 이것을 수삭(修削)하고, 한편으로 유
문(遺聞)을 수록하여 일서(一書)가 되었다. 아들 고(固)에 이르러 부친의 책
이 아직 다 되지 못한 것이 있는 것을 완성하려 하였다. 때마침 책을 명제
(明帝)에게 바치고, 고(固)가 사사로이 국사(國史)를 개작한다고 어떤 사람이

고(告)하여 체포되어 경조(京兆)의 옥에 갇혔다. 아우 반초(班超)가 조정에 이르러 그의 다른 뜻이 없음을 말하고, 군(郡)도 역시 그 책을 올려 제(帝)가 의심이 풀려 즉시 허용하고 교서랑(校書郞)으로 삼고 또 난대어사(蘭臺御史)를 제수하며, 진종(陳宗)·윤민(尹敏)·맹이(孟異, 혹 冀로도 되어 있음)와 같이 〈세조(世祖:光武) 본기(本紀)〉를 짓고, 그 후 공신(功臣)·평림(平林)·신시(新市)·공손술(公孫述)의 일을 서술하여 〈열재기(列載記)〉 총 28편을 지어 바침. 임금이 이에 명하여 다시 앞서 지은 책을 완성시킴. 고(固)는 곧 시원(始元) 이전을 《사기(史記)》에서 취하고, 시원 이후는 부친의 글에서 취하여 소제(昭帝)부터 평제(平帝)에 이르는 6세(世)는 유흠(劉歆)·가규(賈逵)가 기록한 바에 의거하여, 이에 진종(陳宗) 등과 같이 지은 것을 합하고 수정보철(修正補綴)해서 서한일대사(西漢一代史)를 만들었다. 그러나 〈팔표(八表)〉 및 〈천문지(天文志)〉는 미처 이루지 못하고 졸(卒)했기 때문에 화제(和帝)는 고(固)의 누이동생 반소(班昭)에게 명하여 동관(東觀)의 장서각(藏書閣)에 나아가 이어서 이것을 이루게 하고 후에 또 마속(馬續)에게 글을 내려, 소(昭)에 이어 이것을 이루게 하여 이에 비로소 완성을 보았다. 이와 같은 연혁(沿革)이 있으므로 처음에는 사찬(私撰)이었다가 드디어 관찬(官撰)이 되었다. 그 체재는 《사기(史記)》에 비하면 약간 정제(整齊)하나 그 문장은 도리어 미치지 못한다고 한다. 주석(注釋)한 자는 복건(服虔)·응소(應劭)로부터 이하 20여 인인데, 당(唐)나라의 안사고(顔師古)의 주석이 가장 뛰어남. ○滿>籯(만영) : 바구니에 가득함. '籯'은 대그릇으로 서너 되 들이임. ○千金(천금) : 많은 돈. ○藝(예) : 기예. 재주.

{意譯} 《한서》에 말했다. "황금을 바구니에 가득히 담아 자손에게 물려주는 것이 자손들에게 경서(經書) 한 권을 가르쳐주는 것만 못하고, 천금을 자손에게 물려주는 것이 오히려 자손들에게 한 가

지 재주를 가르쳐주는 것만 못하다."

{餘說} 많은 재산을 자손에게 물려주는 것이 경서 한 권이나 재주 한 가지를 가르쳐주는 것만 못하다는 이야기다.

10-007/ 지극히 즐거운 것은

至樂莫如讀書。至要莫如敎子。
지 락 막 여 독 서 지 요 막 여 교 자

{讀法} 至樂은 莫>如2讀書1요, 至要는 莫>如2敎子1니라.

• • •

{直譯} 지극히 즐거운 것은 책을 읽는 것만 같지 못하고, 지극히 요긴한 것은 자식을 가르치는 것만 같지 못하다.

{語義} ○至樂(지락) : 지극히 즐거운 것. ○莫>如(막여) : …함만 같지 못하다. ○至要(지요) : 지극히 요긴한 것.

{意譯} 몹시 즐거움은 책을 읽는 것만 한 것이 없고, 몹시 필요한 것은 자손을 가르치는 것만 한 것이 없다.

{餘說} 책을 읽는 것이 가장 즐거운 것이고, 자손을 가르치는 것이 가장 필요한 것이라는 말이다.

10-008/ 군자가 자기 아들을 가르치지 않는 것은

公孫丑曰。君子之不敎子何也。孟子曰。勢不行也。
공 손 추 왈 군 자 지 불 교 자 하 야   맹 자 왈   세 불 행 야

敎者必以正。以正不行。繼之以怒。繼之以怒則反夷
교 자 필 이 정   이 정 불 행   계 지 이 노   계 지 이 노 즉 반 이

矣。夫子敎我以正。夫子未出於正也。則是父子相夷
의   부 자 교 아 이 정   부 자 미 출 어 정 야   즉 시 부 자 상 이

也。父子相夷則惡矣。古者易子而敎之。父子之間。不
야   부 자 상 이 즉 악 의   고 자 역 자 이 교 지   부 자 지 간   불

責善。責善則離。離則不祥莫大焉。
책 선   책 선 즉 리   리 즉 불 상 막 대 언

{讀法} 公孫丑ㅣ 曰, 君子之不>敎>子는, 何也니이꼬? 孟子ㅣ 曰, 勢不>行也니라. 敎者는 必以>正이니. 以>正不>行이어든, 繼>之以怒하고. 繼>之以怒, 則反夷矣니. 夫子ㅣ 敎>我以>正하시되, 夫子도 未>出2於正1也라 하면, 則是父子相夷也니. 父子相夷則惡矣니라. 古者엔 易>子而敎>之하니라. 父子之間엔 不>責>善하나니, 責>善則離요, 離則不>祥이 莫>大焉이니라.

• • •

{直譯} 공손추가 여쭙기를, "군자가 자기 아들을 가르치지 않는 것

은 무엇 때문입니까?" 하였다. 맹자께서 말씀하시기를, "형편상 그렇게 할 수 없기 때문이다. 가르치는 데는 반드시 올바른 것을 가지고 하나니, 올바름으로써 행하지 않거든 그것에 이어 성을 내고, 그것에 이어 성을 내면 도리어 해치게 되나니, '아버지께서 나를 가르치는 데 올바른 것으로써 하시되 아버지도 아직 올바른 데서 나온 것이 아니다.'라고 하면, 그것은 부자가 서로 해치는 것이니 부자가 서로 해치면 나쁘다. 옛날에는 아들을 바꾸어서 가르쳤다. 부자간에는 잘되라고 책하면 사이가 나고, 사이가 나면 상서롭지 못함이 그보다 큰 것이 없다."라고 하셨다.

{語義} ○公孫丑(공손추) : 맹자의 제자. ○不>教>子(불교자) : 자기 아들을 자기가 직접 가르치지 않음. ○勢不>行(세불행) : 힘이 통하지 않는다. 자연의 추세로 보아 아버지의 가르침이 자식에게 제대로 통하여 그 효과를 발생하게 되지 못함을 말한 것이다. ○繼>之以怒(계지이노) : 바른 것들로 가르쳐서 그것이 통하지 않으면 욕심이 앞서 자식에게 그것도 못하느냐고 성을 내게 됨을 말한 것임. ○反夷矣(반이의) : 도리어 손상(損傷)하게 된다. 본래는 자식을 가르쳐서 잘 되게 하자고 시작한 것이 성을 냄으로써 도리어 부자간의 정을 손상케 된다는 것이다. ○夫子1教>我以>正(부자교아이정), 夫子未>出2於正也1(부자미출어정야) : 아들이 속으로 하는 말. 자기 아버지가 자기를 가르치느라고 성을 내는 것을 보고, 성내는 그 자체가 올바른 것이 못 되는데 올바르지 못하면서 자기를 올바르게 되라고 해대는 것은 이해할 수 없다는 일종의 비판적인 항의다. 부자(夫子)는 사장(師長)을 호칭(呼稱)하는 말이나, 여기서는 아들이 자기 부친을 부르는 말로 썼음. ○父子之間 不

>責>善(부자지간 불책선) : 부자간에는 선으로써 권면하고 인도하기는 하나, 그것을 못 했다고 책하지는 않는다는 것이다. ㅇ離(리) : 사이가 나서 친애하는 정이 없어짐. ㅇ不>祥(불상) : 상서롭지 못함, 즉 좋지 못함.

{意譯} 공손추가 말했다. "군자가 자기 아들을 가르치지 않는 것은 무엇 때문입니까?" 맹자께서 말씀하셨다. "힘이 통하지 않기 때문이다. 가르치는 데는 반드시 올바른 것을 가지고 해서 통하지 않으면 그것에 이어 성을 내게 되는데, 그것에 이어 성을 내면 도리어 해치게 된다. '아버지는 나를 가르치는 데 올바른 것을 가지고 한다지만 아버지가 하는 것은 올바른 데서 나오는 것이 아니다.'라고 하게 되면 그것은 부자가 서로 해치는 것이다. 부자가 서로 해치면 나쁘다. 옛날에는 아들을 바꿔서 가르쳤다. 부자간에는 잘되라고 책하지 않았던 것이다. 잘되라고 책하면 사이가 난다. 사이가 나면 상서롭지 못하기가 그보다 더할 게 없다."

{餘說} 아들을 바꿔서 가르치는 뜻을 설명한 것이다. 교육 방법의 하나이기는 하나 절대적인 것은 못 된다고 생각한다. 공자나 주공이 그의 아들을 직접 가르치신 것을 보면 '易>子而敎>之'란 어느 경우에 따라 통하는 말일 것으로 보아야 할 것이다.

10-009/ 집안에 어진 아버지와 형이 없으며

呂滎公曰。內無賢父兄。外無嚴師友。而能有成者。
여 형 공 왈   내 무 현 부 형   외 무 엄 사 우   이 능 유 성 자

鮮矣。
선 의

{讀法} 呂滎公이 曰, 內無2賢父兄1하며, 外無2嚴師友1요, 而能有>
成者ㅣ 鮮矣니라.

• • •

{直譯} 여형공이 말하기를, "집안에 어진 아버지와 형이 없으며, 밖
에 엄한 스승과 벗이 없고 그러고서 능히 성공함이 있는 자는 거
의 없다." 하였다.

{語義} ○呂滎公(여형공) : 송(宋)나라 사람. 공저(公著)의 아들. 자는 원명(原
明), 이름은 희철(希哲)이다. 어려서 초간지(焦干之)·손복(孫復)·석개(石
介)·호원(胡瑗)을 따라 배우고, 또 이정(二程)·장재(張載)를 따라 교유(交遊)
함. 원우(元祐, 1086~1093) 중 숭정전설서(崇政殿說書)가 되어 임금을 인도함
에 정심(正心)·성의(誠意)를 가지고 근본으로 삼았다. 저서에《여씨잡기(呂
氏雜記)》가 있다. ○滎(형) : 물 이름. ○嚴(엄) : 엄함. ○鮮(선) : 드물다. 거의
없다.

{意譯} 여형공이 말했다. "집안에 현명한 아버지와 형이 없으며,
밖에 엄한 스승과 벗이 없고서 능히 성공한 사람은 적다."

{餘說} 안에는 현명한 부형이 있어야 하고, 밖에는 엄한 사우(師友)가 있

어야 성공하지 그렇지 못하면 성공하기 어렵다는 것이다.

10-010/ 남자는 가르치지 않으면

太公曰。男子失敎。長必頑愚。女子失敎。長必麁疎。
태 공 왈   남 자 실 교   장 필 완 우   여 자 실 교   장 필 추 소

{讀法} 太公이 曰, 男子失>敎면, 長必頑愚하고. 女子失>敎면, 長必麁疎니라.

· · ·

{直譯} 강태공이 말하기를, "남자는 가르치지 않으면 장성해서 반드시 완악하고 어리석어지고, 여자는 가르치지 않으면 장성해서 반드시 거칠고 솜씨가 없다." 하였다.

{語義} ○失>敎(실교) : 가르치지 않음. ○頑愚(완우) : 완고하고 미련함. ○長(장) : 장성함. ○麁疎(추소) : 거침. 소홀함. '麁' 는 '麤' 로도 쓴다.

{意譯} 강태공이 말했다. "남자로서 배우지 않으면 장성해서 반드시 완고하고 미련하며, 여자로서 배우지 못하면 장성해서 반드시 거칠고 솜씨가 없다."

{餘說} 사내는 어려서 배울 시기를 잃으면 커서 완우(頑愚)하고, 계집애
는 어려서 배울 시기를 잃으면 커서 솜씨가 없이 소홀해진다는 것이다.

10-011/ 아들을 기르는 법은

太公曰。養男之法。莫聽誑言。育女之法。莫教離母。
태공왈 양남지법 막청광언 육녀지법 막교리모

男年長大。莫習樂酒。女年長大。莫令遊走。
남년장대 막습악주 여년장대 막령유주

{讀法} 太公이 曰, 養>男之法은, 莫>聽2誑言1이오. 育>女之法, 莫>
教2離1>母니라. 男年이 長大어든, 莫>習2樂酒1하고. 女年이 長大어든,
莫>令2遊走1니라.

• • •

{直譯} 강태공이 말하기를, "아들을 기르는 거짓말을 듣지 않게 하
고, 딸을 기르는 법은 어머니를 떨어지지 말게 하라. 아들이 나이
가 들어 장성하거든 풍악과 음주를 배우지 말고, 딸이 나이가 들어
장성하거든 돌아다니며 놀게 하지 말라." 하였다.

{語義} ○養>男之法(양남지법) : 남자[아들]를 기르는 방법 ○誑言(광언) : 거짓
말. ○莫>聽誑言(막청광언) : 거짓말을 듣지 못하게 함. '莫'은 금지사. ○育>

女之法(육녀지법) : 여자[딸]를 기르는 방법. ㅇ莫>敎2離1>母(막교이모) : 어머니를 떠나지 말게 함. ㅇ男年(남년) : 남자[아들]가 나이 듦. ㅇ長大(장대) : 장성함. ㅇ樂酒(악주) : 풍악과 음주. ㅇ女年(여년) : 여자[딸]가 나이 듦. ㅇ슈(령) : 시킴. 하게 함. ㅇ遊走(유주) : 돌아다니며 놂.

{意譯} 강태공이 말했다. "아들을 양육하는 방법은 거짓말을 듣지 말게 하고, 딸을 양육하는 방법은 어머니를 떨어지지 말게 하라. 아들이 장성하거든 풍악과 술 마시기를 익히지 말고, 딸이 장성하거든 돌아다니며 뛰놀지 말라."

{餘說} 이 대문은 《사자경(四字經)》의 문형으로 되어있는 것이 특징이다. 남자[아들]는 오로지 군자의 도인 인도(仁道)에 충실하여 그를 배우는 데 폐가 되는 거짓말을 듣지 못하게 하고, 또 술을 마시기를 관습화하고 풍류놀이를 일삼지 말게 해야 하며, 여자[딸]는 오로지 어머니의 품을 떠나지 말고 어머니의 감독하에 부도를 익혀야 하고, 아무 곳이나 돌아다니며 뛰놀지 못하게 해야 한다는 것이니, 조금 예스러운 점이 없지 않으나, 조심하는 마음가짐은 마땅히 이런 식이어야 할 것이다.

10-012/ 엄한 아버지는

嚴父出孝子。嚴母出巧女。
엄 부 출 효 자 　 엄 모 출 교 녀

{讀法} 嚴父는 出2孝子1하고. 嚴母는 出2巧女1니라.

• • •

{直譯} 엄한 아버지는 효도하는 아들을 길러내고, 엄한 어머니는 얌전한 딸을 길러낸다.

{語義} ○ 嚴父(엄부) : 엄격한 아버지. ○ 嚴母(엄모) : 엄격한 어머니. ○ 巧女 (교녀) : 얌전한 딸. 《예기(禮記) · 표기(表記)》에 "辭欲>巧"라 하고 〈주(注)〉에 "巧는 謂2順而說1也라" 하였다.

{意譯} 엄격한 아버지는 효도하는 아들을 길러내고, 엄격한 어머니는 얌전한 딸을 길러낸다.

{餘說} 이 문장은 남송(南宋)의 진원정(陳元靚)이 편찬한 《사림광기(事林廣記) · 전집(前集) · 제9권 · 경세격언(警世格言)》에 나온다.

10-013/ 아이를 어여쁘거든 매를 많이 주고

憐兒多與棒。憎兒多與食。
연 아 다 여 봉　중 아 다 여 식

{讀法} 憐>兒어든 多與>棒하고. 憎>兒어든 多與>食하라.

• • •

{直譯} 아이를 귀애(貴愛)하거든 매질을 많이 하고, 아이가 밉거든 밥을 많이 주라.

{語義} ○憐(련) : 어여삐 여김. 귀애(貴愛)함. ○與(여) : 주다. 여기서는 때린다는 뜻으로 쓰였음. ○棒(봉) : 몽둥이. 매. ○憎(증) : 밉게 여김. 미워함.

{意譯} 예쁜 자식 매 하나 더 때리고, 미운 자식 밥을 많이 먹인다.

{餘說} 우리나라 속담 몇 개를 소개하기로 한다.

烏飛梨落(오비이락)　　까마귀 날자 배 떨어진다.
牛耳讀>經(우이독경)　　쇠귀에 경 읽기.
馬耳東風(마이동풍)　　말귀에 봄바람.
塵合泰山(진합태산)　　티끌 모아 태산.
同價紅裳(동가홍상)　　같은 값이면 다홍치마.

10-014/ 아이를 예뻐하면

憐兒無功。憎兒得力。
연 아 무 공　 중 아 득 력

{讀法} 憐>兒無>功하고, 憎>兒得>力이니라.

· · ·

{直譯} 아이를 귀애(貴愛)하면 공이 없고, 아이를 미워하면 세력을 얻는다.

{語義} ○憐>兒(연아) : 아이를 귀애함. ○無>功(무공) : 공이 없음. ○憎>兒(증아) : 아이를 미워함. ○得>力(득력) : 일에 능숙함. 효력이 있음.

{意譯} 예뻐함을 받는 아이는 꿈을 이루지 못하고, 미움받는 아이는 제 스스로 힘을 키운다.

{餘說} 이 대문도 속담이다.

10-015/ 뽕나무 가지는

桑條從小鬱。長大鬱不屈。
상 조 종 소 울   장 대 울 불 굴

{讀法} 桑條는 從>小에 鬱이면, 長大에 鬱하야 不>屈이니라.

{直譯} 뽕나무 가지는 작을 때부터 우거지면, 자라서 커지면 우거
져서 굽혀지지 않는다.

{語義} ○ 桑條(상조) : 뽕나무 가지. ○ 從>小(종소) : 어릴 적부터. 여기서는
작은 가지 때부터. ○ 長大(장대) : 자라서 커짐. ○ 鬱(울) : 우거짐. ○ 不>屈
(불굴) : 굽히지 않음. 휘지 아니함.

{意譯} 뽕나무 가지는 작은 가지일 때 우거져버리면, 자라서 커졌
을 때 우거져 있는 가지가 휘어지지 않는다.

{餘說} 이 문장은 어려서부터 교육이 필요하다는 것을 강조한 것이다.

10-016/ 사람들은 모두 주옥을 사랑하지만

人皆愛珠玉。我愛子孫賢。
인 개 애 주 옥 아 애 자 손 현

{讀法} 人皆愛2珠玉1이나 我愛2子孫賢1이니라.

• • •

{直譯} 사람들은 모두 주옥을 사랑하지만, 나는 자손이 어짊을 사랑한다.

{語義} ○珠玉(주옥) : 진주와 구슬.

{意譯} 세상 사람들이 모두 진주와 구슬 같은 보배를 사랑하지만 나는 자손이 어진 것을 사랑한다.

{餘說} 재화(財貨)를 사랑하는 것도 당연한 일이나 재화와 자손이 어진 것을 놓고 어떤 것을 갖겠느냐 하면 자손 어진 것을 택하겠다는 말이다.

10-017/ 자식을 낳거든

內則曰。凡生子。擇於諸母與可者。必求其寬裕慈惠
내 칙 왈 범 생 자 택 어 제 모 여 가 자 필 구 기 관 유 자 혜

溫良恭敬愼而寡言者。使爲子師。子能食。敎以右手。
온 량 공 경 신 이 과 언 자 사 위 자 사 자 능 식 교 이 우 수

能言。男唯女兪。男鞶革女鞶絲。六年。敎之數與方名。
능 언 남 유 여 유 남 반 혁 여 반 사 육 년 교 지 수 여 방 명

七年。男女不同席。不共食。八年。出入門戶及卽席食。
칠 년 남 녀 부 동 석 불 공 식 팔 년 출 입 문 호 급 즉 석 식

必後長者。始敎之讓。九年。敎之數日。十年。出就外傅。
필 후 장 자 시 교 지 양 구 년 교 지 수 일 십 년 출 취 외 부

居宿於外。學書計。
거 숙 어 외 학 서 계

{讀法} 內則에 曰, 凡生>子에 擇於諸母와 與可者1하되, 必求2其寬
裕慈惠하고, 溫良恭敬하며, 愼而寡>言者1하여, 使爲2子師1니라. 子ㅣ
能食어든, 敎以2右手1하며. 能言이어든, 男唯女兪하며, 男鞶革이오, 女
鞶絲니라. 六年이어든, 敎2之數與方名1이니라. 七年이어든, 男女ㅣ 不>
同>席하며, 不>共>食이니라. 八年이어든, 出2入門戶1와 及卽席食에, 必
後2長者1하여, 始敎2之讓1이니라. 九年이어든, 敎2之數日1이니라. 十年이
어든, 出就2外傅1하여 居2宿於外1하며 學2書計1니라.

• • •

{直譯}《예기 · 내칙》에 말하기를, "대저 자식을 낳거든 고모 및 가
한 자를 택하되, 반드시 관유자혜하고 온량공경하며 조심하면서
말이 적은 자를 구해서 자식의 스승으로 삼게 할 것이다. 자식이
능히 밥을 먹거든 밥 먹기를 가르치되 오른손으로 하게 하며, 능히
말하거든 남자는 예하고 여자는 그렇습니다 하며, 남자는 띠를 가
죽으로 하고 여자는 띠를 실로 할 것이다. 여섯 살이 되거든 이에
수와 방위의 이름을 가르칠 것이다. 일곱 살이 되거든 남자와 여자
가 자리를 같이하지 아니하며 먹기를 같이하지 아니할 것이다. 여
덟 살이 되거든 문호를 드나듦과 곧 그 자리에서 밥을 먹음에 반
드시 어른의 뒤에 하게 하여, 비로소 이에 사양을 가르칠 것이다.
아홉 살이 되거든 이에 날짜 세기를 가르칠 것이다. 열 살이 되거

든 나가 바깥 스승에게 붙여서 밖에 거숙(居宿)하며 서법(書法)과
계산(計算)을 배우게 한다." 하였다.

{語義} ○〈內則(내칙)〉:《예기(禮記)》의 편명(篇名). 가정생활의 예법을 적
음. ○諸母(제모) : 여기서는 아버지의 자매. 고모(姑母). ○與(여) : 및. ○寬裕
(관유) : 도량(度量)이 크고 잘 사람을 받아들임. 관홍(寬弘). ○慈惠(자혜) : 자
애(慈愛)로운 은혜. ○溫良(온량) : 온화하고 선량함. ○恭敬(공경) : 조신(操身)
하고 삼감. 공손하고 근신함. '恭' 은 몸을 삼가는 일. '敬' 은 마음을 삼가는
일. ○男唯女兪(남유여유) : 남자는 '예' 하고 대답하고, 여자는 '그렇습니까'
하고 대답함. '唯' 는 '諾' 보다 공순한 말. ○鞶(반) : 띠. ○革(혁) : 여기서는
가죽으로 만든 띠. 혁대(革帶). ○絲(사) : 여기서는 실로 만든 띠. ○數與方
名(수여방명) : 수와 방위 이름. '與' 는 및. ○不>同>席(부동석) : 자리를 같이
하지 않음. ○不>共>食(불공식) : 먹기를 같이하지 아니함. ○門戶(문호) : 집
안에 드나드는 곳. 《옥편(玉篇)》門,人所2出入1也, 在2堂旁1曰>戶, 在2區域1
曰>門,《일체경음의(一切經音義)·제14권》一扇曰>戶, 兩扇曰>門, 又在2堂
室1曰>戶, 在2于宅區域1曰>門. ○卽席食(즉석식) : 곧 그 자리에서 밥을 먹
음. 한자리에서 밥을 먹음. ○長者(장자) : 어른. ○讓(양) : 사양(辭讓)함. ○出
就2外傅1(출취외부) : 밖에 나가서 밖의 스승에 붙어서 배움. ○居2宿於外1(거
숙어외) : 밖에서 거하며 잠. 밖에서 먹고 자고 함. ○書計(서계) : 서법(書法)과
계산(計算). 육예(六藝) 가운데 육서(六書)와 구수(九數)의 한 과목이다.

{意譯}《예기·내칙》에 말했다. "무릇 자식을 낳거든 고모 및 마땅
한 자를 고르되, 반드시 그 관유자혜하고 온량공경하며 조심하면

서 말이 적은 자로 하여 자식의 스승을 삼게 한다. 자식이 능히 밥을 먹거든 밥 먹기를 가르치되 오른손으로 하게 하며, 능히 말하거든 남자는 '예' 하고, 여자는 '그렇습니까' 하고 대답하게 하며, 남자는 띠를 혁대로 하고 여자는 띠를 실띠로 한다. 여섯 살이 되거든 자식을 가르치되 셈하기 및 방위 이름을 가르친다. 일곱 살이 되거든 남녀가 자리를 같이하지 않으며 먹기를 같이 않는다. 여덟 살이 되거든 문을 드나들 때 및 한 자리에서 밥을 먹을 때에 반드시 어른을 먼저하고 뒤에 하여 비로소 자식을 가르치되 사양하는 마음으로 가르친다. 아홉 살이 되거든 자식을 가르치되 날짜 가는 것으로 한다. 열 살이 되거든 나가서 밖의 스승에 붙어서 밖에서 살면서 서법과 계산을 배울 것이다."

{餘說} 이 대문은 《예기·내칙》에 있는 글이다. 현대 생활과 맞지 않는 내용이니, 이 글 자체를 역사적 유물로 보기 바랄 뿐이다.

10-018/ 방덕공 계자시

龐德公誡子詩云。凡人百藝好隨身。賭博門中莫去
방 덕 공 계 자 시 운   범 인 백 예 호 수 신   도 박 문 중 막 거

親。能使英雄爲下賤。解敎富貴作飢貧。衣衫襤褸親朋
친 능 사 영 웅 위 하 천   해 교 부 귀 작 기 빈   의 삼 남 루 친 붕

笑。田地消磨骨肉嗔。不信但看鄕黨內。眼前衰敗幾多
소   전 지 소 마 골 육 진   불 신 단 간 향 당 내   안 전 쇠 패 기 다

人。一樣人身幾樣心。一般茶飯一般人。同時天光同時
<small>인 일 양 인 신 기 양 심 일 반 다 반 일 반 인 동 시 천 광 동 시</small>
夜。幾人富貴幾人貧。君子貧時有禮義。小人乍富便欺
<small>야 기 인 부 귀 기 인 빈 군 자 빈 시 유 예 의 소 인 사 부 변 기</small>
人。東海龍王常在世。得時休笑失時人。大家忍耐和同
<small>인 동 해 용 왕 상 재 세 득 시 휴 소 실 시 인 대 가 인 내 화 동</small>
過。知他誰是百年人。瘦地開花晚。貧窮發福遲。莫道
<small>과 지 타 수 시 백 년 인 수 지 개 화 만 빈 궁 발 복 지 막 도</small>
蛇無角。成龍也未知。但看天上月。團圓有缺時。
<small>사 무 각 성 룡 야 미 지 단 간 천 상 월 단 원 유 결 시</small>

{讀法} 龐德公誠子詩에 云, 凡人이 百藝를 好>隨>身이나 賭博門中
은 莫2去親1하라. 能使2英雄1으로 爲2下賤1하고 解敎2富貴1로 作2飢
貧1하니라. 衣衫이 襤褸하여 親朋이 笑하고 田地가 消磨하야 骨肉이 嗔하
리라. 不信커든 但看2鄕黨內1하라. 眼前에 衰敗가 幾多人인가. 一樣人
身이나 幾樣心인고? 一般茶飯이오 一般人이라. 同時天光이오 同時夜
니라. 幾人富貴오 幾人貧이오. 君子는 貧時에 有2禮義1요, 小人은 乍
富에 便欺2人이라. 東海龍王은 常在>世니 得>時에 休>笑2失>時人1
하라. 大家는 忍耐하여 和同過니라. 知2他에 誰是百年人1이라. 瘦地에
開>花晚하고 貧窮에 發>福遲니라. 莫道2蛇無1>角하라. 成>龍에 也未>
知. 但看2天上月1하라, 團圓에 有2缺時1니라.

{語義} ○龐德公(방덕공) : 방공(龐公)이라고 함. 생몰 년대 미상. 후한(後漢)
말기의 은사(隱士)로, 자(字)는 자어(子魚)·상장(尙長)이고, 양양(襄陽, 지금의

호북성湖北省 양양시襄陽市) 출신으로, 양양 일대에 은거하던 사마휘·제갈량·방통·서서 등의 인재들과 친밀하게 지내며 세상사를 토론하였고, 후일 녹문산(鹿門山)에 은거해서 약초를 캐면서 생을 마감하였음. ○誡(계) : 훈계하다. 신신당부하다. ○隨>身(수신) : 몸에 지님. 휴대함. ○賭博(도박) : 노름. 돈내기. ○門中(문중) : 집안사람. ○去親(거친) : 가서 친함. ○解敎(해교) : 앞 구의 '能使'와 대를 이루어 '…되게 할 수 있다'는 뜻이다. 여기서 '解'는 '…할 수 있다'의 뜻으로, '能'과 같고 '敎'는 '…에게 …하다'의 뜻으로 '使'와 같다. ○飢貧(기빈) : 굶주리고 가난함. ○衣衫(의삼) : 홑옷, 또는 옷을 두루 이르는 말. ○襤褸(남루) : 옷이 낡아서 너덜너덜한 상태를 형용하는 말. ○衣衫襤褸(의삼남루) : 옷이 낡아 해진 상태를 형용하는 말. ○親朋(친붕) : 친척과 붕우. ○消磨(소마) : 사라져 없어짐. 마멸됨. ○骨肉(골육) : 뼈와 살. 부모·형제·자녀처럼 매우 가까운 사이를 비유하는 말. ○嗔(진) : 성냄. ○鄕黨(향당) : 동향(同鄕) 사람. ○衰敗(쇠패) : 쇠하고 망가짐. 쇠락하고 손상됨. ○幾多(기다) : 얼마. 몇. ○一樣(일양) : 같은 모양. ○茶飯(다반) : 음식을 이르는 말. ○乍(사) : 잠깐. ○東海龍王(동해용왕) : 동서남북을 지배하는 사해(四海) 용왕 중 우두머리로, 이름은 광덕왕(廣德王) 오광(敖廣)이며, 바다의 권속(眷屬)을 거느리고 비와 바람을 다스린다고 함. ○得>時(득시) : 때를 만남. ○失>時(실시) : 때를 놓침. ○大家(대가) : 우리. 우리들. ○和同(화동) : 화목하게 마음을 합침. 서로 어울려 한 패가 됨. ○發福(발복) : 운이 틔어서 복이 닥침. ○缺(결) : 이지러지다. 달이 기울다.

{對譯} 龐德公〈誡子詩〉云 방덕공(龐德公)의 〈계자시(誡子詩)〉에 이르기를,

凡人百藝好隨身
범 인 백 예 호 수 신

사람이 온갖 재주를 몸에 지니는 건 좋으나,

賭博門中莫去親
도 박 문 중 막 거 친

노름하는 문중에는 절대로 가서 친하지 말라.

能使英雄爲下賤
능 사 영 웅 위 하 천

노름은 영웅을 천민이 되게 할 수도 있고,

解敎富貴作飢貧
해 교 부 귀 작 기 빈

부귀한 사람을 굶주리고 가난하게 할 수 있다.

衣衫襤褸親朋笑
의 삼 람 루 친 붕 소

옷차림이 너저분하니 친한 친구들이 비웃고,

田地消磨骨肉嗔
전 지 소 마 골 육 진

논밭이 점점 줄어드니 부모 형제가 화를 낸다.

不信但看鄕黨內
불 신 단 간 향 당 내

믿지 못하겠거든 단지 마을 안을 살펴보라!

眼前衰敗幾多人
안 전 쇠 패 기 다 인

눈앞에 도박에 패망해 버린 사람이 얼마나 많은가!

一樣人身幾樣心
일 양 인 신 기 양 심

같은 사람의 몸일지라도 마음은 제각기 다르지만,

一般茶飯一般人
일 반 다 반 일 반 인

똑같은 차와 음식을 먹는 같은 사람이고,

同時天光同時夜
동 시 천 광 동 시 야

같은 시간에 날이 밝고 같은 시간에 밤이 오지만,

幾人富貴幾人貧
기 인 부 귀 기 인 빈

몇 사람은 부귀하며 몇 사람은 가난하다.

君子貧時有禮義
군 자 빈 시 유 례 의

군자는 가난할 때도 예의가 있으나,

小人乍富便欺人
소 인 사 부 편 기 인

소인은 부유하게 되자마자 사람을 깔본다.

東海龍王常在世
동 해 용 왕 상 재 세

동해용왕은 언제나 세상에 계시니,

得時休笑失時人
득 시 휴 소 실 시 인

때를 얻었을 때 때를 잃은 사람을 비웃지 말라.

大家忍耐和同過
대 가 인 내 화 동 과

함께 참고 견디며 세월 따라 지내다 보면,

知他誰是百年人
지 타 수 시 백 년 인

사람 중에 누가 백 살을 사는지 알게 될 것이다.

瘦地開花晚
수 지 개 화 만

메마른 땅에는 꽃이 늦게 피고,

貧窮發福遲
빈 궁 발 복 지

가난하고 어려운 사람은 발복이 더디다.

莫道蛇無角
막 도 사 무 각

그러나 뱀에 뿔이 없다고 말하지 말지니,

成龍也未知
성 룡 야 미 지

그 뱀이 용이 될지는 알 수 없는 법이다.

但看天上月
단 간 천 상 월

단지 하늘 위의 달을 보더라도,

團圓有缺時
단 원 유 결 시

둥글면 이지러질 때가 있느니라.

10-019/ 만사는 하늘에 달려있어

萬事由天莫强求。何須苦苦用心謀。三餐飯內休胡
만 사 유 천 막 강 구   하 수 고 고 용 심 모   삼 찬 반 내 휴 호

想。得一帆風便可收。生事事生何日了。害人人害幾時
상   득 일 범 풍 변 가 수   생 사 사 생 하 일 료   해 인 인 해 기 시

休。冤家宜解不宜結。各自回頭看後頭。
휴   원 가 의 해 불 의 결   각 자 회 두 간 후 두

{讀法} 萬事由>天하니 莫2强求1하라 何須苦苦用>心謀리오? 三餐飯
內에 休2胡想1하라 得2一帆風1이면 便可>收리라. 生>事事生이니 何日
了리오? 害>人人害리니 幾時休리오? 冤家를 宜解오 不2宜結1하라 各自
回>頭看2後頭1니라.

{語義} ○强求(강구) : 억지로 구함. 무리하게 요구함. ○苦苦(고고) : 굳이.
기어코. 간절하게. 애써. 힘들게. ○休(휴) : 그만두다. ○胡想(호상) : 쓸데없

는 생각. ○帆風(범풍) : 돛에 바람이 붊. ○生>事事生(생사사생) : 일을 만들면 일이 생긴다. 본서 〈존심편(存心篇)〉〔07-081〕에서 "일을 만들면 일이 생기고, 일을 덜면 일이 줄어든다.〔生事事生, 省事事省.〕"라고 하였다. ○冤家(원가) : 원수진 사람. ○回>頭(회두) : 고개를 돌림. 되돌아봄.

{對譯}

萬事由天莫强求
만 사 유 천 막 강 구
만사는 하늘에 달려있어 억지로 구하지 말라.

何須苦苦用心謀
하 수 고 고 용 심 모
어찌 그토록 애써 마음을 써서 꾀하려 하는가?

三餐飯內休胡想
삼 찬 반 내 휴 호 상
세 끼 밥을 먹으면 쓸데없는 생각을 말며,

得一帆風便可收
득 일 범 풍 편 가 수
한번 순풍 만났으면 돛을 거둘 수 있으리라.

生事事生何日了
생 사 사 생 하 일 료
일을 만들면 일이 생기니 언제 끝이 나며,

害人人害幾時休
해 인 인 해 기 시 휴
남을 해치면 그가 나를 해치니 어느 때나 그칠까?

冤家宜解不宜結
원 가 의 해 부 의 결
원수는 마땅히 풀어야지 더 맺어서는 안 되니,

各自回頭看後頭
각 자 화 두 간 후 두
각자가 고개를 돌려 뒷일을 돌아보라.

10-020/ 참새는 쪼고는 사방을 둘러보고 먹고

雀啄四顧食。燕寢無疑心。量大福亦大。機深禍亦深。
작 탁 사 고 식　연 침 무 의 심　양 대 복 역 대　기 심 화 역 심

{讀法} 雀啄에 四顧>食하고 燕寢에 無2疑心1이라. 量大면 福亦大니
機深하면 禍亦深이라.

• • •

{直譯} 참새는 땅에 떨어져 있는 모이를 쪼고는 사방을 둘러보고
먹고, 제비는 사람의 집에 자면서 의심이 없다. 도량이 크면 복 또
한 크고, 기심(機心)이 깊으면 화(禍) 역시 깊다.

{語義} ○雀(작) : 참새. ○啄(탁) : 쪼다. ○燕(연) : 제비. ○寢(침) : 잠자다.
○四顧(사고) : 사방을 둘러봄. ○機心(기심) : '機械之心'의 준말로, 간교하
게 속이거나 책략을 꾸미는 마음.

{意譯} 참새는 사람이 땅에 떨어뜨린 곡식을 쪼고는 사방을 살핀
다음에 먹는다. 제비는 사람의 집 처마에 자면서도 의심하는 마음
이 없다. 도량이 크면 복 또한 크고, 기심(機心)이 심하면 재앙 역
시 심할 것이다.

{餘說} 이 시는 명(明)나라 때 사람 진전지(陳全之, 1512~1580)가 편찬한
《봉창일록(蓬窗日錄)·제7권》에 있는 〈벽시사절(壁詩四絶)〉 중의 네 번째
이다. 이미 〔07-045〕의 {餘說}에서 간략히 소개한 바 있다. 〈벽시사절
(壁詩四絶)〉의 나머지 1~3번 시는 다음과 같다. 각 절구에서 2번·4번
구의 마지막 밑줄 친 글자가 운자(韻字)이다.

鵲噪未爲吉
작 조 미 위 길
까치가 지저귄다고 길하지 않으며

鴉鳴豈是凶
아 명 기 시 흉
까마귀가 운다고 어찌 흉하겠는가?

人間凶與吉
인 간 흉 여 길
인간의 흉한 운수와 길한 운수는

不在鳥音中
부 재 조 음 중
새 울음소리에 달려 있지 않다네.

耕牛無宿食
경 우 무 숙 식
밭 가는 소는 자지도 먹지도 못하는데

倉鼠有餘糧
창 서 유 여 량
곳간의 쥐들은 먹을 것이 남아돈다네.

萬事分已定
만 사 분 이 정
모든 일에 분수가 벌써 정해져 있는데

浮生空自忙
부 생 공 자 망
덧없는 인생은 공연히 절로 바쁘도다.

翠死因毛貴
취 사 인 모 귀
물총새가 죽는 것은 깃털이 귀하기 때문이고

龜亡爲殼靈
구 망 위 각 령
거북이 죽는 것은 껍질이 영험하기 때문이니,

不如無用物
불 여 무 용 물
오히려 아무 데도 쓸 수 없는 물건이 되어

安樂過平生
안 락 과 평 생
편안하고 즐겁게 평생을 보내는 것만 못하리.

機深禍亦深
기 심 화 역 심
속이는 마음이 깊으면 재앙 역시 깊다네.

제**11**편

성심편(省心篇)

이 편은 마음을 살피는 데 관한 글을 모은 것으로 모두 255조목이다.

11-001/ 남모르는 법은 더디지만 새지 않고

資世通訓云。陰法遲而不漏。陽憲速而有逃。
자 세 통 훈 운 음 법 지 이 불 루 양 헌 속 이 유 도

{讀法} 資世通訓에 云, 陰法은 遲하나 而不>漏하고 陽憲은 速하나 而
有>逃니라.

• • •

{直譯} 《자세통훈》에 이르기를, "어두운 법은 늦지만 새지 않고, 밝
은 법은 신속(迅速)하지만 벗어날 수 있다." 하였다.

{語義} ○《資世通訓(자세통훈)》: 책 이름. 명 태조 주원장(朱元章)이 저술하
여 홍무(洪武) 8년[1375년]에 간행한 책으로, 사회적 신분에 따른 마땅히 해
야 할 행위와 법도를 기술하였음. ○陰法(음법): 음성적(陰性的)인 법. 드러
나지 않는 하늘의 법. ○陽憲(양헌): 양성적(陽性的)인 법. 드러난 세상의 법.

{意譯} 《자세통훈》에 이르기를 "드러나지 않는 하늘의 법은 집행이 더디지만 놓치는 일이 없고, 드러난 세상의 법은 집행이 신속하지만 놓치는 게 있다."

{餘說} 이 문장의 출처인 《자세통훈》에 위 문장이 포함된 다음과 같은 내용이 나온다: 朕이 爲2謁者1하야 曰, 方今亦有2富而頑하고 貧而良者1한데 鬼神이 何不下以2富窮1으로 報>之上한가? 曰, 陰法은 遲而不>漏하고 陽憲은 速而有>逃하니 此等之徒는 非>身이면 卽子에 有2不>可>免者1하니이다.〔짐이, 알현을 청한 자에게 말하기를, "지금 부유하면서도 완고(頑固)하고, 가난하면서도 선량(善良)한 자들이 있는데, 귀신은 어찌하여 부유함과 가난함으로써 그들에게 보답하지 않는 것인가?"라고 하자, 알자가 대답하기를, "드러나지 않는 하늘의 법은 갚음이 더디지만 빠뜨리는 일이 없고, 드러난 세상의 법은 갚음이 신속하지만 빠져나가는 경우가 있으니, 이러한 무리들은 그 자신이 직접 갚음을 겪지 않으면, 그 자식들 중에 반드시 그 죄를 면할 수 없는 자가 있을 것입니다."라 하였다.〕

11-002/ 드러난 법망은 성글어서 새기 쉽고

陽網疎以易漏。陰網密以難逃。
양 망 소 이 이 루   음 망 밀 이 난 도

{讀法} 陽網은 疎하야 以易>漏하고 陰網은 密하야 以難>逃니라.

···

{直譯} 양망은 성글어서 새기 쉽고, 음망은 촘촘하여 벗어나기 어렵다.

{語義} ○陽網(양망) : 드러난 법망. ○陰網(음망) : 남모르는 법망.

{意譯} 드러나 보이는 법망은 엉성하여 빠져나가기 쉽고, 남모르는 법망은 촘촘하여 달아나기 어렵다.

{餘說} 다른 판본에는 "陽網은 密하나 而易>漏하고 陰網은 疎하나 而難>逃니라.〔양망은 빽빽하나 새기 쉽고, 음망은 성글지만 도망가기 어렵다.〕"로 되어있는 것도 있다.

11-003/ 흠이 없는 구슬은

景行錄云。無瑕之玉。可以爲國瑞。孝弟之子。可以
경 행 록 운 무 하 지 옥 가 이 위 국 서 효 제 지 자 가 이
爲家寶。
위 가 보

{讀法} 景行錄에 云, 無>瑕之玉은 可3以爲2國瑞1요, 孝弟之子는

可₃以爲₂家寶₁니라.

• • •

{直譯} 《경행록》에 이르기를, "흠이 없는 구슬은 이로써 나라의 보배가 될 수 있고, 부모에게 효도하고 형에게 공손한 자식은 이로써 가문의 보배가 될 수 있다." 하였다.

{語義} ○ 無>瑕之玉(무하지옥) : 흠집이 없는 구슬. 하자가 없는 구슬. 하자(瑕疵)는 옥의 티. 결점. ○ 國瑞(국서) : 나라의 서옥(瑞玉). 국보(國寶)와 같은 말이다. 나라의 구실. ○ 孝弟(효제) : 부모에게 효도하고 형장(兄長)에게 공손함. 弟는 悌와 같다. ○ 家寶(가보) : 가문의 보배.

{意譯} 《경행록》에 말했다. "티가 없는 옥은 그것을 나라의 보배가 될 수 있고, 부모 형제를 잘 섬기는 자식은 이로써 그 가문의 보배가 될 수 있다."

{餘說} 송(宋) 임포(林逋)의 《성심록(省心錄)》과, 역시 송(宋) 이방헌(李邦獻)의 《성심잡언(省心雜言)》에 이 장과 비슷한 구절이 있다 : "無瑕之玉, 可以爲國器. 孝悌之子, 可以爲家瑞.〔흠이 없는 옥은 나라의 보기(寶器)가 될 수 있고, 효성스럽고 공손한 자식은 집안의 서옥(瑞玉)이 될 수 있다.〕"

11-004/ 보화는 쓰면 없어질 수 있지만

景行錄云。寶貨用之有盡。忠孝享之無窮。
경 행 록 운 보 화 용 지 유 진 충 효 향 지 무 궁

{讀法} 景行錄에 云, 寶貨는 用>之有>盡하되, 忠孝는 享>之無>窮이니라.

• • •

{直譯} 《경행록》에 이르기를, "보화는 이는 쓰면 다할 수 있지만, 충효는 이를 누려도 다할 수 없다." 하였다.

{語義} ○寶貨(보화) : 보물. ○盡(진) : 다함. ○享(향) : 차지함. 누림. ○窮(궁) : 다함. 끝남.

{意譯} 《경행록》에 말했다. "보물은 쓰면 없어지지만, 충성과 효도는 누려도 다함이 없다."

{餘說} 금은보화(金銀寶貨) 같은 물질적인 것은 그것을 쓰게 되면 언젠가는 다 없어지나, 효제충신(孝悌忠信) 같은 정신적인 것은 누리고 누려도 없어지지 않는다는 말이다.

11-005/ 집안이 화목하면

家和貧也好。不義富如何。但存一子孝。何用子孫多。
가 화 빈 야 호　불 의 부 여 하　단 존 일 자 효　하 용 자 손 다

{讀法} 家和면 貧也好어니와, 不>義면 富如何오? 但存2一子1孝면, 何>用2子孫多1리오?

• • •

{直譯} 집안이 화목하면 가난하여도 좋으려니와 의롭지 못하면 돈이 많은들 무엇 할까? 오직 한 자식만 두었어도 그 아들이 효도한다면 자손이 많을 필요가 있겠는가?

{語義} ○但(단) : 단지. 오직. ○不>義(불의) : 의리에 어그러짐. 인도에 어긋남. ○家和(가화) : 집안이 화목함. ○如何(여하) : 어찌할꼬? 무엇 하리오? ○何用(하용) : …할 필요가 있겠는가?

{意譯} 집안이 화목하면 가난해도 좋거니와 만일 의리에 어그러지면서 부자가 된들 무엇 하겠는가? 오직 아들 하나만 두었어도 그 아들이 효도한다면, 자손이 많을 필요가 있겠는가?

{餘說} 이 대문은 오언절구(五言絶句)의 한시이다.

　　家和貧也好,　　第一句 起

不>義富如何.　　第二句 承 何韻

但存2一子1孝,　　第三句 轉

何2用子孫多1.　　第四句 結 多韻

11-006/ 아버지가 근심하는 마음이 없는 것은

父不憂心因子孝。夫無煩惱是妻賢。言多語失皆因
부 불 우 심 인 자 효　부 무 번 뇌 시 처 현　언 다 어 실 개 인

酒。義斷親疎只爲錢。
주　의 단 친 소 지 위 전

{讀法} 父不2憂心1은 因2子孝1요, 夫無2煩惱1는 是妻賢이라. 言多語
失은 皆因>酒요, 義2斷親疎1는 只爲>錢이니라.

• • •

{直譯} 아버지가 근심하는 마음이 없는 것은 자식이 효도하기 때문
이고, 남편이 고민이 없는 것은 바로 아내가 어질기 때문이다. 말
이 많고 언어에 실수하는 것은 다 술 때문이고, 친척이나 타인 사
이에 의리가 끊어지는 것은 오직 돈 때문이다.

{語義} ○憂心(우심) : 근심하는 마음. ○因(인) : 까닭. 때문. ○煩惱(번뇌) :
욕정 때문에 심신이 시달림을 받아서 괴로움. ○是(시) : 바로. ○言語(언어)

: 말. 《설문(說文)》 直言曰>言, 論難曰>語. 《주례대사악주(周禮大司樂註)》 發端曰>言, 答述曰>語. 《석명(釋名)》 言宣也, 語敍也. '言'은 발언함. 말로 나타냄. '語'는 이야기함. 담화를 함. ○ 義斷(의단) : 친구나 친척 사이의 정을 끊음. ○ 親疏(친소) : 친하여 가까움과 친하지 못하여 성김. 여기서는 친척과 친구, 곧 '義2斷親疏1'는 '친척과 친구 사이의 정을 끊음'이 됨. ○ 爲(위) : 때문. 이유.

{意譯} 아버지가 근심하지 않는 것은 그 자식이 효도하기 때문이고, 남편이 욕정에 고민하지 않는 것은 바로 아내가 어질기 때문이다. 말이 많고 이야기에 실수가 많은 것은 모두 술 때문이고, 친척이나 친구 사이의 정이 끊어지는 것은 오직 돈 때문인 것이다.

{餘說} 이 대문은 칠언절구(七言絶句)의 한시다.

父不2憂心1因2子孝1,	第一句 起
夫無2煩惱1是妻賢.	第二句 承 賢韻
言多語失皆因>酒,	第三句 轉
義2斷親疏1只爲>錢.	第四句 結 錢韻

'賢 · 錢'은 압운(押韻)자이다.

11-007/ 이미 보통이 아닌 즐거움을 취했거든

景行錄云。旣取非常樂。須防不測憂。
경 행 록 운 기 취 비 상 락 수 방 불 측 우

{讀法} 景行錄에 云, 旣取2非>常樂1이어든 須防2不測憂1하라.

• • •

{直譯}《경행록》에 이르기를, "이미 보통이 아닌 즐거움을 취했거든 모름지기 예측하지 않았던 근심을 막아라." 하였다.

{語義} ㅇ旣(기) : 이미. ㅇ非>常(비상) : 보통이 아님. 심상치 아니함. ㅇ須(수) : 모름지기 …하여야 함. ㅇ不>測(불측) : 미루어 생각하기 어려움. 알기 어려움.

{意譯}《경행록》에 말했다. "이미 심상(尋常)치 않은 즐거움을 가졌거든 모름지기 예측할 수 없는 근심을 방비하라."

{餘說} 예사롭지 않은 즐거운 시간을 가졌으면 반드시 예상치 못하는 걱정이 있을지 모르니 이에 대비해야 한다는 말이다.

11-008/ 즐거움이 극도에 달하면

樂極悲生。
낙 극 비 생

{讀法} 樂極이면 悲生이니라.

· · ·

{直譯} 즐거움이 극도에 달하면 슬픔이 생긴다.

{語義} ○極(극) : 극도.

{意譯} 즐거움이 극도에 도달하면 슬픔이 생긴다. 즉 즐거움이 있
으면 괴로움이 있다.

{餘說} 이 문장은《회남자(淮南子)·도응훈(道應訓)》의 "夫物은 盛하면 而
衰하고, 樂이 極하면 則悲니라.〔어떤 존재이든지 성하면 쇠하고, 환락이 극
하면 슬픔이 따르기 마련이다.〕"라는 말과 비슷하다.

11-009/ 사랑을 받거든

得寵思辱。居安慮危。
득 총 사 욕   거 안 려 위

{讀法} 得>寵에 思>辱하고 居>安에 慮>危하라.

{直譯} 사랑을 받거든 욕이 돌아올까를 생각하고, 편안하게 살거든 위태로운 것을 생각하라.

{語義} ○得>寵(득총) : 특별한 사랑을 받음. 굄을 받음. ○思>辱(사욕) : 욕이 돌아올 것을 생각함. ○居>安(거안) : 편안히 살음. ○慮>危(려위) : 위험을 생각함. 위태로움을 생각함.

{意譯} 남에게 유달리 사랑을 받거든 앞으로 욕이 돌아올까 생각하고, 당장 편안히 살거든 앞으로 위험이 닥쳐올까 미리 염려하라.

{餘說} '寵'은 특별히 귀애(貴愛)를 받음을 말하는 것이나, 윗사람에게 사랑을 받음을 이르는 뜻을 가진 한자이다.

11-010/ 영화로움이 가벼우면

景行錄云。榮輕辱淺。利重害深。
경 행 록 운 영 경 욕 천 이 중 해 심

{讀法} 景行錄에 云, 榮輕辱淺이오, 利重害深이니라.

{直譯} 《경행록》에 이르기를, "영화가 가벼우면 욕되는 일도 적을 것이고, 이익이 크면 해되는 일도 심대할 것이다." 하였다.

{語義} ○榮(영) : 영화(榮華). ○輕(경) : 가벼움. ○淺(천) : 얕음. 적음. ○重(중) : 중대(重大). 큼. ○深(심) : 심대(深大). 큼.

{意譯} 《경행록》에 말했다. "자기가 누리고 있는 영화가 하찮으면 욕되는 일이 있어도 얕고 적을 것이고, 자기가 받는 이익이 중하고 크면 그만큼 해 되는 일도 깊고 클 것이다."

{餘說} 영화가 경하면 상대적으로 욕되는 일도 얕다는 것이다. 또 이익이 되는 것이 무거우면 상대적으로 해 되는 것도 깊고 크다는 것이다.

11-011/ 큰 명성에는 반드시 무거운 책임이 있고

景行錄云。盛名必有重責。大功必有奇勳。
경 행 록 운 성 명 필 유 중 책 대 공 필 유 기 훈

{讀法} 景行錄에 云, 盛名엔 必有2重責1이오, 大功엔 必有2奇勳1이니라.

．．．

{直譯} 《경행록》에 이르기를, "큰 명성에는 반드시 무거운 책임이 있고, 큰 공로에는 반드시 탁월한 공훈이 있다." 하였다.

{語義} ○盛名(성명) : 높은 명성. 큰 명예. ○大功(대공) : 큰 공로. 위대한 공적. ○奇勳(기훈) : 탁월한 공훈(功勳).

{意譯} 《경행록》에 말했다. "높은 명성에는 반드시 무거운 책임이 따르고, 위대한 공적에는 반드시 탁월한 공훈이 뒤따른다."

{餘說} 명성이 크면 그에 따르는 책임도 크고, 공로가 크면 그에 따르는 공훈도 크다는 것이다.

11-012/ 몹시 아끼면 반드시 몹시 써야 하고

景行錄云。甚愛必甚費。甚譽必甚毀。甚喜必甚憂。
경 행 록 운   심 애 필 심 비   심 예 필 심 훼   심 희 필 심 우
甚藏必甚亡。
심 장 필 심 망

{讀法} 景行錄에 云, 甚愛必甚費요, 甚譽必甚毀요, 甚喜必甚憂요,

甚藏必甚亡이니라.

• • •

{直譯} 《경행록》에 이르기를, "심히 아끼면 반드시 심히 허비하고, 심히 칭찬하면 반드시 심히 헐뜯을 것이고, 심히 기쁘면 반드시 심히 근심할 것이고, 심히 감추면 반드시 심히 없어질 것이다." 하였다.

{語義} ○費(비) : 과도히 소모(消耗)함. ○譽(예) : 칭찬함. 기림. ○毁(훼) : 험담함. 헐뜯음. ○藏(장) : 감춤. ○亡(망) : 없어짐. 잃음.

{意譯} 《경행록》에 말했다. "지나치게 아끼게 되면 반드시 지나치게 소비할 것이고, 지나친 칭찬은 반드시 반면에 지나친 험담이 있을 것이고, 지나친 기쁨은 반드시 지나친 근심이 있을 것이고, 지나치게 간수(看守)하면 반드시 지나치게 잃을 것이다."

{餘說} 과도한 애착은 과도한 소비를 가져온다는 것이다. 다음으로 과도히 칭찬하는 것은 뒤에서 그만큼 헐뜯는다는 것이다. 또 과도한 기쁨은 결국에는 반드시 커다란 근심이 닥치게 된다는 것이다. 또 몹시 감추면 반드시 감춘 곳을 잊어 찾지 못하고 잃게 된다는 것이고, 그러고 보면 결국 적당한 것이 좋다는 말에 귀착(歸着)되게 된다. 적당한 것은, 즉 중용(中庸)이다. 중용은 지극한 덕으로서 유교(儒敎)의 진수(眞髓)이다.

11-013/ 사랑은 번뇌를 낳으니

恩愛生煩惱。追隨大丈夫。亭前生瑞草。好事不如
은 애 생 번 뇌   추 수 대 장 부   정 전 생 서 초   호 사 불 여

無。
무

{讀法} 恩愛生2煩惱1하여 追2隨大丈夫1라. 亭前生2瑞草1어늘 好事
不>如>無니라.

• • •

{直譯} 사랑은 번뇌를 낳으니 대장부를 뒤따르라. 정자 앞에 상서
로운 풀이 난 것은 좋은 일이나 없는 것만 못하다.

{語義} ㅇ恩愛(은애) : 자애로움. 애정. 사랑. ㅇ煩惱(번뇌) : 욕정 때문에 심
신이 시달림을 받아서 괴로움. ㅇ追隨(추수) : 뒤에서 따라 좇음. 뒤를 따라
감. ㅇ大丈夫(대장부) : 사내답고 씩씩한 남자. 지조가 굳어 불의에 굽히지
않는 남자. 위장부(偉丈夫). ㅇ瑞草(서초) : 상서로운 풀. 명협(蓂莢). ㅇ好事
(호사) : 좋은 일. 일을 벌여놓기를 좋아함.

{意譯} "사랑은 번뇌만 생기게 하는구나" 하니, "대장부를 따를 뿐
입니다." 하였다. "정자 앞에 상서로운 풀이 자라니, 이것은 좋은 일
이지만 없는 것만 못하다." 하였다. 이 문장의 첫 번째 구와 두 번째
구는 당나라 사람 방현령(房玄齡, 579~648)과 그 아내 노씨(盧氏) 사

이의 대화이고, 세 번째 구와 네 번째 구는 북송(北宋) 사람 포증(包拯, 999~1062)이 개봉부윤(開封府尹)으로 있을 때 어떤 죄인을 심문(審問)하여 그 죄를 밝혀내자 사람들이 탄복하여 한 말이다.

{餘說} 이 대문은 오언절구의 한시다.

恩愛生2煩惱1,　　第1句 起

追2隨大丈夫1.　　第2句 承 夫韻

亭前生2瑞草1,　　第3句 轉

好事不>如>無.　　第4句 結 無韻

11-014/ 높은 낭떠러지를 보지 않으면

子曰。不觀高崖。何以知顚墜之患。不臨深淵。何以
자왈 불관고애 하이지전추지환 불임심연 하이

知沒溺之患。不觀巨海。何以知風波之患。
지몰닉지환 불관거해 하이지풍파지환

{讀法} 子ㅣ 日, 不>觀2高崖1면 何以知2顚墜之患1이며, 不>臨2深淵1이면 何以知2沒溺之患1이며, 不>觀2巨海1면 何以知2風波之患1이리오?

• • •

{直譯} 공자께서 말씀하시기를, "높은 언덕을 보지 않으면 어찌 떨

어지는 근심을 알 것이며, 깊은 못에 가지 않으면 어찌 물에 빠지는 근심을 알 것이며, 큰 바다를 보지 않으면 어찌 풍파의 근심을 알겠는가?" 하였다.

{語義} ○高崖(고애) : 높은 언덕. 높은 낭떠러지. ○何以(하이) : 어찌하여. ○顚墜(전추) : 추락함. 떨어짐. ○臨(임) : 어떤 장소에 나감. ○淵(연) : 못. ○沒溺(몰닉) : 물에 빠짐. ○巨海(거해) : 큰 바다. ○風波(풍파) : 풍랑(風浪). 바람과 물결.

{意譯} 공자께서 말씀하셨다. "높은 낭떠러지를 보아야 추락하는 걱정을 알 것이며, 깊은 못에 가까이 가보아야 물에 빠지는 걱정을 알 것이며, 큰 바다를 보아야 풍랑의 걱정을 알 수 있다."

{餘說} 이 대문은《공자가어(孔子家語)・곤서(困誓)》에 있는 말이다. 또 《설원(說苑)》에도 같은 말이 있다.

11-015/ 높은 산에 오르지 않으면

荀子云。不登高山。不知天之高也。不臨深谿。不知
순자운 부등고산 부지천지고야 불임심계 부지

地之厚也。不聞先王之遺言。不知學問之大也。
지지후야 불문선왕지유언 부지학문지대야

{讀法} 荀子에 云, 不>登2高山1이면 不>知2天之高1也요, 不>臨2深
谿1면 不>知2地之厚1也요, 不>聞2先王之遺言1이면 不>知2學問之
大1也니라.

• • •

{直譯} 《순자》에 이르기를, "높은 산에 오르지 않으면 하늘의 높은
것을 알지 못하고, 깊은 골짜기에 임해 보지 않으면 땅의 두터운
것을 알지 못하고, 선왕의 유언(遺言)을 듣지 않으면 학문의 큰 것
을 알지 못한다." 하였다.

{語義} ○《荀子(순자)》: 책 이름. 주(周)나라의 순경(荀卿)이 지음. 본서 〈정
기편〉 [05-010] 참조 바람. ○深谿(심계) : 깊은 골짜기. '谿'는 '溪'와 같
다. ○先王(선왕) : 고대의 성왕(聖王). ○遺言(유언) : 남긴 말. 죽은 자의 말.

{意譯} 《순자》에 말했다. "높은 산에 오르지 않고서는 하늘이 높다
는 것을 알지 못하고, 깊은 골짜기에 가보지 않고서는 땅이 두텁
다는 것을 알지 못하고, 고대 성왕(聖王)의 유언을 듣지 않고서는
학문의 크다는 것을 알지 못한다."

{餘說} 누구나 높은 산에 오르지 않고서는 하늘의 높음을 깨닫지 못한
다. 깊은 골짜기를 내려다보지 않고서는 대지(大地)의 두터움을 깨닫지
못한다. 옛 성왕의 말을 접해 보지 않고서는 학문의 광대(廣大)함을 깨

닫지 못한다. 이 대문은《순자 · 권학편》에 있는 글이다.

11-016/ 옛것을 미루어서

素書云。推古驗今。所以不惑。
소 서 운 추 고 험 금 소 이 불 혹

{**讀法**} 素書에 云, 推>古驗>今은, 所2以不1>惑이니라.

· · ·

{**直譯**}《소서》에 이르기를, "옛것을 추량(推量)하여 지금 것을 징험
(徵驗)하는 것은 미혹(迷惑)되지 않으려는 소행(所行)이다."하였다.

{**語義**} ㅇ《素書(소서)》: 책 이름. 본서〈순명편(順命篇) · 03-009〉참조 바
람. ㅇ推>古(추고): 옛것을 추측함. ㅇ驗>今(험금): 지금 것을 징험(徵驗)함.
ㅇ所以(소이): 소행(所行). 하는 바. 이유. 까닭. ㅇ不>惑(불혹): 미혹되지 않
음.

{**意譯**}《소서》에 말했다. "옛것을 미루어서 지금 것을 징험하는
것은 미혹되지 않기 위함이다."

{餘說} 이 대문의 전략(前略) 및 후략(後略) 부분을 소개하면 뜻이 확실해질 것이다:《소서(素書)·求2人之志1》에 癉>惡斥>讒은 所2以止1>亂이오, 推>古驗>今은 所2以不1>惑이오, 先揆後度은 所2以應1>卒이오, 設>變致>權은 所2以解1>結이니라.〔《소서·제3장·구인지지(求人之志)》에, "악인을 미워하고 참소를 물리치는 것은 어지러움을 멎게 하기 위함이고, 옛것을 미루어 지금 것을 징험하는 것은 미혹되지 않기 위함이고, 먼저도 헤아리고 뒤에도 헤아리는 것은 긴급한 상황에 대응하기 위함이고, 임기응변하고 권도(權道)를 쓰는 것은 맺힌 것을 풀기 위함이다." 이라 하였다.〕

11-017/ 미래를 알고 싶으면

欲知未來。先察已往。
욕 지 미 래　 선 찰 이 왕

{讀法} 欲>知2未來1ㄴ대, 先察2已往1이니라.

• • •

{直譯} 무엇인가 미래를 알고자 할진대, 먼저 이왕(已往)을 살필 것이다.

{語義} ○欲>知(욕지) : 알고자 함. ○未>來(미래) : 앞으로 오는 일. ○先察

(선찰) : 먼저 살핌. ㅇ已往(이왕) : 이미 지난 적. 이미 지난 일. '이왕지사(已往之事).'

{意譯} 무엇인가 앞으로 닥치는 일을 알고자 하거든 먼저 지난 일을 살펴볼 것이다.

{餘說} 《증광석시현문(增廣昔時賢文)》에 "觀>今에 宜鑑>古하고 無>古면 不>成>今이라.〔지금의 사정을 살피고자 하면 당연히 과거의 역사를 거울로 삼아야 한다. 만약 과거가 없다면 지금이 있을 수 없기 때문이다.〕"하였다.

11-018/ 밝은 거울로 모습을 살피고

子曰。明鏡所以察形。往古所以知今。
자 왈 명 경 소 이 찰 형   왕 고 소 이 지 금

{讀法} 子ㅣ 曰, 明鏡은 所2以察1>形이오, 往古는 所2以知1>今이니라.

• • •

{直譯} 공자께서 말씀하시기를, "밝은 거울은 모습을 살펴보는 바가 되고, 지나간 옛것은 지금을 아는 바가 된다." 하셨다.

{語義} ○明鏡(명경) : 밝은 거울. 맑은 거울. ○所以(소이) : 하는 바. ○察>形(찰형) : 모양을 살펴봄. ○往古(왕고) : 옛날. 예전. ○知>今(지금) : 이제를 앎, 현재를 앎.

{意譯} 공자께서 말씀하셨다. "맑은 거울로는 자신의 모습을 살필 수 있고, 옛날의 일들로써는 현재의 일을 알 수 있다."

{餘說} 《공자가어 · 관주편》에 "夫明鏡所以察形, 往古者所以知今."이라고 나온다.

11-019/ 지나간 일은 거울처럼 밝고

過去事明如鏡。未來事暗似漆。
과 거 사 명 여 경　 미 래 사 암 사 칠

{讀法} 過去事는 明如>鏡이오, 未來事는 暗似>漆이니라.

• • •

{直譯} 지나간 일은 밝기가 거울과 같고, 아직 오지 않은 일은 어둡기가 옻과 같다.

{語義} ○過去事(과거사) : 이미 지나간 일. 현재 이전의 일. ○未>來事(미래사) : 아직 오지 않은 일. 현재 이후에 닥쳐올 일. ○暗似>漆(암사칠) : 어둡기가 칠흑(漆黑) 같다. 아주 깜깜하다. '漆'은 빛깔이 까맣기 때문에 깜깜한 것을 비유함.

{意譯} 지나간 일은 밝기가 거울과 같아서 알기 쉽고, 앞으로 닥쳐올 일은 어둡기가 마치 옻과 같이 새까맣기에 알기 어렵다.

{餘說} 《증광석시현문(增廣昔時賢文)》에, "世事는 明如>鏡하고, 前程은 暗似>漆이니라.〔세상일은 밝기가 거울과 같고, 앞길은 어둡기가 칠흑과 같다.〕"라는 말이 나온다.

11-020/ 내일 아침 일을 오늘 저녁에

景行錄云。明朝之事。薄暮不可必。薄暮之事。哺時
경 행 록 운 　 명 조 지 사 　 박 모 불 가 필 　 박 모 지 사 　 포 시

不可必。
불 가 필

{讀法} 景行錄에 云, 明朝之事를 薄暮에 不>可>必이오, 薄暮之事를 哺時에 不>可>必이라.

• • •

{直譯}《경행록》에 말했다. "내일 아침 일을 오늘 저녁에 반드시 못할 것이고, 저녁때 일을 오후 네 시 경에 반드시 못할 것이다."

{語義} ○ 明朝(명조) : 내일 아침. ○ 薄暮(박모) : 땅거미. 황혼(黃昏). ○ 可>必(가필) : 기필(期必)할 수 있음. 단정(斷定)할 수 있음. ○ 哺時(포시) : 신시(申時). 오후 3시부터 5시까지의 사이.

{意譯}《경행록》에 말했다. "내일 아침 일을 오늘 저녁때 땅거미질 무렵에 꼭 그렇게 된다고 단정(斷定)하지 못할 것이고, 땅거미질 무렵의 일을 오후 서너시 경에 꼭 그렇게 된다고 단정하지 못할 것이다."

{餘說} '明朝·薄暮·哺時'는 다 때이다. '哺'는 신시(申時)라고 한다. 참고로, 지지(地支)로 표시된 옛 시각을 다음에 적어본다 : 자시(子時)는 오후 11시부터 오전 1시까지, 축시(丑時)는 오전 1시부터 오전 3시까지, 인시(寅時)는 오전 3시부터 오전 5시까지, 묘시(卯時)는 오전 5시부터 오전 7시까지, 진시(辰時)는 오전 7시부터 오전 9시까지, 사시(巳時)는 오전 9시부터 오전 11시까지, 오시(午時)는 오전 11시부터 오후 1시까지, 미시(未時)는 오후 1시부터 오후 3시까지, 신시(申時)는 오후 3시부터 오후 5시까지, 유시(酉時)는 오후 5시부터 오후 7시까지, 술시(戌時)는 오후 7시부터 오후 9시까지, 해시(亥時)는 오후 9시부터 오후 11시까지.

11-021/ 하늘에는 예측할 수 없는

天有不測風雲。人有朝夕禍福。
천 유 불 측 풍 운　인 유 조 석 화 복

{讀法} 天有2不>測風雲1하고, 人有2朝夕禍福1이니라.

• • •

{直譯} 하늘에는 예측할 수 없는 바람과 구름이 있고, 사람에게는
아침저녁으로 화와 복이 있다.

{語義} ○不>測(불측) : 헤아릴 수 없다. 예측할 수 없음. ○風雲(풍운) : 바람
과 구름. 천후(天候)의 험악한 것을 말함. ○朝夕(조석) : 아침저녁. 늘. 항상.
날마다. ○禍福(화복) : 재앙과 행복. 나쁜 일과 좋은 일.

{意譯} 하늘에는 예측하지 못할 천후(天候)의 험악함이 있고, 인간
에게는 항상 재앙과 행복이 있다.

{餘說} '朝夕(조석)'이 '旦夕(단석)'으로 된 곳도 있으나 뜻은 같다.

11-022/ 무덤 속에 들어가지 않고서는

未歸三尺土。難保百年身。已歸三尺土。難保百年墳。
미 귀 삼 척 토　난 보 백 년 신　이 귀 삼 척 토　난 보 백 년 분

{讀法} 未>歸2三尺土1하여는 難>保2百年身1이오, 已歸2三尺土1하여는
難>保2百年墳1이니라.

• • •

{直譯} 아직 무덤에 들어가지 않고서는 백 년 동안 몸을 보전키가
어려울 것이고, 이미 무덤에 들어가서는 백 년 동안 무덤을 보전키
가 어려울 것이다.

{語義} ○未(미) : 아직 …않음. ○三尺土(삼척토) : 무덤. ○難>保(난보) : 보
전하기 어려움. ○已(이) : 이미. ○墳(분) : 무덤.

{意譯} 아직 죽지 못해서 무덤에 들어가지 않고서는, 즉 살아 있어
서는 백 년 동안 몸을 보전하기가 어렵고, 이미 죽어서 무덤에 들
어가서는, 즉 죽은 뒤에 있어서는 백 년 동안 무덤을 보전하기가
어렵다.

{餘說} 이 대문은 오언절구(五言絕句)의 한시 형식으로 되어있다.

　　　未>歸2三尺土1,　　제1구 起

難>保2百年身1.　제2구 承 身韻

已歸2三尺土1,　제3구 轉

難>保2百年墳1.　제4구 結 墳韻

11-023/ 재주가 있으면

巧厭多勞拙厭閑。善嫌懦弱惡嫌頑。富遭嫉妬貧遭
교 염 다 로 졸 염 한　선 혐 나 약 오 혐 완　부 조 질 투 빈 조

辱。勤曰貪圖儉曰慳。觸目不分皆笑蠢。見機而作又疑
욕　근 왈 탐 도 검 왈 간　촉 목 불 분 개 소 준　견 기 이 작 우 의

奸。思量那件當教做。爲人難做做人難。寫得紙盡筆頭
간　사 량 나 건 당 교 주　위 인 난 주 주 인 난　사 득 지 진 필 두

乾。更寫幾句爲人難。
건　갱 사 기 구 위 인 난

{讀法}　巧厭2多勞1拙厭>閑이오, 善嫌2懦弱1惡嫌>頑이라. 富遭2嫉

妬1貧遭>辱이오, 勤曰2貪圖1儉曰>慳이라. 觸>目不>分皆笑>蠢하며,

見>機而作又疑>奸이라. 思2量那件1當教>做나, 爲>人難>做做>人

難이니라. 寫得>紙盡筆頭乾하니, 更寫2幾句1爲>人難이니라.

• • •

{直譯} 재주가 있으면 너무 수고로운 것을 싫어하지만 재주가 없으

면 한가함을 싫어하고, 선은 나약한 것을 싫어하며 악은 완강한 것

을 싫어한다. 부자는 질투를 만나지만 가난한 자는 곤욕을 만나고,

부지런하면 욕심을 부린다고 말하고 검소하면 아낀다고 말한다. 눈에 닿아도 분간 못하면 모두 어리석다고 웃으며, 조짐을 보고서 행동하면 또 간사하다고 의심한다. 그런 것들을 생각하여 마땅히 사람이 되도록 하여야 하니, 남을 사람 되게 하기도 어렵고 인재를 양성하기도 어렵다. 글을 베끼느라 종이는 다하고 붓끝은 말랐는데, 다시 몇 구를 베껴야 하니 사람 되기 어렵다.

{語義} ○巧(교) : 재주 있는 자. 교자(巧者). ○厭(염) : 싫어함. ○拙(졸) : 재주가 없는 자. 졸자(拙者). '巧'의 대(對). ○閑(한) : 한가함. ○嫌(혐) : 싫어함. ○儒弱(나약) : 약함. ○頑(완) : 완강함. ○嫉妬(질투) : 남을 시기함. ○辱(욕) : 곤욕(困辱). ○貪圖(탐도) : 욕심을 부리다. '貪婪(탐람)'으로 된 판본도 있는데, 뜻은 같다. ○慳(간) : 아끼다. ○觸>目(촉목) : 눈을 찌름. 눈에 닿음. ○蠢(준) : 어리석음. ○見>機而作(견기이작) : 조짐이나 낌새를 살펴보고 적절한 시기에 행동함. 《주역·계사(繫辭)·하(下)》에 나온다. ○疑>奸(의간) : 간사하다고 의심받음. ○那件(나건) : 그 한 건. 그 한 가지. ○做(주) : 만들다. 되다. 作과 같다. ○爲>人(위인) : 사람이 됨. ○做>人(주인) : 사람 되게 함. ○寫得(사득) : 베꼈기에. 썼기에. ○紙盡(지진) : 종이가 다함. ○筆頭乾(필두건) : 붓끝이 마름. ○幾句(기구) : 몇 구. ○爲>人(위인) : 남을 위함.

{意譯} 재주 있는 사람은 많은 수고로움을 싫어하고 재주 없는 사람은 한가함을 싫어한다. 착한 사람은 나약한 것을 싫어하고 악한 사람은 완강한 것을 싫어한다. 부유한 사람은 질투를 받고 가난한 사람은 곤욕을 받는다. 부지런한 사람을 욕심 부린다고 하고 검소

한 사람을 인색하다고 말한다. 눈에 닿아도 분간 못하면 모두들
어리석다고 빈정대며 조짐을 보고 행동하여도 간사하다고 의심
한다. 그러한 것들을 생각하여 마땅히 사람이 되게 하여야 하는
데, 사람 되도록 하기도 어렵고 사람 되기도 어렵다. 글을 쓰느라
종이는 다 써버리고 붓은 말랐는데도, 또 몇 구를 더 써야 하니 사
람 되는 일이 쉽지 않다.

{餘說} 이 대문의 문장 구조는 다음과 같다.

    ┌─ 巧厭2多勞1拙厭>閑,   閑韻
    └─ 善嫌2懦弱1惡嫌>頑.   頑韻

    ┌─ 富遭2嫉妬1貧遭>辱.
    └─ 勤曰2貪圖1儉曰>慳.   慳韻

    ┌─ 觸>目不>分皆笑>蠢,
    └─ 見>機而作又疑>奸.   奸韻

    ┌─ 思2量那件1當敎>做,
    └─ 爲>人難>做做>人難.   難韻

    ┌─ 寫得>紙盡筆頭乾,
    └─ 更寫2幾句1爲>人難.   難韻

다른 판본에는 위 문장의 마지막 두 구절을 떼어서 별도의 장으로 나
눈 경우도 있으나 내용으로 보아 한데 합치는 것이 옳을 것 같다.

11-024/ 상급 선비가 도를 들으면

老子曰。上士聞道。勤而行之。中士聞道。若存若亡。
노자왈 상사문도 근이행지 중사문도 약존약무

下士聞道。大笑之。不笑。不足以爲道。
하사문도 대소지 불소 부족이위도

{讀法} 老子ㅣ 曰, 上士는 聞>道면, 勤而行>之하고. 中士는 聞>道면, 若>存若>亡하며, 下士는 聞>道면, 大笑>之하나니, 不>笑면 不>足2以爲1>道니라.

• • •

{直譯} 노자가 말하기를, "상급의 선비는 도(道)에 관하여 들으면 부지런히 실행하고, 중급의 선비는 도에 관하여 들으면 존재를 인정하는 듯도 하고 하지 않는 듯도 하며, 하급의 선비는 도에 관하여 들으면 그것을 크게 비웃나니, 그들이 비웃지 않는다면 이로써 도가 될 만한 것이 못될 것이다." 하였다.

{語義} ○上士(상사) : 선비를 '上·中·下'로 삼분(三分)한 제1급의 선비. 덕이 높고 훌륭한 선비. ○勤而行>之(근이행지) : 부지런히 그것을 실천함. ○若>存若>亡(약존약무) : 마음속에 보존하기도 하고 잊어버리기도 함. 있는 것도 같고 없는 거도 같아서 헤아리기 어려움.

{意譯} 노자가 말했다. "상사(上士)는 도에 관하여 들으면 그것을 실행하려 하고, 중사는 도에 관하여 들으면 도가 존재하는 것 같이도 인정하고 없는 것 같이도 인정하여 반신반의하며, 하사는 도에 관하여 들으면 그것을 크게 비웃는다. 하사한테 비웃음을 받지 않는다면 그것을 도가 되기에는 부족한 것이다."

{餘說} 이 대문은 《노자도덕경 · 제40장》 전반부(前半部)에 있는 말이다. 노자의 도(道)가 중인의 귀에서 먼 것을 말한 것이다. "不足2以爲1> 道"가 생략된 판본도 있다.

11-025/ 아침에 도를 들으면

子曰。朝聞道。夕死可矣。
자 왈 조 문 도 석 사 가 의

{讀法} 子ㅣ 曰, 朝聞>道면, 夕死라도, 可矣니라.

• • •

{直譯} 공자께서 말씀하시기를, "아침에 도를 들으면 저녁에 죽어도 좋다." 하셨다.

{語義} ○ 聞>道(문도) : 道를 듣고 깨달음. ○ 朝夕(조석) : 짧은 시간의 경과
를 뜻한다. ○ 可矣(가의) : 좋다. 유감(遺憾)이 없다.

{意譯} 공자께서 말씀했다. "아침에 도를 들어서 깨닫는다면 저녁
에 죽어도 유감이 없다."

{餘說} 《논어 · 이인편(里仁篇) · 제8장》에 있는 말이다. 공자의 위대한
격언(格言)이다. 인간이 인도(人道)를 깨달았다면, 곧 죽어도 여한이 없
다는 것이다.

11-026/ 나무를 잘 길러 주게 되면

景行錄云。木有所養。則根本固。而枝葉茂。棟梁之
경 행 록 운　목 유 소 양　즉 근 본 고　 이 지 엽 무 동 량 지
材成。水有所養。則泉源壯。而流派長。灌漑之利博。人
재 성　수 유 소 양　즉 천 원 장 이 유 파 장 관 개 지 리 박 인
有所養。則志氣大。而識見明。忠義之士出。可不養哉。
유 소 양 즉 지 기 대 이 식 견 명 충 의 지 사 출 가 불 양 재

{讀法} 景行錄에 云, 木有>所>養이면, 則根本固, 而枝葉茂하며, 棟
梁之材ㅣ 成하고, 水有>所>養이면, 則泉源壯, 而流派長하여, 灌漑之
利ㅣ 博하고, 人有>所>養이면, 則志氣大, 而識見明하여, 忠義之士ㅣ
出하나니 可>不>養哉아?

・・・

{直譯}《경행록》에 이르기를, "나무를 기르는 바가 있으면 뿌리가 단단하고 가지와 잎이 무성하여 마룻대나 들보의 재목이 되게 하고, 물을 기르는 바가 있으면 샘의 근원이 힘차고 흐르는 물줄기가 길어서 관개(灌漑)의 이익이 넓고, 사람을 기르는 바가 있으면 뜻과 기운이 크고 식견이 밝아서 충의의 선비가 나오나니, 기르지 않을 수 있을까?" 하였다.

{語義} ○所>養(소양) : 기르는 바. 기르면. ○根本(근본) : 뿌리. 사물이 생겨나는 본바탕. ○固(고) : 움직이지 아니함. 단단함. ○枝葉(지엽) : 가지와 잎. ○茂(무) : 무성함. ○棟梁(동량) : 마룻대와 들보. ○成(성) : 이룸. ○泉源(천원) : 샘물의 근원. ○壯(장) : 왕성함. 힘참. ○流派長(유파장) : 흘러내려가는 물줄기가 김. ○灌漑之利(관개지리) : 논에 물을 대는 이익. ○博(박) : 넓음. ○志氣(지기) : 의지와 기개. ○識見(식견) : 학식과 견문. ○忠義之士(충의지사) : 군국(君國)에 대하여 충성을 다하는 선비. ○可>不>養哉(가불양재) : 기르지 아니할 수 있겠는가?

{意譯}《경행록》에 말했다. "나무를 잘 기르면 뿌리가 튼튼하여 움직이지 않기 때문에 가지와 잎사귀가 무성하여 마룻대와 들보의 재목이 되고, 물을 잘 나오게 하면 샘물의 근원이 왕성하여 흐르는 물줄기가 길어서 논에 물을 대는 이익이 넓고, 사람을 잘 기르면 의지와 기개가 크고 학식과 견문이 밝아서 나라에 충성하는 선

678 개정증보 명심보감강의

비가 나오게 될 것이니, 기르지 않을 수 있겠는가?"

{餘說} 이 대문은 열거형(列擧型)의 문장으로 '木·水·人'의 세 가지를 들어 원인과 경과와 결과를 말한 삼단 논법의 형식을 빌려 전개하고 있다.

景行錄에 云,

木有>所>養이면 則根本固, 而枝葉茂하며, 棟梁之材ㅣ成하고,

水有>所>養이면 則泉源壯, 而流派長하여, 灌漑之利ㅣ博하고,

人有>所>養이면 則志氣大, 而識見明하여 忠義之士ㅣ出하나니,

可>不>養哉아?

11-027/ 거울로는 얼굴을 비추고

直言訣曰。鏡以照面。智以照心。鏡明則塵埃不染。
직 언 결 왈   경 이 조 면   지 이 조 심   경 명 즉 진 애 불 염

智明則邪惡不生。人之無道也。如車無輪。不可駕也。
지 명 즉 사 악 불 생   인 지 무 도 야   여 거 무 륜   불 가 가 야

人而無道。不可行也。
인 이 무 도   불 가 행 야

{讀法} 直言訣에 曰, 鏡以照>面하고, 智以照>心하나니. 鏡明則塵埃不>染하고, 智明則邪惡不>生이니라. 人之無>道也는, 如2車無1>輪하여, 不>可>駕也며. 人而無>道면, 不>可>行也니라.

● ● ●

{直譯}《직언결》에 말하기를, "거울은 이로써 얼굴을 비추고 지혜는 이로써 마음을 비추나니, 거울이 밝으면 티끌에 더럽혀지지 않고 지혜가 밝으면 사악(邪惡)이 생기지 않는다. 사람이 도가 없는 것은 수레에 바퀴가 없는 것과 같아서 탈 수 없으며 사람이면서 도가 없으면 행할 수 없다." 하였다.

{語義} ㅇ《直言訣(직언결)》: 책 이름. 기타는 미상. ㅇ照>面(조면) : 얼굴을 비춤. ㅇ塵埃(진애) : 티끌. ㅇ邪惡(사악) : 간사하고 악독(惡毒)함. ㅇ輪(륜) : 바퀴. ㅇ駕(가) : 타다. ㅇ行(행) : 행하다. 실천함. 실행함.

{意譯}《직언결》에 말했다. "거울로는 겉모양을 비추고 지혜로는 마음을 비춘다. 거울이 밝으면 티끌에 더럽혀지지 않고 지혜가 밝으면 간사하고 악독함이 생기지 않는다. 사람이 도가 없는 것은 수레에 바퀴가 없는 것 같아 타고 갈 수 없을 것이며 사람으로서 도덕이 없으면 어떤 행동도 할 수 없다."

{餘說} 이 대문을 분석하면 다음과 같다.

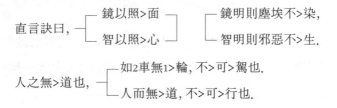

直言訣曰, ┬ 鏡以照>面 ┐ ┌ 鏡明則塵埃不>染,
          └ 智以照>心 ┘ └ 智明則邪惡不>生.

人之無>道也, ┬ 如2車無1>輪, 不>可>駕也.
            └ 人而無>道, 不>可>行也.

11-028/ 스스로 믿는 자는

景行錄云。自信者。人亦信之。吳越皆兄弟。自疑者。
경 행 록 운   자 신 자   인 역 신 지   오 월 개 형 제   자 의 자

人亦疑之。身外皆敵國。
인 역 의 지   신 외 개 적 국

{讀法} 景行錄에 云, 自信者는 人亦信>之하여, 吳越이 皆兄弟요. 自
疑者는 人亦疑>之하여, 身外ㅣ 皆敵國이니라.

• • •

{直譯} 《경행록》에 이르기를, "자신을 믿는 자는 남도 또한 그를 믿
어 주어 오나라와 월나라와 같은 적국이 모두 형제와 같이 될 수
있고, 자신을 의심하는 자는 남도 또한 자기를 의심하여 자기 이외
가 모두 원수 같은 나라가 된다."하였다.

{語義} ○吳越(오월) : 오나라와 월나라. 모두 중국 춘추시대(春秋時代)의 나
라 이름으로 강국들이었다. 오나라는 주초(周初)에 태백(泰伯)이 세웠고, 회
수(淮水)·사수(泗水) 이남에서 절강(浙江)·가호(嘉湖)까지의 판도(版圖)를 가
졌다. 오왕(吳王) 부차(夫差) 때에 묘한 꾀로 천하를 다스리는 나라가 되었었
으나, 드디어 월왕(越王) 구천(勾踐) 때문에 B.C. 460년에 멸망했다. 월나라
는 중국의 절강(浙江)·복건(福建)·광동(廣東) 등 동남연해(東南沿海) 지방을
영토로 가졌다. 하후소강(夏侯少康)의 후예(後裔)라고 하나 역사에 나타나기
는 윤상(允常)의 이후이다. 회계(會稽)에 도읍하고 있었다. 북방의 국경을 접

제11편 성심편 *681*

하고 있는 오나라와 서로 싸웠는데 월나라 둘째 왕 구천 때 오왕 부차를 죽이고 오나라를 멸망시켰다. 왕 구천이 죽은 뒤에 나라가 흥하지 못하고 B.C. 334년경에 초(楚)나라에 망하였음. ○敵國(적국): 원수의 나라. 자기 나라와 싸우는 나라.

{意譯} 《경행록》에 말했다. "스스로 자기 자신을 믿는 사람은 남도 역시 자기를 믿어 오나라와 월나라 사람끼리라도 모두 형제처럼 될 수가 있고, 스스로 자기를 의심하는 사람은 남도 역시 자기를 의심해서 자기 일신(一身) 이외에는 모두가 적국과 같이 될 것이다."

{餘說} 이 대문은 다음과 같은 상등대립구(相等對立句)로 되어있다.

景行錄云,
┌ 自信者人亦信>之, 吳越皆兄弟.
└ 自疑者人亦疑>之, 身外皆敵國.

11-029/ 뜻이 합하면

左傳曰。意合則吳越相親。意不合則骨肉爲讐敵。
좌 전 왈 　 의 합 즉 오 월 상 친 　 의 불 합 즉 골 육 위 수 적

{讀法} 左傳에 曰, 意合則吳越이라도 相親하고. 意不>合則骨肉이라도 爲2讐敵1이니라.

{直譯}《좌전》에 이르기를, "뜻이 합하면 오나라와 월나라와 같은 적국이라도 서로 친할 수 있고, 뜻이 합하지 않으면 골육(骨肉)이라도 원수와 적이 된다." 하였다.

{語義} ㅇ《左傳(좌전)》: 책 이름. 30권. 《춘추좌씨전(春秋左氏傳)》의 약칭. 찬자(撰者)에 대해서는 이설(異說)이 있는데, 그 하나는 노(魯)나라의 좌구명(左丘明)이 지었다는 것으로, 유향(劉向)·유흠(劉歆)·환담(桓譚)·반고(班固) 등의 한대학자(漢代學者)로부터 진(晉)나라의 두예(杜預)에 이르기까지는 모두 이 설을 받들었다. 당(唐)나라에 이르러 담조(啖助)·조광(趙匡)이 이 설에 의심을 품고, 송(宋)나라의 왕안석(王安石)이 그의 작자를 육국시대(六國時代)의 사람이라고 단정하면서부터 정초(鄭樵)·주희(朱熹)·엽몽득(葉夢得) 등 이하 원(元)·명(明)·청(淸)의 학자도 이에 찬성하는 자가 많았다. ㅇ意合(의합): 의합정투(意合情投). 의기투합(意氣投合). ㅇ吳越(오월): 앞 대문 〔11-028〕 참조 바람. ㅇ骨肉(골육): 뼈와 살로, 골육지친(骨肉之親). ㅇ讐敵(수적): 원수. 구적(仇敵)으로 된 판본도 있다. 뜻은 같다.

{意譯}《좌씨전》에 말했다. "뜻이 화합하면 오월과 같은 적대국이라도 서로 친하며 뜻이 불합하면 골육지친이라도 원수가 된다."

{餘說}《좌전(左傳)》에는 이 말이 나오지 않고, 전한(前漢)의 사마천(司馬遷)이 편찬한 《사기(史記)》에 "故意合則胡越爲2昆弟1니, 由余·越人蒙이

是矣요, 不>合則骨肉이라도 出逐하고 不>收니, 朱・象・管・蔡가 是矣라. 〔그러므로 뜻이 맞으면 북방의 호(胡)나 남쪽의 월(越)나라도 형제가 될 수 있으니, 유여(由余)와 월나라 사람 몽(蒙)이 바로 이들이며, 뜻이 맞지 않으면 골육 간이라도 쫓아내고 거두지 않으니, 주(朱)・상(象)・관 (管)・채(蔡)가 이들이다.〕"라는 말이 나온다.

11-030/ 자신을 의심하면

素書云。自疑不信人。自信不疑人。
소 서 운 자 의 불 신 인 자 신 불 의 인

{讀法} 素書에 云, 自疑면, 不>信>人이오, 自信이면, 不>疑>人이니라.

• • •

{直譯} 《소서》에 이르기를, "자신을 의심하면 남도 믿지 못하고, 자 신을 믿으면 남도 의심하지 않는다." 하였다.

{語義} ○ 自疑(자의) : 자기 자신을 의심함. ○ 自信(자신) : 자기 자신을 믿음.

{意譯} 《소서》에 말했다. "자기 자신을 의심하면 남을 믿지 못하 고, 자기 자신을 믿으면 남을 의심하지 않는다."

{餘說} 이 문장은 앞의 〔11-028〕의 "스스로 믿는 자는 남도 또한 그를 믿어 주고, 스스로 의심하는 자는 남도 또한 자기를 의심한다."는 말과 같은 뜻이다.

11-031/ 그 사람이 의심스러우면

疑人莫用。用人莫疑。
의 인 막 용　용 인 막 의

{讀法} 疑>人이어든 莫>用하고 用>人이어든 莫>疑하라.

• • •

{直譯} 사람을 의심하거든 쓰지 말고, 사람을 썼거든 의심하지 말라.

{語義} ○莫>用(막용) : 쓰지 말라. ○莫>疑(막의) : 의심하지 말라.

{意譯} 사람을 고용하는 데 있어서 그 사람이 의심스러우면 고용하지 말고, 사람을 고용하였거든 그 사람을 의심하지 말라.

{餘說} 이 문장은 《금사(金史)・희종기(熙宗紀)》의 "疑>人이어든 勿>使하고 使>人이어든 勿>疑하라.〔그 사람이 의심스러우면 일을 시키지 말고, 그 사

람에게 일을 시켰으면 그 사람을 의심하지 말라.]"라는 말과 뜻이 같다.

11-032/ 만물은 극도에 달하면 되돌아오고

語云。物極則反。樂極則憂。苟合必離。勢盛必衰。
어 운 물 극 즉 반 낙 극 즉 우 구 합 필 리 세 성 필 쇠

{讀法} 語에 云, 物極則反하고, 樂極則憂하며, 苟合必離하고, 勢盛必衰니라.

• • •

{直譯} 속담에 이르기를, "만물은 극하면 되돌아오고, 즐거움은 극하면 근심이 생기며, 구차하게 영합하면 반드시 헤어지고, 힘은 성하면 반드시 쇠한다." 하였다.

{語義} ○語(어) : 속담. ○物極則反(물극즉반) : 만물이 극도에 달하면 또 처음으로 돌아간다. ○樂極則憂(낙극즉우) : 즐거움이 극도에 달하면 걱정이 생긴다. ○苟合(구합) : 구차히 남의 비위를 맞춤. 함부로 남의 뜻에 영합함. 그럭저럭 모임. 아무렇게나 관계를 맺음. ○必離(필리) : 반드시 갈라짐. ○勢盛必衰(세성필쇠) : 세력은 성하면 반드시 쇠퇴함.

{意譯} 속담에 말했다. "만물은 극도에 달하면 또 처음으로 돌아가고, 즐거움이 극도에 달하면 근심이 생기며, 아무렇게나 모이면 반드시 갈라지게 지고, 세력이 왕성하면 반드시 쇠퇴한다."

{餘說} 한자어 속담은 많다. 우리나라 것을 몇 개 소개한다.

　　軺軒馬鞭(초헌마편)　가마 탄 사람에게 말채찍.
　　藁履丁粉(고리정분)　짚신에 분칠하기.
　　薦門鐵犯(천문철범)　거적문에 놋장식.
　　紗帽纓子(사모영자)　사모에 갓끈.
　　蒯笠刷子(괴립쇄자)　초립(草笠)에 솔질하기.
　　僧齋胡舞(승재호무)　중이 재 올리는 데 무당 춤추기.

11-033/ 운수가 극도로 막히면

物極則反。否極泰來。
물 극 즉 반　비 극 태 래

{讀法}　物極則反하고, 否極泰來니라.

• • •

{直譯}　만물이 지극하면 되돌아가고, 비색(否塞)이 지극하면 통태(通泰)가 온다.

{語義} ○否(비) : 막힘. ○泰(태) : 모든 것이 태평하여 아주 안정되고 형통함.

{意譯} 만물은 극도에 달하면 처음으로 돌아오고, 운수가 극도로 막히면 형통(亨通)한 운수가 온다.

{餘說} 이 문장의 첫 구절은 앞의 〔11-032〕의 첫 구절이다. 두 번째 구의 '否'는 '天地不>交하고 萬物이 不>通이라.' 이고, '泰'는 '天地交하고 萬物이 通이니라.' 로서 서로 반대이다.

11-034/ 편안하다고 위태로운 것을

家語云。安不可忘危。治不可忘亂。
가 어 운 안 불 가 망 위 치 불 가 망 란

{讀法} 家語에 云, 安不>可>忘>危하고 治不>可>忘>亂이니라.

• • •

{直譯} 《가어》에 이르기를, "편안하다고 위태로운 것을 잊을 수 없고, 잘 다스려진다고 어지러운 것을 잊을 수 없다." 하였다.

{語義} ○《家語(가어)》:《공자가어(孔子家語)》. 책 이름 10권. 본서 〈존심편 (存心篇)〉〔07-080〕참조 바람.

{意譯}《공자가어》에 말했다. "편안하다고 위험한 것을 잊을 수 없고, 잘 다스려진다고 어지러운 것을 잊을 수 없다."

{餘說} '有>備無>患(유비무환)'과 뜻이 같다. 편안할 때 미리 위태로움을 잊지 않고 대비하고, 잘 다스렸을 때 어지러운 것을 잊지 않고 대비를 한다면, 길이 편안하고 길이 잘 다스려져 영원히 편안과 치안을 누릴 수 있을 것이다.

11-035/ 어지럽지 않을 때 다스리며

書云。制治於未亂。保邦於未危。預防其患也。
서 운 제 치 어 미 란 보 방 어 미 위 예 방 기 환 야

{讀法} 書에 云, 制2治於未1>亂하며, 保2邦於未1>危라 하니 預2防其患1也니라.

• • •

{直譯}《서경》에 이르기를, "어지럽지 않을 때 다스리며 위태롭지 않을 때 나라를 보호한다." 하였다. 그 걱정을 미리 방비하는 것이다.

{語義} ㅇ《書(서)》:《서경(書經)》. 본서 〈계선편〉〔01-002〕 참조 바람. ㅇ制
治(제치) : 다스림. 치정(治政)을 함. ㅇ保>邦(보방) : 나라를 보호함. ㅇ預防(예
방) : 미리 방비함.

{意譯}《서경》에 말하였다. "나라를 어지럽지 않게 다스리며, 나라
를 위태롭지 않게 보호한다." 하였으니, 이는 나라의 걱정을 미리
방비하기 위함이다.

{餘說} 이 대문은《서경(書經)·주관(周官)》에 있는 말이다. 이 문장의
앞부분에 '王曰, 若昔大猷'가 더 있다. 이 문장 끝부분에 있는 '預2防其
患1也'는《서경》에는 없는 구절이다.

11-036/ 물속의 고기와 하늘가의 기러기는

諷諫云。水底魚兮天邊雁。高可射兮低可釣。惟有人
풍 간 운 수 저 어 혜 천 변 안 고 가 사 혜 저 가 조 유 유 인
心咫尺間。咫尺人心不可料。
심 지 척 간 지 척 인 심 불 가 료

{讀法} 諷諫에 云, 水底魚兮天邊雁은 高可>射兮低可>釣어니와, 惟
有2人心咫尺間1이라도 咫尺人心不>可>料니라.

• • •

{直譯}《풍간》에 이르기를, "물밑의 물고기와 하늘가의 기러기는 높아도 쏠 수 있고 낮아도 낚을 수 있거니와, 오직 사람의 마음은 지척 간에 있어도 지척의 사람 마음은 헤아릴 수 없다." 하였다.

{語義} ○《諷諫(풍간)》: 풍자하는 글들을 모은 책 이름. 미상. ○水底(수저): 물 밑. ○天邊(천변): 하늘 가. ○雁(안): 기러기. ○射(사): 쏘다. ○釣(조): 낚다. ○惟有(유유): 오직 있음. ○咫尺(지척): 여덟 치와 한 자로, 전(轉)하여 '가까운 거리'. ○不>可>料(불가료): 헤아릴 수 없음.

{意譯}《풍간》에 말했다. "물속에는 깊이 잠긴 물고기가 있고 하늘 가에는 나는 기러기가 있다. 높은 것은 쏘아 잡을 수가 있고 얕은 것은 낚을 수가 있거니와, 오직 사람의 마음만은 지극히 가까운 곳에 있는데, 이 지극히 가까운 곳에 있는 사람의 마음이야말로 요량할 수가 없다."

{餘說} 위 문장의 출전인 당(唐)나라 중기(中期)의 백거이(白居易, 772~846)의 시(詩)〈천가탁(天可度)〉전문을 소개한다.

天可度地可量 천 가 탁 지 가 량	하늘도 헤아릴 수 있고 땅도 헤아릴 수 있다.
唯有人心不可防 유 유 인 심 불 가 방	오직 사람 마음은 방비하지 않으면 안 된다.
但見丹誠赤如血 단 견 단 성 적 여 혈	다만 피와 같이 붉은 뜨거운 정성을 보라.
誰知僞言巧似簧 수 지 위 언 교 사 황	누가 알리오, 가짜 말이 황과 같이 교묘하다는 것을,

勸君掩鼻君莫掩
권 군 엄 비 군 막 엄
그대에게 권하노니 코를 가리려 해도 그대는 가리지 말라.

使君夫婦爲參商
사 군 부 부 위 참 상
그대에게 시키노니 남편과 아내는 참별과 상별이 되라고,

勸君掇蜂君莫掇
권 군 철 봉 군 막 철
그대에게 권하노니 벌을 주워라 그대는 줍지 말라.

使君父子成豺狼
사 군 부 자 성 시 랑
그대에게 시키노니 아비와 아들은 승냥이와 이리가 되라고.

海底魚兮天上鳥
해 저 어 혜 천 상 조
바다 밑 고기와 하늘 위 새는,

高可射兮深可釣
고 가 사 혜 심 가 조
높으면 쏠 수 있고 깊으면 낚을 수 있네.

唯有人心相對時
유 유 인 심 상 대 시
오직 사람 마음이 대치할 때는,

咫尺之間不能料
지 척 지 간 불 능 료
지척 사이라도 짐작할 수 없다네.

君不見
군 불 견
그대는 보지 못했나,

李義府之輩笑欣欣
이 의 부 지 배 소 흔 흔
이의부 무리가 기쁘게 웃는 것을

笑中有刀潛殺人
소 중 유 도 잠 살 인
웃음 가운데 칼이 있어 사람을 몰래 죽이느니라.

陰陽神變皆可測
음 양 신 변 개 가 측
음양과 신의 변화는 모두 헤아릴 수 있지만

不測人間笑是嗔
불 측 인 간 소 시 진
인간은 헤아릴 수 없으니 웃는 것이 성내는 거라네.

11-037/ 하늘은 잴 수 있고

天可度而地可量。唯有人心不可防。
천 가 탁 이 지 가 량 유 유 인 심 불 가 방

{讀法} 天可>度而地可>量이어니와 唯有2人心不1>可>防이니라.

• • •

{直譯} 하늘은 잴 수 있고 땅은 헤아릴 수 있거니와, 오직 사람의
마음은 방비할 길이 없다.

{語義} ○度(탁) : 재다. ○量(량) : 재다. 헤아리다. ○防(방) : 막다. 방비하
다. 대비하다.

{意譯} 하늘의 높이와 땅의 넓이는 잴 수 있거니와, 오직 사람의
마음은 헤아릴 수 없어 미리 방비할 길이 없다.

{餘說} 출처는 바로 앞 장의 {餘說}에서 본 백거이(白居易)의 〈천가탁(天
可度)〉 시의 첫 두 구절이다. 다만 백거이의 시에는 '而'가 없고, "天可
度地可量"으로 되어있는 것이 다르다.

11-038/ 호랑이를 그릴 때

畫虎畫皮難畫骨。知人知面不知心。
화 호 화 피 난 화 골 지 인 지 면 부 지 심

{讀法} 畵>虎畵>皮難>畵>骨이오, 知>人知>面不>知>心이니라.

• • •

{直譯} 호랑이를 그릴 때 가죽은 그려도 뼈는 그리기 어렵고, 사람을 알고자 할 때 얼굴은 알아도 마음은 알지 못할 것이다.

{語義} ㅇ畵(화) : 그리다. ㅇ畵>虎畵>皮(화호화피) : 호랑이를 그리되 겉에 있는 가죽을 그림. ㅇ知>人知>面(지인지면) : 사람을 알고 얼굴도 안다.

{意譯} 호랑이를 그리되 겉모양은 그려도 뼈는 그리기 어렵고, 사람을 알고 얼굴은 알아도 마음은 알 수 없다.

{餘說} 겉은 나타나는 것을 보아 알기 쉽지만 속은 알기가 어렵거나 전연 모를 수 있다는 말인데, 더욱 사람의 마음은 알 수 없다는 것이다.

11-039/ 얼굴을 마주하여

對面共語。心隔千山。
대 면 공 어   심 격 천 산

{讀法} 對>面共語하되 心隔2千山1이니라.

•••

{直譯} 얼굴을 마주하여 같이 말은 하되, 마음은 천 개의 산이 막혀 있다.

{語義} ○共語(공어) : 같이 말함. ○隔(격) : 물건을 가운데 놓아 가로막음. 멀리 떨어져 있음.

{意譯} 얼굴을 마주하여 서로 말은 하되, 마음은 여러 산이 가로막은 듯이 막혀 있다.

{餘說} 얼굴은 알기 때문에 말까지 주고받고 해도 마음만은 천 겹의 산이 가로막은 듯이 알 수가 없다는 것이다.

11-040/ 바닷물이 마르면

海枯終見底。人死不知心。
해 고 종 견 저 인 사 부 지 심

{讀法} 海枯終見>底나 人死不>知>心이니라.

•••

{直譯} 바닷물이 마르면 마침내 바닥을 볼 수 있으나, 사람은 죽어도 마음을 알 수 없다.

{語義} ○海枯(해고) : 바다의 물이 마름.

{意譯} 바다는 물이 마르면 마침내 그 밑바닥을 볼 수 있으나, 사람은 죽어도 그 마음을 알 수 없다.

{餘說} 이 문장의 출전은 당말(唐末)의 시인 두순학(杜荀鶴, 846~904/907)이 지은 〈감우(感寓)〉라는 시(詩)이다. 운자(韻字)는 '深·心'이다.

大海波濤淺   큰 바다에 이는 파도는 야트막하고
대 해 파 도 천

小人方寸深   소인의 한 치 되는 마음은 깊도다.
소 인 방 촌 심

海枯終見底   바다가 마르면 끝내 바닥 드러나지만
해 고 종 현 저

人死不知心   사람은 죽어도 그 마음 알 수 없구나.
인 사 부 지 심

11-041/ 사람은 외모로 판단할 수 없고

太公曰。凡人不可貌相。海水不可斗量。
태 공 왈 범 인 불 가 모 상 해 수 불 가 두 량

{讀法} 太公이 曰, 凡人은 不>可2貌相1이오, 海水는 不>可2斗量1이니라.

• • •

{直譯} 강태공이 말하기를, "무릇 사람은 외모로 판단할 수 없고, 바닷물은 말로 될 수 없다." 하였다.

{語義} ○貌相(모상) : 외모(外貌)로 사람을 판단함. ○斗量(두량) : 말로 됨.

{意譯} 강태공이 말했다. "대개 사람은 외모로 그 사람을 판단할 수 없고, 바닷물은 말을 가지고는 될 수 없다."

{餘說} 《증광현문(增廣賢文)》 등에는 '凡人'의 '凡'은 없으므로, '凡人'을 '보통사람'으로 보는 것보다는 '무릇 사람이란'으로 보는 것이 타당할 것 같다. 어떤 판본에는 '貌相'이 '逆相'으로 되어있으나 의미상 '貌相'이라야 다음 구의 '斗量'과 어울린다.

11-042/ 원수를 맺지 말라

勸君莫結冤。冤深難解結。一日結成冤。千日解不
권 군 막 결 원　원 심 난 해 결　일 일 결 성 원　천 일 해 불
徹。若將恩報冤。如湯去潑雪。若將冤報冤。如狼重見
철　약 장 은 보 원　여 탕 거 발 설　약 장 원 보 원　여 랑 중 견

蝎。我見結寃人。盡被寃磨折。
갈　아　견　결　원　인　진　피　원　마　절

{讀法} 勸>君莫>結>寃하라, 寃深難>解>結이라. 一日結>成>寃이면, 千日解不>徹이라. 若將2恩報1>寃인대, 如3湯去2潑雪1이라. 若將2寃報1>寃인대, 如3狼重2見蝎1이라. 我見2結>寃人1컨대, 盡被2寃磨折1이라.

• • •

{直譯} 그대에게 권하노니 원한을 맺지 말라, 원한이 깊으면 매듭을 풀기가 어렵다. 하루 동안이라도 원한을 맺으면, 천 일 동안 풀어도 풀지 못한다. 만약 은혜로 원한을 갚으면, 끓는 물을 눈에 뿌리는 것과 같다. 만약 장차 원한을 원한으로 갚으면, 이리에다 전갈을 거듭 만나는 것과 같다. 내가 원한을 맺어지게 되면, 모두 원한의 괴롭힘을 입는다.

{語義} ○勸>君(권군) : 그대에게 권한다. ○寃(원) : 원수. ○不>徹(불철) : 다하지 않음. 마치지 않음. ○將(장) : 여기서는 '以'와 같다. ○湯(탕) : 끓는물. ○潑>雪(발설) : 눈을 뿌리다. ○狼(랑) : 이리. ○蝎(갈) : 전갈. 사갈. ○盡(진) : 전부. 다. ○被(피) : 하다. 받다. ○磨折(마절) : 괴롭힘. 고난이나 좌절.

{意譯} 당신에게 권하기를 원한을 맺지 말라고, 원한이 깊으면 맺

힌 것을 풀기 어렵다. 하루 동안이라도 원한을 맺으면, 천 일 동안 풀어라도 풀기 어렵다. 만약 은혜로 원한을 갚으면, 끓는 물을 눈에 뿌리는 것과 같이 사라진다. 만약 원한을 원한으로 갚으면, 이리를 만났는데 거듭해서 전갈을 만나는 것과 같다. 내가 어떤 사람과 원한이 맺어지게 되면, 모두 그 원한의 괴롭힘을 받게 된다.

{餘說} 이 대문은 오언배율(五言排律)의 한시이다. '結·徹·雪·蝎·折'은 모두 운자(韻字)이다. 각자 병서(並書)해서 시(詩)가 산문과 어떻게 다른지를 생각하기 바란다.

11-043/ 사람에게 원한을 맺는 것은

景行錄云。結怨於人。謂之種禍。捨善不爲。謂之自
경행록운 결원어인 위지종화 사선불위 위지자

賊。
적

{讀法} 景行錄에 云, 結>怨2於人1은 謂>之種>禍요, 捨>善不>爲는 謂>之自賊이니라.

・・・

{直譯} 《경행록》에 이르기를, "사람에게 원한을 맺는 것은 이를 일러 화를 심는 것이라 이르고, 선을 버려두고 하지 않는 것은 이를

일러 자기를 해치는 것이라 한다." 하였다.

{語義} ○ 結>怨(결원) : 원한을 맺음. ○ 種>禍(종화) : 화를 심음. ○ 捨>善不> 爲(사선불위) : 착한 것을 버려두고 하지 않음. ○ 自賊(자적) : 스스로 자신을 해침.

{意譯} 《경행록》에 말했다. "남과 원한을 맺는다는 것은 화의 씨를 심는다는 것이나 마찬가지고, 착한 일을 버려두고 않는다는 것은 곧 제 일을 제가 해치는 것이 된다."

{餘說} 남과 원한을 맺게 되면 그 사람도 나에게 원한을 맺게 되니, 화를 심는 것이 된다. 또 선을 보고 행하지 않는 것은 적선(積善)하지 않는 것이니 경사가 있을 리 없다. 도리어 자신을 해치는 데까지 이를 수 있다는 것이다.

11-044/ 곧은 사람 중에 곧다는 사람

莫信直中直。須防仁不仁。
막 신 직 중 직   수 방 인 불 인

{讀法} 莫>信2直中直1하고, 須防2仁不仁1하라.

{直譯} 곧은 가운데서도 곧다는 사람을 믿지 말고, 어진 체하면서 어질지 않은 사람을 모름지기 방비해야 한다.

{語義} ㅇ 莫>信(막신) : 믿지 말라. ㅇ 直(직) : 곧음. 정직. ㅇ 須防(수방) : 반드시 막아야 함. ㅇ 不>仁(불인) : 어질지 못함.

{意譯} 올곧은 가운데서도 올곧다는 사람을 믿지 말아야 하고, 어진 체하면서 어질지 않은 사람을 마땅히 방비해야 한다.

{餘說} 《증광현문(增廣賢文)》에 나오는 문장으로 5언절구시로서, '仁·人' 이 운자이다.

莫信直中直 막 신 직 중 직	곧은 것 중에 곧다는 사람도 믿지 말고
須防仁不仁 수 방 인 불 인	어지니 안 어지니 하는 사람도 방비하라.
山中有直樹 산 중 유 직 수	산속에는 곧고 곧은 나무들이 있지만
世上無直人 세 상 무 직 인	세상에는 정말로 곧은 사람이 없느니라.

11-045/ 도둑질할 마음이 일어날까

常防賊心。莫偸他物。
상 방 적 심 막 투 타 물

{讀法} 常防2賊心1하고, 莫偸2他物1하라.

• • •

{直譯} 항상 적심(賊心)을 막으며, 남의 물건을 훔치지 말라.

{語義} ㅇ 賊心(적심) : 도둑질할 마음. ㅇ 偸(투) : 훔치다.

{意譯} 항상 도둑질할 마음이 일어날까 경계하며, 절대로 다른 사람의 물건을 훔치지 말라.

{餘說} 남의 물건을 훔쳐서도 안 되지만, 그보다 먼저 도둑질할 마음도 일어나지 않게 막아야 한다는 말이다.

11-046/ 한쪽 말만 듣는다면

古人云。若聽一面說。便見相離別。
고 인 운 약 청 일 면 설 변 견 상 이 별

{讀法} 古人云, 若聽₂一面說₁이면 便見₂相離別₁이라.

• • •

{直譯} 옛사람이 이르기를, "만약 한쪽 말만 듣는다면, 곧바로 서로 갈라짐을 볼 것이다."라고 하였다.

{語義} ○ 一面說(일면설) : 한쪽의 말. ○ 便(변) : 문득. ○ 相離(상리) : 서로 떨어짐. 서로 분리됨. ○ 離別(이별) : 헤어짐.

{意譯} 옛사람이 일렀다. "만약 한쪽 사람의 말만 듣고 판단한다면 편견에 흘러 곧바로 가까운 사이라도 서로 갈라섬을 당하게 된다."

{餘說} 일방적인 말은 편견을 가져오니 쌍방의 말을 들어 시비를 판단할 것이다. 만일 그렇지 못하다면 오해를 가져와 서로 이별하게 된다는 것이다.

11-047/ 예의는 부유하고 넉넉한 데서 생기고

禮義生於富足。盜賊起於饑寒。
예 의 생 어 부 족   도 적 기 어 기 한

{讀法} 禮義는 生2於富足1하고 盜賊은 起2於饑寒1이니라.

• • •

{直譯} 예의는 부유하고 넉넉한 데서 생기고, 도둑은 배고프고 추운 데서 일어난다.

{語義} ○禮義(예의) : 사람이 행하여야 할 도덕, 또는 예절과 의리. ○富足(부족) : 재산이 많아서 족함. ○盜賊(도적) : '남의 재물을 약탈하거나 훔치는 사람'이라는 뜻과 함께 '도적질'이라는 뜻도 있다. 이 문장에서는 도적질을 뜻하므로, '盜竊(도절)' 또는 '竊盜(절도)'가 더 알맞다. '盜竊'로 된 판본도 있다. ○饑寒(기한) : 배고프고 추위에 떪. '飢寒'으로 된 판본도 있는데 뜻은 같다.

{意譯} 예의라는 것은 재산이 많고 족한 데서 생기고, 도둑이라는 것은 배고프고 추위에 떠는 데서 일어난다.

{餘說} 앞 반절은 "창름(倉廩)이 가득하면 예절을 안다〔倉廩實則知禮節〕"는 것과 같은 말이고, 뒷부분은 '사람이 굶주리면 남의 집 담을 넘는다〔人飢越墻〕.'는 말과 같다.

11-048/ 가난은 천한 사람과 함께하지 않거늘

貧窮不與下賤。下賤而自生。富貴不與驕奢。驕奢而
빈 궁 불 여 하 천　하 천 이 자 생　부 귀 불 여 교 사　교 사 이

自至。
자 지

{讀法} 貧窮이 不>與2下賤1이어늘, 下賤而自生이오, 富貴ㅣ 不>與2驕
奢1어늘, 驕奢而自至니라.

• • •

{直譯} 빈궁은 하천(下賤)과 함께하지 않거늘 하천이 저절로 생기
고, 부귀는 교사(驕奢)와 함께하지 않거늘 교사가 저절로 이른다.

{語義} ㅇ貧窮(빈궁) : 가난하여 괴로움. 곤궁(困窮). 빈고(貧苦). ㅇ不>與(불
여) : 함께하지 아니함. ㅇ下賤(하천) : 천한 사람. 하천인(下賤人). 비천(卑賤).
ㅇ富貴(부귀) : 돈이 많고 신분이 귀함. ㅇ驕奢(교사) : 교만하고 사치함.

{意譯} 가난과 궁함은 낮고 천함과 함께하지 않아도 낮고 천함이
가난과 궁함과는 관계없이 스스로 생기고, 부귀는 교만과 사치와
함께하지 않아도 교만과 사치가 부귀와는 관계없이 저절로 찾아
온다는 것이다.

{餘說} 빈궁과 하천(下賤)이 동류(同類)로 동시에 불가분(不可分) 생기는

것이 아니라 하천은 하천 스스로 홀로 생기는 것이고, 부귀와 교사(驕奢)가 동류로 동시에 불가분 생기는 것이 아니라 교사는 교사 스스로 홀로 찾아온다는 것이다.

11-049/ 배부르고 따뜻하면

飽煖思淫慾。飢寒發道心。
포 난 사 음 욕　기 한 발 도 심

{讀法} 飽煖엔 思2淫慾1하고 飢寒엔 發2道心慾1이니라.

• • •

{直譯} 배불리 먹고 따뜻이 입으면 음탕한 욕정이 생각나고, 배를 주리고 춥게 입으면 도의의 마음이 생긴다.

{語義} ○飽煖(포난) : '飽食煖衣(포식난의)'의 준말이다. 곧 배부르게 먹고 따뜻이 입음. 전하여 의식주에 부족함이 없음. '暖·煖'은 같은 자이다. ○淫慾 (음욕) : 음탕한 욕심. 호색하는 마음. 남녀의 정욕. ○發(발) : 일어남. 생김. '發'이 '起'로 된 판본도 있는데, 뜻은 마찬가지다. ○道心(도심) : 도덕의 관념. 본연의 양심.

{意譯} 의식주에 부족함이 없는 처지에서는 남녀의 정욕이 생기

고, 굶주리고 춥게 지내는 처지에서는 도심이 일어날 것이다.

{餘說} 인생이란 잘 살면 음탕한 생각도 나지만, 잘 못살면 도심(道心)이
생긴다는 말이다.

11-050/ 가난과 곤란을 항상 생각하니

長思貧難危困。自然不驕。每想官病熬煎。並無愁悶。
장 사 빈 난 위 곤 자 연 불 교 매 상 관 병 오 전 병 무 수 민

{讀法} 長思2貧難危困1하니, 自然不>驕요, 每想2官病熬煎1하니, 並
無2愁悶1이라.

• • •

{直譯} 빈난과 위곤(危困)을 길게 생각하니 자연히 교만하지 않고,
이목구비 아픈 것과 근심거리를 항상 생각하니 결코 근심과 고민
이 없다.

{語義} ○長思(장사) : 길게 생각함. 오래 생각함. ○貧難(빈난) : 가난하여
생활에 곤란함. ○危困(위곤) : 위태로워 괴로워함. 위험곤궁(危險困窮). 위고
(危苦). ○每想(매상) : 늘 생각함. 항상 생각함. ○官病(관병) : 이목구비(耳目

口鼻)의 사관(四官)을 앓음. ○ 熬煎(오전) : '볶다'는 뜻 이외에, 근심거리, 번 뇌, 괴로움. ○ 並無(병무) : 결코 …이 없음. '並'은 결코. ○ 愁悶(수민) : 근심 으로 고민함.

{意譯} 가난하여 생활에 곤란하고, 위태로워 괴로워하는 것을 오 래 생각하니 자연히 교만하지 않고, 이목구비의 네 가지 기관을 앓고 괴로워하는 것을 늘 생각하니 결코 근심으로 고민하는 일은 없다.

{餘說} 이 대문을 분석하면 다음과 같다.

　┌─ 長思2貧難危困1, 自然不>驕,
　└─ 每想2官病熬煎1, 並無2愁悶1.

11-051/ 형법은 군자에게는 가하지 않고

太公曰。法不加於君子。禮不責於小人。
태 공 왈 법 불 가 어 군 자 예 불 책 어 소 인

{讀法} 太公이 曰, 法은 不>加2於君子1하고, 禮는 不>責2於小人1이니라.

• • •

{直譯} 강태공이 말하기를, "형법은 군자에게는 가하지 않고, 예도

는 소인을 책하지 않는다." 하였다.

{語義} ㅇ法(법) : 형벌. 《서경(書經)·여형(呂刑)》에 "惟作2五虐之刑1曰>法"
이라 하였다. ㅇ禮(예) : 예도. 오상(五常)의 하나. 오상은 '仁·義·禮·
智·信'이다.

{意譯} 강태공이 말했다. "형법은 군자에게는 가하는 것이 아니
고, 예법은 소인에게는 책임 지우는 것이 아니다."

{餘說} 군자는 형법(刑法)을 쓰지 않아도 다스려지지만, 소인은 예도로
서는 다스릴 수 없다는 것이다.

11-052/ 관직으로는 군자를 억누르고

桓範曰。軒冕以重君子。縲絏以罰小人。
환 범 왈 헌 면 이 중 군 자 유 설 이 벌 소 인

{讀法} 桓範이 曰, 軒冕은 以重2君子1하고, 縲絏은 以罰2小人1이니라.

• • •

{直譯} 환범이 말하기를, "관직은 이로써 군자를 무겁게 하고, 오랏

줄은 이로써 소인을 벌준다." 하였다.

{語義} ○桓範(환범) : 삼국(三國) 때 위(魏)나라의 패(沛) 사람. 자는 원칙(元則). 문학의 사(士). 조상(曹爽)에게 특히 존경받았다. 관은 정시중(正始中), 대사농(大司農). 후에 상(爽)과 함께 사마의(司馬懿)에게 죽임을 당함. ○軒冕(헌면) : 초헌(軺軒)과 면류관. 전(轉)하여 관직. 관록. ○重(중) : 무겁게 함. ○纆䌷(유설) : 포승. 오랏줄. 죄인을 검은 포승으로 묶음. 잡혀 갇힌 몸.

{意譯} 환범이 말했다. "관직은 군자를 중압하고, 오랏줄은 소인을 죄 준다."

{餘說} 군자는 관직을 무겁게 여기고, 소인은 오랏줄이 벌을 준다는 것이다.

11-053/ 예로는 군자를 방비하고

易曰。禮防君子。律防小人。
역 왈 예 방 군 자 율 방 소 인

{讀法} 易에 曰, 禮防2君子1요, 律防2小人1이니라.
• • •

{直譯} 《역》에 말하기를, "예는 군자를 방비하고, 율법은 소인을 방비한다." 하였다.

{語義} ○禮防君子(예방군자) : 예의로써 군자의 잘못을 막다. ○律防小人(율방소인) : 율법으로 소인의 잘못을 막다.

{意譯} 《역경》에 말했다. "예의는 군자의 잘못을 막는 것이고, 법률은 소인의 잘못을 막는 것이다."

{餘說} 지금의 《주역(周易)》에는 이 구절이 나오지 않고, 당(唐)나라 중종(中宗)의 《여수제(慮囚制)》에 이 장과 비슷한 "禮防君子, 自昔通規. 律禁小人, 由來共貫. 〔예절로 군자를 단속하는 것은 예로부터 통용되는 규칙이고, 법률로 소인을 제약하는 것은 예전부터 공통된 관습이다.〕"라는 문장이 나온다.

11-054/ 음식과 여색 재화와 이익을 좋아하는 사람은

景行錄云。好食色貨利者。氣必吝。好功名事業者。
경 행 록 운 호 식 색 화 리 자 기 필 린 호 공 명 사 업 자

氣必驕。
기 필 교

{讀法} 景行錄에 云, 好2食色貨利1者는 氣必吝이오, 好2功名事業1
者는 氣必驕니라.

• • •

{直譯} 《경행록》에 이르기를, "식색(食色)과 화리(貨利)를 좋아하는
사람은 기품이 반드시 인색하고, 공명과 사업을 좋아하는 사람은
기품이 반드시 교만하다." 하였다.

{語義} ○食色(식색) : 식욕과 색욕. ○貨利(화리) : 재화와 이익. ○功名(공
명) : 공적과 명예. ○事業(사업) : 일. 하는 일.

{意譯} 《경행록》에 말했다. "식욕과 색욕과 재화와 이익을 좋아하
는 사람은 그 기질이 반드시 인색하고, 공적과 명예와 일을 좋아
하는 사람은 기질이 반드시 교만하다."

{餘說} 음식 · 여색 · 재화 · 이익을 탐하는 사람은 인색하고, 공훈 · 명
예를 탐하는 사람은 교만하다는 것이다.

11-055/ 군자는 도의에 밝고

子曰。君子喩於義。小人喩於利。
자 왈 군 자 유 어 의 소 인 유 어 리

{讀法} 子ㅣ 曰, 君子는 喩2於義1하고 小人은 喩2於利1니라.

• • •

{直譯} 공자께서 말씀하시기를, "군자는 도의에 밝고 소인은 이익
에 밝다." 하셨다.

{語義} ○君子(군자) : 지(知) · 인(仁) · 용(勇)을 갖추어 경세치용(經世致用)하
는 지성인. 소인은 그와 반대로 국가 · 사회 등 전체는 아랑곳없이 자기 일
개인의 이득만을 취하자는 인간이다. ○喩(유) : 밝히어 알다. 깨닫다. '曉'.
○義(의) : 올바르다. 정의. 대의. 도의. '宜'. ○於(어) : 개사(介詞). 타동사와
목적어 사이에 쓰인 것임. ○利(리) : 이득. 개인적 이익.

{意譯} 공자께서 말씀하셨다. "군자는 모든 일을 처리할 때 의(義),
즉 올바른 이로(理路)에 적합한지를 민감하게 깨달으나, 소인은
그 일이 이익이 되느냐에 민감하게 깨닫는다."

{餘說} 이 대문은 《논어 · 이인편(里仁篇) · 제16장》에 있는 말이다. 이
장은 군자와 소인의 분기점(分岐點)이 의(義)에 착안(着眼)하느냐, 이(利)
에 착안하느냐에 있는 것이다. 무슨 일을 당해서 군자는 우선 의(義)를
생각하고, 소인은 우선 이(利)를 생각한다는 것이다.

11-056/ 재물은 군자가 가볍게 여기는 것이고

說苑云。財者君子之所輕。死者小人之所畏。
설 원 운 재 자 군 자 지 소 경 사 자 소 인 지 소 외

{讀法} 說苑에 云, 財者는 君子之所>輕이오, 死者는 小人之所>畏니라.

• • •

{直譯}《설원》에 이르기를, "재물은 군자가 가볍게 여기는 것이고, 죽음은 소인이 두렵게 여기는 것이다." 하였다.

{語義} ○《說苑(설원)》: 책 이름. 본서〈존심편〉〔07-052〕참조 바람. ○財者(재자): 재물이라는 것, 즉 재물. ○輕(경): 경멸(輕蔑). ○死者(사자): 여기서는 죽은 자라기보다는 죽음이라는 것, 즉 죽음. ○畏(외): 두려워함.

{意譯}《설원》에 말했다. "재물이라는 것은 군자가 경멸하는 것이고, 죽음이라는 것은 소인이 두려워하는 것이다."

{餘說} 군자가 경멸하는 것 중에 재물을 예로 들었고, 소인이 두려워하는 것 중에 죽음을 예로 든 것이 이 때문이다.

11-057/ 현명한 사람이 재물이 많으면

疏廣曰。賢人多財損其志。愚人多財益其過。
소 광 왈 현 인 다 재 손 기 지 우 인 다 재 익 기 과

{讀法} 疏廣이 曰, 賢人이 多>財면 損2其志1하고, 愚人이 多>財면 益2
其過1니라.

• • •

{直譯} 소광이 말하기를, "현명한 사람이 재물이 많으면 그의 뜻을
손상하고, 어리석은 사람이 재물이 많으면 그의 허물을 더한다." 하
였다.

{語義} ○疏廣(소광): '疎廣·䟽廣'으로도 쓴다. 한(漢)나라 난릉(蘭陵) 사
람으로, 자는 중옹(仲翁)이다. 선제(宣帝) 때 태부(太傅)가 되어 5년 동안 재
직하였는데, 관직이 높고 이름을 떨치면 후회할 일이 있을 수 있다고 하면
서 조카와 함께 벼슬을 그만두고 고향으로 돌아갔다. 《한서(漢書)·제71
권·소광전(疏廣傳)》.

{意譯} 소광이 말했다. "현명한 사람에게 재물이 많으면 그 사람
의 뜻을 손상시키고, 어리석은 사람에게 재물이 많으면 그 사람에
게 허물이 더해진다."

{餘說} 재물이란, 현인이든 우인이든 손해를 가져오게 마련이라는 것이다.

11-058/ 재물이 많으면

老子曰。多財失其守眞。多學惑於所聞。
노 자 왈 다 재 실 기 수 진 다 학 혹 어 소 문

{讀法} 老子ㅣ 曰, 多>財면 失2其守1>眞하고, 多>學이면 惑2於所1>聞이니라.

• • •

{直譯} 노자가 말하기를, "재물이 많으면 그의 진심을 지키는 것을 잃고, 학문이 많으면 들은 바를 미혹케 한다." 하였다.

{語義} ○眞(진) : 진실. 진심. ○惑(혹) : 현혹함. 미혹함.

{意譯} 노자가 말했다. "재물이 많으면 재물이 낳는 여러 가지 폐단 때문에 진심을 잃게 되고, 학문이 많으면 아는 것이 많기 때문에 소문에 미혹된다."

{餘說} 지금《老子》에는 나오지 않는다. 전한(前漢)의 문제(文帝) 때 하상공(河上公)이 주석한《노자도덕경(老子道德經)・하상공장구(河上公章句)・익겸(益謙)》의 주석에 이 장과 비슷한 내용으로 "財多者는 惑2於所1>守. 學多者는 惑2於所1>聞이라.〔재물이 많은 자는 자기가 지켜야 할 것에 미혹되고, 배움이 많은 자는 들리는 말에 미혹된다.〕"는 말이 나온다.

11-059/ 사람이 요순이 아닌데

人非堯舜。焉能每事盡善。
인 비 요 순　언 능 매 사 진 선

{讀法} 人非2堯舜1이니, 焉能每事盡>善이리오?

• • •

{直譯} 사람이 요순이 아니니, 어찌 능히 매사에 모두 선할 수 있겠는가?

{語義} ○非(비) : '非・匪' 두 자는 완전히 동의(同意)로 '아니다'로 새긴다. 그리고 '不'과는 약간 취지를 달리하고 있으며 '그렇지는 않다. 그러한 뜻, 그러한 사물과는 전연 별개의 것이다.'라는 것이 근본 관념이다. ○堯舜(요순) : 요임금과 순임금. 성제(聖帝)인 당요(唐堯)와 우순(虞舜). 전하여 성

군(聖君)·명군(明君)의 뜻으로 쓰임. 걸주(桀紂)의 대(對). ㅇ焉(언) : 어찌. 의문의 말, 또는 반어(反語)의 말.

{意譯} 사람이 요순과 같은 성제(聖帝)가 아닐진대 어찌 능히 모든 일을 선하게만 할 수 있겠는가?

{餘說} 사람이란 완선완미(完善完美)할 수는 없다는 말이다.

11-060/ 사람이 이 땅에 생겨난 이래로

子貢曰。自生民以來。未有盛於孔子也。
자 공 왈　자 생 민 이 래　미 유 성 어 공 자 야

{讀法} 子貢이 曰, 自2生民1以來로 未>有>盛2於孔子1也니라.

・・・

{直譯} 자공이 말하기를, "사람이 이 땅에 생겨난 이래로 아직 공자보다 훌륭한 이가 없었다." 하였다.

{語義} ㅇ子貢(자공) : 공자의 제자. 성은 단목(端木), 이름은 사(賜), 위(衛)나라 사람. 공자보다 31세 연소(年少)했다. 언어에 뛰어났으며, 노(魯)와 위(衛)

에서 외교 활동을 성공적으로 한 일도 있다. ○生民(생민) : 백성. 창생. 인민. ○盛(성) : 절정(絶頂). ○於(어) : …보다. 비교의 개사(介詞).

{意譯} 자공이 말했다. "우리 인간이 이 땅에 생겨난 때로부터 지금에 이르기까지 아직 공자보다 출중한 성인이 없었다."

{餘說} 사람이 있어 온 이래로 아직도 공자와 같은 훌륭한 분이 없었다는 말이다.

11-061/ 사람이 가난하면

人貧智短。福至心靈。
인 빈 지 단 복 지 심 령

{讀法} 人貧智短이오, 福至心靈이니라.

• • •

{直譯} 사람이 가난하면 지혜가 짧아지고, 복이 이르면 마음이 신령스러워진다.

{語義} ○心靈(심령) : 마음이 영특해짐.

{意譯} 사람이 가난하게 살면 지혜도 짧아지고, 복이 돌아오면 마음도 영특해진다.

{餘說} 사람이란 궁색하면 아는 것도 제때에 잘 생각이 나지 않아 지혜가 짧아지나, 반면에 복이 닥쳐오면 생각도 척척 일어나서 마음이 한결 영특해진다는 것이다.

11-062/ 한 가지 일을 경험하지 않으면

不經一事。不長一智。
불 경 일 사 부 장 일 지

{讀法} 不>經2一事1면 不>長2一智1니라.
• • •

{直譯} 한 가지 일을 경험하지 않으면 한 가지 지혜도 자라지 않는다.

{語義} ○經(경) : 겪다. 경험하다. ○長(장) : 자라다.

{意譯} 한 가지 일도 겪지 않은 사람이면, 한 가지 지혜도 성장(成長)하지 않는다.

{餘說} 경험의 중요성을 말한 것이다. 경험은 생생한 교육이니, 많은 경험을 하게 되면 그만큼 지혜도 성장한다는 뜻이다.

11-063/ 오묘한 운용에서 성공하고

成於妙用。敗於不能。
성 어 묘 용 패 어 불 능

{讀法} 成於₂妙用₁이오, 敗於₂不₁>能이니라.

• • •

{直譯} 오묘한 운용에서 성공하고, 잘하지 못한 데서 실패한다.

{語義} ○成(성) : 성공. ○妙用(묘용) : 오묘한 운용. 신묘한 작용. ○敗(패) : 실패. ○不>能(불능) : 잘하지 못함. 재주가 없음.

{意譯} 오묘하게 운용하면 성공할 수 있고, 재주가 없으면 실패하게 된다.

{餘說} 앞뒤 두 구절의 '於'가 '則'으로 되어있는 판본도 있으나 의미상 '於'가 더 잘 어울린다. 《삼명통회(三命通會)》에 "理於₂賢人₁하고 亂於

2不1>肯하며, 成於2妙用1하고, 敗於2不1>能이라.〔어질고 총명한 사람은 다스려지고, 못나고 어리석은 사람은 혼란스럽다. 오묘하게 운용하면 성공할 수 있고, 능하지 못하면 실패할 수 있다.〕"이라는 내용이 나온다.

11-064/ 시비가 종일 있을지라도

是非終日有。不聽自然無。
시 비 종 일 유   불 청 자 연 무

{讀法} 是非ㅣ 終日有라도 不>聽이면 自然無니라.

• • •

{直譯} 시비가 종일 있을지라도 듣지 않으면 저절로 없어진다.

{語義} ㅇ是非(시비) : 옳고 그름. '是是非非'. 옳은 것은 옳다고 하고, 그른 것은 그르다 함. ㅇ終日(종일) : 아침에서 저녁까지. ㅇ自然(자연) : 자연히. 저절로.

{意譯} 옳은 것을 옳다고 하고 그른 것을 그르다고 떠드는 일이, 하루 종일 있을지라도 듣지 않으면 저절로 아무 일이 없다.

{餘說} 시비란 옳거니 그르거니 따지는 말이다. 이 시비가 하루 종일 있다 해도 듣지 않으면 저절로 없어진다는 것은 맞장구를 쳐주지 않기 때문에 시비가 시빗거리가 되지 않는 것이다. '孤掌難>鳴〔손바닥도 마주 쳐야 소리가 난다.〕'과 같은 것이다.

11-065/ 와서 옳고 그름을 말하는 사람

來說是非者。便是是非人。
내 설 시 비 자 변 시 시 비 인

{讀法} 來說2是非1者ㅣ 便是是非人이니라.
• • •
{直譯} 와서 옳고 그름을 말하는 사람이, 바로 시비하는 사람이다.

{語義} ○來說2是非1者(내설시비자) : 와서 옳고 그름을 말하는 자. ○便是(변시) : 다를 것이 없이 바로, 곧 이것임.

{意譯} 와서 이렇다 저렇다 따지는 사람이, 바로 이게 시비하는 사람이다.

{餘說} 옳고 그름을 가지고 말을 걸어오는 것이 말을 트집 잡는 것이니, 이것이 곧 시비요, 그렇게 하는 사람이 시비하는 사람이다.

11-066/ 평소 눈썹 찡그리는 일을 하지 않으면

擊壤詩云。平生不作皺眉事。世上應無切齒人。
격 양 시 운 평 생 부 작 추 미 사 세 상 응 무 절 치 인

{讀法} 擊壤詩에 云, 平生에 不>作2皺>眉事1면, 世上에 應無2切>齒人1이니라.

• • •

{直譯}〈격양시〉에 이르기를, "평소에 눈썹 찡그리는 일을 하지 않으면, 이 세상에 응당 이를 갈며 원망하는 사람이 없다." 하였다.

{語義} ○〈擊壤詩(격양시)〉: 본서〈안분편〉〔06-006〕참조 바람. ○平生(평생): 늘. 항상. 평소(平素). ○不>作(부작): 짓지 아니함. 아니함. ○皺>眉事(추미사): 눈살 찡그리는 일. ○世上(세상): 사람이 살고 있는 땅 위. ○應(응): 응당. 마땅히. ○切>齒人(절치인): 분하여 이를 갈 정도로 원망스러운 사람.

{意譯} 〈격양시〉에 말했다. "평소에 눈썹 찡그릴 일을 하지 않으면, 이 세상에 이를 갈면서 자기를 원망하는 사람은 없다."

{餘說} 강절(康節) 소옹(邵雍)의 〈격양시〉는 다음과 같다.

平生에 不作2皺>眉事1 평생 부작 추 미사	평소 눈썹 찡그릴 일을 하지 않으면,
世上에 應無2切>齒人1이라. 세상 응무 절 치인	세상에 이를 갈 사람이 없을 것이다.
大名을 豈>有>鐫2頑石1가? 대명 기 유 전 완석	크게 난 이름을 어찌 돌에 새길 건가?
路上行人의 口가 勝>碑니라. 노상행인 구 승 비	길을 가는 사람의 입이 비보다 낫다.

11-067/ 네가 다른 사람을 해친 것이

儞害別人猶自可。別人害儞却如何。
이 해 별 인 유 자 가 별 인 해 이 각 여 하

{讀法} 儞害2別人1猶2自可1면, 別人害>儞却如何오?

• • •

{直譯} 네가 다른 사람을 해친 것이 오히려 스스로 옳다고 한다면, 다른 사람이 너를 해친다면 도리어 어떻겠는가?

{語義} ㅇ儞(니) : 너. '汝' ㅇ却(각) : 도리어.

{意譯} 네가 남을 해치는 것을 오히려 스스로 옳게 여긴다면, 남이 너를 해쳤을 때는 도리어 어떻게 하겠는가?

{餘說} 내가 남에게 잘못했으면서 옳다고 한다면, 너는 반대의 경우는 어찌 하겠는가? 아마 그 태도 옳다고는 않으리라.

11-068/ 새로 난 싹은 서리를 두려워하지만

嫩草怕霜霜怕日。惡人自有惡人磨。
눈 초 파 상 상 파 일   악 인 자 유 악 인 마

{讀法} 嫩草怕>霜霜怕>日이요, 惡人自有2惡人磨1니라.

• • •

{直譯} 새로 눈 튼 풀은 서리를 두려워하지만 서리는 해를 두려워한다. 악인은 또 자연히 악인을 곤란 받게 하는 악인이 있다.

{語義} ㅇ嫩草(눈초) : 새로 눈 튼 풀. ㅇ怕(파) : 두려워함. ㅇ磨(마) : 곤란을 받음. 고생함. 마겁(磨劫). 마격(磨隔).

{意譯} 여린 풀싹은 서리를 두려워하고 서리는 햇볕을 두려워한다. 악한 사람은 마땅히 악한 사람이 괴롭히기 마련이다.

{餘說} 강한 것은 무엇에나 강한 것이 아니라, 강한 것이 이기는 약한 것에도 지는 것이 있다는 것이니, 덮어 놓고 일방적으로 이기기만 할 수는 없다는 것이다.

11-069/ 이름이 크게 나 있는 일을

有名豈在鐫頑石。路上行人口勝碑。
유 명 기 재 전 완 석   노 상 행 인 구 승 비

{讀法} 有>名을 豈在>鐫2頑石1꼬? 路上行人의 口가 勝>碑니라.

• • •

{直譯} 이름이 크게 나 있는 일을 어찌 하찮은 돌에 새겨 둘꼬? 길 가는 사람의 입이 비석보다 낫다.

{語義} ㅇ有>名(유명) : 이름이 크게 나 있음. ㅇ豈(기) : 어찌하여서. 왜. 설마 등 뜻을 나타내는 반어(反語). ㅇ鐫(전) : 새기다. ㅇ頑石(완석) : 감각이 없는 돌. ㅇ勝>碑(승비) : 비석보다 나음.

{意譯} 이름이 크게 나 있는 일을 어찌 감각이 없는 돌에 새겨 두랴? 길 가는 사람의 입이 빗돌보다 낫다.

{餘說} 앞의 〔11-066〕의 {餘說}에 나온 〈擊壤歌〉를 참고하기 바란다. 거기에는 '有>名'이 '大名'으로 되어있다. 《오등회원(五燈會元)》에 "勸君不用鐫頑石, 路上行人口似碑.〔그대에게 권하니 돌에 새길 필요 없다. 길에 가는 사람들의 일 비석과 같으니라.〕"라는 구절이 있고, 원(元)나라 양문규(楊文奎)의 《아여단원(兒女團圓)》에 "豈不聞'道路上行人口勝碑'〔어찌 듣지 못했나? '길 가는 사람들이 입이 비석보다 낫다'는 말을〕"이라는 구절이 있다.

11-070/ 사향을 지녔으면

有麝自然香。何必當風立。
유 사 자 연 향 　 하 필 당 풍 립

{讀法} 有>麝自然香이어늘, 何必當>風立꼬?

• • •

{直譯} 사향을 가졌으면 자연히 향기가 날 것이거늘, 어찌 반드시 바람맞이에 설까?

{語義} ○麝(사) : 사향. 사향노루의 배꼽과 불두덩의 중간에 있는 포피선 (包皮腺)을 쪼개어 말린 것. 흥분 · 회생 약, 또는 향료로 씀. ○何必(하필) : 어찌 반드시 …할까? ○當(당) : 마주 대함.

{意譯} 사향을 몸에 지녔으면 자연히 향기가 풍길 터인데, 어찌 바람 부는 쪽을 향해 서 있을 필요가 있겠는가?

{餘說} '인간이 지식과 수양이 높으면 그것이 자연히 인격에서 풍길 터인데, 하필 발명(發名)을 하려들까? 와 같은 말이 되겠다.

11-071/ 자기 뜻대로 세력을 얻었다면

自意得其勢。無風可動搖。
자 의 득 기 세　무 풍 가 동 요

{讀法} 自意得2其勢1면, 無>風可2動搖1니라.

• • •

{直譯} 자기 뜻대로 세력을 얻었다면 바람이 불어오지 않아도 움직일 수 있다.

{語義} ○自意(자의) : 스스로 생각함. 자기의 의견. ○勢(세) : 세력. 힘. ○動
搖(동요) : 움직임.

{意譯} 자기 마음대로 그 세력을 얻었다면, 외부에서 바람이 불어
오지 않더라도 그 세력이 흔들릴 수 있게 된다.

{餘說} 정당하지 않은 방법으로 권력을 얻었다면, 외부의 작은 영향에
도 그 세력이 동요될 수 있다는 말이다.

11-072/ 도를 얻었으면

得道誇經紀。時熟好種田。
득 도 과 경 기 시 숙 호 종 전

{讀法} 得>道면 誇2經紀1하고 時熟이면 好2種1>田이니라.

• • •

{直譯} 도를 얻었으면 도를 닦은 것을 칭찬해 주고, 제때에 익으면
논밭에 파종하는 것을 찬미해 주라.

{語義} ○得>道(득도) : 깊은 뜻을 체득함. 바른 도를 깨달음. ○誇(과) : 뽐

넘. 자랑함. ○ 經紀(경기) : 계획하고 처리함. ○ 時熟(시숙) : 제때에 익음. ○ 好(호) : 좋아하다. ○ 種>田(종전) : 전답에 씨앗을 뿌림. 농사짓는 것을 이른다.

{意譯} 도를 얻은 사람에게는 그 도를 얻기 위해 수련한 것을 칭찬해 주고, 곡식이 제 때에 잘 익어 풍년들게 되면 논밭에 종자 뿌린 것을 칭찬해 주라.

{餘說} 앞 문장의 '誇' 와 뒷 문장의 '好' 를 합친 단어 '誇好' 는 '칭찬하다. 아름답다' 라는 뜻을 가진다. 따라서 이들 동사(動詞)는 각각의 목적어인 '經紀' 와 '種田' 을 각기 '과호(誇好)해주다' 는 뜻으로 풀어야 한다.

11-073/ 도를 얻은 사람은

孟子云。得道者多助。失道者寡助。
맹 자 운   득 도 자 다 조   실 도 자 과 조

{讀法} 孟子ㅣ 云, 得>道者는 多>助하고, 失>道者는 寡>助니라.

• • •

{直譯} 《맹자》에 이르기를, "도를 얻은 사람은 도와주는 사람이 많고, 도를 잃은 사람은 도와주는 사람이 적다." 하였다.

{語義} ○得>道者(득도자) : 올바른 정치, 즉 인정(仁政)을 펴는 임금. 이와 반대로 '失>道者'는 포악한 정치를 하는 임금.

{意譯}《맹자》에 말했다. "인정(仁政)을 베푸는 임금은 도와주는 사람이 많고, 포악한 정치를 하는 임금은 도와주는 사람이 적다."

{餘說} 이 대문은《맹자 · 공손추하(公孫丑下) · 제1장》에 있는 말로, '天時는 不>如2地利1요, 地利는 不>如2人和1니라.〔천시(天時)는 지리(地利)만 못하고, 지리는 인화(人和)만 못하다.〕'의 끝부분에 있다.

11-074/ 일은 모조리 다 하지 말며

張無盡曰。事不可做盡。勢不可倚盡。言不可道盡。
장 무 진 왈   사 불 가 주 진   세 불 가 의 진   언 불 가 도 진

福不可享盡。
복 불 가 향 진

{讀法} 張無盡이 曰, 事不>可>做>盡하며, 勢不>可>倚>盡하며, 言不>可>道>盡하며, 福不>可>享>盡이니라.

• • •

{直譯} 장무진이 말하기를, "일은 죄다 하도록 하지 말며, 힘은 다 의지하지 말며, 말은 다 말하지 말며, 복은 다 누리지 말라." 하였다.

{語義} ○張無盡(장무진) : 장상영(張商英). 1043~1122. 자는 천각(天覺), 호
는 무진거사(無盡居士), 시호는 문충(文忠)이다. 장당영(張唐英)의 아우이다.
송(宋)나라 철종(哲宗, 재위 1085~1100)이 친정(親政)을 하자, 우정언(右正言)
과 좌사간(左司諫)이 되어 원우대신을 공격했다. 나중에 채경(蔡京)과 의견
이 맞지 않아 박주 지주(亳州知州)로 내쫓기고 원우당적(元祐黨籍)에 들어갔
다. 대관(大觀, 1107~1110) 4년(1110) 상서우복야(尙書右僕射)가 되어 채경의
정책을 변경시켜 공평하게 정무를 보았다. ○做(주) : 짓다. 만들다. ○盡
(진) : 다함. ○勢(세) : 힘. ○道(도) : 말함. ○享(향) : 누리다. 향유(享有).

{意譯} 장무진이 말했다. "일은 완전히 끝까지 하지 말 것이며, 세
력은 완전히 끝까지 다 의지하지 말 것이며, 말은 완전히 끝까지
다 말하지 말 것이며, 복은 끝까지 다 향유하지 말 것이다."

{餘說} 張無盡이 見2雪竇1하여 敎以2惜>福之說1하여 曰, 事不>可>做>盡,
勢不>可>倚>盡, 言不>可>道>盡, 福不>可>享>盡。凡事不>盡處에 意味
偏長.〔장무진이 설두(雪竇 : 980~1051)를 만나보고 석복지설(惜福之說)을
가르쳐 말하기를, "일은 끝장을 봐서는 안 되며, 세력은 끝까지 다 의지
해서는 안 되고, 말은 끝까지 다 해서는 안 되며, 복은 끝까지 다 누려서
는 안 된다. 무릇 일이란 다하지 않고 남겨두어야 그 맛이 오래 간다."〕
고 하였다.

11-075/ 복이 있다고 다 누리지 말라

有福莫享盡。福盡身貧窮。有勢莫使盡。勢盡冤相
유 복 막 향 진　복 진 신 빈 궁　유 세 막 사 진　세 진 원 상

逢。福兮常自惜。勢兮常自恭。人生驕與侈。有始多無
봉　복 혜 상 자 석　세 혜 상 자 공　인 생 교 여 치　유 시 다 무

終。
종

{讀法} 有>福莫>享>盡하라. 福盡身貧窮이라. 有>勢莫>使>盡하라.
勢盡冤相逢이라. 福兮常自惜하고, 勢兮常自恭이라. 人生驕與侈는
有>始多>無>終이니라.

• • •

{直譯} 복이 있다고 다 누리지 말라. 복이 다하면 몸이 가난하고
궁하다. 권세가 있다고 다 부리지 말라, 권세가 다하면 원수를 서
로 만나게 된다. 복이란 항상 스스로 아껴야 하고, 권세란 항상 스
스로 공손해야 한다. 사람으로서 살아가는 데 있어서 교만과 사치
를 부리면, 시작은 있어도 끝이 없는 경우가 많다.

{語義} ○莫(막) : …하지 말라. 금지사. ○惜(석) : 아끼다. ○恭(공) : 공손히
함. 근신함. ○驕與侈(교여치) : 교만과 사치. ○多(다) : 많이. 거의.

{意譯} 복이 있다고 해서 다 향유(享有)하지 말라, 그 복이 다하고

보면 내 몸이 빈궁하다. 권세가 있다고 해서 다 사용하지 말라, 그 힘이 다하고 보면 원수를 상봉한다. 복이로다, 이것을 항상 자신이 아껴야 하고, 권세로다, 이것을 항상 자신이 공손해야 한다. 인생에서 교만하고 사치하면, 시작은 있어도 끝이 있는 경우는 거의 없다.

{餘說} 이 대문은 오언율시(五言律詩)이다.

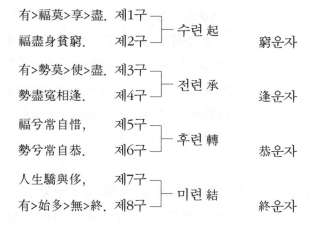

有>福莫>享>盡.　제1구 ┐
福盡身貧窮.　제2구 ┘─ 수련 起　　　窮운자

有>勢莫>使>盡.　제3구 ┐
勢盡冤相逢.　제4구 ┘─ 전련 承　　　逢운자

福兮常自惜,　제5구 ┐
勢兮常自恭.　제6구 ┘─ 후련 轉　　　恭운자

人生驕與侈,　제7구 ┐
有>始多>無>終.　제8구 ┘─ 미련 結　　　終운자

11-076/ 가난은 속일 수 없고

太公曰。貧不可欺。富不可恃。陰陽相推。周而復始。
태 공 왈　빈 불 가 기　부 불 가 시　음 양 상 추　주 이 부 시

{讀法} 太公이 曰, 貧不>可>欺요, 富不>可>恃니라. 陰陽이 相推하여

周而復始니라.

• • •

{**直譯**} 강태공이 말하기를, "가난은 속일 수 없고, 부는 믿을 수 없다. 음양이 서로 변하여, 돌아서 다시 시작한다." 하였다.

{**語義**} ○貧(빈) : 가난. 가난함. ○欺(기) : 속이다. ○恃(시) : 믿다. ○陰陽(음양) : 태극(太極)이 나뉜 두 가지 기운으로 성질이 상반된 것, 즉 음과 양. 예컨대 해·봄·여름·불·남자 등은 양이고, 달·가을·겨울·물·여자 등은 음이다. ○相推(상추) : 서로 옮김, 서로 변함, 서로 양보함. '推'는 추이(推移). ○周而(주이) : 돌아서. '周'는 '週'와 같다. ○復始(부시) : 다시 시작함. '復'은 '다시'라는 뜻. '周而復始(주이부시)'는 '오행(五行)이 순환하여 멈추지 않아서 일주(一周)하면 다시 시작한다'는 뜻이다.

{**意譯**} 강태공이 말했다. "가난한 것은 속일 수 없고, 부유한 것도 믿을 수 없다. 이것은 음양이 서로 변하여 한 바퀴 돌아 다시 시작하는 것과 같은 것이다."

{**餘說**} 중국 속담에 "富貴는 無>根이오 貧窮은 無>苗니라. 貧은 不>可>欺요, 富는 不>可>恃라.〔부귀는 뿌리가 없고, 빈궁은 싹이 없다. 가난은 속일 수 없고, 부유함은 믿을 수 없다.〕"는 말이 있다.

11-077/ 네 가지 남겨두고 싶은 것

王參政四留銘。留有餘不盡之功。以還造化。留有餘
왕 참 정 사 류 명　유 유 여 부 진 지 공　이 환 조 화　유 유 여

不盡之祿。以還朝廷。留有餘不盡之財。以還百姓。留
부 진 지 녹　이 환 조 정　유 유 여 부 진 지 재　이 환 백 성　유

有餘不盡之福以。還子孫。
유 여 부 진 지 복 이　환 자 손

{讀法} 王參政四留銘에 留2有>餘不>盡之功1하여, 以還2造化1하고,
留2有>餘不>盡之祿1하여, 以還2朝廷1하고, 留2有>餘不>盡之財1하
여, 以還2百姓1하고, 留2有>餘不>盡之福1하여, 以還2子孫1이니라.

• • •

{直譯} 왕참정 〈사류명〉에, "여유가 있고 다하지 못한 재주를 남겨
두어서 써 조물주한테 돌려보내고, 여유가 있고 다하지 못한 녹을
남겨두어서 써 조정에 돌려보내고, 여유가 있고 다하지 못한 재물
을 남겨두어서 써 백성에게 돌려보내고, 여유가 있고 다하지 못한
복을 남겨두어서 써 자손에게 돌려보낼 것이다." 하였다.

{語義} ○王參政(왕참정) : 이름은 단(旦). 중국 북송(北宋) 때의 정치가. 우
(祐)의 아들. 자는 자명(子明), 시호는 문정(文正). 태평흥국(太平興國, 976~983)
의 진사(進士). 지추밀원태보(知樞密院太保). 군국(軍國)의 중요사에 참결(參
決)하지 않음이 없었고, 졸하여 위국공(魏國公)에 추봉(追封)되었다. 문집이

있다. '參政'은 벼슬 이름. ㅇ〈四留銘(사류명)〉: 네 가지 남겨두고 싶은 것에 대한 명. ㅇ留(류): 남겨둠. ㅇ有>餘(유여): 남음이 있음. 여유가 있음. ㅇ不>盡(부진): 다하지 아니함. ㅇ功(공): 공. 공로. ㅇ還(환): 돌려보냄. ㅇ造化(조화): 천지를 말한다. 천지자연의 이치, 또는 만물을 창조 화육(化育)하는 일. 또는 그 신(神). 조물주(造物主)와 같은 말. ㅇ祿(록): 관리의 봉급. ㅇ朝廷(조정): 나라의 정치를 의론 집행하는 곳. ㅇ財(재): 재물. 재화. ㅇ百姓(백성): 일반 국민. 옛날에는 벼슬을 하는 귀족만이 성을 가졌으므로, 백관(百官)을 이르는 말이었음.

{意譯} 왕참정 〈사류명〉에, "여유가 있고 다 쓰지 아니한 공을 남겨두었다가 그것을 조물주에게 돌려 보내주고, 또 여유가 있고 다 쓰지 아니한 봉급을 남겨두었다가 그것을 조정에 돌려 보내주고, 여유가 있고 다 쓰지 아니한 재물을 남겨두었다가 그것을 백성에게 돌려 보내주고, 여유가 있고 다 쓰지 아니한 복을 남겨두었다가 그것을 자손에게 돌려 보내주도록 한다."

{餘說} 이 대문을 병서(並書)해본다.

王參政四留銘,
留2有>餘不>盡之功1, 以還2造化1,
留2有>餘不>盡之祿1, 以還2朝廷1,
留2有>餘不>盡之財1, 以還2百姓1,
留2有>餘不>盡之福1, 以還2子孫1.

이상과 같이 열거형 문장으로서, 공(功)은 조화신(造化神)에게, 녹(祿)

은 조정에, 재(財)는 백성(百姓)에게, 복은 자손에게 남는 것을 돌려 보내
주라는 명형(銘形)의 한문체 글이다.

11-078/ 권세로 사귀는 자는

漢書云。勢交者近。勢竭而亡。財交者密。財盡而疎。
한 서 운 세 교 자 근 세 갈 이 망   재 교 자 밀   재 진 이 소
色交者親。色衰而義絕。
색 교 자 친   색 쇠 이 의 절

{讀法} 漢書에 云, 勢交者는 近하야도 勢竭而亡하고, 財交者는 密하야
도 財盡而疎하고, 色交者는 親하야도 色衰면 而義絕이니라.

• • •

{直譯}《한서》에 이르기를, "권세로 사귀는 자는 가까워도 권세가
다하면 없어지고, 재물로 사귀는 자는 친밀해도 재물이 다하면 성
기게 되며, 색으로 사귀는 자는 친하다가도 색이 쇠하면 의가 끊어
진다." 하였다.

{語義} ○《漢書(한서)》: 본서 〈훈자편(訓子篇)〉〔10-006〕 조목 참조. ○ 勢交
者(세교자) : 세로써 가깝게 사귀는 자. 이것은 '以>勢交者'에서 '以'를 생략

한 것이다. 나머지 '財'와 '色'도 마찬가지다. ○竭(갈) : 힘이 다함. ○密
(밀) : 가까움. 친근함. 친밀(親密)함. ○疎(소) : 성기다. 뜸하다. 사이가 있음.
○色(색) : 남녀 사이의 욕정. ○衰(쇠) : 기운이 쇠약해짐. ○義絶(의절) : 맺
었던 의를 끊음. 의리를 끊음.

{意譯}《한서》에 말했다. "권세와 친교를 맺는 자는 권세와 가까이
하다가 권세가 다하면 망하고, 재물과 가까이 사귀는 자는 재물과
가까이하다가 재력이 다하면 사이가 뜸해지며, 정욕과 가까이하
는 자는 욕정과 친하다가 기운이 쇠약해지면 맺었던 의리도 끊어
진다."

{餘說} 왕통(王通)의《문중자(文中子)·예악(禮樂)》에 "以勢交者,勢傾則
絶; 以利交者,利窮則散.〔세로써 사귄 자는 세가 기울면 끊어지고, 이익
으로써 사귄 자는 이익이 다하면 흩어진다.〕"는 말이 나온다.

11-079/ 임금을 섬기는 데 간언이 잦으면

子游曰。事君數。斯辱矣。朋友數。斯疏矣。
자 유 왈 사 군 삭 사 욕 의 붕 우 삭 사 소 의

{讀法} 子游ㅣ 曰, 事>君數이면 斯辱矣요, 朋友數이면 斯疏矣니라.

• • •

{直譯} 자유가 말하기를, "임금을 섬기는 데 간언이 잦으면 이에 욕을 보게 될 것이고, 친구와 사귀는 데 충고가 잦으면 이에 멀어진다." 하였다.

{語義} ㅇ子游(자유) : 성은 언(言), 이름은 언(偃), 자가 자유(子游)이다. 공자의 제자. 문학에 뛰어났다. ㅇ數(삭) : '간(諫)을 너무 자주한다' 는 뜻. 자주 많이 반복하다. 여기서는 귀찮게 자주 간하다, 자주 충고하다. ㅇ斯(사) : 이런 경우. '곧' 정도(程度)의 뜻.

{意譯} 자유가 말했다. "임금을 섬기는 데 있어 너무 귀찮게 간언(諫言)을 반복하면 도리어 그 의견이 채택되지 않을 뿐더러 모욕(侮辱)을 받는 결과가 된다. 붕우(朋友)에 대해서도 너무 귀찮게 충고(忠告)를 되풀이하면 결국 멀어지고 싫어하게 된다."

{餘說} 이 대문은 《논어·이인편(里仁篇)·제26장》에 있는 글이다.

'君子之交는 淡如>水니라.' 는 말과 같이, 이 대문은 교제의 요도(要道)로써 음미(吟味)할만한 말이다.

11-080/ 황금 천 냥이 귀한 것이 아니고

黃金千兩未爲貴。得人一語勝千金。
황 금 천 량 미 위 귀 득 인 일 어 승 천 금

{讀法} 黃金千兩이 未>爲>貴요, 得人一語가 勝2千金1이니라.

• • •

{直譯} 황금 천 냥이 귀한 것이 아니고, 덕 있는 사람의 한마디 말이 천금보다 낫다.

{語義} ○兩(량) : 여기에서는 중량의 단위의 하나. 즉 24수(銖). ○得人(득인) : 덕이 있는 사람. '德' 과 통함. ○勝(승) : 나음. 좋음.

{意譯} 황금같이 좋은 보배 천 냥이 귀중한 것이 아니고, 유덕(有德)한 사람의 말 한마디가 많은 금보다 더 값지고 나은 것이다.

{餘說} 이 문장의 '得人一語' 를, (1) '得2人一語1' 로 보고 '사람의 말 한마디를 얻다.' 로 번역하기도 하고, (2) '得人' 을 '德人' 즉 '유덕한 사람' 으로 보고 '덕인의 한마디 말' , 즉 '덕 있는 사람의 말 한마디' 로, 번역하는 경우도 있다. 이 경우 '得' 은 '德' 과 통용이기 때문이다. 앞 구절의 '黃金千兩' 과 대(對)를 이루려면 이 후자가 더 잘 어울린다.

11-081/ 천금은 얻기 쉽거니와

千金易得。好語難求。
천 금 이 득   호 어 난 구

{讀法} 千金은 易>得이오, 好語는 難>求니라.

• • •

{直譯} 천금은 얻기 쉽거니와 좋은 말은 얻기 어렵다.

{語義} ○千金(천금) : 많은 돈. ○好語(호어) : 칭송하는 말. 좋은 말.

{意譯} 많은 돈은 얻기 쉽지만, 좋다고 하는 말을 듣기란 어려운 것이다.

{餘說} 돈 벌기보다는 좋은 일을 하여 자기를 칭송하는 말을 듣기가 더 어렵다는 말이다.

11-082/ 좋은 말은 듣기 어렵지만

好言難得。惡語易施。
호 언 난 득 악 어 이 시

{讀法} 好言은 難>得이어니와, 惡語는 易>施니라.

• • •

{直譯} 좋은 말은 듣기 어렵지만, 나쁜 말은 전파되기 쉽다.

{語義} ㅇ好言(호언) : 좋은 말. 훌륭한 말. ㅇ惡語(악어) : 무례한 말. 헐뜯어 비방하는 말. 악담(惡談). ㅇ易>施(이시) : 전하기 쉽다. 전파되기 쉽다. 퍼지기 쉽다.

{意譯} 훌륭한 말은 들어보기 어렵고, 비방하는 말은 전파되기 쉽다.

{餘說} 나쁜 소문은 빨라도 좋은 소문은 더디다는 것이다.

11-083/ 남에게 구하는 것은

求人不如求己。能管不如能推。
구 인 불 여 구 기　능 관 불 여 능 추

{讀法} 求>人은 不>如>求>己요, 能>管은 不>如>能>推니라.

{直譯} 남에게 구하는 것은 자기에게 구하느니만 못하고, 잘 관리하는 것은 잘 넘겨주는 것만 못하다.

{語義} ○求>人(구인) : 남에게서 구하다, 남에게 요구하다. '求>諸>人(구저인)'의 줄임말. ○不>如>求>己(불여구기) : 나에게서 찾는 것만 못하다. 나한테서 구하는 것만 못하다. 내가 노력하는 것이 더 낫다. '不如求諸己(불여구저기)'의 줄임말이다. ○能管(능관) : 관리하기를 잘함. ○不>如>能>推(불여능추) : 넘겨주기를 잘 하는 것만 못하다.

{意譯} 남에게서 요구하는 것보다는 자기가 노력하는 것이 더 좋고, 자기가 잘 관리하기보다는 남에게 잘 넘겨주는 것이 더 낫다.

{餘說} 남에게 요구하기보다는 먼저 자신이 노력하라. 관리를 잘하기보다는 남을 밀어주어 더 큰 일을 하도록 하라.

11-084/ 쓸데없는 간섭에 마음을 쓰면

用心閑管。是非多。
용 심 한 관　시 비 다

{讀法} 用>心閑管은 是非多니라.

• • •

{直譯} 쓸데없는 간섭에 마음을 쓰면 시비가 많다.

{語義} ○ 用>心(용심) : 마음을 수고롭게 하다. 전념하다. ○ 閑管(한관) : 간섭함. 한가로운 간섭. 쓸데없는 참견. 쓸데없는 잔소리. ○ 是非多(시비다) : 이러쿵저러쿵 말이 많다.

{意譯} 쓸데없는 참견에는 이러쿵저러쿵 말이 많다.

{餘說} 자기가 맡은 관리 사무가 바쁘면 시비할 겨를도 없지만, 한가하고 또 주의를 주게 되면 자연히 잔소리가 많게 된다.

11-085/ 재주 있는 자는

能者拙之奴。
능 자 졸 지 노

{讀法} 能者는 拙之奴니라.

• • •

{直譯} 재주 있는 자는 재주 없는 자의 종이다.

{語義} ○ 能者(능자) : 재주가 있는 사람. ○ 拙(졸) : 재주가 없음. 서툶.

{意譯} 솜씨가 있는 사람은 솜씨가 서투른 사람의 심부름꾼이다.

{餘說} 다른 판본에는 '巧者拙之奴, 苦者樂之母.〔솜씨 있는 자는 솜씨 서툰 자의 심부름꾼이다. 고생은 즐거움의 어머니다.〕' 로 되어있는 것도 있다.

11-086/ 사정을 아는 것이 적을 때는

知事少時煩惱少。識人多處是非多。
지 사 소 시 번 뇌 소 식 인 다 처 시 비 다

{讀法} 知>事少時煩惱少요, 識人多>處是非多니라.

• • •

{直譯} 사정을 아는 것이 적을 때는 번뇌도 적고, 아는 사람이 많은 곳에는 시비도 많다.

{語義} ○ 知>事(지사) : 일을 알다. 사정을 알다. ○ 煩惱(번뇌) : 욕정의 충동에 괴로워함. ○ 識人多>處(식인다처) : 아는 사람이 곳곳에 많음.

{意譯} 사정을 아는 것이 적으면 괴로움도 적을 것이고, 아는 사람

이 많은 경우에는 시빗거리도 많을 것이다.

{餘說} '知>事少時煩惱少'가 '知>事多時煩惱多'로 되어있는 곳도 있다.

11-087/ 작은 배는 무거운 짐을 견디지 못하고

小船不堪重載。深逕不宜獨行。
소 선 불 감 중 재　심 경 불 의 독 행

{讀法} 小船은 不>堪2重載1이요, 深逕은 不>宜2獨行1이니라.

• • •

{直譯} 작은 배는 무거운 짐을 견디지 못하고, 으슥한 길은 혼자 다니기에 마땅치 않다.

{語義} ○小船(소선) : 작은 배. 거룻배. ○不>堪(불감) : 견디지 못함. ○重載(중재) : 무거운 짐. ○深逕(심경) : 으슥한 길. ○不>宜(불의) : 마땅하지 않음. 좋지 못함. ○獨行(독행) : 혼자 다님.

{意譯} 작은 배에는 무거운 짐을 실을 수 없고, 으슥한 길은 혼자 다니기에 좋지 못하다.

11-088/ 실제로 부닥쳐보면

踏實地。無煩惱。
답 실 지 무 번 뇌

{讀法} 踏2實地1면 無2煩惱1니라.

・・・

{直譯} 실제로 부닥쳐보면 번뇌가 없다.

{語義} ○踏(답) : 밟다. ○實地(실지) : 실제. 확실히. 실로.

{意譯} 어떤 일이든지 실제로 해보면 걱정할 것이 없다.

{餘說} 실지로 부닥쳐보지 않으면 걱정을 하게 되지만, 실지로 부닥쳐보면 걱정할 게 없다.

11-089/ 황금이 귀한 것이 아니고

黃金未爲貴。安樂值錢多。
황 금 미 위 귀 안 락 치 전 다

{讀法} 黃金이 未>爲>貴요, 安樂이 值2錢多1니라.

• • •

{直譯} 황금이 귀한 것이 되지 않고, 안락이 돈 많음과 같은 가치 가 된다.

{語義} ○未>爲>貴(미위귀) : 곧 귀한 것이 아님. 이것이 귀한 것이 아님. ○安 樂(안락) : 편안하고 즐거움. ○值(치) : 값이 있다. 값어치가 있다. ○錢多(전 다) : 돈이 많음.

{意譯} 황금이 귀한 것이 아니고, 편안하고 즐거운 것이 돈 많은 것과 같은 값어치가 있다.

{餘說} 이 문장은《증광현문(增廣賢文)》에 나온다.

11-090/ 질병이 괴로움이며

是病是苦。是安是樂。
시 병 시 고 시 안 시 락

{**讀法**} 是病이 是苦요, 是安이 是樂이니라.

• • •

{**直譯**} 이 질병이 이 괴로움이며, 이 편안한 것이 이 즐거운 것이다.

{**語義**} ○是(시) : 곧. 바로.

{**意譯**} 바로 병이 바로 괴로운 것이고, 바로 편안한 것이 바로 즐거운 것이다.

{**餘說**} 무릇 질병이 곧 괴로움이고, 건강이 곧 즐거움이다.

11-091/ 떳떳하지 못한 재물은 자신에게 해가 되고

非財害己。惡語傷人。
비 재 해 기 악 어 상 인

{讀法} 非財는 害>己하고, 惡語는 傷>人이니라.

• • •

{直譯} 떳떳하지 못한 재물은 자신을 손상하고, 나쁜 말은 남을 다치게 한다.

{語義} ○非財(비재) : 떳떳하지 못한 재물. 나쁜 재물. 비리의 재물. ○害>己(해기) : 자신을 해롭게 함.

{意譯} 비리의 재물은 자신을 해롭게 하고, 나쁜 말은 남을 다치게 한다.

{餘說} '非財'는 의리에 맞지 않는 재물이니, 이를 취하면 자신이 해를 보게 됨은 당연한 일이고, 남을 헐뜯는 나쁜 말은 그 사람을 손상시키는 것이 된다.

11-092/ 사람은 재물 때문에 죽고

人爲財死。鳥爲食亡。
인 위 재 사 조 위 식 망

{讀法} 人爲>財死하고 鳥爲>食亡이니라.

• • •

{直譯} 사람은 재물 때문에 죽고, 새는 먹이 때문에 죽는다.

{語義} ○爲(위) : 때문에. ○死(사) : 죽음. '亡'도 죽음, 즉 '死亡'.

{意譯} 사람은 재물을 구하려다가 죽고, 새는 먹이를 구하려다가 죽는다.

{餘說} 새가 먹이를 구하다가 죽는 것처럼, 사람은 재물을 구하다가 죽는다는 것이다.

11-093/ 이익은 함께 할 수 있어도

景行錄云。利可共而不可獨。謀可寡而不可衆。獨利
경 행 록 운 이 가 공 이 불 가 독 모 가 과 이 불 가 중 독 리

則敗。衆謀則洩。
즉 패 중 모 즉 설

{讀法} 景行錄에 云, 利는 可>共而不>可>獨이오, 謀는 可>寡而不>

可>衆이니, 獨利則敗요, 衆謀則洩이니라.

• • •

{直譯}《경행록》에 이르기를, "이익은 함께할 수 있어도 홀로 할 수
없고, 꾀는 적은 사람들과는 할 수 있어도 많은 사람은 할 수 없나
니, 홀로 이로우면 실패하고, 여럿이 꾀하면 새어 나간다." 하였다.

{語義} ○可>共而(가공이) : 같이 할 수 있어도. ○謀(모) : 꾀. 모의(謀議). ○寡
(과) : 적음. 사람 수가 적음. ○衆(중) : 많음. 사람 수가 많음. '寡'와 '衆'은
서로 반대이다. ○洩(설) : 새다. 새어 나가다.

{意譯}《경행록》에 말했다. "이익은 함께 공유할 수 있어도 홀로
차지할 수 없고, 모의는 적은 사람과는 할 수 있어도 여럿이 함께
할 수 없다. 혼자만이 이익을 차지하면 패망하고, 여럿이 모의하
면 누설된다."

{餘說} 이불가독식(利不>可2獨食1)이란 말이 있다. 이익은 혼자 먹을 수
없는 것이다. 모의란, 여럿이 하면 누설(漏洩)되어 모의한 보람이 없게
된다.

11-094/ 기밀이 누설되면

機不密。禍先發。
기 불 밀 화 선 발

{讀法} 機ㅣ 不>密이면 禍ㅣ 先發이니라.

• • •

{直譯} 기밀이 치밀하지 않으면 재앙이 먼저 일어난다.

{語義} ○機(기) : 기밀(機密). 계책(計策). ○不>密(불밀) : 치밀하지 않음. 비밀이 못됨. 누설됨. ○先發(선발) : 먼저 일어남. 먼저 생김.

{意譯} 기밀이 누설되면 재앙이 먼저 일어난다.

{餘說} 이 문장과 비슷한 것으로서 《성세항언(醒世恒言)》에 "機不密,禍先招.〔기불밀,화선초 : 기밀이 누설되면 재앙이 먼저 초래된다.〕"라고 나오고,《금병매사화(金瓶梅詞話)》에 "自古機事不密則害成.〔자고기사불밀즉해성 : 예전부터 기밀 사항이 비밀스럽지 않으면 성공에 해롭다.〕"이라는 말이 있다.

11-095/ 불효자는 부모를 원망하고

不孝怨父母。負債恨財主。
불 효 원 부 모 부 채 한 재 주

{讀法} 不孝는 怨2父母1하고, 負債는 恨2財主니라.

• • •

{直譯} 불효자는 부모를 원망하고, 빚진 사람은 재산의 소유자를 한탄한다.

{語義} ○ 負債(부채) : 남에게 빚을 짐. '負債'가 '貧苦(빈고 : 가난하고 고생스러움)'으로 된 판본도 있다. ○ 財主(재주) : 재산의 소유자. 자본가, 또 금만가(金滿家). 자산가.

{意譯} 불효자는 부모를 원망하고, 부채가 있는 자는 자본가를 한탄한다.

{餘說} 부모에게 불효하는 사람은 부모를 원망하고, 남에게 빚을 지고 있는 사람은 자본가를 한탄한다.

11-096/ 탐내어 많이 막으면

貪多嚼不細。家貧怨隣有。
탐 다 작 불 세 가 빈 원 린 유

{讀法} 貪多면 嚼不>細하고, 家貧하면 怨2隣有1니라.

• • •

{直譯} 탐내어 많이 먹으면 잘게 씹지 못하고, 집이 가난하면 이웃이 가진 것을 원망한다.

{語義} ○嚼(작) : 씹다.

{意譯} 탐내어 많이 먹으려는 사람은 음식을 잘게 씹지 않고, 집이 가난한 사람은 이웃이 부유한 것을 원망한다.

{餘說} 많이 먹기를 탐내는 사람은 음식을 잘 씹지 않고 먹으며, 자기 집이 가난하면 이웃이 부유하게 사는 것을 원망한다.

11-097/ 집으로 손님을 초대할 줄 모르면

在家不會邀賓客。出外方知少主人。
재 가 불 회 요 빈 객 출 외 방 지 소 주 인

{讀法} 在>家에 不>會>邀2賓客1이면, 出>外에 方知>少2主人1이니라.

• • •

{直譯} 집에서 손님을 맞이할 줄 모르면, 밖에 나가보면 바야흐로 주인이 적은 것을 알게 된다.

{語義} ○不>會(불회) : 알지 못함. ○邀(요) : 맞이함. ○方(방) : 바야흐로. ○主人(주인) : 초대해 주는 사람.

{意譯} 집으로 손님을 초대해서 모실 줄 모르면, 밖에 나가면 곧 자기를 초대해 줄 주인이 적다는 것을 알게 된다.

{餘說} 내 집으로 손님을 초대하지 않았다면, 밖에 나가서 자기를 초대해 줄 사람이 없다는 것을 알게 된다는 것이다.

11-098/ 돈이 있어 손님을 머물러 취하게 하고 싶은 것은

但願有錢留客醉。勝如騎馬傍人門。
단 원 유 전 류 객 취 승 여 기 마 방 인 문

{讀法} 但願下有>錢留>客醉上이 勝如下騎>馬傍2人門1上이니라.

...

{直譯} 다만 돈이 있어서 손님을 머물러 취하게 하고 싶은 것이, 말을 타고 남의 집 대문 곁을 지나는 것보다 낫다.

{語義} ○勝(승) : …하는 것보다 낫다. ○傍2人門1(방인문) : '傍2人門戶1'. 남의 집에 가까이 가다.

{意譯} 다만 바라기를, 돈이 있어서 손님을 머무르게 하여 술대접해서 취하도록 하고 싶은 것이, 개선하는 것처럼 말 타고 남의 집 대문을 뽐내며 지나가는 것보다 낫다.

{餘說} 송(宋)나라 노병(盧秉, ?~1092)의 시 〈역사에 적다[題驛舍]〉에, "靑衫白髮病將軍, 旋糴黃粮買酒樽. 但得有錢留客醉, 也勝騎馬傍人門〔푸른 적삼 백발의 병든 장군이 황량을 사들이고 술통을 사온다오. 그저 돈만 있으면 객을 잡고 취하나니, 말 타고 남의 집을 지나가는 것보다 낫네.〕"라고 하였다. 《고금사문유취(古今事文類聚)·별집(別集)·제25권·인사부(人事部)·행려(行旅)·제역사(題驛舍)》

11-099/ 가난하면 시끄러운 시장에 살아도

貧居鬧市無相識。富住深山有遠親。
빈 거 요 시 무 상 식   부 주 심 산 유 원 친

{讀法} 貧居2鬧市1無2相識1이오, 富住2深山1有2遠親1이니라.

• • •

{直譯} 가난하면 시끄러운 시장에 살아도 서로 아는 사람이 없고, 부유하면 깊은 산중에 살아도 먼 곳에 사는 친척이 찾아온다.

{語義} ㅇ鬧市(요시) : 시끄러운 저잣거리. ㅇ無2相識1(무상식) : 서로 아는 사람이 없음. ㅇ深山(심산) : 깊은 산속. ㅇ遠親(원친) : 먼 곳에 사는 일가. 친척.

{意譯} 가난하면 번화한 저잣거리에 살아도 서로 아는 사람이 없고, 부유하면 깊은 산속에 살아도 먼 곳에 사는 일가친척이 찾아온다.

{餘說} '貧⇔富'·'居2鬧市1⇔住2深山1'·'無2相識1⇔有2遠親1'은 모두 서로 반대어이다. 그리고 '鬧'는 '鬧'의 속자(俗字)로 이 속자를 쓴 책도 있다. 《증광현문(增廣賢文)》에는 "貧居鬧市無人問, 富在深山有遠親.〔가난하면 번화한 저잣거리에 살아도 안부 묻는 사람이 없고, 부유하면 깊은 산속에 살아도 먼 친척이 찾아온다.〕"로 되어있다.

11-100/ 세상의 인정은

世情看冷暖。人面逐高低。
세 정 간 냉 난 인 면 축 고 저

{讀法} 世情은 看冷暖하고 人面은 逐高低니라.

• • •

{直譯} 세상의 인정은 대접이 차고 따뜻한지를 살피고, 사람의 얼굴은 높고 낮음에 따라 달라진다.

{語義} ○世情(세정) : 세간의 실정. 세상 인정. ○看(간) : 대접. ○冷暖(냉난) : 참과 따뜻함. ○人面(인면) : 사람의 얼굴. ○逐(축) : 하나하나. ○高低(고저) : 높고 낮음.

{意譯} 세상 인정은 그 사람의 대접이 냉담한지 열정적인지를 살피고, 사람의 얼굴은 그 사람의 지위가 높고 낮은지에 따라 달라진다.

{餘說} 이 문장은 원(元)나라 유당경(劉唐卿)의 《백토기(白兔記) · 제10편》과 명(明)나라 풍몽룡(馮夢龍)의 《고금소설(古今小說) · 제40회》에 나온다.

11-101/ 사람의 의리는 가난함 때문에

人義盡從貧處斷。世情便向有錢家。
인 의 진 종 빈 처 단　세 정 변 향 유 전 가

{讀法} 人義는 盡從2貧處1斷이오, 世情은 便向2有>錢家1니라.

• • •

{直譯} 사람의 의리는 가난함 때문에 끊어지고, 세속 인정은, 곧 돈이 있는 집으로 향한다.

{語義} ㅇ人義(인의) : 사람의 의리. 사람으로서 지켜야 할 도리. ㅇ盡(진) : 모두. 다. ㅇ世情(세정) : 세속의 인정. ㅇ便(변) : 문득. 곧.

{意譯} 사람의 의리는 다 가난한 데서 끊어지게 되고, 세속 인정은 모르는 동안에 돈 있는 집으로 쏠린다.

{餘說} 황금만능시대(黃金萬能時代)인 지금은 더욱더 그러하지만, 세속 인정이 돈에만 쏠린대서야 어찌 뜻 있는 사람이 개탄하지 않을까?

11-102/ 온갖 것을 다 겪어도

喫盡千般無人知。衣衫襤褸有人欺。
끽 진 천 반 무 인 지　의 삼 남 루 유 인 기

{讀法} 喫>盡2千般1이면 無2人知1요, 衣衫藍縷면 有2人欺1니라.

• • •

{直譯} 온갖 것을 다 경험해도 알아주는 사람이 없고, 옷이 남루하면 속이는 사람이 있다.

{語義} ○喫(끽) : 먹다. 마시다. 끽고(喫苦)의 끽(喫). ○千般(천반) : 여러 가지. 천종(千種). 만양(萬樣). ○衣衫(의삼) : 옷. ○襤褸(남루) : 누더기.

{意譯} 많은 것을 다 경험해도 알아주는 사람이 없고, 옷이 남루하면 나를 속이려는 사람이 있다.

{餘說} 이 문장과 같은 뜻으로 "喫盡千般苦, 也無人知曉, 衣衫襤褸卻, 總有人相欺.〔온갖 고생을 다 겪어도 환히 알아주는 사람이 없고, 남루한 옷을 입으면 도리어 대개 서로 속이는 사람이 있다.〕"라는 말이 있는데, 위 본문의 의미를 분명히 이해하는 데 도움이 될 것이다.

11-103/ 밑 빠진 항아리는

寧塞無底缸。難塞鼻下橫。
영 색 무 저 항 난 색 비 하 횡

{讀法} 寧塞2無>底缸1이언정 難>塞2鼻下橫1이니라.

• • •

{直譯} 차라리 밑 없는 항아리는 막을 수 있을지언정 코 밑에 가로 놓여 있는 것〔입〕은 막기 어렵다.

{語義} ○寧(녕) : 차라리. 선택하는 뜻을 나타냄. '어찌' 의 뜻도 있음. ○塞(색) : 막음. 음이 '새' 인 경우는 '변방' 의 뜻임. ○無>底缸(무저항) : 밑 없는 항아리. ○鼻下橫(비하횡) : 코 밑에 가로 놓여 있는 것, 즉 입.

{意譯} 차라리 밑 빠진 항아리는 막을 수 있어도, 코 밑에 가로 놓인 입은 막기 어렵다.

{餘說} 옛 속담에 "難充鼻下,橫 惟口爲可仇.〔코 아래 가로로 놓인 것을 덮기 어려우니 오직 내 입이 원수로다.〕"라는 것이 있다.

11-104/ 말이 걸음이 느린 것은

馬行步慢皆因瘦。人不聰明只爲窮。
마 행 보 만 개 인 수　인 불 총 명 지 위 궁

{讀法} 馬行步慢은 皆因>瘦요, 人不2聰明1은 只爲>窮이니라.

• • •

{直譯} 말이 걸음이 느린 것은 다 말랐기 때문이고, 사람이 총명치
못한 것은 오직 궁하기 때문이다.

{語義} ○行步(행보) : 걸음. 보행. ○慢(만) : 느리다. ○瘦(수) : 파리하다. 몸
이 야윔. ○聰明(총명) : 聰은 귀가 밝은 것을 말하고, 明은 눈이 밝은 것을
말한다. ○爲>窮(위궁) : 곤궁하기 때문이다.

{意譯} 말이 걸음이 느린 것은 말이 몸이 약하기 때문이고, 사람이
총명치 못한 것은 오직 곤궁하게 살기 때문이다.

{餘說} 말이 약하면 걸음이 느리고, 사람이 군색하면 총명치 못하다.

11-105/ 인정은 다 군색한 가운데서

人情皆爲窘中疎。
인 정 개 위 군 중 소

{讀法} 人情은 皆爲2窘中疎1니라.

• • •

{直譯} 사람의 정은 다 군색한 중에서 성기게 된다.

{語義} ○人情(인정) : 사람 사이의 정. ○窘中疎(군중소) : 군색(窘塞)한 중에 소원(疎遠)하게 됨. 군색한 데서 멀어지기 마련이다.

{意譯} 사람 사이의 정은 다 군색한 가운데서 멀어지게 된다.

{餘說} 군색하면 인정마저 메마르게 마련이다.

11-106/ 돼지를 기르고 술을 빚는 것은

樂記曰。豢豕爲酒。非以爲禍也。而獄訟益繁。則酒
악 기 왈 환 시 위 주 비 이 위 화 야 이 옥 송 익 번 즉 주

之流生禍也。是故。先王因爲酒禮。一獻之禮。主賓百
지 류 생 화 야 시 고 선 왕 인 위 주 례 일 헌 지 례 주 빈 백

拜。終日飲酒。而不得醉焉。此先王之所以備酒禍也。
배 종일음주 이부득취언 차선왕지소이비주화야

{讀法} 樂記에 日, 豢>豕爲>酒는, 非2以爲1>禍也나, 而獄訟이 益繁
은, 則酒之流ㅣ生>禍也니라. 是故로 先王은 因爲2酒禮1에, 一獻之
禮로, 主賓이 百拜하고, 終日飲>酒라도, 而不>得>醉焉이니, 此는 先王
之所3以備2酒禍1也니라.

· · ·

{直譯} 〈악기〉에 이르기를, "돼지를 기르고 술을 빚는 것은 이로써
화가 되게 하는 것이 아니나, 소송 사건이 더욱 빈번한 것은 즉 주
류(酒類)가 화를 낳은 것이다. 이런 까닭으로 선왕은 이로 인하여
주례(酒禮)를 삼음에 일헌의 예로, 주인과 손님이 많은 절을 하고
온종일 술을 마시어도 취하지 않나니, 이것은 선왕이 술의 화에 대
비하기 위한 것이다." 하였다.

{語義} ㅇ〈樂記(악기)〉:《예기》의 편명. ㅇ豢>豕(환시):돼지를 기름. ㅇ爲>
酒(위주):술을 빚음. 술을 만듦. ㅇ獄訟(옥송):소송 사건을 말한다. 죄를 다
투는 것을 옥(獄)이라 하고, 재물을 다투는 것을 송(訟)이라 한다. 즉 옥은
형소(刑訴), 송은 민소(民訴). 소송(訴訟). 일설에는 대사건을 옥이라 하고, 소
사건을 송이라 한다. ㅇ益繁(익번):더욱 빈번함. ㅇ酒之流(주지류):주류(酒
類). ㅇ是故(시고):이런 까닭으로. ㅇ先王(선왕):고대의 성왕(聖王). ㅇ因爲
(인위):이로 인하여 …함. ㅇ酒禮(주례):술에 관한 예법. ㅇ一獻之禮(일헌지

례) : 한 번 술을 바치는 예. ○ 備2酒禍1也(비주화야) : 술로 인해 생기는 화에 대비함.

{意譯} 《예기 · 악기편》에 말했다. "돼지를 길러서 안주로 하고 술을 빚는 것은 이로써 화(禍)가 되게 하려는 것이 아니지만, 소송 사건이 더욱 빈번한 것은 주류(酒類)가 재화(災禍)를 일으킨 것이다. 이런 까닭으로 고대 성왕은 이 때문에 술에 관한 예법에 '한 번씩만 술을 바치는 것'을 예로 하여 주인과 손님이 많이 절을 하고 종일 술을 마시나 술에 취하지 않았으니, 이것이 옛 성왕이 술로 인해서 생기는 재화에 대비했던 방법이다."

{餘說} 돼지를 길러 안주를 마련하고 술을 빚는 것은 화를 만들자는 것이 아니었다. 이런 까닭으로 고대의 성왕(聖王)은 술에 취하는 것을 대비하기 위해 주례를 만들었던 것이다.

11-107/ 오직 술은 정량이 없으셨지만

論語云。惟酒無量。不及亂。
논 어 운 유 주 무 량 불 급 란

{讀法} 論語에 云, 惟酒無>量하시며, 不>及>亂이러시다.

{直譯} 《논어》에 이르기를, "오직 술은 정량(定量)이 없으셨지만 어지러움에 미치지 않으셨다." 하였다.

{語義} ○ 無>量(무량) : 정량(定量)이 없음. ○ 不>及>亂(불급란) : 어지러움에 미치지 않음. 취해서 정신을 놓을 정도로 먹지 않음.

{意譯} 《논어》에 말했다. "오직 술은 일정한 양을 정한 바는 없으나, 당신에게 알맞은 범위 내에서 마셨고 어지러움에 빠지지는 않으셨다."

{餘說} 이 대문은 《논어·향당편(鄉黨篇)·제8장》에 나오는 글로서, 공자께서 일상생활에 있어 적식조건(適食條件)을 지키셨다는 말 중의 일부이다. 참고로, 이 조건을 소개하면 '肉雖多나 不>使>勝2食氣1하시며 惟酒無>量하시되 不>及>亂이러시다.' 이다.

11-108/ 하늘에 제사 지내고

史記曰。郊天禮廟。非酒不享。君臣朋友。非酒不義。
사 기 왈 교 천 예 묘 비 주 불 향 군 신 붕 우 비 주 불 의

鬪爭相和。非酒不勸。故酒有成敗。而不可泛飲之。
투 쟁 상 화 비 주 불 권 고 주 유 성 패 이 불 가 봉 음 지

{讀法} 史記에 曰, 郊>天禮>廟엔 非>酒不>享이오, 君臣朋友엔 非>酒不>義요, 鬪爭相和엔 非>酒不>勸이라. 故로 酒有2成敗니 而不2可泛飲1>之니라.

• • •

{直譯} 《사기》에 말하기를, "하늘에 제사 지내고 사당에 제사 지내는 데에는 술이 아니면 제사 지내지 못할 것이고, 임금과 신하 및 친구 사이에는 술이 아니면 의롭지 못할 것이고, 싸움을 하고 서로 화해하는 데에는 술이 아니면 권하지 못할 것이다. 그러므로 술은 일을 성사시키고 망치는 수도 있다. 그러나 엎어지도록 이를 마셔서는 안 된다." 하였다.

{語義} ○《史記(사기)》: 중국 전한(前漢)의 사마천(司馬遷)이 지은 중국 최초의 바른 고대사이다. 전 130권으로, 황제(黃帝)로부터 한(漢)나라 무제(武帝)에 이르기까지 삼천여 년의 일을 적은 기전체(紀傳體)의 사서(史書).《십이본기(十二 本記)》·《십표(十表)》·《팔서(八書)》·《삼십세가(三十世家)》·《칠십열전(七十列傳)》으로 이루어짐. 대표적 주석서로는 송(宋)나라 배인(裴駰)의 《집해(集解)》, 당(唐)나라 사마정(司馬貞)의 《색은(索隱)》, 장수절(張守節)의 《정의(正義)》가 있음. ○郊>天(교천) : 하늘에 제사 지냄. ○禮>廟(예묘) : 사당에 제례(祭禮)를 올림. ○享(향) : 드림, 잔치함, 흠향함, 차지함 등의 뜻이 있으나 여기서는 제사 지냄임. ○君臣(군신) : 임금과 신하. 군(君)은 봉호(封號)·제후(諸侯)·영차지(領差地)가 있는 경대부(卿大夫) 등을 말할 경우도 있

음. ㅇ朋友(붕우) : 친구. '朋' 은 동문수학하는 사람. ㅇ不>義(불의) : 의롭지
못함. ㅇ鬪爭(투쟁) : 싸우고 다툼. ㅇ相和(상화) : 서로 화해함. ㅇ泛飮(봉음) :
엎어지도록 마심. '泛' 은 '뜰 범' 자이지만, 여기서는 '覂[엎을 봉]' 과 같은
자임.

{意譯}《사기》에 말했다. "하늘에 제사 지내고 사당에 제사 지내는
데에는 술이 아니면 제사 지내지 못할 것이고, 군신과 친구 사이
에도 술이 아니면 의롭지 못할 것이고, 싸우고 나서 서로 화해하
는 것도 술이 아니면 권하지 못할 것이다. 그렇기 때문에 술은 일
을 성사시키고 망치는 수가 있지만 그렇다고 엎어지도록 마셔서
는 안 된다."

{餘說} 술의 필요성을 강조하고 마구 마시면 안 된다고 경계하였다. 특
히 '泛飮' 은 '범음' 이 아니고 '봉음' 으로 읽어야 하며, 뜻도 '함부로
마신다' 는 뜻이 아니라 '엎어지도록 마신다' 로 보아야 한다.

11-109/ 귀신을 공경하면서

子曰。敬鬼神而遠之。可謂智矣。
자 왈 경 귀 신 이 원 지 가 위 지 의

{讀法} 子ㅣ 曰, 敬2鬼神1而遠>之면 可>謂>智矣니라.

{直譯} 공자께서 말씀하시기를, "귀신을 공경하면서 이를 멀리 모시면 지혜(智慧)롭다고 이를 수 있다." 하셨다.

{語義} ○ 敬2鬼神1而遠>之(경귀신이원지) : 조상신은 숭경(崇敬)하면서도 가까우면 친압(親狎)하여 이를 더럽히게 되니 멀리 모신다. ○ 智(지) : 지혜(智慧). 지혜(知慧). '智'가 '知'로 된 판본도 있다.

{意譯} 공자께서 말씀하셨다. "조상신(祖上神)에 대해서는 숭경(崇敬)의 염(念)을 다하나, 이를 더럽히지 않게 근압(近狎)하는 일을 않는다. 이것이 지혜(智慧)로운 태도이다."

{餘說} 이 대문은 《논어 · 옹야편(雍也篇) · 제20장》에 있는 글의 일부이다. '智'가 '知'로 되어있는 곳도 있으나 두 글자는 통용된다.

11-110/ 자기의 조상신이 아니면서 제사 지내는

子曰。非其鬼而祭之諂也。見義不爲無勇也。
자 왈 비 기 귀 이 제 지 첨 야 견 의 불 위 무 용 야

{讀法} 子ㅣ 曰, 非2其鬼1而祭>之ㅣ 諂也요, 見>義에 不>爲ㅣ 無>勇

也니라.

· · ·

{直譯} 공자께서 말씀하시기를, "자기의 조상신이 아니면서 이를 제사 지내는 것이 아첨이고, 정의를 보고서 행하지 않는 것이 용기가 없는 것이다." 하셨다.

{語義} ○鬼(귀) : 정현(鄭玄)은 '人神曰,鬼'라 했다. 선조(先祖)의 영혼(靈魂). 죽은 사람의 영혼. 천자는 천신을, 제후는 지기(地祇)를, 사대부·서민은 선조의 영혼을 제사지냈다. ○諂(첨) : 아첨(阿諂). 아부(阿附). 예쁘게 보이려고 애씀.

{意譯} 공자께서 말씀하셨다. "제사 지내야 할 귀신이 아닌데 제사 지내는 것은, 이것은 다른 욕구심(慾求心)이 있는 아첨이다. 또 사람으로서 해야 할 도리에 적합한 바른 일을 보고서 알면서도, 이것을 하려 들지 않는 것은 참다운 용기가 없기 때문이다."

{餘說} 이 대문은 《논어·위정편(爲政篇)·제24장》에 있는 글이다. 전자는 하지 말아야 할 일을 하는 것이고, 후자는 해야 할 일을 하지 않는 것으로서 다 같이 잘못이다. '其鬼'라는 것은 '제사 지내야 할 귀신'을 말하는 것이다. '鬼'는 원래 조상의 영혼인 것이나 일반으로 신(神)도 귀(鬼)라고 하는 일이 있다. 생각하면 세상에는 음사사교(淫祀邪敎)의 괴상한 제사가 얼마나 많은가! 이것은 전부 아첨인 것이다. 또 해야 할 당

연한 일에도 주저하는 사람이 얼마나 많은가! 이것은 모두 용(勇)이 없는 자의 군상(群像)이다.

11-111/ 부처에게 절하는 것은

禮佛者ᴼ敬佛之德ᴼ念佛者ᴼ感佛之恩ᴼ看經者ᴼ明佛
예불자　경불지덕　염불자　감불지은　간경자　명불
之理ᴼ坐禪者ᴼ登佛之境ᴼ得悟者ᴼ證佛之道ᴼ
지리　좌선자　등불지경　득오자　증불지도

{讀法}　禮>佛者는 敬2佛之德1하고 念>佛者는 感2佛之恩1하며, 看>經者는 明2佛之理1하고, 坐禪者는 登2佛之境1하며, 得>悟者는 證2佛之道1니라.

• • •

{直譯} 부처에게 예를 하는 것은 부처의 덕을 공경하는 것이고, 부처에게 염불하는 것은 부처의 은혜에 감사하는 것이며, 불경을 보는 것은 불교의 이치에 밝으려는 것이고, 앉아서 참선(參禪)하는 것은 부처의 경지에 오르려는 것이며, 깨달음을 얻으려는 것은 부처의 도를 증명하려는 것이다.

{語義}　ᴼ禮>佛(예불) : 부처에게 절을 함.　ᴼ敬2佛之德1(경불지덕) : 부처의

덕을 공경함. ○念>佛(염불) : 불경을 외우는 것. ○感2佛之恩1(감불지은) : 부처의 은혜를 느낌. ○看>經(간경) : 불경을 봄. ○明2佛之理1(명불지리) : 불교의 이치를 밝힘. ○坐禪(좌선) : 앉아서 참선(參禪)함. ○登2佛之境1(등불지경) : 부처의 경지에 오름. ○得>悟(득오) : 깨달음을 얻음. 불도의 이치를 깨달음. ○證2佛之道1(증불지도) : 불교의 도리를 증명함.

{意譯} 부처님께 절을 하는 것은 부처님의 덕을 공경하는 것이고, 불경을 외우는 것은 부처님의 은혜를 감사하는 것이며, 불경을 보는 것은 불교의 이치에 밝으려는 것이고, 앉아서 참선(參禪)하는 것은 부처님의 경지에 오르려는 것이며, 깨달음을 얻으려는 것은 불교의 도리를 증명하려는 것이다.

{餘說} 불교에 관한 것을 행동에 따라 목적을 열거한 글이다.

11-112/ 불경을 읽는다고 해서

看經未爲善。作福未爲願。莫若當權時。與人行方便。
간 경 미 위 선 작 복 미 위 원 막 약 당 권 시 여 인 행 방 편

{讀法} 看>經未>爲>善이오, 作>福未>爲>願이니 莫3若當>權時에 與人으로 行2方便1이니라.

• • •

{直譯} 경을 읽는다고 해서 다 선해지는 것이 아니고, 복을 짓는다고 다 원하는 것이 이루어지는 것은 아니다. 힘을 가지고 있을 때에 사람들과 방편을 행하는 것만큼 좋은 것이 없다.

{語義} ○ 看>經(간경) : 여기서는 불경을 봄. ○ 未>爲>善(미위선) : 선해지지 않음. 선해지는 것이 아님. ○ 作>福(작복) : 복을 일으킴, 복을 만듦. ○ 未>爲>願(미위원) : 원하는 대로 되지 않음, 원하는 대로 되는 것이 아님. ○ 莫>若(막약) : 막여(莫如). …하는 것만 못하다. …하는 것이 낫다. ○ 當>權(당권) : 권세를 잡음, 권세를 장악함. ○ 方便(방편) : 불교 말로서, 편의에 따라 사람을 인도하는 방법.

{意譯} 불경을 열심히 읽는다고 해서 착해지는 아니고, 복을 짓는다고 해서 바라는 것이 다 이루지는 것은 아니다. 권세가 있을 때에 다른 사람들과 복을 받을 수 있는 방편을 행하는 것이 가장 좋다.

{餘說} 방편(方便)은 '자기의 이익을 돌보지 않고 상대를 딱하게 생각하며 상대가 복을 받을 수 있도록 하는 것' 을 말한다.

11-113/ 미타경을 다 읽고 나니

濟顚和尙警世詩。看盡彌陀經。念徹大悲呪。種瓜還
제 전 화 상 경 세 시   간 진 미 타 경   염 철 대 비 주   종 과 환

得瓜。種豆還得豆。經呪本慈悲。冤結如何求。照見本
득 과　종 두 환 득 두　경 주 본 자 비　원 결 여 하 구　조 견 본

來心。做者還他受。
래 심　주 자 환 타 수

{讀法} 濟顚和尙警世詩에, 看>盡2彌陀經1하니 念徹2大悲呪1라. 種>
瓜還得>瓜요, 種>豆還得>豆라. 經呪本慈悲ㄴ대 冤結如何求오?
照2見本來心1이니 做者還他受니라.

• • •

{直譯} 제전화상의 〈경세시〉에, "《미타경》을 다 읽으니, 생각이 대
자비의 주문에 통달한다. 오이를 심으면 도로 오이를 얻고, 콩을
심으면 도로 콩을 얻는다. 경문이나 주문은 본래 자비의 뜻인데,
원수를 맺으면 어떻게 구원받을 수 있을까? 본래의 마음을 비추어보
니, 짓는 자는 도로 다른 사람에게서 받는다."하였다.

{語義} ㅇ濟顚和尙(제전화상) : '和尙'은 수행(修行)을 많이 한 중. 도를 가르
치는 중. 전하여 중의 존칭(尊稱). '濟顚'은 송(宋)나라의 고승(高僧). 천태이
씨(天台李氏)의 아들. 이름은 도제(道濟). 자는 호은(湖隱), 호는 방원수(方員
叟). 나이 18에 영은(靈隱)에 취하여 낙발(落髮)함. 술과 고기를 미친 듯이 즐
겨 하여 사람들이 제전(濟顚)이라 불렀음. 가정(嘉靖, 1522~1566) 초에 앉아
서 죽음. 호포탑(虎跑塔) 속에 장사지냄. ㅇ〈警>世詩(경세시)〉 : 세상 사람을
경계하는 시. ㅇ看>盡(간진) : 다 읽다. ㅇ《彌陀經(미타경)》 : '彌陀'는 '阿彌

陀如來' 의 약어. 아미타여래의 경문, 즉 불경의 하나. ○ 徹(철) : 통함. ○ 大
悲呪(대비주) : 천수천안관세음보살(千手千眼觀世音菩薩)의 내증공덕(內證功德)
을 설교한 주문. 대비심다라니(大悲心陀羅尼)라고도 한다. ○ 種>瓜(종과) : 외
를 심다. ○ 經呪(경주) : 부처님께 향하여 부르고 기원하는 일, 또는 경문(經
文)과 주문(呪文). ○ 慈悲(자비) : 불보살(佛菩薩)이 중생에게 낙을 주고 괴로
움을 덜어주는 일. ○ 寃結(원결) : 원죄(寃罪)에 걸려 신원(伸寃)하지 못함.
'寃' 은 '冤' 의 속자.

{意譯} 제전화상이 〈경세시〉에, "《아미타여래》의 경문을 다 읽고
나니, 생각이 대비심다라니에 통하였다. 오이를 심으면 도로 오이
를 얻고, 콩을 심으면 도로 콩을 얻는다. 경문과 주문은 본디 불보
살(佛菩薩)이 중생에게 낙을 주고 괴로움을 덜어주는 일인데, 원죄
에 걸려 신원(伸寃)하지 못하면 어떻게 구제할까? 본디 타고난 마
음을 비추어보니, 원죄를 짓는 자는 딴 사람한테 도로 받는다."

{餘說} 이 대문은 오언율시(五言律詩)이다. '呪・豆・救・受' 자는 각각
압운(押韻)이다. 제3・4구의 '種>瓜還得>瓜요, 種>豆還得>豆니라.' 는 인
과응보(因果應報)를 말한 것이다.

11-114/ 스스로 지은 것은

自作還自受。
자 작 환 자 수

{**讀法**} 自作은 還自受니라.

• • •

{**直譯**} 스스로 지은 것은, 도로 스스로 받는다.

{**語義**} ○ 自作還自受(자작환자수) : 자기가 저지른 잘못의 결과를 도리어 자기가 받음.

{**意譯**} 자신이 지은 악은, 도로 자신이 그 악과(惡果)를 받는다.

{**餘說**} 《통감절요(通鑑節要)·제32권·고사성어숙어(故事成語熟語)》에 "自我得之, 自我失之, 亦復何恨?〔내가 스스로 천하를 얻었고, 내가 스스로 천하를 잃었으니, 또한 다시 무엇을 한하겠느냐? [동의어(同義語)] 자업자득(自業自得)·자작자수(自作自受)〕"라는 내용이 있다.

11-115/ 지사와 인인은

子曰。志士仁人。無求生以害仁。有殺身以成仁。
자 왈 지 사 인 인 무 구 생 이 해 인 유 살 신 이 성 인

{**讀法**} 子ㅣ 曰, 志士仁人은 無2求>生以害1>仁이오, 有2殺>身以成

1>仁이니라.

• • •

{直譯} 공자께서 말씀하시기를, "지사와 인인(仁人)은 살기를 바람
으로써 인을 해치는 일이 없고, 몸을 죽임으로써 인을 이룩하는 일
은 있다." 하셨다.

{語義} ○志士(지사) : 인도(仁道)를 구현하고자 하는 굳은 신념을 가지고 진
력하는 선비. ○仁人(인인) : 인도를 실천하는 덕을 갖춘 사람. ○求>生(구
생) : 물론 생명을 구하는 것이나, 혹은 그 속에 자기의 지위를 구하는 것도
포함될 수도 있을 것이다. ○殺>身(살신) : 자기의 생명을 버리는 것이나, 그
속에는 또 자기의 명리를 방척(放擲)하는 뜻도 포함할 것이다.

{意譯} 공자께서 말씀하셨다. "지사라고 또는 인인이라고 일컬어
지는 사람은, 자신을 살리고자 인도를 해치는 일 없이 차라리 반
대로 자신을 희생해서라도 인도를 완수하는 경우가 있다."

{餘說} 《논어 · 위령공편(衛靈公篇) · 제8장》에 있는 글이다. 요컨대 자
기의 생명 · 생사(生死)보다도 인도(仁道)의 실현을 존중하는 것을 말씀
하신 것이다.

11-116/ 선비가 도에 뜻을 두고

子曰。士志於道。而恥惡衣惡食者。未足與議也。
자 왈 사 지 어 도 이 치 악 의 악 식 자 미 족 여 의 야

{讀法} 子ㅣ 曰, 士ㅣ 志2於道1 而恥2惡衣惡食1者는 未>足2與議1
也니라.

• • •

{直譯} 공자께서 말씀하시기를, "선비가 도에 뜻을 두고 나쁜 옷과
나쁜 음식을 부끄러워하는 것은 아직 더불어 의론할 자격이 없다."
하셨다.

{語義} ○士(사) : 경대부사(卿大夫士)의 사(士)로 관도(官途)의 최초의 자이
나, 이곳에서는 도에 뜻을 두고 학문에 들어간 최초의 사람을 말한 것일까
한다. ○恥(치) : 부끄러워하다. 창피하게 여기다. 욕되게 생각하다. ○未>
足(미족) : 부족하다. 충분치 못하다. 자격이 부족하다. ○與議(여의) : 더불
어 논의하다. 함께 말하다.

{意譯} 공자께서 말씀하셨다. "진실로 인의(仁義) 도덕의 수양에
뜻을 둔 사람으로서, 자기의 의복이나 음식이 변변치 못한 것을
남에 대하여 창피스럽다고 생각할 정도라면 아직도 함께 도를 논
할 자격이 없다."

{餘說} 《논어 · 이인편(里仁篇) · 제9장》에 나오는 말이다. 도를 탐구하려는 목표를 세운 한몫의 얼굴을 하고도 실생활에서는 허세를 좇으려는 이러한 남자와는 의논하려는 마음이 생기지 않는다는 뜻이다.

11-117/ 공정한 마음은 밝은 지혜를 낳고

荀子云。公生明。偏生闇。端愨生通。詐僞生塞。誠信
순 자 운 공 생 명 편 생 암 단 각 생 통 사 위 생 색 성 신

生神。夸誕生惑。
생 신 과 탄 생 혹

{讀法} 荀子에 云, 公은 生>明하고 偏은 生>闇하며 端愨은 生>通하고 詐僞는 生>塞하며 誠信은 生>神하고 夸誕은 生>惑이니라.

• • •

{直譯} 《순자》에 이르기를, "공정한 마음은 밝은 지혜를 낳고, 편벽(偏僻)된 마음은 어둔 생각을 낳으며, 마음이 바르고 행실이 참됨은 형통함을 낳고, 거짓은 궁색함을 낳으며, 정성은 영묘함을 낳고, 광대하고 거침은 미혹을 낳는다." 하였다.

{語義} ○公(공) : 공정한 마음. 공변된 마음. ○偏(편) : 편벽된 마음. ○端愨(단각) : 마음이 바르고 행실이 참된 것. ○詐僞(사위) : 거짓. 허위. ○誠信(성

신) : 정성. 성실. ○ 神(신) : 영묘함. ○ 夸誕(과탄) : 말이 과장되고 허황됨.

{意譯}《순자》에 말했다. "공정한 마음은 명지(明智)가 생기고, 편벽된 마음은 어두운 마음이 생기니, 마음이 바르고 행실이 참됨은 통달이 생기고 허위는 막힘이 생기며, 정성은 신묘가 생기고 멍청하며, 거침은 미혹이 생긴다."

{餘說}《순자 · 불구편(不苟篇)》에 나오는 글이다. 이 글의 끝부분에 "此六生者는 君子愼>之하니 而禹桀所以分也라.〔이 여섯 가지 낳는 것은 군자가 신중하게 대처하는 것이니, 이는 곧 우왕(禹王)과 걸왕(桀王)이 구분되는 기점이다.〕"라는 구절이 있다. 그리고 양경(楊倞)의 주(注)에 "所以分2賢愚1也라.〔현능함과 우매함이 구분되는 기점이다.〕"라 하였다.

11-118/ 남을 업신여기고 모욕하며

書云。侮慢自賢。反道敗德。小人之爲也。
서 운 모 만 자 현 반 도 패 덕 소 인 지 위 야

{讀法} 書에 云, 侮慢自賢하고 反>道敗>德은, 其小人之爲也니라.

• • •

{直譯}《서경》에 이르기를, "남을 업신여기고 모욕하며, 도에 반하

고 덕을 그르치는 것, 그것은 소인이 하는 짓이다." 하였다.

{語義} ㅇ《書(서)》:《서경(書經)》.《삼경(三經)》의 하나. ㅇ侮慢(모만) : 남을
업신여기고 모욕함. ㅇ自賢(자현) : 망령되이 스스로를 존귀하고 위대하다
고 여김. ㅇ反>道(반도) : 도리에 어긋남. ㅇ敗>德(패덕) : 덕의를 손상시킴.

{意譯}《서경(書經)》에 말했다. "남을 업신여기고 모욕하며 자신을
존귀하고 위대하다고 여기며, 정도(正道)에 어긋나고 덕의(德義)를
그르치는 행위는 바로 소인배나 하는 짓이다."

{餘說} 이 문장은《서경(書經)·대우모(大禹謨)·제20장》의 일부를 취한
것으로,《서경(書經)》에는 "其小人之爲也"라는 구절이 없다. 따라서 이
구절 대신에 "君子在野하고, 小人在位라.〔그러면 군자는 민간에 있게 되
고, 소인이 지위를 차지하게 된다.〕"를 넣는 것이 타당할 것이다.

11-119/ 선비에게 질투하는 벗이 있으면

荀子云。士有妬友則賢交不親。君有妬臣則賢人不
순 자 운 사 유 투 우 즉 현 교 불 친 군 유 투 신 즉 현 인 부

至。
지

{**讀法**} 荀子에 云, 士有2妬友1 則賢交不>親하고 君有2妬臣1 則賢
人不>至니라.

• • •

{**直譯**} 《순자》에 이르기를, "선비가 질투하는 벗을 가지면 현명한
친구와 사귀어 친할 수 없고, 임금이 질투하는 신하를 가지면 현명
한 사람이 오지 않는다." 하였다.

{**語義**} ○《荀子(순자)》 : 책 이름. 본서 〈정기편〉〔05-010〕 참조 바람. ○妬
友(투우) : 질투하는 벗. ○賢交(현교) : 현명한 사람과 사귐. ○妬臣(투신) : 질
투하는 신하. ○不>至(부지) : 이르지 않음. 오지 않음.

{**意譯**} 《순자(荀子)》에 말했다. "선비에게 질투(嫉妬)하는 친구가
있으면 그 친구 때문에 현명한 사람과 사귀어 친근할 수 없고, 임
금에게 질투하는 신하가 있으면 그 신하 때문에 현명한 사람이 오
지 않는다."

{**餘說**} 이 대문(對文)은《순자(荀子) · 대략(大略)》에 있는 말이다.

11-120/ 나라를 다스리는 데는

太公曰。治國不用佞臣。治家不用佞婦。好臣是一國
태공왈　치국불용영신　치가불용영부　호신시일국

之寶。好婦是一家之珍。
지보　호부시일가지진

{讀法} 太公이 曰, 治>國엔 不>用2佞臣1하고, 治>家엔 不>用2佞婦1하
나니, 好臣은 是一國之寶요, 好婦는 是一家之珍이니라.

· · ·

{直譯} 강태공이 말하기를, "나라를 다스리는 데는 아첨하는 신하
는 쓸데가 없고, 집을 다스리는 데는 아첨하는 며느리는 쓸데가 없
나니, 좋은 신하는 바로 한 나라의 보배고, 좋은 며느리는 바로 한
집의 보배이다." 하였다.

{語義} ○佞臣(영신) : 아첨하는 신하. ○佞婦(영부) : 아첨하는 며느리. ○是
(시) : 곧. 바로.

{意譯} 강태공이 말했다. "나라를 제대로 다스리려면 아첨하는 신
하는 필요 없고, 집을 제대로 다스리려면 아첨하는 며느리는 필요
없다. 좋은 신하는 나라에 있어서 보배요, 좋은 며느리는 집에 있
어서 보배이다."

{餘說} 이 대문(對文)에서 영신(侫臣)・호신(好臣)은 치국불용(治國不用)・일국지보(一國之寶)요, 영부(侫婦)・호부(好婦)는 치가불용(治家不用)・일가지진(一家之珍)의 대(對)로 되어있다. 이런 대립(對立)을 상등대립구(相等對立句)라 한다.

11-121/ 참소하는 신하는 나라를 어지럽히고

讒臣亂國。妬婦亂家。
참 신 난 국   투 부 난 가

{讀法} 讒臣은 亂>國하고, 妬婦는 亂>家니라.

• • •

{直譯} 참소하는 신하는 나라를 어지럽히고, 질투하는 며느리는 집을 어지럽힌다.

{語義} ○讒臣(참신) : 참소하는 신하. ○妬婦(투부) : 질투하는 며느리.

{意譯} 참소하는 신하는 나라의 기강을 어지럽히고, 질투하는 며느리는 가문을 어지럽힌다.

{餘說} 간악한 말로 남을 헐뜯어 윗사람에게 고(告)해 바치는 신하는 나라를 어지럽히고, 질투하는 며느리는 집을 어지럽힌다는 것이다.

11-122/ 경사지게 갈게 되면 좋은 밭을 손상하고

太公曰。斜耕敗於良田。讒言敗於善人。
태 공 왈 사 경 패 어 양 전 참 언 패 어 선 인

{讀法} 太公이 曰, 斜耕은 敗2於良田1하고, 讒言은 敗2於善人1하나니라.

• • •

{直譯} 강태공이 말하기를, "경사지게 가는 것은 좋은 밭을 손상하고, 참소 나는 말은 착한 사람을 손상한다." 하였다.

{語義} ○斜耕(사경) : 경사지게 땅을 갊. ○敗(패) : 손상시킴. ○良田(양전) : 좋은 밭. 기름진 밭. ○讒言(참언) : 참소하는 말.

{意譯} 강태공이 말했다. "밭을 기울게 갈면 좋은 밭을 버려 놓고, 참소하는 말을 하면 착한 사람을 버리게 된다."

{餘說} 바르게 갈아야 할 양전(良田)을 비뚤어지게 갈면 좋은 밭을 손상(損傷)시키고, 좋은 말을 해야 할 선인(善人)을 참소하는 말을 하면 손상시킨다.

11-123/ 굴뚝을 구부리고

漢書云。曲突徙薪無恩澤。焦頭爛額爲上客。
한 서 운 곡 돌 사 신 무 은 택 초 두 난 액 위 상 객

{讀法} 漢書에 云, 曲突徙>薪無2恩澤1하고, 焦>頭爛>額爲>上客1이니라.

• • •

{直譯} 《한서》에 이르기를, "굽은 굴뚝으로 하고 섶을 옮기게 한 이에게는 은택이 없고, 머리를 그을리고 이마를 데어가며 불을 끈 이를 위 손님으로 한다." 하였다.

{語義} ○《漢書(한서)》: 본서 〈훈자편(訓子篇)〉〔10-006〕 조목 참조. ○曲突(곡돌) : 굽은 연돌(煙突). ○徙>薪(사신) : 땔감을 다른 곳으로 옮김. ○曲突徙>薪(곡돌사신) : 화재를 예방하기 위하여 굴뚝의 구멍을 바깥으로 굽게 하고, 그 주변에 있는 땔감을 다른 곳으로 옮김. 화(禍)를 미연(未然)에 방지(防

止)함. ○恩澤(은택) : 은혜(恩惠). ○焦>頭爛>額(초두난액) : 머리를 그을리고 이마를 데어가며 화재를 끔. ○焦>頭爛>額爲2上客1(초두난액위상객) : 화재의 예방책을 강구한 사람은 상(賞)을 받지 못하고, 불난 뒤에 화재를 끈 사람은 상(賞)을 받는다는 뜻으로 本末이 전도(顚倒)됨을 비유하는 말.

{意譯} 《한서(漢書)》에 말했다. "화재의 예방책으로 굴뚝의 구멍을 바깥으로 굽게 하고 굴뚝 주변(周邊)에 있는 땔나무를 다른 곳으로 옮기게 한 사람에게는 은혜(恩惠)가 없고 머리를 그을리고 이마를 데어가며 불을 끈 사람을 상객(上客)으로 삼는다."

{餘說} 이 대문(對文)은 본말(本末)이 전도(顚倒)됨을 말한 것이다. 이 글은 《한서(漢書)·곽광전(霍光傳)》에 나오는 글이다. 참고로, 다음에 적어본다 : "客有下過2主人1者上, 見3其竈直突, 傍有2積薪1. 客謂2主人1, 更爲2曲突1, 速徙2其薪1. 不者, 且>有2火患1, 主人嘿然不>應. 俄而家果失>火, 鄰里共救>之, 幸而得>息. 於是殺>牛置>酒, 謝2其鄰人1. 灼爛者在2於上行1, 餘各以2功次1坐, 而不>錄下言2曲埃1者上, 人謂2主人1曰, 鄕使>聽2客之言1, 不>費2牛酒1, 終亡2火患1. 今論>功而請>賓, 曲突徙>薪無2恩澤1, 焦>頭爛>額爲2上客1耶, 主人迺寤而請>之.〔어떤 지나가는 손님이, 굴뚝이 바로 나고 곁에 나무가 쌓인 것을 보고는 '다시 굴뚝을 구부려 내시오. 그렇게 하지 않으면 화재가 날 것이오.' 하니, 주인이 잠자코 있으면서 응하지 않았다. 얼마 뒤에 과연 불이 났는데 이웃이 함께 구원하여 다행히 꺼졌다. 이에 소를 잡고 술을 내어 이웃 사람에게 사례하면서도 굴뚝을 구부려 내라고 말한 사람을 청하지 않으므로, 어떤 사람이 주인에게 말하기를, '접때 손님의 말만 들었더라면 소와 술을 허비

하지 않고 화재도 없었을 터인데, 지금 논공(論功)하기 위해 손님을 청하면서, 굴뚝을 구부려 내고 나무를 옮기라고 한 사람에게는 은택이 없고, 머리가 그을리고 이마가 문드러진 자를 상객(上客)으로 삼는가.' 하니, 주인이 깨닫고 그 손님을 청하였다.]"

11-124/ 온종일 화장하고

整日梳粧。合面睡。
정 일 소 장 　 합 면 수

{讀法} 整日梳粧하고 合>面睡니라.

• • •

{直譯} 온종일 화장을 하고 앙면(仰面)하여 자고 있다.

{語義} ○整日(정일) : 정천(整天). 온종일. 꼬박 하루. ○梳粧(소장) : 화장(化粧)하다. ○合面(합면) : 앙면(仰面). 얼굴을 젖혀 위로 향함. ○睡(수) : 잠자다.

{意譯} 온종일 화장하고 하늘 향해 자고 있다.

{餘說} '整日梳粧合面睡'란 있어서 안 되겠다. 무위도식(無爲徒食)하며

몸치장이나 하고 낮잠이나 자는 따위는 인간으로서 가엾기까지 하다.

11-125/ 들보와 두공의 채색이

畫梁拱斗猶未乾。堂前不見癡心客。
화 량 공 두 유 미 건 당 전 불 견 치 심 객

{讀法} 畫2梁拱斗1猶未>乾한데, 堂前不>見癡心客1이라.

• • •

{直譯} 들보와 두공에 채색(彩色)한 것이 오히려 아직 마르지 않았
지만, 당 앞에서는 바보 마음 가진 나그네를 볼 수 없다.

{語義} ○梁(량) : 들보. ○拱斗(공두) : 기둥 위에 받쳐 놓은 들보・마룻대를
괴는 목재(木材). 공두(拱枓)・공두(栱斗)로도 쓰고, 두공(枓栱)・박로(欂櫨)라
고도 함. ○堂(당) : 큰 집. ○癡心(치심) : 우치심(愚癡心). '愚癡'는 불교 용어
로 '사리를 밝게 깨닫는 지혜가 없음' 이라는 뜻으로, 삼독(三毒:貪瞋癡) 중의
하나이다. 우치심(愚癡心)은 청정심(淸淨心)을 은폐하며 육도(六度)를 방해하
는 6종의 악심(惡心)인 간탐심(慳貪心), 파계심(破戒心), 진에심(瞋恚心), 해태
심(懈怠心), 산란심(散亂心), 우치심(愚癡心) 중의 하나이다. '癡' 는 속자(俗字)
로 '痴' 로 쓰기도 한다.

{意譯} 들보와 박로를 아름답게 채색한 물감이 여전히 아직 마르지도 않았지만, 집 앞에는 바보스러운 마음을 가진 손님을 볼 수 없다.

{餘說} 이 구절과 비슷한 것으로서 《금병매(金瓶梅)》에 다음과 같은 구절이 있다.

畫棟雕梁猶未乾
화 동 조 량 유 미 건

화려한 집 단청 아직도 마르지 않았는데,

堂前不見癡心客
당 전 불 견 치 심 객

집 앞에는 치심을 가진 손님 보이지 않네.

여기서 '화동조량(畫棟雕梁)'은 '단청을 입히고 조각한 대들보'라는 뜻으로, 건축물이 화려하고 크다는 것을 나타낸다.

11-126/ 세 치의 숨 쉼이 있어야

三寸氣在千般用。一旦無常萬事休。
삼 촌 기 재 천 반 용 일 단 무 상 만 사 휴

{讀法} 三寸氣在千般用하고 一旦無>常萬事休니라.

• • •

{直譯} 세 치의 숨 쉼이 있어야 천 가지를 작용하니, 만일 하루라도 일정함이 없으면 모든 일이 끝난다.

{語義} ○三寸氣(삼촌기) : 가는 숨. 끊어질 듯 말 듯한 목숨. ○千般(천반) : 여러 가지. 천종(千種). 만양(萬樣). ○一旦(일단) : 하루아침. 잠깐. 만일(萬一). ○無>常(무상) : 떳떳함이 없음. ○一旦無>常(일단무상) : 죽음을 뜻하는 은어(隱語). ○休(휴) : 쉬다. 그치다.

{意譯} 살아 있어야 모든 일에 작용할 수 있고, 만일 일정하게 숨 쉬지 않으면, 즉 죽게 되면 모든 일이 끝나고 만다.

{餘說} 이 대문(對文)은 대만(臺灣)의 속담이라고 한다.

11-127/ 만물에는 무상함이 있다.

萬物有無常。
만 물 유 무 상

{讀法} 萬物有2無常1이니라.

• • •

{直譯} 만물에는 무상함이 있다.

{語義} ○無>常(무상) : 일정하지 않고 늘 변함. 사람의 죽을 완곡하게 이르

는 말.

{意譯} 만물(萬物)에는 일정하지 않고 늘 변함이 있다.

{餘說} 모든 것에 다 죽음이 있다.

11-128/ 만물은 상수(常數)에서 도망갈 수 없다

萬物莫逃乎數。
만 물 막 도 호 수

{讀法} 萬物莫>逃2乎數1이니라.

• • •

{直譯} 만물은 상수(常數)에서 도망갈 수 없다.

{語義} ○萬物(만물) : 세상에 있는 모든 사물. 많은 사람. ○莫>逃乎(막도호)
: …에서 도망갈 수 없다. ○數(수) : 상수(常數). 정수(定數). 정분(定分). 정해
진 운명.

{意譯} 만물(萬物)은 정해진 운명에서 벗어날 수 없다.

{餘說} 어떤 판본에서는 이 문장과 바로 앞 장의 문장을 합쳐서 하나의 장으로 한 것도 있다.

11-129/ 모든 상서로운 조짐은

萬般祥瑞不如無。
만 반 상 서 불 여 무

{讀法} 萬般祥瑞는 不>如>無니라.

• • •

{直譯} 모든 상서로운 조짐은 없느니만 못하다.

{語義} ○萬般(만반) : 온갖 것. 전부. 여러 가지. 가지가지. ○祥瑞(상서) : 길(吉)한 조짐(兆朕). 길조(吉兆). ○不>如>無(불여무) : 없는 것만 못함. 없는 것이 더 나음.

{意譯} 온갖 길조(吉兆)는 그 어떤 것도 없는 것만 못하다.

{餘說} 이 문장은 뜻이 잘 통하지 않는다. 한편 관계되는 문장이《수진 십서반산어록(修眞十書盤山語錄) · 제53권》에 나온다 : "萬般祥瑞, 不如無

平常安穩.〔온갖 상서로움은 평상의 조용하고 편안함이 없는 것만 못하다.〕" 위의 대문에 "平常安穩(평상안온)"이라는 넉 자가 탈락된 것이 아닌가 의심된다.

11-130/ 하늘은 사람에게 만물을 주지만

天有萬物於人。人無一物於天。
천 유 만 물 어 인　인 무 일 물 어 천

{讀法} 天有>2萬物於人1이나 人無>2一物於天1이니라.

• • •

{直譯} 하늘은 사람에게 만물(萬物)을 주지만, 사람은 하늘에게 일물(一物)도 준 게 없다.

{語義} ○天有(천유) : 하늘은 …한 게 있다. ○人無(인무) : 사람은 …한 게 없다.

{意譯} 하늘은 인간(人間)에게 다 주지만, 인간(人間)은 하늘에게 한 가지도 주는 게 없다.

{餘說} 하늘은 인간(人間)에게 주지 않는 것이 없지만, 인간은 하늘에게 그 어떤 것도 주는 것이 없다는 말이다.

11-131/ 하늘은 복록 없는 사람을 낳지 않고

天不生無祿之人。地不長無根之草。
천 불 생 무 록 지 인 지 부 장 무 근 지 초

{讀法} 天不>生2無>祿之人1이오 地不>長2無>根之草1니라.

• • •

{直譯} 하늘은 복록이 없는 사람을 낳지 아니하고, 땅은 뿌리 없는 풀을 자라게 하지 아니한다.

{語義} ○祿(록) : 관리. 봉급(俸給). ○無>祿(무록) : 녹을 다 타 먹지 못하고 죽음. 불록(不祿). 불행함. 복이 없음. ○無>根(무근) : 뿌리가 없음.

{意譯} 하늘은 복 없이 죽는 사람을 내지 않고, 땅은 뿌리 없는 풀을 자라게 하지 않는다.

{餘說} 누구나 다 같이 하늘에서 복을 타고나는 것이며, 무슨 풀이든지

땅은 뿌리를 가지고 자라게 한다는 말이다.

11-132/ 큰 부자는 하늘에 달려 있고

大富由天。小富由勤。
대 부 유 천 　소 부 유 근

{讀法} 大富는 由>天하고, 小富는 由>勤이니라.

• • •

{直譯} 큰 부자는 하늘에 말미암고, 작은 부자는 부지런함에 말미
암는다.

{語義} ○由(유) : 말미암아. 인하여. ○由>天(유천) : 하늘에 인연함. 하늘에
연유함. ○由>勤(유근) : 부지런한 데 인연함. 부지런함에 연유함.

{意譯} 큰 부자는 하늘로 말미암고, 작은 부자는 부지런함으로 말
미암는다.

{餘說} 이 대문(對文)에서 '由'字를 '在'字로 바꾸어 "大富在>天, 小富
在>勤"으로 하여도 뜻은 똑같다. 이 경우 '在'는 '…에 달려있다' 는 뜻

이 된다. 또 '大'자(字) 대신 '巨'자로 하고, '小'자 대신 '拙'자로 하여 "巨富由>天, 拙富由>勤"으로 해도 뜻은 같다.

11-133/ 크게 부유하면 교만해지고

詩云。大富則驕。大貧則憂。憂則爲盜。驕則爲暴。
시 운 대 부 즉 교 대 빈 즉 우 우 즉 위 도 교 즉 위 포

{讀法} 詩에 云, 大富則驕하고 大貧則憂하며, 憂則爲>盜하고 驕則爲>暴하나니라.

• • •

{直譯} 《시경》에 이르기를, "크게 부하면 교만해지고, 크게 가난하면 근심하며, 근심하면 도둑질하고, 교만하면 포악해진다." 하였다.

{語義} ○《詩(시)》:《시경(詩經)》. 중국 고대(古代)의 각국(各國)의 시(詩)를 공자(孔子)가 산정(刪定)하였다는 세계 최고(最古)의 시집(詩集)의 하나. 《삼경(三經)》의 하나. ○驕(교): 교만함. ○暴(포): 포악함.

{意譯} 《시경(詩經)》에 말했다. "크게 부유하면 교만하기 쉽고, 크게 가난하면 근심하기 쉬우며, 근심하게 되면 도둑질을 하게 되

고, 교만하게 되면 포악하게 된다."

{餘說} 이 문장은《시경》에는 나오지 않고, 중국 한대(漢代)의 유학자 동중서(董仲舒)가 편찬한《춘추번로(春秋繁露)·제8권·도제(度制)》에 공자(孔子)의 말로 나온다.

11-134/ 집을 이루지 못했다 말하지 말라

莫道家未成。成家子未生。莫道家未破。破家子未大。
막 도 가 미 성 성 가 자 미 생 막 도 가 미 파 파 가 자 미 대

{讀法} 莫>道2家未1成하라. 成>家子未>生이며 莫道2家未1破하라. 破>家子未>大니라.

• • •

{直譯} 아직 성가(成家)하지 못하였다고 말하지 말라. 성가할 자식이 아직 태어나지 않았을 뿐이며, 집이 아직 파산되지 않았다고 말하지 말라. 집을 파산할 자식이 아직 자라지 않았을 뿐이다.

{語義} ㅇ莫>道(막도) : 말하지 말라. ㅇ家未>成(가미성) : 집을 아직 이루지 못함. 아직 성가하지 못함. ㅇ未>生(미생) : 아직 태어나지 아니함. ㅇ破>家

(파가) : 집을 파산함. ○ 未>大(자미대) : 아직 자라지 아니함.

{意譯} 아직 성가(成家)를 못하였다고 말하지 말라, 성가(成家)할 자식이 아직 태어나지 않았을 뿐이다. 아직 파가(破家)하지 않았다고 말하지 말라, 파가(破家)할 자식이 아직 자라지 않을 뿐이다.

{餘說} 성가(成家)든, 파가(破家)든 장래(將來) 자식(子息)이 어떻게 행동하느냐에 있다는 것이다.

11-135/ 집을 일으키는 아이는 분뇨 아끼기를

成家之兒。惜糞如金。敗家之兒。用金如糞。
성 가 지 아 석 분 여 금 패 가 지 아 용 금 여 분

{讀法} 成>家之兒는 惜>糞如>金하고 敗>家之兒는 用>金如>糞이니라.

• • •

{直譯} 집을 일으키는 아이는 분뇨 아끼기를 금 아끼듯 하고, 집을 망가뜨리는 아이는 돈 쓰기를 분뇨 쓰듯 한다.

{語義} ○成>家(성가) : 집을 일으킴. ○惜>糞(석분) : 똥을 아낌. ○如>金(여

금) : 돈 같이 귀히 여김. ㅇ敗>家(패가) : 집을 망가뜨림. ㅇ用>金(용금) : 돈을 씀. ㅇ如>糞(여분) : 똥과 같이 하찮게 여김.

{意譯} 되는 집 아이는 똥 아끼기를 금과 같이 귀히 여기고, 망하는 집 아이는 돈 쓰기를 똥과 같이 천히 여겨 함부로 써서 없앤다.

{餘說} 망하는 집 아이는 돈을 물 쓰듯이 하며 똥과 같이 천히 여기지만, 되는 집 아이는 똥도 거름으로 쓰기 위해 돈과 같이 귀히 여긴다는 것이다.

11-136/ 사람 사는 집에는 부족한 것이 있다

胡文定公曰。大抵人家。須常敎有不足處。若十分快
호문정공왈 대저인가 수상교유부족처 약십분쾌

意。提防有不恰好事出。
의 제방유불흡호사출

{讀法} 胡文定公이 曰, 大抵人家는 須常敎下有2不>足處1上니 若十分快意면 提防有下不2恰好1事上出이니라.

• • •

{直譯} 호문정공이 말하기를, "대체로 사람의 집에서는 부족한 곳이 있다는 것을 모름지기 항상 가르쳐야 한다. 만약 충분히 상쾌하

면, 합당하지 않은 일이 나타날 수 있음을 경계해야 한다." 하였다.

{語義} ○ 胡文定公(호문정공) : 이름은 안국(安國). 송(宋)나라 숭안(崇安) 사람. 연(淵)의 아들. 字는 강후(康侯). 號는 무이선생(武夷先生)·초암거사(草菴居士). 시호(諡號)가 문정(文定)이다. 소성(紹聖, 1094~1098) 때의 진사(進士). 벼슬은 처음에는 태학박사(太學博士), 뒤에 금사중(給事中). 저서에《춘추전(春秋傳)》·《통감거요보유(通鑑擧要補遺)》등이 있음. ○大抵(대저) : 대개. ○須(수) : 모름지기 …하다. ○快意(쾌의) : 마음이 상쾌하게 느껴지는 것. ○提防(제방) : 둑. 제방(堤防)과 같음. 방비함. 대비함. ○恰好(흡호) : 적당함. 알맞음.

{意譯} 호문정공이 말했다. "대개 인가(人家)에서는 부족한 곳이 있다는 사실을 반드시 항상 가르쳐야 한다. 만일 충분히 마음에 상쾌하다면 합당하지 않은 일이 생길 수 있다는 것에 대비해야 한다."

{餘說} 사람 사는 집에서는, 부족한 점이 있을 수 있다는 사실을 반드시 항상 가르쳐야 한다. 만약 충분히 마음에 만족하면 흡족하지 못한 일이 일어날 수 있다는 것을 대비해야 한다.

11-137/ 한가하게 산다고

康節邵先生曰。閒居愼勿說無妨。纔說無妨便有妨。
강 절 소 선 생 왈 　 한 거 신 물 설 무 방 　 재 설 무 방 변 유 방

爭先徑路機關惡。退後語言滋味長。爽口物多終作疾。
쟁 선 경 로 기 관 악　퇴 후 어 언 자 미 장　상 구 물 다 종 작 질

快心事過輒爲殃。與其病後須求藥。不若病前能自防。
쾌 심 사 과 필 위 앙　여 기 병 후 수 구 약　불 약 병 전 능 자 방

{讀法} 康節邵先生이 曰, 閒居愼勿>說>無>妨하라. 纔2說無1>妨便
有>妨이니라. 爭>先徑路機關惡이오, 退後語言滋味長이니라. 爽>口
物多終作>疾이오, 快>心事過輒爲>殃이니라. 與2其病後須求1>藥으
론 不>若2病前能自防1이니라.

• • •

{直譯} 강절 소선생이 말하기를, "한가히 삶에 삼가 거리낌이 없다
고 말하지 말라. 거리낌이 없다고 말하자마자 곧 거리낌이 있게 된
다. 앞을 다투어 지름길로 가면 악한 기관(機關)을 만나고, 물러나
뒤에서 하는 말은 의미가 심장(深長)하다. 입에 시원한 음식물도
많이 먹으면 마침내 병이 되고, 마음에 쾌적한 일도 지나치면 반드
시 재앙이 된다. 병이 난 뒤에 모름지기 약을 구하는 것으로는 병
들기 전에 잘 스스로 예방하는 것만 같지 않다." 하였다.

{語義} ㅇ 閒居(한거) : 한가하게 삶. ㅇ 愼勿>說(신물설) : '삼가 말하지 말라'
는 명령형(命令形). ㅇ 無>妨(무방) : 거리낌이 없음. 방해됨이 없음. ㅇ 纔(제) :
조금. 약간. 잠깐. 겨우. ㅇ 纔2說無1>妨(재설무방) : 잠깐 거리낌이 없다고 말
함. 약간 거리낌이 없다고 말함. ㅇ 便有>妨(변유방) : 문득 거리낌이 있음.

○ 徑路(경로) : 지름길. 소로(小路). ○ 機關(기관) : 어떤 목적을 달성하기 위한 시설. 함정(陷穽). ○ 악(惡) : 나쁨. 곤액. 곤궁. 재난. ○ 語言(어언) : 말. 언어. ○ 滋味(자미) : 재미. 의미(意味). ○ 長(장) : 심장(深長). 깊고 원대하다. ○ 爽>口物多(상구물다) : '입에 시원한 음식도 과다하면' 의 뜻. ○ 終作>疾 (종작질) : '마침내 병이 되고' 의 뜻. ○ 快>心事過(쾌심사과) : '마음에 쾌적한 일도 지나치면' 의 뜻. ○ 輒爲>殃(첩위앙) : 번번이 재앙이 됨. ○ 與(여) : …하기보다는. …하느니. ○ 求>藥(구약) : 약을 구함. ○ 不>若(불약) : 같지 못함. ○ 能(능) : 잘. ○ 自防(자방) : 스스로 예방함.

{意譯} 강절 소선생(康節 邵先生)이 말했다. "한가하게 지내면서 함부로 내게 아무런 거리낌이 없다고 말하지 말라. 잠깐 거리끼는 것이 없다고 말하고 나자마자 거리끼는 것이 있게 되는 것이다. 앞을 다투어 지름길로 가면 함정(陷穽)에 빠지기 쉽고, 물러나 뒤에서 하는 말은 의미가 깊고 크다. 입에 상쾌한 음식이라도 많이 먹으면 마침내 병나기 쉽고, 마음에 맞는 일이라도 지나치고 보면 번번이 재앙이 되는 것이다. 그 병이 들기 시작한 뒤에 모름지기 좋은 약을 구하느니보다는 병들기 전에 잘 예방하는 것이 더 낫다."

{餘說} 이 대문(對文)은 제목이 〈소강절양생시(邵康節養生詩)〉로서, 다음과 같이 7언율시(七言律詩)이다.

    康節邵先生曰,
    閑居愼勿>說>無>妨하라,   第一句
    纔2說無1>妨便有>妨이니라,   第二句
    爭>先徑路機關惡이오,   第三句

退後語言滋味長이니라.　　　第四句

爽>口物多終作>疾이오.　　　第五句

快>心事過輒爲>殃이니라.　　　第六句

與2其病後須求1藥으론,　　　第七句

不>若2病前能自防1이니라.　　　第八句

압운자(押韻字)는 '妨 · 妨 · 長 · 殃 · 防'이다.

11-138/ 남에게 양보하는 것이

饒人不是癡。過後得便宜。
요 인 불 시 치　과 후 득 편 의

{讀法} 饒>人不2是癡1니, 過後得2便宜1니라.

• • •

{直譯} 남에게 양보하는 것이 바로 어리석은 것이 아니니, 지난 후에는 편의(便宜)를 얻게 된다.

{語義} ○饒>人(요인) : 남을 너그럽게 대함. 남에게 양보함. ○不2是癡1(불시치) : 이게 어리석지 않음. 곧〔바로〕 어리석지 않음. ○便宜(편의) : 편리함. 편리하고 유익함. 좋은 점. 장점. 잘 해주어 이익이 되게 함.

{意譯} 남에게 너그럽고 대하고 양보하는 것이 바로 바보스런 일이 아니니, 지나간 후에는 자기에게 좋은 일을 얻게 된다.

{餘說} 남에게 양보하는 것 그것이 어리석은 일이 아니고, 오히려 나중에는 자신에게 좋은 일이 생길 수 있다는 말이다.

11-139/ 사람을 뒤쫓아 갈 때

趕人不要趕上。捉賊不如趕賊。
간 인 불 요 간 상 착 적 불 여 간 적

{讀法} 趕人은 不>要2趕1>上이오, 捉>賊은 不>如>趕>賊이니라.

• • •

{直譯} 사람을 뒤쫓아 갈 때 따라잡을 필요는 없고, 도둑을 잡으려는 것은 도둑을 뒤쫓아 가는 것만 같지 못하다.

{語義} ○趕>人(간인) : 사람을 뒤쫓음. ○不>要(불요) : 할 필요가 없다. ○趕>上(간상) : 쫓아 붙잡음. 따라잡음. ○捉>賊(착적) : 도둑을 잡음. ○不>如(불여) : 같지 못하다. 못하다. ○趕>賊(간적) : 도둑을 뒤쫓음.

{意譯} 쫓기는 사람은 쫓아가 붙잡을 필요가 없고, 도둑을 잡는 것 보다는 뒤쫓아 가는 것이 낫다.

{餘說} 쫓기다가 붙들리게 되면 무슨 발악을 할지 모르니, 쫓기는 사람은 쫓아가 잡을 필요가 없고, 도둑을 잡는 것도 위험이 따르게 되니, 잡는 것보다는 뒤쫓아 가다가 놓아주는 것이 낫다는 것이다.

11-140/ 신통한 약이라도

梓潼帝君垂訓。妙藥難醫寃債病。橫財不富命窮人。
재 동 제 군 수 훈   묘 약 난 의 원 채 병   횡 재 불 부 명 궁 인

虧心折盡平生福。行短天教一世貧。生事事生君莫怨。
휴 심 절 진 평 생 복   행 단 천 교 일 세 빈   생 사 사 생 군 막 원

害人人害汝休嗔。天地自然皆有報。遠在兒孫近在身。
해 인 인 해 여 휴 진   천 지 자 연 개 유 보   원 재 아 손 근 재 신

{讀法} 梓潼帝君垂訓에 妙藥難>醫寃2債病1이오, 橫財不>富2命窮人1이니라. 虧>心折>盡2平生福1하고 行短天教2一世貧1이니라. 生>事事生君莫>怨하고 害>人人害汝休>嗔하라. 天地自然皆有>報하나니 遠在2兒孫1近在>身이니라.

• • •

{直譯} 〈재동제군수훈(梓潼帝君垂訓)〉에, "신통한 약이라도 원한에 의하여 생긴 병은 고치기 어렵고, 뜻밖에 절로 생긴 재물이라도 운

명이 궁한 사람을 넉넉하게는 못한다. 양심을 버리면 평생의 복을 다 쫓아버리게 되고, 행위가 비열하면 하늘이 그로 하여금 일생을 가난하게 한다. 일을 생기게 하고 일이 생기는 것을 그대는 원망 말고, 사람을 해하고 사람이 해하는 것을 너는 성내지 말라. 하늘 과 땅과 자연이 다 갚음이 있나니, 멀면 자손에게 있고 가까우면 자기 몸에 있다." 하였다.

{語義} ○梓潼帝君(재동제군) : 도가(道家)에서 문창부(文昌府)의 일 및 인간의 녹적(祿籍)의 일을 맡은 신(神). 진(晉)나라에 벼슬살다 전사한 촉(蜀)나라의 칠곡산(七曲山)의 장아자(張亞子)의 후신(後身)이라고 한다. 중국 사천성(四川省) 재동현(梓潼縣)의 재동묘(梓潼廟)는 이 재동제군(梓潼帝君)의 사당임. '梓'는 원음(原音)은 '자'이나 관용음(慣用音)이 '재'임. ○垂>訓(수훈) : 훈계(訓戒)를 내림. ○妙藥(묘약) : 묘한 약. 신기(神奇)한 약. ○難>醫(난의) : 고치기 어려움. ○冤債病(원채병) : 원망스러운 병. 고치기 어려운 병. 전세(前世)에 인연한 병. ○橫財(횡재) : 힘 안들이고 뜻밖에 얻은 재물(財物). ○不>富(불부) : 넉넉하게 하지 못함. ○命窮人(명궁인) : 천명이 궁한 사람. 운명이 궁한 사람. ○虧>心(휴심) : 양심을 저버림. ○行短(행단) : 행위가 비열(卑劣)함. ○休>嗔(휴진) : 성내지 말라.

{意譯} 〈재동제군수훈〉에, "아무리 신기한 약이라도 원한으로 생긴 병은 고치기 어렵고, 힘 안 들이고 생긴 재물이라도 운명(運命)이 궁(窮)한 사람을 넉넉하게 하지는 못할 것이다. 양심을 잃으면

평생토록 누려야할 복을 쫓아버리는 게 되고, 행동이 천박(淺薄)하면 하늘이 그 사람으로 하여금 일생을 가난하게 살게 한다. 자기가 일을 만들고서 일이 많다고 그대는 원망 말고, 남을 해치고서 남이 자기를 해친다고 성내지 말라. 천지자연은 서로 갚음이 있나니 멀게는 자손에게 있고 가깝게는 내 몸에 있다."

{餘說} 이 대문(對文)도 칠언율시(七言律詩)이다.

梓潼帝君垂訓,

妙藥難>醫2寃2債病1,　橫財不>富2命窮人1.

虧>心折>盡2平生福1,　幸短天教2一世貧1.

生>事事生君莫怨,　害>人人害汝休>嗔.

天地自然皆有>報,　遠在2兒孫1近在>身.

압운자(押韻字)는 '人 · 貧 · 嗔 · 身'이다.

11-141/ 약은 죽지 않는 병을 고치고

藥醫不死病。佛度有緣人。
약 의 불 사 병　불 도 유 연 인

{讀法} 藥醫2不>死病1이라면 佛度2有>緣人1이니라.

• • •

{**直譯**} 약은 죽지 않는 병을 고치고, 부처님은 인연이 있는 사람을 제도한다.

{**語義**} ○藥醫(약의) : 약으로 고치다. ○度(도) : 제도(濟渡)하다. 건지다. '度'는 '渡'와 통함. ○有>緣人(유연인) : 연분(緣分)이 있는 사람.

{**意譯**} 약은 죽을 만큼 심하지 않는 병만 고칠 수 있고, 부처님은 인연이 있는 사람만 제도한다.

{**餘說**} 약도 죽을병이 아니라야 고칠 수 있고, 부처도 인연이 있는 사람이라야 제도할 수 있다는 것이다.

11-142/ 행동이 비열하고 양심을 버리면

吳眞人曰。行短虧心只是貧。莫生巧計弄精神。得便
오 진 인 왈   행 단 휴 심 지 시 빈   막 생 교 계 농 정 신   득 편
宜處休歡喜。遠在兒孫近在身。
의 처 휴 환 희   원 재 아 손 근 재 신

{**讀法**} 吳眞人이 曰, 行短虧>心只是貧이니, 莫下生2巧計1弄中精神
上하라. 得2便宜處1休2歡喜1하니, 遠在2兒孫1近在>身이니라.

...

{直譯} 오진인이 말하기를, "행동이 비열하고 양심을 저버리면 오직 이것이 가난함이니, 교묘한 꾀를 내어 정신을 희롱하지 말라. 편의(便宜)함을 얻었다 하여 즐거워하지 말아야 하나니, 멀게는 자손에게 미치고 가깝게는 자신에게 미친다." 하였다.

{語義} ㅇ 吳眞人(오진인) : 미상(未詳). 성(姓)이 오(吳)이고, 도교(道敎)의 깊은 진리(眞理)를 깨달은 사람인 것 같음. 진인(眞人)은 도사(道士)의 최고급 칭호이다. ㅇ 行短(행단) : 행위가 비열(卑劣)함. ㅇ 虧>心(휴심) : 양심을 저버림. ㅇ 巧計(교계) : 교묘(巧妙)한 계책(計策). ㅇ 弄(롱) : 농락함.

{意譯} 오진인(吳眞人)이 말했다. "행위가 천박(淺薄)하고 거기다가 양심까지 버리게 되면 오직 이것이 가난한 것이니, 교묘한 계책을 생각하여 정신을 어지럽게 하지 말라. 편안하고 마땅한 곳을 얻었다고 해서 기뻐하면 안 된다. 그러면 그 화(禍)가 멀게는 자손에게 미치고 가깝게는 자신에게 미치게 된다."

{餘說} 이 문장은 칠언절구의 시로 '貧·神·身'이 압운자(押韻字)이다.

11-143/ 충분히 스스로 경계하여 깨닫되

十分惺惺使五分。留取五分與兒孫。十分惺惺都使
　십　분　성　성　사　오　분　　유　취　오　분　여　아　손　　십　분　성　성　도　사
盡。後代兒孫不如人。
　진　　후　대　아　손　불　여　인

{讀法} 十分惺惺使２五分１하고, 留２取五分１與２兒孫１하라. 十分惺惺
都使＞盡하면, 後代兒孫不＞如＞人이니라.

• • •

{直譯} 충분히 스스로 경계하여 깨닫되 오분(五分)만 사용하고, 오
분(五分)을 남겨두었다가 자손에게 주라. 충분히 스스로 경계하여
깨달아 모두 다 사용하면, 후대의 자손들이 남과 같지 못하게 된다.

{語義} ㅇ惺惺(성성) : 스스로 경계하여 깨닫는 모양. ㅇ留取(유취) : 머물러
둠. 남겨둠. 여기서 '取'는 어조사.

{意譯} 경계하고 깨달은 것이 십분(十分)이라면 그중에서 오분(五
分)만 사용하고, 그 나머지 오분(五分)은 남겨두었다가 자손들에게
주라. 십분 경계하고 깨달아서 모두 쓰고 말면, 후대의 자손들이
남들만 못하게 될지도 모른다.

{餘說} 이 문장도 칠언절구의 한시로 '分·孫·人'이 압운자(押韻字)이다.

11-144/ 지나친 간사와 지나친 교활은

越奸越狡越貧窮。奸狡原來天不容。富貴若從奸狡
월 간 월 교 월 빈 궁　간 교 원 래 천 불 용　부 귀 약 종 간 교

得。世間呆漢吸西風。
득　세 간 매 한 흡 서 풍

{讀法} 越奸越狡越貧窮이니, 奸狡原來天不>容이라. 富貴若下從2
奸狡1得上이면, 世間呆漢吸2西風1하리라.

• • •

{直譯} 지나친 간사와 지나친 교활은 지나치게 빈궁하게 하나니,
간사와 교활은 원래 하늘이 용서하지 않는다. 부귀가 만일 간교를
좇아 얻어지는 것이라면, 세상의 어리석은 놈들은 서풍이라도 들
이마실 것이다.

{語義} ○越奸(월간) : 지나친 간사. ○越狡(월교) : 지나친 교활. ○天不>容
(천불용) : 하늘이 용서하지 않음. ○呆漢(매한) : 어리석은 놈. ○西風(서풍) :
서쪽에서 불어오는 바람. 추풍(秋風). 가을바람. ○吸2西風1(흡서풍) : 서풍은
물건을 재물을 가져다주기에 서풍을 들이마시면 부자가 된다는 속신(俗信)
이 있음.

{意譯} 지나친 간사와 교활은 더욱 빈궁하게 하나니, 간사와 교활
은 원래 하늘이 용납하지 않는 것이다. 부귀가 만일 간교를 따라

얻어질 수 있다면, 세상의 바보 놈도 물건을 가져다준다는 서풍을
들이마실 것이다.

{餘說} 이 대문도 칠언절구의 한시(漢詩)이다. '窮‧容‧風'이 압운자
(押韻字)이다.

11-145/ 꽃이 지고 꽃이 피고

花落花開開又落。錦衣布衣更換着。豪家未必常富
화 락 화 개 개 우 락　금 의 포 의 경 환 착　호 가 미 필 상 부

貴。貧家未必常寂寞。扶人未必上靑霄。推人未必塡溝
귀　빈 가 미 필 상 적 막　부 인 미 필 상 청 소　추 인 미 필 전 구

壑。勸君凡事莫怨天。天意於人無厚薄。
학　권 군 범 사 막 원 천　천 의 어 인 무 후 박

{讀法} 花落花開開又落하고 錦衣布衣更換着이라. 豪家未2必常富
貴1요, 貧家未2必常寂寞1이라. 扶>人未2必上2靑霄1요, 推>人未3必
塡2溝壑1이라. 勸>君凡事에 莫>怨>天하라, 天意於>人에 無2厚薄1이
니라.

．．．

{直譯} 꽃은 지고, 꽃은 피고, 피고 또 지고, 비단옷도 무명옷도 다
시 갈아입는다. 호화로운 집이라 해서 반드시 항상 부귀한 것만이
아니고, 가난한 오막살이집이라 해서 반드시 항상 쓸쓸하지만은

않을 것이다. 사람이 부추겨준다 해도 반드시 푸른 하늘에는 오르지 못하고, 사람이 밀어준다 해도 반드시 구덩이 속에 떨어지지는 않았다. 그대에게 권하노니, 모든 일에 하늘을 원망하지 말라, 하늘의 뜻은 사람에게 후하고 박함이 없느니라.

{語義} ○錦衣(금의) : 비단옷. ○布衣(포의) : 무명옷. ○更換着(경환착) : 바꾸어 갈아입음. ○豪家(호가) : 호화로운 집. ○未>必(미필) : 아직 반드시 … 이 아님. ○貧家(빈가) : 가난한 집. ○寂寞(적막) : 쓸쓸함. 고요함. ○扶>人(부인) : 사람이 부축하여줌. ○靑霄(청소) : 푸른 하늘. ○推>人(추인) : 사람을 밀어줌. ○塡(전) : 메움. 채움. ○溝壑(구학) : 구덩이. ○塡2溝壑1(전구학) : 시체가 구렁을 메움. '죽음'을 완곡하게 이르는 말. ○厚薄(후박) : 엷고 두터움. 후는 두터움이고, 박은 엷음임.

{意譯} 꽃은 졌다가 다시 피고, 피었다가 다시 지고, 비단옷·무명옷은 때에 따라 바꿔가며 갈아입는다. 호화로운 집도 반드시 늘 부귀한 것만은 아니고, 가난한 집도 반드시 늘 쓸쓸한 것만은 아니다. 사람의 부추김을 받아도 푸른 하늘엔 올라갈 수 없고, 사람이 밀어주어도 반드시 꼭 구덩이에 떨어져 들어가지는 않을 것이다. 그대에게 권하건대, 모든 일에 하늘을 원망치 말라. 하늘의 뜻은 사람에게 공평하여서 후하게 하거나 박하게 하는 것이 없다.

{餘說} 이 대문은 칠언율시의 한시이다. '落·着·寞·壑·薄'이 압운

자이다.

11-146/ 주현의 관아에 들어가지 말라

莫入州衙與縣衙。勸君勤謹作生涯。池塘積水須防
막입주아여현아　권군근근작생애　지당적수수방

旱。田地勤耕足養家。敎子敎孫幷敎藝。栽桑栽柘少栽
한　전지근경족양가　교자교손병교예　재상재자소재

花。閒非閒是俱休管。渴飮淸泉悶煮茶。
화　한비한시구휴관　갈음청천민자다

{讀法} 莫>入2州衙與縣衙1하고 勸>君勤謹作2生涯1하라. 池塘積>
水須防>旱하고 田地勤耕足>養>家1하라. 敎>子敎>孫幷敎>藝하고
栽>桑栽>柘少栽>花하라. 閒非閒是俱休>管하고 渴飮2淸泉1悶煮>
茶니라.

• • •

{直譯} 주아(州衙)나 현아(縣衙)에 들어가지 말라. 그대에게 권하노
니, 삼가 부지런하고 일생의 일을 하라. 못에 물을 축적하여 모름
지기 한해(旱害)를 방비하고, 밭을 부지런히 갈아서 가족을 부양하
는 데 넉넉하게 하라. 자식을 가르치고 손자를 가르치되 아울러 재
주를 가르쳐라. 뽕나무를 심고 산뽕나무를 심되 화초는 적게 심어
라. 대수롭지 않은 시비는 모두 주관하지 말아야 하니, 목마르면

맑은 샘물을 마시고 답답하면 차를 끓여 마셔라.

{語義} ○ 州衙(주아) : '州'는 고대 중국의 행정구역 이름으로, 중국의 전토(全土)를 구주(九州) 또는 12주(州)로 하였는데, 후에는 성(省) 같은 것으로 되었다. 주(州)의 관아(官衙). 주(州)의 관서(官署). ○ 縣衙(현아) : '縣'은 진시황(秦始皇) 때부터 시작한 행정구역 이름. 처음에는 군(郡)의 위였으나 후에는 군(郡), 또는 부(府)에 속함. 현재는 성(省)의 바로 아래임. 현(縣)의 관아(官衙). 현(縣)의 관서(官署). ○ 生涯(생애) : 살아 있는 동안. ○ 池塘(지당) : 못. 연못. ○ 積>水(적수) : 물을 축적(蓄積)함. ○ 田地(전지) : 밭. ○ 勤耕(근경) : 부지런히 갊. 부지런히 농사를 지음. ○ 足>養>家(족양가) : 가족을 부양하는 데 넉넉함. ○ 栽>桑栽>柘(재상재자) : 뽕나무를 심고 산뽕나무를 심다. ○ 閒非閒是(한비한시) : 한시한비(閒是閒非). 한가한 시비(是非). 대수롭지 않은 시비. ○ 俱(구) : 모두. ○ 休>官(휴관) : 관장(管掌)하지 말라. ○ 渴飮(갈음) : 목이 말라 물을 마심. ○ 淸泉(청천) : 맑은 샘물. ○ 悶(민) : 고민. 번민. ○ 煮>茶(자다) : 차를 끓이다.

{意譯} 주(州)나 현(縣)의 관아(官衙)에 들어가지 말라. 그대에게 권하노니, 삼가 평소의 일을 부지런히 하라. 연못에 물을 가득 실어 두었다가 모름지기 한해(旱害)를 방지(防止)하라. 밭을 부지런히 갈아 농사를 지어서 가족을 부양하는 데 넉넉하게 하라. 자식을 가르치고 손자를 가르치되 아울러 재주를 가르쳐라. 뽕나무와 산뽕나무를 심어 의복의 재료를 생산하되 꽃은 적게 심어라. 하찮은 옳고 그름을 따지는 것은 모두 관장하지 말라. 목마르면 맑은 샘

물을 마시고 걱정거리가 있으면 차를 끓여 마셔라.

{餘說} 이 대문은 칠언율시이다. '衙・涯・家・花・茶'가 압운자(押韻字)이다.

11-147/ 사람 마음이 독하기가 뱀과 같다는 것은

堪歎人心毒似蛇。誰知天眼轉如車。去年妄取東隣
감 탄 인 심 독 사 사　수 지 천 안 전 여 거　거 년 망 취 동 린

物。今日還歸北舍家。無義錢財湯潑雪。儻來田地水推
물　금 일 환 귀 북 사 가　무 의 전 재 탕 발 설　당 래 전 지 수 추

沙。若將狡譎爲生計。恰似朝開暮落花。
사　약 장 교 휼 위 생 계　흡 사 조 개 모 락 화

{讀法} 堪>歎人心毒似>蛇나 誰知2天眼轉1>如>車오? 去年妄取2
東隣物1터니 今日還歸2北舍家1라. 無>義錢財湯潑>雪이오, 儻來田
地水推沙라. 若將狡譎爲2生計1면 恰似2朝開暮落花1라.

・・・

{直譯} 사람의 마음이 독하기가 뱀과 같다는 것은 견딜만하나, 누
가 알리오? 하늘의 눈이 수레바퀴 같이 구르고 있다는 것을. 지난
해에 망령되이 동녘 이웃에서 물건을 가져왔더니, 오늘 도로 북녘
의 집으로 돌아가더라. 의롭지 않은 돈과 재물은 끓는 물에 눈이

없어지는 것과 같을 것이고, 뜻밖에 자기 수중(手中)으로 굴러온 전답은 물이 모래를 밀어 덮는다. 만약 장차 간사하게 속여 생활을 꾀한다면, 그것은 아침에 피었다가 저녁에 떨어지는 꽃과 같을 것이다.

{語義} ○堪>歎(감탄) : 한탄스러운 것을 견딤. ○蛇(사) : 뱀. ○誰知(수지) : 누가 알리오? ○妄取(망취) : 망령되이 가짐. ○還歸(환귀) : 도로 돌아감. ○舍家(사가) : 집. ○湯潑>雪(탕발설) : 끓는 물을 눈에 뿌림. ○儻來(당래) : 뜻밖에 자기 수중으로 굴러옴. '儻'은 '倘'으로도 쓴다. ○狡譎(교휼) : 교활하여 남을 잘 속임. ○恰似(흡사) : 꼭 …과 같다.

{意譯} 사람의 마음이 독하기가 뱀과 같다는 것은 견딜만하나, 하늘이 보는 눈은 수레바퀴와 같이 돌아가고 있다는 것을 그 누가 알리오? 지난해에 망령되이 동쪽 이웃 집 물건을 탐내어 가졌더니, 오늘 북쪽 집으로 도로 가버렸네. 의롭지 못한 돈과 재물은 끓는 물을 눈에 뿌린 것 같이 사라지고, 뜻밖에 얻은 전답은 물이 모래를 밀어다 덮었네. 만일 장래를 간사한 꾀로 생각한다면, 그것은 아침에 피었다가 저녁에 떨어지는 꽃과 같이 오래가지 못하리라.

{餘說} 이 대문도 칠언율시이다. '蛇·車·家·沙·花'가 압운자이다.

11-148/ 성공과 실패와 성함과 쇠함은 모두

得失榮枯總是天。機關用盡也徒然。人心不足蛇吞
득 실 영 고 총 시 천　기 관 용 진 야 도 연　인 심 부 족 사 탄

象。世事到頭螳捕蟬。無藥可醫卿相壽。有錢難買子孫
상　세 사 도 두 당 포 선　무 약 가 의 경 상 수　유 전 난 매 자 손

賢。家常守分隨緣過。便是逍遙自在仙。
현　가 상 수 분 수 연 과　변 시 소 요 자 재 선

{讀法} 得失榮枯總是天이오 機關用>盡也徒然이라. 人心不>足蛇
吞>象하고 世事到頭螳捕>蟬이라. 無>藥可>醫2卿相壽1로되 有>錢
難>買2子孫賢1이니라. 家常守>分隨>緣過가 便是逍遙自在仙이니라.

• • •

{直譯} 성공과 실패와 성함과 쇠함은 모두 바로 천명이고, 장치를
다 써버리면 또 할 일이 없다. 사람의 마음이 유족하지 못한 것은
뱀이 코끼리를 삼키는 것과 같고, 세상일은 결국 버마재비가 매미
를 잡아먹는 것과 같다. 약이 없어도 경상(卿相)의 목숨은 구할 수
있으나, 돈이 있어도 어진 자손의 어진 것은 살 수 없다. 집에서
항상 분수를 지켜 인연에 따라 지내는 것이, 곧 자유자재로 소요하
는 신선이다.

{語義} ㅇ得失(득실) : 성공(成功)과 실패(失敗). ㅇ榮枯(영고) : 성(盛)함과 쇠
(衰)함. ㅇ機關(기관) : 장치. 어떤 목적을 달성하기 위한 시설(施設). ㅇ也(야)

: 또. ○徒然(도연) : 할 일이 없음. 움직이지 않는 모양. ○蛇呑>象(사탄상) :
뱀이 코끼리를 삼킴. 탐욕이 끝이 없음을 뜻한다. ○到頭(도두) : 마침내. 도
저(到底). 필경(必竟). 결국. ○螳(당) : 버마재비. ○蟬(선) : 매미. ○螳捕>蟬
(당포선) : 螳螂捕>蟬(당랑포선). 사마귀가 매미를 잡아먹음. 사마귀는 매미
를 잡아먹으려는 그 뒤에는 꾀꼬리가 사마귀를 잡아먹으려 노리고 있다는
고사가 있음. ○卿相(경상) : 재상(宰相). 대신(大臣). ○壽(수) : 목숨. ○便是
(변시) : 곧 이것이. ○逍遙(소요) : 노닐다.

{意譯} 득실(得失)이라든가 영고성쇠(榮枯盛衰)는 모두 바로 천명
(天命)에 걸려있고, 기관(機關)을 다 써버리면 또 할 일이 없다. 인
심이 유족(裕足)하지 못하면 뱀이 코끼리를 삼켜버리는 것과 같
고, 세상일은 결국은 버마재비가 매미를 잡아먹는 것과 같이 악독
한 것이 자기보다 월등한 것을 잡아먹는 것처럼 터무니없는 현상
이 일어난다. 약이 없어도 대신(大臣)의 목숨은 구할 수 있으나, 돈
이 있어도 자손의 현명(賢明)함은 살 수 없다. 집에서 항상 분수(分
數)를 지켜 인연(因緣)에 따라 지내는 것이, 곧 이것이 자유자재로
노니는 신선이다.

{餘說} 이 대문은 칠언율시이다. '天 · 然 · 蟬 · 賢 · 仙'이 압운자이다.

11-149/ 성품이 너그럽고 마음이 너그럽게

寬性寬懷過幾年。人死人生在眼前。隨高隨下隨緣
관 성 관 회 과 기 년　인 사 인 생 재 안 전　수 고 수 하 수 연

過。或長或短莫埋寃。自有自無休歎息。家貧家富總由
과　혹 장 혹 단 막 매 원　자 유 자 무 휴 탄 식　가 빈 가 부 총 유

天。平生衣祿隨緣度。一日淸閒一日仙。
천　평 생 의 록 수 연 도　일 일 청 한 일 일 선

{讀法} 寬>性寬>懷過2幾年1고? 人死人生在2眼前1이라. 隨>高隨>
下隨>緣過요, 或長或短莫2埋寃1이니라. 自有自無休2歎息1하라. 家
貧家富總由>天이니라. 平生衣祿隨>緣度니 一日淸閒一日仙이니라.

• • •

{直譯} 성품이 너그럽고 마음이 너그럽게 몇 년이나 지냈는고? 사
람이 죽고 사람이 살고는 눈앞에 있다. 높은 데 따르거나 낮은 데
따르는 것은 인연에 따라 지나는 것이고, 혹은 장수하고, 혹은 단
명하니 원망하지 말 것이다. 스스로 있고 스스로 없음을 탄식하지
말라. 집이 가난하고 집이 부자인 것은 모두 천명에 말미암는다.
평소의 의식과 복록은 인연에 따르는 법이니, 하루 조용하고 한가
하면 하루의 신선인 것이다.

{語義} ㅇ寬>性(관성) : 성품(性品)을 너그럽게 가짐. ㅇ寬>懷(관회) : 마음을
너그럽게 가짐. ㅇ隨>緣過(수연과) : 인연에 따라 지나감. 인과응보(因果應

報)에 따라 지나감. ○或長或短(혹장혹단) : 혹은 장수하고, 혹은 단명함. ○埋
冤(매원) : 남을 탓함. 원망함. '冤' 은 '怨' 으로도 쓴다. ○衣祿(의록) : 의식(衣
食)과 복록(福祿). ○淸閒(청한) : 조용하고 한가로움. ○仙(선) : 신선.

{意譯} 너그러운 성품과 너그러운 마음가짐으로 몇 해나 지냈는
가? 사람이 죽고 삶은 눈앞에 있다. 높고 낮음을 따르는 것도 인연
에 따라 지나는 것이고, 혹은 장수하고 혹은 단명하니 원망하지 말
것이다. 스스로 있고 없는 것을 한탄하지 말라. 집이 가난하고 부유
한 것은 모두 천명인 것이다. 평생의 의식과 복록은 인연에 따르는
법이니, 하루 동안 마음이 조용하고 한가하면 하루 신선이 된다.

{餘說} 이 구문(句文)도 칠언율시이다. '年·前·冤·天·仙' 이 압운자
이다.

11-150/ 꽃이 필 때

花開不擇貧家地。月照山河到處明。世間只有人心
화 개 불 택 빈 가 지　월 조 산 하 도 처 명　세 간 지 유 인 심
惡。凡事還須天養人。
악　범 사 환 수 천 양 인

{讀法} 花開不>擇2貧家地1하고 月照2山河到處明1이라. 世間只有2

人心惡1이니 凡事還須2天養1>人이라.

• • •

{直譯} 꽃이 필 때 가난한 집의 땅을 구분하지 않고, 달은 산하 어느 곳이고 밝게 비춘다. 인간 세상에는 오직 나쁜 인심만 있으니, 모든 일에는 도리어 하늘이 기른 사람을 필요로 한다.

{語義} ○不>擇(불택) : 거절하지 않음. 피하지 않음. 구분하지 않음. 가리지 않음. ○貧家地(빈가지) : 가난한 집의 땅. ○到處(도처) : 이르는 곳. 어느 곳이나. ○世間(세간) : 세상. ○還(환) : 도리어. ○天養(천양) : 하늘의 기름, 곧 하늘이 사람에게 온갖 생활 자료를 공급해주는 일.

{意譯} 꽃이 가난한 집 땅이라고 가려서 피지 않는 일이 없듯이, 달도 또한 산이나 강이나 이르는 곳마다 밝게 비치지 않는 곳이 없다. 세상에는 다만 나쁜 인심만 있을 뿐이기에, 온갖 일은 오히려 하늘이 기른 사람을 필요로 할 수밖에 없다는 것이다.

{餘說} 이 장은 칠언절구의 고체시(古體詩)이다. 그러므로 압운(押韻)하지 않았다. 고체시는 압운하지 않는 것이 상례(常例)로 되어있으나 압운한 것도 있다.

11-151/ 진종황제 어제

眞宗皇帝御製。知危識險。終無羅網之門。擧善薦
진종황제어제　지위식험　종무나망지문　거선천

賢。自有安身之路。施恩布德。乃世代之榮昌。懷妬報
현　자유안신지로　시은포덕　내세대지영창　회투보

冤。與子孫之爲患。損人利己。終無顯達雲仍。害衆成
원　여자손지위환　손인이기　종무현달운잉　해중성

家。豈有久長富貴。改名異體。皆因巧語而生。禍起傷
가　기유구장부귀　개명이체　개인교어이생　화기상

身。蓋是不仁之召。
신　개시불인지소

{讀法} 眞宗皇帝御製에, 知>危識>險이면 終無2羅>網之門1이오. 擧
>善薦>賢이면 自有2安>身之路1라. 施>恩布>德이면 乃世代之榮昌
이오. 懷>妬報>冤은 與2子孫1之爲>患이라. 損>人利>己면 終無2顯達
雲仍1이오. 害>衆成>家면 豈有2久長富貴1리오? 改>名異>體는 皆因2
巧語1而生이오. 禍起傷>身은 蓋是不>仁之召니라.

• • •

{直譯} 〈진종황제 어제〉에, "위태로운 것을 알고 험한 것을 알면,
마침내 그물을 벌려놓은 문이 없을 것이오. 착한 이를 들어 올리고
어진 이를 소개하면, 저절로 내 몸에 편안한 길이 있을 것이다. 은
혜를 베풀고 덕을 펴는 것은 곧 대대로 영광스러울 것이오. 질투하
는 마음을 품고 원수를 갚는 것은, 자손에게 주는 근심이 된다. 남
을 해롭게 하고 자기 몸을 이롭게 하면, 마침내 높이 되는 자손이

없을 것이오. 여러 사람을 해쳐서 자기 집을 이루게 되면, 어찌 오래도록 부귀하겠는가? 이름을 갈고 몸을 달리함은, 모두 교묘한 말로 인하여 생긴 것이오. 재앙이 일어나고 몸을 상하게 하는 것은, 대개 바로 어질지 못함이 부른 것이다." 하였다.

{語義} ㅇ眞宗皇帝(진종황제) : 송(宋)나라 셋째 임금. 이름은 항(恒). 태종(太宗)의 셋째 아들. 재위 25년[998-1021]. ㅇ御製(어제) : 임금이 지은 글. ㅇ羅網(나망) : 그물. 법망(法網). ㅇ世代(세대) : 대대. 세상. ㅇ榮昌(영창) : 번성함. ㅇ顯達(현달) : 높은 지위에 오름. 입신출세(立身出世). ㅇ雲仍(운잉) : 먼 자손. 원손(遠孫). 운손(雲孫). 자기의 8대 후손, 곧 자(子)·손(孫)·증손(曾孫)·현손(玄孫)·내손(來孫)·곤손(昆孫)·잉손(仍孫)의 다음임.

{意譯} 〈진종황제 어제〉에, "위태로운 것을 알고 험한 것을 알면 법망(法網)의 문이 없어도 좋을 것이고, 착한 이를 받들고 어진 이를 천거하면 저절로 내 몸이 편안하게 될 것이다. 은혜를 베풀고 덕을 펴는 것은 곧 대대로의 영광이오, 질투하는 마음을 품고 원수를 갚는 것은 자손에게 주는 근심이 될 것이다. 남을 해치고 자기 몸을 이롭게 하면 마침내 먼 자손이 입신출세를 못할 것이고, 여러 사람을 해치고 자기 집을 이루게 하면 어찌 그렇게 얻은 부귀가 오래 갈 수 있으리오? 이름을 갈고 모양을 고치는 것은 모두 교묘한 말재주로 인해서 나오게 된 것이오, 재앙이 일어나고 자기 몸을 다치게 하는 것은 대개 어질지 못한 데서 생기는 일이다." 하

였다.

{餘說} 이 장의 문장 구조는 다음과 같이 사륙변려체(四六騈儷體)이다.

眞宗皇帝御製,

┌─ 知>危識>險, 終無2羅>網之門1, ─┐
└─ 擧>善薦>賢, 自有2安>身之路1. ─┘

┌─ 施>恩布>德, 乃世代之榮昌, ─┐
└─ 懷>妬報>冤, 與2子孫1之爲>患. ─┘

┌─ 損>人利>己, 終無2顯達雲仍1, ─┐
└─ 害>衆成>家, 豈有2久長富貴1. ─┘

┌─ 改>名異>體, 皆因2巧語1而生, ─┐
└─ 禍起傷>身, 盖是不>仁之召. ─┘

사륙변려체(四六騈儷體)는, 중국 육조(六朝) 시대에서 당나라에 이르기까지 유행한 한문 문체의 하나. 주로 4자와 6자의 구(句)를 기본으로 하여 대구(對句)를 쓰며, 전고(典故)를 교묘하게 배열하는 화려한 문체를 이른다.

11-152/ 인종황제 어제

仁宗皇帝御製。乾坤宏大。日月照鑑分明。宇宙寬
인 종 황 제 어 제   건 곤 굉 대   일 월 조 감 분 명   우 주 관

洪。天地不容姦黨。使心用悻。果報只在今生。善布淺
홍   천지불용간당   사심용행   과보지재금생   선포천

求。獲福休言後世。千般巧計。不如本分爲人。萬種强
구   획복휴언후세   천반교계   불여본분위인   만종강

圖。爭似隨緣節儉。心行慈善。何須弩力看經。意慾損
도   쟁사수연절검   심행자선   하수노력간경   의욕손

人。空讀如來一藏。
인   공독여래일장

{讀法} 仁宗皇帝御製에, 乾坤宏大나 日月이 照鑑分明하고, 宇宙寬
洪이나 天地는 不>容2姦黨1이니라. 使>心用>悻이면 果報ㅣ 只在2今生1
이오. 善布淺求하되 獲>福이면 休>言2後世1하라. 千般巧計는 不>如2
本分爲1>人이오, 萬種强圖는 爭似>隨>緣節儉이리오. 心行2慈善1에
何須弩力看>經하리오. 意慾2損1>人이면 空讀如來一藏이니라.

• • •

{直譯} 〈인종황제 어제〉에, "하늘과 땅이 굉장히 크지만 해와 달은
비춤이 분명하고, 우주가 넓고 크지만 천지는 간사한 무리를 용납
하지 않는다. 마음으로 하여금 성을 내게 하면 그에 대한 과보가
다만 지금 생애에 있다. 선을 베풀고 얕게 요구하되 복을 얻었으면
후세를 말하지 말라. 천 가지 묘한 계책은 사람 되는 것을 본분으
로 하는 것만 같지 못하고, 만 가지 강한 계획이 어찌 인연을 따라
절약하고 검소하게 하는 것과 같으랴. 마음으로 자선을 행한다면
어찌 모름지기 쇠뇌 당기듯 힘써 경문을 읽어야 하겠는가. 마음속
으로 남에게 해를 끼치려 한다면 부처의 대장경을 헛되이 읽는 것

이다." 하였다.

{語義} ○仁宗皇帝(인종황제) : 송(宋)나라 제4대 임금인 조진(趙禎)의 묘호(廟號). 재위 기간은 1023년~1063년. ○照鑑(조감) : 환히 봄. 비추어봄. 조람(照覽). ○寬洪(관홍) : 넓고 큼. 아주 큼. 광대(廣大)함. ○不>容(불용) : 받아들이지 않음. ○姦黨(간당) : 간사한 무리. ○爭似(쟁사) : 어찌 …같으랴. ○弩力(노력) : 쇠뇌의 화살을 당기는 힘. 힘을 다함. ○看>經(간경) : 독경(讀經). 경문(經文)을 읽는 것. ○空讀(공독) : 건성으로 읽음. 책을 떠나서 그 문구를 읽는 것. ○如來(여래) : 부처님의 존칭. ○一藏(일장) : 일체의 교법(敎法). 한 부(部)의 대장경(大藏經).

{意譯} 〈인종황제 어제〉에, "하늘과 땅은 꽹장히 광대하지만 해와 달은 분명히 환히 비추고, 우주는 도량이 넓고 크지만 천지는 간사한 무리를 용납하지 않는다. 마음으로 하여금 노여워하게 하면 그에 대한 인과응보(因果應報)가 다만 금생(今生)에 있고, 선(善)을 베풀고 얕게 구(求)하되 얻은 복(福)을 후세에 말하지 말라. 천 가지 교묘(巧妙)한 계책은 사람 되는 것을 본분(本分)으로 하는 것만 못하고, 만(萬) 가지 강한 계획은 어찌 인연(因緣)을 따라 절약하고 검소하게 하는 것과 같겠는가. 마음으로 자선(慈善)을 행한다면 어찌 모름지기 힘을 다해 경전을 읽을 필요가 있겠는가? 남에게 해를 끼치고자 마음먹고 있다면 부처의 대장경을 건성으로 읽는 것이다."고 있다.

{餘說} 이 장의 문장 구조도 다음과 같이 사륙변려체(四六騈儷體)이다.

仁宗皇帝御製,

┌─ 乾坤宏大나   日月이 照鑑分明하고,   ─┐
└─ 宇宙寬洪이나   天地는 不>容2姦黨1이라.   ─┘

┌─ 使>心用>悖이면   果報ㅣ 只在2今生1이오,   ─┐
└─ 善布淺求하되,   獲>福을 休>言2後世1하라.   ─┘

┌─ 千般巧計는   不>如2本分爲1>人이오,   ─┐
└─ 萬種强圖는,   爭似>隨>緣卽儉이라.   ─┘

┌─ 心行2慈善1이면   何須2弩力1看>經이리오.   ─┐
└─ 意慾2損1>人이면   空讀如來一藏이니라.   ─┘

11-153/ 신종황제 어제

神宗皇帝御製。遠非道之財。戒過度之酒。居必擇
신 종 황 제 어 제 원 비 도 지 재 계 과 도 지 주 거 필 택

隣。交必擇友。嫉妬勿起於心。讒言勿宣於口。骨肉貧
린 교 필 택 우 질 투 물 기 어 심 참 언 물 선 어 구 골 육 빈

者莫疎。他人富者莫厚。克己以勤儉爲先。愛衆以謙和
자 막 소 타 인 부 자 막 후 극 기 이 근 검 위 선 애 중 이 겸 화

爲首。常思已往之非。每念未來之咎。若依朕之斯言。
위 수 상 사 이 왕 지 비 매 념 미 래 지 구 약 의 짐 지 사 언

治家國而可久。
치 가 국 이 가 구

{讀法} 神宗皇帝御製에 遠2非>道之財1하고, 戒2過>度之酒1하며. 居必擇>隣하고, 交必擇>友하며, 嫉妬를 勿>起2於心1하고, 讒言을 勿>宣2於口1하며, 骨肉貧者를 莫>疎하고, 他人富者를 莫>厚하며, 克>己는 以2勤儉1으로 爲>先하고, 愛>衆은 以2謙和1로 爲>首하며, 常思2已往之非1하고, 每念2未來之咎1하라. 若依2朕之斯言1이면, 治2家國1而可>久리라.

• • •

{直譯} 〈신종황제 어제〉에, "도리(道里)가 아닌 재물은 멀리하고, 정도(定度)에 지나친 술은 경계해야 하며, 거처함에 반드시 이웃을 가려야 하고, 사귐에는 반드시 벗을 가려야 하며, 질투를 마음에 일으키지 말아야 하고, 참람한 말을 입 밖에 널리 알리지 말아야 하며, 일가의 가난한 사람을 소홀히 하지 말아야 하고, 남의 부유한 사람을 후대하지 말아야 하며, 자기의 사욕을 극복함에는 부지런하고 검소함으로써 제일로 삼아야 하고, 민중을 사랑함에는 겸손하고 화목함으로써 첫째로 삼아야 하며, 항상 지나간 잘못을 생각해야 하고, 언제나 미래의 허물을 생각하라. 만약 짐의 이 말을 좇으면, 집과 나라를 다스리되 오래갈 수 있을 것이다." 하였다.

{語義} ○神宗皇帝(신종황제) : 생졸 1048~1085. 송(宋)나라 제6대 임금. 재위 1068~1085. 이름은 욱(頊). 영종(英宗)의 맏아들. ○非>道(비도) : 바른길

에 어긋남. ○ 過>度(과도) : 정도가 지나침. ○ 擇>隣(택린) : 이웃을 가림. ○ 嫉妬(질투) : 시기함. ○ 讒言(참언) : 남을 헐뜯는 말. ○ 骨肉(골육) : 골육지친(骨肉之親). 부모형제(父母兄弟). ○ 疎(소) : 멀리함. 소홀히 함. 홀대(忽待)함. ○ 克>己(극기) : 자기 사욕(私慾)을 이성(理性)으로 눌러 이김. ○ 勤儉(근검) : 부지런하고 알뜰함. 부지런하고 검소(儉素)함. ○ 愛>衆(애중) : 민중(民衆)을 사랑함. 대중(大衆)을 사랑함. ○ 謙和(겸화) : 겸손하고 화목함. ○ 已往之非(이왕지비) : 지난날의 잘못. ○ 未來之咎(미래지구) : 앞날의 허물. ○ 朕(짐) : 천자(天子)가 자기를 말할 때 쓰는 말. 군주(君主)의 자칭(自稱)은 과인(寡人)임.

{意譯} 〈신종황제 어제〉에, "바른길에 어긋나는 재물은 멀리하고, 주량에 지나친 음주는 경계하며, 집을 정할 때는 반드시 먼저 이웃을 가려야 하고, 친구와 사귈 때는 반드시 친구를 가려야 하며, 남을 시기함을 마음속에 일으키지 말고, 남을 헐뜯는 말을 입 밖에 내지 말며, 부모형제간에 가난한 사람을 멀리 말고, 남의 부귀에 친밀히 말며, 자기 사욕을 이성으로 눌러 이김에는 부지런하고 알뜰함으로써 제일로 삼고, 민중을 사랑함에는 겸손하고 화목함으로써 첫째로 삼으며, 항상 지난날의 잘못을 생각하고 언제나 장래의 허물을 생각하라. 만약 짐의 이 말을 좇으면 집과 나라를 다스려 오래도록 잘 살 수 있을 것이다." 하였다.

{餘說} 이 장의 문장을 분석하면 다음과 같다.

神宗皇帝御製,

┌ 遠2非>道之財1, ┐　┌ 居必擇>隣, ┐　┌ 嫉妬勿>起2於心1, ┐
└ 戒2過>度之酒1. ┘　└ 交必擇>友. ┘　└ 讒言勿>宣2於口1. ┘

```
┌─ 骨肉貧者莫>疎,        ┌─ 克>己以2勤儉1爲>先,
└─ 他人富者莫>厚.        └─ 愛>衆以2謙和1爲>首.

┌─ 常思2已往之非1,
└─ 每念2未來之咎1  ─── 若依2朕之斯言1, 治2家國1而可>久.
```

11-154/ 고종황제 어제

高宗皇帝御製。一星之火。能燒萬頃之薪。半句非
<small>고 종 황 제 어 제　　일 성 지 화　　능 소 만 경 지 신　　반 구 비</small>

言。誤損平生之德。身被一縷。常思織女之勞。日食三
<small>언　오 손 평 생 지 덕　　신 피 일 루　　상 사 직 녀 지 로　　일 식 삼</small>

飧。每念農夫之苦。苟貪妬損。終無十載安康。積善存
<small>손　매 념 농 부 지 고　　구 탐 투 손　　종 무 십 재 안 강　　적 선 존</small>

仁。必有榮華後裔。福緣善慶。多因積行而生。入聖超
<small>인　필 유 영 화 후 예　　복 연 선 경　　다 인 적 행 이 생　　입 성 초</small>

凡。盡是眞實而得。
<small>범　진 시 진 실 이 득</small>

{讀法} 高宗皇帝御製에, 一星之火라도 能燒2萬頃之薪1하고, 半句
非言이라도 誤損2平生之德1이라. 身被2一縷1나 常思2織女之勞1하고,
日食2三飧1이나 每念2農夫之苦1하라. 苟貪妬損이면 終無2十載安
康1이오. 積>善存>仁이면 必有>榮2華後裔1니라. 福緣2善慶1은 多因2
積行1而生이오, 入>聖超>凡은 盡是眞實而得이니라.

• • •

제11편 성심편 *835*

{直譯} 〈고종황제 어제〉에, "작은 불티라도 백 이랑의 섶을 태울 수 있고, 반 마디의 짧은 그릇된 말이라도 평생의 덕을 훼손할 수 있다. 몸에 한 오라기의 실을 걸쳤으나, 항상 베 짜는 여자의 노고를 생각하고, 하루에 세 끼의 밥을 먹으나, 매번 농부의 고생을 생각하라. 구차하게 재물을 탐내고 남을 헐뜯고 떨어뜨리면, 마침내 십 년 동안 편안하지 못하고, 선을 쌓고 어진 마음을 가지면, 반드시 후손에게 영화가 있을 것이다. 복이 선과 경사에 인연함은, 많이 쌓고 행하므로 생겨나는 것이고, 거룩한 경지에 들어가서 보통 사람을 초월함은 모두 이 진실한 데서 얻는다." 하였다.

{語義} ○高宗皇帝(고종황제) : 남송(南宋)의 첫째 임금. 이름은 구(構). 금(金) 나라가 강북지방(江北地方)을 지배하게 되자, 남경(南京)에서 황제의 위(位) 에 오름. 생졸 1107~1187. 재위 1127~1162. ○一星(일성) : 하나의 별이란 말로 '조금, 약간' 이라는 말. ○萬頃(만경) : '頃' 은 중국 고대의 면적을 표 시하는 단위. 일경(一頃)은 오늘날의 면적으로, 만(萬) 평(坪)에 해당하는 것 이니, 만경(萬頃)이면 퍽 넓은 면적. ○半句非言(반구비언) : 반 마디의 그른 말. ○誤損(오손) : 잘못으로 인하여 훼손시킴. ○縷(루) : 한 올의 실. 누더기 〔褸와 통하기도 함.〕 ○織女(직녀) : 베 짜는 여자. ○三飱(삼손) : 세 번 먹음. '飱' 은 먹을 손 자(字)로, '飧' 의 속자(俗字)임. ○苟貪妒損(구탐투손) : '苟' 는 탐내다. '貪' 은 재물을 탐함. '妒' 는 남을 헐뜯음. 시기함. '損' 은 손해보 다. ○十載(십재) : 10년 동안. ○積>善(적선) : 착한 일을 많이 함. ○存>仁(존 인) : 어진 마음을 가짐. ○榮華(영화) : 몸이 귀하게 되어서 이름이 남. ○後

裔(후예) : 후손(後孫). 자식.

{意譯} 〈고종황제 어제〉에, "작은 불티 하나도 능히 만경이나 되는 많은 땔나무 숲을 태울 수 있고, 반 마디의 말이라도 자칫하면 평생의 덕을 훼손시킬 수 있다. 몸에 한 벌의 누더기 옷을 걸쳤으나 항상 베 짜는 여자의 노고를 생각해야 하고, 하루 세끼의 밥을 먹으나 매양 농부의 노고를 생각해야 한다. 구차하게 재물을 탐하고 남을 질투하고 손해를 끼치면 마침내 10년 동안 편안할 수 없고, 선을 쌓고 어진 마음을 가지면 반드시 후손에게 영화가 있다. 복이 선과 경사에 인연함은 많이 쌓고 행함으로 인해서 생기게 마련이오, 거룩한 경지에 들어가서 보통 사람보다 뛰어난 것은 모두 이 진실함으로 인해서 얻어지는 것이다." 하였다.

{餘說} 이 장도 사륙변려체(四六騈儷體)이다.

高宗皇帝御製,

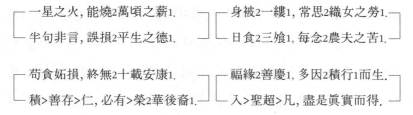

一星之火, 能燒2萬頃之薪1.
半句非言, 誤損2平生之德1.

身被2一縷1, 常思2織女之勞1.
日食2三飱1, 每念2農夫之苦1.

苟貪妬損, 終無2十載安康1.
積>善存>仁, 必有>榮2華後裔1.

福緣2善慶1, 多因2積行1而生.
入>聖超>凡, 盡是眞實而得.

11-155/ 노자가 공자를 전송하며

老子送孔子曰。吾聞。富貴者送之以財。仁者送之以
노자송공자왈　오문　부귀자송지이재　인자송지이

言。吾雖不能富貴。而竊仁者之號。請送子以言乎。凡
언　오수불능부귀　이절인자지호　청송자이언호　범

當世之聰明深察。而近於死者。好議人者也。博辯閎
당세지총명심찰　이근어사자　호의인자야　박변굉

達。而危其身者。好發人之惡者也。
달　이위기신자　호발인지악자야

{讀法} 老子ㅣ 送2孔子1하며 曰, 吾聞컨대 富貴者는 送>人以>財하고
仁者는 送>人以>言하나니, 吾ㅣ 雖2不>能>富2貴1나 而竊2仁者之號1
하니 請送>子以>言乎리라. 凡當世之聰明深察하여도 而近2於死者1
는 好2議>人1者也요, 博辯閎達하여도 而危2其身1者는 好下發2人之
惡1者上也니라.

· · ·

{直譯} 노자가 공자를 전송하며 말하기를, "내가 듣건대 '부귀한
사람은 사람을 전송하는 데 재물로써 하고, 어진 사람은 사람을 전
송하는 데 유익한 말로써 한다.'고 하니, 내가 비록 부귀하지는 못
하나 어진 사람이라는 호칭을 훔친 사람이니, 다음과 같은 말로써
그대를 전송하리다: '지금 세상에서 총명하고 깊이 살펴도 죽음에
가까이 가는 자는 남을 논평(論評)하기를 좋아하는 사람이고, 사물
을 널리 분변하고 두루 통하여도 그 몸을 위태롭게 하는 자는 남

의 나쁜 점을 드러내기를 좋아하는 자이다.'"라고 하였다.

{語義} ㅇ送>人(송인) : 사람을 전송함. ㅇ雖(수) : 비록 …할지라도. ㅇ竊>仁者(절인자) : 인을 훔친 사람. ㅇ號令(호령) : 큰 소리로 꾸짖음. ㅇ聰明(총명) : 기억이 좋고 슬기가 있음. ㅇ深察(심찰) : 깊이 살핌. ㅇ博辯(박변) : 사물을 널리 알고 사리를 밝게 분별함. ㅇ閎達(굉달) : 재주와 식견이 폭넓고 통달함. 두루 통함. 굉달(宏達).

{意譯} 노자가 공자를 전송하며 말하였다. "내가 일찍이 듣자 하니, '부귀한 사람은 사람을 전송할 때에 재물을 주었고, 인자한 사람은 사람을 전송할 때에 말을 해주었다'고 하니, 내가 비록 남들보다 부귀할 수는 없다 할지라도, 인(仁)을 훔친 사람으로 불렸기에 다음과 같은 말로써 그대를 보낸다 : '지금 세상에서 총명하여 깊이 살핀 사람이라도 죽음에 가까이 가는 사람이 있는데, 그런 사람은 다른 사람을 비평하기를 좋아하는 사람인 것이고, 사물을 널리 논변(論辯)하여 두루 통달하여도 그 자신을 위태롭게 하는 사람이 있는데, 그런 사람은 남의 결점 드러내기를 좋아하는 사람인 것이다.'"

{餘說} 이 장의 내용은 《사기(史記)·공자세가(孔子世家)》·《예문유취(藝文類聚)·증답(贈答)》·《태평어람(太平御覽)·언어(言語)》·《태평어람(太平御覽)·인덕(仁德)》·《공자가어(孔子家語)·관주(觀周)》·《예문유취(藝文類

聚)·별상(別上)》등 여러 곳에 실려 있는데 표현이 약간씩 다르다. 여기서는《예문유취(藝文類聚)·별상(別上)》의 것을 대본으로 하였다. 다만 '閎達(굉달)'은 원래《예문유취(藝文類聚)》에 '宏大(굉대)'로 되어있으나 다른 판본에 따라 '閎達(굉달)'로 고쳤다. 뜻은 마찬가지다.

11-156/ 그 임금을 알고자 하거든 먼저

王良曰。欲知其君。先視其臣。欲識其人。先視其友。
왕 량 왈 욕 지 기 군 선 시 기 신 욕 식 기 인 선 시 기 우

欲知其父。先視其子。君聖臣忠。父慈子孝。
욕 지 기 부 선 시 기 자 군 성 신 충 부 자 자 효

{讀法} 王良이 曰, 欲>知2其君1커든 先視2其臣1하고. 欲>識2其人1커든 先視2其友1하고. 欲>知2其父1커든 先視2其子1하라. 君聖臣忠하고 父慈子孝니라.

• • •

{直譯} 왕량이 말하기를, "그 임금을 알고자 하거든 먼저 그 신하를 보고, 그 사람을 알고자 하거든 먼저 그 벗을 보고, 그 아버지를 알고자 하거든 먼저 그 아들을 보아라. 임금이 거룩하면 신하가 충성하고, 아비가 자식을 사랑하면 아들도 효도한다." 하였다.

{語義} ○王良(왕량) : 자(字)는 경지(敬止), 명(明)나라 길수(吉水) 사람. 건문(建文, 1399~1402) 때 진사(進士)가 되고, 《태종실록(太宗實錄)》을 펴내고, 또 《태종실록유요(太宗實錄類要)》를 펴냄. 연병(燕兵)과 부도성(薄都城)에서 싸우다가 전사하였다. 시호(諡號)는 문절(文節). ○欲(욕) : …하고자 함. ○慈(자) : 부모가 자식을 사랑함.

{意譯} 왕량이 말했다. "그 나라 임금의 인품을 알고자 하거든 먼저 그 신하를 볼 것이고, 그 사람의 사람됨을 알고자 하거든 먼저 그 사람의 친구를 볼 것이고, 그 아버지의 인격을 알고자 하거든 먼저 그 아들을 볼 것이다. 임금이 거룩하면 신하는 충성스러울 것이고, 아비가 자식을 사랑하면 자식도 따라서 부모에 효도할 것이다."

{餘說} 이 문장의 구조는 다음과 같다.

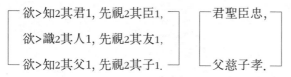

王良曰,
　　欲>知2其君1, 先視2其臣1,　　┌君聖臣忠,─┐
　　欲>識2其人1, 先視2其友1,
　　欲>知2其父1, 先視2其子1.　　└父慈子孝.─┘

11-157/ 집이 가난하면 효자가 나타나고

家貧顯孝子。世亂識忠臣。
가 빈 현 효 자　세 란 식 충 신

{讀法} 家貧에 顯2孝子1하고 世亂에 識2忠臣1이니라.

• • •

{直譯} 집이 가난하면 효자가 나타나고, 세상이 어지러우면 충신을 안다.

{語義} ○顯(현) : 나타남. 드러남. ○世亂(세란) : 세상이 어지러움.

{意譯} 집이 가난하면 효자는 드러나고, 세상이 문란하면 나라에 대한 충성스러운 신하가 있음을 안다.

{餘說} 어떠한 역경(逆境)에서만이 효자나 충신이 드러나 알게 된다는 것이다.

11-158 물이 너무 맑으면 고기가 없고

家語云。水至淸則無魚。人至察則無徒。
가 어 운 수 지 청 즉 무 어 인 지 찰 즉 무 도

{讀法} 家語에 云, 水至淸則無>魚하고 人至察則無>徒니라.

...

{直譯} 《가어》에 이르기를, "물이 지극히 맑으면 고기가 없고, 사람이 지극히 살피면 친구가 없다." 하였다.

{語義} ㅇ《家語(가어)》:《공자가어(孔子家語)》. 본서 〈존심편(存心篇)〉〔07-080〕 참조 바람.

{意譯} 《가어》에 말했다. "물이 지나치게 맑으면 물고기가 없고, 사람이 너무 분명히 살피면 친구가 없다."

{餘說} 물은 흐린 면이 있어야 물고기가 은신하면서 살고, 사람은 어수룩한 데가 있어야 친구가 따른다는 말이다.

11-159/ 삼군에게서 장수를 빼앗을 수 있으나

子曰。三軍可奪帥也。匹夫不可奪志也。
자 왈 삼 군 가 탈 수 야 필 부 불 가 탈 지 야

{讀法} 子ㅣ 曰, 三軍은 可>奪>帥也어니와, 匹夫는 不可>奪>志也니라.

...

{直譯} 공자께서 말씀하시기를, "삼군에게서는 장수를 빼앗을 수 있거니와 한 사나이한테서는 지조를 빼앗을 수 없다." 하셨다.

{語義} ㅇ三軍(삼군) : 여기서는 대군(大軍)이라는 뜻으로 보아야 할 것이다. 일군(一軍)은 12,500명이므로, 삼군이면 37,500명이다. ㅇ帥(수) : 장수. 대장(大將). 총지휘관(總指揮官). ㅇ匹夫(필부) : 일부(一夫), 즉 '한 사람의 남자'란 뜻으로, 삼군의 대립어. 신분이 비천한 남자.

{意譯} 공자께서 말씀하셨다. "적(敵)이 가령 삼군의 대군세(大軍勢)이어도, 오히려 또 그 장수를 빼앗으려 하면 빼앗을 수 있다. 이와 반대로 상대가 비록 필부의 비천한 남자이어도 '確乎不拔(확호불발)'의 뜻을 가졌으면 그 뜻을 빼앗을 수 없다."

{餘說} 이 문장은《논어 · 자한편(子罕篇)》에 있으며, 이것은 인간의 지조(志操)를 존중할 것을 서술한 것이다.

송(宋)나라 학자 후중량(侯仲良)의 말에 "삼군(三軍)의 용맹(勇猛)은 남에게 있고, 필부(匹夫)의 지조(志操)는 나에게 있다. 그러므로 장수는 빼앗을 수 있고, 지조는 빼앗을 수 없다. 만일 빼앗을 수 있다면, 즉 지조라고 하기에 충분하지 못하다."라고 있듯이, 삼군의 장수도 타력(他力)에 의존하는 이상 때로는 포로도 되나, 나의 신념(信念)은 타인이 어떠한 짓을 하여도 빼앗을 수는 없다는 것이다.

11-160/ 나면서부터 아는 사람은

子曰。生而知之者上也。學而知之者次也。困而學之
자왈 생이지지자상야 학이지지자차야 곤이학지
又其次也。困而不學民斯爲下矣。
우기차야 곤이불학민사위하의

{讀法} 子ㅣ 曰, 生而知>之者는 上也요. 學而知>之者는 次也요, 困
而學>之ㅣ 又其次也니, 困而不>學이면 民斯爲>下矣니라.

• • •

{直譯} 공자께서 말씀하시기를, "나면서 아는 사람은 상등이고, 배
워서 아는 사람은 그 다음이고, 곤란해져서 배우는 사람이 또 그
다음이니, 곤란해져도 배우지 않으면 백성 중에서 이 사람이 하등
이다." 하셨다.

{語義} ○民斯爲>下(민사위하) : 인민(人民) 중에서 이 사람을 최하의 사람이
라고 한다는 표현으로, 다른 사람이 이 사람을 하(下)로 본다는 뜻은 아니
다.

{意譯} 공자께서 말씀하셨다. "인간의 천품에는 네 가지의 등차(等
差)가 있다. 첫 번째로, 나면서부터 모든 덕의(德義)를 다 알고 있
는 자가 있는데, 이것이 최상급이다. [아마 성인(聖人)이 이에 해

당할 것이다. 세세(世世)마다 출생하는 것이 아니다.] 두 번째로, 학문에 의하여 아는 자가 그 다음이다. 세 번째로, 처음에는 학문에 뜻을 갖지 않았으나 드디어 막혀 곤란한 나머지 학문을 하는 자가 있는데, 이것이 또 그 다음이다. 그러나 네 번째로, 곤란을 당하면서도 학문하는 것을 모르는 자가 있는데, 이것이 인민 중에 있어서는 최하급이다."

{餘說} 공자께서 일찍 '唯上知與2下愚不1移니라.《논어·양화편(陽貨篇)·제3장》' 하셨으나, 이 대문의 '生而知>之者'는 '상지(上知)'이고 '困而不>學者'는 '하우(下愚)'일 것이다. 보통 사람은 아마 '學而知>之者'나 '困而學>之者'로 중급에 드는 사람일 것이다. 더욱 이 대문의 문구로부터 '生知之人, 學知之人, 困學知之人' 등의 말이 생겼다. 그리고 《논어·계씨편(季氏篇)》에 있는 이 대문은 '孔子曰'로 되어있다.

11-161/ 군자는 세 가지를 생각해야 하니

子曰。君子有三思。而不可不思也。少而不學。長無
자왈 군자유삼사 이불가불사야 소이불학 장무

能也。老而不敎。死無思也。有而不施。窮無與也。是故
능야 노이불교 사무사야 유이불시 궁무여야 시고

君子少思其長則務學。老思其死則務敎。有思其窮則
군자소사기장즉무학 노사기사즉무교 유사기궁즉

務施。
무 시

{讀法} 子ㅣ 曰, 君子有2三思1니, 而不>可>不>思也니라. 少而不>學
이면 長無>能也요, 老而不>教이면 死無>思也요, 有而不>施면 窮無>
與也라. 是故로 君子는 少思2其長1則務學하고, 老思2其死1則務教하
며, 有思2其窮1則務施니라.

• • •

{直譯} 공자께서 말씀하시기를, "군자에게는 세 가지 생각이 있나
니, 그래서 생각하지 아니할 수 없다. 젊어서 배우지 않으면 어른
이 되었을 때 능한 것이 없고, 늙어서 가르치지 않으면 죽게 됐을
때 생각할 것이 없고, 있어서 베풀지 않으면 궁해졌을 때 부여받을
것이 없다. 이런 까닭으로 군자는 젊어서는 그가 어른이 되었을 때
를 생각하여 힘써 배우고, 늙어서는 그가 죽은 뒤를 생각하여 힘써
가르치며, 있어서는 그가 궁할 때를 생각하여 힘써 베풀 것이다."
하셨다.

{語義} ㅇ三思(삼사) : '長・死・窮'의 세 가지에 대한 생각. 젊었을 때 어
른이 되어서부터의 일을 생각하여 배우고, 늙어서는 사후(死後)의 일을 생
각하여 자손을 가르치며, 부유한 때는 훗날 곤궁(困窮)에 이르렀을 때의 일
을 생각하여 나에게 베푸는 것이다.

{意譯} 공자께서 말씀하셨다. "대개 군자에게는 세 가지의 생각이

있는데 생각하지 않을 수 없다. 어려서 배우지 않으면 어른이 되어서 무능하고, 늙어서 자손들을 가르치지 않으면 사후에 대한 생각이 없는 것이고, 부유하면서 남에게 베풀지 않으면 곤궁해졌을 때 주는 사람이 없다. 이런 까닭으로 군자는 어려서는 그가 어른이 되었을 때를 생각하여 힘써 배우고, 늙어서는 그가 죽었을 때를 생각하여 자손들을 힘써 가르치며, 부유했을 때는 그가 다른 날 곤궁해졌을 때를 생각하여 힘써 베풀 것이다."

{餘說} 이 대문은 《순자(荀子)·법행(法行)》에 있는 말이다.

11-162/ 자기를 사랑하는 사람은

景行錄云。能自愛者。未必能成人。自欺者。必罔人。
경 행 록 운 능 자 애 자 미 필 능 성 인 자 기 자 필 망 인

能自儉者。未必能周人。自忍者。必害人。此無他。爲善
능 자 검 자 미 필 능 주 인 자 인 자 필 해 인 차 무 타 위 선

難。爲惡易。
난 위 악 이

{讀法} 景行錄에 云, 能2自愛1者는, 未3必能2成人1이오, 自欺者는 必罔>人이니라. 能2自儉1者는, 未3必能2周人1이오, 自忍者는 必害>人이니라. 此는 無>他라 爲>善은 難하고, 爲>惡은 易니라.

···

{直譯}《경행록》에 이르기를, "능히 스스로를 사랑하는 사람은 반드시 남을 완성시킬 수는 없고, 자기를 속이는 사람은 반드시 남을 속인다. 능히 스스로 검소하게 할 수 있는 사람은 반드시 남을 도와줄 수는 없고, 스스로 참는 사람은 반드시 남을 해친다. 이것은 다름이 아니라 선을 하는 것은 어렵고, 악을 하는 것은 쉽기 때문이다." 하였다.

{語義} ○ 自愛者(자애자) : 자기를 사랑하는 사람. ○ 成人(성인) : 학문이나 덕이 구비한 사람. ○ 自欺者(자기자) : 자기를 속이는 사람. ○ 罔>人(망인) : 남을 속임. ○ 自儉者(자검자) : 스스로 검소한 사람. ○ 周(주) : 도와주다. 구제(救濟)하다. 원조하다. '賙(주)' 와 통용. ○ 自忍者(자인자) : 스스로 참는 사람. ○ 害>人(해인) : 남을 해침.

{意譯}《경행록》에 말했다. "자신을 사랑할 수 있는 사람은 반드시 다른 사람의 학문이나 덕을 구비하게 할 수는 없고, 자신을 속이는 사람은 반드시 남을 속인다. 스스로 검소할 수 있는 사람은 아직 반드시 남을 도와주는 일을 할 수 없고, 스스로 참는 사람은 반드시 남을 해친다. 이는 다름이 아니라 착한 일을 하기는 어렵고 악한 일을 하기는 쉽기 때문이다."

{餘說} 이 대문을 분석하면 다음과 같다.

景行錄云,

┌─ 能2自愛1者, 未3必能2成人1. 自欺者 必罔>人 ─┐   ┌─ 爲>善 難,
│   ├─ 此 無>他, ─┤
└─ 能2自儉1者, 未3必能2周人1. 自忍者 必害>人. ─┘   └─ 爲>惡 易.

11-163/ 부귀하면 선을 하는 것이 쉽고

景行錄云。富貴易於爲善。其爲惡也。亦不難。
경 행 록 운 부 귀 이 어 위 선 기 위 악 야 역 불 난

{讀法} 景行錄에 云, 富貴는 易2於爲>善1이나, 其爲>惡也도, 亦不>難이니라.

• • •

{直譯}《경행록》에 이르기를, "부귀는 선을 하는 것도 쉽지만 그 악을 하는 것도 또한 어렵지 않다." 하였다.

{語義} ○富貴(부귀) : 집이 넉넉하고 신분이 높음. ○易2於爲>善1(이어위선) : 선한 일을 하기에 쉽다. ○亦不>難(역불난) : 또한 어렵지 않다.

{意譯}《경행록》에 말했다. "부귀한 사람은 선을 행하기도 쉽지만 그가 악을 행하기도 또한 쉽다."

{餘說} 부귀의 힘으로는, 위선(爲善)도 위악(爲惡)도 하기 쉽다는 것이다.

11-164/ 부를 구할 수 있는 것이라면

子曰。富而可求也。雖執鞭之士。吾亦爲之。如不可
자 왈 부 이 가 구 야 수 집 편 지 사 오 역 위 지 여 불 가
求。從吾所好。
구 종 오 소 호

{讀法} 子ㅣ 曰, 富而可>求也,ㄴ대 雖執>鞭之士라도 吾亦爲>之어니
와, 如不>可>求,ㄴ대 從2吾所1>好하리라.

• • •

{直譯} 공자께서 말씀하시기를, "부를 구할 수 있는 것이라면 비록
채찍을 잡는 사람 노릇이라도 나 또한 이를 하겠거니와, 만일 구할
수 없는 것이라면 내가 좋아하는 바를 좇겠다." 하셨다.

{語義} ○富(부) : 재부(財富). 재산(財産). ○可>求(가구) : 구할 수 있다. ○執>
鞭(집편) : 채찍을 잡다. 執鞭之士는 왕후(王侯)의 행차(行次) 앞에서 길을 트
는 천직(賤職)이다. '마부(馬夫)·어자(御者)' 의 뜻도 된다. ○從2吾所1>好(종
오소호) : 내가 좋아하는 바를 좇겠다.

{意譯} 공자께서 말씀하셨다. "부(富)라는 것이 만일 구해서 얻을
수 있는 것이라면, 채찍을 잡고 길을 트는 천직이라도 나도 또한
이에 근무해도 좋으나, 만일 부가 구해도 결국 구해 얻을 수 없는
것이라면, 아무 신뢰(信賴)도 없는 부를 구하느니보다는 내가 좋
아하는 바에 따라 인도(仁道)의 수양에 노력하려고 생각한다."

{餘說} 이 대문은《논어·술이편(述而篇)·제11장》에 있는 말이다.

　요컨대, 이 대문은 부귀는 구해서 반드시 얻을 수 없는 것, 인도(仁道)
는 구해서 반드시 얻을 수 있는 것이므로, 신뢰할 수 없는 것에 급급(汲
汲)해할 바에야 인도(仁道)로 나가는 편이 좋다는 것을 가르치신 것이다.
처음의 '吾亦爲>之'는 가설의 말로, 뒤의 일구(一句)를 강하게 말하기
위해 한 말 정도이다. 이 말을 "재부(財富)라는 것이 얻어서 괜찮은 것이
라면 채찍을 잡는 사람 노릇일지라도 나는 할 것이나, 만약에 얻어서는
안 될 것이라면 내가 좋아하는 것에 따를 것이다."로 풀이하기도 한다.

11-165/ 천 권의 책을 얻기 어렵지만

千卷詩書難却易。一般衣飯易却難。
천 권 시 서 난 각 이　일 반 의 반 이 각 난

{讀法} 千卷詩書難却易하고 一般衣飯易却難이니라.
• • •

{直譯} 천 권의 책을 얻기 어려운 것이지만 물리치기는 쉽고, 일반의 옷과 밥은 얻기는 쉽지만 물리치기는 어렵다.

{語義} ○千卷(천권) : 많은 책. ○詩書(시서) :《시경》과《서경》. ○却(각) : 물리치다. 脚의 속자(俗字). ○一般(일반) : 일체. 보통. ○衣飯(의반) : 옷과 밥. 의식(衣食).

{意譯} 천 권이나 되는 많은 책은 구하기 어려운 것이지만 이를 멀리하기는 쉽고, 일상의 의복과 음식은 구하기는 쉬워도 멀리하기는 어렵다.

{餘說} 바로 가까운 수요(需要)에 따라 의식(衣食)을 물리치기 어렵듯이 매사가 그러하다는 비교비유(比較比喩)의 말로 푼다.

11-166/ 하늘은 사람의 녹을 끊는

天無絶人之祿。
천 무 절 인 지 록

{讀法} 天無2絶>人之祿1이니라.

{直譯} 하늘은 사람의 녹을 끊음이 없다.

{語義} ○祿(록) : 복록(福祿).

{意譯} 하늘은 사람의 복록을 끊는 일이 없다.

{餘說} "天不>生2無>祿之人1"과 같은 말이다.

11-167/ 한 몸에는 도리어 한 몸의 근심이 있다

一身還有一身愁。
일 신 환 유 일 신 수

{讀法} 一身還有2一身愁1니라.

• • •

{直譯} 한 몸에는 도리어 한 몸의 근심이 있다.

{語義} ○一身(일신) : 단신(單身). 홀몸. 한 몸. ○還(환) : 도리어. ○愁(수) :

근심.

{意譯} 홀몸이면 편할듯하지만 도리어 홀몸으로서의 근심이 있다.

{餘說} 사람마다 근심이 있다는 것이다.

11-168/ 사람이 먼 일을 생각지 않으면

子曰。人無遠慮。必有近憂。
자 왈　인 무 원 려　필 유 근 우

{讀法} 子ㅣ 曰, 人無2遠慮1면 必有2近憂1니라.

• • •

{直譯} 공자께서 말씀하시기를, "사람이 먼 일을 생각지 않으면, 반드시 가까운 근심이 있다." 하셨다.

{語義} ㅇ遠慮(원려) : 앞일을 내다보는 시간적인 먼 점도 있을 것이나, 또 그 속에는 좌우전후의 넓은 뜻도 포함된 말이다. 사전(事前)에 미연(未然)을 생각하는 것이 원려(遠慮)이고, 사후(事後)에 황급(慌急)히 근심하는 것이 근우(近憂)이다.

{意譯} 공자께서 말씀하셨다. "만일 사람이 먼 장래를 내다보거나 널리 주위를 돌아보거나 하여 깊이 사려하지 않으면, 반드시 가까운 미래에 절박한 근심거리가 생기게 된다."

{餘說} 이것은 천재(天災)가 잊었을 때 일어난다는 것과 같은 교훈이다.

11-169/ 가볍게 승낙하는 사람은

輕諾者信必寡。面譽者背必非。
경 락 자 신 필 과   면 예 자 배 필 비

{讀法} 輕諾者는 信必寡하고, 面譽者는 背必非니라.

• • •

{直譯} 가볍게 승낙하는 사람은 믿음이 반드시 적고, 면전에서 칭찬하는 사람은 등 뒤에서 반드시 헐뜯는다.

{語義} ○輕諾(경락) : 경솔하게 승낙함. ○信必寡(신필과) : 신의가 반드시 적다. ○面譽(면예) : 면전에서 칭찬하는 것. ○背必非(배필비) : 등 뒤에서 헐뜯다.

{意譯} 경솔하게 승낙하는 사람은 신의가 반드시 적고, 면전에서 칭찬하는 사람은 등 뒤에서 반드시 헐뜯는다.

{餘說} 진중하지 못한 사람은 믿음성이 적고, 면전에서 칭찬하는 사람은 뒤돌아서서 헐뜯는 사람이라는 것이다.

11-170/ 봄비는 기름과 같으나

許敬宗曰。春雨如膏。行人惡其泥濘。秋月揚輝。盜
허 경 종 왈   춘 우 여 고   행 인 오 기 이 녕   추 월 양 휘   도
者憎其照鑑。
자 증 기 조 감

{讀法} 許敬宗이 曰, 春雨ㅣ 如>膏나 行人은 惡2其泥濘1하고 秋月이 揚>輝나 盜者는 憎2其照鑑1이니라.

• • •

{直譯} 허경종이 말하기를, "봄비가 기름과 같으나 행인은 그 진창을 싫어하고, 가을 달이 빛을 드날리지만 도둑놈은 그 밝게 비치는 것을 미워한다." 하였다.

{語義} ○許敬宗(허경종) : 중국 당(唐)나라 때 정치가. 자는 연족(延族). 고종

(高宗) 때 예부상서(禮部尙書)가 되었으며 우상(右相)까지 올랐다. 고양군공(高陽郡公)에 봉해지고, 시호는 목공(繆公).《고종실록(高宗實錄)》·《태종실록(太宗實錄)》을 개편(改編)하였음. ○膏(고) : 기름. ○泥濘(이녕) : 진창. ○揚>輝(양휘) : 빛을 드날림. ○照鑑(조감) : 비춤.

{意譯} 허경종이 말했다. "봄비가 기름처럼 소중하나 길 가는 사람은 진창을 싫어하고, 가을 달이 빛을 드날려 환하여 좋으나 도둑놈은 그 환히 비추는 것을 미워한다."

{餘說} 이 대문을 분석하여 보자. 4·6변려체이다.

　許敬宗이 曰,
　　春雨ㅣ 如>膏나 行人은 惡2其泥濘1하고
　　秋月이 揚>輝나 盜者는 憎2其照鑑2이니라.

11-171/ 대장부는 착한 것 보는 것이 분명하므로

景行錄云。大丈夫見善明。故重名節於泰山。用心
경 행 록 운 대 장 부 견 선 명 고 중 명 절 어 태 산 용 심

剛。故輕死生於鴻毛。
강 고 경 사 생 어 홍 모

{讀法} 景行錄에 云, 大丈夫는 見>善明, 故로 重3名節於2泰山1하고,

用>心剛, 故로 輕3死生於2鴻毛1니라.

· · ·

{直譯} 《경행록》에 이르기를, "대장부는 착한 것 보는 것이 분명하므로 명예와 절개를 태산보다 소중히 여기고, 마음을 쓰는 것이 강하므로 죽고 사는 것을 기러기의 털보다 가볍게 여긴다." 하였다.

{語義} ○ 大丈夫(대장부) : 사내답고 씩씩한 남자. 지조(志操)가 굳어 불의(不義)에 굽히지 않는 남자. ○ 名(명) : 이름. 여기서는 명예의 뜻인 이름. ○ 節(절) : 마디. 여기서는 절개, 또는 지조의 뜻. ○ 泰山(태산) : 오악(五嶽)의 하나. 산동성(山東省) 태안부(泰安府)에 있는 명산(名山). 끄떡없음의 비유로도 쓰임. ○ 剛(강) : 굳셈. 강함. ○ 死生(사생) : 죽고 삶. ○ 鴻毛(홍모) : 기러기의 털. 전(轉)하여 아주 가벼운 것.

{意譯} 《경행록》에 말했다. "대장부는 착한 것을 보는 법이 분명하므로 그 명예와 지조를 태산보다도 더 중히 여기고, 마음 쓰는 것이 강하므로 죽고 사는 것을 아주 가벼이 여겨 기러기의 털보다도 더 가볍게 여긴다."

{餘說} 이 대문도 분석하여 보기로 하자.

景行錄에 云, 大丈夫는
─ 見>善明, 故로 重3名節於2泰山1하고,
└ 用>心剛, 故로 輕3死生於2鴻毛1니라.

11-172/ 집 밖 일은 작고 크고

景行錄云。外事無小大。中慾無淺深。有斷則生。無
경 행 록 운 　외 사 무 소 대 　중 욕 무 천 심 　유 단 즉 생 　무

斷則死。大丈夫以斷爲先。
단 즉 사 　대 장 부 이 단 위 선

{讀法} 景行錄에 云, 外事는 無2小大1하고, 中慾은 無2淺深1하며, 有>
斷則生하고, 無>斷則死하나니, 大丈夫는 以>斷爲>先이니라.

• • •

{直譯} 《경행록》에 이르기를, "집 밖의 일은 작고 크고의 구분이 없
어야 하고, 마음속의 욕심은 얕고 깊음이 없어야 하며, 성실하고
전일(專一)하는 마음이 있으면 살고, 성실하고 전일하는 마음이 없
으면 죽나니, 그러므로 대장부는 성실하고 전일하는 마음으로써
첫째로 삼는다." 하였다.

{語義} ○外事(외사) : 집안 밖의 일. ○無2小大1(무소대) : 작고 크고의 구별
없이 신중히 처리함을 말한다. ○中慾(중욕) : 마음속의 욕심. '中欲'과 같
음. ○無2淺深1(무천심) : 속이 얕고 깊고가 없이. 얕고 깊고의 구분을 하지
않고 신중을 기하라고 하는 말이다. ○斷(단) : 성실하고 전일(專一)하는 말.
○大丈夫(대장부) : 남자다운 남자.

{意譯} 《경행록》에 말했다. "집 바깥의 일은 작고 크고의 구분 없

이 신중히 처리해야 하고, 마음속의 욕심은 얕고 깊고의 구분 없
이 신중하게 해야 하며, 일은 성실하고 전일하는 마음으로 하면
살 수 있고, 성실하고 전일하는 마음이 없으면 죽나니, 남자다운
남자는 성실하고 전일하는 마음으로써 첫째로 삼는다."

{餘說} 이 대문도 분석하여 보자.

　　景行錄에 云,

　　　┌ 外事는 無2小大1하고,
　　　└ 中慾은 無2淺深1하며,

　　　┌ 有>斷則生하고,
　　　└ 無>斷則死하나니,

　　　　大丈夫는 以>斷爲>先이니라.

11-173/ 알면서 하지 않는 것은

子曰。知而不爲。莫如勿知。親而弗信。莫如勿親。樂
자왈 지이불위 막여물지 친이불신 막여물친 낙
之方至。樂而勿驕。患之將至。思而勿憂。
지방지 낙이물교 환지장지 사이물우

{讀法} 子ㅣ 曰, 知而不>爲는 莫>如>勿>知하고, 親而弗>信은 莫>
如>勿>親하며, 樂之方至어든 樂而勿>驕하고, 患之將至어든 思而勿>

憂하라.

• • •

{直譯} 공자께서 말씀하시기를, "알면서 하지 않는 것은 알지 않음만 같지 못하고, 친하면서 믿지 않는 것은 친하지 않음만 같지 못하며, 즐거움이 바야흐로 이르려 하거든 즐거워하되 교만하지 말고, 근심이 장차 이르려 하거든 생각하되 걱정하지 말라." 하셨다.

{語義} ○ 知而不>爲(지이불위) : 알면서 실행하지 않음. ○ 莫>如>勿(막여물) : 하지 않음만 같지 못하다. … 하지 않느니만 못하다. ○ 弗>信(불신) : 믿지 않음. '弗'은 '不' 보다 강함. ○ 方至(방지) : 막 다다름. 바야흐로 이름. ○ 樂而勿>驕(낙이물교) : 즐거워하되 교만하지 말라. ○ 患之將至(환지장지) : 근심이 막 다다르려 함. ○ 思而勿>憂(사이물우) : 생각하되 근심하지 말라. 오직 근심만 하고 있지 말고 궁구하라.

{意譯} 공자께서 말씀하셨다. "알면서 실행하지 않는 것은 알지 않느니만 못하고, 친하면서 믿지 않는 것은 친하지 않겠냐만 못하며, 즐거워함이 곧 이르려 하거든 즐거워하되 교만하지 말아야 하고, 근심이 막 이르려 하거든 오직 궁구하되 근심하지 말 것이다."

{餘說} 이 대문(對文)은 《공자가어 · 자로초현(子路初見)》에 있는 말이다.

11-174/ 비록 지혜가 있다 하더라도

孟子云。雖有智慧。不如乘勢。雖有鎡基。不如待時。
맹 자 운 수 유 지 혜 불 여 승 세 수 유 자 기 불 여 대 시

{讀法} 孟子에 云, 雖>有2智慧1나 不>如>乘>勢며, 雖>有2鎡基1나 不>如>待>時니라.

• • •

{直譯}《맹자》에 이르기를, "비록 지혜가 있다 하더라도 시세에 편 승하느니만 못하며, 비록 농기구가 있다 하더라도 제때를 기다려 서 경작하느니만 못하다." 하였다.

{語義} ○智慧(지혜) : 슬기가 총명하여 밝게 살피는 것. ○勢(세) : 국가 부 강의 세력. ○鎡基(자기) : 농구(農具). 호미〔鋤〕·가래〔鍬〕 종류. '基' 는 '鎝' 로도 씀. ○時(시) : (갈고 심을) 때.

{意譯}《맹자》에 말했다. "아무리 교묘한 지혜가 있어도, 부강(富 強)의 세(勢)를 타고 일을 하는 것만 못하고, 아무리 좋은 농기구 (農機具)가 있을지라도, 경작(耕作)의 시기(時期)를 기다려 씨를 뿌 림만 못하다."

{餘說} 이 대문은《맹자·공손추상·부자당로어제장(夫子當路於齊章)》

에 나오는 제(齊)나라의 속담(俗談)이다. 운문(韻文)으로 되어있으며, 다음과 같이 4언4구로 각 구(句)에 압운(押韻)되어 있다.

雖>有2智慧1,　　慧　韻字

不>如>乘>勢,　　勢　韻字

雖>有2鎡基1,　　基　韻字

不>如>待>時.　　時　韻字

11-175/ 여씨향약

呂氏鄕約云。德業相勸。過失相規。禮俗相交。患難
여 씨 향 약 운 덕 업 상 권 과 실 상 규 예 속 상 교 환 난

相恤。
상 휼

{讀法} 呂氏鄕約에 云, 德業을 相勸하고, 過失을 相規하며, 禮俗을 相交하고, 患難을 相恤하라.

• • •

{直譯} 〈여씨향약〉에 이르기를, "은덕을 베푸는 행위는 서로 권하고, 과실은 서로 규제하며, 예의와 풍속은 서로 교류하고, 근심과 재난은 서로 구휼하라." 하였다.

{語義} ㅇ呂氏鄕約(여씨향약) : 여대림(呂大臨, 1040~1092)이 창시(創始)한 일향(一鄕)의 규약(規約). 이 문장을 강령(綱領)으로 하였고, 후세에 영원히 향약(鄕約)의 모범이 되었다. ㅇ德業(덕업) : 은덕(恩德)을 베푸는 행위(行爲). 덕행(德行)과 사업(事業). ㅇ相勸(상권) : 서로 권장함. ㅇ相規(상규) : 서로 규제함. ㅇ禮俗(예속) : 예의와 풍속. 예부터 전래(傳來)되어 온 예식이나 풍속. ㅇ相交(상교) : 서로 교류함. ㅇ患難(환난) : 근심과 재난. ㅇ相恤(상휼) : 서로 구휼(救恤)함.

{意譯} 〈여씨향약〉에 말했다. "은덕(恩德)을 베푸는 행위는 서로 권장하여 나가고, 허물은 서로 규제하며, 예의와 풍속은 서로 교류하고, 근심과 재난은 서로 구휼하자."

{餘說} 이 대문은 〈여씨향약〉의 강령(綱領)이다.

11-176/ 남의 궂은일을 함께 가엾게 여기고

憫人之凶。樂人之善。濟人之急。救人之危。
민 인 지 흉　낙 인 지 선　제 인 지 급　구 인 지 위

{讀法} 憫2人之凶1하고 樂2人之善1하며, 濟2人之急1하고 救2人之危1하라.

• • •

{直譯} 남의 궂은일을 같이 가엾게 여기고, 남의 착한 일을 즐거워하며, 남의 급한 일을 건져주고, 남의 위태로운 일을 구조하라.

{語義} ㅇ憫(민) : 괴롭게 여김. '悶'으로 되어있는 곳도 있다. ㅇ凶(흉) : 흉한 일. ㅇ濟(제) : 도움. 원조함. ㅇ救(구) : 구조함.

{意譯} 남의 흉사는 같이 괴롭게 여기고, 남의 선사(善事)는 같이 즐거워하며, 남의 급한 일은 원조하고, 남의 위험한 일은 구조하라.

{餘說} 다음의 구문을 살펴보자.

이상과 같이 불과 10자로 4개 항(項)을 말한 대문이다.

11-177/ 눈으로 본 일도 오히려

經目之事。猶恐未眞。背後之言。豈足深信。
경 목 지 사 유 공 미 진 배 후 지 언 기 족 심 신

{讀法} 經>目之事도 猶恐>未>眞이어든, 背後之言을 豈足2深信1이리
오?

• • •

{直譯} 눈으로 거친 일도 오히려 아직 참이 아닌가 두렵거든, 등
뒤의 말을 어찌 족히 깊이 믿을 수 있을까?

{語義} ○經>目(경목) : 눈을 거침. 눈으로 봄. ○恐(공) : 두려워함. 염려함.
○背後(배후) : 등 뒤. ○豈(기) : 어찌 …하랴? 반어사(反語詞).

{意譯} 직접 눈으로 본 일도 오히려 참인지 아닌지 염려스러운데,
더구나 등 뒤에서 남이 말하는 것이야 어찌 이것을 깊이 믿을 수
있으랴?

{餘說} 문장 구조는 다음과 같다.

　┌─ 經>目之事도 猶恐>未>眞이어든
　└─ 背後之言을 豈足2深信1이리오.

　한편, '豈足深信'이 '豈能全信', 또는 '豈可全信'으로 된 판본도 있
다. 뜻은 큰 차이가 없다.

11-178/ 사람은 자기 허물을 알지 못하고

人不知己過。牛不知力大。
인 부 지 기 과   우 부 지 역 대

{讀法} 人不>知2己過1요, 牛不>知2力大1니라.

• • •

{直譯} 사람은 자기 허물을 알지 못하고, 소는 자기 힘이 센지를
모른다.

{語義} ○ 過(과) : 허물. 과실.

{意譯} 사람은 자기의 허물을 모르고, 소는 자기 힘이 얼마나 센
줄을 알지 못한다.

{餘說} 이 문장은 중국 속담으로서, 사람도 자기 과실을 모르듯 소도 자
기 힘이 얼마나 센지 모른다는 말이다. 이와 비슷한 것으로 다음과 같
은 말도 있다 : "人不>知2自丑1이요, 馬不>知2臉長1이니라.〔사람은 자기가
못생긴 것을 모르고, 말은 자기의 얼굴이 긴 것을 모른다.〕" 여기서 '臉
(검)'은 '뺨·얼굴'이다.

11-179/ 자기 집 삼노끈이 짧은 것은

不恨自家麻繩短。只恨他家古井深。
불 한 자 가 마 승 단　지 한 타 가 고 정 심

{讀法} 不>恨2自家麻繩短1하고 只怨2他家古井深1이로다.

• • •

{直譯} 자기 집 삼노끈이 짧은 것은 한탄하지 않고, 다만 남의 집 옛 우물이 깊은 것만 원망하도다.

{語義} ○麻繩(마승) : 삼으로 꼰 새끼로 두레박줄을 한 것으로, 여기서는 단지 두레박 줄.

{意譯} 자기 집 두레박줄 짧은 것은 한탄하지 않고, 공연히 남의 집 옛 우물이 깊어서 고생하는 것만 원망하는구나.

{餘說} '麻繩短'의 '麻(마)' 대신 '蒲(포)'나 '汲(급)'으로 되어있는 판본도 있다. '蒲'로 하면 부들로 새끼를 꼬아 두레박줄을 한 것이다. '汲'으로 하면 '汲繩(급승)'이 되는데, 이런 말은 없으며 만약 '汲'을 쓰려면 '汲綆(급경)·汲索(급삭)〔물 긷는 데 쓰이는 두레박 줄〕'으로 하여야 한다. 같은 뜻으로 통삭(桶索)도 있다. 그리고 '古井'이 '苦井'으로 되어있는 곳도 있으나 '苦井'이라는 말도 있지 않다.

11-180/ 요행수로 벗어났더라도

僥倖脫。**無辜報**。
요 행 탈 　 무 고 보

{**讀法**} 僥倖脫이라도 無辜報니라.

· · ·

{**直譯**} 요행수로 벗어났더라도 벌을 받는 갚음은 없다.

{**語義**} ○僥倖(요행) : 뜻밖에 얻는 행운. ○倖脫(행탈) : 요행수(僥倖數)로 위험에서 벗어남. ○無辜(무고) : 허물이 없음. 죄가 없음. ○報(보) : 보답.

{**意譯**} 요행스럽게 벗어났더라도 죄가 없다면 보답이 있을 것이다.

{**餘說**} 요행스럽게 위기를 벗어났다고 하더라도 앙갚음이 없다는 것이다. 다른 판본에는 '僥倖'이 '僥'로만 되어있는 것도 있다.

11-181/ 뇌물을 탐내고 부정한 일을 하는 것이

贓濫滿天下。**罪拘薄福人**。
장 람 만 천 하 　 죄 구 박 복 인

{讀法} 贓濫이 滿2天下1하되 罪拘2薄>福人1이니라.

• • •

{直譯} 뇌물을 탐하고 부정한 일을 하는 것이 천하에 가득하되, 죄를 지어도 복이 없는 사람만 붙잡히게 된다.

{語義} ○贓濫(장람) : 뇌물이 탐이 나서 부정을 저지름. ○罪(죄) : 죄를 줌. ○拘(구) : 잡힘. ○薄福(박복) : 복이 적음. 불행(不幸).

{意譯} 뇌물을 탐하여 부정을 저지르는 일이 온 천하에 가득 차 있되, 죄를 줌에는 불행한 사람만 붙잡힌다.

{餘說} 이익(李瀷)의 《성호사설(星湖僿說)》에 옛사람의 말이라면서 다음과 같은 말을 적고 있다 : "奸濫滿天地, 罪罹薄福人.〔간람이 천하에 가득한데도 죄는 박복한 사람에게만 걸린다.〕"

11-182/ 사람 마음이 무쇠와 같더라도

人心似鐵。官法如爐。
인 심 사 철   관 법 여 로

{讀法} 人心이 似>鐵이면, 官法은 如>爐니라.

• • •

{直譯} 사람의 마음이 무쇠와 같더라도, 나라의 법규는 용광로와 같다.

{語義} ㅇ似鐵(사철) : 쇠와 같이 단단함. ㅇ官法(관법) : 나라의 법규(法規)와 법도(法度). ㅇ爐(로) : 화로. 용광로.

{意譯} 사람의 마음이 무쇠와 같이 꿋꿋하고 단단하더라도, 용광로와 같은 나라의 법률은 견디지 못한다.

{餘說} 이 문장은 형법(刑法)이 무정(無情)하여 사람들을 굴복(屈服)시킨다는 것을 비유한 것으로, 《금병매(金瓶梅) · 제92회》와 《경세통언(警世通言) · 제14권》 등에 나온다.

가장 먼저 나온 것은 원대(元代) 사람 백박(白樸, 1226~1306)의 잡극(雜劇) 〈장두마상(牆頭馬上)〉의 제4절(第四折) 가운데 있는 '你待結綢繆, 我怕遭刑獄. 我人心似鐵, 他官法如爐.〔너는 매듭 묶기를 기다리지만 나는 형벌을 만날까 두려워한다네. 이내 마음은 무쇠 같아도 저놈의 관법은 용광로와 같다네.〕' 이다. 그 뒤 명대(明代) 사람 풍몽룡(馮夢龍, 1574~1646)이 《경세통언(警世通言) · 제14권》에서 '我'와 '他'라는 구어체(口語體) 표현을 제거하고, 직접 '人心似鐵, 官法如爐'로 하여 '인심은 곧 냉

혹(冷酷)하기가 무쇠와 같더라도 법률(法律)의 용광로를 참지는 못한 다.'는 말로 사용하였다. 후인들이 이 구절을 법률의 위엄(威嚴)과 그리 고 개변(改變)할 수 없음을 형용하는 데 늘 사용하고 있다.

11-183/ 사람 마음은 만족시키기가 어렵지만

太公曰。人心難滿。谿壑易盛。
태 공 왈   인 심 난 만   계 학 이 성

{讀法} 太公이 曰, 人心은 難>滿이나, 谿壑은 易>盛이니라.

• • •

{直譯} 강태공이 말하기를, "사람의 마음은 만족하게 하기가 어렵 지만, 골짜기를 메꾸어 쌓아 올리기는 쉽다." 하였다.

{語義} ○ 谿壑(계학) : 골짜기.

{意譯} 강태공이 말했다. "인심(人心)을 만족시키는 것은 어렵지 만, 골짜기를 메꾸어 쌓아 올리기는 쉽다."

{餘說} 인심(人心)을 만족시키는 것이 한(限)이 없음을 말한 것이다.

11-184/ 하늘이 일상적인 것을 고치면

天若改常。不風卽雨。人若改常。不病卽死。
천 약 개 상 불 풍 즉 우 인 약 개 상 불 병 즉 사

{讀法} 天若改>常이면 不>風卽雨요, 人若改>常이면 不>病卽死니라.

• • •

{直譯} 하늘이 만약 일상적인 것을 고치면 바람이 불지 않아도 곧 비가 올 것이고, 사람이 만약 일상적인 것을 고친다면 앓지 않고도 곧 죽을 것이다.

{語義} ○常(상) : 당연한 것. 정당한 것. 불변의 상도(常道). 늘 행해야 할 것. 여기서는 전법(典法). ○風(풍) : 여기서는 바람이 붐. ○雨(우) : 여기서는 비가 옴. ○病(병) : 여기서는 앓음.

{意譯} 하늘이 상도(常道)를 바꾼다면 [바람 끝에 비가 오기 마련인데] 바람이 불지 않고서도 곧 비가 오게 될 것이고, 사람이 상도를 바꾼다면 [앓다가 죽게 마련인데] 앓지 않고서도 곧 죽게 될 것이다.

{餘說} 이 대문은 상등 대립구의 문장이다.

┌─ 天若改>常이면 不>風卽雨요.
└─ 人若改>常이면 不>病卽死니라.

11-185/ 나라가 바르면

狀元詩云。國正天心順。官淸民自安。妻賢夫禍少。
장 원 시 운   국 정 천 심 순   관 청 민 자 안   처 현 부 화 소

子孝父心寬。
자 효 부 심 관

{讀法} 狀元詩에 云, 國正天心順이오, 官淸民自安이라. 妻賢夫禍
少요, 子孝父心寬이니라.

• • •

{直譯} 〈장원시〉에 이르기를, "나라가 바르면 하늘의 마음도 순하고,
벼슬아치가 맑으면 백성이 저절로 편안하다. 아내가 어질면 남편이
화가 적고, 아들이 효도하면 아버지의 마음이 너그럽다." 하였다.

{語義} ○狀元(장원) : 과거의 갑과(甲科)에 첫째로 급제함. ○國正(국정) : 나
라의 정치가 공정 무사하고 바름. ○天心(천심) : 하느님의 마음. 하느님의
뜻. ○官淸(관청) : 벼슬아치의 기강이 깨끗함. ○民自安(민자안) : 백성이 저
절로 편안함. ○寬(관) : 너그러움.

{意譯} 〈장원시〉에 말했다. "나라의 정치가 바르면 하늘의 마음도
순할 것이고, 벼슬아치의 기강이 깨끗하면 백성이 저절로 편안할
것이다. 아내가 어질면 남편에게 화가 적을 것이고, 아들이 효도
하면 아비의 마음이 너그러워질 것이다."

{餘說} 오언절구의 한시이다. '安‧寬'이 압운자이다. 주제는 국정(國正)‧관청(官淸)‧처현(妻賢)‧자효(子孝)이다.

11-186/ 하은주 3대가 천하를 얻은 것은

孟子曰。三代之得天下也以仁。其失天下也以不仁。
맹 자 왈 삼 대 지 득 천 하 야 이 인 기 실 천 하 야 이 불 인

國之所以廢興存亡者亦然。天子不仁不保四海。諸侯
국 지 소 이 폐 흥 존 망 자 역 연 천 자 불 인 불 보 사 해 제 후

不仁不保社稷。卿大夫不仁不保宗廟。庶人不仁不保
불 인 불 보 사 직 경 대 부 불 인 불 보 종 묘 서 인 불 인 불 보

四體。今惡死亡而樂不仁。是猶惡醉而强酒。
사 체 금 오 사 망 이 락 불 인 시 유 오 취 이 강 주

{讀法} 孟子ㅣ 曰, 三代之得2天下1也는 以仁이며, 其失2天下1也는 以>不>仁1이니, 國之所2以廢興存亡1者도 亦然이니라. 天子ㅣ 不>仁이면, 不>保2四海1하고, 諸侯不>仁이면, 不>保2社稷1하며, 卿大夫不>仁이면, 不>保2宗廟1하고, 庶人不>仁이면, 不>保2四體1하나니, 今惡2死亡1而樂>不>仁은, 是猶2惡>醉而强酒1니라.

• • •

{直譯} 맹자께서 말씀하시기를, "삼대의 천하를 얻음은 인으로써 하였으며, 그 천하를 잃음은 인(仁)하지 않음으로써 한 것이니, 나라의 흥폐와 존망의 까닭이라는 것도 또한 그러하다. 천자가 인하

지 않으면 사해를 보전하지 못하고, 제후가 인하지 못하면 사직을 보전하지 못하며, 경대부가 인하지 못하면 종묘를 보전하지 못하고, 서인이 인하지 못하면 자기 몸을 보전하지 못하나니, 이제 죽음을 싫어하면서 인하지 못함을 좋아하는 것은, 바로 오히려 술 취하는 것을 싫어하면서 억지로 술을 마시는 것과 같다." 하셨다.

{語義} ○三代(삼대) : 하(夏)·은(殷)·주(周)의 왕조(王朝). ○廢興(폐흥) : 쇠퇴함과 흥왕함. ○存亡(존망) : 존속과 멸망. 흥폐(興廢). ○亦然(역연) : 또한 그러하다. ○不>保(불보) : 보전하지 못한다. ○天子(천자) : 하느님의 아들이라는 뜻으로, 전(轉)하여 천하를 다스리는 사람. 황제. ○四海(사해) : 천하. 세계. ○諸侯(제후) : 봉건시대에 봉토를 받아 그 역내의 백성을 지배하던 작은 나라의 임금. ○社稷(사직) : 토지의 주신(主神)과 오곡(五穀)의 신(神). 옛날에 천자(天子)와 제후(諸侯)는 반드시 사직단(社稷壇)을 세우고 제사를 지내어 국가(國家)와 존망(存亡)을 같이 하였으므로, 전(轉)하여 국가라는 뜻으로도 쓰임. ○卿大夫(경대부) : 경(卿)과 대부(大夫). 곧 집정자(執政者). ○宗廟(종묘) : 역대 임금의 신주(神主)를 모신 제왕가(帝王家)의 사당(祠堂). 옛적에는 사서인(士庶人)의 사당도 종묘라고 하다가 후세에 이르러 대부(大夫) 이하의 사당은 가묘(家廟)라 일컫게 되었음. 딴 뜻으로는 국가. 천하. ○庶人(서인) : 평민(平民). 서민(庶民). ○四體(사체) : 사지(四肢). 팔과 다리. 전(轉)하여 온몸. 신체. ○猶(유) : 오히려 …과 같다. ○强酒(강주) : 억지로 술을 마심.

{意譯} 맹자께서 말씀하셨다. "하·은·주의 삼대의 왕조가 천하를 얻은 것은 인(仁)으로써이며, 그들 왕조가 천하를 잃은 것은 불

인(不仁)으로써 하였으니, 나라의 쇠퇴·흥왕과 존속·멸망의 이유라는 것도 또한 그러한 것이다. 천자가 불인(不仁)하면 사해를 보전하지 못하고, 제후가 불인하면 사직을 보전하지 못하며, 경이나 대부가 불인하면 종묘를 보전하지 못하고, 서민이 불인하면 몸을 보전하지 못하나니, 이제 죽는 것을 싫어하면서 불인을 좋아하는 것은, 곧 오히려 술 취하는 것을 싫어하면서 억지로 술을 마시는 것과 같다."

{餘說} 《맹자·이루장구상(離婁章句上)·제3장》에 나온다. '인(仁)'과 '불인(不仁)'을 가지고 '천자(天子)·제후(諸侯)·경대부(卿大夫)·서인(庶人)'의 네 계급(階級)에 적용(適用)시켜 논(論)한 것이다. 현대와는 거리가 있는 단어가 많지만 적당히 대치시켜 생각해 보면 취할 것이 아주 없는 것도 아니다.

11-187/ 처음으로 나무 인형을 만든 사람은

子曰。始作俑者。其無後乎。
자 왈 시 작 용 자 기 무 후 호

{讀法} 子ㅣ 曰, 始作>俑者는 其無>後乎ㄴ뎌.

• • •

{直譯} 공자께서 말씀하시기를, "처음으로 나무 사람을 만든 사람

은 후손이 없을 것이다." 하셨다.

{語義} ㅇ俑(용) : 목우(木偶). 나무를 깎아서 만든 인형(人形). 죽은 사람을 매장할 때 그 수종자(隨從者)로 같이 묻는 데 씀. 일설에는 꼭두각시 같이 사지를 움직여 날뛸 수 있게 만든 것으로, 그것으로 산 사람을 상정시켰다는 것이다. 산 사람을 죽은 사람과 같이 묻는 것과 흡사하게 움직이는 나무 사람을 만들어 매장한 것은 순장(殉葬)의 악습을 유발하였다고 한다. ㅇ其(기) : 아마도. 태(殆)의 뜻과 같음. 부사. ㅇ後(후) : 후손. '무후(無後)'는 후손이 끊어져 없어짐.

{意譯} 공자께서 말씀하셨다. "맨 처음에 나무 체응을 만든 사람은 아마 후손이 끊어져 없을 것이다."

{餘說} 이 대문은《맹자·양혜왕상(梁惠王上)》에 있는 말이다.《맹자》에는 '子曰'이 아니라 '仲尼曰'로 되어있다. 무후(無後)할 것이라고 말씀하신 것은 순장(殉葬)의 좋지 못한 풍습(風習)을 유발(誘發)시켰기 때문에 그렇게 말씀하셨을 것이다.

11-188/ 나무가 먹줄을 받으면

子曰。木從繩則直。人受諫則聖。
자 왈 목 종 승 즉 직 인 수 간 즉 성

{讀法} 子ㅣ 曰, 木從>繩則直하고, 人受>諫則聖이니라.

• • •

{直譯} 공자께서 말씀하시기를, "나무가 먹줄을 따르면 곧아지고, 사람이 남의 간언을 받아들이면 거룩하게 된다." 하셨다.

{語義} ○繩(승) : 여기서는 먹줄. 묵승(墨繩). ○直(직) : 곧음. ○諫(간) : 웃어른에게 충고함. ○聖(성) : 성스러움. 거룩함.

{意譯} 공자께서 말씀하셨다. "나무가 먹줄을 따르면 곧아지고, 사람이 남의 충고를 받아들이면 성스러워진다."

{餘說} 이 대문은《설원(說苑)》에는 '孔子謂子路曰'로 시작하는 말 중에 나오고,《공자가어(孔子家語)》에는 '子路見孔子, 子曰'로 시작하는 말 중에 나온다.

11-189/ 모든 것이 함이 있는 법은

佛經云。一切有爲法。如夢幻泡影。如露亦如電。應
불 경 운 일 체 유 위 법 여 몽 환 포 영 여 로 역 여 전 응
作如是觀。
작 여 시 관

{讀法} 佛經에 云, 一切有>爲法이로되 如2夢幻泡影1하고 如>露亦如>電이니 應作2如>是觀1이니라.

• • •

{直譯}《金剛經(금강경) · 四句偈(사구게)》에 이르기를, "모든 것이 함이 있는 법은, 꿈, 환상, 물거품, 그림자 같고, 이슬과 번개와도 같아서, 마땅히 이같이 관(觀)해야 한다." 하였다.

{語義} ○佛經(불경) : 불법(佛法)에 관한 것을 내용으로 한 경문, 또는 그 책. 여기서는《금강경(金剛經) · 사구게(四句偈)》. ○一切(일체) : 모든 것. ○有>爲 (유위) : 일을 함이 있음. 연고가 있음. 까닭이 있음. 여러 가지 인연에 의해 생기는 현상. ○夢幻(몽환) : 현실이 아닌 꿈과 환상. ○泡影(포영) : 거품과 그림자. '夢幻泡影(몽환포영)'은, 즉 포착할 수 없는 덧없는 사물(事物)을 이름. ○如>露(여로) : 이슬과 같이 덧없음. ○如>電(여전) : 번개와 같이 덧없음. ○應作(응작) : 마땅히 해야 함.

{意譯} 불경에 말했다. "모든 것이 인연에 의하여 생기는 법이지만 꿈과 환상과, 그리고 거품과 그림자와도 같고 이슬과도 같으며, 또한 번개와도 같이 포착할 수 없는 덧없는 것이니, 마땅히 그렇게 생각해야 한다."

{餘說} 이 문장은《금강경 · 사구게(四句偈)》의 제4번으로, 세상의 모든

현상과 법칙은 인연으로 나고 없어짐을 말한 것이다.

11-190/ 한 줄기 푸른 산 경치가 그윽하더니

一派青山景色幽。前人田地後人收。後人收得莫歡
일 파 청 산 경 색 유　전 인 전 지 후 인 수　후 인 수 득 막 환
喜。還有收人在後頭。
희　환 유 수 인 재 후 두

{讀法} 一派青山景色幽러니 前人田地後人收라. 後人收得莫2歡
喜1하라. 還有收人在2後頭1니라.

• • •

{直譯} 한 줄기 푸른 산의 경치가 그윽하더니, 앞사람이 갈던 밭을
뒷사람이 거두는구나. 뒷사람은 거두었다고 기뻐하지 말라. 도리
어 또 거둘 사람이 바로 뒤에 있다.

{語義} ○一派(일파) : 본류로 흐르는 한 물줄기. 한 지류. ○景色(경색) : 경
치. ○幽(유) : 그윽함. ○收得(수득) : 사로잡음. 붙잡음. 취득함. ○有(유) :
또. 又와 같음. ○後頭(후두) : 뒤통수. 바로 뒤.

{意譯} 한 줄기의 푸른 산의 경치는 그윽하고 좋구나. 그런데 저

땅은 옛사람들이 갈던 것을 지금의 뒷사람들이 가는 것이다. 그러나 뒷사람들아, 너희들이 가는 것을 기뻐하지만 말라. 다시 또 갈 사람들이 바로 뒤에 있다. 즉 강산(江山)은 의구(依舊)하나 사람은 바뀐다는 말이다.

{餘說} 출처는 송조(宋朝) 범중엄(範仲淹, 898~1052)의 〈서선시문인(書扇示門人 : 부채에 써서 제자들에게 보이다)〉이다. 이 대문은 칠언절구의 한시로 '幽 · 收 · 頭'가 압운자(押韻字)이다.

　　말구 '還有後人在2後頭1'에서 '有'자는 '又'의 뜻으로 보아야 하는데 주의하기 바란다.

11-191/ 이유 없이 많은 돈을 얻으면

蘇東坡云。無故而得千金。不有大福。必有大禍。
소 동 파 운　무 고 이 득 천 금　불 유 대 복　필 유 대 화

{讀法} 蘇東坡ㅣ 云, 無>故而得2千金1이면 不>有2大福1이라, 必有2大禍1니라.

· · ·

{直譯} 소동파가 이르기를, "이유 없이 많은 돈을 얻으면 큰 복이 있는 것이 아니라, 반드시 큰 화가 있는 것이다."하였다.

{語義} ○蘇東坡(소동파) : 생졸 1037~1101. 이름은 식(軾), 자는 자첨(子瞻), 호가 동파(東坡)며, 아버지 순(洵)의 맏아들이다. 북송(北宋) 때 사람으로 시문(詩文)의 대가요, 아버지 동생과 함께 당송팔대가(唐宋八大家)의 한 사람이다. 신종(神宗) 때 왕안석(王安石)과 의(義)가 합하지 않아 황주(黃州)로 좌천되어 동파라 호를 지었다. 철종(哲宗) 때 소환되어 한림학사(翰林學士)·병부상서(兵部尙書)가 되었다. 저로는 〈적벽부(赤壁賦)〉 두 편, 그리고 《동파전집》 105권과 《시가(詩歌)》 32권이 있다. 서가(書家)로서도 송사대가(宋四大家)의 한 사람이다. 이의 걸작으로 《한식시권(寒食詩卷)》·《이백선시권(李白仙詩卷)》과 명(明)의 《만향당소첩(晚香堂蘇帖)》은 모두 그가 쓴 것을 모은 것이다.

{意譯} 소동파가 말했다. "아무런 까닭 없이 많은 돈을 얻는 것은 큰 복이 있는 것이 아니고 꼭 큰 화가 있는 것이다."

{餘說} 이 대문을 분석하면 다음과 같다.

蘇東坡ㅣ云,

無>故而得2千金1이면 ┬ 不>有2大福1이라,
                     └ 必有2大禍1니라.

11-192/ 큰 술잔치는 자주 모이는 것이

景行錄云。大筵宴不可屢集。金石文字不可輕爲。皆
경 행 록 운 대 연 연 불 가 누 집 금 석 문 자 불 가 경 위 개

禍之端。
화 지 단

{讀法} 景行錄에 云, 大筵宴은 不>可2屢集1하고, 金石文字는 不>可2 輕爲1하라. 皆禍之端이니라.

• • •

{直譯} 《경행록》에 이르기를, "큰 주연(酒宴)은 자주 모이는 것이 옳지 못하고, 금석 문자는 경홀히 하는 것이 옳지 못하다. 모두 화의 시초가 된다." 하였다.

{語義} ○筵宴(연연) : 술잔치. 주연(酒宴). ○不>可(불가) : 옳지 못함. ○屢集(누집) : 자주 모임. ○金石文字(금석문자) : 종정(鐘鼎) · 비갈(碑碣) 등에 새긴 문자.

{意譯} 《경행록》에 말했다. "큰 잔치는 자주 모이는 것이 옳지 못하고, 종이나 솥 및 빗돌에 새기는 글자는 경솔하게 짓지 말라. 이 두 가지는 재앙의 발단이 된다."

{餘說} 큰 잔치를 자주 베푸는 것은 경제적으로도 낭비요, 술 취한 후의 설왕설래(說往說來)도 좋지 못한 결과를 가져오기 쉽다. 금석 문자를 신중하게 짓지 않았다가는 큰 필화(筆禍)를 가져올 우려가 있다. 이 모두가 재앙의 발단이 될 수 있다는 것이다.

11-193/ 목수가 자기 일을 잘하려면

子曰。工欲善其事。必先利其器。
자 왈 공 욕 선 기 사 필 선 이 기 기

{讀法} 子ㅣ 曰, 工欲善2其事1」대, 必先利2其器1니라.

• • •

{直譯} 공자께서 말씀하시기를, "공인(工人)이 그 일을 잘 하려고 할진대, 반드시 먼저 그 연장을 날카롭게 해야 한다." 하셨다.

{語義} ○工(공) : 백공(百工)의 工. 공인(工人). 기술자(技術者). ○欲善2其事1 (욕선기사) : 그 일을 잘하고자 원하다. ○利2其器1(이기기) : 자기가 쓸 연장을 날카롭게 하다.

{意譯} 공자께서 말씀하셨다. "기술자가 자기 일을 훌륭히 하려고 원한다면, 반드시 먼저 자기의 연장을 갈아서 예리하게 한다."

{餘說} 무엇인가 목적을 달성하기 위해서는 사전에 만반의 준비가 필요하다는 것이다.

11-194/ 오지도 않고 또 가지도 않았으면

爭似不來還不往。也無歡喜也無愁。
쟁 사 불 래 환 불 왕　야 무 환 희 야 무 수

{讀法} 爭2似不>來還不1>往이면 也無2歡喜1也無>愁니라?

• • •

{直譯} 오지도 않고 또 가지도 않았으면, 응당 기쁨도 없고 응당 근심도 없으니, 이것이 더 낫지 않겠는가?

{語義} ○爭似(쟁사) : 어찌 …같으랴. ○還(환) : 도로. 또한. ○歡喜(환희) : 즐겁고 기쁨. 불법을 듣고 믿음을 얻음으로써 갖게 되는 마음의 기쁨.

{意譯} 오지 않았으면 돈을 줍는 기쁨도 없었을 것이고, 가지 않았으면 자기 것이 아닌 돈을 쓰는 근심도 없었을 것이니, 이것이 더 나았겠다는 것이다.

{餘說} 명(明)나라 사람 홍편집(洪楩輯)이 지은 《명청평산당각본(明淸平山堂刻本) 조백명착감장기(曹伯明錯勘贓記)》에서, 조백명(曹伯明)이 아무도 없는 길에서 주위온 포대기 속의 돈을 아내와 함께 사용하고는 항상 말하기를, "'人無橫時不富, 馬無夜料不肥.〔사람은 횡재(橫財)하는 때가 없으면 부유할 수 없고, 말은 밤에 사료를 주지 않으면 살찌지 않는다.'

고 하면서도 조백명은 이에 번뇌가 일어났으니, 이 경우가 바로 위의 말이라는 것이다." 하였다. 불의(不義)한 재물은 취득하지 말아야 한다는 경계이다.

11-195/ 어떠한 것이 화와 복이냐고 물으면

康節邵先生曰。有人來問卜如何是禍福。我虧人是
강 절 소 선 생 왈   유 인 래 문 복 여 하 시 화 복   아 휴 인 시
禍。人虧我是福。
화 인 휴 아 시 복

{讀法} 康節邵先生이 曰, 有人이 來問>卜하되, 如何是禍福꼬? 我虧>
人是禍요, 人虧>我是福이니라.

• • •

{直譯} 강절 소선생이 말하기를, "어떤 사람이 와서 길흉화복의 판단을 물으면서 '어떠한 것이 바로 화와 복입니까?' 하기에, '내가 남을 헐뜯는 것이 바로 화고, 남이 나를 헐뜯는 것이 바로 복입니다.'라고 대답했다."고 하였다.

{語義} ○ 有人(유인) : 어떤 사람, 또는 사람을 이름. '有'는 조사. ○ 卜(복) :
점. 길흉화복을 판단하는 일. ○ 虧(휴) : 이지러짐. 헐뜯음.

{意譯} 강절 소선생이 말했다. "어떤 사람이 내게 와서 길흉화복을 묻기를 '어떠한 것이 곧 화며 복이냐?' 하기에, 나는 '자기가 남을 헐뜯는 것이 곧 화가 되는 것이고, 남이 자기를 헐뜯는 것이 곧 복이 되는 것이다.' 라고 대답했다."고 하였다.

{餘說} 이 대문을 분석하면 다음과 같다.

康節邵先生이 曰,

有人이 來問>卜 하되, 如何是禍福꼬.
┌ 我虧>人是禍요,
└ 人虧>我是福이니라.

11-196/ 천 칸 되는 큰 집이 있을지라도

大廈千間。夜臥八尺。良田萬頃。日食二升。
대 하 천 간 야 와 팔 척 양 전 만 경 일 식 이 승

{讀法} 大廈千間이라도 夜臥八尺이오, 良田萬頃이라도 日食二升이니라.

• • •

{直譯} 큰 집 천 칸이 있을지라도 밤에 눕는 데는 여덟 자이면 될 것이고, 좋은 밭 만 이랑이 있을지라도 하루 먹는 데는 두 되이면

됐다.

{語義} ㅇ大廈(대하) : 큰 집. 큰 건물. 거실(巨室). ㅇ千間(천간) : 집의 방 천 칸. ㅇ夜臥(야와) : 밤에 잠자리에 듦. ㅇ八尺(팔척) : 여덟 자. 여기서는 잠자 리의 길이가 여덟 자를 넘지 않는다는 뜻으로 쓰임. ㅇ良田(양전) : 좋은 밭. 토질이 좋아 곡식이 잘 되는 밭. ㅇ萬頃(만경) : ‘頃’은 백 이랑. 백묘(百畝) 의 지적(地積)이니, ‘萬頃’ 이면 백만 이랑으로 대단히 넓은 땅.

{意譯} 큰 집 천 칸이 있을지라도 밤에 자기가 누울 곳은 여덟 자 에 지나지 못한 것이고, 좋은 전답이 만 석 거리가 있을지라도 자 기가 먹는 곡식은 하루에 두 되에 지나지 않는다.

{餘說} 다음과 같이 상등 대립구의 문장으로 되어있다.

> ┌─大廈千間이라도 夜臥八尺이오,
> └─良田萬頃이라도 日食二升이니라.

11-197/ 효심도 없으면서

不孝謾燒千束紙。虧心枉爇萬爐香。神明本是正直
불효만소천속지 휴심왕설만로향 신명본시정직

做。豈受人間枉法贓。
주 기수인간왕법장

{讀法} 不>孝謾燒2千束紙1하고 虧>心枉爇2萬爐香1이라. 神明2本是正直做1,ㄴ대 豈受2人間枉>法贓1,ㄴ가?

• • •

{直譯} 효심도 없으면서 속여서 천 묶음의 종이를 태우고, 양심을 버리고서 그릇된 마음으로 만 개의 향로에 향을 사른다 해도, 신명(神明)은 본시 정직하게 임하니, 어찌 그 사람이 법을 어기고 얻은 뇌물을 받겠는가?

{語義} ○謾(만) : 속이다. ○千束紙(천속지) : 천 묶음의 종이. ○虧>心(휴심) : 양심을 저버림. ○枉爇(왕설) : 굽혀서 사르다. '爇' 이 '焚' 으로 된 판본도 있으나 뜻은 같다. ○萬爐香(만로향) : 만 개의 화로의 향불. 많은 화로의 향불. ○神明(신명) : 하늘과 땅의 신령. ○枉>法贓(왕법장) : 법을 왜곡한 대가로 얻은 뇌물. 부정한 금품.

{意譯} 불효한 사람은 속여서 많은 양의 종이를 태우고, 양심을 버린 사람은 나쁜 마음으로 많은 향로에 향을 사른다. 신명은 본래 정직한데 어찌 인간의 부정한 금품을 받겠는가?

{餘說} 효도하지 않는 사람이나 마음이 올바르지 않은 사람이 아무리 많은 종이를 불사르고, 아무리 많은 향을 피우더라도 귀신은 그것을 받지 않을 것이다.

11-198/ 오래 머무르면

久住令人賤。頻來親也疎。但看三五日。相見不如初。
구 주 영 인 천 빈 래 친 야 소 단 간 삼 오 일 상 견 불 여 초

{讀法} 久住令>人賤이오, 頻來親也疎니라. 但看2三五日1하여도 相見不>如>初니라.

• • •

{直譯} 오래 머무르면 그 사람이 천하게 될 것이고, 자주 오면 친하던 사이도 멀어진다. 오직 사흘이나 닷새에 한 번 정도 보더라도 서로 만나는 것이 처음과 같지 않을 것이다.

{語義} ○久住(구주) : 오래 머무름. ○令>人(영인) : 사람으로 하여금. ○賤(천) : 천히 여김. 경시함. ○頻來(빈래) : 자주 찾아옴. ○親也(친야) : 친한 사람도. 여기서 '也' 자는 '또'의 뜻임. ○但看(단간) : 오직 …을 보아라.

{意譯} 아무리 귀한 손님이라도 한 집에 오래 머무르면 소홀히 대하게 마련이고, 자주 찾아오면 친했던 사이라도 멀어지게 된다. 다만 사흘이나 닷새에 한 번 정도 만나도 서로 보는 것이 처음처럼 반갑지는 않을 것이다.

{餘說} 이 대문은 오언절구의 한시이다.

久住令>人賤이오,   起

頻來親也疎니라.   疎韻字 承

但看2三五日1하라.   轉

相見不>如>初니라.   初韻字 結

11-199/ 목마를 때 한 방울의 물은

渴時一滴如甘露。醉後添盃不如無。
갈 시 일 적 여 감 로 취 후 첨 배 불 여 무

{讀法} 渴時一滴은 如2甘露1요, 醉後添>盃는 不>如>無니라.

• • •

{直譯} 목마를 때 한 방울의 물은 감로와 같은 것이고, 술 취한 뒤에 잔에 술을 더 따르는 것은 없는 것만 같지 못하다.

{語義} ○渴時(갈시) : 갈증이 난 때. ○一滴(일적) : 한 방울의 물. 아주 적은 양의 물. ○甘露(감로) : 단맛 나는 이슬. ○醉後(취후) : 술에 취한 뒤. ○添>盃(첨배) : 술이 들어있는 잔에 술을 더 따름. 첨작(添酌). 첨잔(添盞). ○不>如>無(불여무) : 없는 것만 못함.

{意譯} 갈증이 났을 때 한 방울, 곧 아주 적은 양의 물이라도 장생

불사한다는 감로와 같고, 술 취한 뒤에 술이 남아 있는 잔에다 적은 양의 술이라도 더 술을 따른다는 것은 아주 주지 않는 것만 못한 것이다.

{餘說} 배고플 때 먹는 빵 한 조각이 가장 맛이 있다는 것과 같은 말이다. '添盃' 는 '첨잔(添盞)' 과 뜻이 같으므로 '한 잔을 더 준다.' 고 풀이하는 것보다는 '술이 남아 있는 잔에다 조금 더 술을 붓는다.' 는 뜻으로 보아야 대(對)도 맞고 문의가 뚜렷해진다. '한 방울의 물' 과 '소량의 술' 이 대이며, '소량의 술이라도 주지 않느니만 못한 것이다.' 가 진의(眞意)이다.

11-200/ 술이 사람을 취하게 하는 것이 아니라

酒不醉人人自醉。色不迷人人自迷。
주 불 취 인 인 자 취   색 불 미 인 인 자 미

{讀法} 酒不>醉人人自醉요, 色不>迷>人人自迷니라.

• • •

{直譯} 술이 사람을 취하게 하는 것이 아니라 사람 스스로가 취하는 것이고, 색이 사람을 미혹시키는 것이 아니라 사람 스스로가 미혹된다.

{語義} ○自醉(자취) : 자기 스스로 술을 마셔서 취함. ○色(색) : 색. 여색(女色). ○迷(미) : 헤매게 함. 미혹하게 함.

{意譯} 술이 사람을 취하게 하는 것이 아니라 사람이 스스로 술을 마시기 때문에 취하는 것이고, 색이 사람의 마음을 미혹시키는 것이 아니라 사람이 스스로 이를 탐하기 때문에 미혹되는 것이다.

{餘說} 이 대문은 다음과 같은 상등 대립구의 문장으로 되어있다.

　┌ 酒不>醉人人自醉요,
　└ 色不>迷>人人自迷니라.

　이상을 살펴보면 '酒·不·醉·人·自·色·迷' 등 일곱 자로 이런 훌륭한 잠언적(箴言的)인 말이 되었다는 것은 역시 표의 문자인 한자의 장점이라 하겠다.

11-201/ 부유하게 생활하면

孟子云。爲富不仁矣。爲仁不富矣。
맹 자 운 위 부 불 인 의 위 인 불 부 의

{讀法} 孟子ㅣ云, 爲>富면 不>仁矣요, 爲>仁이면 不>富矣니라.

• • •

{直譯}《맹자》에 이르기를, "부유한 생활을 하면 어질지 않게 되고, 어질게 살면 부유해지지 않는다." 하였다.

{語義} ㅇ 爲>富(위부) : 재부(財富)를 영위함. ㅇ 不>仁矣(불인의) : 어질지 않게 된다. '矣'는 단정(斷定)의 종결사. ㅇ 爲>仁(위인) : 어질게 삶. ㅇ 不>富矣(불부의) : 부유해지지 않는다.

{意譯}《맹자》에 말했다. "재부를 영위하게 되면 어질지 않게 되고, 어질게 살면 부유하게 되지 못한다."

{餘說} 이 대문은《맹자 · 등문공장구상(滕文公章句上)》에 있는 글로, 양호(陽虎)의 말이다. 양호는 노(魯)나라 계씨(季氏)의 가신 양화(陽貨)이다.《논어 · 양화편 · 제1장》을 참조 바람. 조기(趙岐)는 그의 주에서 양호는 어진 사람이 아니었으나 그가 한 말에 취할 만한 데가 있어, 군자는 사람 때문으로 해서 그 말을 폐하는 일을 하지 않으므로 맹자께서는 양화 같은 대단찮은 인물의 말도 끌어 쓴 것이라고 했다. 재부(財富)를 영위(營爲)하려고 하면 주(主)로 수탈(收奪)을 많이 해야 하게 되고, 어질게 살려면 베풀기를 좋아하게 되므로 상반되기 마련이다.《집주(集註)》에는 양화(陽貨)가 이 말을 했을 때는 부유해지기 위해서는 어질게 굴어서는 안 된다고 악한 의미를 취해서 한 것이었는데, 맹자는 그 반대로 인정(仁政)을 베풀기 위해서는 부유해지기를 바라서는 안 된다는 선(善)한 의미를 취해서 인용(引用)한 것이라고 했다.

11-202/ 덕을 좋아함이 색을 좋아하듯이 하는 사람

子曰。吾未見好德。如好色者也。
자 왈 오 미 견 호 덕 여 호 색 자 야

{讀法} 子ㅣ 曰, 吾未>見2好>德이 如>好>色者1也케라.

• • •

{直譯} 공자께서 말씀하시기를, "나는 아직 덕을 좋아함이 색을 좋
아하는 것 같이 하는 사람을 보지 못하였다." 하셨다.

{語義} ㅇ德(덕) : 덕행(德行), 또는 유덕(有德)한 사람.

{意譯} 공자께서 말씀하셨다. "나는 아직 덕을 좋아하는 것을 색
을 좋아하듯이 열심히 하는 사람을 본 적이 없다."

{餘說} 이것은 덕을 좋아하는 사람이 세상에 나타날 것을 바라신 공자
의 말씀이다. 색을 좋아한다는 것은 사람의 거짓 없는 진실이나, 그 거
짓 없는 진실로써 진심의 밑에서 덕을 좋아하는 사람이 있기를 바라는
뜻이다. 또 덕과 색은 운(韻)이 통하는 글자이고, 호색(好色)과 호덕(好德)
도 당시 서로 짝을 지어서 사용하던 말이다.

　이 대문은《논어 · 자하편 · 제17장》의 글이다.

公心若比私心。何事不辨。道念若同情念。成佛多時。
공 심 약 비 사 심 　하 사 불 변 　도 념 약 동 정 념 　성 불 다 시

{讀法} 公心이 若>比2私心1이면, 何事不>辨이며, 道念이 若>同2情念1이면, 成>佛多>時니라.

• • •

{直譯} 공변된 마음이 만약 제 욕심을 채우려는 마음과 같다면 무슨 일이든 분별(分別)하지 못할 것이 없으며, 도의를 지키고자 하는 마음이 만약 감정에 일어나는 생각과 같다면 부처가 된 지 오래되었을 것이다.

{語義} ○公心(공심) : 공변된 마음. 공평한 마음. ○若>比(약비) : 만약 …과 같다면. ○私心(사심) : 제 욕심을 채우려는 마음. ○辨(변) : 분변(分辨)함. 분별(分別)함. '何事不>辨' 이라면 '무슨 일이든지 분별하지 못하랴?' 의 반의적인 말이 됨. ○道念(도념) : 도의를 지키고자 하는 마음. ○若>同(약동) : 만약 …과 같다면, '若>比' 와 같은 뜻임. ○情念(정념) : 감정에 일어나는 생각. ○成>佛(성불) : 부처가 됨. ○多>時(다시) : 오래 됨.

{意譯} 공변된 마음이 만약 제 욕심을 채우려는 마음과 같다면 무슨 일이든지 시비를 분별하지 못할 게 없으며, 도의를 지키고자

하는 마음이 감정에서 일어나는 마음과 같다면 부처가 된 지 오랠
것이다.

{餘說} 다음과 같이 상등 대립구의 문장이다.

┌ 公心이 若>比2私心1이면, 何事不>辦이며,
└ 道念이 若>同2情念1이면, 成>佛多>時니라.

11-204/ 지나치게 집착하는 사람은

老子云。執著之者。不明道德。
노 자 운 집 착 지 자 불 명 도 덕

{讀法} 老子ㅣ 云, 執著之者는 不>明2道德1이니라.

• • •

{直譯} 《노자》에 이르기를, "지나치게 무엇[자기 견해(見解)]에 집
착하는 사람은 도덕 수행에 밝지 못하다." 하였다.

{語義} ㅇ《老子(노자)》 : 《노자도덕경(老子道德經)》을 이름. 본서 〈정기편(正
己篇)〉〔05-082〕 참조 바람. 앞에서 나왔다. ㅇ執著(집착) : 마음이 늘 그리
로 쏠려 벗어나지 않음. 여기서는 자기 의견, 자기 견해에 집착한다는 것을

뜻한다. '著'은 '着'과 통용된다. ○不>明(불명) : 밝지 아니함. ○道德(도덕) : 사람이 행하여야 할 바른길.

{意譯}《노자》에 말했다. "자기 견해, 즉 자기 의견에 늘 마음이 쏠려 벗어나지 않는 사람은 도덕 수행에 밝지 못하다."

{餘說} 이 대문은《태상노군청정경(太上老君淸靜經)》에 다음과 같이 "太上老君曰"로 나온다. 여기서 '太上'은 '老子'를 존경하는 의미이다.

　　太上老君曰 : "上士無爭, 下士好爭. 上德不德, 下德執德. 執著之者, 不明道德.〔태상노군이 말하기를, '상사는 다툼이 없고, 하사는 다툼을 좋아한다. 상덕은 덕을 드러내지 않고, 하덕은 덕에 집착한다. 집착하는 자는 도덕에 밝지 못하다.' 하였다.〕" 여기서 상사(上士)는 상등(上等)의 현명한 사람으로 도덕과 학문이 모두 뛰어나고 또한 도리(道里)에 깊이 밝은 사람이고, 하사(下士)는 하등(下等)의 우매(愚昧)한 사람으로 도덕이 얇고 학문이 얕으며 또한 집착한 사람이다.

11-205/ 지난 뒤에야 앞에 있었던 일이

> # 過後方知前事錯。老來方覺少時餘。
> 과 후 방 지 전 사 착　　노 래 방 각 소 시 여

{讀法} 過後에 方知2前事錯1이오, 老來에 方覺2少時餘1니라.

···

{直譯} 지난 뒤에야 앞에 있었던 일이 잘못이라고 알게 되고, 늙어 보아야 젊었을 때 시간이 여유로웠다는 것을 깨닫게 되는 것이다.

{語義} ○ 過後(과후) : 지난 뒤. ○ 方(방) : 지금. 이제야. ○ 錯(착) : 잘못. 그 릇. ○ 老來(노래) : 늙바탕에. 노경(老境)에. ○ 餘(여) : 딴일.

{意譯} 사후에야 사전의 잘못을 알게 되고, 늙어야 소싯적에 시간 이 많았다는 것을 깨닫게 된다.

{餘說} 사전의 일은 사후에, 소시의 일은 노래에 지각(知覺)한다는 말이다.

11-206/ 군자는 몸을 닦아서

揚雄曰。君子修身。樂其道德。小人無度。樂聞其譽。
양 웅 왈 군 자 수 신 낙 기 도 덕 소 인 무 도 낙 문 기 예

修德日益。智慮日滿。
수 덕 일 익 지 려 일 만

{讀法} 揚雄이 曰, 君子는 修>身하여 樂2其道德1하고, 小人은 無>度하

어 樂聞2其譽1하나니, 修>德日益하면 智慮日滿하나니라.

• • •

{直譯} 양웅이 말하기를, "군자는 몸을 닦아서 그 도덕을 즐기고, 소인은 법도가 없어서 그 칭찬 듣기를 즐기나니, 덕을 닦기를 날로 더 하면, 슬기로운 생각이 날로 가득하게 될 것이다." 하였다.

{語義} ○揚雄(양웅) : B.C. 53년~A.C. 18년. 한(漢)나라 성도(成都) 사람. 자는 자운(子雲). 어려서부터 학문을 좋아하고 많은 책을 두루 읽었으며 문장으로 이름이 드날렸다. 성제(成帝, 재위 B.C. 33년~A.C. 7년)의 소명(召命)으로 〈감천(甘泉)〉·〈하동(河東)〉·〈장양(長楊)〉 등의 부(賦)를 주상(奏上)했다. 사마상여(司馬相如)를 많이 본떴다. 후에 왕망(王莽)에게 등용되고, 저작(著作)에 《태현경(太玄經)》·《양자법언(揚子法言)》·《훈찬(訓纂)》·《주잠(州箴)》 등이 있다. ○修>身(수신) : 몸을 닦음. ○度(도) : 절제(節制). ○譽(예) : 칭찬. ○日益(일익) : 날로 더함. ○智慮(지려) : 슬기로운 생각. ○日滿(일만) : 날마다 가득하게 함.

{意譯} 양웅이 말했다. "군자는 수신하기에 자기의 도덕을 즐기고, 소인은 절제가 없어 자기에 대한 칭찬 듣기를 즐긴다. 그러니 덕을 닦기를 날로 더하면 슬기로운 생각이 날마다 가득하게 될 것이다."

{餘說} '揚雄'의 '揚' 자를 '楊' 자로 쓰기도 하나 보통 '揚' 자로 쓴다.

子曰。君子高則卑而益謙。小人寵則倚勢驕奢。小人
자왈 군자고즉비이익겸 소인총즉의세교사 소인

見淺易盈。君子見深難溢。故屛風雖破。骨格猶存。君
견천이영 군자견심난일 고병풍수파 골격유존 군

子雖貧。禮義常在。
자수빈 예의상재

{讀法} 子ㅣ 曰, 君子는 高則卑而益謙하고, 小人은 寵則倚>勢驕奢
하며, 小人은 見>淺易>盈하고, 君子는 見>深難>溢이라. 故로 屛風은
雖>破라도 骨格이 猶存하고, 君子는 雖>貧이나 禮義ㅣ 常在니라.

• • •

{直譯} 공자께서 말씀하시기를, "군자는 지위가 높아지면 자신을
낮추어서 더욱 겸손하고, 소인은 윗사람에게 사랑을 받으면 권세
를 의지하여 교만하고 사치를 하며, 소인은 얕은 것을 보면 가득
채우는 것을 쉽게 여기고, 군자는 깊은 것을 보면 넘치는 것을 어
렵게 여긴다. 그러므로 병풍이 비록 파괴되더라도 골격은 오히려
존재하고, 군자가 비록 가난할지라도 예의는 항상 있다." 하셨다.

{語義} ○卑而益謙(비이익겸) : 자신을 낮추면서 더욱 겸손하다. ○寵(총) :
윗사람에게서 사랑을 받음. ○倚>勢驕奢(의세교사) : 권세에 기대어 교만하
고 사치를 부린다. ○見>淺易>盈(견천이영) : 남의 단점을 보면 자기는 넉넉

한 듯이 굴기 쉽다. ○見>深難>溢(견심난일) : 깊은 것을 보면 넘치기 어렵
다. ○骨格(골격) : 뼈대. ○猶存(유존) : 오히려 있다. ○常在(상재) : 항상 있
다.

{意譯} 공자께서 말씀하셨다. "군자는 자기의 지위가 높아지면 도
리어 자신을 낮추어서 더욱 겸손하게 하고, 소인은 윗사람의 사랑
을 받으면 그 권세에 의지하여 교만하고 사치를 부리며, 소인은
얕은 것을 보면 쉽게 가득 차게 할 수 있다고 여기고, 군자는 깊은
것을 보면 넘치게 하기가 어렵다고 여긴다. 그러므로 병풍은 비록
파손되더라도 뼈대는 오히려 남아 있고, 군자는 비록 가난할지라
도 예의는 항상 지니고 있다."

{餘說} 공자의 말씀으로 되어있으나 출전을 확인할 수 없다.

11-208/ 나라가 장차 일어나려 할 때는

家語云。國之將興。實在諫臣。家之將榮。必有爭子。
가 어 운 국 지 장 홍 실 재 간 신 가 지 장 영 필 유 쟁 자

{讀法} 家語에 云, 國之將興엔 實在2諫臣1하고 家之將榮엔 必有2爭
子1니라.

• • •

{直譯} 《가어》에 이르기를, "나라가 막 흥왕할 때는 간언(諫言)하는 신하가 실제로 있고, 집이 막 번영하려 할 때는 간쟁(諫爭)하는 자식이 반드시 있다." 하였다.

{語義} ○《家語(가어)》:《공자가어》. 본서 〈존심편〉〔07-080〕참조 바람. ○將興(장흥) : 막 일어나려 함. ○諫臣(간신) : 임금에게 옳은 말로 간언하는 신하. ○將榮(장영) : 번영하려 함. ○爭子(쟁자) : 바른말로 부모에게 간(諫)하는 아들.

{意譯} 《공자가어》에 말했다. "나라가 막 흥왕(興旺)하려 할 때는 실지로 임금의 잘못을 간하는 신하가 있고, 집안이 번영하려 할 때는 반드시 부모의 잘못을 간하는 자식이 있다."

{餘說} 나라나 집이 장차 일어나려 할 때는 간관(諫官)과 쟁자(爭子)가 있어 각각 잘못이 있으면 간하여 옳은 길로 가게 한다는 것이다.

11-209/ 천명을 알지 못하면

子曰。不知命。無以爲君子也。不知禮。無以立也。不
자 왈 부 지 명 무 이 위 군 자 야 부 지 례 무 이 립 야 부
知言。無以知人也。
지 언 무 이 지 인 야

{讀法} 子ㅣ 曰, 不>知>命이면 無3以爲2君子1也요, 不>知>禮면 無2以立1也요, 不>知>言이면 無2以知1>人也니라.

• • •

{直譯} 공자께서 말씀하시기를, "천명을 알지 못하면 이로써 군자 노릇을 할 수 없고, 예를 알지 못하면 이로써 세상에 설 수 없고, 말을 모르면 이로써 남을 알 수 없다." 하셨다.

{語義} ○命(명) : 천명(天命). 하늘의 뜻. ○立(립) : 사회(社會)에 서다. ○不>知>言(부지언) : 남이 하는 말의 진의를 모르면.

{意譯} 공자께서 말씀하셨다. "사람에게는 자연의 녹명(祿命)이 있다. 아무리 바른 행실을 해도, 길흉화복은 반드시 그 행실에 부응치 않는 것이 있다. 그 경우에 혹은 한탄하고 혹은 슬퍼하고, 혹은 미혹하는 것과 같이 천명을 모르며, 자신의 분수에 안정하는 것을 모르는 사람이라면 도저히 군자라고 할 수 없다. 또 사람에게는 하늘로부터 부여된 덕명(德命)이 있다. '하늘이 덕을 나에게 내리셨다'는 믿음을 자각(自覺)하지 못하면, 이것 또한 군자다운 일을 할 수 없다. 또 사람이 세상에 처해 나갈 경우는 아무것에도 의하지 않고 예에 따라서 행하지 않으면 안 된다. 그런데 그 사람으로서의 예를 알지 못한다면, 사람으로서 설 일을 할 수 없다. 또 사람의 말은 마음의 표현이므로, 말을 아는 것이 사람을 아는 것이

다. 둔사(遁辭)를 쓰는 사람에게는, 그 궁함을 알고, 지리멸렬(支離滅裂)한 말을 늘어놓는 사람이 있으면, 그 사람의 마음이 어지럽다는 것을 아는 것과 같은 것이다. 만일 사람으로서 남의 말을 알아차리는 힘이 없다면, 사람의 인물됨을 알 수 없다.”

{餘說} 이 장은 세 개 조항의 교훈을 열거한 것이나, 군자라는 것이, 혹은 그 세 가지를 두루 관철하는 것인지도 모른다. 그러나 그 제1절에 군자의 지명(知命)을 들고 있으나, 이것은《논어 · 학이편 · 제1장》“人不>知而不>慍이면 不2亦君子1乎아.”라는 한 절과 상응하는 것이 있으므로 《논어》의 편찬자가 이것으로써 처음과 끝을 삼은 것이라고 말하고 있다.
　　이 대문은《논어 · 요왈편(堯曰篇) · 제3장》의 글이다.

11-210/ 덕이 있는 사람은

論語云。有德者必有言。有言者不必有德。
논 어 운　유 덕 자 필 유 언　유 언 자 불 필 유 덕

{讀法} 論語에 云, 有>德者는 必有>言이어니와 有>言者는 不2必有1>德이니라.

• • •

{直譯}《논어》에 이르기를, “덕이 있는 사람은 반드시 착한 말이 있거니와, 착한 말이 있는 사람은 반드시 덕이 있다고는 못한다.” 하

엿다.

{語義} ○德(덕) : 인(仁)을 구현(具現)하는 올바른 정신. ○有>言(유언) : 여기
서의 '言'은 '善言', 즉 '좋은 말, 유익한 말'이다.

{意譯} 《논어》에 말하였다. "도덕을 갖춘 사람은 훌륭한 기획이 있
으므로, 그 사람에게는 반드시 훌륭한 말이 있었다. 이와 반대로
훌륭한 말을 토하는 인간이 반드시 항상 유덕자라고는 할 수 없다.
교언영색(巧言令色)에 의하여 겉을 꾸미는 사람도 있기 때문이다."

{餘說} 이 대문은 《논어 · 헌문편 · 제5장》에 있는 글이다. 이 글은 사람
을 보는 법을 서술한 글이라 생각된다. 논법은 '순(順)은 진(眞)이다, 역
(逆)은 반드시 진이 아니다.'의 것으로, 현대 논법의 발상이라 하겠다.

11-211/ 재주 있는 사람은 말을 하고

濂溪先生曰。巧者言。拙者默。巧者勞。拙者逸。巧者
염계선생왈 교자언 졸자묵 교자노 졸자일 교자
賊。拙者德。巧者凶。拙者吉。嗚呼。天下拙。刑政撤。上
적 졸자덕 교자흉 졸자길 오호 천하졸 형정철 상
安下順。風清弊絕。
안하순 풍청폐절

{讀法} 濂溪先生이 曰, 巧者言하고, 拙者默하며, 巧者勞하고, 拙者逸하며, 巧者賊하고, 拙者德하며, 巧者凶하고, 拙者吉하나니, 嗚呼라! 天下拙이면, 刑政이 撤하여 上安下順하며, 風清弊絶이니라.

• • •

{直譯} 염계 선생이 말하기를, "익숙한 자는 말을 하고, 서투른 자는 침묵하며, 익숙한 자는 수고를 하게 되고, 서투른 자는 한가하며, 익숙한 자는 도둑질을 하고, 서투른 자는 덕이 있으며, 익숙한 자는 흉하고, 서투른 자는 길하나니, 아! 나라가 서투르면 죄인을 다스리는 정사가 폐하게 되어 임금도 편안하고 백성도 순종하며, 풍속은 맑고 나쁜 습관은 없어진다." 하였다.

{語義} ○濂溪先生(염계선생) : 1017~1073. 중국 송(宋)나라의 유학자(儒學者). 성은 주(周), 이름은 돈실(惇實), 자는 무숙(茂叔), 뒤에 惇頤(돈이)로 고쳤다. 대대로 도주(道州) 영도현(營道縣) 염계(濂溪)에 살았기 때문에 염계(濂溪)라 호를 하였다. 여러 관직을 역임하고 남경분사(南京分司)가 되어 희령(熙寧) 6년에 57세로 별세하였다. 뒤에 원공(元公)의 이름을 받았고 순우원년(淳佑元年) 여남백(汝南伯)에 추봉되어 공자 묘정에 종사(從祀)되었다. 따라서 도국공(道國公)으로 개봉(改封)되고 명(明)나라에 이르러서는 선유주자(先儒周子)라고 불렸다. 저서로서 〈태극도설(太極圖說)〉·〈태극설(太極說)〉·《통서(通書)》·《시문집(詩文集)》이 있다. ○巧者(교자) : 재주 있고 꾀가 많은 사람. 교묘한 사람. ○拙者(졸자) : 교자(巧者)의 반대되는 사람이니, 모든 것이

서투른 사람. 옹졸한 사람. 전(轉)하여 자기를 겸손하게 일컫는 말. ○默(묵) : 말을 않고 잠잠히 있음. ○逸(일) : 안일함. 한가함. ○嗚呼(오호) : 감탄사로 '아!'에 해당함. ○刑政(형정) : 죄인을 다스리는 정사. 죄를 주는 정사. ○撤(철) : 그만둠. 철폐함. ○上安下順(상안하순) : 임금은 편안하고 백성은 잘 순종함. 통치자는 편안하고 국민은 순종함. ○風淸弊絶(풍청폐절) : 풍속은 깨끗해지고 나쁜 습관은 없어짐.

{意譯} 염계 선생이 말했다. "교묘한 사람은 말을 잘하고 서투른 사람은 말을 잘 않으며, 교묘한 사람은 도둑질하기 쉽고 서투른 사람은 덕이 있게 마련이며, 교묘한 사람은 흉한 일이 많게 되고 서투른 사람은 좋은 일이 많게 되나니, 아아! 온 나라의 백성이 어리석고 서툴다면 죄인을 다스리는 정사가 철폐되어 통치자는 편안하고, 국민은 순종하여 풍속은 맑고 깨끗하고 나쁜 습관은 없어질 것이다."

{餘說} 다음과 같이 '巧'와 '拙'이 비교 대립된 문장이다.

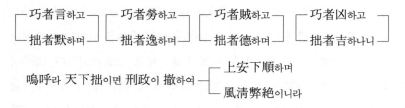

濂溪先生이 曰,

┌巧者言하고─ ┌巧者勞하고─ ┌巧者賊하고─ ┌巧者凶하고─
└拙者默하며─ └拙者逸하며─ └拙者德하며─ └拙者吉하나니─

嗚呼라 天下拙이면 刑政이 撤하여 ─┌上安下順하며
　　　　　　　　　　　　　　　　　└風淸弊絶이니라

《논어》에 '巧言令色'이란 말이 있다. 교(巧)하면 다언(多言)하나, 졸(拙)하면 침묵을 지키게 되고, '巧者拙之奴'라 있듯이 교(巧)하면 졸(拙)

한 사람의 몫까지 해야 하기 때문에 수고해야 하고, 졸(拙)하면 서툴러서 시키는 사람이 없기 때문에 한가하기 마련이며, 교(巧)하면 꾀가 많기 때문에 졸(拙)한 사람의 것을 도둑질하기 쉽고, 졸(拙)하면 어리석기 때문에 '愚則德'이라 해서 덕이 따르게 마련이다. 이렇게 보면, 교(巧)하면 다언(多言)〔'銀'이라 함〕·다로(多勞)·혹적(或賊)의 결과로 흉하고, 졸(拙)하면 침묵(沈默)〔'金'이라 함〕·안일(安逸)〔또는 한일(閒逸)〕·우덕(愚德)으로 '길하다'는 것이다. 끝 구의 뜻은 국민이 너무 교(巧)하면 이기심만 발달하여 정치하기가 어렵고 법망도 잘 피하여 사회가 어지러우나, 졸(拙)하면 영(令)이 잘 먹혀 정치하기도 쉽고 사회도 순화한다는 것이다. 그래서 형정(刑政)이 필요 없어 철폐해도 된다는 것이다.

11-212/ 산은 높아서 구름과 비가 일어나고

說苑云。山致其高。雲雨起焉。水致其深。蛟龍生焉。
설 원 운 산 치 기 고 운 우 기 언 수 치 기 심 교 룡 생 언

君子致其道。福祿存焉。
군 자 치 기 도 복 록 존 언

{讀法} 說苑에 云, 山은 致2其高1로 雲雨起焉하고, 水는 致2其深1으로 蛟龍生焉하며, 君子는 致2其道1로 福祿存焉하나니라.

• • •

{直譯} 《설원》에 이르기를, "산은 그 높이를 이루었기에 구름과 비

가 일어나고, 물은 그 깊이를 이루었기에 교룡이 자라며, 군자는 그 도(道)를 이루었기에 복록이 있다." 하였다.

{語義} ㅇ《說苑(설원)》: 본서 〈존심편〉〔07-052〕참조 바람. ㅇ蛟龍(교룡): 용의 일종으로 상상의 동물. 큰물을 일으킨다고 함. 모양이 뱀 같으며 길이가 한 길이 넘는다고 함. ㅇ福祿(복록): 복과 녹. 행복.

{意譯} 《설원》에 말했다. "산은 높기 때문에 구름과 비가 일어나고, 물은 깊기 때문에 교룡이 자라며, 군자는 도(道)가 있기 때문에 복록이 있다."

{餘說} 이 대문은 다음과 같은 구성으로 된 문장이다.

┌─ 山은 致2其高1로 雲雨起焉하고,
├─ 水는 致2其深1으로 蛟龍生焉하며,
└─ 君子는 致2其道1로 福祿存焉하나니라.

11-213/ 덕이 적은데 지위가 높으면

易曰。德薄而位尊。智小而謀大。力小而任重。鮮不
역왈 덕박이위존 지소이모대 역소이임중 선불

及矣。
급 의

{讀法} 易에 曰, 德薄而位尊하며, 智小而謀大하며, 力小而任重하면,
鮮>不>及矣니라.

• • •

{直譯} 《주역》에 말하기를, "덕이 적고서 지위가 높으며 지혜가 작
고서 도모하는 바가 크며 힘이 작고서 책임이 무거우면 화가 미치
지 않는 것이 거의 없다." 하였다.

{語義} ㅇ《易(역)》: 《주역(周易)》을 말함. 주(周)나라의 문왕(文王)·주공(周
公)·공자(孔子) 등이 지었음. 경서(經書)로서 《역경(易經)》이라고도 하며, 이
것은 팔괘(八卦)를 합하여 64괘, 384효(爻)로 되었다. 음양(陰陽)의 이원(二
元)으로 일체의 설명을 하고 있으며, 아홉 권으로 되어 있음. ㅇ薄(박) : 얇
다. 적다. ㅇ位(위) : 지위. ㅇ尊(존) : 높음. ㅇ智(지) : 지혜. ㅇ謀(모) : 꾀. ㅇ鮮
(선) : 여기서는 드묾. 거의 없음. ㅇ矣(의) : 어조사. 구 끝에 쓰이는 단정을
나타내는 조사.

{意譯} 《주역》에 말했다. "덕은 적으면서 지위가 높거나 또는 지
혜가 작으면서 큰일을 계획하거나, 힘이 작으면서 책임이 무거우
면 화가 이르지 않을 사람이 거의 없을 것이다."

{餘說} 《주역·계사전하(繫辭傳下)》에 나오는 말이다. 자기 분수에 맞는
지위와 계획을 가지고 세상을 살아가야지, 분수에 넘치는 처사를 해서

는 화가 없는 사람이 거의 없다는 것이다.

11-214/ 지위가 높으면 위태로움을 방비해야 하고

荀子云。位尊則防危。任重則防廢。擅寵則防辱。
순 자 운 위 존 즉 방 위 임 중 즉 방 폐 천 총 즉 방 욕

{讀法} 荀子에 云, 位尊則防>危하고, 任重則防>廢하며, 擅>寵則防>
辱하나니라.

• • •

{直譯} 《순자》에 이르기를, "지위가 높으면 위험할 것을 방비해야
하고, 임무가 무거우면 쇠퇴할 것을 방비해야 하며, 사랑을 제멋대
로 하면 욕될 것을 방비해야 한다." 하였다.

{語義} ㅇ位尊(위존) : 지위가 높음. ㅇ任重(임중) : 임무가 무거움. 책임이
무거움. ㅇ防>廢(방폐) : 쇠퇴함을 방비함. ㅇ擅>寵(천총) : 굄을 멋대로 함.
사랑을 자기 마음대로 받음. ㅇ防>辱(방욕) : 욕됨을 방비함. 욕될 때를 대
비함.

{意譯} 《순자》에 말했다. "지위가 높으면 위태로워질 때를 대비해

야 하고, 책임이 중하면 쇠퇴할 때를 대비해야 하며, 윗사람의 사
랑을 오로지 받으면 욕될 때를 대비해야 한다."

{餘說} 이 대문은 세 가지에 대한 방비를 말한 것이다. 즉 '位尊→防>
危, 任重→防>廢, 擅寵→防>辱' 이다.

11-215/ 사람은 자신을 조롱한 뒤에

子曰。夫人必自侮然後。人侮之。家必自悔然後。人
자왈 부인필자모연후 인모지 가필자회연후 인
悔之。國必自伐然後。人伐之。
회지 국필자벌연후 인벌지

{讀法} 子曰, 夫人必自侮然後에 人侮>之하고, 家必自悔然後에 人
悔>之하며, 國必自伐然後에 人伐>之니라.

• • •

{直譯} 공자께서 말씀하시기를, "대개 사람은 반드시 스스로 조롱
한 연후에 남이 그를 조롱하고, 집안은 반드시 스스로 뉘우친 연후
에 남이 그를 뉘우치며, 나라는 반드시 스스로 친 연후에 남이 그
를 친다." 하셨다.

{語義} ○侮(모) : 업신여기다. 조롱하다. ○悔(회) : 후회하다. 뉘우치다. ○伐
(벌) : 치다.

{意譯} 공자께서 말씀하셨다. "대개 사람은 자기가 자기를 조롱한
연후에 남도 또한 자기를 조롱하고, 집안은 반드시 자기가 자기
집을 뉘우친 연후에 남도 또한 자기 집을 뉘우치며, 나라는 반드
시 자기가 자기 나라를 친 연후에 남도 또한 자기의 나라를 친다."

{餘說} '侮 · 悔 · 伐'이 '人 · 家 · 國'에 있어 자초(自招)하는 것이라는
것을 공자께서 말씀하신 것이다.

11-216/ 벼슬하는 사람이 지위가 높아지면

說苑云。官怠於宦成。病加於少愈。禍生於懈惰。孝
설 원 운 관 태 어 환 성   병 가 어 소 유 화 생 어 해 타 효

衰於妻子。察此四者。愼終如始。
쇠 어 처 자 찰 차 사 자 신 종 여 시

{讀法} 說苑에 云, 官怠2於宦成1하고, 病加2於少愈1하며, 禍生2於懈
惰1하고, 孝衰2於妻子1니, 察2此四者1하여 愼>終如>始니라.
• • •
{直譯} 《설원》에 이르기를, "벼슬하는 사람은 지위가 높아지는 데

서 게을러지고, 병은 조금 나은 데서 더해지며, 화는 게으른 데서 생기고, 효도는 처자에게서 쇠하여지나니, 이 네 가지 것을 살펴 끝까지 삼가는 것이 처음같이 할 것이다." 하였다.

{語義} ㅇ《說苑(설원)》: 본서 〈존심편〉〔07-052〕 참조 바람. ㅇ宦(환): 벼슬. ㅇ少愈(소유): 병이 조금 나음. ㅇ懈惰(해타): 게으름. ㅇ孝(효): 부모를 받들어 섬김. ㅇ愼(신): 삼감.

{意譯}《설원》에 말했다. "벼슬하는 사람은 벼슬이 높아질수록 게을러지고 병은 조금 낫는 것 같은 데서 더해지며, 화는 게으른 데서 생기기 마련이고 효도는 자기 처자식 때문에 쇠퇴하나니, 이 네 가지 것을 살피되 끝까지 삼가는 것이 처음같이 할 것이다."

{餘說} 이 대문의 구성을 분석하면 다음과 같다.

11-217/ 윗자리에 있으면서

子曰。居上不寬。爲禮不敬。臨喪不哀。吾何以觀之
자 왈 거 상 불 관 위 례 불 경 임 상 불 애 오 하 이 관 지

哉。
재

{讀法} 子ㅣ 曰, 居>上不>寬하며 爲>禮不>敬하며 臨>喪不>哀면 吾
何以觀>之哉리오?

        ···

{直譯} 공자께서 말씀하시기를, "윗자리에 있으면서 관대하지 못하
며, 예를 행하면서 공경스럽지 못하며, 장사에 임하면서 슬퍼하지
않는다면, 내 무엇으로써 그의 사람됨을 살피랴?" 하셨다.

{語義} ○居>上(거상) : 남의 윗자리에 있음. ○臨>喪(임상) : 남의 장사에 임
하다. ○吾何以(오하이) : '吾以>何'로 푼다. 내 무엇을 가지고.

{意譯} 공자께서 말씀하셨다. "남의 윗자리에 있으면서 관대하지
못하고, 예를 행하는 데 그 근본이 되는 공경하는 마음을 다하지
않으며, 상사에 참렬하는 데 애도의 정을 다하지 않는 이러한 무
리라면, 나로서는 이러한 사람에게서는 아무런 쓸모도 찾아낼 수
가 없다."

{餘說} 이 대문은 모든 근본의 마음가짐을 잊은 자에 대하여는 취할 바
가 없다고 하셨다. 이 대문은 《논어·팔일편·제26장》의 글이다.

11-218/ 군자가 없으면 야인들을 다스리지 못하고

孟子曰。無君子。莫治野人。無野人。莫養君子。
맹 자 왈 무 군 자 막 치 야 인 무 야 인 막 양 군 자

{讀法} 孟子ㅣ 曰, 無2君子1면 莫>治2野人1이오, 無2野人1이면 莫>養2君子1니라.

• • •

{直譯} 맹자께서 말씀하시기를, "군자들이 없으면 야인들을 다스리지 못하고, 야인들이 없으면 군자를 먹여 살리지 못한다." 하셨다.

{語義} ㅇ君子(군자) : 여기서는 상위(上位)에서 벼슬하는 사람을 가리켜서 한 말. ㅇ野人(야인) : 교외(郊外)에서 경작(耕作)에 종사(從事)하는 농부(農夫).

{意譯} 맹자께서 말씀하셨다. "벼슬아치가 없다면 농사짓는 사람을 다스리지 못하고, 농사짓는 사람이 없다면 벼슬아치를 먹여 살리지 못한다."

{餘說} 이 대문은 《맹자·등문공장구상·등문공문위국장》에 있는 글이다. 맹자께서 왕도(王道) 정치의 기본에 관하여 말씀하신 것 중의 일부분이다.

11-219/ 임금과 아버지는 충과 효로써 섬기고

直言訣曰。事君父者以忠孝。爲君父者以慈愛。家與
직 언 결 왈　사 군 부 자 이 충 효　위 군 부 자 이 자 애　 가 여

國無異。君與父相同。德顯己揚名。惟忠與孝。榮貴不
국 무 이　군 여 부 상 동　덕 현 기 양 명　유 충 여 효　 영 귀 불

招而自來。辱不逐而自去。
초 이 자 래　욕 부 축 이 자 거

{讀法} 直言訣에 曰, 事2君父1者는 以2忠孝1하고, 爲2君父1者는 以2
慈愛1하며, 家與>國은 無>異하고, 君與>父는 相同하여, 德은 顯>己揚>
名하나니, 惟忠與>孝는 榮貴不>招而自來하고, 辱不>逐而自去하나니
라.

• • •

{直譯} 《직언결》에 말하기를, "임금과 아버지를 섬기는 것은 충효
로써 하고, 임금과 아버지를 위하는 것은 자애로써 하며, 집안과
나라와는 다름이 없고, 임금과 아버지와는 서로 같으며, 덕은 몸을
현달하고 이름을 드날리나니, 오직 충과 효와는 영귀는 부르지 않
아도 저절로 오고, 욕됨은 쫓지 않아도 저절로 물러간다." 하였다.

{語義} ○ 顯>己揚>名(현기양명) : 몸이 현달(顯達)하고 이름이 드날림.

{意譯} 《직언결》에 말했다. "임금과 아버지를 섬기는 데는 충효로

써 하고, 임금과 아버지를 위하는 데는 자애로써 하며, 집안과 나
라와는 다른 것이 없고, 임금과 아버지와는 서로 같으며, 덕은 자
기의 몸을 현달하고 이름을 드날리나니, 오직 충과 효는 자신을
위하여 영위를 부르지 않더라도 스스로 오고, 욕은 물리치지 않더
라도 스스로 사라진다."

{餘說} 이 대문을 분석하면 다음과 같다.

直言訣에 曰,

┌─ 事2君父1者는, 以2忠孝1하고 ─┐　　┌─ 家與>國은 無>異하고 ─┐
└─ 爲2君父1者는, 以2慈愛1하며 ─┘　　└─ 君與>父는 相同하여 ─┘

德은 顯>己揚>名하나니 惟忠與>孝는 ┬─ 榮貴不>招而自來하고
　　　　　　　　　　　　　　　　　　└─ 辱不>逐而自去하나니라.

11-220/ 육친이 친화하지 않으니

老子曰。六親不和。有慈孝。國家昏亂。有忠臣。
노 자 왈　육 친 불 화　유 자 효　국 가 혼 란　유 충 신

{讀法} 老子ㅣ 曰, 六親이 不>和하니, 有2慈孝1하고. 國家ㅣ 昏亂하니,
有2忠臣1하니라.

• • •

{直譯} 노자가 말하기를, "육친이 친화하지 않으니 자애와 효도가 있게 되고, 국가가 혼란하니 충신이 있게 되었다." 하였다.

{語義} ○六親(육친) : 아버지 · 어머니 · 형 · 아우 · 처 · 아들. 곧 집안사람들. ○不>和(불화) : 친화(親和)하지 않음. ○慈孝(자효) : 자애와 효도. ○昏亂(혼란) : 어지러워짐.

{意譯} 노자가 말했다. "집안사람들이 불화하게 되자 자애와 효도가 있게 되었고, 국가가 어지러워지자 충성된 신하가 있게 되었다."

{餘說} 이 대문은 《노자 · 제18장》에 있는 글이다.

11-221/ 자애로운 아버지는

家語云。慈父不愛不孝之者。明君不納無益之臣。
가 어 운 자 부 불 애 불 효 지 자 명 군 불 납 무 익 지 신

{讀法} 家語에 云, 慈父는 不>愛2不>孝之者1하고, 明君은 不>納2無>益之臣1이니라.

{直譯} 《가어》에 이르기를, "자애로운 아버지는 효성스럽지 않은 아들을 사랑하지 않고, 밝은 임금은 이롭지 않은 신하를 들이지 않는다." 하였다.

{語義} ○《家語(가어)》:《공자가어》. 앞의 〈존심편〉 〔07-080〕에 나왔음.
○ 不>納(불납) : 용납하지 않음.

{意譯} 《공자가어》에 말했다. "인자한 아버지는 불효하는 자식을 사랑하지 않고, 현명한 임금은 무익한 신하를 용납하지 않는다."

{餘說} 인자한 아버지라고 해서 불효자까지 사랑하지는 않으며, 현명한 임금이라고 해서 무익한 신하까지 용납하지는 않는다는 것이다.

11-222/ 종은 반드시 돈을 주고 사지만

奴須用錢買。子須破腹生。
노 수 용 전 매　자 수 파 복 생

{讀法} 奴須2用>錢買1로되 子須2破>腹生1이니라.

{直譯} 종은 모름지기 돈을 써서 사되, 자식은 모름지기 배를 찢고서 낳는다.

{語義} ○須(수) : 모름지기 …한다.

{意譯} 종이란 전적으로 돈으로 사되, 자식이란 전적으로 배를 째고 낳는다.

{餘說} 돈으로 살 수 있는 것은 종이지만, 자식은 배를 찢고서 낳아야만 된다는 것이다.

11-223/ 입어 떨어지는 것은

着破是君衣。死了是君妻。
착 파 시 군 의   사 료 시 군 처

{讀法} 着破는 是君衣로되 死了는 是君妻니라.

{直譯} 입어 떨어지는 것은 바로 그대의 옷이로되, 죽어나는 것은

바로 그대의 처로다.

{語義} ○着破(착파) : 입어 해어뜨림. ‘着’은 ‘著’의 속자(俗字). ○死了(사료) : 죽음. 죽어남. 죽어버림. ‘了’는 결정·과거 완료 등의 뜻을 나타냄. 어조사.

{意譯} 옷이 해지는 것은 바로 그대의 옷이라 하지만, 다시 옷을 만들기 위하여 죽어나는 것은 그대 아내이다.

{餘說} 옛날에 길쌈을 하여 옷을 부인들이 짓던 시대의 말이다.

11-224/ 남의 집이 가난하다 비웃지 말라

莫笑他家貧。輪迴事公道。莫笑他人老。終須還到我。
막 소 타 가 빈   윤 회 사 공 도   막 소 타 인 로   종 수 환 도 아

{讀法} 莫>笑2他家貧1하라. 輪迴事가 公道니라. 莫>笑2他人老1하라. 終須還到>我니라.

· · ·

{直譯} 남의 집이 가난하다 비웃지 말라. 돌고 돌아 쉬지 않는 것

이 공도다. 남의 늙은 것을 비웃지 말라. 마침내는 모름지기 나에게도 돌아온다.

{語義} ○莫>笑(막소) : 비웃지 말라. ○輪廻(윤회) : 순환하여 쉬지 않음. ○公道(공도) : 공평한 도리. 공정한 이치. 바른길. ○還>到(환도) : 도리어 이름.

{意譯} 남의 집의 가난을 비웃지 말라, 부자와 가난은 돌고 돌아 쉬지 않는 것이 공평한 도리다. 남의 늙은 것을 비웃지 말라. 마침내는 모름지기 나에게도 늙음이 돌아온다.

{餘說} 이 대문은 명령형의 글에다 이유를 설명하는 글이다.

    남의 가난이나 늙음을 비웃지 말라. 순환하여 쉬지 않는 것은 공평한 이치며, 마침내는 모름지기 가난이나 늙음이 나에게도 돌아온다는 것이다.

11-225/ 이날이 지남으로써

是日以過。命亦隨減。如少水魚。於斯何樂。
시 일 이 과　명 역 수 감　여 소 수 어　어 사 하 락

{讀法} 是日以>過로 命亦隨減하나니, 如2少水魚1면 於斯에 何樂이리오.

• • •

{直譯} 이날이 지남으로써 수명 또한 따라서 감소하나니, 만일 적은 물에 있는 물고기와 같다면 이에 있어 무엇이 즐겁겠는가?

{語義} ○ 是日(시일) : 이날. 오늘. ○ 命亦隨減(명역수감) : 수명도 또한 따라서 감소된다. ○ 如2少水魚1(여소수어) : 만일 적은 물의 물고기와 같다면. ○ 於斯(어사) : 이에 있어. ○ 何樂(하락) : 무엇이 즐겁겠는가? '즐거운 것이 없다'의 반어적 표현.

{意譯} 오늘이 지남으로써 그만큼 수명도 또한 따라서 감소하나니, 만일 적은 물에 있는 물고기와 같다면 이에 있어서 무엇이 즐겁겠는가?

{餘說} 이 문장은 《법구경(法句經)》에 나오는 〈보현보살경중게(普賢菩薩警衆偈)〉 중의 두 번째이다. 전문은 다음과 같다.

如河骤流,往而不返 여 하 사 류 왕 이 불 반	하천같이 빨리 흐르니 갔다가는 다시 오지 않는다.
人命如是,逝者不還 인 명 여 시 서 자 불 환	사람 목숨도 이와 같아 가는 것은 돌아오지 않는다.
是日已過,命亦隨減 시 일 이 과 명 역 수 감	이날이 지나 가버리면 목숨도 또한 따라 줄어든다.
如少水魚,斯有何樂 여 소 수 어 사 유 하 락	적은 물의 고기 같으면 이에 무슨 즐거움 있겠는가?
當勤精進,如救頭燃 당 근 정 진 여 구 두 연	마땅히 열심히 정진하여 머리에 붙은 불 끄듯 하라.

但念無常,愼勿放逸 　다만 무상을 생각하여 삼가 절대로 방일하지 말라.
단 념 무 상 신 물 방 일

11-226/ 그릇은 가득 차면 넘치고

景行錄云。器滿則溢。人滿則喪。
경 행 록 운 기 만 즉 일 인 만 즉 상

{讀法} 景行錄에 云, 器滿則溢하고 人滿則喪이니라.

• • •

{直譯} 《경행록》에 이르기를, "그릇은 가득 차면 넘치고, 사람은 넉넉하면 잃는다." 하였다.

{語義} ㅇ器(기) : 그릇. ㅇ滿(만) : 가득함. 넉넉함. ㅇ溢(일) : 넘치다. ㅇ喪(상) : 상실. 잃어버림.

{意譯} 《경행록》에 말했다. "그릇에 물건이 가득 차면 넘치는 법이고, 사람은 운수가 차면 잃게 되는 법이다."

{餘說} 다음과 같이 상등 대립구의 문장이다.

```
┌─ 器滿則溢하고
└─ 人滿則喪이니라.
```

11-227/ 양고기국이 비록 맛이 좋으나

羊羹雖美。衆口難調。
양 갱 수 미 　 중 구 난 조

{讀法} 羊羹이 雖美나 衆口를 難>調니라.

• • •

{直譯} 양고기국이 비록 맛이 좋으나, 여러 사람의 입을 고르게 맞추기 어렵다.

{語義} ○羊羹(양갱) : 양고기국. ○雖美(수미) : 비록 맛이 좋으나. ○衆口(중구) : 여러 사람의 입. ○難>調(난조) : 고루 맞추기 어려움.

{意譯} 양고기국이 썩 맛이 좋다지만, 여러 사람의 입에 고루 맞을 수는 없다.

{餘說} 아무리 맛이 좋은 음식이라도, 모든 사람의 입에 다 맞는 것은

아니라는 것이다.

11-228/ 큰 옥이 보배가 아니고

尺璧非寶。寸陰是競。
척 벽 비 보　촌 음 시 경

{讀法} 尺璧이 非>寶라. 寸陰을 是競하라.

• • •

{直譯} 한 자가 되는 둥근 옥이 보배가 아니다. 짧은 시간을 오직
겨루어라.

{語義} ㅇ尺(척) : 자. 한 자. ㅇ璧(벽) : 둥근 구슬. 고리 모양의 구슬. ㅇ寸陰
(촌음) : 썩 짧은 시간. ㅇ是競(시경) : 오직 겨룸.

{意譯} 한 자나 되는 둥근 구슬을 보배로 여기지 말고, 한마디 되
는 아주 짧은 시간을 오직 귀중히 여겨라.

{餘說} 한 자 정도의 환상(環狀)의 구슬을 보배로 여기는 것보다는, 촌음
(寸陰)을 귀중히 여겨 시간을 허송치 말라는 경계의 말이다.

11-229/ 금옥은 굶주려도 먹을 수 없고

漢書云。金玉者。飢不可食。寒不可衣。自古以穀帛
한 서 운 금 옥 자 기 불 가 식 한 불 가 의 자 고 이 곡 백

爲貴也。
위 귀 야

{讀法} 漢書에 云, 金玉者는 飢不〉可〉食이오, 寒不〉可〉衣니 自古로
以2穀帛1爲〉貴也니라.

• • •

{直譯} 《한서》에 이르기를, "금옥은 굶주려도 먹을 수 없고, 추위도
입을 수 없나니, 예로부터 곡식과 무명을 귀함으로 삼는다." 하였다.

{語義} ○《漢書(한서)》 : 본서 〈훈자편(訓子篇)〉〔10-006〕조목 참조. ○金
玉(금옥) : 금과 옥. ○飢(기) : 굶주리다. ○穀帛(곡백) : 곡식과 목면.

{意譯} 《한서》에 말했다. "금과 옥은 굶주려도 먹을 수 없고, 추위
도 입을 수 없다. 그러므로 예부터 곡식과 무명을 귀한 것으로 삼
았다."

{餘說} 금옥보다는 실생활에 불가결한 곡식과 무명이 위중한 것이라는
것이다.

11-230/ 흰 구슬은 진흙에 던져지더라도

益智書云。白玉投於泥塗。不能污涅其色。君子行於
<small>익 지 서 운 백 옥 투 어 니 도 불 능 오 녈 기 색 군 자 행 어</small>

濁地。不能染亂其心。故松栢可以耐雪霜。明智可以涉
<small>탁 지 불 능 염 란 기 심 고 송 백 가 이 내 설 상 명 지 가 이 섭</small>

艱危。
<small>간 위</small>

{讀法} 益智書에 云, 白玉은 投2於泥塗1라도 不>能3污涅2其色1이오, 君子는 行2於濁地1라도 不>能3染亂2其心1하나니, 故로 松栢은 可3以耐2雪霜1이오, 明智는 可3以涉2艱危1니라.

• • •

{直譯}《익지서》에 이르기를, "흰 구슬은 진흙에 던지더라도 그 빛을 까맣게 물들일 수 없고, 군자는 더러운 땅에 갈지라도 그 마음을 물들여 어지럽힐 수 없나니, 그러므로 소나무와 측백나무는 이로써 눈·서리를 견딜 수 있을 것이고, 밝은 지혜는 이로써 곤란하고 위급한 일을 겪어나갈 수 있을 것이다." 하였다.

{語義} ○泥塗(이도) : 진흙. 진창길. ○汚涅(오녈) : 까맣게 물들임. ○濁地(탁지) : 더러운 땅. ○染亂(염란) : 더럽고 어지러움. ○松栢(송백) : 소나무와 측백나무. ○耐(내) : 견딤. ○雪霜(설상) : 눈과 서리. ○明智(명지) : 밝은 슬기. ○涉(섭) : 거침. 경과함. ○艱危(간위) : '艱難危急(간난위급)'의 준말.

{意譯} 《익지서》에 말했다. "흰 구슬은 진창길에 던지더라도 그 빛깔은 더러워질 수 없고, 군자는 더러운 땅에 가더라도 그 마음은 더럽고 어지러울 수 없나니, 그러므로 소나무와 측백나무는 눈과 서리를 잘 견딜 수 있고, 밝은 슬기는 고난과 위급한 일을 잘 치르는 것이다."

{餘說} 益智書에 云,

┌─ 白玉은 投2於泥塗1라도 不>能3汚涅2其色1이오. ─┐
│   ├─ 故로
└─ 君子는 行2於濁地1라도 不>能3染亂2其心1하나니. ─┘

┌─ 松栢은 可3以耐2雪霜1이오,
└─ 明智는 可3以涉2艱危1니라.

이상과 같은 구조의 문장이다.

11-231/ 어질지 않은 사람은

子曰。不仁者。不可以久處約。不可以長處樂。
자 왈 불 인 자 불 가 이 구 처 약 불 가 이 장 처 락

{讀法} 子1 曰, 不>仁者는 不>可2以久處1>約이며, 不>可2以長處1>樂이니라.

{直譯} 공자께서 말씀하시기를, "인하지 않은 사람은 이로써 오래 곤궁에 처해 있을 수 없으며, 이로써 오래 안락에 처해 있을 수 없다." 하셨다.

{語義} ○ 約(약) : 재정이나 경우 상의 궁약(窮約)을 말한다. 빈곤(貧困). 궁핍(窮乏). 곤궁(困窮). ○ 樂(락) : 안락(安樂).

{意譯} 공자께서 말씀하셨다. "인(仁)의 도를 체득하지 못한 불인자는 긴 동안 곤궁한 경우를 참고 견딜 수 없다. 긴 동안 곤궁의 경우에 있으면 괴로움에 견디지 못하고 반드시 나쁜 일을 하게 된다. 그렇다고 해서 또 긴 동안 안락한 경우에 몸을 두지도 못한다. 긴 동안 안락한 경우에 있으면 타락해서 반드시 흘개가 빠진 생활에 빠진다."

{餘說} 이 대문은 《논어 · 이인편 · 제2장》에 있는 말이다.
　《맹자 · 등문공장구하(滕滕文公章句下)》에 "富貴로도 不>能>淫하며, 貧賤으로도 不>能>移하며 威武로도 不>能>屈이라야 此之謂2大丈夫1니라〔빈천도 그의 신념을 변하게 하지 못하며, 어떠한 무력도 그를 굴복시키지 못하는, 이런 사람을 대장부라고 한다.〕"라고 한 것은, 인예의(仁禮義)를 지키는 마음이 움직이지 않는 사람을 말하는 것이다.

11-232/ 이르는 곳마다 구하는 것이 없으면

無求到處人情好。不飲從他酒價高。
무 구 도 처 인 정 호 불 음 종 타 주 가 고

{讀法} 無>求2到處1人情好요, 不>飲>從>他酒價高니라.

• • •

{直譯} 이르는 곳마다 구하는 것이 없으면 인정이 좋고, 남을 따라 마시지 않으면 술값이 높다.

{語義} ○無>求(무구) : 구하는 사람이 없음. 구걸하는 사람이 없음. ○到處(도처) : 이르는 곳마다. ○不>飲(불음) : 술을 마시지 않음. ○從>他(종타) : 남을 좇아 그렇게 함. ○酒價高(주가고) : 술값이 비싸다.

{意譯} 도처에, 즉 어딜 가나 구걸하는 사람이 없으면 잘 살기 때문에 인정이 순후해져서 좋고, 술을 마시지 않는 사람을 따라 술을 마시지 않으면 술이 덜 팔리니까 많이 만들지 않기 때문에 술값이 비싸진다는 것이다.

{餘說} 출처는《증광현문(增廣賢文)·상집(上集)》이다.

11-233/ 산에 들어가 호랑이 사로잡기는

入山擒虎易。開口告人難。
입 산 금 호 이 개 구 고 인 난

{讀法} 入>山擒>虎易어니와, 開>口告>人難이니라.

• • •

{直譯} 산에 들어가 호랑이를 사로잡기는 쉽거니와, 입을 열어 사람에게 말하기는 어렵다.

{語義} ○擒>虎(금호) : 호랑이를 사로잡음. ○告>人(고인) : 남의 비밀이나 범죄를 알려주는 것.

{意譯} 산에 들어가 호랑이를 사로잡기는 쉽지만, 입을 열어 남의 비밀이나 범죄를 알려주는 것은 어렵다.

{餘說} 다음과 같은 대립구의 문장이다.

┌─ 入>山擒>虎易어니와,
└─ 開>口告>人難이니라.

11-234/ 하늘의 때는 땅의 이로움보다 못하고

孟子云。天時不如地利。地利不如人和。
맹 자 운 천 시 불 여 지 리 지 리 불 여 인 화

{讀法} 孟子에 云, 天時는 不>如2地利1요, 地利는 不>如2人和1니라.

• • •

{直譯} 《맹자》에 이르기를, "하늘의 때는 땅의 이로움만은 못하고, 땅의 유리함은 인화보다는 못하다." 하였다.

{語義} ○天時(천시) : 전국시대에 유행하던 음양설에 따라 사시(四時)·일진(日辰)·간지(干支)·방위(方位) 등에 관련지어 유리한 것을 따진 것. ○地利(지리) : 산악(山岳)·강하(江河)·성지(城池) 등 공략을 저지시키는 데 힘이 되는 지리상(地勢上)의 이점(利點). ○人和(인화) : 국민이 기꺼이 협력하는 마음을 얻는 것. ○不>如(불여) : …은 …만 못하다는 뜻.

{意譯} 《맹자》에 말했다. "천시, 즉 사시·일진·간지·방위 등은 지리, 즉 산악·강하·성지 등 공략을 저지시키는 데 힘이 되는 지세상(地勢上)의 이점만 못하고, 이 지리는 인화, 즉 국민이 기꺼이 협력하는 마음을 얻는 것만 못하다."

{餘說} 인화(人和)를 얻는 정도(正道)에 따른 정치의 위력을 천명(闡明)한

글이다.

11-235/ 먼 곳에 있는 물은

遠水不救近火。遠親不如近隣。
원 수 불 구 근 화 원 친 불 여 근 린

{讀法} 遠水는 不>救2近火1이요, 遠親은 不>如2近隣1이니라.

• • •

{直譯} 먼 곳에 있는 물은 가까운 곳에 일어난 화재를 구할 수 없을 것이고, 먼 데 있는 일가는 가까운 데 사는 이웃보다 못한 것이다.

{語義} ○不>救(불구) : 구원(救援)하지 못함. 불을 끄지 못함. ○近火(근화) : 가까운 곳의 화재. ○遠親(원친) : 먼 곳의 일가. ○近隣(근린) : 가까운 이웃.

{意譯} 먼 곳에 있는 물은 가까운 곳에서 일어난 화재를 구하지 못하고, 먼 데 사는 일가는 가까운 이웃보다 못한 것이다.

{餘說} 우리나라 속담에 "이웃사촌"이란 말이 있다. 그와 같은 것이다.

11-236/ 해와 달이 비록 밝아도

太公曰。日月雖明。不照覆盆之下。刀劒雖快。不斬
태 공 왈　일 월 수 명　부 조 복 분 지 하　　도 검 수 쾌　불 참

無罪之人。非災橫禍。不入愼家之門。
무 죄 지 인　비 재 횡 화　불 입 신 가 지 문

{讀法} 太公이 曰, 日月이 雖明이나 不>照2覆>盆之下1하고, 刀劒이
雖快나 不>斬2無罪之人1하고, 非災ㅣ橫禍나 不>入2愼家之門1이니라.

• • •

{直譯} 강태공이 말하기를, "해와 달이 비록 밝아도 엎어놓은 동이
의 밑을 비추지 못하고, 칼이 비록 날카로우나 죄 없는 사람은 베
이지 못하고, 아닌 재화가 빗나간 재화지만 삼가는 집 문 안에는
들어가지 못한다." 하였다.

{語義} ○日月(일월) : 해와 달. ○雖明(수명) : 비록 밝으나. ○覆盆(복분) : 엎
어놓은 동이. ○刀劒(도검) : 칼. ○雖快(수쾌) : 비록 날카로우나. ○不>斬(불
참) : 베지 못함. ○非災(비재) : 아닌 재앙. 받을 잘못이 없는 재앙. ○橫禍(횡
화) : 빗나간 재화. 엉뚱한 재화. ○愼家之門(신가지문) : 삼가는 집의 문.

{意譯} 강태공이 말했다. "해와 달이 제아무리 밝을지라도 엎어놓
은 동이의 밑을 비추지 못할 것이고, 칼이 제아무리 날카로울지라

도 죄 없는 사람을 베지는 못할 것이고, 아닌 재앙이 빗나간 재화지만 삼가는 집의 문에는 들어가지 못한다."

{餘說} 이 대문을 분석하면 다음과 같다.

太公이 曰,

┌ 日月이 雖明이나 不>照2覆>盆之下1하고,

├ 刀劍이 雖快나 不>斬2無罪之人1하고,

└ 非災ㅣ 橫禍나 不>入2愼家之門1이니라.

11-237/ 찬탄하면 복이 생기고

讚嘆福生。作念禍生。煩惱病生。
찬 탄 복 생 작 념 화 생 번 뇌 병 생

{讀法} 讚嘆福生하고 作>念禍生하며 煩惱病生하나니라.

• • •

{直譯} 찬탄하면 복이 생기고, 생각하면 화가 생기며, 번민하면 병이 생긴다.

{語義} ○讚嘆(찬탄) : 감탄하여 칭찬함. ○作>念(작념) : 생각을 함. ○煩惱

(번뇌) : 욕정 때문에 심신이 시달림을 받아서 괴로움.

{意譯} 감탄하여 칭찬하면 복이 생기고, 생각을 지어서 하면 화가 생기며, 욕정 때문에 심신이 시달림을 받아서 괴로우면 병이 생긴다.

{餘說} 이 대문은 아래와 같이 세 가지의 내용을 가졌다.

　　福生→讚嘆, 禍生→作念, 病生→煩惱.

11-238/ 나라가 깨끗하면

國淸才子貴。家富小兒驕。
국 청 재 자 귀　가 부 소 아 교

{讀法} 國淸才子貴요, 家富小兒驕니라.

• • •

{直譯} 나라가 깨끗하면 재주 있는 사람이 귀히 되고, 집이 부유하면 어린아이가 교만하게 된다.

{語義} ㅇ國淸(국청) : 나라에 탐관오리가 없이 깨끗함. ㅇ才子(재자) : 재주

있는 사람. ○ 驕(교) : 교만함.

{意譯} 나라 안이 깨끗하면 재주 있는 사람이 영화롭게 되고, 집안
이 부유하면 어린아이들이 교만하게 된다.

{餘說} 중국 명(明)나라 말기 잠언(箴言)을 모은 계발서(啓發書)《증광현
문(增廣賢文)》에 나오는 말이다.《증광현문》은《석시현문(昔時賢文)》·
《고금현문(古今賢文)》이라고도 부른다.

11-239/ 복을 얻은 것은

得福不知。禍來便覺。
득 복 부 지 화 래 변 각

{讀法} 得>福不>知로되, 禍來便覺이니라.

• • •

{直譯} 복을 얻은 것은 알지 못하되, 화가 오는 것은 문득 깨닫게
된다.

{語義} ○ 便覺(변각) : 문득 깨닫다.

{意譯} 복을 얻는 것은 모르지만, 화가 오는 것은 문득 깨닫게 된다.

{餘說} 복을 얻었을 때는 그 복이 진귀하게 여기고 아껴야 한다는 것을 알지 못한다. 그러나 재앙을 만났을 때는 그 재앙이 나쁜 것이라는 것은 금방 알아차리게 된다.

11-240/ 좋은 전답 일만 경이

太公曰。良田萬頃。不如薄藝隨身。
태 공 왈 양 전 만 경 불 여 박 예 수 신

{讀法} 太公이 曰, 良田萬頃이 不>如2薄藝隨1>身이니라.

• • •

{直譯} 강태공이 말하기를, "좋은 전답 일만 경이 하잘것없는 재주를 몸에 지닌 것만 같지 못하다." 하였다.

{語義} ○ 良田(양전) : 토질이 비옥한 좋은 전답. ○ 萬頃(만경) : 백만 이랑의 넓이의 토지. '頃'은 백 이랑, 즉 백 묘(畝). ○ 不>如(불여) : 못하다. ○ 薄藝(박예) : 얄팍한 재주. 변변치 못한 재주. 하잘것없는 재주. ○ 隨>身(수신) : 몸에 지님.

{意譯} 강태공이 말했다. "좋은 전답 백만 묘를 가짐이 변변치 못한 재주를 자기 몸에 지님만 못하다."

{餘說} 이와 비슷한 뜻의 문장이 《안씨가훈(顔氏家訓)》·《증광현문(增廣賢文)》·《청평산당화본(淸平山堂話本) 풍월서선정(風月瑞仙亭)》 등에 다음과 같이 나온다.

> 《안씨가훈》: 積財千萬, 不如薄技在身.〔쌓은 재산 천만이 몸에 지닌 변변찮은 재주보다 못하다.〕
>
> 《증광현문》: 良田百畝, 不如薄技隨身.〔좋은 논밭 백 이랑이 몸에 지닌 변변찮은 재주보다 못하다.〕
>
> 《풍월서선정》: 家有千金, 不如日進分文. 良田萬頃, 不如薄技隨身.〔집에 천금이 있는 것이 매일 매일 푼돈이라도 버는 것만 못하고, 좋은 논밭 일만 이랑이 몸에 지닌 변변찮은 재주보다 못하다.〕
>
> 속담(俗談): 身有一技之長, 勝過家財萬貫.〔몸에 지닌 한 가지 뛰어난 재주가 집에 있는 재물 만(萬) 꿰미보다 낫다.〕

11-241/ 청렴하고 가난함은

周禮云。淸貧常樂。濁富多憂。
주 례 운 청 빈 상 락 탁 부 다 우

{讀法} 周禮에 云, 淸貧은 常樂이오, 濁富는 多>憂니라.

• • •

{直譯} 《주례》에 이르기를, "청렴하고 가난함은 항상 즐거운 것이고, 더러운 부자는 근심이 많다." 하였다.

{語義} ㅇ《周禮(주례)》: 책 이름. 42권.《주관(周官)》이라고도 함. 주나라 주공 단(旦)의 찬(撰)이라 전함. 천지와 춘하추동에 상징하여 천관(天官)·지관(地官)·춘관(春官)·하관(夏官)·추관(秋官)·동관(冬官)의 육관(六官)으로 나누어 이에 속하는 직장(職掌)을 자세히 기록하였음. 한나라 정현(鄭玄)의 주(註)와 당나라 가공언(賈公彦)의 소(疏)가 있음. ㅇ淸貧(청빈): 청렴하고 가난함. ㅇ常樂(상락): 항상 즐거워함. ㅇ濁富(탁부): 부정한 수단으로 얻은 부. '청빈(淸貧)'의 대(對).

{意譯} 《주례》에 말했다. "청렴하고 가난함은 항상 즐겁고, 부정한 수단으로 얻은 부는 근심이 많다."

{餘說} '淸貧'과 '濁富'는 대가 되는 말로, '淸貧'은 '常樂', '濁富'는 '多憂'라는 것이다.

房室不在高堂。不漏便好。衣服不在綾羅。和煖便好。
방실부재고당 불루변호 의복부재능라 화난변호

飲食不在珍羞。一飽便好。娶妻不在顏色。賢德便好。
음식부재진수 일포변호 취처부재안색 현덕변호

養兒不問男女。孝順便好。弟兄不在多少。和順便好。
양아불문남녀 효순변호 제형부재다소 화순변호

親眷不擇新舊。來往便好。隣里不在高低。和睦便好。
친권불택신구 내왕변호 인리부재고저 화목변호

朋友不在酒食。扶持便好。官吏不在大小。清正便好。
붕우부재주식 부지변호 관리부재대소 청정변호

{讀法} 房室은 不>在2高堂1하며, 不>漏便好요, 衣服은 不>在2綾羅1
하며, 和煖便好요, 飲食은 不>在2珍羞1하며, 一飽便好요, 娶>妻는 不>
在2顏色1하며, 賢德便好요, 養>兒는 不>問2男女1하며, 孝順便好요,
弟兄은 不>在2多少1하며, 和順便好요. 親眷은 不>擇2新舊1하며, 來
往便好요, 隣里는 不>在2高低1하며, 和睦便好요, 朋友는 不>在2酒
食1하며, 扶持便好요, 官吏는 不>在2大小1하며, 清正便好니라.

• • •

{直譯} 방은 훌륭한 집에 있는 것이 아니며 새지 않으면 곧 좋고,
의복은 능라와 같은 비단에 있는 것이 아니며 화창하고 따뜻하면
곧 좋고, 음식은 좋은 음식에 있는 것이 아니며, 한 번 배부르면
곧 좋고, 아내를 취함에는 얼굴빛에 있는 것이 아니며 어질고 덕이
있으면 곧 좋고, 아이를 양육하는 데는 사내와 계집애를 묻는 데

있는 것이 아니며 효성이 있어 부모에게 잘 순종하면 곧 좋고, 아우와 형은 많고 적음에 있는 것이 아니며 화순하면 곧 좋고, 친족은 새롭고 묵은 것을 가리는 데 있는 것이 아니며 오고가면 곧 좋고, 이웃은 지위가 높고 낮은 데 있는 것이 아니며 서로 뜻이 맞고 정다우면 곧 좋고, 친구 는 주식에 있는 것이 아니며 서로 도와주면 곧 좋고, 관리는 지위가 크고 작은 데 있는 것이 아니며 깨끗하고 바르면 곧 좋다.

{語義} ○房室(방실) : 방. ○高堂(고당) : 높은 집. 훌륭한 집. ○不>漏(불루) : 지붕이 새지 않음. ○綾羅(능라) : 무늬가 있는 비단과 얇은 비단. ○和煖(화난) : 화창하고 따뜻함. ○珍羞(진수) : 진귀한 음식. 좋은 음식. '羞'는 '饈'와 같다. ○一飽(일포) : 한번 배가 부름. ○娶>妻(취처) : 장가듦. 아내를 취함. ○顏色(안색) : 얼굴빛. ○賢德(현덕) : 어질고 덕이 있음. ○孝順(효순) : 효도하고 부모에게 잘 순종함. ○和順(화순) : 온순. 고분고분하여 시키는 대로 잘 좇음. ○親眷(친권) : 친족. ○新舊(신구) : 새것과 묵은 것. ○隣里(인리) : 이웃. ○高低(고저) : 지위가 높고 낮음. ○和睦(화목) : 서로 뜻이 맞고 정다움. ○朋友(붕우) : 벗. 친구. '朋'은 동문수학한 사람. '友'는 뜻을 같이하는 사람. ○扶持(부지) : 부추겨주고 잡아줌. ○官吏(관리) : 벼슬아치. ○大小(대소) : 지위의 크고 작음을 이름. ○淸正(청정) : 깨끗하고 정직함. 깨끗하고 공정함.

{意譯} 집이란 고대광실(高臺廣室)이어야 되는 게 아니라 눈비가

새지 않으면 되고, 옷이란 금수능라(錦繡綾羅)이어야 되는 게 아니라 고루 따뜻하면 되고, 음식이란 진수성찬(珍羞盛饌)이어야 되는 게 아니라 한 끼 배가 부르면 되고, 장가란 얼굴이 고와야 하는 게 아니라 마음이 어질고 덕이 있으면 되고, 어린아이를 기르는 것은 사내와 계집애를 묻는 데 있는 게 아니라 효도하고 부모에게 순종하면 되고, 형제란 많고 적고에 있는 게 아니라 고분고분하여 시키는 대로 잘 좇아야 되고, 친족이란 새 친족과 묵은 친족을 가리는 데 있는 게 아니라 자주 내왕이 있어야 되고, 이웃이란 지위의 높고 낮은 데 있는 게 아니라 서로 뜻이 맞고 정다워야 하고, 친구란 술과 음식을 같이 하는 데 있는 게 아니라 서로 부추겨주고 잡아 주어야 되고, 관리란 직위의 대소에 있는 게 아니라 깨끗하고 공정하여야 한다.

{餘說} '방옥(房屋)·의복(衣服)·음식(飮食)·취처(娶妻)·양아(養兒)·제형(弟兄)·친권(親眷)·인리(隣里)·붕우(朋友)·관리(官吏)' 등 우리의 일상생활과 밀접한 것을 열거하여 향할 바를 잘 지적한 글로서 6·4체이다.

> 房室은 不>在2高堂1하며 不>漏便好요,
>
> 衣服은 不>在2綾羅1하며 和煖便好요,
>
> 飮食은 不>在2珍羞1하며 一飽便好요,
>
> 娶>妻는 不>在2顔色1하며 賢德便好요,
>
> 養>兒는 不>問2男女1하며 孝順便好요,
>
> 弟兄은 不>在2多少1하며 和順便好요,

親眷은 不>擇2新舊1하며 來往便好요,

隣里는 不>在2高低1하며 和睦便好요,

朋友는 不>在2酒食1하며 扶持便好요,

官吏는 不>在2大小1하며 清正便好니라.

11-243/ 좋은 일은 하기를 좋아하더라도

道清和尚警世。善事雖好做。無心近不得。儞若做好
도 청 화 상 경 세   선 사 수 호 주   무 심 근 부 득   이 약 주 호

事。別人分不得。經典積如山。無緣看不得。五逆不孝
사   별 인 분 부 득   경 전 적 여 산   무 연 간 부 득   오 역 불 효

順。天地容不得。王法鎭乾坤。犯了休不得。良田千萬
순   천 지 용 부 득   왕 법 진 건 곤   범 료 휴 부 득   양 전 천 만

頃。死來用不得。靈前好供養。起來喫不得。錢財過壁
경   사 래 용 부 득   영 전 호 공 양   기 래 끽 부 득   전 재 과 벽

堆。臨終將不得。命運不相助。却也强不得。兒孫雖滿
퇴   임 종 장 부 득   명 운 불 상 조   각 야 강 부 득   아 손 수 만

堂。死來替不得。
당   사 래 체 부 득

{讀法} 道清和尚警世에, 善事雖好做라도, 無>心近不>得이오, 儞若>
做2好事1라도 別人分不>得이오, 經典積如>山이라도 無>緣看不>得이
오, 五逆不2孝順1이라도 天地容不>得이오, 王法鎭2乾坤1이라도 犯了
休不>得이오, 良田千萬頃이라도 死來用不>得이오, 靈前好2供養1이라

도 起來喫不>得이오, 錢財過2壁堆1라도 臨終將不>得이오, 命運不2相助1라도 却也强不>得이오, 兒孫雖>滿>堂이라도 死來替不>得이니라.

· · ·

{直譯} 《도청화상 경세》에, "좋은 일은 비록 하기를 좋아할지라도 마음이 없으면 가까이할 수 없을 것이고, 네가 만일 좋은 일을 하고자 할지라도 딴 사람의 분까지는 할 수 없을 것이고, 경서가 산더미 같이 쌓여있을지라도 연고가 없으면 볼 수 없을 것이고, 오역하여 효순하지 않을지라도 천지가 용납하면 할 수 없을 것이고, 임금의 법이 천지를 진압할지라도 범죄가 끝나버렸으면 할 수 없을 것이고, 좋은 전답이 천만 이랑이라도 죽음이 닥쳐오면 쓸데가 없을 것이고, 영 앞에 공양하기를 좋아할지라도 일어나서 먹을 수는 없을 것이고, 돈과 재물이 벽을 넘게 쌓였을지라도 임종에 다다르면 장차 어찌할 수 없을 것이고, 명운이 서로 돕지 않을지라도 물리쳐도 또 굳세면 어찌할 수 없을 것이고, 어린 자손이 비록 집에 가득할지라도 죽음이 닥쳐오면 바꿀 수는 없을 것이다." 하였다.

{語義} ○道清和尙(도청화상) : 당나라의 고명한 중. 연릉(延陵) 사람. 자가 도청(道清). 성은 마(馬)씨. 이름은 현소(玄素). 사람들이 마소(馬素), 또는 마조(馬祖)라고 일컫는다. 강령(江寧)의 장수사(長壽寺)에 출가하여 만년에 청산(青山)의 유서사(幽棲寺)에 들어감. 희온(喜慍)의 빛이 없었다. 그때 사람들이 영아행보살(嬰兒行菩薩)이라 했다. 천보(天寶, 742~756) 연간(年間)에 죽었

다. 추시(追諡)는 대율선사(大律禪師). '和尙'은 수행을 많이 한 승려. ○五逆(오역) : 무간지옥에 떨어질 다섯 가지의 큰 죄악. 곧 해부(害父) · 해모(害母) · 해나한(害羅漢) · 파승(破僧) · 출불신혈(出佛身血). ○王法(왕법) : 제왕의 법. 나라의 법. ○乾坤(건곤) : 천지. ○靈前(영전) : 영혼의 앞. ○供養(공양) : 부처 또는 죽은 이의 영전에 음식물을 올림. ○喫(끽) : 먹다. ○堆(퇴) : 쌓다. ○替(체) : 바꾸다.

{意譯} 〈도청화상의 경세〉에, "착한 일은 비록 하기 좋아한다고 할지라도 무심하면 가까이할 수 없고, 네가 만일 좋은 일을 할지라도 딴 사람에게는 나누어줄 수 없고, 경전이 산더미 같이 쌓였을지라도 그것과 인연이 없는 이는 볼 수 없고, 오역하여 효순하지 못한 자라도 하늘이나 땅이 용납하면 할 수 없고, 제왕의 법이 천지는 진압할지라도 범죄가 저질러진 후면 그만두게 할 수 없고, 좋은 전답이 천만 이랑이라도 죽음이 온 후에는 쓸데없고, 영전에 바치는 음식물이 좋을지라도 일어나서 먹을 수 없고, 돈과 재물이 벽을 넘도록 쌓였을지라도 임종에 다다라서는 마땅히 할 수 없고, 운명이 서로 돕지 않을지라도 물리쳐도 강하면 할 수 없고, 어린 자손이 집에 가득할지라도 죽음이 오면 바꿀 수 없다." 하였다.

{餘說} 이 대문은 불가(佛家)의 말로, 10가지에 관한 경세구(警世句)이다. 아무리 좋은 일이라도 상황이나 조건이 맞지 않으면 할 수 없는 것을 든 것이다.

道淸和尙警世에

善事雖>好做라도 無>心近不>得이오,

儞若>做2好事1라도 別人分不>得이오,

經典積如>山이라도 無>緣看不>得이오,

五逆不2孝順1이라도 天地容不>得이오,

王法鎭2乾坤1이라도 犯了休不>得이오,

良田千萬頃이라도 死來用不>得이오,

靈前好2供養1이라도 起來喫不>得이오,

錢財過2壁堆1라도 臨終將不>得이오,

命運不2相助1라도 却也强不>得이오,

兒孫雖>滿>堂이라도 死來替不>得이니라.

11-244/ 신선 되는 도술을 닦고 싶거든

欲修仙道。先修人道。人道不能修。仙道遠矣。
욕 수 선 도　선 수 인 도　인 도 불 능 수　선 도 원 의

{讀法} 欲>修2仙道1ㄴ대 先修2人道1하라. 人道不>能>修면 仙道遠矣니라.

• • •

{直譯} 신선의 도술을 닦고자 할진대 먼저 사람의 도를 닦아야 한다. 사람의 도를 닦을 수 없다면 신선의 도술을 멀리할 것이다.

{語義} ○ 欲(욕) : …하고자 하다. ○ 仙道(선도) : 신선이 되고자 하여 닦는 도. 황제(黃帝)·노자(老子)를 조(祖)로 하며 불로장생술(不老長生術)을 배움. 후세에는 도교(道教)와 혼합되어 그 별칭(別稱)이 됨. ○ 人道(인도) : 사람으로서 행하여야 할 도리. 인륜(人倫). ○ 不>能>修(불능수) : 닦을 수 없다.

{意譯} 신선이 되는 도를 닦고자 하려면 먼저 사람의 도리를 닦아야 한다. 사람의 도리를 닦을 수 없으면 신선이 되고자 하는 도를 멀리할 것이다.

{餘說} 선교(仙教)든, 도교든, 불교든 우선 인도를 닦은 연후가 아니면 존재할 수 없다. 매사가 그렇지만 교는 더욱 인도가 완성된 후라야 비로소 있을 수 있다는 것은 너무나 당연하다.

11-245/ 종신토록 길을 양보해도

孝友朱先生曰。終身讓路。不枉百步。終身讓畔。不
효우주선생왈 종신양로 불왕백보 종신양반 불
失一段。
실일단

{讀法} 孝友朱先生이 曰, 終>身讓>路라도 不>枉2百步1이요, 終>身讓>畔이라도 不>失2一段1이니라.

{直譯} 효우(孝友) 주인궤(朱仁軌) 선생이 말하기를, "종신토록 길을 양보해도 백보를 굽히지 않으며, 종신토록 밭두둑을 양보해도 한 뙈기를 잃지 않는다." 하였다.

{語義} ○孝友朱先生(효우주선생) : 당(唐)나라 고종(高宗) 때의 주인궤(朱仁軌)를 말한다. 자는 덕용(德容)이며, 사시(私諡)가 효우 선생. 효자. ○終>身(종신) : 몸을 마침. 죽을 때까지. ○讓>路(양로) : 길을 걸을 때 길을 비키는 것. ○不>枉2百步1(불왕백보) : 백 걸음을 굽어 돌지 않음. ○讓>畔(양반) : 밭의 경계가 되는 두둑을 다투지 않고 양보함. ○不>失2一段1(불실일단) : 한 뙈기를 잃지 않음.

{意譯} 주인궤 선생이 말했다. "몸을 마치도록 길을 양보한다고 할지라도 백 걸음을 굽어 돌아가지 않을 것이고, 몸을 마치도록 밭의 경계인 두둑을 양보할지라도 한 뙈기도 잃지 않을 것이다."

{餘說} 길을 양보한다거나 전답의 경계를 양보한다고 할지라도 일생을 합쳐도 별것이 아니라는 것이다.

11-246/ 새는 궁하면 쪼고

顏子曰。鳥窮則啄。獸窮則攫。人窮則詐。馬窮則跌。
안 자 왈 조 궁 즉 탁 수 궁 즉 확 인 궁 즉 사 마 궁 즉 질

{讀法} 顏子ㅣ 曰, 鳥窮則啄하고, 獸窮則攫하고, 人窮則詐하고, 馬窮則跌하나니라.

• • •

{直譯} 안자가 말하기를, "새는 궁하면 쪼고, 짐승은 궁하면 움키고, 사람은 궁하면 거짓말하고, 말은 궁하면 비틀거린다." 하였다.

{語義} ㅇ顏子(안자) : 생졸 B.C. 521~B.C. 490. 이름이 '회(回)'이고, 자가 자연(子淵)인데 통상 안연(顏淵)으로 불린다. 노(魯)나라 사람으로 공자(孔子)보다 30세가 적은데, 안빈낙도(安貧樂道)하여 공자께서 가장 뛰어난 제자로 꼽았으며, 후대 사람들은 그를 높여 '안자'라 칭하고 '복성(復聖)'으로 추앙하였다. ㅇ啄(탁) : 쪼다. ㅇ攫(확) : 움키다. ㅇ詐(사) : 속이다. ㅇ跌(질) : 넘어지다. 비틀거리다.

{意譯} 안자가 말했다. "새는 궁하면 먹이를 쪼게 되고, 짐승은 궁하면 먹이를 움켜잡고, 사람은 궁하면 속이고, 말은 궁하면 비틀거린다."

{餘說} 출처는 《한시외전(韓詩外傳)》으로 "獸窮則齧, 鳥窮則啄, 人窮則詐.〔짐승이 궁하면 입으로 물어뜯고, 새가 궁하면 부리로 쪼고, 사람이 궁하면 거짓말한다.〕"이며, 공자 제자 안연(顏淵)이 정공(定公)에게 해준 말이다. 원래는 이렇게 '獸'·'鳥'·'人'의 세 가지인데, '馬'를 추가하여 4언시로 만든 것 같다.

11-247/ 정성 들여 꽃을 심으면

着意栽花花不發。無心揷柳柳成陰。
착 의 재 화 화 불 발　 무 심 삽 류 류 성 음

{讀法} 着>意栽>花花>不>發이오, 無>心揷>柳柳成>陰이니라.

• • •

{直譯} 마음을 붙여 꽃을 심어도 꽃이 피지 않고, 마음 없이 버드나무를 꽂아도 버들은 그늘을 이루게 된다.

{語義} ○着>意(착의) : 뜻을 붙이다. ○栽>花(재화) : 꽃을 심다. ○不>發(불발) : 꽃이 피지 않다. ○揷>柳(삽류) : 버드나무를 꺾꽂이하다. ○成>陰(성음) : 그늘을 이루다. 우거지다.

{意譯} 마음먹고 꽃을 심어도 꽃이 피지 않을 수 있고, 무심코 버

드나무를 꺾꽂이하여도 그늘을 이루게 된다.

{餘說} 《증광현문(增廣賢文)》에는 다음과 같이 나온다 : 有心栽花花不
發, 無心揷柳柳成蔭.〔정성스레 꽃을 심어도 그 꽃나무가 꽃이 피지 않
고, 무심코 버드나무를 꽂아도 그 버드나무는 그늘을 이룬다.〕첫 구절
의 표현만 다르고 뜻은 같다.

11-248/ 재물을 많이 쌓는 것은 자식을 가르치는 것만 못하고

景行錄云。廣積不如敎子。避禍不如省非。
경 행 록 운 광 적 불 여 교 자 피 화 불 여 생 비

{讀法} 景行錄에 云, 廣積은 不>如>敎>子요, 避>禍는 不>如>省>非
니라.

• • •

{直譯} 《경행록》에 이르기를, "널리 쌓는 것은 자식을 가르치느니만
못하고, 재앙을 피하는 것은 그릇됨을 더는 것만 못하다." 하였다.

{語義} ○廣積(광적) : 널리 쌓음. ○省(생) : 덜다. 줄이다. ○非(비) : 그름.
잘못.

{意譯}《경행록》에 말했다. "재물을 널리 쌓는 것은 자식을 가르치는 것만 못하고, 재앙을 피하는 것은 잘못을 더는 것만 못하다."

{餘說} 이 대문을 분석하면 다음과 같다.

　　景行錄에 云,

　　┌─ 廣積은 不>如>教>子요,
　　└─ 避>禍는 不>如>省>非니라.

11-249/ 병이 나면 치료에 힘써야 하고

病有工夫。急有錢。
병 유 공 부　 급 유 전

{讀法}　病有2工夫1이요, 急2有錢1이니라.

• • •

{直譯}　병이 나면 시간을 들여야 하고, 급한 일에는 돈이 있어야 한다.

{語義}　○工夫(공부) : 공부(功夫). 어떤 일을 이루거나 학문 · 기술을 익히는 데 드는 시간과 정력. 때. 시간.

{意譯} 병에 걸렸으면 시간을 들여 치료에 힘써야 나을 수 있고, 급한 일이 있으면 돈이 있어야 그 일을 처리할 수 있다.

{餘說} 하죽풍(夏竹風)의 《대중어전언어(大衆語典諺語)》과 손개법(孫介法)의 《일편치정(一片癡情)》에 나온다. 중국의 속담인 것 같다.

11-250/ 쉽게 얻은 것은

得之易。失之易。得之難。失之難。
득 지 이　실 지 이　득 지 난　실 지 난

{讀法} 得之易면 失之易니라. 得之難이면 失之難이니라.

• • •

{直譯} 얻기가 쉬우면 잃기도 쉽다. 얻기가 어려웠으면 잃기도 어렵다.

{意譯} 쉽게 얻었으면 쉽게 잃는다. 어렵게 얻었으면 잘 잃지 않는다.

{餘說} 출처는 《수호전(水滸傳)·제116회(回)》. 어떤 곳에는 "得之易失之亦易, 得之難失之亦難." 으로 나오는데, 뜻이 더 분명하다. 이 장의 내

용은 북송(北宋)의 소식(蘇軾, 1037~1101)의 다음과 같은 말에서 유래하였다 : 天下事, 得之艱難, 則失之不易. 得之旣易, 則失之亦然〔천하의 일을 어렵게 얻었으면 잃기가 쉽지 않다. 이미 쉽게 얻었으면 잃는 것도 그러하다.〕

11-251/ 눈뜨게 하는 국을 먹을지언정

寧喫開眼湯。莫喫皺眉糧。
영 끽 개 안 탕　막 끽 추 미 량

{讀法} 寧喫2開>眼湯1이언정, 莫>喫2皺>眉糧1하라.

• • •

{直譯} 차라리 눈뜨게 하는 탕국을 마실지언정, 눈살 찌푸리게 하는 음식은 먹지 말라.

{語義} ○寧(녕) : 차라리 …할지언정. ○喫(끽) : 먹다. ○開>眼(개안) : 눈을 뜸. ○湯(탕) : 탕약(湯藥). ○皺>眉(추미) : 눈살을 찌푸림. 근심이 있거나 기분이 나쁜 모습을 나타낸다. ○糧(량) : 식량. 녹봉(祿俸).

{意譯} 차라리 눈을 뜨게 해주는 따뜻한 국물을 마실지라도, 눈살

찌푸리게 하는 음식은 먹지 말라.

{餘說} 마음 편히 따뜻한 물을 마시면 마셨지, 눈살을 찌푸리게 하는 음식은 먹지 말라는 것이다.

11-252/ 한 올의 실을 걸칠지라도

桓範曰。若服一縷。憶織女之勞。若食一粒。思農夫
환 범 왈 약 복 일 루 억 직 녀 지 로 약 식 일 립 사 농 부

之苦。學而不勤。不知道。耕而不勤。不得食。敬則疎者。
지 고 학 이 불 근 부 지 도 경 이 불 근 부 득 식 경 즉 소 자

成親矣。
성 친 의

{讀法} 桓範이 曰, 若>服2一縷1라도 憶2織女之勞1하고, 若>食2一粒1
이라도 思2農夫之苦1하라. 學而不>勤이면 不>知>道하고. 耕而不>勤이
면 不>得>食하나니, 敬則疎者라도 成>親矣니라.

• • •

{直譯} 환범이 말하기를, "만일 한 올의 실을 입을지라도 옷감을
짠 여자의 노고를 생각해야 하고, 만일 한 알의 곡식을 먹을지라도
농부의 괴로움을 생각하라. 배우면서 부지런히 않으면 도를 알지
못하고, 밭을 갈면서 부지런히 않으면 먹을 수 없나니, 공경하면

성긴 사람도 친하게 된다." 하였다.

{語義} ○桓範(환범) : 본서 〈성심편〉 〔11-052〕 참조 바람. ○一縷(일루) :
한 올의 실. ○一粒(일립) : 한 알. ○不>知>道(부지도) : 알지 못함. 도를 알지
못함. ○疎者(소자) : 성긴 사람. ○成>親(성친) : 친하게 된다.

{意譯} 환범이 말했다. "만일 한 올의 실을 입을지라도 직녀의 노
고를 생각해야 하고, 만일 한 알의 곡식을 먹을지라도 농부의 괴
로움을 생각해야 한다. 배워도 부지런히 않으면 알지 못하고, 갈
아도 부지런히 않으면 먹을 수 없나니, 공경하면 먼 사람도 친하
게 된다."

{餘說} 이 대문을 분석하면 다음과 같다.

桓範이 曰,

若>服2一縷1라도 憶2織女之勞1하고

若>食2一粒1이라도 思2農夫之苦1하라.

學而不>勤이면 不>知>道하고

耕而不>勤이면 不>得>食하나니

敬則疎者라도 成>親矣니라.

11-253/ 남을 대할 때의 요점은

性理書云。接物之要。己所不欲。勿施於人。行有不
성 리 서 운 접 물 지 요 기 소 불 욕 물 시 어 인 행 유 부

得。反求諸己。
득 반 구 저 기

{讀法} 性理書에 云, 接>物之要는 己所>不>欲이어든 勿>施2於人1하
고, 行有>不>得이어든 反求2諸己1하라.

• • •

{直譯}《성리서》에 이르기를, "남과 대할 때의 요점은 자기가 하고
싶지 아니한 일이거든 남에게 베풀지 말고, 자기가 행하여 소득이
없거든 그것을 자기 몸을 돌아보아 구하라."하였다.

{語義} ○《性理書(성리서)》: 본서 〈정기편(正己篇)〉〔05-001〕 참조 바람.
○接>物之要(접물지요) : 타인과의 교제의 요점. ○反求2諸己1(반구저기) : 모
든 것을 자기 몸을 돌아보아 구하라. '諸'는 '之於'가 축약(縮約)된 말.
'諸'의 본음은 '저'이나 관용음이 '제'이다.

{意譯}《성리서》에 말했다. "남과 대할 때의 요긴한 점은, 자기가
하고 싶지 아니한 일이거든 남에게 베풀지 말고, 자기가 하여 소
득이 없는 것이 있거든 그것을 자기 몸을 돌아보아 구하여야 한
다."

{餘說} 性理書에 云,

接>物之要는 ┌─ 己所>不>欲이어든 勿>施2於人1하고
　　　　　 └─ 行有>不>得이어든 反求2諸己1하라.

이상과 같은 구조의 문장이다.

11-254/ 술과 색과 재물과 기운은

酒色財氣四堵墻。多少賢愚在内廂。若有世人跳得
주 색 재 기 사 도 장　다 소 현 우 재 내 상　약 유 세 인 도 득
出。便是神仙不死方。
출　변 시 신 선 불 사 방

{讀法} 酒色財氣四堵墻에 多少賢愚在2内廂1이라. 若有2世人跳1>
得出이면 便是神仙不>死方이니라.

• • •

{直譯} 술과 색과 재물과 기운의 네 가지로 쌓아 놓은 담 안에 많
은 어진 사람과 어리석은 사람들이 동서의 곁채 속에 들어있는 것
과 같다. 만일 세상 사람들이 이 속에서 뛰어나올 수 있다면, 곧
이것이 신선같이 죽지 않는 방법이다.

{語義} ○堵墻(도장) : 담. 담 안. ○多少(다소) : 수량의 많고 적음, 또 수량. 수효. 여기서는 많음. ○內廂(내상) : 담 안의 몸채, 동서에 있는 곁채. ○跳得>出(도득출) : 뛰어나올 수 있음. ○便是(변시) : 문득 바로. 곧 이것이.

{意譯} 술과 여색과 재물과 기운의 네 가지로 쌓아 놓은 담 안에, 잘나고 못난 수많은 사람이 몸채의 동서에 줄지어 사는 것과 같다. 만일 세상 사람이 이 속에서 뛰어나올 수만 있다면, 그것은 신선과 마찬가지로 죽지 않는 방법이다.

{餘說} 이 대문은 칠언절구의 한시다.

酒色財氣四堵墻에	〔墻(韻) 起句〕
多少賢愚在2內廂1이라	〔廂(韻) 承句〕
若有2世人跳1>得出이면	〔　　　轉句〕
便是神仙不>死方이니라.	〔方(韻) 結句〕

11-255/ 사람이 태어날 때

人生智未生。智生人易老。心智一切生。不覺無常到。
인 생 지 미 생　지 생 인 이 로　심 지 일 체 생　불 각 무 상 도

{讀法} 人生智未>生이오, 智生人易>老니라. 心智一切生이면, 不>覺2

無>常到니라.

· · ·

{直譯} 사람이 날 때는 아직 지혜가 나지 않았으나, 지혜가 생기면 이미 늙었다. 마음과 지혜가 모두 생기면, 무상(無常)이 이른 것을 깨닫지 못한다.

{語義} ○ 智(지) : 지혜. ○ 不>覺(불각) : 깨닫지 못하다. ○ 無>常(무상) : 일정하지 않고 늘 변함. 사람의 죽음을 완곡하게 이르는 말.

{意譯} 사람은 태어날 때는 지혜는 없다. 지혜가 생겨나면 이미 늙은 것이다. 마음과 지혜가 모두 생기면 자신도 모르는 사이에 죽음이 가까이 온 것이다.

{餘說} 이 대문은 오언절구의 한시이다.

　　人生智未>生이오　　　　제1구
　　智生人易>老니라.　　　　제2구 老韻字
　　心智一切生이면　　　　　제3구
　　不>覺2無>常到1니라. 　제4구 到韻字

제12편

입교편(立敎篇)

이 편은 가르침을 세우는 글을 모은 것으로 모두 17조목이다.

12-001/ 입신하는 데는

子曰。立身有義而孝爲本。喪祀有禮而哀爲本。戰陣
자왈 입신유의이효위본 상사유례이애위본 전진

有列而勇爲本。治政有理而農爲本。居國有道而嗣爲
유열이용위본 치정유리이농위본 거국유도이사위

本。生財有時而力爲本。
본 생재유시이력위본

{讀法} 子ㅣ曰, 立>身有>義而孝爲>本이오, 喪祀有>禮而哀爲>本
이오, 戰陣有>列而勇爲>本이오, 治政有>理而農爲>本이오, 居>國
有>道而嗣爲>本이오, 生>財有>時而力爲>本이니라.

• • •

{直譯} 공자께서 말씀하시기를, "몸을 세우는 데는 의가 있나니 효
도로 근본을 삼을 것이오, 장사와 제사 지내는 데는 예법이 있나니
슬픔을 근본으로 삼을 것이오, 전쟁터에는 대열이 있나니 용맹을
근본으로 삼을 것이오, 나라를 다스리는 데는 이치가 있나니 농사
를 근본으로 삼을 것이오, 나라에 사는 데는 도리가 있나니 대를

이음을 근본으로 삼을 것이오, 재물을 얻는 데는 때가 있나니 노력을 근본으로 삼을 것이다." 하셨다.

{語義} ○立>身(입신) : 세상에 나아가 출세함. ○義(의) : 임금과 신하 사이의 도덕. 군신유의(君臣有義). ○喪祀(상사) : 장사지내고 제사 지내는 일. ○戰陣(전진) : 싸우기 위하여 벌여놓은 진. 전장(戰場). ○列(렬) : 행렬(行列). 대열(隊列). 항오(行伍). ○勇(용) : 씩씩함. 용맹. ○治政(치정) : 나라를 다스림. ○理(리) : 이치. 사리. 조리. ○嗣(사) : 뒤를 이음. 대를 이음. ○力(력) : 노력.

{意譯} 공자께서 말씀하셨다. "입신출세하는 데는 의리가 있어야 하는데 효도하는 것으로 근본을 삼을 것이고, 장사지내는 데와 제사 지내는 데는 예의가 있어야 하는데 슬퍼하는 것을 근본으로 삼을 것이고, 전장에는 대열이 있어야 하는데 용맹한 것을 근본으로 삼을 것이고, 나라를 다스리는 데는 이치가 있어야 하는데 농사짓는 것을 근본으로 삼을 것이고, 나라에 사는 데는 도리가 있어야 하는데 대를 잇는 것을 근본으로 삼을 것이고, 재물을 얻는 데는 때가 있어야 하는데 노력하는 것을 근본으로 삼아야 한다는 것이다."

{餘說} 이 대문은 '立>身·喪祀·戰陣·治>政·居>國·生>財'에는 '孝·哀·勇·嗣·力' 등이 '근본이 된다〔爲>本〕'는 것이다.

정치를 하는 데 요긴한 점은

景行錄云。爲政之要。曰公與淸。成家之道。曰儉與
경 행 록 운 위 정 지 요 왈 공 여 청 성 가 지 도 왈 검 여
勤。
근

{讀法} 景行錄에 云, 爲>政之要는 曰, 公與淸이오, 成>家之道는 曰,
儉與勤이니라.

• • •

{直譯} 《경행록》에 이르기를, "정치하는 데 요긴한 점은 공평하고
청백한 것이고, 집을 이루는 길은 일러 검소하고 부지런한 것이다."
하였다.

{語義} ○爲>政之要(위정지요) : 정치를 하는 데 요긴한 점. ○公與淸(공여
청) : 공평하고 청백한 것. ○成>家之道(성가지도) : 집을 이루는 길. ○儉與
勤(검여근) : 검소하고 부지런한 것.

{意譯} 《경행록》에 말했다. "정치하는 데 요긴한 점은 공평하고 청
백한 것이고, 집을 이루는 길은 검소하고 부지런한 것이다."

{餘說} 이 대문은 상등 대립구의 문장이다.

　　景行錄에 云,

┌ 爲>政之要는 曰, 公與淸이오,
└ 成>家之道는 曰, 儉與勤이니라.

12-003/ 글을 읽는 것은

讀書起家之本。循理保家之本。勤儉治家之本。和順
독 서 기 가 지 본　순 리 보 가 지 본　근 검 치 가 지 본　화 순
齊家之本。
제 가 지 본

{讀法} 讀書는 起>家之本이오, 循>理는 保>家之本이오, 勤儉은 治>家之本이오, 和順은 齊>家之本이니라.

• • •

{直譯} 글을 읽는 것은 집안을 일으키는 근본이고, 이치에 좇는 것은 집을 보호하는 근본이고, 부지런하고 검소한 것은 집을 다스리는 근본이고, 화목하고 공순한 것은 집을 가지런히 하는 근본이다.

{語義} ○讀>書(독서) : 글을 읽음. ○起>家(기가) : 집안을 일으킴. ○循>理(순리) : 이치에 좇음. 이치에 따름. ○保>家(보가) : 집을 보호함. ○勤儉(근검) : 부지런하고 검소함. ○治>家(치가) : 집을 다스림. ○和順(화순) : 화목하고 공순함. ○齊>家(제가) : 집을 가지런히 함. 집을 편안히 함.

{意譯} 독서는 그 가문을 일으키는 근본이고, 이치에 순종하는 것은 그 가문을 보전하는 근본이고, 부지런하고 검소한 것은 그 가문을 다스리는 근본이고, 화목하고 공순(恭順)한 것은 그 가문을 편안하게 하는 근본이다.

{餘說} 《사림광기(事林廣記)·경세인사류(警世人事類)》에 나오는 말이다.

12-004/ 부지런함은 부유함의 근본이고

景行錄云。勤者富之本。儉者富之源。
경 행 록 운 근 자 부 지 본 검 자 부 지 원

{讀法} 景行錄에 云, 勤者는 富之本이오 儉者는 富之源이니라.
• • •
{直譯} 《경행록》에 이르기를, "부지런함이라는 것은 부유함의 근본이고, 검소함이라는 것은 부유함의 근원이다." 하였다.

{語義} ㅇ 勤者(근자) : '부지런함' 이라고 하는 것. ㅇ 儉者(검자) : '검소함' 이라고 하라는 것. ㅇ 源(원) : 근원.

{意譯} 《경행록》에 말했다. "부유해지려면 부지런함을 기본으로 하여야 하고, 부유해지려면 사치하지 않는 것을 근원으로 하여야 한다."

{餘說} 이 대문을 고쳐 종합하면 다음과 같이 된다 : 景行錄云, 勤儉者 富之本源〔《경행록》에 이르기를, "근검이라는 것은 부유하게 되는 것의 본원이다."〕 하였다.

12-005/ 공자 삼계도

孔子三計圖云。一生之計在於幼。一年之計在於春。
공자삼계도운 일생지계재어유 일년지계재어춘

一日之計在於寅。幼而不學。老無所知。春若不耕。秋
일일지계재어인 유이불학 노무소지 춘약불경 추

無所望。寅若不起。日無所辨。
무소망 인약불기 일무소판

{讀法} 孔子三計圖에 云, 一生之計는 在2於幼1하고, 一年之計는 在2 於春1하고, 一日之計는 在2於寅1이니 幼而不學이면, 老無>所>知요, 春若>不>耕이면 秋無>所>望이오, 寅若>不>起면, 日無>所>辨이니라.

• • •

{直譯} 공자의 〈삼계도〉에 이르기를, "한평생의 계획은 어릴 때 있고, 일 년의 계획은 봄에 있고, 하루의 계획은 새벽녘에 있나니, 어

릴 때 배우지 않으면 늙어서 아는 바가 없을 것이고, 봄에 만약 밭을 갈지 않을 것 같으면 가을에 바랄 바가 없을 것이고, 새벽녘에 만약 일어나지 않으면 그날 힘쓴 것이 없다." 하였다.

{語義} ○ 三計圖(삼계도) : 일생(一生)의 계획 · 일년(一年)의 계획 · 일일(一日)의 세 가지 계획도. ○ 寅(인) : 인시(寅時). 오전 3시~4시 사이를 말함. ※참고로 12시제(時制)를 들어보면, 자시(子時)는 오후 11시~오전 0시, 축시(丑時)는 1시~2시, 인시(寅時)는 3시~4시, 묘시(卯時)는 5시~6시, 진시(辰時)는 7시~8시, 사시(巳時)는 9시~10시, 오시(午時)는 오전 11시~오후 0시, 미시(未時)는 1시~2시, 신시(申時)는 3시~4시, 유시(酉時)는 5시~6시, 술시(戌時)는 7시~8시, 해시(亥時)는 9시~10시. 인(寅)이 방위(方位)로는 북동동(北東東) 간방(間方). ○ 辦(판) : 힘씀.

{意譯} 공자의 〈삼계도〉에 말했다. "한평생 동안의 계획은 어릴 때 있고, 1년 동안의 계획은 봄에 있고, 하루 동안의 계획은 새벽에 있는 것이니, 어려서 학문을 하지 않으면 늙어서 아무것도 알지 못하게 될 것이고, 봄에 씨 뿌리고 갈지 않으면 가을이 되어 수확할 가망이 없을 것이고, 새벽에 일어나지 않는다면 그날 한 일이 없을 것이다."

{餘說} 이 대문의 구조는 다음과 같다.

孔子ㅣ 三計圖에 云,

一生之計는 在2於幼1하고,
一年之計는 在2於春1하고,
一日之計는 在2於寅1이니,

幼而不學이면, 老無>所>知요,
春若>不>耕이면 秋無>所>望이오,
寅若>不>起면, 日無>所>辦이니라.

12-006/ 다섯 가지 인륜

性理書云。五敎之目。父子有親。君臣有義。夫婦有
성 리 서 운　오 교 지 목　부 자 유 친　군 신 유 의　부 부 유

別。長幼有序。朋友有信。
별　장 유 유 서　붕 우 유 신

{讀法} 性理書에 云, 五敎之目은 父子有>親하고, 君臣有>義하고, 夫婦有>別하고, 長幼有>序하고, 朋友有>信이니라.

• • •

{直譯} 《성리서》에 이르기를, "다섯 가지 가르침의 조목은 아버지와 자식 사이에는 친함이 있어야 하고, 임금과 신하 사이에는 의리가 있어야 하고, 남편과 아내 사이에는 분별이 있어야 하고, 어른과 어린이 사이에는 차례가 있어야 하고, 친구 사이에는 믿음이 있어야 한다." 하였다.

{語義} ㅇ五敎之目(오교지목) : 여기 쓰여 있는 다섯 가지 가르침. 곧 오륜 (五倫)을 말함. 유교에서 말하는 삼강(三綱)과 오륜이다. 삼강에 관하여는 뒤 에 나온다. ㅇ朋友(붕우) : 친구. '朋'은 동문수학(同門受學)하는 사람이고, '友'는 같이 자란 사람이다.

{意譯} 《성리서》에 말했다. "유교의 오륜, 곧 다섯 가지 가르침의 종목은 첫째, 아버지와 아들 사이에는 친함이 있어야만 하고, 둘 째, 임금과 신하 사이에는 의리가 있어야만 하고, 셋째, 남편과 아 내 사이에는 분별이 있어야만 하고, 넷째, 어른과 어린이 사이에 는 차례가 있어야만 하고, 다섯째, 친구 사이에는 믿음이 있어야 만 한다."

{餘說} 이 내용은《맹자·등문공장구상(滕文公章句上)·제4절》에 나온다.

12-007/ 고을원이 되어

古靈陳先生爲仙居令。敎其民曰。爲吾民者。父義母
고 령 진 선 생 위 선 거 령 교 기 민 왈 위 오 민 자 부 의 모

慈。兄友弟恭。子孝婦順。夫婦有恩。男女有別。子弟有
자 형 우 제 공 자 효 부 순 부 부 유 은 남 녀 유 별 자 제 유

學。鄕閭有禮。貧窮患難。親戚相救。婚姻死喪。隣保相
학 향 려 유 례 빈 궁 환 난 친 척 상 구 혼 인 사 상 인 보 상

助。毋惰農業。毋作盜賊。毋學賭博。無好爭訟。毋以惡
조 무 타 농 업 무 작 도 적 무 학 도 박 무 호 쟁 송 무 이 악

陵善。毋以富吞貧。行者讓路。耕者讓畔。斑白者不負
능 선　무 이 부 탄 빈　행 자 양 로　경 자 양 반　반 백 자 불 부
戴於道路。則爲禮義之俗矣。
대 어 도 로　즉 위 예 의 지 속 의

{讀法} 古靈陳先生이 爲2仙居1令하여, 敎2其民1曰, 爲2吾民1者는,
父義母慈하며, 兄友弟恭하며, 子孝婦順하며, 夫婦ㅣ 有>恩하며, 男女
ㅣ 有>別하며, 子弟ㅣ 有>學하며, 鄕閭ㅣ 有>禮하며, 貧窮患難에, 親戚이
相救하며, 婚姻死喪에, 隣保ㅣ 相助하며, 毋>惰2農業1하며, 毋>作2盜
賊1하며, 毋>學2賭博1하며, 無>好2爭訟1하며, 毋2以>惡陵1>善하며, 毋2
以富吞1>貧하며, 行者ㅣ 讓>路하며, 耕者ㅣ 讓>畔하며, 斑白者ㅣ 不4負
戴3於2道路1하면, 則爲禮義之俗矣리라.

• • •

{直譯} 고령 진선생이 선거(仙居)의 원이 되어서 그의 백성을 가르
쳐 말하기를, "나의 백성이 된 자는 아버지는 의롭고 어머니는 사랑
해야 하며, 형은 우애하고 아우는 공손해야 하며, 자식은 효도하고
며느리는 온순해야 하며, 부부는 사랑이 있어야 하며, 남녀는 분별
이 있어야 하며, 아들은 학문이 있어야 하며, 시골과 마을에는 예의
가 있어야 하며, 빈궁과 환난에는 친척이 서로 구제하며, 혼인과 장
사에는 이웃이 서로 도우며, 농업을 게을리 말며, 도둑질을 말며,
도박을 배우지 말며, 다투고 송사하는 것을 좋아하지 말며, 악으로
써 선을 업신여기지 말며, 부로써 가난을 삼키지 말며, 걷는 자가
길을 양보하며, 밭을 가는 자가 두둑을 양보하며, 반백의 노인이 도

로에서 짐을 지고 이지 않으면 예의가 시속이 된다." 하였다.

{語義} ○古靈陳先生(고령진선생) : 송나라 후관(侯官) 사람. 성은 진(陳), 이름은 양(襄), 자는 술고(述古), 호가 고령 선생. 경력(慶曆, 1041~1048)의 진사. 벼슬은 신종(神宗) 때, 시어사(侍御史). 청묘법(靑苗法)의 불편을 논하고, 왕안석(王安石)·여혜경(呂惠卿)을 폄적(貶謫)하고 천하에 사과할 것을 청하여 왕안석한테 기피를 당하고 진주(陳州)의 지사가 되었다. 뒤에 항주(杭州)의 지사로 옮기었다. 뒤에 시독(侍讀)·판상서도성(判尙書都省). 언행이 모두 고인(古人)으로써 법으로 하였으며, 벼슬에 임해서는 가는 곳마다 학교를 일으키고 민가의 이병(利病)을 강구했다. 경연(經筵)에 있을 때는 신종(神宗)에게 후대를 받아 사마광(司馬光)·한유(韓維)·소식(蘇軾) 등 33인을 천거했다. 저서에 《역의(易義)》·《중용의(中庸義)》·《고령집(古靈集)》이 있다. ○仙居(선거) : 대주(台州)의 속읍(屬邑). ○令(령) : 읍령(邑令). 원. 군수. ○鄕閭(향려) : 시골과 마을. ○隣保(인보) : 같은 반에 있는 집. 곧 이웃집, 또 그 사람들. ○賭博(도박) : 재물을 걸고 내기를 함. ○陵>善(능선) : 선을 업신여김. ○讓>路(양로) : 길을 비껴 사양함. ○讓>畔(양반) : 전답의 경계가 되는 두둑을 양보함. ○斑白(반백) : 머리의 흑백이 서로 반씩 섞임, 또 그 노인(老人). ○不4負戴3於2道路1(불부대어도로) : 도로에서 지고 이지 않는다. 길가에서 지고 이지 않는다. ○俗(속) : 풍속으로 되다.

{意譯} 고령 진선생이 선거의 원이 되어 그의 백성을 가르쳐 말했다. "나의 백성이 된 자는 아버지는 의롭고 어머니는 사랑해야 하고, 형은 우애롭고 아우는 공손하며, 자식은 효도하여야 하고, 부

부간에는 사랑이 있어야 하며, 남녀는 분별이 있어야 하고, 아들
은 배움이 있어야 하며, 시골과 이웃에는 예의가 있어야 한다. 가
난과 궁색함을 친척끼리 서로 구제하고, 혼인과 초상에는 이웃끼
리 서로 도우며, 농업을 게을리 말고, 도둑질을 말며, 도박을 배우
지 말고, 서로 송사를 하여 다투기를 좋아하지 말며, 악으로써 선
을 업신여기지 말고, 부로써 가난을 삼키지 말라. 길을 가는 자는
길을 비껴 사양하고, 전답을 가는 자는 땅의 경계가 되는 두둑을
양보하며 머리가 흑백이 반씩 된 노인이 도로상에서 짐을 등에 짊
어지거나 머리에 인 사람이 없으면 예의가 풍속화가 된다.”

{餘說} 이 대문은 약간 긴 문장이니, 다음에 분석하기로 한다.

　　古靈陳先生이 爲2仙居1令하여, 敎2其民1曰,
　　爲2吾民1者는,

┌─ 父義母慈하며,
│　 兄友弟恭하며,
└─ 子孝婦順하며,

┌─ 夫婦ㅣ有>恩하며, ─┐　　┌─ 貧窮患難에, 親戚이 相救하며, ─┐
│　 男女ㅣ有>別하며,　│　　│
│　 子弟ㅣ有>學하며,　│　　│
└─ 鄕閭ㅣ有>禮하며, ─┘　　└─ 婚姻死喪에, 隣保ㅣ相助하며, ─┘

┌─ 毋>惰2農業1하며,
│　 毋>作2盜賊1하며,
│　 毋>學2賭博1하며,

無>好2爭訟1하며,

毋2以>惡陵1>善하며,

毋2以富吞1>貧하며,

行者ㅣ 讓>路하며,

耕者ㅣ 讓>畔하며,

斑白者ㅣ 不4負戴3於2道路1하면, 則爲禮義之俗矣리라.

12-008/ 남을 가르치는 자는

性理書云。敎人者。養其善心而惡自消。治民者。導
성 리 서 운 교 인 자 양 기 선 심 이 악 자 소 치 민 자 도
之敬讓而爭自息。
지 경 양 이 쟁 자 식

{讀法} 性理書에 云, 敎>人者는 養2其善心1, 而惡自消요, 治>民者는 導>之敬讓, 而爭自息이니라.

• • •

{直譯}《성리서》에 이르기를, "남을 가르치는 자는 그 착한 마음을 길러서 악한 마음이 저절로 사라지게 하고, 백성을 다스리는 자는 그를 지도하여 공경하고 사양하게 하여서 다툼이 스스로 없어지게 해야 할 것이다." 하였다.

{語義} ○教>人者(교인자) : 남을 가르치는 사람. ○養2其善心1(양기선심) :
그 피교육자의 본디 가진 착한 마음을 기르다. ○惡自消(악자소) : 악이 저절
로 소멸됨. ○治>民者(치민자) : 백성을 다스리는 사람. ○導>之敬讓(도지경
양) : 다스림을 받는 사람을 교도하여 남을 공경하고 남에게 양보하게 함.
○爭自息(쟁자식) : 다툼이 스스로 없어짐.

{意譯}《성리서》에 말했다. "남을 가르치는 사람은 가르침을 받는
사람의 본디 착한 마음을 길러서 악한 마음이 스스로 없어지게 해
야 하고, 백성을 다스리는 사람은 그 백성을 지도하여 공경하고
사양하게 하여 다툼이 스스로 없어지게 하여야 한다."

{餘說} 이 내용은《근사록 · 제8권 · 치체(治體) · 제20장》에 나오는데,
원래 출처는《이정외서(二程外書)》이다. 명도(明道) 정호(程顥, 1032~1085)
의 말이다.

12-009/ 임금이 되어서는

禮云。爲君止於敬。爲父止於慈。爲子止於孝。爲友
예 운 위 군 지 어 경 위 부 지 어 자 위 자 지 어 효 위 우
止於信。爲弟止於敬。爲國人交止於信。若爲斯理。可
지 어 신 위 제 지 어 경 위 국 인 교 지 어 신 약 위 사 리 가
以爲政理乎。
이 위 정 리 호

{讀法} 禮에 云, 爲>君엔 止2於敬1하고, 爲>父엔 止2於慈1하고, 爲>子엔 止2於孝1하고, 爲>友엔 止2於信1하고, 爲>弟엔 止2於敬1하고, 爲2國人交1엔 止2於信1하나니, 若>爲2斯理1면 可3以爲2政理1矣라.

• • •

{直譯} 《예기》에 이르기를, "임금이 되어서는 공경함에 머물러야 하고, 아버지가 되어서 자애로움에 머물러야 하고, 자식이 되어서는 효도함에 머물러야 하고, 벗이 되어서는 믿음에 머물러야 하고, 아우가 되어서는 공경에 머물러야 하고, 나라 사람들과 사귈 때는 믿음에 머물러야 하나니, 만일 이 도리를 행할 것 같으면 이로써 정치도 할 수 있을 것이다." 하였다.

{語義} ○ 止2於敬1(지어경) : 경애에 그쳐야 함. ○ 慈(자) : 자애. ○ 孝(효) : 효도. ○ 信(신) : 신의(信義). ○ 斯理(사리) : 이 이치. ○ 政理(정리) : 정치.

{意譯} 《예기》에 말했다. "임금의 신분으로서는 공경함에 머물러야 하고, 아버지의 신분으로서는 자애로움에 머물러야 하고, 자식의 신분으로서는 효도함에 머물러야 하고, 벗의 신분으로서는 믿음에 머물러야 하고, 아우의 신분으로서는 공경에 머물러야 하고, 나라 사람들과 사귈 때는 믿음에 머물러야 하니, 만약 이러한 도리를 행할 것 같으면 이로써 정치도 할 수 있을 것이다."

{餘說} 《시경(詩經)》에 "穆穆文王이여 於緝熙敬止라 하니 爲>人君엔 止2於仁1하시고, 爲>人臣엔 止2於敬1하시고, 爲>人子엔 止2於孝1하시고, 爲>人父엔 止2於慈1하시고, 與國人交엔 止2於信1이러시다.〔임금이 되어서는 인(仁)에 머물고, 신하가 되어서는 경(敬)에 머물고, 자식이 되어서는 효(孝)에 머물고, 아비가 되어서는 사랑[慈]에 머물고, 나라 사람들과 교제할 때는 신(信)에 머물렀다.〕"는 말이 나온다.

12-010/ 충신은 두 임금을 섬기지 않고

王蠋曰。忠臣不事二君。烈女不更二夫。
왕 촉 왈 충 신 불 사 이 군 열 녀 불 경 이 부

{讀法} 王蠋이 曰, 忠臣은 不>事2二君1하고, 烈女는 不>更2二夫1니라.

•••

{直譯} 왕촉이 말하기를, "충신은 두 임금을 섬기지 않고, 열녀는 두 남편을 번갈아 들이지 않는다." 하였다.

{語義} ○王蠋(왕촉) : 중국 전국시대 제나라 사람. 제나라가 이웃 연(燕)나라에 패하게 되자, 항복하라는 연나라의 권고를 물리치고 자살했다 함. ○忠臣(충신) : 죽음으로써 임금을 섬기는 신하. ○不>事(불사) : 섬기지 아니함.

○烈女(열녀) : 절개가 곧고 힘을 다하여 남편을 섬기는 아내. ○不>更(불경)
: 바꾸어 들이지 아니함. 바꾸지 아니함.

{意譯} 왕촉이 말했다. "죽음으로써 임금을 섬기는 신하는 두 임
금을 섬기지 아니하고, 절개가 곧고 힘을 다하여 남편을 섬기는
아내는 두 남편을 갈아 들이지 아니한다."

{餘說} 《사기(史記)·전단전(田單傳)》에 "王蠋曰, 忠臣不>事2二君1, 貞女
不>更2二夫1. 吾與2其生而無1>義, 固不>如>烹.〔왕촉이 말하기를, '충성
스런 신하는 두 임금을 섬기지 아니하고, 정절을 지키는 여자는 두 지아
비로 바꾸지 않는다. 나는 의리 없이 사느니 차라리 삶겨 죽는 것이 낫
겠다.'라고 하였다.〕"는 말이 있다.

12-011/ 직책을 수행하는 데는

文中子曰。治官莫若平。臨財莫若廉。
문 중 자 왈   치 관 막 약 평   임 재 막 약 렴

{讀法} 文中子ㅣ 曰, 治>官엔 莫>若>平이요, 臨>財엔 莫>若>廉이니라.

• • •

{直譯} 문중자가 말하기를, "벼슬아치 노릇함에는 공평한 것만 같
은 것이 없고, 재물을 주고받음에는 청렴한 것만 같은 것이 없다."

하였다.

{語義} ○文中子(문중자) : 다른 판본에는 문중자(文仲子)로 되어있다. 문중자는 수(隋)나라의 유학자 왕통(王通, 582~616)으로, 자는 중엄(仲淹)이고 사시(私諡)인 문중자(文中子)로도 불릴 때가 많다. 저서에 《문중자》와 《중설(中說)》이 있다. ○治〉官(치관) : 백관(百官)을 다스림. 직분을 다함. ○莫〉若〉平(막약평) : 공평함만 같지 못함. 공평한 것이 제일임. ○臨〉財(임재) : 재물을 대함. 재물, 즉 돈과 곡식의 수수(授受)를 함. ○莫〉若〉廉(막약렴) : 청렴함만 같지 못함. 청렴한 것이 제일임.

{意譯} 문중자가 말했다. "직책을 수행하는 데는 무엇보다도 공평해야 하고, 재물을 주고받는 데는 무엇보다도 청렴해야 한다."

{餘說} 왕숙(王肅)의 《공자가어 · 변정(辨政)》에 "孔子曰"로 나오며, 이 문장 뒤에 "廉平之守, 不可改也.〔염평지수, 불가개야 : 청렴과 공평의 지킴은 고칠 수 없다.〕"는 구절이 더 붙어있다.

12-012/ 나라 다스리는 것은 거문고 타는 것과 같고

說苑云。治國若彈琴。治家若執轡也。
설 원 운 치 국 약 탄 금 치 가 약 집 비 야

{讀法} 說苑에 云, 治>國은 若>彈>琴이오, 治>家는 若>執>轡也니라.

• • •

{直譯} 《설원》에 이르기를, "나라를 다스리는 것은 거문고를 타는 것
과 같고, 집을 다스리는 것은 마소의 고삐를 잡는 것 같다." 하였다.

{語義} ○《說苑(설원)》: 본서 〈존심편〉 〔07-052〕 참조 바람. ○彈>琴(탄금)
: 거문고를 탐. 거문고를 퉁김. 거문고는 본래 오현(五絃)이었으나 후에 칠
현(七絃)으로 되었음. ○執>轡(집비): 마소의 고삐를 잡고 마소를 모는 것.

{意譯} 《설원》에 말했다. "나라를 다스릴 때는 마치 거문고를 타
듯이 크게 퉁길 때 작게 퉁길 때 등 때에 따라 조절을 해야 하고,
집을 다스릴 때는 마치 마소의 고삐를 잡고 마소를 몰듯이 달랠
때는 달래고, 몰 때는 몰아야 한다."

{餘說} 이 대문은 나라를 다스리는 것을 거문고를 타는 데에, 집을 다스
리는 것을 마소를 모는 데에 비유한 재미있는 비유로 이루어진 문장이
다.

12-013/ 효도란 마땅히 힘을 다해야 하는 것이고

孝當竭力。忠則盡命。
효 당 갈 력 충 즉 진 명

{讀法} 孝當竭>力이오, 忠則盡>命이니라.

• • •

{直譯} 효도란 마땅히 힘을 다해야 하는 것이고, 충성이란 곧 목숨을 다하는 것이다.

{語義} ○竭>力(갈력) : 할 수 있는 한의 힘을 다하는 것이다. ○盡>命(진명) : 목숨을 바쳐 다하는 것이다.

{意譯} 부모에게 효도하는 방법은 힘을 다하는 것이고, 임금에게 충성하는 방법은 자기의 목숨을 바쳐서 다하는 것이다.

{餘說} 이 대문은 《천자문》에 있는 그대로이다.

12-014/ 여자는 절개가 굳고

女慕貞烈。男效才良。
여 모 정 렬 남 효 재 량

{讀法} 女慕2貞烈1하고, 男效2才良1이니라.

• • •

{直譯} 여자란 절개가 굳고 결백함을 우러러 받들고 본받아야 하고, 남자란 재주가 있고 현량함을 본받아야 한다.

{語義} ○慕(모) : 우러러 받들고 본받음. ○貞烈(정렬) : 여자의 행실이 바르고 절개가 굳음. ○效(효) : 본받음. ○才良(재량) : 재주가 있고 현량함.

{意譯} 여자는 행실이 바르고 절개가 굳음을 우러러 받들고 본받아야 하고, 남자는 재주가 있는 것과 현량한 것을 본받아야 한다.

{餘說} 이 대문도 《천자문》에 있다. 어떤 《천자문》에는 '烈' 자가 '潔(결)' 자로 된 것도 있다.

12-015/ 장사숙 좌우명

張思叔座右銘曰。凡語必忠信。凡行必篤敬。飲食必
장 사 숙 좌 우 명 왈　범 어 필 충 신　범 행 필 독 경　음 식 필

愼節。字畵必楷正。容貌必端莊。衣冠必肅整。步履必
신 절　자 획 필 해 정　용 모 필 단 장　의 관 필 숙 정　보 리 필

安詳。居處必正靜。作事必謀始。出言必顧行。常德必
안 상　거 처 필 정 정　작 사 필 모 시　출 언 필 고 행　상 덕 필

固持。然諾必重應。見善如己出。見惡如己病。凡此十
고 지　연 낙 필 중 응　견 선 여 기 출　견 악 여 기 병　범 차 십

四者。我皆未深省。書此當座隅。朝夕視爲警。
사 자　아 개 미 심 성　서 차 당 좌 우　조 석 시 위 경

{讀法} 張思叔座右銘에 曰, 凡語를 必忠信하며, 凡行을 必篤敬하며,
飮食을 必愼節하며, 字畵을 必楷正하며, 容貌를 必端莊하며, 衣冠을
必肅整하며, 步履를 必安詳하며, 居處를 必正靜하며, 作事를 必謀始하
며, 出言을 必顧行하며, 常德을 必固持하며, 然諾을 必重應하며, 見>善
如2己出1하며, 見>惡如2己病1이니, 凡此十四者를, 我ㅣ 皆未2深省1이
라, 書>此當座隅하여 朝夕視爲>警하노라.

• • •

{直譯} 장사숙 〈좌우명〉에 말하기를, "무릇 말을 반드시 성실히 하
고 신용이 있어야 하며, 무릇 행실을 반드시 도탑게 하고 공경스러
워야 하며, 음식을 반드시 삼가고 절조 있게 해야 하며, 글자의 획
을 똑똑하고 바르게 해야 하며, 얼굴 모양을 반드시 단정하고 엄숙
하게 해야 하며, 옷과 갓은 반드시 반듯하고 엄숙하게 해야 하며,
걷고 밟음을 반드시 침착하게 해야 하며, 거처를 반드시 바르고 고
요하게 해야 하며, 일함을 반드시 처음에 계획을 잘 세워야 하며,
말을 입 밖에 냄을 반드시 돌아보고 행해야 하며, 항상 마음속에
있는 덕을 반드시 굳게 가져야 하며, 일을 허락함을 반드시 신중히

대답해야 하며, 착한 것을 보거든 자기 몸에서 나온 것 같이 하며, 악한 것을 보거든 자기의 병같이 하라. 무릇 이 열네 가지는 내가 모두 아직 깊이 살피지 못한 것이다. 이를 써서 마땅히 자리의 모에 붙여 아침저녁으로 보고서 경계로 삼고자 한다."고 하였다.

{語義} ○張思叔(장사숙) : 송(宋)나라의 수안(壽安) 사람. 자는 사숙(思叔). 정이(程頤)의 문인 장역(張繹)의 본래 성명이다. ○忠信(충신) : 성실하고 신의가 있음. ○篤敬(독경) : 독실하고 신중함. ○愼節(신절) : 소중히 다루고 절조가 있음. ○字畫(자획) : 글자의 획. ○楷正(해정) : 자획이 바름. ○容貌(용모) : 사람의 얼굴의 모양. ○端莊(단장) : 바르고 엄숙함. ○衣冠(의관) : 옷과 갓. 전하여 예모(禮貌). ○肅整(숙정) : 엄숙하고 위용(威容)이 바름. ○步履(보리) : 걷고 디딤. 견고 밟음. 걸음걸이. 보추(步趨)와 같음. ○安詳(안상) : 침착함. 차분함. ○居處(거처) : 있는 곳. 사는 곳. ○正靜(정정) : 바르고 고요함. ○作>事(작사) : 일을 함. 일을 만듦. ○謀>始(모시) : 처음을 잘 도모함. 일할 때 처음 단계에서 신중하게 계획함을 이른다. 계획을 세우고 시작함. ○出>言(출언) : 말을 함. ○顧>行(고행) : 지난 일, 앞일을 생각하고서 함. ○常德(상덕) : 늘 변치 않는 도덕. ○固持(고지) : 굳게 간직함. ○然諾(연낙) : 승낙함. ○重應(중응) : 신중히 대답함. ○深省(심성) : 깊이 살핌. ○爲>警(위경) : 경계로 삼음.

{意譯} 장사숙의 〈좌우명〉에 말했다. "모든 말은 반드시 성실하고 신의가 있어야 하고, 모든 행실은 반드시 독실하고 신중하여야 하며, 음식은 반드시 소중히 여기고 절조가 있어야 하고, 글씨는 자

획이 바르게 써야 하며, 얼굴 모양은 반드시 단정하고 엄숙해야 하고, 예모는 반드시 위용이 바르고 엄숙해야 하며, 걸음걸이는 반드시 차분하고 침착하게 해야 하고, 있는 곳은 반드시 바르고 조용해야 하며, 일을 하는 데는 반드시 처음에 계획을 잘 세워야 하고, 말을 하는 데는 반드시 앞뒤를 돌아보고 해야 하며, 늘 변치 않는 도덕은 반드시 굳게 가져야 하고, 승낙은 반드시 신중히 대답해야 하며, 착한 것을 보거든 자기 몸에서 나온 것 같이 하고, 악한 것을 보거든 자기 몸의 병같이 여겨라. 대체 이 열네 가지 것은 모두 내가 아직 깊이 살피지 못한 것이다. 그래서 이것을 써서 자리의 모에 두고 아침저녁으로 보아 경계로 삼고자 한다.”

{餘說} 이 대문은 다음처럼 오언시(五言詩)이다.

凡語를 必忠信하며, 凡行을 必篤敬하며,	제1련
飮食을 必愼節하며, 字畵을 必楷正하며,	제2련
容貌를 必端莊하며, 衣冠을 必肅整하며,	제3련
步履를 必安詳하며, 居處를 必正靜하며,	제4련
作事를 必謀始하며, 出言을 必顧行하며,	제5련
常德을 必固持하며, 然諾을 必重應하며,	제6련
見>善을 如2己出1하며, 見>惡如2己病1이니,	제7련
凡此十四者를, 我ㅣ 皆未2深省1이라.	제8련
書>此當座隅하여, 朝夕視爲>警하노라.	제9련

‘敬·正·整·靜·行·應·病·省·警’은 운자이다.

范益謙座右戒曰。一不言朝廷利害邊報差除。二不
범익겸좌우계왈 일불언조정이해변보차제 이불

言州縣官員長短得失。三不言衆人所作過惡之事。四
언주현관원장단득실 삼불언중인소작과악지사 사

不言仕進官職趨時附勢。五不言財利多少厭貧求富。
불언사진관직추시부세 오불언재리다소염빈구부

六不言淫媟戲慢評論女色。七不言求覓人物干索酒
육불언음설희만평론여색 칠불언구멱인물간색주

食。又曰。一人附書信不可開坼沈滯。二與人竝坐不可
식 우왈 일인부서신불가개탁침체 이여인병좌불가

窺人私書。三凡入人家不可看人文字。四凡借人物不
규인사서 삼범입인가불가간인문자 사범차인물불

可損壞不還。五凡喫飲食不可揀擇去取。六與人同處
가손괴불환 오범끽음식불가간택거취 육여인동처

不可自擇便利。七見人富貴不可歎羨詆毀。凡此數事。
불가자택편리 칠견인부귀불가탄선저훼 범차수사

有犯之者。足以見用意之不肖。於存心修身。大有所
유범지자 족이견용의지불초 어존심수신 대유소

害。因書以自警。
해 인서이자경

{讀法} 范益謙座右戒에 曰, 一은 不>言2朝廷利害邊報差除1요, 二
는 不>言2州縣官員長短得失1이요, 三은 不>言2衆人所>作過惡之
事1요, 四는 不>言2仕進官職趨>時附1>勢요, 五는 不>言2財利多少
厭>貧求1>富요, 六은 不>言3淫媟戲慢評論2女色1이오, 七은 不>言下
求2覓人物1干中索酒食上이라. 又, 曰, 一은 人附書信이어든 不>可2開

圻沈滯1며, 二는 與>人竝坐에 不>可>窺2人私書1며. 三은 凡入2人家1에 不>可2看人文字1며. 四는 凡借2人物1에 不>可2損壞不1>還이며. 五는 凡喫2飮食1에 不>可2揀擇去取1며. 六은 與>人同處에 不>可3自擇2便利1며. 七은 見2人富貴1하고, 不>可2歎羨詆毁1니, 凡此數事를 有2犯>之者1면 足以見2用>意之不>肖니 於2存>心修1身에 大有>所>害라. 因書以自警하노라.

• • •

{直譯} 범익겸 〈좌우계〉에 말하기를, "첫째, 조정의 이해나 변방의 보고와 벼슬에 임명된 일들을 말하지 말 것이며, 둘째, 주와 현의 관원의 장단점과 얻는 것과 잃는 것 등을 말하지 말 것이며, 셋째, 여러 사람이 저지르는 허물과 악한 일을 말하지 말 것이며, 넷째, 벼슬하여 관원의 직품이나 때에 따르고 권세에 아부하는 것을 말하지 말 것이며, 다섯째, 재물과 이익이 많고 적음과 가난한 것을 싫어하고 넉넉한 것을 구한다거나 하는 것을 말하지 말 것이며, 여섯째, 음탕하고 난잡하거나 희롱하고 업신여기거나 여색에 대해 비평하고 논하는 것을 말하지 말 것이며, 일곱째, 남의 물건을 찾아보고 술이나 음식을 토색(討索)하는 것을 말하지 말 것이다. 또 말하되 첫째, 남에게 가는 편지를 뜯어보거나 묵혀두지 말며, 둘째, 사람과 같이 나란히 앉았을 때 남의 사신(私信)을 엿보지 말 것이며, 셋째, 절대로 남의 집에 들어가서 남이 적어놓은 글발을 보지 말 것이며, 넷째, 절대로 남의 물건을 빌어다가 손상하고 돌려보내지 아니하지 말 것이며, 다섯째, 절대로 음식을 먹을 때에 가

려서 좋은 것을 취하고 나쁜 것을 밀쳐버리지 말 것이며, 여섯째, 남과 같이 한 곳에 있을 때 자기의 편리한 것을 가리지 말 것이며, 일곱째, 남의 부귀함을 보고 한탄하거나 부러워하거나 헐뜯지 말 것이니, 대개 이 여러 가지 일을 범함이 있는 사람이면 충분히 이를 가지고 마음 씀이 미련함을 볼 것이니, 마음에 두고 몸을 닦는 데 크게 해로운 바가 있다. 그러므로 글로 써서 나 자신을 경계한다." 하였다.

{語義} ○ 范益謙(범익겸) : 이름은 충(冲). 송나라 고종(高宗) 때 사람, 조우(祖禹)의 아들. 자는 원장(元長). 소성(紹聖)의 진사, 벼슬은 양회운사(兩淮運使). ○ 座右戒(좌우계) : 자리의 오른편에 두고 항상 몸의 경계로 삼는 금언(金言). 한(漢)의 최원(崔瑗)이 비로소 이를 짓고, 당의 백거이(白居易)·송의 이다(李茶) 등이 속좌우명(續座右銘)을 지었다. 또 좌좌명(座左銘)이라고도 한다. '座右'란 곁의 뜻으로 몸에서 가까운 곳을 말한다. ○ 朝廷(조정) : 나라의 정치를 의논하여 진행하는 곳. ○ 邊報(변보) : 변방의 정보. ○ 差除(차제) : 뽑히어 벼슬에 임명됨. '差'는 '擇'. '除'는 제수(除授). 벼슬에 임명됨. ○ 長短(장단) : 장점과 단점. ○ 得失(득실) : ① 얻음과 잃음. 이익과 손해. 이익과 불리. ② 성공과 실패. ③ 마땅함과 마땅하지 않음. ④ 장점과 단점. ○ 衆人(중인) : 여러 사람. ○ 所>作(소작) : 지은바. 한 것. ○ 過惡(과악) : 잘못과 악. ○ 仕進(사진) : 벼슬에 나아감. 벼슬을 함. ○ 官職(관직) : 벼슬과 직품. ○ 趣>時附>勢(추시부세) : 때에 따르고 권세에 아부함. ○ 厭>貧求>富(염빈구부) : 가난을 싫어하고 넉넉함을 바람. ○ 淫媟(음설) : 음란하고 외설됨. ○ 戲慢(희만) : 희롱하고 업신여김. ○ 評論(평론) : 시비·득실·선악 등을 비평하고 논함.

○ 女色(여색) : 여자와의 육체관계. 부녀의 얼굴빛. 여자의 고운 태도. ○ 求2
覓人物1(구멱인물) : 남의 물건을 바라며 찾음. ○ 干2索酒食1(간색주식) : 술이
나 음식을 토색(討索)함. ○ 人附書信(인부서신) : 남에게 오는 편지. ○ 開坼
(개탁) : 뜯음. ○ 沈滯(침체) : 묵혀둠. ○ 與>人並坐(여인병좌) : 남과 같이 나란
히 앉음. ○ 窺2人私書1(규인사서) : 남의 사사로운 글을 엿봄. ○ 看2人文字1(간
인문자) : 남의 적발을 봄. ○ 損壞(손괴) : 손상하고 파괴함. ○ 揀擇去取(간택
거취) : 가려서 좋은 것은 취하고 나쁜 것은 밀쳐버림. ○ 與>人同處(여인동
처) : 남과 같이 있음. ○ 自擇2便利1(자택편리) : 자기가 편리한 것을 고름. ○ 歎
羨詆毁(탄선저훼) : 한탄하고 부러워하고 꾸짖고 훼방함. ○ 因書以自警(인서이
자경) : 그러므로 써서 스스로 경계함.

{意譯} 범익겸 좌우계에 말했다. "첫째, 조정의 이해관계나 변방
의 정보나 누가 벼슬에 임명되고 등을 말하지 말고, 둘째, 주와 현
의 벼슬아치들의 장단점과 마땅함과 마땅치 않음을 말하지 말고,
셋째, 여러 사람이 저지른 잘못과 나쁜 일을 말하지 말고, 넷째,
누가 벼슬을 하고 관직이 어떻고 때에 따라 권세에 아부하고 하는
것을 말하지 말고, 다섯째, 재물과 이익이 많으니 적으니 하거나
가난함을 싫어하고 넉넉함을 바라는 말을 하지 말고, 여섯째, 음
란하고 외설되며 희롱하고 업신여기며 시비・득실・선악을 비평
하고 논하며 여색이 어떠니 말하지 말고, 일곱째, 남의 물건을 바
라며 찾거나 주식을 토색할 것을 말하지 말고, 또 1. 남에게 가는
서신을 뜯어보거나 묵히지 말고, 2. 남과 같이 앉았을 때 남의 사
사로운 글을 엿보지 말고, 3. 절대로 남의 집에 들어갔을 때 남의
적발을 보지 말고, 4. 절대로 남의 물건을 빌려왔을 때 이를 손상

하여 돌려보내지 아니하지 말고, 5. 절대로 음식을 먹을 때에 입에 맞는 것은 가려 먹고 맞지 않는 것은 밀쳐버리지 말고, 6. 남과 같이 있을 때 자기 편리한 것만을 고르지 말고, 7. 남의 부귀를 보거든 한탄하고 부러워하고 꾸짖고 훼방하지 말지니, 대개 이 여러 가지 일에 범하는 일이 있는 사람이면 충분히 이로써 마음 씀이 미련한 것을 알 것이고, 몸을 닦는 데나 마음을 갖는 데 있어 크게 해되는 바가 있을 것이다. 그러므로 이를 써서 스스로 경계한다."

{餘說} 이 대문도 꽤 긴 문장이다. 병서하여 분석해 보기로 하자.

范益謙座右戒에 曰,

┌ 一은 不>言2朝廷利害邊報差除1요.
│ 二는 不>言2州縣官員長短得失1이요.
│ 三은 不>言2衆人所>作過惡之事1이요.
│ 四는 不>言2仕進官職趨>時附1勢요.
│ 五는 不>言2財利多少厭>貧求1富요.
│ 六은 不>言3淫媟戲慢評論2女色1이오.
└ 七은 不>言下求2覓人物1干中索酒食上이라.

又, 曰,

┌ 一은 人附書信이어든 不>可2開坼沈滯1며,
│ 二는 與>人竝坐에 不>可>窺2人私書1며,
│ 三은 凡入2人家1에 不>可2看人文字1며,
│ 四는 凡借2人物1에 不>可2損壞不1>還이며,
│ 五는 凡喫2飲食1에 不>可2揀擇去取1며,

六은 與>人同處에 不>可3自擇2便利1며,

七은 見2人富貴1하고 不>可2歎羨詆毁1니,

凡此數事를, 有2犯>之者1면 足以見2用>意之不>肖니,

於2存>心修>身에 大有>所>害라. 因書以自警하노라.

12-017/ 사람이 세상에 살아감에

武王問太公曰。人居世上。何得貴賤貧富不等。願聞
무 왕 문 태 공 왈 인 거 세 상 하 득 귀 천 빈 부 부 등 원 문

說之。欲知是矣。太公曰。富貴如聖人之德。皆由天命。
설 지 욕 지 시 의 태 공 왈 부 귀 여 성 인 지 덕 개 유 천 명

富者用之有節。不富者家有十盜。
부 자 용 지 유 절 불 부 자 가 유 십 도

{讀法} 武王이 問2太公1曰, 人居2世上1에 何得2貴賤貧富不1>等고,
願聞>說>之하여 欲>知>是矣로다. 太公이 曰, 富貴는 如2聖人之德1
하여 皆由2天命1이어니와, 富者는 用>之有>節하고 不>富者는 家有2十
盜1니이다.

• • •

{直譯} 무왕이 강태공에게 물어 말하기를, "사람이 세상에 사는 데
에 어찌 귀하고 천하고 가난하고 넉넉함이 고르지 못함이 있는가?
바라건대 이 설명을 들어서 이를 알고자 하는도다." 하였다. 강태공

이 말하기를, "넉넉하고 귀한 것은 성인의 덕과 같아서 모두 하늘이 주는 운명에 말미암거니와 넉넉한 사람은 이것을 쓰는 데에 아껴 씀이 있고, 넉넉지 못한 사람은 집에 열 가지 도둑이 있습니다." 하였다.

{語義} ○武王(무왕) : 중국 주(周)나라의 첫째 임금. 문왕(文王)의 아들로, 이름은 발(發)이다. 은(殷)나라를 정복하고 지금의 섬서성(陝西省) 장안(長安)에 도읍(都邑)하고 주나라를 창건(創建)하였다. ○何得(하득) : 어찌 …할 수 있으랴? ○願聞>說>之(원문설지) : 원컨대, 이에 대한 설명을 듣고자 함. ○欲>知>是矣(욕지시의) : 이를 알고자 함. ○聖人(성인) : 지혜와 도덕이 뛰어나고 사물의 이치에 정통하여 만세에 사표가 될 만한 사람.

{意譯} 주나라의 무왕이 그의 스승인 강태공에게 물어 말했다. "사람이 이 세상에 사는데, 어찌 귀하고 천하고 가난하고 넉넉함이 같지 아니합니까? 바라건대 이에 대한 설명을 들어서 이를 알고자 합니다." 강태공이 대답하여 말했다. "넉넉하고 귀한 것은 성인의 덕과 같아서 모두 하늘에서 내린 운명에 연유하는 것이지만, 넉넉한 사람은 씀씀이에 아끼고 있고, 넉넉지 못한 사람은 집에 열 가지 도둑이 있습니다."

{餘說} 이 대문은 무왕과 그의 스승인 강태공과의 문답 내용을 적은 것으로, 현토에 있어서도 왕이 그의 스승에 대한 예의와 스승이 왕에 대한

예의에 어긋남이 없어야겠고 또 문답형에 적합해야 할 것이다. 다음에 게기(揭記)할 대문도 같다.

武王이 問2太公1曰,

"人居2世上1에 何得2貴賤貧富不1>等고. 願聞>說>之하여 欲>知>是矣로다."

太公이 曰,

"富貴는 如2聖人之德1하여, 皆由2天命1이어니와,

富者는 用>之有>節하고,

不>富者는 家有2十盜1니이다."

武王曰。何爲十盜。太公曰。時熟不收爲一盜。收積
　무 왕 왈　 하 위 십 도　 태 공 왈　 시 숙 불 수 위 일 도　 수 적

不了爲二盜。無事燃燈寢睡爲三盜。慵懶不耕爲四盜。
불 료 위 이 도　 무 사 연 등 침 수 위 삼 도　 용 라 불 경 위 사 도

不施工力爲五盜。專行切害爲六盜。養女太多爲七盜。
불 시 공 력 위 오 도　 전 행 절 해 위 육 도　 양 녀 태 다 위 칠 도

晝眠懶起爲八盜。貪酒嗜慾爲九盜。强行嫉妬爲十盜。
주 면 나 기 위 팔 도　 탐 주 기 욕 위 구 도　 강 행 질 투 위 십 도

{讀法} 武王이 曰, 何爲2十盜1니꼬? 太公이 曰, 時>熟不>收ㅣ 爲2一盜1요, 收積不>了ㅣ 爲2二盜1요, 無>事燃>燈寢睡ㅣ 爲2三盜1요, 慵懶不>耕이 爲2四盜1요, 不>施2工力1이 爲2五盜1요, 專行2切害1ㅣ 爲2六盜1요, 養>女太多ㅣ 爲2七盜1요, 晝眠懶起ㅣ 爲2八盜1요, 貪>酒嗜慾이 爲2九盜1요, 强行2嫉妬1ㅣ 爲2十盜1니이다.

• • •

{直譯} 무왕이 말하기를, "무엇을 열 가지 도둑이라 합니까?" 하였다. 강태공이 말하기를, "곡식이 익었을 때 거두지 않는 것이 첫째 도둑이 될 것이고, 곡식을 거두고 쌓는 것을 마치지 않는 것이 둘째 도둑이 될 것이고, 일이 없이 등불을 켜놓고 잠자는 것이 셋째 도둑이 될 것이고, 게으름 피우고 밭을 갈지 않는 것이 넷째 도둑이 될 것이고, 생각과 역량을 베풀지 않는 것이 다섯째 도둑이 될 것이고, 오로지 절박한 해로운 일을 행하는 것이 여섯째 도둑이 될 것이고, 계집 기르기를 몹시 많이 하는 것이 일곱째 도둑이 될 것이고, 낮잠 자고 게을리 일어나는 것이 여덟째 도둑이 될 것이고, 술을 탐내고 즐기며 욕심내는 것이 아홉째 도둑이 될 것이고, 강제로 질투를 하는 것이 열째 도둑이 될 것입니다." 하였다.

{語義} ㅇ時熟(시숙) : 곡식이 익었을 때. ㅇ收積(수적) : 거두어 쌓음. ㅇ不>了(불료) : 마치지 아니함. ㅇ燃燈(연등) : 등불을 켜놓음. ㅇ寢睡(침수) : 잠자다. ㅇ傭懶(용라) : 게으름. ㅇ不>耕(불경) : 전답을 갈지 않음. 농사를 짓지 않음. ㅇ工力(공력) : 사려(思慮)와 역량(力量). 생각과 힘. ㅇ專行(전행) : 오로지함. ㅇ切害(절해) : 절박한 해. 매우 가까이 닥치는 해. ㅇ太多(태다) : 심히 많음. ㅇ懶起(나기) : 게을리 일어남. ㅇ嗜慾(기욕) : 즐겨 하고 좋아하는 욕심. ㅇ强行(강행) : 강제로 함.

{意譯} 무왕이 물어 말했다. "무엇을 열 가지 도둑이라 합니까?" 하니, 강태공이 대답하여 말했다. "곡식이 익었을 때 거두지 않는

것이 첫째 도둑이고, 거두고 쌓아두는 것을 완료치 않는 것이 둘째 도둑이고, 아무 일없이 등불을 켜놓고 잠을 자는 것이 셋째 도둑이고, 게으름 피우고 전답을 갈지 않는 것이 넷째 도둑이고, 힘들여 이룬 공을 베풀지 않는 것이 다섯째 도둑이고, 오로지 절박하게 해로운 짓을 하는 것이 여섯째 도둑이고, 계집 기르기를 심히 많이 하는 것이 일곱째 도둑이고, 낮잠 자고 게을리 일어나는 것이 여덟째 도둑이고, 술을 탐하거나 즐겨 하고 좋아하며 욕심을 내는 것이 아홉째 도둑이고, 억지로 질투하는 것이 열째 도둑이 됩니다."

{餘說} 이 대문은 앞의 계속으로 역시 문답형의 글이다.

武王이 曰,
"何爲2十盜1니꼬?"
太公이 曰,
"時>熟不>收ㅣ 爲2一盜1요,
收積不>了ㅣ 爲2二盜1요,
無>事燃>燈寢睡ㅣ爲2三盜1요,
慵懶不>耕이 爲2四盜1요,
不>施2工力1이 爲2五盜1요,
專行2切害1ㅣ 爲2六盜1요,
養>女太多ㅣ 爲2七盜1요,
晝眠懶起ㅣ 爲2八盜1요,
貪>酒嗜慾이 爲2九盜1요,

强行2嫉妬1ㅣ 爲2十盜1니이다."

武王曰。家無十盜。不富者何如。太公曰。人家必有
무 왕 왈 가 무 십 도 불 부 자 하 여 태 공 왈 인 가 필 유

三耗。武王曰。何名三耗。太公曰。倉庫漏濫不蓋。鼠雀
삼 모 무 왕 왈 하 명 삼 모 태 공 왈 창 고 누 람 불 개 서 작

亂食爲一耗。收種失時爲二耗。抛撒米穀穢賤爲三耗。
난 식 위 일 모 수 종 실 시 위 이 모 포 살 미 곡 예 천 위 삼 모

{讀法} 武王이 曰, 家無2十盜1이며, 不>富者는 何如니꼬? 太公이 曰,
人家에 必有2三耗1니이다. 武王이 曰, 何名三耗니꼬? 太公이 曰, 倉
庫漏濫不>蓋하여 鼠雀亂食이 爲2一耗1요, 收種失>時ㅣ 爲2二耗1요,
抛2撒米穀1穢賤이 爲2三耗1니이다.

• • •

{直譯} 무왕이 말하기를, "집에 열 가지 도둑이 없으며 넉넉지 못
한 사람은 어찌하여 그러합니까?" 하니, 강태공이 대답하여 말하
기를, "사람의 집에 반드시 세 가지 소모함이 있나이다." 하였다.
무왕이 말하기를, "무엇을 이름 지어 세 가지 소모함이라 합니
까?" 하니, 강태공이 말하기를, "창고에 비가 새어 넘는데 지붕을
덮지 않고서 쥐나 새가 어지러이 먹음이 첫째 소모하는 것이고, 거
두고 씨 뿌리는 때를 잃음이 둘째 소모하는 것이고, 곡식을 퍼 흘
뜨려 더럽히고 천하게 하는 것이 셋째 소모하는 것이 될 것입니
다." 하였다.

{語義} ○何如(하여) : 어떠한가? ○漏濫不>蓋(누람불개) : 비가 새어 넘쳐도 지붕을 덮지 아니함. ○鼠雀亂食(서작난식) : 쥐와 새가 어지럽게 먹음. ○收種失>時(수종실시) : 거두고 씨를 뿌리는 시기를 잃음. ○抛撒(포살) : 흩어버림. ○穢賤(예천) : 더럽게 하고 천히 함.

{意譯} 무왕이 물어 말했다. "집에 열 가지 도둑이 없으면서 넉넉지 못한 사람은 왜 그럽니까?" 하니, 강태공이 대답하여 말했다. "사람의 집에 반드시 세 가지 소모하는 것이 있습니다." 무왕이 다시 물어 말했다. "무엇을 세 가지 소모하는 것이라 합니까?" 하니, 강태공이 다시 대답하여 말했다. "창고에 비가 새어 넘쳐도 지붕을 덮지 않아서 쥐나 새가 어지러이 먹는 것이 첫째 소모하는 것이고, 거들 때 거두고 씨 뿌릴 때 씨 뿌릴 시기를 잃는 것이 들째 소모하는 것이고, 곡식을 흩어버리며 더럽히고 천히 여기는 것이 셋째 소모하는 것입니다."

{餘說} 이 대문도 역시 앞 대문의 계속으로 문답형의 문장이다.

武王이 曰,
"家無2十盜1이며, 不>富者는 何如니꼬?"
太公이 曰,
"人家에 必有2三耗1니이다."
武王이 曰,
"何名三耗니꼬?"
太公이 曰,

"倉庫漏濫不>蓋하여, 鼠雀亂食이 爲2一耗1요,

收種失>時ㅣ 爲2二耗1요,

抛2撒米穀1穢賤이 爲2三耗1니이다."

武王曰。家無三耗。不富者。何如。太公曰。人家必有
무 왕 왈 가 무 삼 모 부 부 자 하 여 태 공 왈 인 가 필 유
一錯二誤三癡四失五逆六不祥七奴八賤九愚十强。
일 착 이 오 삼 치 사 실 오 역 육 불 상 칠 노 팔 천 구 우 십 강
自招其禍。非天降殃。
자 초 기 화 비 천 강 앙

{讀法} 武王이 曰, 家2無三耗1이며 不>富者는 何如니꼬. 太公이 曰,
人家必2有一錯 · 二誤 · 三癡 · 四失 · 五逆 · 六不>祥 · 七
奴 · 八賤 · 九愚 · 十强1하여, 自招2其禍1요, 非2天降1>殃이니다.

• • •

{直譯} 무왕이 말하기를, "집에 세 가지 소모함이 없으며 넉넉지
못한 사람은 어찌하여 그럽니까?"하니, 강태공이 대답하여 말하
기를, "사람의 집에 반드시 첫째 그르침 · 둘째 잘못 · 셋째 바보 ·
넷째 실수 · 다섯째 거슬림 · 여섯째 상서롭지 못함 · 일곱째 종 ·
여덟째 천격 · 아홉째 어리석음 · 열째 강함이 있어서 스스로 그 화
를 불러들임이고, 하늘이 내리는 재앙이 아닙니다."하였다.

{語義} ○錯(착) : 그르침. 잘못함. ○誤(오) : 그릇. 잘못. ○癡(치) : 미련함. 어리석음. ○失(실) : 허물. 과실. 실수. ○逆(역) : 거슬림. 거역. ○不>祥(불상) : 상서롭지 못함. ○奴(노) : 종. ○賤(천) : 천함. ○愚(우) : 어리석음. 우매함. ○强(강) : 강함. 강요함. ○殃(앙) : 재앙.

{意譯} 무왕이 또 물어 말했다. "집에 세 가지 소모하는 것이 없고서 넉넉지 못한 사람은 어째서 그렇습니까?" 하니, 강태공이 이에 대답하여 말했다. "사람의 집에 반드시 첫째 그르침·둘째 잘못·셋째 미련함·넷째 실수·다섯째 거역·여섯째 상서롭지 못함·일곱째 종·여덟째 천(賤)함·아홉째 어리석음·열째 강함 등이 있어서 스스로 그 화를 불러들인 것이고, 하늘이 내리는 재앙이 아닙니다."

{餘說} 이 대문도 앞 대문의 계속으로 문답형의 문장이다.

武王이 曰,
"家2無三耗1이며 不>富者는 何如니꼬?"
太公이 曰,
"人家必2有一錯·二悮·三癡·四失·五逆·六不>祥·七奴·八賤·九愚·十强1하여, 自招2其禍1요, 非2天降1>殃이니다."

武王曰。願悉聞之。太公曰。養男不敎訓爲一錯。嬰
무왕왈 원실문지 태공왈 양남불교훈위일착 영

孩勿訓爲二誤。初迎新婦不行嚴訓爲三痴。未語先笑
해물훈위이오 초영신부불행엄훈위삼치 미어선소

爲四失。不養父母爲五逆。夜起赤身爲六不祥。好挽他
위 사 실 　불 양 부 모 위 오 역 　야 기 적 신 위 육 불 상 　호 만 타

弓爲七奴。愛騎他馬爲八賤。喫他酒勸他人爲九愚。喫
궁 위 칠 노 　애 기 타 마 위 팔 천 　끽 타 주 권 타 인 위 구 우 　끽

他飯命朋友爲十强。武王曰。甚美誠哉。是言也。
타 반 명 붕 우 위 십 강 　무 왕 왈 　심 미 성 재 　시 언 야

{讀法} 武王이 曰, 願悉聞>之하나이다. 太公이 曰, 養>男不2敎訓1이 爲2一錯1이오, 嬰孩勿>訓이 爲2二悞1요, 初迎新婦不>行2嚴訓1이 爲2三癡1요, 未>語先笑ㅣ 爲2四失1이오, 不>養父母ㅣ 爲2五逆1이오, 夜起2赤身1이 爲2六不1>祥이오, 好>挽2他弓1이 爲2七奴1요, 愛>騎2他馬1ㅣ 爲2八賤1이오, 喫2他酒1勸2他人1이 爲2九愚1요, 喫2他飯1命2朋友1ㅣ 爲2十强1이니다. 武王이 曰, 甚美誠哉라, 是言也여.

• • •

{直譯} 무왕이 말하기를, "바라건대 이를 모두 듣고자 하나이다." 하니, 강태공이 대답하여 말하기를, "남자를 기르면서 가르치지 아니함이 첫째의 그르침이고, 어린아이를 가르치지 아니함이 둘째의 잘못이고, 처음 맞이하는 새 며느리에게 엄한 훈계를 하지 아니함이 셋째의 미련함이고, 아직 말을 마치지 못하고 먼저 웃는 것이 넷째의 실수요, 부모를 봉양하지 아니함이 다섯째의 거역이고, 밤에 벗은 몸으로 일어나는 것이 여섯째의 상서롭지 못함이고, 남의 활 당기는 것을 좋아함이 일곱째의 종의 성격이고, 남의 말 타기를 사랑하는 것이 여덟째의 천(賤)함이고, 남의 술을 먹으며 타인에게

권하는 것이 아홉째의 어리석음이고, 다른 사람의 밥을 먹으며 친구에게 명하는 것이 열째의 강한 것입니다." 하였다. 무왕이 말하였다. "심히 아름답고 진실되도다. 이 말이여!" 하였다.

{語義} ○悉(실) : 다. ○嬰孩(영해) : 어린아이. ○赤身(적신) : 발가벗은 몸. ○挽(만) : 당김. ○騎(기) : 말을 탐. ○喫(끽) : 먹음. ○誠哉(성재) : 진실하도다.

{意譯} 무왕이 또 물어 말했다. "원컨대 다 이를 듣고자 합니다." 하니, 강태공이 말했다. "남자를 기르면서 가르치지 않으면 첫째의 그르침이고, 어린이를 가르치지 않으면 둘째의 잘못이고, 처음 맞은 새 며느리에게 엄한 가르침을 행하지 않는 것은 셋째의 바보고, 말하기 전에 웃는 것은 넷째의 실수고, 부모를 봉양하지 않는 것은 다섯째의 거역이고, 밤에 발가벗은 몸으로 일어나는 것은 여섯째의 상서롭지 못한 것이고, 남의 활 당기기 좋아하는 것은 일곱째의 노예스런 것이고, 남의 말을 사랑하여 타는 것은 여덟째의 천(賤)함이고, 남의 술을 마시며 타인에게 권하는 것은 아홉째의 어리석음이고, 남의 밥을 먹으며 벗에게 명하는 것은 열째로 강한 것입니다." 무왕이 말했다. "지극히 아름답고 성실하도다, 이 말이여!"

{餘說} 앞 대문의 계속이다. 역시 문답형의 문장이다.

　　武王이 曰,

"願悉聞>之하나이다."

太公이 曰,

"養>男不2敎訓1이 爲2一錯1이오,

嬰孩勿>訓이 爲2二惧1요,

初迎新婦不>行2嚴訓1이 爲2三癡1요,

未>語先笑ㅣ 爲2四失1이오,

不>養父母ㅣ 爲2五逆1이오,

夜起2赤身1이 爲2六不1>祥이오,

好>挽2他弓1이 爲2七奴1요,

愛>騎2他馬1ㅣ 爲2八賤1이오,

喫2他酒1勸2他人1이 爲2九愚1요,

喫2他飯1命2朋友1ㅣ 爲2十强1이니다."

武王이 曰,

"甚美誠哉라, 是言也여!"

12-018/ 세 가지 벼리

三綱。君爲臣綱。父爲子綱。夫爲婦綱。
삼 강 군 위 신 강 부 위 자 강 부 위 부 강

{讀法} 三綱은 君爲2臣綱1하고, 父爲2子綱1하고, 夫爲2婦綱1이니라.

• • •

{**直譯**} 세 가지 벼리란, 임금은 신하의 벼리가 되고, 아버지는 자식의 벼리가 되고, 남편은 아내의 벼리가 되는 것이다.

{**語義**} ○綱(강) : 벼리. 그물의 위쪽 코를 꿰어 잡아당기게 된 줄. 강령(綱領).

{**意譯**} 도덕의 세 가지 기본 강령으로서 임금은 신하를 통괄(統括)하고, 아버지는 자식을 통괄하고, 남편은 아내를 통괄한다는 것이다.

{**餘說**} '삼강(三綱)'은 유교의 도덕에 있어서 세 가지 기본이 되는 벼리로서 군신·부자·부부의 길을 말한다. 요즈음은 이 삼강(三綱)이 시대에 맞지 않다고 하여 그렇게 강조하지 않는 실정이다.

제13편

치정편(治政篇)

25 정사를 다스리는 데 관한 글을 모은 것을 모두 25조목이다.

13-001/ 처음 벼슬하는 선비는 진실로

明道先生曰。一命之士。苟存心於愛物。於人必有所
명 도 선 생 왈   일 명 지 사   구 존 심 어 애 물   어 인 필 유 소

濟。
제

{讀法} 明道先生이 曰, 一命之士ㅣ 苟存>心2於愛1>物이면, 於>人에
必有>所>濟니라.

• • •

{直譯} 명도 선생이 말하기를, "처음 벼슬하는 선비가 진실로 물건
을 사랑하는 데 마음이 있다면, 남에게 반드시 쓰이는 바가 있다."
하였다.

{語義} ○明道先生(명도선생) : 생졸 1031~1085. 송(宋)나라의 정호(程顥).
호가 명도이다. 자는 백순(伯淳), 하남(河南) 낙양(洛陽) 사람. 정향(程珦)의 아

들로 동생 정이(程頤)와 같이 염계(濂溪)선생에게 배워 대유(大儒)가 되었다. 저서에 《명도문집(明道文集)》 5권과 《개정대학(改正大學)》 1편, 아우 정이(程頤)와 합저인 《이정유서(二程遺書)》 28권 · 《이정외서(二程外書)》 12권이 있다. ○ 一命(일명) : 처음 벼슬하는 일. ○ 苟(구) : 진실로. 참으로. ○ 濟(제) : 여기서는 쓰임. 사용됨.

{意譯} 정명도 선생이 말했다. "처음 벼슬하는 선비가 참으로 물건을 아끼는 마음이 있다면, 남에게 반드시 쓰이는 바가 있을 것이다."

{餘說} 이 대문은 《근사록(近思錄) · 제10권 · 제4장》에 나온다.

13-002/ 위에는 지휘하는 이가 있고

唐太宗御製。上有麾之。中有乘之。下有附之。幣帛
당 태 종 어 제　상 유 휘 지　중 유 승 지　하 유 부 지　폐 백
衣之。倉廩食之。爾俸爾祿。民膏民脂。下民易虐。上蒼
의 지　창 름 식 지　이 봉 이 록　민 고 민 지　하 민 이 학　상 창
難欺。
난 기

{讀法} 唐太宗御製에 上有>麾>之하고, 中有>乘>之하고, 下有>附>之하여 幣帛衣>之요, 倉廩食>之하니 爾俸爾祿이 民膏民脂니라. 下民은 易>虐이어니와, 上蒼은 難>欺니라.

···

{**直譯**} 당나라 태종이 지은 글에, "위에는 이를 지휘하는 이가 있고, 중간에는 이를 다스리는 이가 있고, 아래에는 이를 따르는 이가 있어서, 예물로 받은 비단은 이를 입고, 창고에 있는 것은 이를 먹으니, 너희들이 받는 녹봉이 백성들의 기름과 비계다. 아래에 있는 백성들은 학대하기 쉽지만, 위에 있는 푸른 하늘은 속이기 어렵다." 하였다.

{**語義**} ○唐(당) : 당나라. ① 이연(李淵)이 수(隋)나라의 뒤를 이어 천하를 통일하고 서울을 장안(長安)에 둔 나라. 후량(後梁)에 멸망 당함. 건국한 지 20주(主) 290년. 618~907. ② 이존욱(李存勗)이 후량의 뒤를 이어 세운 나라. 서울은 장안. 4주(主) 14년만에 후진(後晉)에 멸망 당함. 후당(後唐)이라고도 함. 923~936. ③ 이변(李昪)이 세운 나라. 3주(主) 39년만에 송(宋)나라에 멸망 당함. 남당(南唐)이라고도 함. 937~975. ④ 제요(帝堯)의 조정을 도당(陶唐)이라 하고, 요순(堯舜) 양조(兩朝)를 당우(唐虞)라 함. ○唐太宗(당태종) : 고조(高祖)의 차자(次子). 이름은 이세민(李世民). 수나라 말년에 고조를 도와서 사방을 정복하고 천하를 통일하여 명주(明主)라 일컬음. 재위 23년. 고구려를 침입한 일이 있음. ○麾>之(휘지) : 지휘함. ○乘>之(승지) : 다스림. 《시경·빈풍(豳風)·칠월(七月)》에 "亟其乘屋"이라 하고 〈전(箋)〉에 '乘, 治也'라 함. ○附>之(부지) : 따름. ○幣帛(폐백) : 예물로 받은 비단. ○衣>之(의지) : 입음. ○倉廩(창름) : 창고. 곡간. ○食>之(식지) : 먹음. ○膏(고) : 기름. ○脂(지) : 비계. ○虐(학) : 학대함. ○蒼(창) : 여기서는 푸른 하늘. 하늘.

○欺(기) : 속임.

{意譯} 당나라 태종이 지은 글에, "위에는 이를 지휘하는 이가 있고, 중간에는 이를 다스리는 이가 있고, 아래에는 이를 따르는 이가 있어서, 예물로 받은 비단은 이를 입고, 창고에 있는 것은 이를 먹으니, 너희들이 받는 녹봉이, 백성들의 기름과 비계다. 아래에 있는 백성들은 학대하기 쉽지만, 위에 있는 푸른 하늘은 속이기 어렵다." 하였다.

{餘說} 이이 대문은 4언시의 운문으로 되어있다.

　　唐太宗御製에

　　　　上有>麾>之하고, 中有>乘>之하고, 下有>附>之하여　　〔起〕

　　　　幣帛衣>之요, 倉廩食>之하니　　〔承〕

　　　　爾俸爾祿이 民膏民脂니라.　　〔轉〕

　　　　下民은 易>虐이어니와, 上蒼은 難>欺니라.　　〔結〕

　　'之 · 之 · 脂 · 欺'는 압운자이다.

13-003/ 관직을 맡는 방법에는

童蒙訓曰。當官之法。唯有三事。曰淸。曰愼。曰勤。知
동 몽 훈 왈　당 관 지 법　유 유 삼 사　왈 청　왈 신　왈 근　지

此三者。則知所以持身矣。
차 삼 자　즉 지 소 이 지 신 의

{讀法} 童蒙訓에 曰, 當>官之法에 唯有2三事1하니 曰淸이오 曰愼이
오, 曰勤이라. 知2此三者1 則知>所2以持1>身矣니라.

• • •

{直譯}《동몽훈》에 말하기를, "관직을 맡는 방법에 오직 세 가지가
있나니 말하자면 청백한 것이고, 말하자면 근신하는 것이고, 말하
자면 부지런한 것이다. 이 세 가지 것을 알면 몸 가지는 방법을 알
것이다." 하였다.

{語義} ○《童蒙訓(동몽훈)》: 송(宋)나라 여본중(呂本中, 1077~1138)이 지은 어
린아이 교육에 필요한 책. ○當>官(당관): 벼슬을 맡음. ○淸(청): 청백함.
○愼(신): 근신함. 삼감. ○勤(근): 근면함. 부지런함. ○所以(소이): 하는바.
소행. 이유. 까닭. ○持>身矣(지신의): 몸 가질 바를 앎.

{意譯}《동몽훈》에 말했다. "벼슬을 맡는 방법에 오직 세 가지가
있나니, 첫째 청백한 것과 둘째 근신하는 것과, 셋째 근면한 것이
다. 이 세 가지를 알면 몸 가질 줄을 안다고 할 것이다."

{餘說} 童蒙訓에 曰, 當>官之法에 唯有2三事1하니

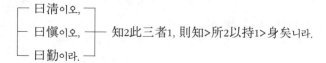

```
┌─ 曰淸이오, ─┐
├─ 曰愼이오, ─┼─ 知2此三者1, 則知>所2以持1>身矣니라.
└─ 曰勤이라. ─┘
```

이상과 같이 분석된다.

13-004/ 벼슬을 담당하는 사람은

童蒙訓曰。當官者。必以暴怒爲戒。事有不可。當詳
동몽훈왈 당관자 필이포노위계 사유불가 당상

處之。必無不當。若先暴怒。只能自害。豈能害人。
처지 필무부당 약선포노 지능자해 기능해인

{讀法} 童蒙訓에 曰, 當>官者는 必以暴怒爲>戒하여 事>有>不>可
어든 當詳處>之면 必無>不>當이어니와, 若先暴怒면 只能自害니 豈
能害>人이리오?

• • •

{直譯} 《동몽훈》에 말하기를, "벼슬을 감당하는 사람은 반드시 이
로써 격노함을 경계하여 일이 옳지 않음이 있거든 마땅히 자세하
게 이를 처리하면 반드시 마땅하지 아니한 것이 없거니와, 만약 먼
저 격노하면 오직 능히 자신을 해칠 뿐이니, 어찌 남을 해롭게 하
겠는가?" 하였다.

{語義} ○暴怒(포노) : 激怒(격노). 몹시 화를 냄. ○只能自害(지능자해) : 다만
능히 스스로 해칠 뿐이다. ○豈能害>人(기능해인) : 어찌 능히 남을 해치겠

는가?〔해칠 수 없다〕

{意譯}《동몽훈》에 말했다. "벼슬을 하는 사람은 반드시 몹시 화를 내는 것을 경계하여 일이 옳지 않거든 마땅히 자세하게 이를 처리하면 반드시 마땅하지 아니함이 없거니와, 만약 먼저 몹시 화를 내면 다만 능히 자신을 해칠 뿐이다. 어찌 능히 남을 해치랴?"

{餘說} 앞 대문의 계속이다.

13-005/ 임금 섬기기를 부모 섬기듯이 하며

童蒙訓曰。事君如事親。事官長如事兄。與同僚如家
동 몽 훈 왈   사 군 여 사 친   사 관 장 여 사 형   여 동 료 여 가

人。待羣吏如奴僕。愛百姓如妻子。處官事。如家事然
인   대 군 리 여 노 복   애 백 성 여 처 자   처 관 사   여 가 사 연

後。能盡吾之心。如有毫末不至。皆吾心有所未盡也。
후   능 진 오 지 심   여 유 호 말 부 지   개 오 심 유 소 미 진 야

{讀法} 童蒙訓에 曰, 事>君을 如>事>親하며, 事2官長1을 如>事>兄하며, 與2同僚1를 如2家人1하며, 待2羣吏1를 如2奴僕1하며, 愛2百姓1을 如2妻子1하며, 處2官事1를, 如2家事1然後에야 能盡2吾之心1이니 如有2毫末不1至면 皆吾心에 有>所2未盡1也니라.

• • •

{直譯}《동몽훈》에 말하기를, "임금 섬기기를 부모 섬기는 것 같이 하며, 윗 관리 섬기기를 형 섬기는 것 같이 하며, 동료 위하기를 자기 집 식구처럼 하자면 근신하는 것이고, 말하자면 부지런한 것이다. 이 세 가지 것을 알면 몸을 가질 바를 알 것이다." 하였다.

{語義} ○與2同僚1(여동료) : 같은 직장에서 지위가 비슷한 사람끼리 서로 위하는 것. ○羣吏(군리) : 여러 아전. ○奴僕(노복) : 사내종. ○毫末(호말) : 터럭 끝. 전하여 아주 작거나 적은 것. 또 근소. 약간.

{意譯}《동몽훈》에 말했다. "임금을 섬기기를 부모 섬기는 것과 같이 하며, 윗 관리 섬기기를 형님과 같이 하며, 동료끼리 위하기를 내 집 식구같이 하며, 여러 아전 대접하기를 내 집 남자 종같이 하며, 백성 사랑하기를 내 처자같이 하며, 관청 일 처리하기를 내 집 일 처리하는 것 같이 한 뒤에야 능히 내 마음을 다할 것이니, 만일 털끝만치라도 다하지 못한 것이 있으면 모두 내 마음에 미진한 것이 있기 때문이다."

{餘說} 이 대문도 앞 대문의 계속이다.

童蒙訓에 曰,

事>君을 如>事>親하며,

事2官長1을 如>事>兄하며,

與2同僚1를 如2家人1하며,

待2輩吏1를 如2奴僕1하며,

愛2百姓1을 如2妻子1하며,

處2官事1를, 如2家事1,

然後에야 能盡2吾之心1이니 如有2毫末不1>至면 皆吾心에 有>所2未盡
1也니라.

이상과 같이 분석된다.

13-006/ 부는 고을 원을 돕는 사람이니

或問。薄佐令者也。薄所欲爲。令或不從奈何。伊川
혹문 부좌령자야 부소욕위 영혹부종내하 이천

先生曰。當以誠意動之。今令與薄不和。只是爭私意。
선생왈 당이성의동지 금령여부불화 지시쟁사의

令是邑之長。若能以事父兄之道事之過。則歸己。善則
영시읍지장 약능이사부형지도사지과 즉귀기 선즉

唯恐不歸於令。積此誠意。豈有不動得人。
유공불귀어령 적차성의 기유부동득인

{讀法} 或이 問, 薄는 佐令者也니 薄所>欲>爲를 令或不>從이면 奈
何니꼬? 伊川先生이 曰, 當以2誠意1動>之니라. 今令與簿ㅣ 不>和는
只是爭2私意1요 令은 是邑之長이니 若能以下事2父兄1之道上로 事>
之하여 過則歸>己하고 善則唯恐>不>歸2於令1하여 積2此誠意1면 豈

有>不>動2得1>人이리오?

· · ·

{**直譯**} 어떤 사람이 묻기를, "부는 돕는 사람이니, 부가 하고자 하는 바를 영이 혹 좋지 아니한다면 어찌하여야 합니까?" 하였다. 이천 선생이 말하기를, "마땅히 성의로써 이를 감동시킬 것이다. 지금 영과 부가 화합하지 못한 것은 다름이 아니고, 다만 곧 사사로운 마음으로 다투는 것이고, 영은 곧 읍의 장이니, 만약 능히 부형을 섬기는 도리로써 이를 섬겨서 허물인즉 자기에게 돌아오게 하고, 착한 일인 즉 오직 영(令)에게 돌아가지 아니할까 두려워하여 이 성의를 쌓으면 어찌 사람에게 사랑을 받고 감동하지 않겠는가?" 하였다.

{**語義**} ○或(혹) : 여기서는 어떤 사람. ○簿(부) : '令' 다음 가는 벼슬아치. ○令(영) : 읍의 장. '簿'의 위에 해당하는 벼슬아치. ○所>欲>爲(소욕위) : 하고자 하는바. ○奈何(내하) : 어찌할 것인가? ○伊川先生(이천선생) : 생졸 1033~1107. 성은 정(程), 이름은 이(頤)이다. 송나라의 대유(大儒). 명도선생(明道先生), 곧 호(顥)의 아우. 주렴계(周濂溪)의 제자임. 저서에는 《역전(易傳)》 4권·《이천문집(伊川文集)》 8권·《경설(經說)》 8권·《이정전서(二程全書)》가 있다. ○誠意(성의) : 정성스러운 마음. ○只是(지시) : 다만 이것임. 다름이 아니고 이것일 뿐. ○私意(사의) : 사사로운 뜻. ○唯恐(유공) : 오직 …할까 두려움. ○得>人(득인) : 남에게 사랑을 받음.

{意譯} 어떤 사람이 정이천 선생에게 물었다. "부라는 것은 영을 돕는 것인데, 부가 하고자 하는 바를 영이 혹 듣지 않는다면 어떻게 합니까?" 하니, 정이천 선생이 대답하여 말했다. "마땅히 성의로 영을 감동시킬 것이다. 지금 영이 부와 서로 맞지 않는 것은 다름이 아니고 사사로운 마음으로 다투는 것인데, 영은 한 고을의 어른이니 부는 부형을 섬기는 도리로 섬겨서, 만일 잘못이 있으면 이것은 자기가 잘못한 것으로 만들고, 잘한 것이 있으면 그것은 영에게로 돌아가지 않을까 염려하여 영에게 돌려서 이 같은 성의를 쌓고 보면 어찌 남에게서 사랑을 받고 감동하지 않을 수가 있겠는가?"

{餘說} 송나라의 대유인 정이천 선생에게 어떤 사람이 '簿'와 '令'의 불화에 대한 질문에 선생의 대답을 적은 대문이다.

13-007/ 얼굴색이 다른 사람과는 서로

童蒙訓曰。凡異色人。皆不宜與之相接。巫祝尼媼之
동 몽 훈 왈   범 이 색 인   개 불 의 여 지 상 접   무 축 니 온 지
類。尤宜罷。絶要。以淸心省事爲本。
류   우 의 파   절 요   이 청 심 생 사 위 본

{讀法} 童蒙訓에 曰, 凡異色人은 皆不>宜2與>之相接1하며, 巫祝尼媼之類는 尤宜>罷하나니, 絶要는 以2淸心1으로 省>事爲>本이니라.

...

{直譯} 《동몽훈》에 말하기를, "무릇 이색의 사람과는 모두 마땅히 그들과 서로 접촉하지 않으려 하며, 무당과 늙은 할미 중 따위와는 더욱 마땅히 그만두어야 하나니, 절대로 필요한 것은 깨끗한 마음으로써 어릴 때부터 일을 줄이는 것을 근본으로 삼을 것이다." 하였다.

{語義} ㅇ《童蒙訓(동몽훈)》 : 앞의 〔13-003〕 조목에 나왔음. ㅇ異色人(이색인) : 이색인종(異色人種). 피부의 빛깔에 따른 인종의 구별. 다른 인종을 가리킴. ㅇ相接(상접) : 서로 교접함. 서로 가까이함. ㅇ巫祝(무축) : 신을 섬기어 제사(祭事)·신사(神事)를 관장하는 사람. 무당. '巫'는 원래는 여자 무당만을 가리키는 글자였으나, 지금은 남녀를 구별 않고 쓰임. 남자 무당은 '覡(박수 격)'이라 함. ㅇ尼媼(니온) : 늙은 여중. 할미 중. '尼'는 여자 중. '媼'은 할미. ㅇ罷(파) : 그만둠. 물리침. ㅇ絶要(절요) : 절대로 필요함. ㅇ省事(생사) : 일을 줄임.

{意譯} 《동몽훈》에 말했다. "피부 빛깔이 같지 않은 다른 인종과는 모두 그들과 서로 가까이 접촉하기를 싫어하며, 무당과 할미 중의 무리와는 더욱 마땅히 물리치나니, 그러나 절대로 필요한 것은 깨끗한 마음을 가지고 일을 줄이는 것을 근본으로 삼는 것이다."

{餘說} 모색(毛色)이 다른 이민족과의 접촉은 누구나 싫으며, 또 무당이

나 할미 중도 가까이하기 싫은 것이다. 필요한 것이 있다면, 맑은 마음을 가지고 일을 줄이는 것을 근본으로 삼는 것이다.

13-008/ 백성을 다스릴 때는

劉安禮問臨民。明道先生曰。使民各得輸其情。問御
유 안 례 문 임 민　명 도 선 생 왈　사 민 각 득 수 기 정　문 어

吏。曰。正己以格物。
리　왈　정 기 이 격 물

{讀法} 劉安禮ㅣ 問2臨民1한데 明道先生이 曰, 使>民으로 各>得輸2 其情1이니라. 問2御吏1한데 曰, 正>己以格>物이니라.

• • •

{直譯} 유안례가 백성 다스리는 것을 물었는데, 정명도 선생이 말하기를, "백성으로 하여금 각각 그 정성을 다할 수 있게 하는 것이다." 하였다. 아전을 거느리는 것을 물었는데, 말하기를, "자기 몸을 바르게 하고 이로써 모든 물건을 바로잡을 것이다." 하였다.

{語義} ○劉安禮(유안례) : 북송(北宋) 때 사람으로, 자는 원소(元素)다. 형 안절(安節)에게서 학문을 배우고 많은 책을 읽었다 함. ○臨>民(임민) : 백성을 다스림. 여기서 '臨'은 治의 뜻임. ○得(득) : 여기서 '得'은 能의 뜻으로,

'할 수 있음'. ○ 輸(수) : 여기서는 '다하다'는 뜻임. ○ 其情(기정) : 그 생각. 그 사정. ○ 御＞吏(어리) : 아전을 거느림. ○ 格＞物(격물) : 주자학에서는 사물의 이치를 연구함. 양명학에서는 사물에 의지가 있다고 보아 그에 의해서 마음을 바로잡음.

{意譯} 유안례가 정명도 선생에게 백성을 다스리는 법을 물었는데, 정명도 선생이 이 물음에 대답하여 말했다. "백성으로 하여금 각자가 그 정성을 다할 수 있게 할 것이다." 아전 거느리는 법을 물었는데, 이에 대답하여 말했다. "먼저 자기 몸을 바르게 함으로써 모든 물건을 바로잡게 할 것이다."

{餘說} 이 내용은《근사록 · 제10권 · 정사(政事)》에 나온다.

13-009/ 조정에서는 아마도

韓魏公問。明道先生說。立朝大槩。前面路。子放教
한 위 공 문　명 도 선 생 설　입 조 대 개　전 면 로　자 방 교
寬。若窄時。異日知自家無轉側處。
관　약 착 시　이 일 지 자 가 무 전 측 처

{讀法} 韓魏公이 問₂明道先生₁하니 說하대 立＞朝大槩前面路를 子는 放＞教＞寬하나니, 若₂窄時₁엔 異日知₂自家無＞轉₂側處₁하라.

● ● ●

{直譯} 한위공이 명도 선생[정호(程顥, 1032~1085)]에게 물으니, 명도 선생이 말하기를, "조정에서는 아마도 전면의 길을 그대는 넓혀 여유 있게 해야 한다. 만약 입지가 좁아지면 뒷날 자기 몸을 뒤척일 곳도 없음을 알리라."고 하였다.

{語義} ㅇ 韓魏公(한위공) : 한기(韓琦). 생졸 1008~1075. 위공(魏公)은 위국공(衛國公)으로 봉호(封號)이다. 송나라의 안양(安陽) 사람. 자는 치규(稚圭). 국화(國華)의 아들. 호는 공수(贛叟)·안양송수(安陽臲叟). 시호는 충헌(忠獻). 천성(天聖) 때의 진사. 벼슬은 처음 장작감승(將作監丞). 조원호(趙元昊)가 반역(反逆)하여 추밀직학사(樞密直學士)에 나감. 이어 섬서경략안무초토사(陝西經略安撫招討使). 범중엄(范仲淹)과 함께 병간(兵間)에 오래 있어, 이름이 한때 존중되어 한범(韓范)으로서 천하에 일컫게 되었다. 서하(西夏)가 반역(反逆)하자 섬서를 경략하고, 드디어 원호로 하여금 신(臣)이라 일컫게 하여 이름이 중외(中外)에 떨치고 불리어 추밀부사(樞密副使)가 되었다. 가우중(嘉祐中) 동중서문하평장사(同中書門下平章事). 영종(英宗) 때 우복야(右僕射). 신종(神宗) 때 사도(司徒), 겸시중(兼侍中), 천자박충(天資樸忠), 식량대위(識量大偉). 가우(嘉祐)·치평(治平) 사이에 대책을 결정하여 사직(社稷)을 편안히 하였음. 서실(書室)을 압구정(狎鷗亭)·서금당(書錦堂)·취백당(醉白堂)·열고당(閱古堂)·양진정(養眞亭)이라 한다. ㅇ 說(설) : 말하다. ㅇ 立>朝(입조) : 조정에 나가 관리가 됨. ㅇ 大槩(대개) : 아마도. '槩'는 '概'와 같음. ㅇ 放(방) : 내치다. ㅇ 敎(교) : '슾'과 뜻이 같음. …으로 하여금 …하게 하다. ㅇ 窄(착) : 좁다. 곤란하다. ㅇ 轉側(전측) : 전전반측(輾轉反側). 몸을 뒤척임.

한(韓)나라 위국공이 정명도 선생에게 질문하였는데, 명도 선생이 말하기를, "조정에 나아가서는 아마도 앞의 길을 그대는 넓고 관대하게 하여, 그렇지 않으면 만약 곤란할 때 뒷날 자기 몸을 뒤척거릴 곳이 없음을 알려야 한다."고 하였다.

{餘說} 명도(明道) 선생 정호(程顥)의 말이라 하나 출처를 찾을 수 없다.

13-010/ 가르치지 않고서 죽이는 것을

子曰。不敎而殺。謂之虐。不戒視成。謂之暴。慢令致
자 왈 불 교 이 살 위 지 학 불 계 시 성 위 지 포 만 령 치

期。謂之賊。
기 위 지 적

{讀法} 子ㅣ 曰, 不>敎而殺을 謂2之虐1이오. 不>戒視>成을 謂2之暴1요, 慢>令致>期를 謂2之賊1이니라.

• • •

{直譯} 공자께서 말씀하시기를, "가르치지 않고서 죽이는 것을 이를 잔학이라고 한다. 경계하지 않고서 잘못된 결과만을 따지는 것을 이를 포악이라 한다. 명령을 소홀히 하고 시기에 닿도록 하는 것을 이를 적해라고 한다." 하셨다.

{意譯} 공자께서 말씀하셨다. "백성이 정도를 밟지 않고, 사도를 밟아 헤매는 태반의 책임은 위정자인 군자가 백성을 교화시키지 않은 결과이다. 이같이 군자가 평소 백성을 교화치 않고서, 죄를 범한 후에 그 백성을 죽이는 방법, 이것을 학(虐)이라 한다. 또 무슨 일을 백성에게 명할 경우는 평소에 이에 대하여 경고하고 계고(戒告)해서 주의를 촉진시키면 자연 성적도 올라가는 것을, 그 평소의 계고를 게을리하고 있다가 갑자기 성적을 제고(提高)하라고 백성에게 다그치는 방법, 이것을 포(暴)라 한다. 다음에 명령을 완만히 해놓고 있으면서 그 최후의 기한을 엄중히 책해 세운다. 이것을 적(賊)이라 한다."

{餘說} 이 대문은《논어 · 요왈편(堯曰篇) · 제2장》의 끝부분의 글이다.

13-011/ 곧은 사람을 등용하여

子曰。舉直錯諸枉。能使枉者直。
자 왈 거 직 조 저 왕 능 사 왕 자 직

{讀法} 子ㅣ 曰, 舉>直錯2諸枉1이면, 能使2枉者直1이니라.
• • •

{直譯} 공자께서 말씀하시기를, "곧은 사람을 등용하여 이를 굽은

사람들 위에 놓으면, 능히 굽은 사람을 곧게 만들 수 있다.” 하셨다.

{語義} ○ 擧>直錯2諸枉1(거직조저왕) : 속언(俗諺)에, 곧고 평평한 재목을 굽고 뒤틀린 재목 위에 늘려놓으면, 어느 사이에 굽고 뒤틀린 재목이 곧고 평평하여진다는 것으로, 사람도 곧은 사람을 등용해서 굽은 사람 위에 놓으면, 어느 사이에 굽은 사람이 곧은 사람이 된다는 것이다. ‘錯(조)’는 뜻이 ‘置(치)’로서 ‘措(조)’와 통용된다. ‘枉’은 曲이다.

{意譯} 공자께서 말씀하셨다. “속언(俗諺)에 ‘곧고 평평한 재목으로 굽고 뒤틀린 재목 위에 늘러 놓으면, 어느 사이엔가 굽고 뒤틀린 재목은 곧고 평평하게 된다.’는 말이 있으나, 그 방법을 채용해서 곧은 사람을 등용해서 굽은 사람들 위에 놓으면 능히 굽은 사람을 곧게 만들 수가 있다.”

{餘說} 이 대문은《논어 · 안연편 · 제22장》에 있는 글이다. 곧은 사람을 등용해서 곧지 못한 사람, 곧 굽은 사람 위에 놓으면 굽은 사람도 곧게 할 수 있다는 것이다.

13-012/ 굽은 사람을 등용해서

子曰。擧直錯諸枉則民服。擧枉錯諸直則民不服。
자 왈 거 직 조 저 왕 즉 민 복 거 왕 조 저 직 즉 민 불 복

{讀法} 子ㅣ 曰, 擧>直錯2諸枉1, 則民服하고, 擧>枉錯2諸直1, 則民不>服이니라.

• • •

{直譯} 공자께서 말씀하시기를, "곧은 사람을 등용해서 이를 굽은 사람 위에 놓으면 백성들이 심복하고, 굽은 사람을 등용해서 이를 곧은 사람 위에 놓으면 백성들이 심복하지 않는다." 하셨다.

{語義} ○擧>直(거직) : 곧은 사람을 등용하다. 정직한 사람을 높이 쓰다. ○錯(조) : 놓다. 치(置)와 같은 뜻. ○諸(저) : '之於' 의 줄임말. ○枉(왕) : 사악한 사람. 굽은 사람. 굽은 것을 곧은 것 밑에 놓는다는 것은, 원래는 판재(板材)를 평평히 하는 방법을 말한 것이나 당시 일반적인 속담이었다. ○民服(민복) : 백성들이 복종하다. 백성들이 심복하다.

{意譯} 공자께서 말씀하셨다. "판재(板材)를 평평히 할 때의 비유를 들으시어, 곧고 평평한 판재를 들어올려, 굽고 뒤틀린 판재 위에 놓고서 눌러대듯이, 정직한 사람을 등용해서 부정직한 사람 위에 놓으면 백성들은 심복한다. 이와 반대로 부정직한 사람을 등용해서 정직한 사람 위에 놓는 것과 같은 짓을 한다면 백성들은 심복하지 않는다."

{餘說} 이 대문은《논어 · 위정편 · 제19장》에 있는 말로, 노나라의 애

공(哀公)이 어떻게 하면 백성들이 심복할 수 있느냐는 질문에 공자께서 대답하신 말씀이다.

13-013/ 몸이 바르면 명령하지 않아도

子曰。其身正。不令而行。其身不正。雖令不從。
자 왈 기 신 정 불 령 이 행 기 신 부 정 수 령 부 종

{讀法} 子ㅣ 曰, 其身이 正이면, 不>令而行하고, 其身이 不>正이면, 雖令不>從이니라.

• • •

{直譯} 공자께서 말씀하시기를, "그 몸이 바르면 명령하지 않아도 행하고, 그 몸이 바르지 않으면 비록 명령하나 복종하지 않는다." 하셨다.

{語義} ○ 不>令而行(불령이행) : 명령을 발하지 않아도 만사가 수행된다.

{意譯} 공자께서 말씀하셨다. "위정자 자신의 몸가짐이 바르면 특히 명령을 발하지 않아도 정치가 잘 행해지고, 위정자 자신의 몸가짐이 바르지 못하면 아무리 명령을 발하여도 백성들은 복종하

지 않는다."

{餘說} 이 대문은 《논어 · 자로편 · 제6장》의 글이다. 《논어》의 〈안연
편 · 제17장〉과 〈자로편 · 제13장〉 등과 같이 위정자 자신이 솔선해서
몸가짐이 바르지 않으면 정치가 행해지지 않는다는 것이다.

13-014/ 말이 성실하고 신용이 있으면

子曰。言忠信。行篤敬。雖蠻貊之邦。行矣。言不忠信。
자 왈 　언 충 신 　행 독 경 　수 만 맥 지 방 　행 의 　언 불 충 신

行不篤敬。雖州里。行乎哉。
행 불 독 경 　수 주 리 　행 호 재

{讀法} 子ㅣ 曰, 言忠信하며, 行篤敬이면, 雖2蠻貊之邦1이라도 行矣어
니와, 言不2忠信1하며 行不2篤敬1이면, 雖2州里1나 行乎哉아?

• • •

{直譯} 공자께서 말씀하시기를, "말이 성실하고 신용이 있으며 행
동이 진지하고 조심스러우면 비록 미개한 야만인들의 나라에서라
할지라도 행해지거니와 말이 성실하지 못하고 믿음직스럽지 못하
며 행동이 진지하지 못하고 조심스럽지 못하다면 비록 향리라 하
나 행해지겠느냐?" 하셨다.

{語義} ○言忠信(언충신) : ‘忠’은 말한 말이 입과 마음이 일치해 있는 것이고, ‘信’은 일단 말한 말은 결코 어기지 않는다는 것이다. ○行篤敬(행독경) : ‘篤’은 만사가 돈후하여 인정미가 있는 것이고, ‘敬’은 일을 행함에 조심성이 깊고 허수히 하지 않는 것이다. ○蠻貊(만맥) : ‘蠻’은 남만(南蠻), ‘貊’은 북적(北狄)을 이른다. 오랑캐. 미개민족(未開民族). ○州里(주리) : ‘州’는 2,500가(家), ‘里’는 25가(家)를 가리켜 말한다. 가깝고 작은 향당(鄕黨)의 뜻이다.

{意譯} 공자께서 말씀하셨다. “한 말이 진실이 있고 행하는 행동이 돈후하며 공손하면, 원방(遠方)의 야만국에 있어서도 반드시 행해질 것이다. 이에 반하여 한 말이 진실미가 없고, 행동이 돈후하지 않으며 공손하지 않으면, 가까운 향당에서도 그 도가 행해질 까닭이 없다. 요컨대 우리 도가 행해지느냐 않느냐는 그 사람의 언행 여하에 있는 까닭으로, 이 ‘言忠信·行篤敬’의 여섯 글자는 어떠한 경우도 나와 서로 떨어져 있는 것을 허락지 않는 마음가짐이 중요한 것이다. 예컨대 자기가 서 있을 때는 언제나 이 여섯 글자의 교훈이 눈앞에 늘어져 있는 것을 보는 것과 같은 마음가짐이고, 또 수레에 타고 있으면 그 여섯 글자가 수레의 멍에에 의지해 있는 것을 보는 것과 같은 마음가짐으로 있다. 이같이 상주좌와(常住坐臥), 그 일에 마음을 써서 행함으로써 우리 도가 행해지게 될 것이다.”

{餘說} 이 대문은《논어·위령공편·제5장》에 있는 말이다. 자장(子張)이 행해지는 것에 관하여 공자에게 질문한 글의 답이다. 아마 ‘진(陳)나라에 계셨을 때의 일일 것이다.’ 라고 옛사람들은 말하고 있다.

인도(仁道)나 이상(理想)을 실현시키기 위해서는 성실하고 경건한 언행을 해야 한다고 가르치신 것이다.

13-015/ 지위가 높은 사람은

子貢曰。位尊者。德不可薄。官大者。政不可欺。
자 공 왈 위 존 자 덕 불 가 박 관 대 자 정 불 가 기

{讀法} 子貢이 曰, 位尊者는 德不>可>薄이오, 官大者는 政不>可>欺니라.

• • •

{直譯} 자공이 말하기를, "지위가 높은 사람은 덕이 박할 수 없고, 벼슬이 큰 사람은 정사를 속일 수 없다." 하였다.

{語義} ○子貢(자공) : 공자의 제자. 성은 단목(端木), 이름은 사(賜), 위(衛)나라 사람. 공자보다 31세 연소하다. 언어에 뛰어났으며 노나라와 위나라에서 외교활동을 성공적으로 한 일도 있다. ○位尊者(위존자) : 지위가 높은 사람. ○德不>可>薄(덕불가박) : 덕이 얇을 수 없다. ○官大者(관대자) : 벼슬이 큰 사람. 관직이 높은 사람. ○政不>可>欺(정불가기) : 정사를 속일 수 없다.

{意譯} 자공이 말했다. "남보다 높은 지위에 있는 사람은 자기의

지위를 생각해서라도 박덕할 수 없고, 남보다 벼슬이 높은 사람은 그 직위를 생각해서라도 정사를 속일 수 없다."

{餘說} 자공의 말로 인용되어 있으나 출전을 알 수 없다. 높은 지위에 있는 자는 덕이 두터워야 하고, 벼슬이 큰 자는 정사를 정직하게 해야 한다는 뜻이다.

13-016/ 공자께서 자산을 평하시기를

子謂子産。有君子之道。四焉。其行己也恭。其事上
자 위 자 산 유 군 자 지 도 사 언 기 행 기 야 공 기 사 상
也敬。其養民也惠。其使民也義。
야 경 기 양 민 야 혜 기 사 민 야 의

{讀法} 子ㅣ 謂2子産1하시되, 有2君子之道ㅣ 四1焉이니 其行>己也ㅣ 恭하며, 其事>上也ㅣ 敬하며, 其養>民也ㅣ 惠하며, 其使民也ㅣ 義니라.

• • •

{直譯} 공자께서 자산을 평하셨는데, "군자의 도 네 가지를 지니고 있었으니, 그의 몸가짐은 공손하였으며, 그의 윗사람을 섬김은 공경스러웠으며, 그의 백성을 보양함은 자혜로웠으며, 그의 백성을 부림은 의로웠다." 하셨다.

{語義} ○子産(자산) : 정(鄭)나라 목공(穆公)의 손자, 대부 공손교(公孫僑). 자산은 그의 자(字). 공자 31세 때 죽었다. 내정(內政) 외교(外交) 양면에 걸쳐 정나라를 위하여 헌신하고 명재상이라고 신망을 샀다. 공자께 적지 않은 영향을 미친 것으로 보인다. ○行>己(행기) : 자기의 몸가짐. 처신(處身). 행실(行實). ○恭(공) : 공손. 겸손. ○事>上(사상) : 윗사람을 섬기다. ○敬(경) : 공경. 성실근직(誠實謹直)함. ○養>民(양민) : 백성을 보양하다. ○惠(혜) : 자혜(慈惠). ○使>民(사민) : 백성을 사역(使役)하다.

{意譯} 공자께서 정나라 대부 자산을 비평하셨는데, "자산에게는 군자의 도가 네 가지나 갖추어 있었다. 즉 그는 자기의 처신을 공손히 하며, 임금을 섬기는 데는 공경하는 마음을 다한다. 백성을 보양하는 데는 자혜가 깊다. 백성을 사역하는 경우에는 도에 적합한 방법으로 한다. 이 네 가지의 덕이 있다."고 하셨다.

{餘說} 자산(子産)은 B.C. 554년에 약소국 정나라의 재상으로 취임하여 40여 년에 걸쳐 정간공(鄭簡公)부터 4대를 역임하였다. 당시 중원에는 춘추시대의 부족적(部族的)인 여러 국가에 자산을 위시하여 제나라의 안영(晏嬰), 진(晉)나라의 숙향(叔向) 등 현인들이 정치를 담당한 철인정치시대를 이룩하여 공자의 군자가 정치 참여를 해야 한다는 주장에 맞는 시대상이었다. 자산은 처음으로 법률을 제정한 중국 성문법(成文法)의 시조였으며 은대(殷代) 이래의 주술적(呪術的) 제정(祭政)을 인간적 합리주의로 대체하는 데 공이 컸다.
　　이 대문은《논어 · 공야장편 · 제16장》에 있는 글이다.

13-017/ 자장이 공자께 인에 대해 여쭈니

子張問仁於孔子。孔子曰。恭則不侮。寬則得衆。信
자 장 문 인 어 공 자 공 자 왈 공 즉 불 모 관 즉 득 중 신

則人任焉。敏則有功。惠則足以使人。
즉 인 임 언 민 즉 유 공 혜 즉 족 이 사 인

{讀法} 子張이 問>仁2於孔子1한데. 孔子ㅣ 曰, 恭則不>侮하고, 寬則
得>衆하고, 信則人任焉하고, 敏則有>功하고, 惠則足2以使1>人이니라.

• • •

{直譯} 자장이 공자께 인에 관해서 여쭈어보았는데, 공자께서 말씀
하시기를, "공손하면 모욕을 당하지 않고, 관대하면 많은 사람을
얻고, 신의가 있으면 남이 일을 맡기고, 민첩하면 공을 세우고, 은
혜로우면 이로써 사람을 부리는 데 족할 것이다." 하셨다.

{語義} ㅇ子張(자장) : 공자의 제자. 성은 전손(顓孫), 이름은 사(師), 자가 자
장(子張). 공자보다 48세 연소하다. 진(陳)나라 사람. 후기 문인(門人)의 대표
적 인물. 동문의 자유(子游), 증자(曾子)로부터 내실(內實)이 부족하다고 비판
받았으며 공자께서는 지나치다고 평하셨다. ㅇ恭(공) : 공손. ㅇ不侮(불모) :
모욕을 받지 않음. ㅇ寬(관) : 관대(寬大). ㅇ得>衆(득중) : 많은 사람이 자연
히 모여듦. ㅇ人任(인임) : 남이 일을 맡김. ㅇ敏(민) : 민첩(敏捷). 민활(敏活).
ㅇ有>功(유공) : 공적이 올라감. ㅇ惠(혜) : 은혜로움. ㅇ使>人(사인) : 백성을
사역(使役)함. 인민을 부림.

{意譯} 자장이 "어떠한 도를 행해야 인입니까?" 하고 공자께 질문하였다. 공자께서 말씀하셨다. "윗자리에 있는 사람이 처신을 공손히 하면 아랫사람이 윗사람을 경멸하는 일이 없다. 윗사람이 관대하면 많은 사람이 자연 모여든다. 윗사람의 언행이 신실하면 백성은 다 안심하고 그 사람에게 일을 맡긴다. 윗사람이 무슨 일을 민첩하게 처리해 나가면 성적이 오른다. 윗사람이 은혜로우면 자연 백성도 윗사람을 위하여 노고하는 것을 싫어하지 않아 인민을 사역할 수 있게 된다. 이같이, 이 오덕(五德)의 실행에 의하여 이르는 곳마다 백성은 편안하고 나라는 안정되므로, 이것이 즉 인도이다."

{餘說} 이 대문은 《논어·양화편·제6장》의 후반부에 있는 글이다. 이 장에서는 인도에 대하여 덕목(德目)을 드시고 다음에 그 덕목에 따라 나열적으로 설명하셨다. 이 대문은 《논어》의 문체와 같지 않다는 의견이 있는데, 주자는 그의 집주(集註)에 이씨(李氏)의 말을 인용하고 있다. "此章與2 六言六蔽1와 五美四惡之類는 皆與2前後文體1가 大不2相似1라" 하였다.

아무튼 이 '오조목(五德目)'을 모두 실행하는 것이 인(仁)이라 하시며, 인인상(仁人像)을 설정 교시하셨다.

13-018/ 군자는 은혜롭고 낭비하지 않으며

　子曰。君子。惠而不費。勞而不怨。欲而不貪。泰而不
　자왈 군자 혜이불비 노이불원 욕이불탐 태이불

驕。威而不猛。
교 위이불맹

{讀法} 子ㅣ 曰, 君子ㅣ 惠而不>費하며, 勞而不>怨하며, 欲而不>貪하며, 泰而不>驕하며, 威而不>猛이니라.

• • •

{直譯} 공자께서 말씀하시기를, "군자는 은혜로우면서도 낭비하지 않으며, 힘이 들면서도 원망하지 않으며, 원하면서도 탐내지 않으며, 태연하면서도 교만하지 않으며, 위엄스러우면서도 사납지 않다." 하셨다.

{語義} ○惠而不>費(혜이불비) : 은혜로우면서도 낭비하지 않는다. 백성에게 재물 등을 혜시(惠施)하지만 낭비하지 않는다. ○勞而不>怨(노이불원) : 백성을 노역에 종사시켜도 의리에 맞으면 그들이 심복하여 원망을 사지 않는다. ○欲而不>貪(욕이불탐) : 군자는 욕망은 있어도 그렇다고 해서 남의 것을 탐내지 않는다. ○泰而不>驕(태이불교) : 군자는 태도가 태연하지만 그렇다고 해서 교만하지 않다. ○威而不>猛(위이불맹) : 군자는 자연히 갖추어진 위엄이 있지만 그렇다고 해서 사납지 않다.

{意譯} 공자께서 말씀하셨다. "군자는 백성에 대하여 은혜가 깊으나, 그렇다고 해서 자기의 부를 함부로 낭비하는 일이 없다. 또 군자는 백성에게 노고를 명하여 일을 시키지만, 그로 해서 백성으로부터 원망을 사는 일이 없다. 또, 군자는 욕망을 가지고는 있지만, 그렇다고 해서 남의 것을 탐구하는 일이 없다. 또, 군자는 그 태도

가 태연하고 크지만, 그렇다고 해서 남에게 교만 떠는 일이 없다. 또, 군자는 자연히 갖추어진 위엄은 있지만, 그렇다고 해서 남을 해치는 사납고 강함이 없다."

{餘說} 이 대문은 《논어 · 요왈편 · 제2장》에 있는 일부분의 글이다. 처음의 '惠而不>費'와 '勞而不>怨'의 두 구는 백성을 다스릴 경우의 직접의 계고(戒告)이고, 이하의 세 구는 정치에 임하는 사람의 마음가짐, 혹은 태도이지만, 그 마음가짐, 태도가 갖추어졌을 때 자연 백성을 다스리는 것이 될 수 있으니까 이것을 합하여 정치에 종사하는 경우의, 즉 《논어》에 있는 '오미(五美)'라고 말씀하신 것이다.

13-019/ 임금에게

> 孟子曰。責難於君。謂之恭。陳善閉邪。謂之敬。吾君
> 맹 자 왈 책 난 어 군 위 지 공 진 선 폐 사 위 지 경 오 군
> 不能。謂之賊。
> 불 능 위 지 적

{讀法} 孟子ㅣ 曰, 責>難2於君1을 謂>之恭이오, 陳>善閉>邪를 謂>之敬이오, 吾君不>能을 謂>之賊이라.

• • •

{直譯} 맹자께서 말씀하시기를, "임금에게 어려운 일을 책하는 것

을, 이를 일러 공손하다 하고, 선한 것을 늘어놓고 사악한 것을 막는 것을, 이를 일러 '공경스럽다' 하고, 우리 임금이 능하지 못한 것을, 이를 일러 '적해(賊害)한다'고 이른다." 하셨다.

{語義} ○責>難2於君1을 謂>之恭(책난어군위지공) : 임금에게 선왕의 도를 실천하는 어려운 일을 해내도록 권면하고 책하는 것은 일견 오만무도한 것 같으나 공손하다고 한다는 말. 임금이 유능하다고 보기 때문에 임금에게 어려운 일을 하라고 책하는 것으로, 그렇게 하는 신하는 결국 임금을 높이 평가하는 것이 되기 때문에 진정한 의미의 공손한 신하라고 하겠다. ○敬(경) : 임금을 공경하는 신하. ○賊(적) : 임금을 해치는 나쁜 신하.

{意譯} 맹자께서 말씀하셨다. "임금에게 어려운 일을 책하는 것을 공손하다 하고, 선한 것을 펼쳐놓고 사악한 것을 막는 것을 '공경스럽다' 하고, 우리 임금은 해내지 못한다고 하는 것은 '적해(賊害)한다'고 한다."

{餘說} 나라를 다스리는 임금은 오직 어질고 착하기만 해서는 바른 정치를 할 수 없고 선왕(先王)의 도에 따라 나라를 다스려야 한다는 것이다.

13-020/ 나무는 먹줄로 곧게 하고

書云。木以繩直。君以諫正。
서 운 목 이 승 직 군 이 간 정

{讀法} 書에 云, 木은 以>繩으로 直하고, 君은 以>諫으로 正하나니라.

. . .

{直譯}《서경》에 이르기를, "나무는 먹줄을 맞음으로써 곧아지고, 임금은 간언을 받음으로써 바르게 된다." 하였다.

{語義} ㅇ《書(서)》:《서경(書經)》.《삼경》의 하나. ㅇ繩(승) : 먹줄. ㅇ諫(간) : 임금이나 웃어른의 잘못을 충고하는 것.

{意譯} 서경에 말했다. "나무는 먹줄을 퉁기어 그대로 깎으면 곧고, 임금은 신하의 충고를 받아들이어 그대로 행하면 바르게 된다."

{餘說} 나무가 먹줄을 맞아 그대로 깎으면 곧듯이, 임금도 신하의 간언을 받아들이면 바르게 된다는 것이다.

13-021/ 형벌을 맞더라도

抱朴子云。迎斧鉞而正諫。據鼎鑊而盡言。此謂忠臣
포 박 자 운　영 부 월 이 정 간　거 정 확 이 진 언　차 위 충 신

也。
야

{讀法} 抱朴子에 云, 迎2斧鉞1而正諫하며, 據2鼎鑊1而盡>言이면, 此
謂2忠臣1也니라.

• • •

{直譯}《포박자》에 이르기를, "형벌을 맞더라도 곧게 임금의 잘못
을 말하며, 큰 가마솥에 삶아 죽이는 형(刑)에 처하는 일을 당하더
라도 꺼리지 않고 말을 다 하면 이것을 충신이라 이른다." 하였다.

{語義} ○《抱朴子(포박자)》: 진(晉)나라 갈홍(葛洪)이 지은 책. 내외 두 편으
로 되었음. 〈내편〉은 신선수련(神仙修練)의 일, 〈외편〉은 시세(時世)의 득실
과 인사의 시비 등을 논하여 있다. ○斧鉞(부월) : ① 작은 도끼와 큰 도끼.
옛날 형벌에 쓰이던 도끼임. 전하여 정벌(征伐). ② 형벌. ○正諫(정간) : 곧
게 임금의 잘못됨을 말함. ○據(거) : 처함. 處也. ○鼎鑊(정확) : '鼎'은 세 발
의 깊은 솥이고, '鑊'은 크고 발이 없는 솥. 큰 가마솥. 옛날에는 고기를 삶
는 데 쓰이다가 뒤에 사람을 형벌하는 기구로 삼음. ○盡>言(진언) : 꺼리지
않고 말을 다함. 자세히 빼지 않고 다 말함.

{意譯} 《포박자》에 말했다. "형벌을 맞아 죽는 일이 있더라도 곧게 임금의 잘못을 간할 것이며, 큰 가마솥에 삶아 죽이는 형벌에 처함을 당하더라도 꺼리지 않고 할 말을 다하면, 이것을 충성스러운 신하라 이를 것이다."

{餘說} 이 대문을 분석하면 다음과 같다.

抱朴子에 云, ─┬─ 迎2斧鉞1而正諫하며, ─┬─ 此謂2忠臣1也니라.
　　　　　　　└─ 據2鼎鑊1而盡>言이면 ─┘

13-022/ 충신은 죽는 것을 두려워하지 않고

忠臣不怕死。怕死不忠臣。
충 신 불 파 사 　 파 사 불 충 신

{讀法} 忠臣은 不>怕>死하고, 怕>死는 不2忠1臣이니라.

• • •

{直譯} 충신은 죽는 것을 두려워하지 않고, 죽는 것을 두려워하는 것은 충신이 아니다.

{語義} ○怕(파) : 두려워하다. 무서워하다.

{意譯} 충신은 충절을 지키기 위하여 죽는 것을 두려워하지 않고, 죽는 것을 두려워 하면은 충신이 못된다.

{餘說} '忠則盡>命〔충성스러우면 목숨을 바친다.〕'이라 했으니, 죽음을 두려워하고서야 어찌 충신이 되랴. 이 대문은 바로 그런 말이다. 원(元)나라 양재(楊梓)의《예양탄탄(豫讓呑炭)》제1절(折)에 나오는 구절이다.

13-023/ 옛사람의 언행을 본받게 되면

顧東橋先生座側銘。言行擬之古人。則德業進。功名
고 동 교 선 생 좌 측 명　언 행 의 지 고 인　즉 덕 업 진　공 명

付之天命。則心事閒。報應念及子孫。則治政公。受享
부 지 천 명　즉 심 사 한　보 응 념 급 자 손　즉 치 정 공　수 향

慮及疾病。則費用儉。
려 급 질 병　즉 비 용 검

{讀法} 顧東橋先生座側銘에 言行을 擬>之2古人1하면 則德業이 進하고, 功名을 付>之2天命1하면 則心事가 閒하고, 報應이 念>及2子孫1하면 則治政가 公하고, 受享이 慮>及2疾病1하면 則費用이 儉이니라.

• • •

{直譯} 〈고동교(顧東橋) 선생 좌측명(座側銘)〉에, "언행을 옛사람을 본받게 되면 곧 덕업이 진보하게 될 것이며, 공명(功名)을 하늘의 뜻에 맡겨 두면 곧 마음이 편안해질 것이며, 인과응보가 자손에까

지 미친다는 것을 생각하면 치정(治政)이 공평해지고, 받아 누리는 것이 질병에 미친다는 것을 염려하면 씀씀이가 검소(儉素)할 것이다."하였다.

{語義} ○顧東橋(고동교) : 고린(顧璘, 1476~1545)으로, 자는 화옥(華玉), 호는 동교(東橋)·식원(息園)이고, 소주(蘇州) 출생이다. 어릴 때부터 시에 능해 같은 고장의 진기(陳沂)·왕위(王韋)와 '금릉삼준(金陵三俊)', 여기에 주응등(朱應登)을 더하여 '사대가(四大家)'로 일컬어졌다. 만년에는 은퇴하여 친구들과 시문을 즐기며 여생을 보냈다. 저서로는 《부상집(浮湘集)》·《산중집(山中集)》·《빙궤집(憑几集)》·《식원시문고(息園詩文稿)》 등이 있다. ○左側銘(좌측명) : 좌우명(座右銘)과 같다. ○擬(의) : 헤아리다. ○德業(덕업) : 덕스러운 사업이나 업적. 덕행(德行)과 공업(功業). ○功名(공명) : 공로(功勞)와 명성(名聲). 공을 세워 얻은 명성. ○報應(보응) : 인과(因果)에 의해 얻어지는 복과 재앙. ○治政(치정) : 정치(政治). ○受享(수향) : 받아 누림. 향수(享受). ○費用(비용) : 소비(消費).

{意譯} 〈고동교(顧東橋) 선생 좌측명(座側銘)〉에, 말과 행동을 옛사람에 맞추어 하게 되면 곧 덕이 진보하게 될 것이며, 공명을 하늘의 뜻에 맡겨주면 곧 마음이 편안해질 것이며, 인과응보가 자손에게까지 미친다는 것을 생각하게 되면 정치를 공평하게 할 것이며, 받아서 누리는 곳이 질병에까지 영향을 미친다는 것을 생각하면 평소의 소비가 사치스럽지 않게 될 것이다.

{餘說} 이 내용과 같은 것으로 "言行擬之古人則德進, 功名付之天命則心閒. 報應念及子孫則事平, 受享慮及疾病則用儉."이라고 나오는 곳도 있다.

13-024/ 일을 처리할 때는 엄하고 철저하게

先儒曰。處事不可不斬截。存心不可不寬舒。持己不
선유왈　처사불가불참절　존심불가불관서　지기불
可不嚴明。與人不可不和氣。
가불엄명　여인불가불화기

{讀法} 先儒曰, 處>事에 不>可>不2斬截1하고 存>心에 不>可>不2寬舒1하고 持>己에 不>可>不2嚴明1하고 與>人에 不>可>不2和1>氣이니라.

● ● ●

{直譯} 옛 선비께서 이르기를, "일을 처리할 때는 엄하고 철저하게 해야 하고, 마음가짐은 관대하고 넉넉하게 해야 하며, 몸가짐은 엄격하고 분명하게 해야 하고, 다른 사람과 어울릴 때는 기운을 온화하게 해야 한다."고 하였다.

{語義} ○先儒(선유) : 옛 선비. 선대(先代)의 유학자(儒學者). ○斬截(참절) : 깨끗하고 명백한 모양. *참절(斬截) : 엄하고 까다로움. ○存>心(존심) : 마음

가짐. ○寬舒(관서) : 넉넉함. 여유가 있음. ○持>己(지기) : 몸가짐. '대기추
상(待己秋霜)'이라는 말이 있다. ○嚴明(엄명) : 엄격하고 명확함. 정확함. 틀
림없음. ○與>人(여인) : 남과 함께함. ○和>氣(화기) : 화목하게 어울림. 기
운을 온화하게 함.

{意譯} 옛날의 어떤 선비께서 이르기를, "일은 엄하고 까다롭게
처리해야 하고, 마음은 관대하고 넉넉하게 먹어야 하며, 몸은 엄
격하고 분명하게 가져야 하고, 다른 사람과는 기운을 온화하게 해
서 어울려야 한다."고 하였다.

{餘說} 진계유(陳繼儒, 1558~1639)의 《소창유기(小窓幽記)·집성(集醒)》과
육소형(陸紹珩)의 《취고당검소(醉古堂劍掃)》에 나온다.

13-025/ 벼슬에 앉아 백성을 다스리는 관리는

二眉曙靑朱先生曰。居位臨民現宰官者。必非無因。
이 미 서 청 주 선 생 왈 거 위 임 민 현 재 관 자 필 비 무 인

每見仕途上人。都認自家是某官某宦。不知自家就是
매 견 사 도 상 인 도 인 자 가 시 모 관 모 환 부 지 자 가 취 시

救世的活佛。有功者賞。有過者罰。除害安民。慈惠多
구 세 적 활 불 유 공 자 상 유 과 자 벌 제 해 안 민 자 혜 다

方。只是一個恰好。不可太過不及。果能爲人父母公
방 지 시 일 개 흡 호 불 가 태 과 불 급 과 능 위 인 부 모 공

祖。使地方老幼男女個個。得所。化成極樂世界。家家
조 사 지 방 노 유 남 녀 개 개 득 소 화 성 극 락 세 계 가 가

供俸。人人頂禮。官也做了。佛也成了。何等心安。何等
공봉 인인정례 관야주료 불야성료 하등심안 하등

快捷。較之面壁修行。天壤萬仞矣。
쾌첩 교지면벽수행 천양만인의

{讀法} 二眉曙靑朱先生이 曰하되, 居>位臨>民現宰官者는 必非>
無>因이나 每見2仕途上人1하니 都認2自家是某官某宦1이라. 不>知2
自家就是救>世的活佛1이라. 有>功者는 賞하고 有>過者는 罰하며
除>害安>民하고 慈>惠多方이 只是一個恰好라. 不>可2太過不及1
이니 果能爲2人父母公祖1하여 使2地方老幼男女個個1로 得>所하여
化成2極樂世界1하면 家家供俸하고, 人人頂禮하며 官也做了하고 佛
也成了하니 何等心安하며, 何等快捷하여 較>之2面壁修行1하면 天壤
이 萬仞矣라.

· · ·

{直譯} 이미서청(二眉曙靑) 주선생(朱先生)께서 이르기를, "벼슬자리
에 앉아서 백성을 다스리는 현재 관리(官吏)라는 자는 반드시 원인
이 없지는 않았을 것이다. 벼슬길에 나가있는 승려를 볼 때마다 모
두 자기 자신이 어떤 벼슬 어떤 관직이라고만 인식하고 있지, 바로
자기 자신이 세상을 구제하는 생불(生佛)인지를 알지 못하고 있다.
공이 있는 자는 상을 주고, 허물이 있는 자는 벌을 주며, 해를 제
거하고 백성을 편안하게 하며, 온갖 방법으로 자혜롭게 은혜를 베
풀어주는 것이, 다만 이것이 하나의 적당한 것이니 너무 지나쳐도
안 되고 미치지 못해도 안 된다. 만약 사람의 부모와 나리가 되어

지방의 남녀노소 개개인으로 하여금 편안히 살 곳을 얻어 극락세
상을 이루도록 한다면, 집집마다 자기에게 공양하고, 사람마다 자
기를 공경하며, 자신의 벼슬도 이루고 자신이 부처도 될 수 있을
것이니, 어찌 그토록 마음이 편안하지 않으며, 어찌 그토록 효과가
빠르지 않겠는가? 벽을 대하고 수행만 하는 것과 비교하면 하늘과
땅 사이만큼 차이가 만 길이나 될 것이다.”하였다.

{語義} ○二眉曙靑朱先生(이미서청주선생) : 앞에서 나왔으나 자세한 것은 알
수 없음. ○居>位(거위) : 관직에 있음. ○臨>民(임민) : 백성을 다스림. ○宰
官(재관) : 관리(官吏). ○無>因(무인) : 어떤 일의 결과가 원인을 가지고 있지
않음, 또는 원인이 없음. ○仕途(사도) : 벼슬길. ○上人(상인) : 승려. ○活佛
(활불) : 생불(生佛). ○除>害(제해) : 해로운 것을 없앰. ○慈惠(자혜) : 자혜롭
게 베푸는 은혜. ○多方(다방) : 갖은 방법. ○恰好(흡호) : 적당함. 알맞음.
○公祖(공조) : 영감님. 나리. ○果能(과능) : 만약 …을 하기만 한다면. ○得
>所(득소) : 편안히 살 곳을 얻음. 化成(화성) : 교화가 이루어짐. ○極樂世界
(극락세계) : 행복한 상태를 이르는 말. ○供俸(공봉) : 공봉(供奉). 봉양함. 공
급함. 신불(神佛)이나 조상에게 제사 지냄. ○頂禮(정례) : 부처의 발에 이마
가 닿도록 몸을 구부려 공경의 뜻을 표하는 예절. 절을 함. 예를 표함. ○快
捷(쾌첩) : 재빠름. 날쌤. 민첩함.

{意譯} 이미서청(二眉曙靑) 주선생(朱先生)께서 말하였다. “벼슬자
리에 앉아서 백성을 다스리는 현재 관리(官吏)라는 자는 반드시
원인이 없이 그렇게 되지는 않았을 것이다. 벼슬길에 나가있는 승

려를 보게 되면, 모두 자기 자신이 어떤 벼슬에 어떤 관직이라고만 인식하고 있지, 바로 자기 자신이 세상을 구제하는 살아있는 부처인지를 알지 못하고 있다. 공적이 있는 사람에게는 상을 주고, 허물이 있는 사람에게는 벌을 주며, 나쁜 것을 없애주고 백성을 편안하게 해주며, 여러 가지 방법으로 자혜롭게 은혜를 베풀어주는 것, 이것이 단지 하나의 알맞은 일이니 이것보다 너무 지나쳐서도 안 되고 이 정도에 미치지 못해도 안 된다. 만약 백성들의 부모 같은 나리가 되어 그 지방의 남녀노소 모든 사람이 편안히 살 곳을 얻어 극락세상을 이루도록 해준다면, 집집마다 자기에게 공양해주고, 사람마다 자기를 공경해주며, 그리고 자신의 관직도 잘 수행하고 자신이 살아 있는 부처도 될 수 있을 것이니, 그러면 어찌 그토록 마음이 편안하지 않으며, 어찌 그토록 나타나는 효과가 빠른 일이 아니겠는가? 이러한 것을 벽만 마주 대하고 앉아 자기 수행만 하는 것과 비교한다면 그 차이는 하늘과 땅 사이처럼 만 길이나 될 것이다."

{餘說} 이 내용은 예전 승려로서 관리가 된 경우에 대한 것이지만, 큰 뜻에서 보면 지금의 일반 공직자에게도 해당되리라 본다.

제 14편

치가편(治家篇)

이 편은 가정을 다스리는 데 관한 글을 모은 것으로 모두 20조목이다.

14-001/ 모든 어린이는

司馬溫公曰。凡諸卑幼。事無大小。毋得專行。必咨
사 마 온 공 왈　 범 제 비 유　 사 무 대 소　 무 득 전 행　 필 자

稟於家長。
품 어 가 장

{讀法} 司馬溫公이 曰, 凡諸卑幼는 事無2大小1히 毋>得2專行1하고,
必咨3稟於2家長1이니라.

• • •

{直譯} 사마온공이 말하기를, "무릇 모든 어린이는 일의 크고 작은
것 할 것 없이 제멋대로 행하지 말고, 반드시 집 어른에게 물어서
해야 한다." 하였다.

{語義} ㅇ凡(범) : 무릇. 대저. 대략. 대개. ㅇ卑幼(비유) : 항렬이 낮거나 나
이가 어린 사람. ㅇ毋(무) : 없음. 말음. 금지의 말. ㅇ專行(전행) : 제 마음대

로 함. ○咨稟(자품) : 여쭘.

{意譯} 사마천이 말했다. "무릇 모든 나이가 어린이는 일의 대소를 가릴 것 없이 제 마음대로 하지 말고, 반드시 집 어른에게 여쭈어서 해야 할 것이다."

{餘說} 다음과 같이 끊고 묶어보면 직역하기가 쉽다.

司馬溫公이 曰,

凡諸卑幼는 事無2大小1히

┌ 毋>得2專行1하고

└ 必咨3稟於2家長1이니라.

14-002/ 부지런하고 검소하면

勤儉常豐。至老不窮。
근 검 상 풍 지 로 불 궁

{讀法} 勤儉하면 常豐하여 至>老라도 不>窮이니라.

• • •

{直譯} 부지런하고 검소하면 항상 넉넉하여 늙음에 이르러도 궁핍함이 없다.

{語義} ○ 勤儉(근검) : 부지런하고 검소함. 근면 검소함. ○ 常豊(상풍) : 항상 풍족함. ○ 至>老(지로) : 늙음에 이름. 늙음. ○ 不>窮(불궁) : 궁핍함이 없음. 부족함이 없음.

{意譯} 근면하고 검소하면, 항상 풍족하여 늙어서도 부족한 것이 없다.

{餘說} 부지런히 벌어서 절약하여 쌓아두면, 항상 풍족하여 늙어서도 궁할 것이 없다는 것이다.

14-003/ 손님을 대접할 때는

待客不得不豊。治家不得不儉。
대 객 부 득 불 풍　치 가 부 득 불 검

{讀法} 待>客엔 不>得>不>豊이오, 治>家엔 不>得>不>儉이니라.

● ● ●

{直譯} 손님을 대접하는 데에는 넉넉하게 하지 않을 수 없을 것이고, 집안을 다스리는 데에는 검약하지 않을 수 없을 것이다.

{語義} ○不>得(부득) : 할 수 없음. ○豐(풍) : 넉넉함. ○儉(검) : 검약.

{意譯} 손님을 대접하는 데는 넉넉히 해야 하고, 집안을 다스리는 데는 검소해야 한다.

{餘說} 이 대문은 상등 대립구의 문장이다.

⌐ 待>客엔 不>得>不>豐이오,
└ 治>家엔 不>得>不>儉이니라.

14-004/ 돈이 있을 때 돈이 없을 때를

有錢常備無錢日。安樂須防官病時。
유 전 상 비 무 전 일　안 락 수 방 관 병 시

{讀法} 有>錢常備2無>錢日1이오, 安樂須>防2官病時1니라.

• • •

{直譯} 돈이 있거든 항상 돈이 없는 날에 대하여 비축하고, 편안하고 즐겁거든 모름지기 오관(五官)이 아플 때를 위하여 예방하라.

{語義} ○常備(상비) : 항상 비축(備蓄)한다. ○官(관) : 기관(器官). 감각의 기

능이나 작용하는 기관. *오관(五官) : 오감(五感)을 일으키는 다섯 감각 기관〔눈(시각)·귀(청각)·코(후각)·혀(미각)·피부(촉각)〕. ○病時(병시) : 아플 때.

{意譯} 돈이 있거든 항상 돈이 없을 날을 위하여 비축하고, 편안하고 즐겁거든 모름지기 오관의 기관이 아플 때를 위하여 예방할 것이다.

{餘說} 돈이 있을 때 돈이 없을 때를 위하여 예축을 하고, 건강할 때 아플 때를 위하여 예방하라는 것이다.

14-005/ 건장한 종은 예의가 없고

健奴無禮。嬌兒無孝。
건 노 무 례　 교 아 무 효

{讀法} 健奴는 無>禮하고. 嬌兒는 無>孝니라.

• • •

{直譯} 건장한 종은 예의가 없고, 아리따운 아이는 효도가 없다.

{語義} ○健奴(건노) : 굳세고 몸집이 큰 남자 종. ○嬌兒(교아) : 아리따운

아이. 요염한 아이.

{意譯} 몸집이 건장한 남자 종은 예의에 어둡고, 요염한 아이는 효도하는 일이 없다.

{餘說} 몸집이 건장하면 무뚝뚝하여 예의가 바르지 못하고, 요염한 아이는 까불기만 하고 효도하는 일이 별로 없는 법이다.

14-006/ 며느리는 처음 시집왔을 때

教婦初來。教子嬰孩。
교 부 초 래　교 자 영 해

{讀法} 教2婦初來1하고, 教2子嬰孩1니라.

· · ·

{直譯} 며느리는 처음 시집왔을 때 가르치고, 자식은 어릴 때 가르친다.

{語義} ○ 初來(초래) : 처음 시집 왔을 때. ○ 嬰孩(영해) : 어린아이.

{意譯} 며느리는 처음 시집왔을 때 가르쳐야 하고, 자식은 어린아

이 때에 가르쳐야 한다.

{餘說} 처음에 맞는 며느리에게 엄한 교훈을 해야 하고, 어린아이 적에
자식은 가르쳐야 한다.

14-007/ 어리석은 사람은 아내를 두려워하고

太公曰。癡人畏婦。賢女敬夫。
태 공 왈 치 인 외 부 현 녀 경 부

{讀法} 太公이 曰, 癡人은 畏>婦하고, 賢女는 敬>夫니라.

• • •

{直譯} 강태공이 말하기를, "어리석은 사람은 아내를 두려워하고,
어진 여자는 남편을 공경한다." 하였다.

{語義} ○癡人(치인) : 어리석은 사람. 똑똑하지 못한 사람. ○畏>婦(외부) :
자기 부인을 두려워함. 아내를 무서워함. ○賢女(현녀) : 어진 여자. 슬기로
운 아내. ○敬>夫(경부) : 남편을 공경함. 남편을 잘 섬김.

{意譯} 강태공이 말했다. "어리석은 남편은 자기 아내를 두려워하

고, 어진 아내는 자기 남편을 공경한다."

{餘說} 太公이 曰,

┌ 癡人은 畏>婦하고,
└ 賢女는 敬>夫니라.

이상과 같이 불상등 대립구의 문장으로 분석된다. '癡人'과 '賢女', '畏>婦'와 '敬>夫'가 각각 반대어로 대립되어 있다. 한문에서는 대립구를 먼저 찾아내어 문장을 분석해 보는 습관을 붙여야 한문 해석의 실력이 진전될 것이다.

14-008/ 아랫사람에게 일을 시킬 때는

凡使奴僕。先念飢寒。
범 사 노 복　선 념 기 한

{讀法} 凡使2奴僕1엔 先念2飢寒1이니라.

• • •

{直譯} 무릇 종을 부리는 데는, 먼저 배고픈 것과 추운 것을 생각할 것이다.

{語義} ○飢寒(기한) : 굶주리고 추운 것. 배고프고 추운 것.

{意譯} 대체로 보아 종을 부리는 데는 부리기에 앞서 그 종이 배고 프지나 않은가, 춥지나 않은가를 알아보아야 한다.

{餘說} 강태공의 말의 계속이다.

14-009/ 때때로 불이 날까 예방하고

時時防火發。夜夜備賊來。
시 시 방 화 발 야 야 비 적 래

{讀法} 時時防2火發1하고, 夜夜備2賊來1하라.

• • •

{直譯} 때때로 불이 날까 예방하고, 밤마다 도둑이 올까 방비하라.

{語義} ○時時(시시) : 때때로. ○火發(화발) : 불이 남. ○夜夜(야야) : 밤마다. ○賊來(적래) : 도둑이 옴. 도둑이 듦.

{意譯} 때때로 불이 날까 예방하고, 밤마다 도둑이 들까 예방하라.

{餘說} 이 대문도 강태공(姜太公)의 말로서 상등 대립구의 대문이다.

┌ 時時防2火發1하고,
└ 夜夜備2賊來1하라.

14-010/ 자식이 효도하면

子孝雙親樂。家和萬事成。
자 효 쌍 친 락 가 화 만 사 성

{讀法} 子孝雙親樂이오 家和萬事成이니라.

• • •

{直譯} 자식이 효도하면 양친은 즐거워할 것이고, 집안이 화목하면 모든 일이 이루어질 것이다.

{語義} ○雙親(쌍친) : 양친(兩親). 부모. ○家和(가화) : 집안이 화목함.

{意譯} 자식이 효도하면 부모는 즐거워하고, 집안이 화목하면 모든 일이 이루어질 것이다.

{餘說} 이 대문도 앞 대문의 계속으로 강태공의 말이다.

```
 ┌─ 子孝雙親樂이오,
 └─ 家和萬事成이니라.
```

이상과 같이 상등 대립구의 대문이다. 이를,

```
 ┌─ 子孝면 雙親樂이오,
 └─ 家和면 萬事成이니라.
```

와 같이 '子孝면'·'家和면'으로 '면' 토를 달아도 좋다.

14-011/ 아침과 저녁이 이르고 늦음을 보면

景行錄云。觀朝夕之早晏。可以卜人家之興替。
경 행 록 운 관 조 석 지 조 안 가 이 복 인 가 지 흥 체

{讀法} 景行錄에 云, 觀2朝夕之早晏1하여 可3以卜2人家之興替1니라.

• • •

{直譯} 《경행록》에 이르기를, "아침과 저녁의 이르고 늦음을 봄으로써, 사람의 집이 흥하고 쇠할 것을 점칠 수 있다." 하였다.

{語義} ○早晏(조안) : 이름과 늦음. 조만(早晚). ○卜(복) : 점을 침. 길흉화복을 판단함. ○興替(흥체) : 성하고 쇠함. 성쇠(盛衰).

{意譯} 《경행록》에 말했다. "아침밥과 저녁밥의 늦고 빠름을 보면 그 사람 집의 성쇠를 판단할 수 있다."

{餘說} 景行錄에 云,

可3以┌── 觀2朝夕之早晏1하여
    └── 卜2人家之興替1니라.

이상과 같이 분석된다. '觀'으로 보고 '卜'으로 판단한다. 무엇을 …, 곧 '인가(人家)' '조석(朝夕)'의 '早(조)'를 '興(흥)'으로, '晏(안)'을 '替(체)'로 판단한다는 것이다. 즉 사람의 집의 조석의 이름을 흥하는 것으로 늦음을 쇠하는 것으로 판단하되 그 집의 식사 시각의 늦고 이름을 보고 이것으로써 판단한다는 것이니, 우리들은 모름지기 밤에 일찍 자고 아침에 일찍 일어나야겠다.

14-012/ 혼인을 논의함에

司馬溫公曰。凡議婚姻。先當察其壻與婦之性行。及
사 마 온 공 왈 범 의 혼 인 선 당 찰 기 서 여 부 지 성 행 급

家法如何。勿苟慕其富貴。壻苟賢矣。今雖貧賤。安知
가 법 여 하 물 구 모 기 부 귀 서 구 현 의 금 수 빈 천 안 지

異時不富貴乎。苟爲不肖。今雖富盛。安知異時不貧賤
이 시 불 부 귀 호 구 위 불 초 금 수 부 성 안 지 이 시 불 빈 천

乎。婦者。家之所由盛衰也。苟慕一時之富貴而娶之。
호 부 자 가 지 소 유 성 쇠 야 구 모 일 시 지 부 귀 이 취 지

彼挾其富貴。鮮有不輕其夫。而傲其舅姑。養成驕妬之
피 협 기 부 귀 선 유 불 경 기 부 이 오 기 구 고 양 성 교 투 지

性_o異日爲患_o庸有極乎_o借使因婦財以致富_o依婦勢
성 이일위환 용유극호 차사인부재이치부 의부세

以取貴_o苟有丈夫之志氣者_o能無愧乎_o
이 취 귀 구유장부지지기자 능무괴호

{讀法} 司馬溫公이 曰, 凡議2婚姻1에 先當察2其壻與>婦之性行과
及家法如何1로되, 勿3苟慕2其富貴1니라. 壻苟賢矣면 今雖2貧賤1이
나 安知3異時에 不2富貴1乎리오? 苟爲>不>肖면 今雖2富盛1이나 安
知3異時에 不2貧賤1乎리오? 婦者는 家之所由2盛衰1也니 苟慕2一時
之富貴1而娶>之하면 彼ㅣ 挾2其富貴1하여 鮮3有不>輕2其夫1, 而
傲2其舅姑1하여 養2成驕妬之性1이니 異日에 爲2患이 庸有>極乎리
오? 借使下因2婦財1以致上>富하며 依2婦勢1以取>貴라도 苟有2丈夫
之志氣1者면 能無>愧乎아?

• • •

{直譯} 사마온공이 말하기를, "무릇 혼인을 논의함에 먼저 마땅히
그 사위와 며느리의 성품과 행실 및 가도(家道)가 어떠한가를 살필
것이되, 다만 그의 부귀를 그리워 말라. 사위만 다만 어질다면 이
제 비록 빈천할지라도 어찌 다른 때에 부귀하지 않으리라는 것을
알겠는가? 다만 같지 않다면, 이제 비록 부하고 성할지라도 어찌
다른 때에 빈천하지 않으리라는 것을 알겠는가? 아내라는 것은 집
의 성쇠의 말미암는 바다. 다만 한때의 부귀를 그리워하면서 장가
를 든다면, 그는 그 부귀를 자세하여 그의 남편을 가벼이 하지 않
음이 거의 없으면서 그의 시부모에게 오만하여 교만과 실투의 성

질을 기를 것이니 딴 날에 근심됨이 어찌 끝이 있을 것인가? 가령 아내의 재산으로 인하여 이로써 부를 이르게 하며, 아내의 권세에 의하여 이로써 귀함을 취할지라도, 다만 장부의 지기(志氣)를 갖는 사람이라면 능히 부끄럼이 없겠는가?" 하였다.

{語義} ○婿(서) : 사위. ○家法(가법) : 한 집안의 법. 가도(家道). ○苟(구) : 진실로. 참으로. 단지. 다만. ○安(안) : 어찌. 어떻게 하여. ○不>肖(불초) : 같지 않음. 미련함. ○所>由(소유) : 말미암는바. 연유하는바. ○慕(모) : 그리워하다. 생각하다. 사모하다. ○娶>之(취지) : 장가들다. ○驕妬(교투) : 교만과 질투. ○庸(용) : 어찌. ○借(차) : 가령. ○愧(괴) : 부끄러워하다.

{意譯} 사마온공이 말했다. "대개 혼인을 논의할 때는 우선 의당히 그 사위와 며느리의 성행과 가법이 어떠한가를 살필 것이다. 다만 그의 부귀만을 그리워 말라. 사위는 오직 어질어야 할 뿐이다. 지금 빈천하다 할지라도 어찌 타일에 부귀치 않을 것을 알겠는가? 오직 같지 않다고 할 뿐이며, 지금 부하고 번성한다고 할지라도 어찌 타일에 빈천치 않을 것을 알겠는가? 아내라는 것은 그집의 성쇠의 말미암는 바가 된다. 다만 한때의 부귀를 그리워하여 장가를 든다면, 그는 그 부귀를 자세하여 그 남편을 경멸하지 않음이 거의 없고 그 시부모에게 오만불손할 것이다. 교만하고 투기하는 성질이 길러져서 타일에 근심함이 어찌 끝이 있겠는가? 가령 아내의 재물로 말미암아 부자가 되고 아내의 권세에 의하여 귀

하게 되어 다만 남편의 지기(志氣)를 꾸미는 자는 능히 부끄럽지
않겠는가?"

{餘說} 혼인에는 부귀를 논할 것이 아니라 사위와 며느리의 성행과 각
각 그 가도가 어떠한가를 논하여야 한다. 부귀빈천은 돌고 도는 것으로,
지금의 표준은 딴 날 어찌 된다는 것을 기약하지 못하는 것이다.

14-013/ 딸을 시집보낼 때는

安定胡先生曰。嫁女必須勝吾家者。勝吾家。則女之
안 정 호 선 생 왈　가 녀 필 수 승 오 가 자　승 오 가　즉 여 지
事人。必欽必戒。娶婦。必須不若吾家者。不若吾家。則
사 인　필 흠 필 계　취 부　필 수 불 약 오 가 자　불 약 오 가　즉
婦之事舅姑。必執婦道。
부 지 사 구 고　필 집 부 도

{讀法} 安定胡先生이 曰, 嫁>女엔 必須勝2吾家1者라야 하나니, 勝2吾
家1,則女之事>人이 必欽必戒니라. 娶>婦엔 必須不>若2吾家1者라야
하나니, 不>若2吾家1,則婦之事2舅姑1ㅣ 必執2婦道1니라.

• • •

{直譯} 안정호선생이 말하기를, "딸을 시집보낼 적에는 반드시 내
집보다 나은 것이라야 하나니, 내 집보다 나으면 딸이 사람을 섬김
이 반드시 공경하고 조심한다. 며느리를 맞이할 적에는 반드시 모

름지기 내 집과 같지 않는 것이라야 하나니, 내 집과 같지 않으면 며느리가 시부모를 섬김이 반드시 부도를 지킨다." 하였다.

{語義} ○安定胡先生(안정호선생) : 송(宋)나라의 해릉(海陵) 사람으로, 안정(安定)은 지명(地名), 원 성명은 호원(胡瑗)이다. 자는 익지(翼之). 시호는 문소(文昭). 경술(經術)로써 오중(吳中)에 교수하고 있었으나 범중엄(范仲淹)의 추천으로 교서랑(校書郞)에 제수되었다. 호주교수(湖州教授)가 되어 제자 수백 인이 있었다. 경의(經義)·치사(治事)의 두 재(齋)로 나누고, 제생을 그의 뜻에 따라 분속(分屬)시켰다. 후에 태상박사(太常博士)에 이르러 학자, 안정 선생이라고 일컬었다. 가우(嘉祐) 4년에 졸(卒)하였다. 향년 67세. 저서에 《주역구의(周易□義)》·《홍범구의(洪範□義)》가 있음. ○嫁>女(가녀) : 딸을 시집보냄. ○欽(흠) : 공경함. ○娶>婦(취부) : 며느리를 얻어 들임. ○舅姑(구고) : 시부모. ○執(집) : 지킴. ○婦道(부도) : 며느리로서 준수하여야 할 도덕적인 행동.

{意譯} 호안정선생이 말했다. "딸을 출가시킬 때는 반드시 내 집보다 시집이 나아야 한다. 내 집보다 시집이 나으면 딸이 사람을 섬기는 데 반드시 공경하고, 반드시 경계할 것이다. 며느리를 얻어 들일 때는 반드시 모름지기 내 집과 같지 않아야 한다. 내 집과 같지 않으면 며느리가 시부모를 섬기는 데 반드시 부도(婦道)를 지킬 것이다."

{餘說} 이 대문을 분석하여 보기로 하자.

安定胡先生이 曰,

嫁>女엔 必須勝2吾家1者라야 하나니, 勝2吾家1,則女之事>人이 必欽必戒
니라.

娶>婦엔 必須不>若2吾家1者라야 하나니, 不>若2吾家1,則婦之事2舅姑1ㅣ
必執2婦道1니라.

이렇게 분석해 봄으로써 문맥도 비교가 되어 진의(眞意) 파악에 미혹
되지 않을 것이다.

14-014/ 남자가 나이가 되어도

男大不婚。如劣馬無韁。女大不嫁。如私鹽犯首。
남 대 불 혼 여 열 마 무 강 여 대 불 가 여 사 염 범 수

{讀法} 男大不>婚이면 如2劣馬無1>韁이오, 女大不>嫁면 如2私鹽犯
首1니라.

• • •

{直譯} 남자가 커도 혼인을 하지 못하면 우둔한 말에 고삐가 없는
것 같고, 여자가 커도 시집을 못 가면 소금 밀매 범인의 우두머리
같을 것이다.

{語義} ○劣馬(열마) : 우둔(愚鈍)한 말. ○無>韁(무강) : 고삐가 없음. ○私鹽 (사염) : 정부의 전매품인 소금을 밀조하여 밀매하는 것. ○犯首(범수) : 범인 의 우두머리.

{意譯} 남자가 나이 먹고 크도록 혼인을 못 하면 우둔한 말에 고삐 가 없는 것 같이 제멋대로 뛰고, 여자가 나이가 많고 크도록 시집 을 못 가면 사사로이 소금 밀매법의 우두머리처럼 된다.

{餘說} 이 대문은 비유를 들어 한 말이다. 전반부는 흔히 있을 법한 말 로 수긍이 가나, 후반의 비유는 수긍이 가지 않는다.

14-015/ 시집가고 장가들 때

文仲子曰。婚娶而論財。夷虜之道也。
문 중 자 왈 혼 취 이 논 재 이 로 지 도 야

{讀法} 文仲子ㅣ 曰, 婚娶而論>財는 夷虜之道也니라.

• • •

{直譯} 문중자가 말하기를, "시집가고 장가드는 데 재물을 말하는 것은 오랑캐의 일이다." 하였다.

{語義} ○文仲子(문중자) : 생졸 584~617. 중국 수(隋)나라의 학자. 성은 왕(王), 이름은 통(通), 자는 중엄(仲淹), 하동(河東)의 용문(龍門) 사람. 재주가 많고 똑똑하여 인수(仁壽, 601~604) 3년에 처음으로 벼슬하여 태평책(太平策)을 말함. 문중자(文中子)는 그가 죽은 뒤에 제자들이 부른 사사로운 시호. 시호는 원래 국가에서 주는 것임. '文中子'가 책에 따라서는 '文仲子'로 적혀 있음. 또는 책 이름. 10권. 제자들과 주고받은 편지를 설수(薛收)·조의(姚義)가 집록한 것이라 함. 《사고제요(四庫提要)》에 의하면, 통의 아들 복교(福郊)·복시(福時) 등의 찬술이라고도 함. 일설에는 가탁의 책으로 후세의 위서라고 함. 이 책은 《논어》를 본떠서 지은 것으로, 또 《중설(中說)》이라고 함. 그 목차는 왕도(王道)·천지(天地)·사군(事君)·주공(周公)·문역(問易)·예악(禮樂)·술사(述史)·위상(魏相)·입명(立命)·관랑(關朗)의 10편. 《사고제요(四庫提要)》·자(子)·유가류(儒家類)》·《육자전집(六子全集)》제10책·《십자전서(十子全書)》제32책·《한위총서(漢魏叢書)》제45책·《백자전서(百子全書)》제16책·《사부총간(四部叢刊)》제339책. ○婚娶(혼취) : 시집가고 장가듦. ○論>財(논재) : 재물이 많고 적음이라든가 지참금(持參金)이 있고 없고, 많고 적고 등을 말함. ○夷虜(이로) : 오랑캐. '虜'는 오랑캐의 뜻 이외에 사로잡음의 뜻도 있음. 또 '虜'는 화외인(化外人), 곧 야만인.

{意譯} 문중자가 말했다. "시집가고 장가드는 데 재물을 말하는 것은 오랑캐의 하는 일이다."

{餘說} 오늘날과 같이 황금만능(黃金萬能)의 시대에 좋은 경종(警鐘)의 일구(一句)가 아닐 수 없다. 대재벌의 딸이니 아들이니, 또는 모회사의 사장의 아들이니 딸이니 하며 침을 흘리고 있는 족속들이여 '夷虜之道'를 흠선(欽羨)하지 마소서.

14-016/ 가장이라는 사람은 반드시

司馬溫公曰。凡爲家長。必謹守禮法。以御群子弟及
사마온공왈 범위가장 필근수예법 이어군자제급

家衆。分之以職。授之以事。而責其成功。制財用之節。
가중 분지이직 수지이사 이책기성공 제재용지절

量入以爲出。稱家之有無。以給上下之衣食及吉凶之
양입이위출 칭가지유무 이급상하지의식급길흉지

費。皆有品節。而莫不均一。裁省冗費。禁止奢華。常須
비 개유품절 이막불균일 재생용비 금지사화 상수

稍存嬴餘。以備不虞。
초존영여 이비불우

{讀法} 司馬溫公이 曰, 凡爲2家長1엔 必謹守2禮法1하여 以御2群
子弟及家衆1이니 分>之以>職, 授>之以>事, 而責2其成功1하며, 制2
財用之節1하여 量2入以爲>出하며 稱2家之有無1하여 以給2上下之
衣食及吉凶之費1하되 皆有2品節1, 而莫>不>均>一하며 裁省2冗費
1하며 禁2止奢華1하여 常須稍存2嬴餘1하여 以備2不虞1니라.

· · ·

{直譯} 사마온공이 말하기를, "무릇 가장이 되어서는 반드시 삼가
예법을 지켜서 이로써 여러 자제 및 집안의 무리를 통솔하나니, 이
들에게 나누어 주되 직업으로써 하며, 이들에게 주되 일로써 하여
그 공적을 책하며, 재물의 씀을 절약하여 들어옴을 헤아림으로써
지출을 삼으며, 집에 있고 없음을 헤아려서 이로써 상하의 의식과
길흉에 대한 비용을 지급하되 모두 등차를 세워 두어서 하나 같이

고르지 않음이 없으며, 헤아려서 쓸데없는 비용을 털며 사치와 화
려함을 금지하여 항상 모름지기 작은 나머지라도 두어서 이로써
뜻밖의 재난에 대비할 것이다.” 하였다.

{語義} ○ 御(어) : 거느리다. 통솔하다. ○ 子弟(자제) : 아들과 아우. ○ 節(절)
: 절약. ○ 量>入爲>出(양입위출) : 들어옴을 헤아리고 나가게 함. 즉 수입에
따라 지출을 함. ○ 稱(칭) : 헤아리다. ○ 品節(품절) : 등차를 세움. ○ 裁(재) :
재량하다. 헤아리다. ○ 奢華(사화) : 사치하여 화려함. 사치와 화려. ○ 稍
(초) : 작음. ○ 贏餘(영여) : 나머지. ○ 不虞(불우) : 뜻밖의 재난. 예기치 못함.
미처 생각지 못함.

{意譯} 사마온공이 말했다. “대개 가장이 되어서는 반드시 조심하
여 예법을 지키어야 하고, 이로써 여러 아들과 아우들과 집안의 여
러 사람을 거느리어서 이들에게 나누어주되 직업으로써 하고, 이
들에게 주되 할 일로써 하여 그들의 공을 책하고, 재물의 씀씀이의
절약을 통제하며 수입을 따져서 이로써 지출을 삼되 집안에 있고
없고를 헤아려 상하의 의식 및 경사와 흉사의 비용을 지급하나 모
두 등차를 세워 하나 같이 고르지 않음이 없고, 재량하여 쓸데없
는 비용을 절약하고 사치하며 화려함을 금지하여 항상 모름지기 조
금이라도 나머지를 두어서 이로써 뜻밖의 재난을 방비할 것이다.”

{餘說} 이 대문은 가장의 제가(齊家)하는 법을 상세히 말하였다. 특히 재

정면에 있어서 더욱 그러하다. 재삼 음미하기 바란다.

14-017/ 소비를 많이 하는 것은

顧東橋先生曰。厚費以多營。不若省事以守儉。
고 동 교 선 생 왈　후 비 이 다 영　불 약 생 사 이 수 검

{讀法} 顧東橋先生이 曰, 厚>費하야 以多>營은 不>若2省>事以守1>儉1이니라.

· · ·

{直譯} 동교 고선생이 말하기를, "소비를 많이 하여 여러 가지를 경영하는 것은, 일을 줄여서 검약함을 지키는 것만 같지 않다."고 하였다.

{語義} ○顧東橋先生(고동교선생) : 앞의 〈치정편(治政篇)〉〔13-023〕에서 나옴. ○厚費(후비) : 소비를 많이 함. ○省>事(생사) : 일을 줄임.

{意譯} 동교 고선생이 말하였다. "소비를 많이 하여 여러 가지 일을 경영하는 것보다는 일을 줄여서 검약함을 지키는 것만 같지 않다."고 하였다.

{餘說} 이 문장은 명(明)나라 진계유(陳繼儒)가 편찬한《소창유기(小窗幽記)》에 나온다.

14-018/ 손님을 접대할 때는

先儒云。待客當潔。不當豐。不惟不能寄。亦非所以
선 유 운　대 객 당 결　부 당 풍　불 유 불 능 기　역 비 소 이
惜福。
석 복

{讀法} 先儒ㅣ 云, 待>客當潔하고 不2當豐1하니 不>惟不>能>寄하여도 亦非2所以惜1福이니라.

• • •

{直譯} 옛 선비가 말하기를, "손님을 접대함에 마땅히 깨끗이 하고, 마땅히 풍성하게 하지 않아야 한다. 다만 보내줄 수 없지 않더라도 역시 복을 소중히 여기는 것이 아니다."라고 하였다.

{語義} ○寄(기) : 부치다. 주다. ○惜>福(석복) : 복을 소중히 여김. 분수에 넘치는 생활을 하지 않음.

{意譯} 옛 선비가 말하기를, "손님을 대접해야 하는 경우 마땅히

정결(淨潔)하고, 마땅히 풍성하게는 하지 않아야 한다. 다만 보내 줄 수 있기만 해도 역시 분수에 넘치는 생활을 하는 것이다."라고 하였다.

{餘說} 이 문장도 명(明)나라 진계유(陳繼儒)가 편찬한 《소창유기(小窓幽記)》에 나온다.

14-019/ 가장은 온 집안 식구가

二眉曙青朱先生曰。主人爲一家觀瞻。我能勤。衆何
이 미 서 청 주 선 생 왈 주 인 위 일 가 관 첨 아 능 근 중 하

敢惰。我能公。衆何敢私。我旣美衣美食。衆何可受飢
감 타 아 능 공 중 하 감 사 아 기 미 의 미 식 중 하 가 수 기

寒。我旣男婚女嫁。僕婢須令得所。一夫一婦。天下之
한 아 기 남 혼 녀 가 복 비 수 령 득 소 일 부 일 부 천 하 지

正道。孤陰寡陽。人間之缺陷。無子不敢不娶。有子多
정 도 고 음 과 양 인 간 지 결 함 무 자 불 감 불 취 유 자 다

妾何爲。或娶妾久而無出者。恐負彼青春。未免閨怨。
첩 하 위 혹 취 첩 구 이 무 출 자 공 부 피 청 춘 미 면 규 원

又當及時爲之覓良配而成室家。免了多少孼冤。解卻
우 당 급 시 위 지 멱 양 배 이 성 실 가 면 료 다 소 얼 원 해 각

多少纏縛。至於精氣漸衰年華漸邁者。對青鏡而自生
다 소 전 박 지 어 정 기 점 쇠 년 화 점 매 자 대 청 경 이 자 생

愁嘆尚問。嬌柔悅汝乎。知得歲月有限。黃金買我。不
수 탄 상 문 교 유 열 여 호 지 득 세 월 유 한 황 금 매 아 불

出。美色窺我。不見也。
출 미 색 규 아 불 견 야

{讀法} 二眉曙靑朱先生이 曰호대, 主人은 爲2一家觀瞻1하니 我能勤한데 衆何敢惰리오? 我能公한데 衆何敢私리오? 我旣美衣美食한데 衆何可受2飢寒1이리오? 我旣男婚女嫁한데 僕婢須令2得>所1하고 一夫一婦는 天下之正道요 孤陰寡陽은 人間之缺陷이라. 無>子에 不>敢不>娶하고 有>子에 多>妾何爲리오? 或娶妾久而無>出者면 恐負2彼靑春1하니 未>免2閨怨1하며 又當及>時爲>之覓2良配1而成2室家1라야 免了2多少孼冤1하고 解卻2多少纏縛1하리라. 至>於2精氣ㅣ 漸衰年華ㅣ 漸邁1者면 對2靑鏡1而自生2愁嘆1 尙問컨대 嬌柔悅>汝乎리오? 知得2歲月有限1하여 黃金으로 買>我해도 不>出하며 美色이 窺>我해도 不>見也리라.

• • •

{直譯} 이수서청주선생(二眉曙靑朱先生)이 이르기를, "가장(家長)은 한 집안이 바라보고 있는 사람이다. 내가 부지런한데 가족들이 어찌 감히 게으를 수 있는가? 내가 공평한데 가족들이 어찌 감히 사사로울 수 있는가? 내가 이미 좋은 옷 입고 좋은 음식 먹는데 가족들이 어찌 배가 고프고 추위에 떨 수 있는가? 내가 이미 아들 장가보내고 딸 시집보냈으니 하인들도 모름지기 걸맞게 해주어야 한다. 일부(一夫)에 일부(一婦)는 천하의 바른 도리이다. 홀아비는 음(陰)이고 홀어미는 양(陽)인 것은 인간세상의 결함(缺陷)이다. 아들이 없으니 감히 아내를 맞이하지 않을 수 없고, 아들이 있는데 첩(妾)이 많아 무엇 하겠는가? 혹 아내를 맞이하거나 첩을 들인 지 오래인데 자식이 없다면 아마도 저 청춘(靑春)을 저버린 것이니 아

녀자의 원망을 면치 못할 것이다. 또한 마땅히 결혼할 때를 만나면 좋은 배필을 찾아서 가정(家庭)을 이루어야 사랑에 대한 많은 원망을 면하고 많은 속박을 풀어버릴 수 있다. 정기(精氣)가 점점 쇠약하고 나이가 점점 가게 되면, 거울을 보고 스스로 걱정하고 탄식할 것이니 오히려 묻건대 아리따운 아가씨가 너를 기뻐하겠는가? 나이가 한정(限定)이 있음을 알기에 황금(黃金)으로 나를 사도 나는 나가지 않을 것이며, 미인(美人)이 나를 엿보아도 나는 만나보지 않을 것이다."고 하였다.

{語義} ○主人(주인) : 집주인. 가장(家長). ○觀瞻(관첨) : 바라봄. ○得>所(득소) : 편안히 살 곳을 얻음. 걸맞은 지위를 얻음. ○無>出(무출) : 자식이 없음. ○閨怨(규원) : 사랑받지 못하는 여자의 애절한 정한(情恨). ○及>時(급시) : 좋은 때를 만남. 결혼할 나이가 됨. ○蘗寃(얼원) : 미워하는 것 같지만 실은 몹시 사랑하는 데 대한 반어적 표현. ○纏縛(전박) : 얽어맴. 속박함. ○年華(연화) : 나이. ○靑鏡(청경) : 청동으로 만든 거울. ○愁嘆(수탄) : 걱정하며 탄식함. ○嬌柔(교유) : 아리땁고 나긋나긋함. ○不>出(불출) : 발표하지 않음. 밖에 나다니지 아니함. ○不>見(불견) : 보지 못함. 쉽게 볼 수 없음. 만나보지 않음.

{意譯} 이미서청(二眉曙靑) 주선생(朱先生)이 말하였다. "가장(家長)은 한 집안의 모든 식구들이 우러러보는 사람이다. 가장인 내가 부지런한데 식구들이 어찌 감히 게으를 수 있겠는가? 내가 공평

하게 하는데 식구들이 어찌 감히 사사롭게 할 수 있겠는가? 내가
좋은 옷을 입고 맛좋은 음식을 먹고 있는데 식구들을 어찌 배고프
고 추위에 떨게 할 수 있겠는가? 내가 이미 아들을 장가보내고 딸
을 시집보냈으니 하인들에게도 반드시 이에 걸맞게 해주어야 한
다. 한 지아비에 한 지어미는 세상 사람들의 바른 도리이다. 홀아
비가 음(陰)이고 홀어미가 양(陽)인 것은 인간세상의 결함(缺陷)이
다. 아들이 없으면 아내를 맞이하여 아들을 얻어야 하고, 아들이
있다면 첩(妾)이 많더라도 무엇 하겠는가? 혹시 아내를 맞이하거
나 첩을 들인 지가 오래되었는데도 아직 자식이 없다면 아마도 저
청춘(青春) 시절을 등진 것이니 아녀자의 원망을 받을 것이다. 또
한 마땅히 결혼 적령기가 되면 좋은 배필을 물색하여 가정(家庭)
을 이루어야 아녀자의 많은 원망을 피할 수 있게 되고 많은 속박
에서 벗어나게 된다. 정력(精力)이 점점 쇠약해지고 나이가 점점
더 먹게 되면, 거울을 보고 스스로 걱정하고 한숨지을 것이다. 오
히려 물어보자. 그대는 아리따운 아가씨가 너를 기뻐한다고 생각
하는가? 살아있을 세월이 유한하다는 것을 알기에 황금(黃金)으
로 나를 사더라도 나는 나가지 않으며, 미인(美人)이 나를 엿보아
도 나는 만나보지 않을 것이다."

{餘說} 옛날 가장(家長)의 모범적안 태도를 말한 것으로, 요즈음 세상에
는 맞지 않는 부분이 많다.

創業艱難。守者不易。前人用盡心力。無非爲兒孫
창 업 간 난　수 자 불 이　전 인 용 진 심 력　무 비 위 아 손

計。後人深加體貼。不惟保全見在。益復廣大門庭。不
계　후 인 심 가 체 첩　부 유 보 전 현 재　익 부 광 대 문 정　불

肖之子。視一切如土芥。棄之惟恐不速。甚至家無立
초 지 자　시 일 체 여 토 개　기 지 유 공 불 속　심 지 가 무 입

錐。遊手好閒。甘爲人下。而不知自恥。良可悼與。與其
추　유 수 호 한　감 위 인 하　이 부 지 자 치　양 가 도 여　여 기

求人甚難。追悔不及。莫若愼之于始。克勤克儉。早圖
구 인 심 난　추 회 불 급　막 약 신 지 혈 시　극 근 극 검　조 도

萬全之策。
만 전 지 책

{讀法} 創業ㅣ 艱難하고 守者ㅣ 不易라. 前人이 用盡2心力1은 無>非下
爲2兒孫1計上하니 後人이 深加2體貼1은 不>惟保全2見在1이요, 益復廣
大2門庭1이라. 不>肖之子는 視2一切1를 如2土芥1하여 棄>之를 惟恐2
不速1이라. 甚至어 家無>立>錐하여도 遊手로 好>閒하여 甘>爲2人下1
而不>知2自恥1하니 良可>悼與라. 與其求>人甚難하고 追悔不>及하
니 莫>若下愼>之2于始1上하고 克勤克儉하며 早圖2萬全之策1이라.

• • •

{直譯} 창업(創業)이 힘들고 어렵지만 지키는 것도 쉽지 않다. 앞
사람들이 마음과 힘을 모두 쓰는 것은 자손을 위한 계책이 아닌
것이 없으니, 뒷사람들이 더욱더 자상하게 돌보는 것은 비단(非但)
현재를 보전(保全)할 뿐만이 아니고, 가문(家門)을 다시 더욱 넓히

고 크게 하기 위한 것이다. 불초(不肖)한 자식들이 일체(一切)를 토개(土芥)처럼 보고 버리기를 오직 빨리 하지 않은 것을 걱정하니 심지어 집안에는 송곳도 세울 수 없어도 놀고 있는 사람이 한가함을 좋아하여 사람의 아래 되기를 달갑게 여기고 자신의 부끄러움을 알지 못하니 정말로 슬퍼할 만하도다! 사람을 구하는 것이 몹시 어렵고 후회(後悔)해도 할 수 없으니 차라리 홀로 시작하여 부지런하며 검소하고 일찍이 만전(萬全)의 대책을 세우는 것이 낫겠다.

{語義} ○創業(창업) : 사업을 처음으로 시작하여 그 기초를 세움. ○艱難(간난) : 힘들고 고생이 됨. ○用>盡(용진) : 다 쓰다. 모두 써 버리다. ○體貼(체첩) : 자상하게 돌봄. 세세히 체득함. ○門庭(문정) : 가문(家門). 가정. ○不>肖(불초) : 불초자(不肖子). 어버이의 덕망이나 유업(遺業)을 이을 만한 자질이나 능력이 없는 사람. ○土芥(토개) : 흙과 풀. 보잘것없는 것. 하찮은 것. ○甚至(于/於) : …까지도. 심지어. …조차도. ○立>錐(입추) : 송곳을 세움. ○遊>手(유수) : 일정한 직업 없이 놀고 있음, 또는 그런 사람. ○與其(여기) : …하기보다는. …하느니 차라리. ○追悔(추회) : 후회(後悔). ○追悔不>及(추회불급) : 후회막급(後悔莫及). 잘못된 뒤에 아무리 뉘우쳐도 어찌할 수가 없음. ○莫>若(막약) : 막여(莫如). …하는 것만 못하다.

{意譯} 사업을 처음 시작하는 것이 힘들고 어려운 일이지만 그것을 지키는 것도 쉽지는 않다. 앞 사람들이 마음과 힘을 모두 써서 사업을 이루는 것은 모두가 자손을 위한 계책이기 때문에 뒷사람

들이 더욱더 잘 돌보아야 하는 것은 비단 현재 그대로 보전(保全)할 뿐만 아니라, 가문(家門)을 다시 더욱 넓히고 크게 하기 위한 것이다. 그런데 못난 자손들이 내가 이루어 놓은 사업을 모두 먼지나 잡초처럼 여기고서는 어떻게 하면 어서 내다 버릴까 걱정이나 한다. 심지어 집안에 송곳 하나를 세울 수 없어도 빈둥빈둥 놀면서 한가함을 좋아하여 기꺼이 다른 사람의 아래가 되어도 자신의 부끄러움을 모르니 정말로 슬퍼할 만하도다! 사람을 구하는 것이 몹시 어렵고 후회(後悔)해도 소용없으니 차라리 내가 홀로 시작하여 부지런히, 그리고 절약해서 일찍이 만반(萬般)의 대책을 세워 놓는 것이 훨씬 낫겠다.

{餘說} 창업도 힘들고 어렵지만 오히려 그것을 지키는 것이 더 어렵다는 것으로서 후손된 자는 명심해야 할 말이다.

제 15편

안의편(安義篇)

5의(義)에 안주(安住)하는 데 관한 글을 모은 것으로 모두 5조목이다.

15-001/ 백성이 있고 나서

顔氏家訓曰。夫有人民而後。有夫婦。有夫婦而後。
안 씨 가 훈 왈 부 유 인 민 이 후 유 부 부 유 부 부 이 후

有父子。有父子而後。有兄弟。一家之親。此三者而已
유 부 자 유 부 자 이 후 유 형 제 일 가 지 친 차 삼 자 이 이

矣。自玆以往。至于九族。皆本於三親焉。故於人倫爲
의 자 자 이 왕 지 우 구 족 개 본 어 삼 친 언 고 어 인 륜 위

重者也。不可不篤。
중 자 야 불 가 불 독

{讀法} 顔氏家訓에 曰, 夫,有2人民1 而後에 有2夫婦1하고, 有2夫婦1
而後에 有2父子1하고, 有2父子1 而後에 有2兄弟1하니 一家之親은 此
三者而已矣요, 自>玆以>往으로 至2于九族1히 皆本>於2三親1焉이
라. 故로 於2人倫1에 爲>重者也니 不>可>不>篤이니라.

• • •

{直譯}《안씨가훈》에 말하기를, "대개 백성이 있고 난 뒤에 남편과
아내가 있고, 남편과 아내가 있은 뒤에 아버지와 자식이 있고, 아
버지와 자식이 있고 난 뒤에 형과 아우가 있나니, 한 집안의 겨레

는 이 세 가지뿐이고, 이것으로써 나아가 구족에 이르기까지에 다
세 가지 겨레가 근본이 된다. 그러므로 인륜에 있어서 중요한 것이
되나니, 두터이 아니할 수 없다." 하였다.

{語義} ㅇ《顔氏家訓(안씨가훈)》: 중국 북제(北齊) 때 안지추(顔之推)라는 사
람이 펴낸 책. 2권. 자손에게 주는 훈계의 책으로서 입신(立身)·치가(治家)
의 법을 말하고, 또 자획(字畫)·자훈(字訓)·전고(典故)·문예(文藝) 등을 말
함. ㅇ一家之親(일가지친) : 한 집안의 겨레. 집안의 일가. ㅇ三者(삼자) : 삼
친(三親)을 말함. ㅇ而已(이이) : 뿐임. 일 따름. ㅇ矣(의) : 여기서는 구(句)의
끝에 쓰이는 단정의 종결 조사. ㅇ自>玆以>往(자자이왕) : 이로부터 이후로.
ㅇ九族(구족) : 고조(高祖)·증조(曾祖)·조(祖)·부(父)·자기·아들·손
자·증손·현손(玄孫)의 아홉 계층을 말함. ㅇ三親(삼친) : 부모·부부·형
제, 또는 부족·모족·처족. ㅇ焉(언) : 여기서는 지정(指定)의 뜻을 나타내
는 종결 조사. ㅇ不>可>不(불가불) : 아니할 수 없음. ㅇ篤(독) : 도타움. 인정
이 많음. 돈독(敦篤)히 함. 두터움.

{意譯} 《안씨가훈》에 말했다. "대개 백성이 있고 난 뒤에 부부가
있고, 부부가 있고 난 뒤에 부자가 있고, 부자가 있고 난 뒤에 형
제가 있나니, 한 집안의 친족이 이 삼친일 뿐이다. 이로부터 나아
감으로써 구족에 이르기까지 모두 이 삼친이 근본이 된다. 그러므
로 인류에 있어 가장 소중한 것이니 돈독히 아니할 수 없다."

{餘說} 顔氏家訓에 曰,

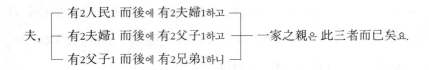

夫, 有2人民1 而後에 有2夫婦1하고 ┐
   有2夫婦1 而後에 有2父子1하고 ┼ 一家之親은 此三者而已矣요.
   有2父子1 而後에 有2兄弟1하니 ┘

自>玆以>往으로 ┐
至2于九族1히 ┘ 皆本>於2三親1焉이라.

故로 於2人倫1에 爲>重者也니 不>可>不>篤이니라.

이상과 같이 이 대문을 분석해 보았다. 즉

有2夫婦1하고 ┐
有2父子1하고 ┼ 一家之親은 此三者而已矣요.
有2兄弟1하니 ┘

바꿔 말하면 '一家之親'은 '夫婦 · 父子 · 兄弟'의 이 세 가지뿐이라
고 전제하고, 다음에

自>玆以>往으로 ┐
至2于九族1히 ┘ 皆本>於2三親1焉이라.

이 세 가지로부터 나아감으로써 '九族(구족)'에 이르기까지 모두가
앞서 말한 '夫婦(부부) · 父子(부자) · 兄弟(형제)'의 '三親(삼친)'에 근본
하는 것이다고 하였다.

그러므로

於2人倫1에 爲>重者也니 不>可>不>篤이니라.

'人倫(인륜)'에 있어서 이 '三親(삼친)'은 가장 소중한 것이니 돈독히
아니할 수 없다고 맺고 있다.

曹大家曰。夫婦者。以義爲親。以恩爲合。欲行楚撻。
조 대 고 왈　부 부 자　이 의 위 친　이 은 위 합　욕 행 초 달

義欲何義。喝罵叱喧。恩欲何恩。恩義旣絶。鮮不離矣。
의 욕 하 의　갈 매 질 훤　은 욕 하 은　은 의 기 절　선 불 리 의

{讀法} 曹大家ㅣ 曰, 夫婦者는 以>義爲>親이며 以>恩>爲合이니 欲>
行2楚撻1인대 義欲2何義1며 喝罵叱喧인대 恩欲2何恩1이리오? 恩義旣
>絶이면 鮮>不>離矣니라.

• • •

{直譯} 조대고가 말하기를, "부부라는 것은 의로써 친한 것이며 은
애로 합한 것이니, 회초리로 종아리를 때려 행하고자 하면 의는 무
슨 의를 하고자 함이며, 큰소리로 욕하고 큰소리로 시끄럽게 꾸짖
는다면 은애(恩愛)는 무슨 은애이겠는가? 은의(恩義)가 이미 끊어
지면 떠나지 않음이 거의 없을 것이다." 하였다.

{語義} ○曹大家(조대고) : 후한(後漢)의 반소(班昭). 자는 혜희(惠姬). 표(彪)
의 딸. 반고(班固)의 누이. 조수(曹壽)의 처. 고(固)가 한서(漢書)를 짓다가 아
직 이루지 못하고 죽으니, 임금이 소(昭)에게 조서(詔書)를 내리어, 이것을
이어 이루게 하고 가끔 불러 궁중에 들게 하여 후비(后妃) 제귀인(諸貴人)에
게 사사(師事)케 함. 이름하여 조대고(曹大家)라 함. '家'는 '姑'와 같음. 대
고(大家)는 여자의 존칭이다. ○楚撻(초달) : 회초리로 종아리를 때림. ○喝

(갈) : 큰 소리. 꾸짖다. 큰소리로 나무라다. ○ 罵(매) : 욕하다. 꾸짖다. ○ 吒
(질) : 꾸짖음. 큰소리로 책망함. ○ 喧(훤) : 시끄러움. ○ 鮮(선) : 드묾. 거의
없음.

{意譯} 조대고가 말했다. "부부라는 것은 의로써 친한 것이며, 은
애로써 합한 것이니, 종아리를 때려서 모든 일을 행하고자 하면
의는 무슨 의를 하고자 하는 것이 되며, 큰소리로 욕하고 큰소리
로 꾸짖으면 은애는 무슨 은애를 하고자 하는 것이 되겠는가? 은
의가 이미 끊어지면 이별하지 않을 수가 없을 것이다."

{餘說} 후한(後漢)의 반소(班昭)의 말이다. 부부의 결합은 은의로써 된
것인데, 때린다거나 큰소리로 욕 또는 꾸짖는다면 은의가 끊어지게 되
고 급기야는 헤어지게 된다고 하였다.

15-003/ 형제를 수족이라 여기고

莊子云。兄弟爲手足。夫婦爲衣服。衣服破時。更得
<small>장 자 운 형 제 위 수 족 부 부 위 의 복 의 복 파 시 갱 득</small>
新。手足斷時。難可續。
<small>신 수 족 단 시 난 가 속</small>

{讀法} 莊子ㅣ 云, 兄弟는 爲2手足1이오, 夫婦는 爲2衣服1이니 衣服破

時엔 更得>新이어니와, 手足斷時엔 難>可>續이니라.

• • •

{**直譯**} 장자가 이르기를, "형제는 수족이라고 생각하고, 부부는 의복이라고 생각하나니, 의복이 찢어졌을 때는 다시 새것을 입을 수 있겠거니와 수족이 끊어졌을 때는 이을 수가 어렵다." 하였다.

{**語義**} ○ 爲(위) : 여기서는 …라고 생각함. 여김. 간주함.

{**意譯**} 장자가 말했다. "형제끼리는 서로를 수족과 같이 생각할 것이고, 부부간끼리는 의복과 같이 생각할 것이다. 의복이 찢어졌을 때는 다시 새것을 갈아입을 수 있지만 수족이 한번 끊어졌을 때는 다시 잇기는 어렵다."

{**餘說**} 이 대문을 분석하면 다음과 같다.

　莊子ㅣ 云,〔《장자》에 보이지 않으므로 책으로 보지 않고 사람으로 보았다.〕

┌兄弟는 爲2手足1이오,┐ ┌手足斷時엔 難>可>續이니라 ┐ … 〔兄弟의 경우〕
└夫婦는 爲2衣服1이니.┘ └衣服破時엔 更得>新이어니와,┘ … 〔夫婦의 경우〕

15-004/ 부유하다고 친하게 하지 않고

蘇東坡云。富不親兮貧不疎。此是人間大丈夫。富則
소 동 파 운 부 불 친 혜 빈 불 소   차 시 인 간 대 장 부   부 즉

進兮貧則退。此是人間眞小輩。
진 혜 빈 즉 퇴   차 시 인 간 진 소 배

{讀法} 蘇東坡ㅣ 云, 富不>親兮貧不>疎는 此是人間大丈夫요, 富
則進兮貧則退는 此是人間眞小輩니라.

• • •

{直譯} 소동파가 이르기를, "부유하다고 친하게 하지 않고 가난하
다고 멀리 않는 것은, 이는 바로 세상의 대장부고, 부하면 가까이
하고 가난하면 멀리하는 것은, 이는 바로 세상의 진정한 소인배이
다." 하였다.

{語義} ○兮(혜) : 조사(助詞). 운문(韻文)의 어구(語句) 중간 또는 끝에 붙여
일시 어세를 조정하여 다시 발양(發揚)하는 데 쓰임. ○是(시) : 여기서는 바
로. 대개. ○人間(인간) : 세상. 속세. ○大丈夫(대장부) : 사내답고 씩씩한 남
자. 지조가 굳어 불의에 굽히지 않는 남자. ○進(진) : 다가듦. 가까이함. ○退
(퇴) : 물러감. 멀리함. ○眞小輩(진소배) : 진짜 소인의 동아리.

{意譯} 소동파가 말했다. "넉넉하다고 친하게 하지 않고, 가난하
다고 멀리하지 않는 것은, 이는 대개 세상의 대장부이고, 넉넉하

다고 가까이하고 가난하다고 멀리하는 것은, 이는 대개 진짜 소인의 무리이다."

{餘說} 이 대문을 분석하면 다음과 같다.

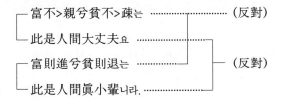

蘇東坡 ㅣ 云,

富不＞親兮貧不＞疎는 ························· (反對)

此是人間大丈夫요 ·························

富則進兮貧則退는 ·························· (反對)

此是人間眞小輩니라. ·····················

이 대문 중에 있는 '인간(人間)'의 뜻은 본디 '인간계(人間界)', 곧 '세상(世上)'·'속세(俗世)'인데, 일본인(日本人)들이 사람의 뜻으로 쓰고 있는 것을 비판 없이 받아들인 데서 잘못 쓰이고 있다. 여기에서는 물론 사람의 뜻은 아니다.

15-005/ 은혜를 알고 은혜를 갚으면

太公曰。知恩報恩。風光如雅。有恩不報。非爲人也。
태공왈 지은보은 풍광여아 유은불보 비위인야

{讀法} 太公이 曰, 知＞恩報＞恩이면 風光이 如＞雅하고, 有＞恩不＞報면 非2爲1人也니라.

...

{直譯} 강태공이 말하기를, "은혜를 알고 은혜를 갚으면 인품이 고상한 것 같고, 은혜를 받음이 있으면서 갚지 않으면 사람 된 품이 그르다 할 것이다." 하였다.

{語義} ㅇ風光(풍광) : 인품(人品). 품격(品格). ㅇ雅(아) : 고상함. ㅇ非(비) : 그르다. ㅇ爲>人(위인) : 사람 된 품. 사람됨.

{意譯} 강태공이 말했다. "은혜를 알고 은혜를 갚을 줄 안다면 그 사람의 인품이 고상한 것 같고, 은혜를 입은 일이 있으면서 은혜를 갚을 줄 모르면 그 사람은 사람 된 품이 옳지 않다고 할 것이다."

{餘說} 사람이란 은혜를 베풀지는 못할망정 입은 은혜조차도 갚지 않아서야 어찌 사람됨을 옳다고 하겠는가?

제16편

준례편(遵禮篇)

이 편은 예의를 준수하는 데 관한 글을 모은 것으로 모두 24조목이다.

16-001/ 가정에 예가 있기에

子曰。居家有禮。故長幼辨。閨門有禮。故三族和。朝
자 왈 거 가 유 례 고 장 유 변 규 문 유 례 고 삼 족 화 조

廷有禮。故官爵序。田獵有禮。故戎事閑。軍旅有禮。故
정 유 례 고 관 작 서 전 렵 유 례 고 융 사 한 군 려 유 례 고

武功成。
무 공 성

{讀法} 子ㅣ 曰, 居>家有>禮라, 故로 長幼辨하고 閨門有>禮라, 故로
三族和하고 朝廷有>禮라, 故로 官爵序하고 田獵有>禮라, 故로 戎事
閑하고 軍旅有>禮라 故로 武功成이니라.

• • •

{直譯} 공자께서 말씀하시기를, "가정에 거처하면서 예가 있으므로
어른과 어린이의 분별이 있고, 가정 안에 예의가 있으므로 삼족(三
族)이 화목하고, 조정에 예의가 있으므로 관직과 작위에 차서가 있
고, 사냥에 예의가 있으므로 전쟁에 관한 일이 익혀질 수 있고, 군
대에 예의가 있으므로 전공(戰功)을 이룰 수 있다." 하셨다.

{語義} ○居>家(거가) : 집에 있음. 집안에 거처함. 집안에서의 일상생활.
○辨(변) : 분별함. ○閨門(규문) : 가정 안. 딴 뜻으로는 침실의 입구. 전하여
침실 안. ○三族(삼족) : 아버지·아들·손자. 부모·형제·처자. 아버지 형
제·자기 형제·아들 형제. 부족(父族)·모족(母族)·처족(妻族). ○朝廷(조
정) : 나라의 정치를 의논하고 집행하는 곳. ○官爵(관작) : 관직과 작위. ○序
(서) : 차서. ○田獵(전렵) : 사냥. '田'에도 사냥한다는 뜻이 있음. ○戎事(융
사) : 전쟁, 또는 군비(軍備)나 전쟁에 관한 일. 군대의 위용. ○閑(한) : 익숙
함. 숙달(熟達)됨. '嫻[우아하다·익숙하게 되다]'의 가차(假借)로 본 것임.
○軍旅(군려) : 군대. ○武功(무공) : 전쟁의 공.

{意譯} 공자께서 말씀하셨다. "한 집안에 거처함에 예의가 있기
때문에 어른과 어린이의 분별이 있고, 가정 안에 예의가 있기 때
문에 아버지·아들·손자의 삼족(三族)이 화목하고, 조정에 예의
가 있기 때문에 관직과 작위에 차서가 있고, 사냥에 예의가 있기
예문에 전쟁에 관한 일을 익힐 수 있고, 군대에 예의가 있기 때문
에 무공을 세울 수가 있다."

{餘說} 子ㅣ 曰,

  ┌─ 居>家有>禮라 故로 長幼辨하고,
  ├─ 閨門有>禮라 故로 三族和하고,
  ├─ 朝廷有>禮라 故로 官爵序하고,
  ├─ 田獵有>禮라 故로 戎事閑하고,
  └─ 軍旅有>禮라 故로 武功成이니라.

이상과 같이 '거가(居家)·규문(閨門)·조정(朝廷)·전렵(田獵)·군려

(軍旅)'에 '有>禮(유례)'면 차례대로 '장유변(長幼辨) · 삼족화(三族和) · 관작서(官爵序) · 융사한(戎事閒) · 무공성(武功成)' 한다는 것으로 분석된다.

16-002/ 윗사람으로서 예의가 없으면

晏子曰。上無禮。無以使下。下無禮。無以事上。
안 자 왈 상 무 례 무 이 사 하 하 무 례 무 이 사 상

{讀法} 晏子ㅣ 曰, 上이 無>禮면 無2以使1>下며, 下ㅣ 無>禮면 無2以事1>上이니라.

• • •

{直譯} 안자가 말하기를, "윗사람이 예의가 없으면 이로써 아랫사람을 부릴 수 없으며, 아랫사람이 예의가 없으면 이로써 윗사람을 섬길 수 없다." 하였다.

{語義} ○晏子(안자) : 춘추시대(春秋時代) 제(齊)나라의 명신(名臣). 이름은 영(嬰). 자는 평중(平仲). 영공(靈公) · 장공(壯公) · 경공(景公)을 섬겨 재상이 되었으며 공검역행(恭儉力行)으로 유명함. ○上(상) : 윗사람. ○下(하) : 아랫사람.

{意譯} 안자가 말했다. "웃어른으로서 예의가 없으면 이로 인해 아랫사람을 부릴 수가 없고, 아랫사람으로서 예의가 없으면 이로 해서 웃어른을 섬길 수가 없다."

{餘說} 상하가 모두 예의가 있어야 차서가 서서 모실 어른을 섬기게 되고, 부릴 사람을 부리게 된다.

16-003/ 공손하나 예가 없으면

子曰。恭而無禮則勞。愼而無禮則葸。勇而無禮則
자왈　공이무례즉로　신이무례즉사　용이무례즉
亂。直而無禮則絞。
란　직이무례즉교

{讀法} 子ㅣ 曰, 恭而無>禮則勞하고 愼而無>禮則葸하고 勇而無>禮則亂하고 直而無>禮則絞니라.

• • •

{直譯} 공자께서 말씀하시기를, "공손하면서 예가 없으면 힘이 들게 되고, 신중하면서 예가 없으면 두려워 움츠려지고, 용감하면서 예가 없으면 난폭해지고, 정직하면서 예가 없으면 박절해진다." 하셨다.

{語義} ○勞(로) : 힘이 들다. 고로(苦勞). ○葸(사) : 겁내다. 두렵다. 외구(畏懼). 외축(畏縮). ○絞(교) : 〈집주〉에 "絞는 急切也라" 하였다. 박절(迫切).

{意譯} 공자께서 말씀하셨다. "사람이 처신하는 데 공손하다는 것은 귀중한 것이나, 오직 기거동작의 공손함만 생각하고, 이에 예에 적합한 행동을 하지 않으면 헛되게 몸만 힘들게 된다. 마음에 조심성을 갖는다는 것은 이 또한 귀중한 것이나, 오직 조심함만 생각하고 이에 두려워하고 위축되면 벌벌 떠는 꼴이 된다. 또 용기가 있다는 것은 중요한 것이나, 오직 용기만 있을 뿐 이에 적합한 행동을 하지 않으면 자칫 힘을 외용(外用)하여 난폭낭자(亂暴狼藉)한 짓을 하게 된다. 정직일도(正直一途)라면 기뻐할 것이기는 하나, 오직 정직일도라면 이에 도에 적합한 행동을 하지 않으면 타인에 대해서 사정(事情)없이 엄한 태도를 취하게 된다."

{餘說} '恭·愼·勇·直'은 다 미덕(美德)이기는 하나, 예로써 제재하지 않으면 도리어 폐해가 생긴다는 것을 서술한 것이다. 이 대문은《논어·태백편·제2장》의 전반부 문장이다.

16-004/ 군자가 용기는 있으나 예의가 없으면

子曰。君子有勇而無禮爲亂。小人有勇而無禮爲盜。
자 왈 군 자 유 용 이 무 례 위 란 소 인 유 용 이 무 례 위 도

{讀法} 子ㅣ 曰, 君子ㅣ 有>勇而無>禮면 爲>亂하고, 小人이 有>勇而
無>禮면 爲>盜니라.

• • •

{直譯} 공자께서 말씀하시기를, "군자가 용기가 있으면서 예의가
없으면 반란을 일으키고, 소인이 용기가 있으면서 예의가 없으면
도둑질한다." 하셨다.

{語義} ㅇ君子(군자) : ① 심성이 어질고 덕행이 높으며 남의 사표(師表)가
될 만한 사람. ② 벼슬아치. 관리. ③ 남편. ④ 대나무[竹]의 딴 이름. ⑤ 연
(蓮)의 딴 이름. 여기서는 ①. ㅇ小人(소인) : 간사하고 도량이 좁은 사람·덕
이 없는 사람. ② 천한 사람. 신분이 낮은 사람. 평민. ③ 자기를 낮추어 이
르는 말. 저. 소자. ④ 키가 작은 사람. 여기서는 ①.

{意譯} 공자께서 말씀하셨다. "만일 관리로 있는 군자로서 용기가
있고 예의가 없으면 그 용기를 발하여 반란을 일으킬 염려가 있
다. 또 사람에게 다스림을 받는 소인이 용기가 있고 예의가 없는
경우에는 반란을 일으키기까지는 못 하지만 도둑질을 하게 될 것
이다. 용기도 물론 중요하나 그 용기를 제재하는 예의가 더욱 필
요한 것이다."

{餘說} 이 대문은 이대로 공자께서 말씀하신 바는 없고 다음 두 대문을

종합하면 본뜻은 이 대문과 같게 된다.

《논어·양화편(陽貨篇)·제23장》: 子路ㅣ 曰, 君子는 尙>勇乎니이꼬. 子ㅣ 曰, 君子는 義以爲>上이니 君子ㅣ 有>勇而無>義면 爲>亂하고 小人이 有>勇而無>義면 爲>盜니라.

《논어·태백편(泰伯篇)·제2장》: 子ㅣ 曰, 恭而無>禮則勞하고 愼而無>禮則葸하고 勇而無>禮則亂하고 直而無>禮則絞니라.

이상에서 살펴본 바와 같이 이 편이 〈준례편(遵禮篇)〉이므로 예의를 강조하느라 일부러 〈양화편〉의 '勇而無>義則爲>亂(용이무의즉위란)'을 발췌해서 〈태백편〉의 '勇而無>禮則爲>亂(용이무례즉위란)'을 먼저 적고 '義' 자를 '禮' 자로 대치한 것으로 생각된다. 아무려나 공자의 사상을 전하는 데는 어그러짐이 없다. 단지 편저자가 대문을 의작(擬作)하고 '子曰'이라고 직설적으로 편집한 것이 흠이라면 흠이라 하겠다. 따라서 다른 대문도 이런 경우가 있지나 않은가 하여 의아한 느낌이 든다.

16-005/ 군자가 백성과 다른 까닭은

孟子曰。君子所以異於人者。以其存心也。君子以仁
맹자왈 군자소이이어인자 이기존심야 군자이인

存心。以禮存心。仁者愛人。有禮者敬人。愛人者人恒
존심 이례존심 인자애인 유례자경인 애인자인항

愛之。敬人者人恒敬之。
애지 경인자인항경지

{讀法} 孟子ㅣ 曰, 君子ㅣ 所2以異2於人1者는 以2其存1>心也니, 君子는 以>仁存>心하고, 以>禮存>心이니라. 仁者는 愛>人하고, 有>禮者는 敬>人하나니, 愛>人者는 人恒愛>之하고, 敬>人者는 人恒敬>之니라.

• • •

{直譯} 맹자께서 말씀하시기를, "군자가 백성과 다른 것은 그가 마음을 지니고 있기 때문이다. 군자는 인을 마음에 지니고, 예를 마음에 지닌다. 인자한 사람은 남을 사랑하고, 예가 있는 사람은 남을 공경하나니, 남을 사랑하는 사람은 남이 늘 그를 사랑하고, 남을 공경하는 사람은 남이 늘 그를 공경한다." 하셨다.

{語義} ○君子(군자) : 덕이 있는 사람. ○人(인) : 군자 아닌 사람, 즉 덕을 닦지 않은 일반 사람. 백성. ○存>心(존심) : 인이나 예를 닦아서 자기의 본심을 잡고 지켜 방실(放失)하지 않도록 한다. 또는 인이나 예를 마음에 두고 잊지 않도록 한다는 뜻. ○以>仁存>心, 以>禮存>心(이인존심, 이례존심) : 인과 예의 덕을 닦아서 본심을 잡고 지켜 그것을 잃어버리지 않고 지니고 있음을 말함.

{意譯} 맹자께서 말씀하셨다. "덕이 있는 군자가 일반 사람과 다른 까닭은 군자가 본심을 잡고서 잃어버리지 않기 때문이다. 군자는 인과 예의 덕을 닦아서 본심을 잃지 않으려고 노력하고 있다. 일체의 인자는 남을 사랑하고 예가 있는 자는 남을 공경한다. 남

을 사랑하는 인자에 대해서는 남도 늘 사랑해주고, 남을 공경하는
예가 있는 자에 대해서는 남도 늘 공경해주는 것이다."

{餘說} 군자는 인과 예를 지니고 자기의 본심에서 놓치려고 하지 않는
다. 그렇게 하면 남도 이쪽을 애경(愛敬)하게 된다.
　이 대문은《맹자 · 이루하》에 있는 글이다.

16-006/ 예의 운용은

有子曰。禮之用。和爲貴。
유 자 왈　예 지 용　화 위 귀

{讀法} 有子ㅣ 曰, 禮之用이 和爲>貴하니라.

· · ·

{直譯} 유자가 말하기를, "예의 운용은 조화를 귀중히 여긴다." 하
였다.

{語義} ○有子(유자) : 공자의 제자. 노(魯)나라 사람. 성은 유(有), 이름은 약
(若), 자는 자유(子有). 공자보다 13세 연하이다. 그렇다면 제자 중에서 연장
자이다. 용모가 공자와 닮았으므로, 공자의 사후 교단(敎團)의 지도자로 추

천하는 움직임이 있었으나 증자가 반대했다. 제자 중에서 '子'의 경칭을 받은 사람으로는 이외에 '曾子·冉子·閔子'의 네 사람뿐이었으므로 《논어》의 편집이 증자와 유자 등의 제자 손에 의한 것이 아닌가 하는 설도 있다. ○禮(예) : 예절. 광의로는 개인 대(對) 사회·국가 등 집단의 행위를 법에서는 규제하는 것이나 예에서는 절제 조절하고 의칙(儀則)을 세워 미화(美化)를 효율적으로 도모하는 것. 주자(朱子)는 '禮者는 天理之節文이오 人事之儀則也니라.' 하였다. ○和(화) : 협화(協和). 조화.

{意譯} 유자가 말했다. "예를 실제로 운용함에 있어서는 조화롭게 하는 것이 중요하고 귀중한 것이 된다."

{餘說} 이 대문은 《논어·학이편·제12장》에 있는 글로서, 예와 화를 서로 합하여 운용하지 않으면 안 된다는 것을 가르친 것이다.

16-007/ 말은 화합하지 않더라도

言不和。貌且恭。
언 불 화 　 모 차 공

{讀法} 言不>和하되 貌且恭이니라.

• • •

{直譯} 말은 화합하지 않을지라도 얼굴빛은 마땅히 공손해야 한다.

{語義} ○ 不>和(불화) : 사이가 서로 화합하지 못함. ○ 貌(모) : 얼굴빛. 안색. ○ 且(차) : 장차 …하려고 함. 마땅히 …하려고 함. ○ 恭(공) : 공손. 고분고분함.

{意譯} 말이 불화할지라도 얼굴빛은 마땅히 공손해야 한다.

{餘說} 의견이 달라서 말은 화합하지 않을 수가 있다. 그러나 안색은 마땅히 공손해야 한다.

16-008/ 공손함이 예에 가까우면

有子曰。恭近於禮。遠恥辱也。
유 자 왈 공 근 어 례 원 치 욕 야

{讀法} 有子ㅣ 曰, 恭近2於禮1면 遠2恥辱1也니라.

• • •

{直譯} 유자가 말하기를, "공손함이 예절에 가까우면 치욕을 멀리 할 수 있다." 하였다.

{語義} ○ 有子(유자) : 바로 앞의 〔16-006〕 조목 참조. ○ 近(근) : 가깝다. 멀

리 벗어나지 않는다.

{意譯} 유자가 말했다. "공손함도 예절에 벗어나지 않아야 치욕을
멀리할 수 있다."

{餘說} 이 대문은 《논어 · 학이편 · 제13장》에 있는 말이다. 공손도 지
나치면 치욕스럽게 된다는 말이다.

16-009/ 경건하지 않으면 안 된다

程子曰。無不敬。
정 자 왈 무 불 경

{讀法} 程子ㅣ 曰, 無>不>敬이니라.

• • •

{直譯} 정자가 말하기를, "경건하지 않음이 없다." 하였다.

{語義} ○程子(정자) : 송(宋)나라의 정호(程顥), 또는 정이(程頤)의 존칭. ○敬
(경) : 경건(敬虔)함.

{意譯} 정자가 말했다. "언제나 경건하지 않으면 안 된다."

{餘說} 《예기·곡례(曲禮)》에 "毋不敬儼若思〔공경하지 않는 것이 없어서 엄연하게 생각한 듯하며〕"라고 하였다. '無'와 '毋'는 통용된다.

16-010/ 조정에는 벼슬만한 것이 없고

曾子曰。朝廷莫如爵。鄕黨莫如齒。輔世長民莫如
증자왈 조정막여작 향당막여치 보세장민막여

德。
덕

{讀法} 曾子ㅣ 曰, 朝廷엔 莫>如>爵이오, 鄕黨엔 莫>如>齒요, 輔>世長>民엔 莫>如>德이니라.

• • •

{直譯} 증자가 말하기를, "조정에는 벼슬만한 것이 없고, 향당에는 나이만한 것이 없고, 세상을 돕고 백성을 교도하는 데는 덕만한 것이 없다."하였다.

{語義} ○曾子(증자) : 이름은 삼(參). 공자의 제자로 춘추시대의 노나라 사람. 자는 자여(子輿). 공자보다 46세 아래이니 B.C. 506년에 태어난 것으로

된다. 효행이 지극하여 그 기록이《논어》·《효경》에 실려 있다. ○莫>如(막여) : …하는 것만 못하다. …하는 것이 낫다. ○爵(작) : 벼슬. 신분의 계급. ○鄕黨(향당) : 2,500호(戶)의 향(鄕)과 500호의 당(黨). 전하여 향리. 고장. ○齒(치) : 나이. 연치(年齒). ○輔>世(보세) : 세상을 도움. ○長(장) : 제고(提高)함. ○長>民(장민) : 백성을 교도(敎導)함.

{意譯} 증자께서 말씀하셨다. "조정에서는 작위 높은 것이 제일이고, 향리에서는 나이 많은 것이 제일이고, 세상을 돕고 백성을 교도(敎導)하고 제고(提高)시키는 데는 덕이 높은 것이 제일이다."

{餘說} 이 대문을 분석하면 다음과 같다.

曾子ㅣ 曰,

┌ 朝廷엔   莫>如>爵이오,
├ 鄕黨엔   莫>如>齒요,
└ 輔>世長>民엔   莫>如>德이니라.

해석에 있어 '長>民'을 '백성을 다스림'으로 한 책이 대부분이다. 백성을 교도하는 것이라야 '德'과 통하는 말이 된다.

16-011/ 천천히 걸어서

孟子云。徐行後長者。謂之弟。疾行先長者。謂之不
맹 자 운 서 행 후 장 자 위 지 제 질 행 선 장 자 위 지 부

弟。
제

{讀法} 孟子ㅣ云, 徐行後2長者1를 謂2之弟1요, 疾行先2長者1를 謂2
之不弟1니라.

• • •

{直譯} 《맹자》에 이르기를, "천천히 걸어서 나이 많은 사람에 뒤처
져서 가는 것을 제(悌)라 하고, 빨리 걸어서 나이 많은 사람에 앞
서가는 것을 부제(不弟)라 한다." 하였다.

{語義} ○徐行(서행) : 천천히 걸어감. ○後2長者1(후장자) : 연장자의 뒤에서
감. 그렇게 하는 것이 연장자를 공경하고 그에 대한 공손한 태도였던 것이
다. ○弟(제) : 공손함. '悌'와 같음. 부자간은 종적인 윤리 관계로서 부모를
효로써 받들고, 형제 사이 및 연장자 연소자 사이는 횡적인 윤리 관계로서
동생이나 연소자로서는 형이나 연장자를 제(弟:공손恭遜함)로써 받드는 것
이다. 이것이 유가의 윤리적 기본이라고 한다. 그래서 맹자는 "堯舜之道,
孝弟而已矣.〔요순의 도는 효제뿐일 따름이다.〕"라고까지 직절(直截)하게
말한 것이다. ○疾行(질행) : 빨리 걸어감. '서행(徐行)'의 상대어.

{意譯} 《맹자》에 말했다. "요순의 도는 본디 행하기 어려운 것은
아니다. 장자 즉 손윗사람과 동행할 때, 자기는 조금 서서히 걸어
서 손윗사람에게 뒤처져서 따라가는 것을 공손하다 하고, 이와 반

대로 빨리 걸어서 손윗사람에게 앞서가는 것을 공손하지 못하다 한다."

{餘說} 이 대문은《맹자・고자하(告子下)・인개가이위요순장(人皆可以爲 堯舜章)》에 있는 말이다.

16-012/ 문밖에 나갈 때는

出門如見大賓。入室如有人。
출 문 여 견 대 빈　입 실 여 유 인

{讀法} 出>門엔 如>見2大賓1하고 入>室엔 如2有1>人하라.

• • •

{直譯} 문밖에 나갈 때는 큰 손님을 맞는 것 같이 하고, 방에 들어 갈 때는 사람이 있는 것 같이 하라.

{語義} ○出>門(출문) : 문밖에 나가 있음. 문밖으로 나감. ○大賓(대빈) : 높 은 손님. 신분이 높은 손님. ○入>室(입실) : 방 안에 있음. 방 안에 들어감.

{意譯} 문밖에 나가 있을 때는 지위가 높은 손님을 만난 것처럼 조

심스럽게 하고, 방 안에 있을 때는 방안에 사람이 있는 것처럼 조심하라.

{餘說} 이 대문의 첫 구절은 다음과 같이 《논어·안연편》에 나오는 말 중에서 취한 것이다: 仲弓이 問>仁한대 子ㅣ日 出>門에 如>見2大賓1하고 使>民에 如>承2大祭1하며 己3所2不1>欲을 勿>施於1>人하며 在>邦에 無>怨하고 在>家에 無>怨하라.〔중궁이 인에 대해 여쭙자, 공자님께서 말씀하시기를 "집을 나가면 마치 귀한 손님을 만나듯이 하고, 백성을 부릴 때는 마치 큰 제사를 받들듯이 하라. 자기가 하고 싶지 않은 일을 남에게 시키지 말라. 그리하면 나라 안에 원망이 없고 집안에도 원망이 없느니라." 하였다.〕

16-013/ 빈 그릇 들기를

少儀曰。執虛如執盈。入虛若有人。
소 의 왈 집 허 여 집 영 입 허 약 유 인

{讀法} 少儀에 日, 執>虛를 如2執1>盈하고, 入>虛를 若2有1>人이니라.
• • •

{直譯} 《예기(禮記)·소의(少儀)》에 말하기를, "빈 그릇 들기를 가득 찬 것처럼 하고, 빈 곳에 들어가기를, 사람이 있는 것 같이 할 것

이다." 하였다.

{語義} ○〈少儀(소의)〉:《예기》의 편명. ○執(집): 잡다. 가지다. ○虛(허): 텅 비다. ○盈(영): 가득 차다. ○入>虛(입허): 빈 곳에 들어감.

{意譯}《예기·소의》에 말했다. "비어 있는 그릇 들기를 그것이 가득 차 있는 것처럼 하고, 빈 데 들어가기를 거기에 사람이 있는 것처럼 할 것이다."

{餘說} 이 대문의 '虛'에 대해《삼자경(三字經)》에서는 다음과 같이 대상을 구체적으로 명시하고 있다: "執2虛器1를 如>執>盈하고, 入2虛室1을 如>有>人하라.〔빈 그릇을 잡더라도 가득 찬 것처럼 하라. 빈방에 들어가더라도 사람이 안에 있는 것처럼 하라.〕"

16-014/ 공자님이 향당에 계실 때

孔子於鄉黨。恂恂如也。似不能言者。
공 자 어 향 당 순 순 여 야 사 불 능 언 자

{讀法} 孔子ㅣ 於2鄉黨1에 恂恂如也하사, 似2不>能>言者1러시다.

...

{直譯} 공자님께서 마을에 계실 때는 공손하시고 성실하시어, 말을 할 줄 모르는 사람 같으셨다.

{語義} ○鄕黨(향당) : 주대(周代)의 지방 구획으로 50호(戶)를 '당(黨)'이라 했고, 25당 곧 12,500호를 '향(鄕)'이라 했다. 여기서는 그저 향리나 마을의 뜻으로 본다. ○恂恂如(순순여) : 온공(溫恭). 신실(信實). 성실하고 온순하다. '如'는 형용사적 허사로 뜻이 없음.

{意譯} 공자께서는 당신의 마을에 계실 때는 공손하시고 성실하셨으므로, 마치 말을 하지 못하는 사람 같으셨다.

{餘說} 공자께서는 향리에서 종족(宗族)들과 함께 있으실 때는 과묵(寡默)하시고 공경하는 태도를 지키셨다. 그래서 말씀을 하지 못하는 사람 같으실 정도였다는 것이다. 이 대문은 《논어·향당편·제1장》에 있는 글이다.

16-015/ 남이 나를 소중히 여기기를 바란다면

若要人重我。無過我重人。
약 요 인 중 아 무 과 아 중 인

{讀法} 若要2人重1>我어든 無>過2我重1>人이니라.

• • •

{直譯} 만약 남이 나를 존중해 주기를 요망하거든, 내가 남을 소중히 여기는 것만한 것이 없다.

{語義} ○要(요) : 요망. 바람. ○重(중) : 중히 여김. 소중하게 여김. ○無>過(무과) : 더 심한 것이 없음. 더 나은 것이 없음. 그 이상 …한 것이 없음. 다만 …에 불과함.

{意譯} 만약 남이 나를 중히 여기기를 바라거든, 내가 남을 소중히 여기는 것보다 나은 것이 없다.

{餘說} 위 문장과 비슷한 내용으로서 다음과 같은 표현도 있다.

若要2人重1, 必先自重하라.〔만약 남이 존중해 주기를 바란다면 반드시 먼저 자신을 존중하라.〕

人必自重한 而后에 人重>之니라.〔자신이 반드시 자기를 존중한 뒤에 남들이 자기를 존중한다.〕

16-016/ 손님은 친하고 멂이 없으니

太公曰。客無親疎。來者當受。
태 공 왈 객 무 친 소 내 자 당 수

{讀法} 太公ㅣ 曰, 客無2親疎1하고, 來者는 當受니라.

· · ·

{直譯} 강태공이 말하기를, "손님은 친하고 멂이 없으니, 오는 사람은 마땅히 받아야 한다." 하였다.

{語義} ○ 親疎(친소) : 친하여 가까움과 친하지 못하여 버성김. ○ 來者(내자) : 찾아오는 사람. 찾아오는 손님. ○ 當受(당수) : 마땅히 받다. 마땅히 받아들여야 한다.

{意譯} 강태공이 말했다. "손님은 친소가 없으니, 찾아오는 사람은 마땅히 모두 맞이해야 한다."

{餘說} 이 말은 속담으로서 다음과 같이 다르게 표현된 것도 있다.

　　客無2親疎1니 來者當敬하라.〔손님은 친소가 없으니 오는 사람은 마땅히 공경해야 한다.〕
　　來者是客이니 不>分2親疏1하라.〔오는 사람이 바로 손님이니 친소를 따지지 말라.〕

16-017/ 아버지는 아들의 덕을 말하지 말고

父不言子之德。子不談父之過。
부 불 언 자 지 덕　자 부 담 부 지 과

{讀法} 父不>言2子之德1하고 子不>談2父之過1니라.

• • •

{直譯} 아버지는 아들의 덕을 말하지 말고, 자식은 아버지의 허물을 말하지 말 것이다.

{語義} ○ 不>言(불언) : 말하지 않음. ○ 不>談(부담) : 말하지 않음.

{意譯} 아버지는 자식들의 덕이 있고 없고를 말하지 말고, 자식들은 아버지의 잘못에 대하여 말하지 말 것이다.

{餘說} 부모가 자식을 칭찬한다는 것은 불출(不出)에 들어간다는 것이다. 자칫 생각이 미치지 못하면 사랑스러운 나머지 자식 자랑하기가 쉽다. 자식은 부모의 잘못을 자칫하다가는 말하기 쉬운 것이다. 이러한 일들을 신중히 생각하여 처신하라는 것이다.

16-018/ 백성은 임금 · 아버지 · 스승에 의하여

欒共子曰。民生於三。事之如一。父生之。師教之。君
난공자왈 민생어삼 사지여일 부생지 사교지 군

食之。非父不生。非食不長。非教不知。生之族也。
식지 비부불생 비식부장 비교부지 생지족야

{讀法} 欒共子ㅣ 曰, 民生2於三1이라. 事>之如>一이니 父ㅣ 生>之하시
고, 師ㅣ 教>之하시고, 君이 食>之하시나니, 非>父면 不>生이오, 非>食이면
不>長이오, 非>教면 不>知니 生之族也니라.

• • •

{直譯} 난공자가 말하기를, "백성은 임금 · 아버지 · 스승의 세 사람
에 의하여 생존한다. 그들을 섬김에 한결같이 해야 한다. 아버지가
나를 낳으시고, 스승이 나를 가르치고, 임금이 나를 기르니, 아버
지가 아니면 태어나지 못하고, 먹이지 않으면 자라지 못하고, 가르
치지 않으면 알지 못하니, 살아가게 해준 분들이다." 하였다.

{語義} ○欒共子(난공자) : 난성(欒成). 춘추시대 진(晉)나라 사람. 시호는 공
자(共子), 또는 공숙(共叔)이라 함. 익후(翼侯)의 보(輔)가 되다. 곡옥(曲沃)의
무공(武公)이 익(翼)을 치고 애공(哀公)을 죽였을 때, 무공이 상경(上卿)을 시
켜준다는 부름에 응하지 않고 싸우다가 죽었다. ○民生2於三1(민생어삼) :
인민은 군 · 부 · 사의 삼자에 의하여 생존한다. ○事>之如>一(사지여일) :
君 · 父 · 師를 하나 같이 차별 없이 섬김. ○生之族(생지족) : 삶의 한 족속.

생(生)의 한 집안.

{意譯} 난공자가 말했다. "인민은 임금·아버지·스승의 삼자에 의하여 생존한다. 그러므로 이 세 분을 섬기는 데는 차별 없이 하나와 같다. 아버지는 백성을 낳고, 스승은 백성을 가르치고 임금은 백성을 기른다. 아버지가 아니면 생겨나지 못하고, 음식이 아니면 자라지 못하고, 가르치지 않으면 알지 못한다. 이분들이 백성을 살아가게 해준 집안이다."

{餘說} 이 대문은 《국어(國語)·진어(晉語)》에 있는 글이다. 예부터 군사부일체(君師父一體)란 말은 바로 이런 뜻을 이론으로 세워 한 말이다.

16-019/ 남녀 간에는 섞여 앉지 말고

禮記曰。男女不雜坐。不親授。嫂叔不通問。父子不
예 기 왈 남 녀 부 잡 좌 불 친 수 수 숙 불 통 문 부 자 부

同席。
동 석

{讀法} 禮記에 曰, 男女는 不2雜坐1하고 不2親授1하며 嫂叔은 不2通1>問하고 父子는 不2同1>席이니라.

• • •

{**直譯**}《예기》에 말하기를, "남녀 간에는 섞여 앉지 말고 몸소 주지 말며, 형수와 시동생 간에는 서로 방문하지 말며, 부자간에는 자리를 같이하지 말 것이다." 하였다.

{**語義**} ○ 雜坐(잡좌) : 섞여 앉음. ○ 親授(친수) : 몸소 줌. ○ 嫂叔(수숙) : 형수와 시동생. ○ 通>問(통문) : 서로 방문함. 서로 물음. ○ 同>席(동석) : 자리를 같이함.

{**意譯**}《예기》에 말했다. "남녀 간은 서로 섞여 앉지 말고, 서로 몸소 물건을 주고받지 말며, 형수와 시동생은 서로 찾아가지 말며, 부자간에는 서로 같은 좌석을 하지 말 것이다."

{**餘說**} 문장의 구조를 분석해 보면 다음과 같다.

```
禮記에 曰,
 ┌ 男女는 不2雜坐1하고    不2親授1하며
 ├ 嫂叔은                不2通1>問하고
 └ 父子는                不2同1>席이니라.
```

16-020/ 제사 지낼 때는

論語云。祭如在。祭神如神在。
논 어 운　제 여 재　제 신 여 신 재

{讀法} 論語에 云, 祭如>在하시며 祭>神如2神在1러시다.

• • •

{直譯}《논어》에 이르기를, "〔조상께〕 제사 지낼 때는 계시는 듯이 하시며, 산천의 신을 모실 때는 신이 앞에 있는 듯이 하셨다." 하였다.

{語義} ○ 祭(제) : 조상신을 제사 지냄. ○ 如(여) : 마치 …하는 듯하다. ○ 祭>神(제신) : 산천의 신을 제사 지냄.

{意譯}《논어》에 말했다. "공자께서 제사를 모실 때는 조상이 앞에 계시는 듯이 정중하셨고, 산천의 신께 제사를 모실 때는 신이 앞에 있는 듯이 경건하셨다."

{餘說} 조상신에게 제사를 지낼 때는 조상이 앞에 계시는 듯이 하셨고, 산천의 신에게 제사를 지낼 때는 산천 신이 앞에 있듯이 공자께서는 제사를 지냈다는 제례 의식에 대한 자세를 말한 것이다. 이 대문은《논어 · 팔일편 · 제12장》에 있다.

16-021/ 죽은 자 섬기기를

子曰。事死如事生。事亡如事存。孝之至也。
자 왈 사 사 여 사 생 사 망 여 사 존 효 지 지 야

{讀法} 子ㅣ 曰, 事>死如>事>生하고, 事>亡如>事>存이 孝之至也니라.
• • •

{直譯} 공자께서 말씀하시기를, "죽은 자 섬기기를 살아있는 자 섬기는 것처럼 하고, 없는 자 섬기기를 생존해 있는 이 섬기는 것처럼 하는 것이 효의 지극함이다." 하셨다.

{語義} ○亡(망) : '亡'과 '存'은 실제에 있어서 '死'와 '生'과 같다. '事>死如>生'은 장사 지낼 때를 가리키고, '事>亡如>存'은 장사 지낸 뒤의 일을 말한다.

{意譯} 공자께서 말씀하셨다. "장사 지낼 때 죽은 사람 섬기기를 살아계시는 것 같이 섬기고, 장사지낸 뒤 없을 때 없는 것 섬기기를 생존한 이 섬기는 것 같이 하는 것이 효도의 궁극이다."

{餘說} 이 대문은 《중용장구·제19장》의 일부분이다. 전문은 다음과 같다: "踐2其位1하여 行2其禮1하고 奏2其樂1하며, 敬2其所1>尊하고 愛2其所1>親하며, 事>死如事>生 事>亡如事>存이 孝之至也라.〔선조가 올랐던 자

리에 자기가 올라 선조가 행했던 예법을 행하고 선조의 음악을 연주하며, 선조가 높인 바를 공경하고 가까이한 바를 아끼며, 죽은 분을 살아 있을 때처럼 섬기면서 장례를 행하고 사망한 분을 생존한 것처럼 섬기면서 제사를 행하는 것, 이렇게 하는 것이 바로 효의 극치이다.}"

16-022/ 아이들이 예쁜 여자를 볼 때는

宣康府家訓。兒曹。凡見豔色冶容。年長者。如姑母。
선강부가훈 아조 범견염색야용 연장자 여고모

年少者。如兒女。年相若者。如姐妹。若能如此把持。庶
연소자 여아녀 연상약자 여저매 약능여차파지 서

幾不至越禮。
기 부 지 월 례

{讀法} 宣康府家訓에, 兒曹ㅣ 凡見2豔色冶容年長者1를 如2姑母1하고, 年少者를 如2兒女1하며 年相若者를 如2姐妹1하라. 若能如>此把持면 庶幾不>至2越1>禮니라.

• • •

{直譯} 〈선강부가훈(宣康府家訓)〉에 "아이들은 무릇 예쁜 여자로서 나이가 위인 사람은 마치 고모(姑母) 보듯 하고, 나이가 아래인 자는 마치 여자아이 보듯 하고, 나이가 서로 비슷한 자는 마치 여형제 보듯 하라. 만약 이처럼 억제한다면, 거의 예의를 벗어나는 데

이르지는 않을 것이다." 하였다.

{語義} ○宣康府(선강부) : 미상(未詳). ○兒曹(아조) : 아배(兒輩). 아이들. ○豔色(염색) : 곱고 아름다운 자색(姿色). 미녀(美女)를 이르는 말. ○冶容(야용) : 요염한 자태. 아름다운 여자를 이르는 말. ○相若(상약) : 상여(相如). 서로 같음. 유사함. ○姐妹(저매) : 손위 누이와 손아래 누이. 여형제. ○把持(파지) : 손아귀에 쥐고 제 마음대로 휘두름. 억제함. ○庶幾(서기) : 비슷함. 바라건대. 아마. ○越>禮(월례) : 예절을 벗어남.

{意譯} 〈선강부가훈(宣康府家訓)〉에 "아이들은 모두 예쁜 여자를 볼 때 나이가 자기보다 위인 경우는 자기 고모(姑母)를 보듯이 하고, 나이가 자기보다 아래인 경우는 그냥 여자아이 보듯이 하고, 나이가 서로 비슷한 경우는 자기 여형제 보듯이 하라. 만약 이같이 억제한다면, 아마도 예의를 벗어나는 일은 없을 것이다." 하였다.

{餘說} 사내는 아이 때부터 예쁜 여자 보기를 특별히 경계하여야 한다는 것을 말한 것이다.

16-023/ 눈과 코로 할 수 있으면

二眉曙青朱先生曰。耳可爲。目鼻可爲。舌心則無不
이 미 서 청 주 선 생 왈   이 가 위   목 비 가 위   설 심 즉 무 불

可爲。能爲人所能爲。不爲人不爲。每日應事接物。如
駕順水之舟。只須掌得舵穩。當行則行。不履邪徑。當
坐則坐。無偏無倚。當立則立。端凝不苟。當言則言。是
非不阿。當揖則揖。當拜則拜。無事一毫矯强。何等自
在。有時勞筋骨。苦心志。餓體膚。都只安心順受。切莫
怨天尤人。可上可下。能屈能伸。心性圓明。了無色相。
才是頂天立地一個漢子。

{讀法} 二眉曙青朱先生曰, 耳可>爲오 目鼻可>爲면 舌心則無>
不>可>爲라. 能爲3人所2能爲1오, 不>爲2人不>爲1라. 每日應>事
接>物을 如駕2順水之舟1나 只須掌得舵穩1이라. 當行則行하되 不
履2邪徑1하고 當坐則坐하되 無>偏無>倚>하며 當立則立하되 端凝不>
苟하며 當言則言하되 是非不>阿하며 當揖則揖하고 當拜則拜하여 無>
事2一毫矯强1하니 何等自在인가! 有時勞2筋骨1하고 苦2心志1하며 餓
2體膚1하고 都只安>心順受하고 切莫2怨>天尤>人1이라. 可>上可>下
하며 能>屈能>伸>하며 心性圓明하며 了無2色相1하니 才是頂>天立>
地一個漢子니라.

• • •

{直譯} 이미서청주선생이 이르기를, "귀로 할 수 있고 눈과 코로

할 수 있으면, 혀와 마음으로는 할 수 없는 것이 없다. 다른 사람이 잘할 수 있는 것을 잘할 수 있고, 사람들이 할 수 없는 것은 하지 않는다. 날마다 일에 대처하고 사람들과 접촉한다. 이를 마치물을 따라 떠가는 배를 타듯이 하나 다만 반드시 방향타를 평온하게 잡는다. 마땅히 가야 할 때는 가되 지름길을 가지 않는다. 마땅히 앉아야 할 때는 앉되 치우치거나 기대지 않는다. 마땅히 서야할 때는 서되 장중(莊重)하게 하고 멋대로 하지 않는다. 마땅히 말해야 할 때는 하되 옳고 그름에 아부하지 않는다. 마땅히 읍(揖)해야 할 때는 읍하고, 마땅 절해야 할 때는 절하여, 어떤 일을 터럭만큼이라도 억지로 하지 않으니, 어찌 그토록 편안하고 즐겁게 하는가! 때때로 몸을 수고롭게 하고, 마음을 괴롭게 하며, 체구를 굶주리게 하고, 오직 마음을 편안하게 하고, 순순히 받아들이고, 절대로 하늘을 원망하거나 사람을 탓하지 않는다. 올라갈 수 있고 내려갈 수 있으며, 굽힐 수 있고 펼 수 있으며, 심성(心性)이 둥글고 밝으며 형태(形態)가 조금도 없으니 그야말로 하늘을 떠받치고 땅위에 우뚝 서 있는 한 사나이일 뿐이다.

{語義} ○應>事(응사) : 일을 처리함. 일에 대처함. ○接>物(접물) : 외물(外物)과 접촉함. 사람들과 교제함. 남들과 사귐. ○邪徑(사경) : 바른길이 아닌 지름길이나 좁은 길. 부정한 행위를 비유하는 말. ○端凝(단웅) : 장중함. ○不>苟(불구) : 멋대로 하지 않음. 구차하지 않음. ○不>阿(불아) : 아첨하

지 않는다. ㅇ 矯强(교강) : 억지로 함. 억지를 부림. ㅇ 自在(자재) : 편안하고
여유가 있음. 몸과 마음이 편안하고 즐거움. ㅇ 有時(유시) : 때때로. 이따금.
ㅇ 筋骨(근골) : 인대와 골격. 신체(身體). ㅇ 心志(심지) : 의지(意志). 기개. 마
음. 생각. ㅇ 體膚(체부) : 신체와 피부. 체구(體軀). 몸집. ㅇ 順受(순수) : 순순
히 받아들임. ㅇ 怨>天(원천) : 하늘을 원망함. ㅇ 切莫(절막) : 절대로 …하지
말라. ㅇ 尤>人(우인) : 남을 탓함. ㅇ 圓明(원명) : 둥근 거울이 밝게 빛남. ㅇ 了
無(요무) : 전혀 없음. 조금도 없음. ㅇ 色相(색상) : (모든 것의) 형태. ㅇ 頂>天
立>地(정천입지) : 하늘을 떠받치고 땅 위에 우뚝 서다. ㅇ 漢子(한자) : 사나
이. 남자.

{意譯} 의역(意譯)은 생략한다.

{餘說} 한 사나이가 세상을 살아가는 방법을 말한 것이다.

16-024/ 하늘이 정해준 차례

老少長幼。天分秩序。不可悖理而傷道也。
노 소 장 유　천 분 질 서　불 가 패 리 이 상 도 야

{讀法} 老少長幼는 天分秩序니 不>可2悖>理而傷>道1也니라.

• • •

{直譯} 늙은이와 젊은이, 그리고 어른과 아이는 하늘이 정해준 차

례이니 이치를 거스르고 도리를 상하게 해서는 안 된다.

{語義} ○天分(천분) : 타고난 자질이나 성품. 하늘이 정한 운명. ○悖理(패리) : 도리나 이치에 어그러짐. ○傷>道(상도) : 도리를 상하게 함.

{意譯} 사람이 먼저 태어나고 늦게 태어나는 것은 하늘이 정해준 순서이기에, 이러한 하늘의 도리를 어기거나 상하게 해서는 안 된다는 말이다.

{餘說} 오륜(五倫) 중의 장유유서(長幼有序)를 자세히 설명한 것과 같다.

제 17 편

존신편(存信篇)

이 편은 신의를 가져야 하는 데 관한 글을 모은 것으로 모두 6조목이다.

17-001/ 사람으로서 믿음이 없다면

子曰。人而無信。不知其可也。大車無輗。小車無軏。
자왈　인이무신　부지기가야　대거무예　소거무월

其何以行之哉。
기하이행지재

{讀法} 子l 曰, 人而無>信이면 不>知2其可1也케라, 大車無>輗하고
小車無>軏이면 其何以行>之哉리오?

• • •

{直譯} 공자께서 말하시기를, "사람으로서 믿음이 없다면, 그 가
(可)함이 무엇인지를 알 수 없으며, 큰 수레에 끌채가 없고 작은
수레에 끌채 끝이 없다면, 어떻게 갈 수 있겠는가?" 하셨다.

{語義} ○輗(예) : 끌채 끝 쐐기. ○軏(월) : 끌채 끝.

{意譯} 공자께서 말하셨다. "사람에게 믿음이 없으면 가능하다고 여길만한 것이 아무것도 없다. 이는 마치 수레에 끌채 쐐기와 끌채 끝이 없으면 길을 갈 수 없는 것과 같아 그 수레는 있으나 마나 한 것이 된다."

{餘說} 《논어·위정편(爲政篇)》에 나온다. 주자(朱子)는 이 문장의 주(註)에서 "큰 수레는 평지에서 짐을 싣는 수레이고, 큰 수레의 쐐기〔예(輗)〕는 끌채 끝의 가로 목으로 멍에를 묶어서 소에 메우는 것이다. 작은 수레는 농사짓는 수레나 전쟁에 쓰는 수레, 사람을 태우는 수레 등이고, 작은 수레의 쐐기〔월(軏)〕는 끌채 끝의 구부러진 곳에 갈고랑이를 달아서 말에 매는 것이다. 수레에 이 두 가지가 없으면 갈 수가 없고, 사람이 신의(信義)가 없는 것 또한 이와 같다."라고 하였다.

17-002/ 사람에게 믿음이 있는 것은 마치

老子曰。人之有信。如車有輪。
노 자 왈 인 지 유 신 여 거 유 륜

{讀法} 老子ㅣ 曰, 人之2有1>信이 如2車有1>輪이니라.

• • •

{直譯} 노자가 말하기를, "사람에게 믿음이 있음은 마치 수레에 바

퀴가 있음과 같다." 하였다.

{語義} ○ 老子(노자) : 앞에서 나옴. ○ 輪(륜) : 바퀴.

{意譯} 노자가 말하였다. "사람이 믿음성이 없다면, 이것은 수레에 바퀴가 없어 수레 구실을 할 수 없는 것과 같다."

{餘說} 이 문장은 바로 앞의 〔17-001〕의 말과 뜻이 유사하다.

17-003/ 군자가 한번 뱉은 말은

君子一言。快馬一鞭。一言旣出。駟馬難追。
군 자 일 언　쾌 마 일 편　일 언 기 출　사 마 난 추

{讀法} 君子一言은 快馬一鞭이니 一言이 旣出이면 駟馬로도 難>追니라.

• • •

{直譯} 군자가 한번 뱉은 말은 빨리 달리는 말에 채찍질하는 것과 같다. 한마디 말이 이미 나갔다면 사두마차로도 따라잡을 수 없다.

{語義} ○快馬(쾌마) : 잘 달리는 말. ○鞭(편) : 채찍. "쾌마가편(快馬加鞭)〔빨리 달리는 말에 채찍질함. 더욱 빨리하도록 몰아침〕"이라는 말이 있다. ○駟馬(사마) : 한 수레를 끄는 네 필의 말. ○駟馬難>追(사마난추) : 사두마차도 따라잡지 못함. 한번 내뱉은 말이나 성사된 일은 되돌릴 수 없음을 비유한다.

{意譯} 군자뿐만 아니라 모든 사람이 하는 말은 빨리 달리는 말에 채찍을 가한 것과 같아서 한 번 뱉어진 말은 사두마차(四頭馬車)로도 따라잡아 되돌릴 수 없다.

{餘說} 이 장은 "말을 할 때 신중하게 생각해서 하라."는 경계(警戒)이다. 《論語 · 顏淵》에 "夫子之說이 君子也나 駟로도 不>及>舌이로다〔부자〔극자성(棘子成)〕의 말이 군자(君子)답기는 하나 사마(駟馬)로도 그 말을 따라잡지 못할 것이다.〕" 하였다.

17-004/ 응낙한 것은 묵히지 말아야

子路。無宿諾。
자 로 무 숙 낙

{讀法} 子路는 無>宿>諾이라.

• • •

{直譯} 자로(子路)는 응낙(應諾)한 것을 묵힌 적이 없었다.

{語義} ○子路(자로) : 중유(仲由). B.C. 542~B.C. 480. 공자 제자로 중국 춘추시대 노나라의 유학자. 자가 자로(子路)이다. 혹은 계로(季路)라고도 칭한다.
○宿諾(숙낙) : 아직 실행하지 않은 약속이나 응낙. 앞선 허락, 또는 그 말.

{意譯} 자로(子路)는 승낙(承諾)한 것을 미루어 보류하는 경우가 없었다.

{餘說} 사람은 믿음성이 있어야 한다는 말이다.《논어·안연편》에 나온다.

17-005/ 성실한 마음을 보존하는

司馬溫公曰。誠之道。固難入。然當自不妄語始。
사 마 온 공 왈 성 지 도 고 난 입 연 당 자 불 망 어 시

{讀法} 司馬溫公이 曰, 誠之道에는 固難>入이라. 然이나 當自2不>妄>語1로 始니라.

· · ·

{直譯} 사마온공이 말하기를, "성실함의 도(道)에는 진실로 들어가기가 어렵다. 그러나 마땅히 말을 허망(虛妄)하게 하지 않게 하는 것으로부터 시작하여야 한다." 하였다.

{語義} ○誠(성) : 정성. 순수한 마음. ○不>妄>語(불망어) : 허망(虛妄)하고 부실(不實)한 말을 하지 않음. 불교의 〈10계(十戒)〉 중의 네 번째이다.

{意譯} 사마온공이 말하였다. "성실함의 도(道)에는 들어가기가 정말로 어렵다. 그러나 거짓말하지 않는 것으로써 시작해본다면 들어갈 수 있을 것이다."

{餘說} 《주역 · 건괘(乾卦) · 문언(文言)》에 "평상시 말을 신의(信義) 있게 하고 평상시 행동을 삼가서, 사악함을 막고 그 성실함을 보존한다.〔庸言之信, 庸行之謹, 閑邪存其誠.〕"라고 하였고, 공영달(孔穎達)의 소(疏)에 "말하자면 사악함을 막아서, 당연히 스스로 그 성실함을 보존해야 한다는 것이다.〔言防閑邪惡,當自存其誠實也.〕"라고 하였다.

17-006/ 임금과 신하가 서로 믿지 못하면

益智書云。君臣不信國不安。父子不信家不睦。兄弟
익 지 서 운 군 신 불 신 국 불 안 부 자 불 신 가 불 목 형 제

不信情不親。朋友不信交易疏。
불 신 정 불 친   봉 우 불 신 교 이 소

{讀法} 《益智書》에 云호대 君臣이 不>信이면 國이 不>安하고, 父子가
不>信이면 家ㅣ 不>睦하고, 兄弟ㅣ 不>信이면 情이 不>親하고, 朋友ㅣ
不>信이면 交ㅣ 易疏니라.

• • •

{直譯} 《익지서》에 이르기를, "임금과 신하가 믿지 못하면 나라가
불안하다. 부자 사이가 믿음이 없으면 집안이 화목하지 못하다. 형
제 사이가 믿음이 없으면 정(情)이 가깝지 아니한다. 친구 사이에
믿음이 없으면 사귐이 쉽게 멀어진다."라고 하였다.

{語義} ○不>睦(불목) : 서로 사이가 좋지 않음. ○疏(소) : 소원(疎遠)하다.
친근하지 아니하다.

{意譯} 《익지서》에 말하였다. "임금과 신하가 서로 믿지 못하면 나
라가 불안해진다. 부자 사이가 믿음이 없으면 온 집안이 화목하지
못하게 된다. 형제 사이가 믿음이 없으면 정(情)이 멀어진다. 친구
사이에 믿음이 없으면 사귐이 쉽게 서먹서먹해진다."

{餘說} 이군신・부자・형제・붕우 사이에 있어서 무엇보다도 믿음이

가장 중요한 덕목이다.

제18편

언어편(言語篇)

이 편은 말에 관한 글은 모은 것으로 모두 28조목이다.

18-001/ 중인 이상이 되어야

子曰。中人以上可以語上也。中人以下不可以語上
자 왈 중 인 이 상 가 이 어 상 야　중 인 이 하 불 가 이 어 상

也。可與言而不與之言失人。不可與言而與之言失言。
야 가 여 언 이 불 여 지 언 실 인　불 가 여 언 이 여 지 언 실 언

知者不失人亦不失言。
지 자 불 실 인 역 불 실 언

{讀法} 子ㅣ 曰호대 中人以上은 可2以語1>上也요 中人以下는 不>
可2以語1>上也라. 可>與言而不>與>之言은 失>人이요, 不>可與言
而與>之言은 失>言이니라. 知者는 不>失>人하고 亦不>失>言이니라.

• • •

{直譯} 공자께서 말씀하시기를, "중인 이상에게는 높은 도를 말해
줄 수 있다. 중인 이하에게는 높은 도를 말해줄 수 없다. 가히 더
불어 말할 수 있는 상대인데도 더불어 말을 하지 않으면 그 사람
을 잃게 된다. 가히 더불어 말할 상대가 아닌데도 더불어 말을 하
면 그 말을 잃게 된다. 슬기로운 자는 사람도 잃지 않고 역시 말도

잃지 않는다." 하셨다.

{語義} ○中人(중인) : 중등의 자질을 지닌 사람. ○失>言(실언) : 하지 않아야 할 자리에서 하는 말. ○失>人(실인) : 인재를 잃음.

{意譯} 공자께서 말씀하셨다. "중인 이상의 사람에게는 높은 도(道)를 말해줄 수 있다. 중인 이하의 사람에게는 높은 도를 말해줄 수 없다. 함께 도를 말할 수 있는 상대인데도 함께 말하지 않게 되면 그 사람을 놓치게 된다. 함께 도를 말할 상대가 아닌데도 함께 말하게 되면 쓸데없는 말을 한 것이 된다. 슬기로운 자는 사람도 잃지 않고 또한 말도 잃지 않는다."

{餘說} 이 문장은 《논어·옹야편》에 나온다. 주자(朱子)는 〈집주(集註)〉에서 "言敎人者, 當隨其高下而告語之, 則其言易入而無躐等之弊也.〔말하자면, 사람을 가르치는 사람은 마땅히 상대방 지식의 높고 낮은 것에 따라 알려주어야 하니, 그리하면 그 말이 쉽게 수용되어 엽등(躐等)하는 폐단이 없다.〕"고 하였다.

18-002/ 임금과 대화를 나눌 때는

士相見禮曰。與君言言使臣。與大夫言言事君。與老
사 상 견 례 왈 여 군 언 언 사 신 여 대 부 언 언 사 군 여 노

者言言使弟子。與幼者言言孝弟於父兄。與衆言言忠
<small>자 언 언 사 제 자 여 유 자 언 언 효 제 어 부 형 여 중 언 언 충</small>

信慈祥。與居官者言言忠信。
<small>신 자 상 여 거 관 자 언 언 충 신</small>

{讀法} 士相見禮에 曰호대 與>君言에 言2使1>臣하고 與2大夫1言엔
言2事1>君하고 與2老者1言엔 言>使2弟子1하고 與2幼者1言엔 言下孝
弟2於父兄1上하고 與>衆言엔 言2忠信慈祥1하고 與2居>官者1言엔 言
2忠信1하니라.

· · ·

{直譯} 〈사상견례〉에 이르기를 "임금과 더불어 말할 때는 신하 부
리는 것을 말하며, 대부(大夫)와 더불어 말할 때는 임금 섬기는 것
을 말하며, 연로한 분과 더불어 말할 때는 제자 부리는 문제를 말
하며, 어린아이와 말할 때는 부모에 대하여 효제(孝悌)하는 것을
말하며, 일반 대중과 말할 때는 충신(忠信)과 자상(慈祥)에 대해 말
하며, 관직에 있는 자와 말할 때는 충성과 믿음에 대해 말해야 한
다."라 하였다.

{語義} ○〈士相見禮(사상견례)〉:《의례(儀禮)》의 편명(篇名). 선비들이 공식
적으로 서로 만나 인사하는 유교의례. 청현(請見) · 전지(傳贄) · 반견(反
見) · 전언(傳言) · 궤식(饋食) · 빈출(賓出) · 환지(還贄) 등의 절차로 나뉜다.
○大夫(대부): 고려 · 조선 때에, 벼슬 품계에 붙이던 칭호. ○孝弟(효제): 효

제(孝悌). 효우(孝友). 부모에 대한 효도와 형제에 대한 우애. ㅇ忠信(충신) : 충성스럽고 신실함. ㅇ慈祥(자상) : 인정이 많고 마음이 착함. 자애롭고 온화함.

{意譯} 《의례(儀禮)·사상견례》에 이르기를 "임금과 대화를 나눌 때는 신하를 부리는 문제를 화제로 하며, 대부와 말을 나눌 때는 임금 모시는 일을 화제로 삼으며, 연로한 분과 말을 나눌 때는 어린 제자를 부리는 문제를 거론하며, 어린아이와 말을 나눌 때는 부모에 대한 효제를 주제로 하며, 일반 무리와 말을 나눌 때는 충성과 믿음과 인정과 사랑에 대한 문제를 거론하며, 관직에 있는 자와 말을 나눌 때는 충성과 믿음에 대한 문제를 거론해야 한다." 라 하였다.

{餘說} 대화의 상대에 따라 그 사람의 공부에 도움 되는 말을 해주어야 한다는 것이다.

18-003/ 말을 하게 되면

子曰。夫人不言。言必有中。
자 왈 부 인 불 언 언 필 유 중

{讀法} 子ㅣ 曰, 夫人>不>言하나 言에 必有>中이니라.

• • •

{直譯} 공자께서 말씀하시기를 "저 사람은 말을 하지 않으나 말을 하게 되면 꼭 들어맞음이 있다."고 하셨다.

{語義} ○ 夫(부) : 지시대명사(指示代名詞)의 원칭(遠稱)으로서 '그·저' 이다. ○ 中(중) : 들어맞다. 적중(的中)하다. 부합(符合)하다.

{意譯} 공자께서 말하셨다. "저 사람은 말을 하지 않아서 그렇지 말을 했다고 하면 꼭 부합(符合)되는 말을 한다."

{餘說}《논어·선진(先進)》에 나오는 말이다. 노(魯)나라 사람이 장부(長府)라는 창고를 만들자, 민자건(閔子騫)이 "仍舊貫如之何,何必改作?[옛것을 그대로 쓰면 어째서 하필 새로 지어야만 하는가?]"라고 말하자, 공자가 이에 대해 위의 말을 하였다. 이런 상황에 설명 없이 이 문장을 번역하면 "대저 사람이란 말을 하지 않으면 몰라도 말을 해야 할 때는 반드시 그 상황에 알맞은 말을 해야 한다." 정도가 될 것이다.

18-004/ 말이 이치에 맞지 않으면

劉會曰。言不中理。不如不言。一言不中。千言無用。
유 회 왈 언 불 중 리 불 여 불 언 일 언 부 중 천 언 무 용

{讀法} 子劉會ㅣ曰, 言이 不>中>理면 不>如>不>言이며 一言이 不>中이면, 千言이 無>用이니라.

• • •

{直譯} 유회가 말하기를, "말이 이치에 맞지 않으면 말을 하지 않는 것만 같지 못하고, 한마디 말이 맞지 않으면 천 마디 말이 쓸데없다."고 하였다.

{語義} ○ 劉會(유회) : 사람 이름. 본서 〈안분편〉〔05-083〕 조목 참조 바람. ○ 不>中>理(부중리) : 이치에 맞지 아니함. ○ 一言(일언) : 한마디 말. ○ 無>用(무용) : 소용없음. 쓸데없음.

{意譯} 유회가 말했다. "말이 이치에 맞지 않으면 말을 하지 않는 것만 못하고, 한마디 말이 맞지 않으면 천 마디 말이라도 아무런 소용이 없다."

{餘說} 위 문장의 출처를 찾을 수 없으나 인터넷에 나오는 글에는 위 문장 뒤에 끝맺는 말로서 "口舌은 禍之門이요, 滅>身之斧也니라.〔입과 혀는 재앙의 문이요, 몸을 망치는 도끼이다.〕"라는 구절이 더 붙어있다.

18-005/ 여러 사람이 모인 자리에서

景行錄云。稠人廣坐。一言之失。顔色之差。便有悔
경 행 록 운 조 인 광 좌   일 언 지 실   안 색 지 차   변 유 회

吝。
린

{讀法} 景行錄에 云호대, 稠人廣坐에 一言之失과 顔色之差에 便有2
悔吝1이니라.

· · ·

{直譯} 《경행록》에 말하기를, "여러 사람이 모인 자리에서 말 한마
디 실수하고 얼굴색이 어긋나면 곧 후회함이 있다."고 하였다.

{語義} ㅇ稠人(조인) : 여러 사람. 많은 사람. ㅇ稠人廣坐(조인광좌) : 사람들
이 많이 모인 곳. 공공장소(公共場所)를 이른다. ㅇ顔色(안색) : 얼굴빛. 얼굴
생김새. 표정. 기색. ㅇ差(차) : 어긋나다. 이 '差'와 바로 앞의 '失'을 합친
'差失(차실)'은 '착오. 실수. 과실'의 뜻이 된다. ㅇ悔吝(회린) : 뉘우침. 후
회함.

{意譯} 《경행록》에 말하였다. "대중 앞에서 말 한마디를 실수하거
나 얼굴 표정에 잘못이 있으면 곧 후회스러워진다."

{餘說} 출처가 《경행록》으로 되어있으나 검색 결과 이 문장이 나오지

않는다. 다른 판본에는 '稠人廣坐'가 '稠人廣坐之中(초인광좌지중)'로 되어있고, 이 문장 끝에 '言不可不愼也〔말이란 삼가지 않을 수 없다.〕'가 더 붙어있다.

18-006/ 교묘하게 꾸며대는 말은

孔子家語云。小辨害義。小言破道。
공 자 가 어 운　소 변 해 의　소 언 파 도

{讀法} 孔子家語에 云, 小辨은 害>義하고 小言은 破>道니라.

• • •

{直譯} 《공자가어》에 이르기를, "자질구레한 일의 분별은 정의를 해치고, 입으로만 교묘히 말하는 것은 도리를 부순다." 하였다.

{語義} ○《孔子家語(공자가어)》: 본서 〈존심편〉의 〔07-080〕에서 나왔다. ○小辨(소변): 하찮은 일의 시비를 분별함. 교묘하게 꾸며대는 말. ○害>義 (해의): 정의를 해침. ○小言(소언): 입으로 교묘히 말함. ○破>道(파도): 도리를 깨부숨.

{意譯} 《공자가어》에 말했다. "쓸데없는 변설은 의리를 해치고, 입

으로만 교묘하게 하는 말은 도리를 깨부순다."

{餘說} 《공자가어 · 호생(好生)》에 있는 말이다.

18-007/ 입과 혀는 재앙과 근심을 불러들이는

君平曰。口舌者。禍患之門。滅身之斧也。
군 평 왈 구 설 자 화 환 지 문 멸 신 지 부 야

{讀法} 君平이 曰, 口舌者는 禍患之門이오, 滅>身之斧也니라.

• • •

{直譯} 군평이 말하기를, "입과 혀는 재앙과 근심을 불러들이는 문
이고, 몸을 망치는 도끼와 같다." 하였다.

{語義} ○君平(군평) : 한(漢)나라 촉(蜀) 사람. 성은 엄(嚴). 이름은 준(遵). 자
가 군평인데 보통 자로써 알려져 있다. 성도(成道)에서 복서(卜筮)를 팔았
다. 양웅(揚雄)이 이에게 배웠다. 90여 살에 죽음. 저서에 《노자지휘(老子指
揮)》가 있다. ○口舌者(구설자) : 입과 혀는. ○禍患(화환) : 화와 근심. ○滅>
身(멸신) : 몸을 망침.

{意譯} 엄군평이 말했다. "입과 혀는 화와 근심을 불러들이는 문이고 몸을 망치는 도끼와 같다."

{餘說} 군평은 점을 잘 쳤다고 하며, 그래서 다음과 같은 말까지 생기게 되었다.

'君平卜(군평복)'은 엄군평의 복서(卜筮), 또는 명인(名人)의 점술이라는 뜻이다. 《한서(漢書)·왕공량공포전서(王貢兩龔鮑傳序)》 "蜀有2嚴君平1, 卜2筮於成都市1, 裁日閱2數人1, 得2百錢1, 足2自養1, 則閉>肆下>簾,而講2老子1." 《진관(秦觀)·쌍석시(雙石詩)》 "支機亦何據, 但出2君平卜1." 《서언고사(書言故事)·복서류(卜筮類)》 "稱2卜者1, 曰>習2君平之業1."

'君平賣>卜(군평매복)'은 《몽구(蒙求)》의 표제(標題)로, 한(漢)나라의 은군자(隱君子) 엄준(嚴遵:자字 군평君平)은 매일 성도의 시중에 나가서 매복(賣卜)하였으나, 하루에 백전(百錢)을 얻어서 그날을 보내는 데 족하면 복서(卜筮)를 그만두고 노자(老子)의 도를 배웠다는 고사(故事).

18-008/ 짐승을 향해 거문고를 타는 것은

四皓謂子房曰。向獸彈琴。徒盡其聲。以言傷人。痛
사 호 위 자 방 왈   향 수 탄 금   도 진 기 성   이 언 상 인   통

如刀戟。
여 도 극

{讀法} 四皓ㅣ 謂2子房1 曰, 向>獸彈>琴은 徒盡2其聲1인저. 以>言

傷>人은 痛如2刀戟1이니라.

. . .

{直譯} 사호의 네 노인이 장자방을 비평하여 말하기를, "짐승을 향하여 거문고를 타는 것은 부질없이 그 소리를 다 하는 것이로다. 말로써 사람을 상하게 하는 것은 아프기가 칼로 찌르는 것 같다." 하였다.

{語義} ○四皓(사호) : 한고조(漢高祖) 때 상산(商山)에 숨은 네 노인, 곧 동원공(東園公)·기리계(綺里季)·하황공(夏黃公)·녹리선생(甪里先生). 수염과 눈썹이 모두 희다고 하여 호(皓)라고 함. 상산사호(商山四皓). ○子房(자방) : 장량(張良, ?~B.C.189). 전한(前漢)의 공신(功臣). 소하(蕭何)·한신(韓信)과 함께 한(漢)나라 삼걸(三傑). 자(字)가 자방(子房). 집안은 대대로 한(韓)나라 대신(大臣)이었는데, 한(韓)나라가 망하자 그 원수를 갚고자 박랑사(博浪沙)에서 역사(力士)를 시켜 진시황(秦始皇)을 철퇴(鐵槌)로 쳤으나 실패하였음. 후에 하비(下邳)의 이상(圯上)에서 황석공(黃石公)으로부터 태공(太公)의 병서(兵書)를 받고, 한고조(漢高祖) 유방(劉邦)의 모신(謀臣)이 되어 진(秦)나라를 멸망(滅亡)시키고 초(楚)나라를 평정(平定)하여 한업(漢業)을 세우고, 그 공로로 유후(留侯)로 봉후(封侯)되었음. ○向>獸彈>琴(향수탄금) : 짐승을 향하여 거문고를 탐. ○徒(도) : 부질없이. ○以>言傷>人(이언상인) : 말로써 사람을 다치게 함. ○刀戟(도극) : 칼로 찌름.

{意譯} 상산사호(商山四皓)의 네 노인이 장자방을 평하여 말했다. "음악을 모르는 짐승을 향하여 거문고를 탄 것은 함부로 오의 음

성을 다한 것이다. 말로써 사람을 다치게 하는 것은 아프기가 칼로 찌르는 것 같다."

{餘說} '商山四皓'는 진말(秦末)에 세란(世亂)을 피하여 상산에 숨어 살던 사인(四人)의 노인으로, '동원공(東園公)·하황공(夏黃公)·녹리선생(甪里先生)·기리계(綺里季)'의 4인. 수염과 눈썹이 모두 하얗기에 '호(皓)'라 했다.

18-009/ 선한 사람과 함께 말하는 것은

荀子云。與善人言。暖如布帛。傷人之言。深如矛戟。
순 자 운 여 선 인 언 난 여 포 백 상 인 지 언 심 여 모 극

{讀法} 荀子에 云, 與2善人1으로 言은 暖如2布帛1이오, 傷>人之言은 深如2矛戟1이니라.

• • •

{直譯} 《순자》에 이르기를, "선한 사람과 더불어 말하는 것은 면직물처럼 따뜻하고, 사람을 다치게 하는 말은 창으로 찌른 것만큼 깊다."하였다.

{語義} ○與2善人1(여선인) : 선한 사람과 더불어. ○暖(난) : 따뜻함. '煖' 과
동자. ○布帛(포백) : 면직물과 견직물. 베와 무명, 또는 직물. ○矛戟(모극) :
창으로 찌름.

{意譯} 《순자》에 말했다. "선한 사람과 함께 말하는 것은 면직물
처럼 따뜻하고, 사람을 다치게 하는 말은 창에 찔린 것처럼 상처
가 깊다."

{餘說} 마음이 고운 사람과 더불어 말하는 것은 직물과 같이 포근하고,
사람을 다치게 하는 말은 창에 찔린 것만큼 상처가 깊다는 것이다.

18-010/ 달콤한 말은 꿀과 같고

離騷經云。甜言如蜜。苦言如刀。人不以多言爲益。
이 소 경 운 첨 언 여 밀 고 언 여 도 인 불 이 다 언 위 익

犬不以善吠爲良。
견 불 이 선 폐 위 량

{讀法} 離騷經에 云, 甜言은 如>蜜하고 苦言은 如>刀하며 人不下以2
多言1으로 爲上>益하고 犬不下以2善吠1로 爲上>良이니라.

• • •

{直譯} 《이소경》에 이르기를, "달콤한 말은 꿀과 같고, 쓴 말은 칼

과 같으며, 사람은 많이 말하는 것으로써 도움을 삼지 않고, 개는
잘 짖는 것을 좋음으로 삼지 않는다.”하였다.

{語義} ○〈離騷經(이소경)〉:《초사(楚辭)》의 편명. 혹은 〈이소경〉이라고도
함. 문학사상 초사의 기원을 연 것. ‘이(離)’는 리(罹). ‘騷’는 우(憂). ‘이우
(離憂)’는 근심을 당한다는 뜻. 초(楚)나라의 굴원(屈原, B.C. 340~B.C. 278)이
초나라에 벼슬하여 충성을 다하고 지혜를 다하여 그의 임금을 섬겼으나,
동렬(同列)의 상관대부(上官大夫)의 질참(嫉讒)을 만나 소외(疏外)되어 우수유
사(憂愁幽思)하여 지은 것. ○甜言(첨언): 첨언밀어(甜言蜜語). 달콤한 말. ○蜜
(밀):꿀. ○人不下以2多言1爲上>益(인불이다언위익):사람은 많은 말을 이익
으로 삼지 않는다. ○善吠(선폐):잘 짖음.

{意譯} 굴원의 〈이소경〉에 말했다. “달콤한 말은 달기가 꿀과 같
고, 쓰디쓴 말은 쾌쾌하기가 칼과 같으며, 사람은 말을 많이 한다
고 해서 유익하다고 여기지 않고, 개는 잘 짖는다고 하여 좋은 개
라고 여기지 않는다.”

{餘說} 굴원이 지은《초사·이소》에 있는 글이다. 이 대문은 다음과 같
이 분석된다.

離騷經에 云, ┬ 甜言은 如>蜜하고 ┬ ┬ 人不下以2多言1으로 爲上>益하고,
           └ 苦言은 如>刀하며 ┘ └ 犬不下以2善吠1로 爲上>良이니라.

‘苦言(고언)’이 ‘惡語(악어)’로 된 판본도 있다.

18-011/ 칼에 다친 상처는

刀瘡易好。惡語難消。
도 창 이 호 악 어 난 소

{讀法} 刀瘡은 易>好어니와 惡語는 難>消니라.

• • •

{直譯} 칼에 다친 상처는 낫기 쉽거니와 악한 말은 없어지기 어렵다.

{語義} ○ 刀瘡(도창) : 칼에 베인 상처. ○ 好(호) : 낫는다. ○ 難>消(난소) : 없어지기 어렵다.

{意譯} 칼로 베어 생긴 상처는 낫기가 쉽고, 악한 말은 소멸하기가 어렵다.

{餘說} '瘡'은 '創'으로도 쓴다. '好(호)'가 '可(가)'로 된 곳도 있다.

18-012/ 사람을 이롭게 하는 말은

利人之言。煖如綿絲。傷人之語。利如荊棘。一言半
이 인 지 언 난 여 면 사 상 인 지 어 이 여 형 극 일 언 반

句。重值千金。一語傷人。痛如刀割。
구 중 치 천 금 일 어 상 인 통 여 도 할

{讀法} 利>人之言은 煖如2綿絲1하고 傷>人之語는 利如2荊棘1하니 一言半句는 重值2千金1이오 一語傷>人에 痛如2刀割1이니라.

• • •

{直譯} 사람을 이롭게 하는 말은 따뜻하기가 명주 솜과 같고, 사람을 해롭게 하는 말은 날카롭기가 가시나무와 같으니, 한마디 짧은 말이라도 중(重)하기가 천금의 가치와 같을 것이고, 한마디 말이 사람을 해롭게 할 때는 아프기가 칼로 베는 것과 같을 것이다.

{語義} ○利(리) : 이로움. 날카로움. ○綿絲(면사) : 명주 솜과 명주. ○傷(상) : 해로움. ○荊棘(형극) : 가시나무 가시. ○值(치) : 값. 가치. '直'으로 된 곳도 있으니, 뜻도 같고 발음도 '치'로 한다. ○刀割(도할) : 칼로 벰.

{意譯} 사람을 이롭게 하는 말은 포근하기가 명주 솜과 같고, 사람을 해롭게 하는 말은 날카롭기가 가시나무 가시와 같아서, 한마디 말로 사람을 이롭게 할 때는 이 한마디 말이 무겁기가 천금의 값이 있고, 한마디 말로 사람을 해롭게 할 때는 이 한마디 말이 아프기가 칼로 베는 것 같은 것이다.

{餘說} 《증광현문(增廣賢文)》에는 "傷人一語는 利如刀割이니라.〔남의 마음을 상하게 하는 한마디 말은 날카롭기가 칼로 베는 것과 같다.〕"로 되어 있다.

　다음과 같이 불상등 대립구의 문장으로 분석된다.

┌ 利>人之言은 煖如2綿絲1하고, 一言半句는 重値2千金1이오,
└ 傷>人之語는 利如2荊棘1하니, 一語傷>人에 痛如2刀割1이니라.

18-013/ 입은 사람을 다치게 하는 도끼이고

口是傷人斧。脣是割舌刀。閉口深藏舌。安身處處牢。
구 시 상 인 부　순 시 할 설 도　폐 구 심 장 설　안 신 처 처 로

{讀法} 口是傷>人斧요, 脣是割>舌刀니 閉>口深藏>舌하면 安>身處處牢니라.

• • •

{直譯} 입은 바로 사람을 다치게 하는 도끼가 될 것이고, 입술은 바로 혀를 베는 칼이 될 것이니, 입을 다물고 깊이 혀를 감추면, 몸을 편안하게 하여 어디에서나 안온하리라.

{語義} ㅇ是(시) : 바로. 곧. ㅇ脣(순) : 입술. ㅇ閉>口(폐구) : 입을 다물다. ㅇ藏

>舌(장설) : 혀를 감춤. ○處處(처처) : 곳곳. 여기저기. ○牢(로) : 여기서는 안
온함. 편안하고 조용함. 본디 음이 '로' 이고, 관용음이 '뢰' 이다. 그러나
운(韻)자이니 원음대로 '로' 로 발음해야 다른 운자와 맞게 된다.

{意譯} 입은 곧 사람을 다치게 하는 도끼이고, 입술이 곧 혀를 베
는 칼이니, 입을 꼭 다물고 혀를 깊이 감추면, 몸을 편안하게 하여
어딜 가나 안온할 것이다.

{餘說} 이 대문은 오언절구(五言絶句)의 한시다.

　　口是傷>人斧요　　　제1구 起
　　脣是割>舌刀니　　　제2구 承 刀 韻
　　閉>口深藏>舌하면　　제3구 轉
　　安>身處處牢니라.　　제4구 結 牢 韻

　풍도(馮道)의 시(詩)에 "口是禍之門이요 舌是斬身刀니 閉口深藏舌하여
安身處處牢하라."는 글이 있다. 따라서 이 글은 전해 내려오는 금언(金言)
인 듯하다.

18-014/ 군자는 한마디 말에 지혜로워지니

子貢曰。君子。一言以爲智。一言以爲不智。言不可
자 공 왈 　군 자 　일 언 이 위 지 　일 언 이 위 부 지 　언 불 가

不愼也。
불 신 야

{讀法} 子貢이 曰, 君子ㅣ 一言에 以爲>智하며, 一言에 以爲2不智1니, 言不>可>不>愼也니라.

• • •

{直譯} 자공이 말하기를, "군자는 한마디 말로 이로써 지혜로움이 되기도 하고, 한마디 말로 이로써 지혜롭지 못함이 되기도 하니, 말을 삼가지 않아서는 안 된다." 하였다.

{語義} ○子貢(자공) : 공자의 제자. 전출. ○智(지) : 지혜. 지혜롭다. 《논어》에는 '知'로 되어있다. '知'는 '智'와 통용된다.

{意譯} 자공은 진자금(陳子禽, B.C. 511~?)의 실언을 책망하며, "군자는 오직 한마디 말로써, 지자(智者)로도 보이고 부지자(不智者)로도 보이는 것이므로, 말은 항상 조심하지 않으면 안 된다. 당신이 지금 중니(仲尼)를 나보다 현명하지 못하다고 한 말과 같은 것은 실로 심한 실언이다."라고 꾸짖었다.

{餘說} 이 대문은 《논어·자장편·제25장》에 있는 말이다. 진자금(陳子禽)이 자공을 향하여 "子爲恭也언정 仲尼豈賢於子乎리오?〔당신이 〈중니를〉 공경해서 양보한 것이지, 중니는 어찌 그대보다 훌륭하겠는가?〕" 한 데 대한 자공의 책망하는 말이, 곧 이 대문이다.

18-015/ 한마디 말로 나라를 흥하게

論語云。一言而可以興邦。一言而可以喪邦。
논 어 운 일 언 이 가 이 흥 방 일 언 이 가 이 상 방

{讀法} 論語에 云, 一言而可2以興1>邦하고 一言而可2以喪1>邦이니라.

• • •

{直譯} 《논어》에 이르기를, "한마디 말로써 나라를 흥하게 할 수 있고, 한마디 말로써 나라를 잃게 할 수 있다." 하였다.

{語義} ○興>邦(흥방) : 나라를 흥성(興盛)하게 하다. ○喪>邦(상방) : 나라를 잃음.

{意譯} 《논어》에 말했다. "단 한마디 말로 국가를 흥륭(興隆)시킬 수 있고, 단 한마디 말로 국가를 멸망시킬 수 있다."

{餘說} 이 대문은 《논어 · 자로편 · 제15장》에 있는 말이다. 《논어》에 있는 이 장의 역문(譯文)을 실으니 참고하기 바란다: 노(魯)나라의 임금 정공이 "단 한마디 말로 국가를 홍룽시킬 수 있는 말이 있는가요?" 하고 질문하셨다. 이에 대하여 공자께서는 "말이라는 것은 이렇게 저렇게 되리라고는 처음부터 필정적(必定的)으로 예정할 수 없는 것입니다. 그러나 세상 사람들의 말에 '임금 노릇하기 어렵고, 신하 노릇 하기도 쉽

지 않다.' 라고 있으나 만약 임금 하기가 어렵다는 것을 안다면, 오직 지금의 한마디 말만은 국가를 흥륭시킬 것을 기대케 하는 말일 것입니다." 하고 대답하셨다.

이상과 같이 공자께서의 말씀을 들으신 정공께서는 다시 "그렇다면 단 한마디 말로써 국가를 멸망시키기에 족한 말이 있겠습니까?' 하고 질문하셨다. 이에 대하여 공자께서는 "말이라는 것은 꼭 이렇게 되리라고 처음부터 필정적(必定的)으로 예정할 수 있는 것은 아닙니다. 그러나 사람들의 말에 '나는 임금 노릇 하는 것에는 즐거움이 없고, 오직 내가 한 말에 대해서 아무도 반대하는 이가 없는 것, 이것이 가장 즐거울 뿐이다.' 라고 하는 말이 있습니다. 이 경우 그 사람의 말이 좋은 말이고 다른 사람들이 그에 반대하지 않는다면 이것은 매우 훌륭한 것입니다. 그러나 만약 그 하는 말이 좋지 못한데도 불구하고 누구 한 사람도 이에 반대를 주장하는 이가 없고 그 반대자가 없는 것을 즐거워하고 있다면, 지금의 한마디 말만은 국가를 멸망시키는 데 충분한 말이 아니겠습니까?' 하고 대답하셨다.

18-016/ 사람이 갑작스레 좌절하면

藏經云。人於倉卒顚沛之際。善用一言者。上資祖
장경운 인어창졸전패지제 선용일언자 상자조

考。下蔭兒孫。
고 하음아손

{讀法} 藏經에 云, 人2於倉卒1에 顚沛之際엔 善2用一言1者니, 上資2祖考1하여 下蔭2兒孫1이니라.

• • •

{直譯} 《장경》에 이르기를, "사람이 창졸간에, 좌절되는 것을 돕는 데는, 한마디 말을 적절하게 잘 쓰는 것이니, 위로 돌아간 할아버지를 헤아려서, 아래로 자손에게 음덕을 줄 것이다." 하였다.

{語義} ○《藏經(장경)》: 《대장경(大藏經)》·《일체경(一切經)》이라고도 함. 불교 경전(經典)의 총칭. ○倉卒(창졸) : 허둥지둥함. 썩 급함. 창황(倉黃). ○顚沛(전패) : 엎어지고 자빠지고 함. ○際(제) : 사이. 때. ○善用(선용) : 적절하게 잘 씀. ○資(자) : 헤아림. 생각하여봄. 살핌. ○祖考(조고) : 돌아간 할아버지. ○蔭(음) : 그림자. 덕택. 음덕(蔭德). '廕'으로 된 곳도 있다. ○兒孫(아손) : 자식과 손자. 자손.

{意譯} 《대장경》에 말했다. "사람이 갑작스럽게 꺾이는 것을 돕는 데는 한마디 말을 적절하게 잘 쓸 것이다. 위로 돌아간 할아버지를 살피어서 아래로 자손들에게 음덕을 줄 것이다."

{餘說} 창졸간에 좌절당하는 것을 돕는 것은 한마디 말을 적절하게 잘 쓸 것이지만, 위로 선조를 살피어 아래의 자손들에게 음덕을 줄 것이라고 하였다.

18-017/ 사람을 만나 잠시 말할 적에는

逢人且說三分話。未可全抛一片心。不怕虎生三箇
봉 인 차 설 삼 분 화　미 가 전 포 일 편 심　불 파 호 생 삼 개

口。只恐人懷兩樣心。
구　지 공 인 회 양 양 심

{讀法} 逢>人且說2三分話1하되　未>可全抛2一片心1이라.　不>怕2虎
生三箇口1하고 只恐下人懷2兩樣心1上이니라.

• • •

{直譯} 사람을 만나서는 우선 10분의 3만 이야기하고, 자기가 지
니고 있는 한 조각 마음을 완전히 던지지 말 것이다. 호랑이의 입
세 개를 두려워하지 말고, 오직 세상 사람이 두 가지의 마음 품을
까 두려워할 것이다.

{語義} ○且說(차설) : 잠시 말함. ○三分話(삼분화) : 10분의 3의 얘기. ○全
抛(전포) : 온전히 버림. 다 말함. ○一片心(일편심) : 한 조각 깊이 간직한 마
음. ○怕(파) : 두려움. ○懷(회) : 품다. ○兩樣心(양양심) : 두 모양의 마음. 두
가지 마음.

{意譯} 사람을 만났을 때 우선 10분의 3의 말만 하고, 자기 마음속
깊숙이 지니고 있는 말은 전부 말하지 말라. 호랑이가 가진 세 개
의 입이 두려운 게 아니고, 오직 세상 사람이 두 가지 마음 품을까

하는 것이 두려운 것이다.

{餘說} ‘逢人且說三分話하되 未可全抛一片心이니’ 는 송(宋)나라 석도원
(釋道源)이 편저(編著)한 《경덕전등록(景德傳燈錄)》에 있으며, 《증광현문
(增廣賢文)》에도 나와 있다.

이 대문은 칠언시(七言詩)이다.

逢＞人且說2三分話1하되,

未＞可全抛2一片心1이라.

不＞怕2虎生三箇口1하고,

只恐下人懷2兩樣心1上이니라.

이 장과 관련하여 《증광현문(增廣賢文)》에는 다음과 같은 말도 있다.

見人只說三分話
견 인 지 설 삼 분 화
사람을 만나 이야기할 때는 3할만 얘기하고

未可全抛一片心
미 가 전 포 일 편 심
나의 한 조각 마음을 완전히 드러내지 말라.

話到嘴邊留半句
화 도 취 변 류 반 구
하려는 말이 입가에 이르면 반 구절 남기고

事到臨頭讓三分
사 도 임 두 양 삼 분
하려는 일이 눈앞에 닥치면 3할을 양보하라.

飽經世故少開口
포 경 세 고 소 개 구
세상일을 실컷 겪고 나면 입을 조금만 여니

看破人情但點頭
간 파 인 정 단 점 두
사람 마음씨를 짐작했으면 머리만 끄덕여라.

18-018/ 말을 듣기 좋게 꾸미면

子曰。巧言令色。鮮矣仁。
자 왈 교 언 영 색 선 의 인

{讀法} 子ㅣ 曰, 巧>言令>色이 鮮矣仁이니라.

• • •

{直譯} 공자께서 말씀하시기를, "말을 듣기 좋게 꾸미거나 얼굴빛을 아양 떠는 빛으로 꾸미는 사람은 인덕(仁德)이 적다." 하셨다.

{語義} ○巧>言(교언) : 번드르르하게 겉을 꾸미는 말. ○令>色(영색) : 아양 떠는 좋은 안색. ○巧>言令>色(교언영색) : 남의 환심을 사기 위하여 아첨하는 교묘한 말과 보기 좋게 꾸미는 얼굴빛. 듣기 좋고 보기 좋게 하는 가식의 말과 안색. ○鮮矣(선의) : 거의 없음. 드물다.

{意譯} 공자께서 말씀하셨다. "남과 사귈 경우 그 사람의 환심을 사기 위하여 아첨하는 교묘한 말과 보기 좋게 꾸미는 안색 등으로 가식하는 사람은 본심에 거의 인덕이 없다."

{餘說} 이 대문은《논어 · 학이편 · 제3장》에 있다.

아첨하는 얼굴을 하고 말을 교묘히 하면서 가까이 오는 사람에 진심을 가지고 있는 사람은 없다. 주자(朱子)는 성인(人)의 말씀은 거의 직접으로 말씀하지 않으시니까, 드물다고 말했으면 절대로 없다는 뜻이다 라고 설명하고 있다. 이 반대의 대문이《논어・자로편(子路篇)》에 '子ㅣ 曰, 木訥이 近仁이니라.' 로 있다.

'矣' 에 있어 '鮮矣仁' 과 '仁鮮矣' 와는 수사상 어떻게 다르냐 하면 '鮮矣仁' 은 도구법(倒句法)으로 쓰인 조사이고, '仁鮮矣' 는 구말(句末) 에 쓰이는 단정의 조사이다. 그리고 '巧言令色' 은《서경, 고요모(皐陶 謨)》에 나오는 말이다.

18-019/ 술은 막역한 벗을 만나면 천 잔도 적을 것이고

酒逢知己千鍾少。話不投機半句多。
주 봉 지 기 천 종 소 화 불 투 기 반 구 다

{讀法} 酒逢2知己1千鍾少요, 話不>投>機半句多니라.

• • •

{直譯} 술은 지기를 만나면 천 잔도 적을 것이고, 말은 기회를 맞 추지 못하면 반 마디도 많을 것이다.

{語義} ㅇ 知>己(지기) : ① 서로 마음을 잘 알아 뜻이 통하는 벗. 참된 벗. 知>己之友. ② 서로 아는 사람. 지인(知人). ㅇ 千鍾(천종) : 천 잔. '鍾' 은 '술

잔 종' 자임. ○機(기) : 기회. ○投>機(투기) : 시기에 적중함. 일치함. 부합함.

{意譯} 술이란 지기지우(知己之友)를 만나면 천 잔이라도 오히려 적고, 말이란 기회가 아닌 때 엉뚱한 말을 하게 되면 반 마디도 오히려 많은 것이다.

{餘說}《명현집(明賢集)》에는 "酒逢知己千杯少요 話不投機半句多니라." 로 나오는데, '鍾'이 '杯'로 되어있다. 뜻은 마찬가지다.

18-020/ 말을 잘하면

能言能語解人。胸寬腹大。
능 언 능 어 해 인 흉 관 복 대

{讀法} 能>言하고 能>語하며 解>人1하면 胸寬腹大니라.

• • •

{直譯} 말도 잘하고 얘기도 잘하며 사람을 잘 이해하면 마음이 너그럽고 배짱도 크다.

{語義} ○能>言(능언) : 말을 잘함. ○能>語(능어) : 얘기를 잘함. ○解>人(해

인) : 사람을 잘 이해함. ○胸(흉) : 마음. '膤'은 '胸'과 같음. ○寬(관) : 너그
럽다. ○腹大(복대) : 배짱이 큼.

{意譯} 사람이 말을 잘하고 얘기 잘하면서 그 사람을 잘 이해할 줄
알면, 마음이 너그럽고 배짱도 큰 사람이다.

{餘說} 말을 능숙하게 잘하고 이야기를 잘하며 사람을 잘 아는 그러한
사람은 마음씨가 너그럽고 배짱도 큰 사람이라는 것이다.

18-021/ 남에게 말을 해주는 것이

荀子云。贈人以言。重如金石珠玉。勸人以言。美如
순 자 운 증 인 이 언 중 여 금 석 주 옥 권 인 이 언 미 여

黼黻文章。聽人以言。樂如鐘鼓琴瑟。
보 불 문 장 청 인 이 언 낙 여 종 고 금 슬

{讀法} 荀子에 云, 贈>人以>言이 重2如金石珠玉1이오, 勸>人以>言
이 美2如黼黻文章1이오, 聽>人以>言이 樂2如鐘鼓琴瑟1이니라.

• • •

{直譯}《순자》에 이르기를, "사람에게 보내되 말로써 하는 것이 금
은이나 주옥처럼 귀중하고, 사람에게 보이되 말로써 하는 것이 아
름다운 채색의 무늬처럼 아름답고, 사람에게 들리되 말로써 하는

것이 종고와 금슬처럼 즐겁다." 하였다.

───────────────╯

{語義} ○贈>人(증인) : 사람에게 줌. ○重(중) : 크다. ○勸>人(권인) : 사람에게 권함. ○黼黻(보불) : 옷의 무늬. 전하여 '黼黻文章'은 아름다운 채색의 무늬. ○聽>人(청인) : 사람에게 들려줌. ○鐘鼓(종고) : 종과 북. ○琴瑟(금슬) : 거문고와 큰 거문고.

{意譯} 《순자》에 말했다. "남에게 주는 데는 말로 하는 것이 금과 은과 둥근 옥과 진주처럼 귀중하고, 남에게 권하는 데는 말로써 하는 것이 옷의 무늬의 아름다움처럼 아름답고, 남에게 들려주는 데는 말로써 하는 것이 종과 북과 거문고와 큰 거문고처럼 즐겁다."

{餘說} 이 대문은 다음과 같이 분석된다.

　　贈>人以>言이 重2如金銀珠玉1이오,
　　勸>人以>言이 美2如黼黻文章1이오,
　　聽>人以>言이 樂2如鐘鼓琴瑟1이니라.

18-022/ 악한 사람과는 함께 말하기가

子曰。惡人難與言。遜避以自勉。
자왈　악인난여언　손피이자면

{讀法} 子ㅣ 曰, 惡人은 難2與言1이니 遜避以自勉이니라.

• • •

{直譯} 공자께서 말씀하시기를, "악한 사람은 더불어 말하기 어려우니, 도망가고 피함으로써 스스로 권면할 것이다." 하셨다.

{語義} ○ 難2與言1(난여언) : 같이 말하기 어렵다. 더불어 말하기 어렵다. ○ 遜(손) : 도망가다. ○ 避(피) : 피하다. ○ 自勉(자면) : 스스로 권면하다.

{意譯} 공자께서 말씀하셨다. "악인과는 같이 말하기 어려우니 도망가 피함으로써 스스로 권면할 것이다."

{餘說} 다른 곳에는 '子曰' 이 없고, 앞 장의 문장과 연결되어 순자(荀子)의 말로 나온다.

18-023/ 큰길에서 듣고서

子曰。道聽而塗說。德之棄也。
자 왈 도 청 이 도 설 덕 지 기 야

{讀法} 子ㅣ 曰, 道聽而塗說이면 德之棄也니라.

...

{直譯} 공자께서 말씀하시기를, "큰길에서 듣고서 작은 길에서 말하면 덕을 이에 버리는 것이다." 하셨다.

{語義} ○ 道聽而塗說(도청이도설) : 큰길에서 듣고서 그것을 작은 길에서 말하다. ○ 塗說(도설) : 노상(路上)에서 들은 뜬소문.

{意譯} 공자께서 말씀하셨다. "세상에는 길을 걸어가는 도중에 누군가에게서 어느 말을 들으면, 그것을 자기 마음에 터득되는 바도 없이, 곧 그대로 자기가 노상에서 만난 다른 사람의 귀에 옮겨 말해 들려주는 사람이 있다. 원래 덕(德)이란 득(得)이어서 배운 것을 터득하고 체득해서 비로소 덕이 되는 것이나, 지금의 방법으로는 귀로 받아서 입으로 전할 뿐이므로 자신에 터득하고 체득하는 것이 하나도 없다. 결국 이것은 덕(德)을 스스로 버리는 것이다."

{餘說} 이 대문은 《논어·양화편·제14장》에 있는 글이다.
　《순자(荀子)·권학편》에 '구이사촌지학(口耳四寸之學)'이라는 이야기가 있다. "소인의 학문은 귀로 들어가서 입으로 나온다는 것이다. 입과 귀는 그 사이가 네 치밖에 안 되니, 어찌 그것으로 일곱 자의 몸을 아름답게 할 수 있겠느냐?'라는 것이 이것이다.

18-024/ 말은 잘하나

先儒曰。能行不能言。無損其行。能言不能行。不如
선 유 왈 능 행 불 능 언 무 손 기 행 능 언 불 능 행 불 여

勿言。
물 언

{讀法} 先儒曰, 能>行不>能>言이면 無>損2其行1이요 能>言不>能>
行은 不如>勿>言이라.

• • •

{直譯} 옛 선비가 말하기를, "능히 행하기는 했으나 능히 말하지
않았다면 그 행위에 손해가 되지 않고, 능히 말은 했으나 능히 행
하지 못했다면 말을 하지 않은 것만 못하다."

{語義} ○損(손) : 줄이다. 손해를 보다. ○勿>言(물언) : 말을 하지 않다.
'勿'은 '不'과 같다.

{意譯} 옛 선비가 말하였다. "실천하기는 했으나 말을 하지 않았
다면 그 행위에 손해 되는 것이 없고, 말은 해놓고 실천하지 않았
다면 오히려 말을 하지 않았던 것이 더 낫다."

{餘說} 말보다 실천이 더 중요하다는 말이다.

18-025/ 병든 사람에게는 절대로

對病夫。勿言某死。對貪夫。勿言己廉。言雖無意。聽
대 병 부 물 언 모 사 대 탐 부 물 언 기 렴 언 수 무 의 청
者必厭。
자 필 염

{讀法} 對2病夫1하여 勿>言2某死1요, 對2貪夫1하여 勿>言2己廉1하라.
言雖無>意나 聽者必厭이니라.

• • •

{直譯} 아픈 사람을 마주하고 아무개가 죽었다고 말하지 말라. 탐
욕스러운 사람에게 자기가 청렴하다고 말하지 말라. 말에 비록 의
도는 없었지만 듣는 사람은 반드시 싫어한다.

{語義} ○病夫(병부) : 병든 사람. 환자. ○貪夫(탐부) : 탐욕이 많은 사람. ○無
>意(무의) : 고의(故意)나 본의(本意)가 아님. 무심결. 무심코. 바라지 않음.

{意譯} 아픈 사람에게 누가 죽었다고 말하지 말라. 그리고 탐욕이
많은 사람에게 나는 청렴하다고 말하지 말라. 내가 하는 말에 비
록 아무런 의도는 없었지만, 그래도 내 말을 듣는 사람은 반드시
싫어하게 마련이다.

{餘說} 무슨 말을 할 때는 상대방의 입장과 나의 입장을 서로 바꾸어 그

사람의 처지에서 말해야 그 사람의 마음을 상하게 하지 않는다는 말이
다.

18-026/ 아내의 말은

婦人之言。不可聽。婢妾之言。尤不可聽。
부 인 지 언　불 가 청　비 첩 지 언　우 불 가 청

{讀法} 婦人之言은 不>可>聽이요. 婢妾之言은 尤不>可>聽이니라.

• • •

{直譯} 부인의 말은 들으면 안 된다. 계집종과 첩의 말은 더욱더
들으면 안 된다.

{語義} ○婢妾(비첩) : 계집종과 첩. ○尤(우) : 더욱. 특히.

{意譯} 부인이 하는 말은 들어주면 안 된다. 더욱이 계집종이나 첩
이 하는 말은 들어주면 안 된다.

{餘說} 요즘 시대에 맞지 않는 말이다. 오히려 아내가 하는 말을 더욱더
귀담아들어야 할지도 모른다.

18-027/ 성과 명을 말할 때는

說性命。雖不必眞。强似說情慾。言道德。雖不必行。
설 성 명 수 불 필 진 강 사 설 정 욕 언 도 덕 수 불 필 행

强似講俗事。
강 사 강 속 사

{讀法} 說2性命1에는 雖不2必眞1이니 强似>說2情慾1하고, 言2道德1에
는 雖不2必行1이나 强似>講2俗事1이니라.

• • •

{直譯} 성명을 말하는 것은 비록 반드시 진실하지는 않더라도 억지
로 색욕을 말하는 것보다 낫고, 도덕을 말하는 것은 비록 반드시
행하지는 않더라도 세상일을 이야기하는 것보다 낫다.

{語義} ○性命(성명) : 인성과 천명. ○情慾(정욕) : 색욕(色慾). ○强似(강사) :
…보다 낫다. …을 초과함. ○講(강) : 말하다. 강론하다. 담론하다. ○俗事
(속사) : 세간의 자질구레한 일. 세사(世事).

{意譯} 인성과 천명은 오묘한 것이라 비록 진실이 아닌 것을 설명
하더라도 색욕 같은 저급한 것을 말하는 것보다는 훨씬 나을 것이
고, 도덕은 실천이 뒤따라야 하지만 이 도덕을 강론하는 것은 비
록 그 도덕을 꼭 실천하지 않더라도 세상의 자질구레한 일을 말하

는 것보다야 훨씬 나을 것이다.

{餘說} 성명(性命)의 뜻을 이해하기 어렵다. 또한 도덕(道德)은 반드시 실천이 뒤따라야 한다. 그렇다 보니 사람들이 이런 성명(性命)이나 도덕 (道德)에 대해서는 잘 이야기하지 않고 쉽게 여색(女色)이나 속사(俗事)를 이야기하는 경향이 많다는 것을 경계한 말이다.

18-028/ 멋진 웅변으로 허물을 초래하면

顧東橋先生曰。好辯以招尤。不若訒默以怡性。逞能
고동교선생왈　호변이초우　불약인묵이이성　영능

以誨妬。不若韜精以示拙。
이회투　불약도정이시졸

{讀法} 顧東橋先生이 曰하되 好>辯以招>尤는 不>若2訒默以怡>性1하며, 逞>能以誨>妬는 不>若2韜>精以示>拙1이니라.

• • •

{直譯} 고동교 선생이 말하기를, "논변하기를 좋아하여 원망을 사는 것은 입을 열지 않아 본성을 편안히 하는 것만 못하고, 능력을 과시하여 질투심을 불러일으키는 것은 재능을 감추어 서투름을 보여주는 것만 못하다."고 하였다.

{語義} ○顧東橋先生(고동교선생) : 본서〈치정편(治政篇)〉〔13-023〕에서 나옴. ○好>辯(호변) : 호변(好辯). 변설(辨說)을 늘어놓기를 좋아함. ○尤(우) : 과실(過失). ○招>尤(초우) : 남의 원망이나 원한을 삼. 비난을 받음. ○訒默(인묵) : 말을 적게 하거나 입을 열지 않음. ○怡>性(이성) : 본성을 편안히 함. ○逞>能(영능) : 자신의 능력을 과시함. ○誨>妬(회투) : 질투심을 유발(誘發)함. ○韜>精(도정) : 재능을 감춤. 빛을 감춤. ○示拙(시졸) : 서투름을 보여줌.

{意譯} 고동교 선생이 말하렸다. "말하기를 좋아하여 과실을 초래하는 것보다는 말을 조심하여 나의 본성을 편안히 하는 것이 낫고, 나의 능력을 과시하여 남에게 질투심을 불러일으키는 것보다는 나의 재능을 감추고 내가 서투르다는 것을 남에게 보여주는 것이 더 낫다."고 하였다.

{餘說} 이 문장은 진계유(陳繼儒)가 편찬한《소창유기(小窓幽記)》에 나온다.

제19편

교우편(交友篇)

이 편은 벗을 사귀는 데 관한 글을 모은 것으로 모두 24조목이다.

19-001/ 착한 사람과 함께 살면

子曰。與善人居。如入芝蘭之室。久而不聞其香。即
자왈 여선인거 여입지란지실 구이불문기향 즉

與之化矣。與不善人居。如入鮑魚之肆。久而不聞其
여지화의 여불선인거 여입포어지사 구이불문기

臭。亦與之化矣。丹之所藏者赤。漆之所藏者黑。是以。
취 역여지화의 단지소장자적 칠지소장자흑 시이

君子必愼其所與處者焉。
군자필신기소여처자언

{讀法} 子ㅣ曰, 與2善人1居에 如>入2芝蘭之室1하여 久而不>聞2其
香1하되 即與>之化矣요, 與2不>善人1居에 如>入2鮑魚之肆1하여 久
而不>聞2其臭1하되 亦與>之化矣니, 丹之所>藏者는 赤하고, 漆之所>
藏者는 黑이라. 是以로 君子는 必愼下其所2與處1者上焉이니라.

· · ·

{直譯} 공자께서 말씀하시기를, "착한 사람과 함께 삶에 지초나 난
초가 있는 방에 들어간 것과 같아서 오래되면 그 향기를 맡을 수
없되 곧 이와 함께 동화될 것이고, 착하지 못한 사람과 함께 삶에

절인 어물 가게에 들어간 것과 같아서 오래되면 그 썩은 냄새를 맡을 수 없되 또 이와 함께 동화될 것이니, 단사(丹砂)를 감춘 사람은 붉고, 옷을 감춘 사람은 검을 것이다. 이런 까닭에 군자는 반드시 그 함께 있을 바의 사람을 삼가야 한다.” 하셨다.

{語義} ○芝蘭(지란) : 영지(靈芝)와 난초(蘭草). 모두 향초(香草). 일설에 ‘芝’는 ‘芷’의 잘못이라 함. 전하여 선인재자(善人才子)의 뜻도 있음. ○與(여) : 함께. ○化(화) : 되다. 동화(同化)함. ○鮑魚之肆(포어지사) : 절인 어물 가게. ○丹(단) : 단사(丹砂), 주사(朱砂). ○所>藏者(소장자) : 감춘 사람. 지닌 사람. ○漆(칠) : 옻. ○是以(시이) : 이로써. 이런 까닭으로. 이러므로.

{意譯} 공자께서 말씀하셨다. “착한 사람과 함께 살면 지초나 난초 같은 향풀이 있는 방에 들어간 것과 같아서 오래되면 그 향기를 맡을 수 없되 그 향기와 동화될 것이고, 착하지 못한 사람과 함께 살면 절인 생선 가게에 들어간 것과 같아서 오래되면 그 썩은 냄새를 맡을 수 없되 또 그 썩은 냄새와 동화될 것이니, 단사를 지닌 사람은 붉어지고 옷을 지닌 사람은 검을 것이다. 이러므로 군자는 반드시 자기와 함께 있을 사람을 삼가야 한다.”

{餘說} 이 대문은 《공자가어(孔子家語)·육본(六本)》과 《설원(說苑)·난(難)》에 있는 말이다.

　子ㅣ曰,

┌ 與2善人1居에, 如>入2芝蘭之室1하여 久而不>聞2其香1하되 即與>之化矣요,

└ 與2不>善人1居에 如>入2鮑魚之肆1하여 久而不>聞2其臭1하되 亦與>之化矣니,

┌ 丹之所>藏者는 赤하고,┐
│   ├ 是以로 君子는 必愼下其所2與處1者上焉이니라.
└ 漆之所>藏者는 黑이라.┘

이상과 같이 문장이 분석된다.

19-002/ 좋은 사람과 사귀는 사람은

子曰。與好人交者。如蘭蕙之香。一家種之。兩家皆
자왈 여호인교자 여난혜지향. 일가종지 양가개
香。與惡人交者。如抱子上墙。一人失脚。兩人遭殃。
향 여악인교자 여포자상장 일인실각 양인조앙

{讀法} 子ㅣ 曰, 與2好人1交者는 如2蘭蕙之香1하여 一家ㅣ 種>之면
兩家ㅣ 皆香이오, 與2惡人1交者는 如2抱>子上1墙하여 一人이 失>脚
이면 兩人이 遭>殃이니라.

• • •

{直譯} 공자께서 말씀하시기를, "좋은 사람과 사귀는 사람은 난초
와 혜초의 향기와 같아서 한 집이 이를 심으면 두 집이 모두 향기
롭고, 나쁜 사람과 사귀는 사람은 아들을 안고 담장에 오르는 것과
같아서 한 사람이 실족하면 두 사람이 재앙을 맞게 된다." 하셨다.

{語義} ○子與(여) : 더불어. 함께. 같이. ○蘭(난) : 난초과에 속하는 다년
초. 향기가 좋은 화초임. ○蕙(혜) : 난초의 일종으로서, 한 줄기에 꽃이 여
러 개 달리며 보통의 난초보다 향기가 강함. ○種>之(종지) : 이를 심다. 심
다. ○抱>子上>牆(포자상장) : 아들을 안고 담장에 올라감. ○失>脚(실각) :
발을 헛디딤. ○遭>殃(조앙) : 재앙을 만남.

{意譯} 공자께서 말씀하셨다. "좋은 사람과 사귀는 사람은 난초와
혜초의 향기와 같아서 일가(一家)에 난초와 혜초를 심으면 양가가
다 향기롭고, 나쁜 사람과 사귀는 사람은 아들을 안고 담장에 올
라간 것 같아서 일인이 발을 헛디디면 양인(兩人)이 재앙을 만날
것이다."

{餘說} 이 대문은 다음과 같은 대립구의 문장이다.

　　子ㅣ 曰,
┌─ 與2好人1交者는 如2蘭蕙之香1하여 一家ㅣ 種>之면 兩家ㅣ 皆香이오,
└─ 與2惡人1交者는 如2抱>子上1>墻하여 一人이 失>脚이면 兩人이 遭>殃이니라.

19-003/ 학문을 좋아하는 사람과 함께 가면

家語云。與好學人同行。如霧中行。雖不濕衣。時時
가 어 운 여 호 학 인 동 행　여 무 중 행　수 불 습 의　시 시

有潤。與無識人同行。如厠中坐。雖不汚衣。時時聞臭。
유 윤　여 무 식 인 동 행　여 측 중 좌　수 불 오 의　시 시 문 취

與不善人同行。如刀劍中行。雖不傷人。時時警恐。
여 불 선 인 동 행 여 도 검 중 행 수 불 상 인 시 시 경 공

{讀法} 家語에 云, 與2好>學人1同行에 如2霧中行1하여 雖不>濕>衣
라도 時時有>潤하고, 與2無>識人1同行에 如2厠中坐1하여 雖不>汚>
衣라도 時時聞>臭하고, 與2不>善人1同行에 如2刀劍中行1하여 雖不>
傷>人이라도 時時警>恐이니라.

• • •

{直譯}《공자가어》에 이르기를, "학문을 좋아하는 사람과 더불어
같이 감에 안갯속을 가는 것과 같아서 비록 옷은 젖지 않을지라도
때때로 물기가 있고, 알지 못하는 사람과 더불어 같이 감에 변소
안에 앉은 것 같아서 비록 옷은 더럽히지 않을지라도 때때로 썩은
냄새가 나고, 착하지 못한 사람과 더불어 같이 감에 칼 가운데서
가는 것 같아서 비록 사람은 다치지 않을지라도 때때로 두려워서
경계할 것이다." 하셨다.

{語義} ○霧(무) : 안개. ○濕>衣(습의) : 옷을 적시다. 옷이 젖음. ○時時(시
시) : 때때로. ○潤(윤) : 물기. ○厠(측) : 측간. 변소. ○雖(수) : 비록 …할지
라도. ○汚>衣(오의) : 옷을 더럽힘. ○臭(취) : 썩은 냄새. ○刀劍(도검) : 칼.
○警>恐(경공) : 두려워서 경계함.

{意譯}《공자가어》에 말했다. "호학(好學)하는 사람과 동행(同行)하면 안개 속을 가는 거와 같아서 비록 옷이 젖는 것 같지 않을지라도 때때로 물기가 있고, 무식한 사람과 동행하면 변소 안에 앉은 거와 같아서 비록 옷은 더럽혀지지 않을지라도 때때로 썩은 냄새가 나고, 불선한 사람과 동행하면 칼 속을 가는 것과 같아서 비록 사람을 다치지는 않을지라도 때때로 두려워 경계한다."

{餘說}《공자가어》가 위서(僞書)라는 것은 누차 말한 바와 같다. 그러므로 이 대문도 공자의 말씀인지 신빙성이 희박하다 할 것이다. 그러나 행해지고 있으니 별도리 없이 믿어야 할 것이다. 유서(類書)에 같지 않은 점이 많아 병서(並書)하여 분석 검토하기로 한다.

家語에 云,

與2好>學人1同行에 如2霧中行1하여 雖不>濕>衣라도 時時有>潤하고,

與2無>識人1同行에 如2廁中坐1하여 雖不>汚>衣라도 時時聞>臭하고,

與2不>善人1同行에 如2刀劍中行1하여 雖不>傷>人이라도 時時警>恐이니라.

19-004/ 붉은 흙을 가까이하는 사람은

太公曰。近朱者赤。近墨者黑。近賢者明。近才者智。
태공왈 근주자적 근묵자흑 근현자명 근재자지

近癡者愚。近良者德。近智者賢。近愚者暗。近佞者諂。
근치자우 근량자덕 근지자현 근우자암 근녕자첨

近偸者賊。
근투자적

{讀法} 太公이 曰, 近>朱者는 赤하고, 近>墨者는 黑하고, 近>賢者는 明하고, 近>才者는 智하고, 近>癡者는 愚하고, 近>良者는 德하고, 近>智者는 賢하고, 近>愚者는 暗하고, 近>佞者는 諂하고, 近>偸者는 賊하나니라.

• • •

{直譯} 강태공이 말하기를, "주사(朱砂)를 가까이하는 사람은 붉어지고, 먹을 가까이하는 사람은 검어지며, 현명을 가까이하는 사람은 명철해지고, 재능을 가까이하는 사람은 슬기로워지며, 바보를 가까이하는 사람은 어리석어지고, 현량을 가까이하는 사람은 덕스러워지며, 지혜를 가까이하는 사람은 현명해지고, 우매를 가까이하는 사람은 암매(暗昧)해지며, 영변(佞辯)을 가까이하는 사람은 아첨해지고, 탐욕을 가까이하는 사람은 도둑질한다." 하였다.

{語義} ○朱(주) : 주사(朱砂). 판상(板狀)・섬유상(纖維狀)・입상(粒狀), 혹은 괴상(塊狀)의 광택이 있는 붉은 광물질. 단사(丹沙). 진사(辰砂). ○墨(묵) : 먹. 본디 음은 '목'. ○癡(치) : 백치. 바로. ○愚(우) : 어리석음. ○佞(녕) : 말재주가 있음. 영변(佞辯). ○諂(첨) : 아첨함. 알랑거림. ○偸(투) : 탐냄. 도둑질.

{意譯} 강태공이 말했다. "주사(朱砂)를 가까이하는 사람은 자연히 몸이 붉어지고, 먹을 가까이하는 사람은 자연히 몸이 검어지며, 현명을 가까이하는 사람은 자연히 머리가 밝아지고, 재주를 가까

이하는 사람은 자연히 머리가 슬기로워지며, 바보를 가까이하는 사람은 자연히 마음이 어리석어지고, 선량(善良)함을 가까이 하는 사람은 자연히 덕성스러워지며, 지혜를 가까이하는 사람은 자연히 사람이 현명해지고, 우매를 가까이하는 사람은 자연히 사람이 암매(暗昧)하여지며, 영변(佞辯)을 가까이하는 사람은 자연히 사람이 아첨하여지고, 탐욕을 가까이하는 사람은 자연히 사람이 도둑질하게 된다."

{餘說} 이 대문은 지극히 간단한 구문으로 되어 있다.

太公이 曰,

┌─ 近>朱者는 赤하고 ─┐   ┌─ 近>賢者는 明하고 ─┐   ┌─ 近>癡者는 愚하고 ─┐
└─ 近>墨者는 黑하고 ─┘   └─ 近>才者는 智하고 ─┘   └─ 近>良者는 德하고 ─┘

┌─ 近>智者는 賢하고 ─┐   ┌─ 近>佞者는 諂하고 ─┐
└─ 近>愚者는 暗하고 ─┘   └─ 近>偸者는 賊하나니라. ─┘

19-005/ 요즘의 친구는

橫渠先生曰。今之朋友。擇其善柔以相與。拍肩執袂
횡 거 선 생 왈 금 지 붕 우 택 기 선 유 이 상 여 박 견 집 몌

以爲氣合。一言不合。怒氣相加。朋友之際。欲其相下
이 위 기 합 일 언 불 합 노 기 상 가 붕 우 지 제 욕 기 상 하

不倦。故於朋友之間。至於敬者。日相親與。得效最速。
불 권 고 어 붕 우 지 간 지 어 경 자 일 상 친 여 득 효 최 속

{讀法} 橫渠先生이 日, 今之朋友ㅣ 擇2其善柔1以相與하여 拍>肩執>袂하며, 以爲2氣合1하고 一言이 不>合이어든 怒氣ㅣ 相加하나니, 朋友之際는 欲2其相下不1>倦이라. 故로 於2朋友之間1에 至2於敬1者라야 日相親>與하여 得效ㅣ 最速하나니라.

• • •

{直譯} 장횡거 선생이 말하기를, "요즘의 친구는 선유(善柔)한 사람을 골라서 이로써 서로 친하며, 어깨를 두드리고 소매를 잡으며 이로써 의기가 맞다고 하고, 한마디 말이 맞지 않으면 노기가 서로 증가한다. 친구 사이는 그가 서로 자신을 낮추기를 게을리 않으려는 데 있다. 그러므로 친구 사이에 있어서 공경을 이르게 하는 사람이라야 날로 서로 더불어 친하여 효과를 얻음이 가장 빠를 것이다." 하였다.

{語義} ○橫渠(횡거) : 송(宋)나라 장재(張載)의 호. 자는 자후(子厚). 대대로 하남성 대량(大梁)에 살다. 아버지 적(迪)은 인종(仁宗) 조에 벼슬하여 전중승(殿中丞), 지부주(知涪州)로 벼슬을 마침. 재는 인종의 가우연간(嘉祐年間)에, 과거에 급제하여 운암령(雲巖令)을 지낸 후 신종(神宗)의 희령초(熙寧初)에 숭정원교서(崇政院校書)가 되었다가 이윽고 관에서 사퇴하고 남산(南山) 밑에 병거(屛居)하여 제생(諸生)을 모아 강학(講學)하였음. 그의 철학설은 일원설(一元說)로서, 기(氣)에 의한 우주구성(宇宙構成) 및 기질(氣質)을 변화시키는 수양론(修養論)을 주장하여 주희(朱熹)의 철학설에 큰 영향을 끼쳤음.

저서에 정몽(正蒙)·동명(東銘)·서명(西銘) 등이 있음. 생졸 1020~1077. ○善柔(선유): 유순한듯하면서 아첨만 잘하고 성실하지 아니함. ○與(여): 친함. ○拍>肩執>袂(박견집메): 어깨를 두드리고 소매를 잡음. '袂'는 소매의 주머니처럼 생긴 부분이나 전하여 소매의 뜻으로 쓰임. ○氣合(기합): 마음의 화합. '氣'는 마음. 의사. 의기. ○怒氣相加(노기상가): 노기가 서로 증가한다. ○際(제): 사이. ○相下不>倦(상하불권): 서로 양보를 게을리 아니함. 서로 낮추어 게을리 아니함. ○至2於敬1者(지어경자): 공경을 이르게 하는 사람. ○得>效(득효): 효과를 얻음.

{意譯} 장횡거 선생이 말했다. "요즈음의 친구 사귀는 것은 그 사람이 유순한듯하면서 아첨만 잘하고 성실하지 못한 이를 골라서 이로써 서로 친하며, 어깨를 두드리고 소매를 잡으며 의기가 화합하다 하고, 한마디 말이 불합하면 노기가 서로 증가한다. 친구 사이는 그들의 서로가 양보하기를 게을리 않는다. 그러므로 친구 사이에 있어 공경하는 사람이라야 날로 서로 함께 친하여 효과를 얻는 데 가장 빠르다."

{餘說} 이 대문은《소학(小學)·가언(嘉言)》에 있는 말이다.

요즈음의 친구 사귀는 것을 보면, 선유(善柔)·기합(氣合)만을 보는 경향이 있으나, 서로 양보하고 공경하는 것이 제일이라는 것이다. 그리고 '至於敬者'가《소학》에는 '主其敬者'로 되어있다.

19-006/ 안평중은 사람들과 잘 사귀었다

子曰。晏平仲。善與人交。久而敬之。
자 왈 안 평 중 선 여 인 교 구 이 경 지

{讀法} 子ㅣ 曰, 晏平仲은 善與>人交로다. 久而敬>之오녀.

• • •

{直譯} 공자께서 말씀하시기를, "안평중은 사람들과 더불어 사귀었다. 오래가도록 그를 공경하였었다." 하셨다.

{語義} ○晏平仲(안평중) : 성은 안(晏), 이름은 영(嬰). 자는 중(仲), 시호는 평(平)이다. 중국 춘추시대 제(齊)나라의 대부이자 정치가. 공자께서 35세 때 제나라에 출사(出仕)하려 했으나 안영(晏嬰)의 반대로 뜻을 이루지 못했음. ○久而敬>之(구이경지) : 오래가도록 변치 않고 공경함.

{意譯} 공자께서 말씀하셨다. "안평중은 사람과 잘 사귀었도다. 그리고 오래가도록 쉽사리 변치 않고 공경했었다."

{餘說} 이 대문은 《논어·공야장·제17장》에 있는 글이다.

공자께서 말씀하셨다. "안평중은 진실로 사람과의 교제에 요를 얻은 사람이다. 사람은 오랫동안 교제하면 그 사람의 결점이나 개성에 대하여 점차 존경하는 마음을 잃기 쉬우나 안평중에 한해서는 길게 사귀면 사귈수록 사람이 이것을 존경하게 된다."

안평중은 제나라의 대부로, 당시 위(衛)의 국내에서는 제당파(諸黨派)가 분립(分立)해 있어 그 중간에 처해있는 교제의 길은 극히 어려운 것이었었다. 그런데 이 안평중은 그 어느 사람한테서도 존경을 받는 정도의 도를 체득하고 있었다고 칭찬하고 있다. 공자께서 35세 때 제나라의 혜공(惠公)을 뵙고, 이때 공자께서 제나라에 출사(出仕)하려 할 때 안평중의 방해로 뜻을 이루지 못하여 개인적으로는 호감을 가질 수 없는 경우의 사람이지만, 오히려 이와 같은 평을 받았음에 대하여는 공자의 공명한 태도와 안평중의 사람 사업이 진실로 요(要)를 얻었다고 보아진다.

19-007/ 흉악하고 험악한 사람은

嵇康曰。凶險之人。敬而遠之。賢德之人。親而近之。
혜 강 왈   흉 험 지 인   경 이 원 지   현 덕 지 인   친 이 근 지

彼以惡來。我以善應。彼以曲來。我以直應。豈有怨之
피 이 악 래   아 이 선 응   피 이 곡 래   아 이 직 응   기 유 원 지

哉。
재

{**讀法**} 嵇康이 曰, 凶險之人은 敬而遠>之하고, 賢德之人은 親而近>之니라. 彼以>惡來면 我以>善應하고, 彼以>曲來면 我以>直應하니, 豈有怨>之哉리오?

• • •

{直譯} 혜강이 말하기를, "흉악하고 혐악한 사람은 공경하면서 이를 멀리하고, 현명하고 유덕(有德)한 사람은 친애하면서 이를 가까이하라. 저 사람이 악으로 다가오면 나는 선으로 응대하라. 저 사람이 굽은 것으로 오면 나는 곧은 것으로 응대하니, 어찌 원망이 있겠는가?" 하였다.

{語義} ○稽康(혜강) : 생졸 223~262. 진(晉)나라 초군(譙郡) 질현(銍縣) 사람. 자는 숙야(叔夜). 벼슬은 중산대부(中散大夫). 죽림칠현(竹林七賢)의 한 사람. 〈양생론(養生論)〉을 지었고, 탄금영시(彈琴詠詩)하며 자락(自樂)함. 종회(鍾會)의 노여움을 사 참살(讒殺)당하였음. 저서에 《혜중산집(稽中散集)》이 있음. ○凶險(흉험) : 흉악하고 음험함. ○敬而遠>之(경이원지) : 공경하면서 이를 멀리함. 경원(敬遠). ○賢德(현덕) : 현명하고 유덕함. ○親而近>之(친이근지) : 친애하면서 이를 가까이함.

{意譯} 혜강이 말하였다. "흉악하고 음험한 사람은, 공경하면서도 멀리한다. 현명하고 덕이 있는 사람은, 이를 친하여 가까이한다. 저 사람이 악으로써 다가오면, 나는 선으로써 응대하고, 저 사람이 굽은 것으로 다가오면, 나는 곧은 것으로 대응한다. 이렇게 하니 어찌 나를 원망하는 일이 있겠는가?"

{餘說} 죽림칠현(竹林七賢)은, 중국 진(晉)나라 초기에 노장(老莊)의 무위사상(無爲思想)을 숭상하며 죽림(竹林)에 모여 청담(淸談)으로 세월을 보

낸 일곱 명의 선비로서 산도(山濤)·왕융(王戎)·유영(劉伶)·완적(阮籍)·완함(阮咸)·혜강(嵇康)·상수(尙秀)가 이에 해당한다.

19-008/ 자포자기하는 자에게는

孟子曰。自暴者。不可與有言也。自棄者。不可與有
맹자왈 자포자 불가여유언야   자기자   불가여유

爲也。
위 야

{讀法} 孟子ㅣ曰, 自暴者는 不>可2與有>言1也요. 自棄者는 不>可2
與有1>爲也니라.

• • •

{直譯} 맹자께서 말하기를, "자포(自暴)하는 자는 가히 더불어 말할
수 없다. 자기(自棄)하는 자는 가히 더불어 일할 수 없다." 하였다.

{語義} ㅇ自暴(자포) : 절망에 빠져 스스로 자신을 포기하여 내버리고 돌보
지 않음. ㅇ自棄(자기) : 절망 상태에 빠져 스스로 자신을 내버리고 돌보지
않음. ㅇ自暴自棄(자포자기) : 자신을 스스로 포기하고 자기발전을 전연 구
하지 않음.

{意譯} 맹자께서 말하였다. "스스로 해치는 자와는 함께 인의도덕
(仁義道德)을 말할 수 없고, 스스로 버리는 자와는 함께 왕도인정
(王道仁政)을 행할 수 없다."

{餘說} 위 문장은 《맹자집주·이루장구상(離婁章句上)·제10장》에 나오
는 첫 번째 구절의 앞 부분이다. 이 첫 번째 구절 전체는 다음과 같다 :
"自暴者는 不可與有言也요, 自棄者는 不可與有爲也니, 言非禮義를 謂之自
暴也요, 吾身不能居仁由義를 謂之自棄也니라.〔스스로 해치는 자는 더불
어 말할 수 없고, 스스로 버리는 자는 더불어 일할 수 없으니, 말할 때
예의를 비방하는 것을 '자포'라 하고, 내 몸은 인(仁)에 거하고 의를 따
를 수 없다 하는 것을 '자기'라 한다.〕"

19-009/ 여자에게 밝은 거울이 없으면

太公曰。女無明鏡。不知面上精粗。士無良友。不知
태공왈 여무명경 부지면상정조 사무양우 부지

行步虧踰。
행보휴유

{讀法} 太公이 曰, 女ㅣ 無2明鏡1이면 不>知2面上精粗1요, 士ㅣ 無2良
友1면 不>知2行步虧踰1니라.

• • •

{直譯} 태공(太公)이 말하였다. "여자에게 밝은 거울이 없으면, 얼굴이 잘 꾸며졌는지 잘못 꾸며졌는지를 알 수 없고, 선비로서 훌륭한 벗이 없으면, 자신의 걸음걸이가 잘못되었는지를 알 수 없다."고 하였다.

{語義} ○明鏡(명경) : 밝은 거울. 맑은 거울. ○面上(면상) : 얼굴 위. 얼굴. ○精粗(정조) : 정밀함과 조잡함. 우수함과 열등함. ○良友(양우) : 품행이 단정한 친구. ○行步(행보) : 걸음걸이. ○虧踰(휴유) : 허물어짐과 넘어짐.

{意譯} 태공(太公)이 말하였다. "여자로서 맑고 밝은 거울이 없으면, 얼굴이 제대로 꾸며졌는지 아닌지를 알 수 없고, 선비로서 훌륭한 벗이 없으면, 자신의 행실이 올바른지 아닌지를 알 수 없다."

{餘說} 위 문장은 다음과 같이 사륙변려문이다.

┌ 女無明鏡,不知面上精粗
└ 士無良友,不知行步虧踰

19-010/ 착한 일 하기를 서로 권하는 것은

孟子曰。責善。朋友之道。
맹자왈 책선 붕우지도

{讀法} 孟子ㅣ 曰, 責>善은 朋友之道니라.

• • •

{直譯} 맹자께서 말하기를, "선을 권면함은 붕우 사이의 도리이다." 라고 하였다.

{語義} ○責>善(책선) : 친구끼리 옳은 일을 하도록 서로 권함.

{意譯} 맹자께서 말하였다. "옳은 일을 하도록 서로 권하는 것은 친구 사이의 도리이다."

{餘說} 이 문장은 《맹자·이루하(離婁下)·광장장(匡章章)》에 나온다. 이 글의 앞뒤 내용을 붙여 소개하면 다음과 같다 : "夫章子는 子父ㅣ 責>善 而不2相遇1也니라. 責>善은 朋友之道也니 父子責>善이 賊>恩之大者니라. 〔대저 광장(匡章)의 경우는 아버지와 자식 사이에서 지나치게 선하게 하라고 책하다가 도리어 서로 마음이 맞지 않은 것이다. 책선(責善)은 붕우 사이에서나 할 도리이다. 그러나 부자 사이에서 각박하게 허물을 탓하고 지나치게 선하기를 강요한다면 도리어 은혜를 크게 해치게 된다.〕"

또한 《맹자·이루상(離婁上)·공손장(公孫章)》에는 부자 관계와 붕우 관계의 차이점을 설명하면서, "父子之間은 不>責>善이니 責>善則離하나니 離則不>祥이 莫>大焉이니라. 責>善은 朋友之道也라.〔부자간에는 선으로 권면하지 않는다. 선으로 권면하면 주자의 정(情)이 멀어지게 된다. 부자의 정이 멀어지면 상서롭지 못함이 이보다 더 큰 것이 없다.]"라고 한 말이 나온다.

19-011/ 벗을 맺을 때는

結朋友。須勝己。似我不如無。
결 붕 우 수 승 기 사 아 불 여 무

{讀法} 結2朋友1하되 須勝>己하나니, 似>我는 不>如>無니라.

• • •

{直譯} 친구를 맺되 반드시 나보다 나아야 하니, 나와 비슷하면 사귀지 않는 것만 못하다.

{語義} ○結>朋(결붕) : 교분을 맺음. '結>友(결우)'도 같은 말이다. ○勝(승) : 낫다. 뛰어나다. 우월하다. ○不>如(불여) : …만 같지 못함. …에 미치지 못함. …보다 더 좋은 것이 없음. 불면(不免). 불약(不若).

{意譯} 친구를 사귈 때는 반드시 나보다 나은 사람을 사귀어야 하니, 나와 비슷한 사람을 사귀는 것은 사귀지 않는 것만 못하다.

{餘說}《서경·상서(商書)·중훼지고(仲虺之誥)》에 "能自得師者王, 謂人莫己若者亡.〔스스로 스승을 얻으려고 노력하면 왕도정치를 이루고, 나보다 나은 사람이 없다고 여기게 되면 망한다.〕"라는 말이 있듯이, 벗을 사귈 때는 훌륭한 벗을 사귀어야 한다는 것이다.

19-012/ 서로 얼굴을 아는 사람이

相識滿天下。知心能幾人。
상 식 만 천 하   지 심 능 기 인

{讀法} 相識은 滿2天下1하되 知>心은 能幾人고?

• • •

{直譯} 서로 얼굴을 아는 사람이 세상에 가득하되, 마음을 아는 사람은 능히 몇 사람이나 되겠는가?

{語義} ○相識(상식) : 서로 얼굴을 아는 사람. ○知>心(지심) : 마음을 아는 사람.

{意譯} 서로 얼굴을 아는 사람은 세상에 가득하지만, 마음을 아는 사람은 능히 몇 사람이나 되겠는가?

{餘說} 다음과 같이 불상등 대립구의 대문이다.

┌ 相識은 滿2天下1하되,

└ 知>心은 能幾人고?

19-013/ 나무를 심을 때는

種樹莫種垂楊柳。結交莫交輕薄兒。
종 수 막 종 수 양 류 결 교 막 교 경 박 아

{讀法} 種>樹하되 莫>種2垂楊柳1하고, 結>交하되 莫>交2輕薄兒1하라.

• • •

{直譯} 나무를 심을 때는 버드나무를 심지 말라, 친교를 맺을 때는 경박한 사람과는 맺지 말라.

{語義} ○種樹(종수) : 씨를 뿌리고 식물을 심음. 나무를 재배함. ○垂楊柳 (수양류) : 수양버들. 수양(垂楊). ○結>交(결교) : 친교를 맺음. ○輕薄(경박) : 생각이 깊지 않고 조심성이 없어 말과 행동이 가벼움.

{意譯} 나무를 심으려거든 버드나무같이 쓸모없는 나무를 심지 말라, 벗을 사귀고자 할 때는 생각이 깊지 않고 조심성이 없어 말

과 행동이 가벼운 그런 사람은 사귀지 말라.

{餘說} 이 문장의 의미와는 같지 않으나 참고로 그냥 나무를 심지 말라는 시(詩)도 있어 소개한다. 당(唐)나라 때 이하(李賀)는 〈莫種樹(막종수)〉라는 시에서 "園中莫>種>樹, 種>樹四時愁.〔뜨락에 나무를 심지 말게나, 심고 나면 사시사철 걱정이지.〕"라고 하였고, 조선시대 상촌(象村) 신흠(申欽, 1566~1628)은 〈절양류가(折楊柳歌)〉라는 시에서 "種>樹莫>種>柳, 敎2人悲離別1.〔나무를 심되 버들은 심지 말라, 사람에게 이별을 슬프게 하나니라.〕"라고 하였다.

19-014/ 옛사람들의 사귐은

古人結交惟結心。今人結交惟結面。
고 인 결 교 유 결 심　금 인 결 교 유 결 면

{讀法} 古人結>交는 惟結>心이나 今人結>交는 惟結>面이니라.

• • •

{直譯} 고인의 사귐은 마음으로 맺었으나, 지금의 사귐은 얼굴로 맺는다.

{語義} ○結>心(결심) : 마음으로 맺음. 마음에 둠. ○結>面(결면) : 얼굴로
맺음.

{意譯} 옛사람들은 벗과 마음을 통하기 위해 사귀었으나, 요즘 사
람들은 상대방의 얼굴을 기억하기 위해 사귀고 있다.

{餘說} 위 문장은 다음과 같이 4구로 된 시의 첫째 · 둘째 구이다.

古人結>交는 惟結>心이나,	옛사람들은 벗과 마음 통하려고 사귀었으나,
今人結>交는 惟結>面이니라.	요즘 사람들은 얼굴만 기억하려고 사귄다네.
結>心하면 可以同2生死1요,	마음으로 사귀면 생사도 함께할 수 있으나
結>面하면 那堪下共2貧賤1上이리오.	얼굴로만 사귀면 빈천도 함께할 수 있으랴.

19-015/ 조강지처는

宋弘曰。糟糠之妻不下堂。貧賤之交不可忘。
송 홍 왈 조 강 지 처 불 하 당 빈 천 지 교 불 가 망

{讀法} 宋弘曰, 糟糠之妻는 不>下>堂이요, 貧賤之交는 不>可>忘이
니라.

• • •

{直譯} 송홍이 말하기를, "가난할 때 함께 고생한 아내는 내보내서

는 안 되고, 가난하고 천할 때 사귄 친구는 잊어서는 안 된다." 하였다.

{語義} ○ 宋弘(송홍) : 동한(東漢, 25~220) 광무제(光武帝, B.C. 6~A.D. 57) 때의 학자. 자(字)는 중자(仲子)이고 경조장안(京兆長安), 즉 현재 섬서성(陝西省) 서안(西安) 사람이다. 서한(西漢)의 소부(少府) 송상(宋尙)의 아들이며, 동한(東漢) 초년(初年)에 대신(大臣)의 자리에 오른 명상(名相)이다. 송홍(宋弘)은 청렴결백(淸廉潔白)한 관리이었으며 황제(皇帝)에게 거리낌 없이 직간(直諫)한 대신이었다. ○ 糟糠(조강) : 지게미와 쌀겨라는 뜻으로, 가난한 사람이 먹는 보잘것없는 음식(飮食)을 이르는 말. ○ 下>堂(하당) : 대청이나 방에서 뜰로 내려옴. 아내를 내쫓음.

{意譯} 가난할 때 함께 고생한 아내는 내보내서는 안 되고, 가난하고 천할 때 사귄 친구는 잊어서는 안 된다.

{餘說} 《후한서(後漢書)·송홍전(宋弘傳)》에 나온다. 위의 두 구절의 순서가 바뀐 곳도 있고, 두 번째 구가 다음과 같이 약간 다르게 표현된 곳도 있다.

貧賤之交無2相忘1 빈천했을 때의 사귐은 서로 잊지 말라,
빈 천 지 교 무   상 망

貧賤之知不>可>忘 빈천했을 때의 지구(知舊)는 잊으면 안 된다.
빈 천 지 지 불 가 망

19-016/ 은혜를 베풀려거든

施恩在未遇之先。結交在貧賤之際。人情常似初相
시 은 재 미 우 지 선 결 교 재 빈 천 지 제   인 정 상 사 초 상

識。到老終無怨恨心。
식 도 로 종 무 원 한 심

{讀法} 施>恩커든 在2未>遇之先1하고, 結>交커든 在2貧賤之際1하라.
人情常似2初相識1이면, 到>老終>無2怨恨心1이니라.

• • •

{直譯} 은혜를 베풀려거든 그 어려움을 당하기 전에 먼저 하고, 친
구를 맺으려거든 가난하고 비천했을 때 하라. 사람의 정이 항상 처
음 알았을 때처럼 한다면, 늘그막에 이르러도 끝내 원통하고 억울
한 마음이 없을 것이다.

{語義} ○施>恩(시은) : 은혜를 베풂. ○未>遇(미우) : 인정받거나 중용되지
못함. 출세하지 못함. 불우(不遇). 불우(不耦). 불해(不諧). ○相識(상식) : 서로
앎. 서로 면식(面識)이 있음. 아는 사람. 알고 지내는 사람. ○到>老(도로) :
늘그막에 이름. 노년(老年)에 접어듦. ○怨恨(원한) : 감정이 상하여 마음이
편하지 않음.

{意譯} 은혜는 어려움을 당하기 전에 베풀고, 친구는 가난하고 비
천했을 때 맺어야 한다. 사람이 항상 처음 알았을 때처럼 할 수 있

다면, 오랜 세월이 흘러도 서로 간에 서운한 마음이 결코 없을 것이다.

{餘說} 이 말의 출처는, 청(淸)나라 사람 장대복(張大複)이 지은《금강봉(金剛鳳)·제9편》이다.

19-017/ 술과 음식으로 맺은 형제는

酒食兄弟千個有。急難之朋一個無。
주 식 형 제 천 개 유　급 난 지 붕 일 개 무

{讀法} 酒食兄弟는 千個有로되, 急難之朋은 一個無니라.

• • •

{直譯} 술이나 음식을 먹을 때에 형이니 아우니 하고 친하게 사귄 친구는 천 명이나 있되, 위급한 환난을 당했을 적에는 하나도 없다.

{語義} ○酒食(주식) : 술과 음식. ○急難(급난) : 위급한 환난.

{意譯} 술이나 음식을 먹으며 형이니 아우니 하면서 사귄 사람은 천 명이나 있으나, 급한 어려움을 당했을 때 찾아와 구원해주는

사람은 한 명도 없다.

{餘說} 다음과 같이 상등 대립구의 대문이다.

    ┌ 酒食兄弟는 千個有로되,
    └ 急難之朋은 一個無니라.

19-018/ 열매를 맺지 못하는 꽃은

不結子花。休要種。無義之朋。切莫交。
불 결 자 화 휴 요 종 무 의 지 붕 절 막 교

{讀法} 不>結>子花는 休>要>種하고, 無>義之朋은 切莫>交니라.

• • •

{直譯} 열매를 맺지 않는 꽃은 심지 말고, 의리가 없는 친구는 절대로 사귀지 말라.

{語義} ○結>子(결자) : 열매를 맺음. ○休>要(휴요) : …해서는 안 된다. …하지 말라. ○種(종) : 심다. ○無>義(무의) : 올바를 도리가 없음. 몰인정함. ○切莫(절막) : 절대로 …하지 말라.

{意譯} 꽃씨를 뿌릴 때는 반드시 씨를 맺는 꽃을 심어야 하고, 친구를 사귈 때는 꼭 의리가 있는 친구를 사귀어야 한다.

{餘說} 중국의 속담이다. 두 번째 구가 "無>義之朋不>可>交〔의가 없는 벗은 사귀면 안 된다〕, 無>義之人不>可>交〔의가 없는 사람은 사귀면 안 된다.〕"로 되어있는 곳도 있다.

19-019/ 군자의 사귐은 담박하기가

莊子云。君子之交淡若水。小人之交甘若醴。
장 자 운 군 자 지 교 담 약 수 　 소 인 지 교 감 약 례

{讀法} 莊子에 云, 君子之交는 淡若>水하고, 小人之交는 甘若>醴니라.

• • •

{直譯}《장자》에 이르기를, "군자의 교제는 담박하기 물맛과 같고, 소인의 교제는 달기가 단술맛과 같다." 하였다.

{意譯}《장자》에 말했다. "군자의 교제는 물맛과 같이 담박하고, 소인의 교제는 단술맛과 같이 달콤한 것이다."

{餘說} 이 대문도 담양판에 있기에 수록하였다. 이것은 《장자(莊子)·산목편(山木篇)》에 있는 글이다.

19-020/ 사람을 재물로 사귀어 보면

人用財交。金用火試。水持杖探知深淺。人用財交便見心。
인 용 재 교　금 용 화 시　수 지 장 탐 지 심 천　인 용 재 교 변
견 심

{讀法} 人用>財交하고 金用>火試하라. 水持>杖探이면 知2深淺1이요
人用>財交면 便見>心이니라.

• • •

{直譯} 사람은 재물로 사귀어 보아야 하고, 금은 불로 시험해 보아
야 한다. 물은 막대기로 더듬어보면 깊이를 알 수 있고, 사람은 재
물로 사귀어 보면 마음을 알 수 있다.

{語義} ○持>杖(지장) : 막대기를 지님. ○深淺(심천) : 깊음과 얕음. 깊이. 천
심(淺深). ○便(변) : 곧. 바로. 즉시. ○見>心(견심) : 마음을 꿰뚫어 보다. 마
음을 환하게 알다.

{意譯} 사람은 재물로 사귀어 보면 그 사람의 됨됨이를 알 수 있고, 금은 불로 시험해 보면 그 금이 진짜인지 가짜인지를 알 수 있다. 물은 막대기로 더듬어보면 깊이를 알 수 있고, 사람은 재물로 사귀어 보면 마음을 알 수 있다.

{餘說} 이 말은 대만(臺灣)의 속담이다.

19-021/ 친구 사이에는

朋友莫交財。交財仁義絶。
붕 우 막 교 재 교 재 인 의 절

{讀法} 朋友는 莫>交>財니, 交>財면 仁義ㅣ 絶이니라.

• • •

{直譯} 붕우 사이에는 재물을 거래하지 말라, 재물을 거래하면 인의가 끊어진다.

{語義} ㅇ朋友(붕우) : 동문. 동학. 《주역(周易)·태괘(兌卦)·공영달소(孔穎達疏)》에 "同門曰朋, 同志曰友. 朋友聚居, 講習2道義1.〔동문이 붕이고, 동지가 우이다. 붕우가 모여서 도의를 강습한다.〕"라고 나온다. ㅇ仁義(인의) :

어짊과 의로움. 사람이 지켜야 할 도리로서, '도덕'을 뜻하는 말.

{意譯} 친구끼리는 금전을 거래하지 말아야 하니, 만약 친구끼리 금전 거래를 하게 되면 정분(情分)이 끊기게 된다.

{餘說} 출처는《금옥몽(金屋夢)·제11회(回)》이다. 비슷한 말로서 "朋友莫交財, 交財斷往來.〔붕우 사이에 재물을 거래하지 말라, 재물을 거래하면 왕래가 끊어진다.〕"는 것도 있다.

19-022/ 가는 길이 멀면

通俗編云。路遙知馬力。日久見人心。
통 속 편 운 노 요 지 마 력 일 구 견 인 심

{讀法} 通俗編에 云, 路遙知2馬力1이오, 日久見2人心1이니라.

• • •

{直譯}《통속편》에 이르기를, "길이 멀면 말의 힘을 알 수 있고, 날이 오래 지나면 사람의 마음을 알 수 있다." 하였다.

{語義} ○《通俗編(통속편)》: 청(淸)나라 적호(翟灝, 1712~1788, 자字 대천大川)

가 편찬한 책 이름. 총 38권. ㅇ遙(요) : 멀다. ㅇ馬力(마력) : 말의 힘.

{意譯}《통속편》에 말했다. "가는 길이 멀어야만 타고 가는 말의 힘을 알 수가 있고, 사귄 지 오래되어야 그 사람의 마음을 알 수가 있다."

{餘說}《고금현문(古今賢文)》등 다른 책에는 "路遙知2馬力1, 事久見2人心1.〔길을 멀리 가보면 그 말의 힘을 알 수 있고, 일을 오래 해보면 그 사람의 마음을 알 수 있다.〕"라고 되어있다.

19-023/ 널리 교제하여 명성을 떨치는 것이

顧東橋先生曰。廣交以延譽。不若索居以自全。
고 동 교 선 생 왈 광 교 이 연 예 불 약 색 거 이 자 전

{讀法} 顧東橋先生曰, 廣>交以延>譽는 不>若2索>居以自全1이니라.

• • •

{直譯} 고동교 선생이 이르기를, "널리 교제하여 명성을 떨치는 것이 쓸쓸히 살면서 스스로 편안하고 온전히 하는 것보다 못하다." 하였다.

{語義} ○廣>交(광교) : 광범한 교제(交際). 널리 교제하다. ○延>譽(연예) : 명성(名聲)을 널리 떨침. ○索居(색거) : 무리와 떨어져 홀로 쓸쓸히 있음. 사람을 피하여 한적한 곳을 찾아 삶. 색처(索處). ○自全(자전) : 스스로 편안하고 온전하게 함. 자완(自完).

{意譯} 고동교 선생이 말하였다. "교제를 넓혀 명예를 늘리는 것이 쓸쓸히 살면서 스스로 완전함만 못하다."

{餘說} 《예기(禮記)·단궁상(檀弓上)》에 "吾離羣而索居,亦已久矣.〔나는 무리를 떠나 홀로 산 지가 오래되었다.〕"는 말이 있다.

〈정현주(鄭玄注)〉에 "羣,謂同門朋友也.索,猶散也.〔'羣'은 '同門朋友'를 말하고 '索'은 '散'과 같다.〕"라고 하였다. 자전(自全)은 자완(自完)과 같은 말이다. 따라서 '索居以自完(색거이자완)'은 은거하면서 자기 인격의 완성도를 높인다는 것으로, '隱居以求>志(은거이구지)'와 같은 뜻이라 하겠다. 요즘 세상에서는 '廣交以延譽(광교이연예)'도 필요할지 모르겠으나 '索居以自完(색거이자완)'도 가치 있는 일일 것이다.

고동교(顧東橋)가 지은 〈좌우이경사(左右二警詞)〉에서 왼쪽 것은 다음과 같다.

言行擬之古人,則德進
언 행 의 지 고 인 즉 덕 진
언행은 옛사람을 본뜨면 덕이 진전되고,

功名付之天命,則心閑
공 명 부 지 천 명 즉 심 한
공명은 천명에 부치면 마음이 한가롭다.

報應念及子孫,則事平
보 응 념 급 자 손 즉 사 평
보응에 생각이 자손에게 미친다면 일이 공평하고,

受享慮及疾病,則用儉
수 향 려 급 질 병 즉 용 검
받아 누림에 걱정이 질병에 미치면 검소하게 쓴다.

오른쪽 것은 다음과 같다.

好辯以招尤,不若訒默以怡性〔18-028〕에 나옴.
廣交以延譽,不若索居以自全〔19-023〕에 나옴.
厚費以多營,不若省事以守儉〔15-017〕에 나옴.
逞能以誨妒,不若韜智以示拙〔18-028〕에 나옴.

풀이는 다음과 같다.

"논변하기를 좋아하여 과실을 사는 것은 입을 열지 않아 본성을 편안히 하는 것만 못하고, 널리 교제하여 명성을 떨치는 것이 쓸쓸히 살면서 스스로 편안하고 온전히 하는 것만 못하다. 소비를 많이 하여 여러 가지를 경영하는 것은 일을 줄여서 검약함을 지키는 것만 같지 않고, 능력을 과시하여 질투심을 불러일으키는 것은 재능을 감추어 서투름을 보여주는 것만 못하다."

19-024/ 남의 말을 받아들이지 않는 사람과는

文清公曰。不能受言者。不可妄與一言。此是善交一
문 청 공 왈 불 능 수 언 자 불 가 망 여 일 언 차 시 선 교 일
法也。
법 야

{讀法} 文清公曰, 不>能>受>言者는 不>可>妄與2一言1이라. 此是
善交一法也라.

•••

{直譯} 문청공이 이르기를, "다른 사람의 말을 받아들이지 못하는 사람과는 함부로 알은체도 하지 말라. 이것이 교제를 잘하는 한 방법이다."고 하였다.

{語義} ○文淸公(문청공) : 설선(薛瑄). 생졸 1389~1464. 시호(諡號)가 문청공(文淸公)이다. 지금의 산서성(山西省) 하진시(河津市) 출생. 자 덕온(德溫), 호 경헌(敬軒). 관직은 예부우시랑(禮部右侍郞) 겸(兼) 한림원학사(翰林院學士)까지 지냈다. 철학사상의 측면에서는 정주학파의 이학(理學)을 계승하고 추숭(推崇)하여 지경(持敬)·복성(復性)을 요지로 삼았다. 저서에《설문청공전집(薛文淸公全集)》46권이 있다. 사후(死後)에 자선대부(資善大夫) 예부상서(禮部尙書)에 증직(贈職)됨. ○受>言(수언) : 임금이 간언(諫言)을 받아들임. ○妄(망) : 멋대로. 함부로. 마구. ○善交(선교) : 잘 사귐. 교제를 잘함.

{意譯} 문청공이 말하였다. "남의 말을 받아들일 줄 모르는 사람과는 함부로 알은체도 하지 말라. 이렇게 하는 것이 도리어 그 사람과 잘 사귀는 한 가지 방법이다."

{餘說} 남의 말을 귀담아듣는 것이 중요하다는 뜻이다.

제20편

부행편(婦行篇)

이 편은 부녀자의 행실에 관한 글을 모은 것으로 모두 8조목이다.

20-001/ 부인이 따라야 할 사람은

孔子曰。婦人仗於人也。是故。無專制之義。有三從
공자왈 부인장어인야 시고 무전제지의 유삼종

之道。在家從父。適人從夫。夫死從子。無所敢自遂也。
지도 재가종부 적인종부 부사종자 무소감자수야

敎令不出閨門。事在饋食之間而已矣。是故。女及日乎
교령불출규문 사재궤사지간이이의 시고 여급일호

閨門之內。不百里而奔喪。事無擅爲。行無獨成。參知
규문지내 불백리이분상 사무천위 행무독성 참지

而後動。可驗而後言。晝不遊庭。夜行以火。所以正婦
이후동 가험이후언 주불유정 야행이화 소이정부

德也。
덕야

{讀法} 孔子曰. 婦人은 仗>於>人也라. 是故로 無2專制之義1하고 有
2三從之道1하니, 在>家從>父하고 適>人從>夫하고 夫死從>子하여 無>
所2敢自遂1也라. 敎令不>出2閨門1하며, 事在2饋食之間1而已矣니
라. 是故로 女及日乎2閨門之內1에 不2百里而奔>喪1하며, 事無2擅
爲1하며, 行無2獨成1하여 參知而後動하고 可>驗而後言하며, 晝不>遊

>庭하고 夜行>以>火는 所以正2婦德也1니라.

• • •

{直譯} 공자께서 말씀하시기를, "부인은 의지하는 사람이다. 이런 까닭에 마음대로 일을 할 수 없고, 세 사람을 따르는 도리가 있다. 집에서는 아버지를 따르고, 시집가서는 남편을 따르고, 남편이 죽으면 아들을 따라서, 감히 스스로 이루는 것이 없다. 가르침과 명령은 안방을 벗어나지 않으며, 맡은 일은 음식을 만들어 제공하는 데 있을 뿐이다. 이런 까닭에 여자는 온종일 규문 안에 있으며, 백리의 먼 거리에 문상하지 않으며, 일을 제 마음대로 하지 않으며, 행동은 단독으로 하지 않으며, 같이 참여하여 알고 난 후에 행동하며 증거가 확실한 뒤에 말을 하며 낮에는 뜰에 놀지 않으며, 밤에는 불을 밝혀 다니는 것은 부인의 덕행을 바르게 하기 위한 것이니라." 하였다.

{語義} ○伏(장) : 의지하다. ○專制(전제) : 독단적으로 일을 처리함. ○三從(삼종) : 여자가 평생 세 사람에 대하여 순종하고 의지해야 할 도리. ○適>人(적인) : 시집감. 출가함. ○教令(교령) : 교화(教化). 명령. ○閨門(규문) : 규중(閨中). 부녀자가 거처하는 방. ○饋>食(궤사) : 익힌 음식을 올림. ○奔喪(분상) : 타향에서 부모의 부음(訃音)을 듣고 급히 돌아가는 일. ○擅爲(천위) : 제멋대로 함. ○獨成(독성) : 자기 마음대로 수행하는 일. ○參知(참지) : 참여하여 주관함. ○婦德(부덕) : 부녀자가 지켜야 할 덕행.

{意譯} 공자께서 말씀하셨다. "부인은 따라야 할 사람이 있다. 그래서 제 마음대로 일을 할 수 없으며, 세 부류의 사람을 따라야 하는 도리가 있다. 집에 있을 때는 아버지를 따르고 시집가서는 남편을 따르고, 남편이 죽으면 아들을 따른다. 감히 스스로 처리하지 아니 하느라. 교훈이나 명령은 안방 밖으로 나가지 않아야 하고, 일은 음식을 만들어 제공하는 데 있을 뿐이다. 이런 까닭에 여자는 종일토록 안방 안에 있으며, 백 리의 먼 거리에 문상 가지 않으며, 일을 제 마음대로 하지 않으며, 행동은 단독으로 하지 않으며, 같이 참여하여 알고 난 후에 행동하며, 증거가 확실한 뒤에야 말을 하며, 낮에는 뜰에서 놀지 않으며, 밤에는 불을 밝혀 다닌다. 이렇게 하는 것은 부인의 덕행을 바르게 하기 위함이다."

{餘說} 위 내용은 《소학(小學)·명륜편(明倫篇)》에 '孔子曰'로 나온다. 〈집주(集註)〉에 "'급일(及日)'은 '종일(終日)'과 같고, '험(驗)'은 '증거(證據)'이다."라고 하였다. 그리고 "낮에 방안에 거처하며 중간 뜰에 나가지 않고, 밤에 집안에서 다닐 때는 반드시 불을 비추어야 한다는 것은, 모두 부덕을 바르게 하여 부인을 그렇게 하도록 하기 위함이다."라고 하였다.

20-002/ 여자의 네 가지 덕

益智書云。女有四德之譽。一曰婦德。二曰婦容。三
익 지 서 운　여 유 사 덕 지 예　일 왈 부 덕　이 왈 부 용　삼

曰婦言。四曰婦工也。婦德者。不必才名絶異。婦言者。
왈 부 언 사왈부공야 부덕자 불필재명절이 부언자

不必辯口利詞。婦容者。不必顔色美麗。婦工者。不必
불필변구이사 부용자 불필안색미려 부공자 불필

伎巧過人也。
기 교 과 인 야

{讀法} 益智書에 云, 女有₂四德之譽₁하니, 一曰,婦德이오, 二曰,婦
容이오, 三曰,婦言이오, 四曰,婦工也니라. 婦德者는 不>必₂才名絶異
₁요, 婦言者는 不>必₂辯口利詞₁요, 婦容者는 不>必₂顔色美麗₁요, 婦
工者는 不>必₂伎巧ㅣ 過>人₁也니라.

• • •

{直譯} 《익지서》에 이르기를, "여자에게는 네 가지 덕의 아름다운
칭찬이 있으니, 첫째는 부인의 덕이고, 둘째는 부인의 용모이고,
셋째는 부인의 언어이고, 넷째는 부인의 솜씨이다. 부덕이라는 것
은 재주가 있다는 평판이 뛰어난 것을 필요로 하는 것이 아니고,
부언이라는 것은 구변이 좋아 말을 잘하는 것을 필요로 하는 것이
아니고, 부용이라는 것은 안색이 아름답고 고운 것을 필요로 하는
것이 아니고, 부공이라는 것은 교묘한 손재주가 뛰어난 것을 필요
로 하는 것이 아니다."

{語義} ○譽(예) : 아름다운 것. 美也. 嘉也. ○婦德(부덕) : 부녀가 닦아야 할

덕행. 정순(貞順)을 말함. ○婦容(부용) : 부녀의 몸차림과 몸가짐. 완만(婉娩)을 말함, 곧 온순함을 이름. ○婦言(부언) : 부녀의 말씨. 사령(辭令)을 말함. 곧 사람에게 응대하는 말을 이름. ○婦工(부공) : '工'은 '功'으로 부녀의 길쌈. 사시(絲枲)를 말함, 곧 실을 뽑고 베를 짜는 것을 이름. ○不>必(불필) : 필요로 하지 않는다. ○才名(재명) : 재주가 있다는 평판. 《조소(曹昭)·여계(女誡)》에는 '재명(才明)'으로 되어있음. '名' 자가 나을 것임. ○絶異(절이) : 뛰어남. ○辯口(변구) : 잘하는 말. ○利詞(이사) : '利口'와 같은 말로 구변이 좋음. '辯口利詞'는 '利口'와 '辯詞'의 합성어로 뜻이 같은 첩어(疊語)이다. 그러므로 뜻은 '구변이 좋아 말을 잘함'이 된다. ○顔色(안색) : 얼굴의 빛깔. ○美麗(미려) : 아름답고 고움. ○伎巧(기교) : 교묘한 손재주. '伎'는 '技'와 같음. ○過>人(과인) : 뛰어남.

{意譯} 《익지서》에 말했다. "여자에게 네 가지 덕의 아름다운 것이 있으니, 첫째, 정순(貞順)한 행실이고, 둘째 안상(安詳)한 말씨고, 셋째 온순한 모양이고, 넷째 부지런히 길쌈하는 것이다. 부덕이라는 것은 재주가 있다는 평판이 뛰어나야 한다는 것을 필요로 하는 것이 아니고, 부언이라는 것은 꼭 구변이 좋아 말을 잘하는 것을 필요로 하는 것이 아니고, 부용이라는 것은 얼굴의 빛깔이 아름답고 고운 것을 필요로 하는 것이 아니고, 부공이라는 것은 교묘한 손재주가 뛰어난 것을 필요로 하는 것이 아니다."

{餘說} 《주례(周禮)·천관(天官)·구빈(九嬪)·주(注)》에 "婦德은 謂2貞順1이오, 婦言은 謂2辭令1이오, 婦容은 謂2婉娩1이오, 婦功은 謂2絲枲1니라."로 풀이하여 있고, 《예(禮)·혼례(昏禮)》에 "婦人이 先>嫁三月에 敎以2婦德·

婦言・婦容・婦功1이니라.〔여자가 시집가기 전 석 달 동안은 가르치되 부덕・부언・부용・부공으로써 한다.〕"하였다. 또《조소(曹昭)・여계(女誡)》에 "女2有四行1하니 一曰,婦德이오, 二曰,婦言이오, 三曰,婦容이오, 四曰,婦功이니라. 夫云2婦德1은 不2必才明이 絶異1也요, 婦言은 不2必辯口ㅣ 利詞1也요, 婦容은 不2必顔色이 美麗1也요, 婦功은 不2必技巧ㅣ 過>人也니, 幽閒貞靜하여 守>節整>齊하고, 行>己有>恥하여 動靜有>法이니 是謂2婦德1이오, 擇>辭而說하며, 不>道2惡言1하고, 時然後言하여 不厭2於人1이니 是謂2婦言1이오, 盥2浣塵穢1하여 服飾鮮潔하고, 沐浴以>時하여 身不2垢辱1이니 是謂2婦容1이오, 專2心紡績1하며, 不>好2戱笑1하고, 潔2齊酒食1하여 以奉2賓客1이니 是謂2婦功1이니라. 此四者는 女人之大德이니, 而不>可>乏>之者也라. 然爲>之甚易하여 惟在>心>耳니라. 古人有>言에 仁遠乎哉아, 我欲>仁而斯至矣는 此之謂也니라." 하여 '부덕(婦德)' 은 꼭 재주가 밝고 월등하게 뛰어나지 않아도 되나 얌전하고 정숙하며, 절개를 지키고 몸가짐을 가지런히 하며, 몸소 행하는 데 부끄러움을 가져서 동정에 법도가 있는 것이 '부덕(婦德)' 이라고 했고, '부언(婦言)' 은 꼭 말을 잘하고 말이 날카롭지 않아도 되나 할 말을 가려서 하고 나쁜 말을 안 하며, 남의 말이 끝난 뒤에 말을 하여 남에게 싫게 않는 것이 '부언(婦言)' 이라 했고, '부용(婦容)' 은 꼭 얼굴이 예쁘고 아름답지 않아도 되나 때를 잘 씻고 의복을 깨끗이 하며, 목욕을 때때로 하여서 몸이 더럽지 않은 것이 '부용(婦容)' 이라 했고, '부공(婦功)' 은 꼭 솜씨가 뛰어나지 않아도 되나 열심히 길쌈하고 희롱거리고 웃지 않으며, 술과 음식을 정결하고 가지런히 하여서 손님을 접대하는 것이 '부공(婦功)' 이라 하였으며, 이 네 가지 것은 '부녀(婦女)의 큰 덕' 으로 모자라서는 안 될 것이나, 그러나 이를 하기에는 몹시 쉬워 오직 마음먹기에 달려 있을 따름이라고 하였고, 이는 마치 옛사람의 말에 있듯이 "인(仁)은 먼 것이 아니라 자신이 하고자 하면, 곧 인에 도달한다."라는 말과 같은 것이다 하였다. 이 {餘說}의《조소(曹昭)·여계(女誡)》의 예문은 이 대문과 다음에 문단 별로 다시 나오지만 원문과 비교하여 검토하면 많은 참고가 될 것이다.

이 문단은 '부덕(婦德)·부언(婦言)·부용(婦容)·부공(婦工)'의 사덕(四德)에 대한 전제적(前提的)인 주(註)이다.

婦德者는 不>必2才名絶異1요.

婦言者는 不>必2辯口利詞1요.

婦容者는 不>必2顔色美麗1요.

婦工者는 不>必2伎巧ㅣ過>人1也니라.

이상에서 살펴본바 주(註)의 전제적인 기문형(起文型)의 문장으로 분석된다. 이것이 다음 문단의 전제이니 연관시켜 의미를 탐구하기로 하자.

其婦德者。清貞廉節。守分整齊。行止有恥。動靜有
기 부 덕 자 청 정 염 절 수 분 정 제 행 지 유 치 동 정 유

法。此爲婦德也。婦言者。擇詞而說。不說非語。時然後
법 차 위 부 덕 야 부 언 자 택 사 이 설 불 설 비 어 시 연 후

言。不厭於人。此爲婦言也。婦容者。洗浣塵垢。衣服鮮
언 불 염 어 인 차 위 부 언 야 부 용 자 세 완 진 구 의 복 선

潔。沐浴及時。一身無穢。此爲婦容也。婦工者。專勤紡
결 목 욕 급 시 일 신 무 예 차 위 부 용 야 부 공 자 전 근 방

積。勿好葷酒。供具甘旨。以奉賓客。此爲婦工也。此四
적 물 호 훈 주 공 구 감 지 이 봉 빈 객 차 위 부 공 야 차 사

德者。是婦人之大德。而不可缺之者也。爲之甚易。務
덕 자 시 부 인 지 대 덕 이 불 가 결 지 자 야 위 지 심 이 무

之在正。依此而行。是爲婦節也。
지 재 정 의 차 이 행 시 위 부 절 야

{讀法} 其婦德者는 淸貞廉節호되 守>分整齊하고 行止有>恥하여 動靜有>法이니 此爲2婦德1也요, 婦言者는 擇>詞而說하되 不>說2非語1하고 時然後言하여 不>厭2於人1이니 此爲2婦言1也요, 婦容者는 洗2浣塵垢1하되 衣服鮮潔하고 沐浴及>時하여 一身無>穢니 此爲2婦容1也요, 婦工者는 專勤2紡積1하되 勿>好2葷酒1하고 供>具2甘旨1하여 以奉2賓客1이니 此爲2婦工1也니라. 此四德者는 是婦人之大德이니 而不>可>缺之者也라. 爲>之甚易하고 務>之在>正하니 依>此而行하면 是爲2婦節1이니라.

. . .

{直譯} "그 부덕이라는 것은 정조를 깨끗이 하고 절개를 청렴결백하게 하되, 분수를 지키고 몸을 단정히 하고 행동거지에 부끄러움을 알아서 일동일정을 법도 있게 할 것이니, 이것이 부덕이라 하는 것이고, 부언이라는 것은 말을 가려서 말하되, 그른 말은 아니 하고 때가 된 뒤에야 말하여 남에게 싫어하지 않게 하는 것이니, 이것을 부언이라 하는 것이고, 부용이라는 것은 먼지와 때를 빨되, 의복을 곱고 산뜻이 하고 목욕을 제때 하여 온몸에 더러움이 없게 하는 것이니, 이것을 부용이라 하는 것이고, 부공이라는 것은 오르지 길쌈을 부지런히 하되, 마늘이나 술을 좋아하지 말고 맛있는 음식을 갖추어 바쳐서 이로써 손님을 받들 것이니, 이것을 부공이라 하는 것이다. 이 네 가지 덕이라는 것은 바로 부인의 큰 덕이니, 이것은 없을 수 없는 것이다. 이것을 하기는 아주 쉽고, 이것을 힘

써 바르게 하는 데 있으니, 이에 의하여서 행하면 바로 부언의 예의범절이 된다." 하였다.

{語義} ○淸>貞(청정) : 마음이 곧고 깨끗함. ○廉>節(염절) : 절개가 청렴결백함. ○守>分(수분) : 분수를 지킴. ○整>齊(정제) : 가지런함. ○行止(행지) : 행동거지(行動擧止). 몸의 온갖 동작. 행위. ○動靜(동정) : 움직임과 정지함. 임동 임정. ○洗浣(세완) : 씻음. 씻고 빨음. ○塵垢(진구) : 먼지와 때. ○鮮潔(선결) : 곱고 산뜻함. ○沐浴(목욕) : 머리를 감고 몸을 씻음. '沐'은 머리를 감음. '浴'은 몸을 씻음. ○及>時(급시) : 제때. 즉시. ○紡績(방적) : 길쌈. ○暈酒(훈주) : 파나 마늘처럼 특이한 냄새가 있는 채소와 술. ○甘旨(감지) : 맛있는 음식. ○賓客(빈객) : 손님. ○節(절) : 예의범절.

{意譯} "그 부덕이라는 것은 마음이 곧고 깨끗하며 절개가 청렴결백해야 하되, 분수를 지키며 몸가짐이 가지런하고 행동거지에 부끄럼이 있어 일동일정에 법도가 있는 것이니, 이것을 부덕이라 하는 것이고, 부언이라는 것은 말을 가려 할 말만 하되, 그른 말은 말하지 말고 때가 된 뒤에야 말을 하여 남에게 싫게 아니할 것이니, 이것을 부언이라 하는 것이고, 부용이라는 것은 먼지와 때를 씻고 빨되, 의복을 곱고 산뜻하게 하고 머리를 감고 몸을 씻는 것을 때때로 해서 온 몸에 더러움이 없게 할 것이니, 이것을 부용이라 하는 것이고, 부공이라는 것은 오로지 길쌈을 부지런히 하되, 술 취하는 것을 좋아하지 말고 맛있는 음식을 갖추어 냄으로써 손

님을 받들 것이니, 이것을 부공이라 하는 것이다. 이 네 가지 덕이라는 것은 바로 부인의 큰 덕이니, 이를 빠지게 할 수 없는 것이다. 이것을 하기는 몹시 쉽고, 이것을 힘써 올바르게 할 수 있는 것이니, 이에 의해서 실행한다면 바로 부인에게 있어서의 절대적인 예의범절이 되는 것이다."

{餘說} 이 문단을 분석하면 다음과 같다.

其婦德者는 淸貞廉節호되, 守>分整齊하고, 行止有>恥하여, 動靜有>法이니, 此爲2婦德1也요,

婦言者는 擇>詞而說하되, 不>說2非語1하고, 時然後言하여, 不>厭2於人1이니, 此爲2婦言1也요,

婦容者는 洗2浣塵垢1하되, 衣服鮮潔하고, 沐浴及>時하여, 一身無>穢니, 此爲2婦容1也요,

婦工者는 專勤2紡積1하되, 勿>好2葷酒1하고, 供>具2甘旨1하여, 以奉2賓客1이니, 此爲2婦工1也니라.

此四德者는 是婦人之大德이니, 而不>可>缺之者也라.

爲>之甚易하고, 務>之在>正하니, 依>此而行하면, 是爲2婦節1이니라.

20-003/ 부인의 예절은

太公曰。婦人之禮。語必細輕。行必緩步。止則斂容。
태공왈 부인지례 어필세경 행필완보 지즉염용

動則踔趄。耳無餘聽。目無餘視。出無冶容。入無廢飾。
동 즉 양 저 이 무 여 청 목 무 여 시 출 무 야 용 입 무 폐 식

不窺墻壁。不觀牖戶。早起夜眠。莫憚勞苦。戰戰兢兢。
불 규 장 벽 불 관 유 호 조 기 야 면 막 탄 노 고 전 전 긍 긍

常憂玷辱。
상 우 점 욕

{讀法} 太公이 曰, 婦人之禮는 語必細輕하고 行必緩步하며, 止則
斂>容하고 動則踔趄하며, 耳無2餘聽1하고 目無2餘視1하며, 出無2冶>
容1하고 入無2廢1>飾하며, 不>窺2墻壁1하고 不>觀2牖戶1하며, 早起夜
眠하고 莫>憚2勞苦1하며, 戰戰兢兢하여 常憂2玷1>辱하니라.

• • •

{直譯} 강태공이 말하기를, "부인의 예절은 말이 반드시 가늘고 경
쾌해야 한다. 다닐 때는 반드시 느린 걸음이어야 하며, 멈추면 용
모를 거두어 단정히 하고 움직일 때는 조심스럽게 가야 한다. 귀로
는 남김없이 다 듣겠다고 하지 않으며, 눈으로는 남김없이 다 보겠
다고 하지 않아야 한다. 나갈 때는 모습을 예쁘게 단장하지 않으
며, 들어와서는 머리 장식을 제거하지 않는다. 남의 담장을 엿보지
않고, 남의 문틈을 들여다보지 않는다. 일찍 일어나고 밤늦게 잠자
리에 들되 수고로움을 꺼려서는 안 된다. 조심하고 조심하여 모욕
을 당하지 않도록 항상 걱정해야 한다." 하였다.

{語義} ㅇ禮(예) : 예절. 예법. ㅇ細輕(세경) : 가늘고 경쾌함. ㅇ緩步(완보) : 천천히 걸음. ㅇ斂容(염용) : 용모를 단정하고 엄숙하게 함. ㅇ動止(동지) : 움직임과 멈춤. ㅇ跸跙(양저) : 조심스럽게 걸음. 양조(佯徂). ㅇ冶>容(야용) : 모습을 예쁘게 단장함. ㅇ廢>飾(폐식) : 단장(丹粧)을 하지 않음. ㅇ墙壁(장벽) : 담. '墙'은 '牆'과 같다. ㅇ牖戶(유호) : 호유(戶牖). 지게문과 창문. 집의 창문. ㅇ憚(탄) : 꺼리다. ㅇ玷>辱(점욕) : 모욕을 당함. 치욕을 당함.

{意譯} 의역(意譯)은 생략한다.

{餘說} 문장 구조는 다음과 같다.

太公이 曰, 婦人之禮는

語必細輕하고	行必緩步하며,
止則斂>容하고	動則跸跙하며,
耳無2餘聽1하고	目無2餘視1하며,
出無2冶>容1하고	入無2廢1>飾하며,
不>窺2墙壁1하고	不>觀2牖戶1하며,
早起夜眠하고	莫>憚2勞苦1하며,
戰戰兢兢하여	常憂2玷辱1하니라.

20-004/ 현명한 아내는 남편을 귀하게 하고

賢婦令夫貴。惡婦令夫賤。
현 부 영 부 귀   악 부 영 부 천

{讀法} 賢婦는 令2夫貴1하고, 惡婦는 令2夫賤1이니라.

‧ ‧ ‧

{直譯} 현명한 아내는 남편을 귀하게 하고, 악한 부인은 남편을 천하게 한다.

{語義} ○令(영) : …하게 함. ○貴賤(귀천) : 부귀와 빈천.

{意譯} 현명한 부인은 자기 남편을 귀하게 하고, 나쁜 부인은 자기 남편을 천하게 한다.

{餘說} 다음과 같은 대립구의 글이다.

┌ 賢婦는 令2夫貴1하고,
└ 惡婦는 令2夫賤1이니라.

　　책에 따라서는 '惡婦'가 '영부(佞婦)'로 된 곳도 있으나 뜻에는 차이가 없다고 하겠다.

20-005/ 가정에 현명한 아내가 있으면

家有賢妻。夫不遭橫禍。
가 유 현 처　　부 부 조 횡 화

{讀法} 家有2賢妻1면, 夫不>遭2橫禍1니라.

• • •

{直譯} 집에 현명한 아내가 있으면, 남편이 갑작스런 화를 만나지 않는다.

{語義} ○遭(조) : 당함. 만남. ○橫禍(횡화) : 뜻밖의 재화. 당치 않은 화.

{意譯} 집에 현철한 아내가 있으면 남편이 뜻밖의 화를 입지 않는다.

{餘說} 다음과 같이 대립이 된다.

┌ 家有2賢妻1면,
└ 夫不>遭2橫禍1니라.

20-006/ 어진 아내는

賢婦和六親。佞婦破六親。
현 부 화 육 친　영 부 파 육 친

{讀法} 賢婦는 和2六親1하고, 佞婦는 破2六親1이니라.

{直譯} 어진 부인은 육친을 화목하게 하고, 아첨하는 부인은 육친의 사이를 깨뜨린다.

{語義} ○佞婦(영부) : 아첨하는 아내. ○六親(육친) : 부·모·형·제·처·자의 여섯 가지 친족을 말함.

{意譯} 현명한 부인은 육친 사이를 화목하게 하고, 아첨하는 부인은 육친의 화목을 도리어 깨뜨려 놓는다.

{餘說} 이 대문은 다음과 같이 대립된 문장이다.

┌ 賢婦는 和2六親1하고,
└ 佞婦는 破2六親1이니라.

20-007/ 과부를 아내로 맞을 수 없는

或問。孀婦於禮似不可取。如何。伊川先生曰。然。凡
혹문 상부어례사불가취 여하 이천선생왈 연 범

取以配身也。若取失節者。是己失節也。又問。或有孀
취이배신야 약취실절자 시기실절야 우문 혹유상

婦貧窮無託者。可再嫁否。曰。只是後世怕飢寒死。故
부빈궁무탁자 가재가부 왈 지시후세파기한사 고

有是說。然餓死事極小。失節事極大。
유 시 설 연 아 사 사 극 소 실 절 사 극 대

{讀法} 或問호대, 孀婦는 於>禮에 似不>可>取한데 如>何잇꼬? 伊川先生曰, 然하다. 凡取以配>身也니 若取2失>節者1면 是己失>節也라. 又問호대, 或有2孀婦貧窮無>托者1면 可2再嫁1否아? 曰, 只是後世에 怕2飢寒死1라 故有2是說1이나 然이나 餓死事는 極小하고 失>節事는 極大니라.

• • •

{直譯} 어떤 이가 물었다. "과부는 예에 있어서 취할 수 없는 듯한데 어떠합니까?" 이천(伊川) 선생이 말하였다. "무릇 취하여 자신의 배필로 하는데. 만약 절개를 잃은 자를 취하면, 이것은 자기가 절개를 잃은 것이 된다." 그가 다시 물었다. "과부로서 가난하고 궁하여 의탁할 곳이 없다면 재가(再嫁)해도 되겠습니까?" 이천이 말하였다. "단지 이것은 후세에 배고픔과 추위로 죽을 것을 두려워하여 그 때문에 그런 말이 있게 된 것이다. 그러나 굶어 죽는 것은 아주 작은 일이지만 절개를 잃는 것은 아주 큰 일이다."

{語義} ○孀婦(상부) : 나이 젊은 과부. 청상과부(靑孀寡婦). ○이천(伊川) : 정이(程頤, 1033~1107)의 자(字). ○失>節(실절) : 절개를 잃음. ○再嫁(재가) : 개가(改嫁).

{意譯} 어떤 이가 물었다. "과부는 예에 있어서 취할 수 없는 듯한데 어떠합니까?" 이천(伊川) 선생이 말하였다. "무릇 취하여 자신의 배필로 하는데, 만약 절개를 잃은 자를 취하면 이것은 자기가 절개를 잃은 것이 된다." 그가 다시 물었다. "과부로서 가난하고 궁하여 의탁할 곳이 없다면 재가(再嫁)해도 되겠습니까?" 이천이 말하였다. "단지 이것은 후세에 배고프고 추워서 죽을 것을 두려워하여 그 때문에 그런 말이 있게 된 것이다. 그러나 굶어 죽는 것은 아주 작은 일이지만 절개를 잃는 것은 아주 큰 일이다."

{餘說} 옛날 법도이다.

20-008/ 옛날에 부인이 임신하면

列女傳曰。古者。婦人任子。寢不側。坐不邊。立不蹕。
열 녀 전 왈 고 자 부 인 임 자 침 불 측 좌 불 변 입 불 필

不食邪味。割不正不食。席不正不坐。目不視邪色。耳
불 식 사 미 할 부 정 불 식 석 부 정 부 좌 목 불 시 사 색 이

不聽淫聲。夜則令瞽誦詩道正事。如此則生子。形容端
불 청 음 성 야 즉 령 고 송 시 도 정 사 여 차 즉 생 자 형 용 단

正。才德必過人矣。
정 재 덕 필 과 인 의

{讀法} 列女傳에 曰, 古者에 婦人姙>子에 寢不>側하며 坐不>邊하며

立不>蹕하며 不>食2邪味1하며 割不>正不>食하며 席不>正不>坐하며
目不>視3于2邪色1하며 耳不>聽3于2淫聲1하며 夜則令>瞽誦>詩道2
正事1하니라. 如>此則生>子에 形容端正하고 才智必過>人矣리라.

• • •

{直譯} 《열녀전(列女傳)》에 이르기를, "옛날에는 부인이 임신하면 비스듬히 누워 자지 아니하고, 삐딱하게 앉지 아니하며, 기울어진 자세로 서지 아니하고, 좋지 않은 맛은 먹지 아니하며, 바르게 썰지 않은 것은 먹지 아니하고, 자리가 바르지 않으면 앉지 아니하며, 눈으로는 사악한 색깔을 보지 아니하고, 귀로는 음란한 소리를 듣지 아니하였다. 밤이 되면 장님에게 《시(詩)》를 암송하고 바른 일을 말하도록 하였다. 이같이 하여 아이를 낳았으니, 모습이 단정하고 재주와 덕이 반드시 남보다 뛰어났으리라." 하였다.

{語義} ㅇ《列女傳(열녀전)》: 중국 한(漢)나라의 유향(劉向)이 지은 책. 고대부터 한나라 때까지 유명한 현모(賢母)·양처(良妻)·열녀(烈女)·투부(妬婦)들의 약전(略傳)·송(頌)·도설(圖說) 등을 엮었다. 모두 8편 15권으로, 나중에 송(宋)나라 방회(方回)가 7권으로 간추렸다. ㅇ姙>子(임자): 아이를 배다. ㅇ蹕(필): 비뚤게 서다. ㅇ邪味(사미): 좋지 않은 맛. ㅇ淫聲(음성): 음탕한 음악. 속악(俗樂). ㅇ過>人(과인): 남보다 뛰어남. 보통 사람을 뛰어넘음.

{意譯} 《열녀전》에 말하였다. "옛날에는 부인이 임신하면 비스듬히 누워 자지 아니하고, 삐딱하게 앉지 아니하며 기울어진 자세로

서지 아니하고, 사악한 맛은 먹지 아니하며, 바르게 썰지 않은 것
은 먹지 아니하고, 자리가 바르지 않으면 앉지 아니하며, 눈으로
는 사악한 색깔을 보지 아니하고, 귀로는 음란한 소리를 듣지 아
니하였다. 밤이 되면 장님에게 《시(詩)》를 암송하고 바른 일을 말
하도록 하였다. 이같이 하여 아이를 낳았으니, 모습이 단정하고
재주와 덕이 반드시 남보다 뛰어났을 것이다.”

{餘說} 이 문장은 《고열녀전(古列女傳)·주실삼모(周室三母)》에 나오는
내용으로, 문왕(文王)의 어머니가 문왕을 임신했을 때 태교(胎敎)로 들은
내용이다.

부록

附 錄

부록에 실린 글들은 본디의 《명심보감》에 있었던 것이 아니고
초략본이 오래 유행됨에 따라 덧붙인 글들이다.

이 〈팔반가(八反歌)〉는 여덟 가지의 반대되는 것을 들어 지은
시가(詩歌)로 《계궁지(桂宮誌)》에 수록되어있는 것이다.

1-1/ 어린애가 나에게 욕을 하면

幼兒或詈我。我心覺懽喜。父母嗔怒我。我心反不
유 아 혹 리 아 아 심 각 환 희 부 모 진 노 아 아 심 반 불

甘。一懽喜一不甘。待兒待父心何懸。勸君今日逢親
감 일 환 희 일 불 감 대 아 대 부 심 하 현 권 군 금 일 봉 친

怒。也應將親作兒看。
노 야 응 장 친 작 아 간

{讀法} 幼兒或詈>我하면 我心覺2懽喜1하되, 父母3嗔怒2我1하면 我
心反不>甘이라. 一懽喜一不>甘하니 待>兒待>父心何縣고? 勸>君
今日逢2親怒1어든 也應2將親1作2兒看1하라.

• • •

{直譯} 어린애가 혹시 나에게 욕하면, 내 마음에 기쁘게 생각하되,
부모가 나에게 걱정하시면, 내 마음에 도리어 달갑지 못하다. 한쪽
은 기쁘고 한쪽은 달갑지 아니하니, 아이 대하는 것과 부모 대하는
마음이 어찌 이리 현격한고? 그대에게 권하노니 오늘 부모가 성내
심이 있거든, 또 다시 부모의 성내심을 당했을 때는 그 성내심을

어린애의 하는 말로 간주하여라.

{語義} ○ 罵(리) : 꾸짖음. 욕하고 꾸짖음. ○ 覺(각) : 생각함. ○ 懽喜(환희) : 기쁨. 환희(歡喜). ○ 嗔怒(진노) : 성냄. ○ 不>甘(불감) : 달갑지 아니함. 듣기 싫음. ○ 何懸(하현) : 어찌 이리 현격한고? ○ 逢(봉) : …을 당함. ○ 也(야) : 여기서는 발어사로 '亦(역)' 보다 가벼운 뜻의 '또'임. ○ 應(응) : 당함. ○ 將(장) : '且'와 같은 뜻. ○ 作2兒看1(작아간) : 아이와 같이 들어넘김. '看'은 '간주(看做)'.

{意譯} 어린 제 자식이 혹시 날 보고 욕을 하여도, 내 마음은 도리어 기쁘게 생각하는데, 부모님이 날 보고 걱정하시면 내 마음은 도리어 달갑지 않네. 한쪽 말은 기쁘고 한쪽 말은 달갑지 않으니, 자식 대하는 것과 부모 대하는 마음이 어찌 이리 현격한 것일까? 그대에게 권하노니 오늘 만일 부모님의 걱정을 당하거든, 또 부모님의 걱정이라 싫어 말고서 어린애에게서 듣는 말로 기뻐 여기게.

{餘說} 이 〈팔반가(八反歌)〉도 《계궁지》에 수록되어 있는 것을 후인이 첨록(添錄)한 것이다.

```
┌ 幼兒或罵>我하면,
└ 我心覺2懽喜1하되,

┌ 父母3嗔2怒我1하면,
└ 我心反不>甘이라.
```

一懽喜一不>甘하니,

待>兒待>父心何縣고?

勸>君今日逢2親怒1어든,

也應2將親1作2兒看1하라.

1-2/ 아이들은 천 마디나 말을 해도

兒曹出千言。君聽常不厭。父母一開口。便道多閑
아 조 출 천 언　군 청 상 불 염　부 모 일 개 구　변 도 다 한

管。非閑管親掛牽。皓首白頭多諳練。勸君敬奉老人
관　비 한 관 친 괘 견　호 수 백 두 다 암 련　권 군 경 봉 노 인

言。莫教乳口爭長短。
언　막 교 유 구 쟁 장 단

{讀法} 兒曹出2千言1하되 君聽常不>厭하고 父母一開>口하되 便道>
多2閑管1이라. 非2閑管1親掛牽이며 皓首白頭多2諳練1이라. 勸>君
敬2奉老人言1하고 莫>教3乳口爭2長短1하라.

• • •

{直譯} 아이들은 천 마디나 말을 하되, 그대는 듣기를 늘 싫어하지
않고, 부모는 한 번만 입을 열어도, 곧 한가하여 구속함이 많다고
말한다. 한가하여 구속하는 것이 아니라 부모는 걱정이 되어서이
며, 늙어서 머리가 흰 이는 긴 세월에 아주 익숙하게 아는 것이 많

아서다. 그대에게 권하노니 노인의 말씀을 공경으로 받들고, 젖 냄새 나는 어린아이들에게 시비로 다투지 말게 하라.

{語義} ○兒曹(아조) : 아이들. ○出2千言1(출천언) : 많은 말을 함. ○不>厭(불염) : 싫어하지 아니함. ○開>口(개구) : 입을 엶. 말을 함. ○便(변) : 곧. 문득. 쉽게. ○道(도) : 말함. ○閑管(한관) : 한가하여 구속함. ○掛牽(괘견) : 마음이 쓰임. 걱정됨. ○皓首(호수) : 흰 머리. 노인이라는 말. ○白頭(백두) : '皓首'와 같은 뜻. '皓首白頭'는 늙어서 머리가 희다. ○諳練(암련) : 아주 익숙하게 알고 있음. ○敎(교) : …로 하여금 …하게 하라. '슈'과 같음. ○乳口(유구) : 젖 냄새 나는 입. 젖내 나는 어린이. ○長短(장단) : 시비(是非). 옳고 그름.

{意譯} 아이들은 수없이 많은 말을 하여도 그대는 항상 듣기 싫어하지 않고, 부모는 한마디만 하여도 곧 할 일 없어 구속한다고 한다. 할 일 없어 구속하는 것이 아니라 부모 마음에 걱정이 되어 함이다. 나이 먹고 머리가 세어 아는 것이 많다. 그대여 부디 노인의 말씀을 공경하여 받들어 모시고, 젖내 나는 아이들과 시비를 논하게 말라.

{餘說} 이 대문은 앞 대문의 계속이다. 그러므로 문형(文型)도 동일한 가사조(歌辭調)이다.

> ┌ 兒曹出2千言1하되,
> └ 君聽常不>厭하고.

┌─ 父母一開>口하되,
└─ 便道>多2閑管1이라.

┌─ 非2閑管1親掛牽이며,
└─ 皓首白頭多2誵練1이라.

┌─ 勸>君敬2奉老人言1하고,
└─ 莫>教3乳口爭2長短1하라.

이상과 같이 '起·承·轉·結'로 나누는 연습을 하여 보자. 기문(起文)은《주역(周易), 곤괘(坤卦)》에 있는 말이다.

1-3/ 늙은 부모의 눈물과 침이 뚝뚝 떨어지는 것은

幼兒屎糞穢。君心無厭忌。老親涕唾零。反有憎嫌
유 아 시 분 예　군 심 무 염 기　노 친 체 타 령　반 유 증 혐
意。六尺軀來何處。父精母血成汝體。勸君敬待老來
의　육 척 구 래 하 처　부 정 모 혈 성 여 체　권 군 경 대 노 래
人。壯時爲爾筋骨敝。
인　장 시 위 이 근 골 폐

{讀法} 幼兒屎糞穢는 君心無2厭忌1로되, 老親涕唾零은 反有2憎嫌
意1라. 六尺軀來2何處1오? 父精母血成2汝體1라. 勸>君敬2待老來
人1하라. 壯時爲>爾筋骨敝니라.

• • •

{直譯} 어린아이의 오줌과 똥 같은 더러운 것은 그대 마음에 싫어하지 아니하되, 늙은 부모의 눈물과 침이 뚝뚝 떨어지는 것은 도리어 미워하고 싫어하는 마음을 갖는다. 여섯 자 정도의 몸은 어디서 왔는고? 아버지의 정기와 어머니의 피로 네 몸을 이루었다. 그대에게 권하노니 늙은 사람을 공경으로 대접하라. 젊었을 때 너를 위하여 살과 뼈가 해지도록 애쓰셨다.

{語義} ○屎糞(시분) : 오줌과 똥. 穢(예) : 더러움. ○厭忌(염기) : 싫어하고 꺼림. ○涕唾零(체타령) : 눈물과 침이 뚝뚝 떨어짐. ○憎嫌意(증혐의) : 미워하고 싫어하는 마음. ○六尺軀(육척구) : 여섯 자 정도의 몸. ○父精(부정) : 부모의 정기. ○敬待(경대) : 공경으로 대접함. ○壯時(장시) : 젊었을 때. ○筋骨(근골) : 근육과 뼈. ○敝(폐) : 해짐. 피로하여 야위게 함.

{意譯} 어린아이의 오줌과 똥같이 더러운 건 그대 마음에 싫어 않지만, 늙은 부모의 눈물과 침 흘리는 건 도리어 미워하고 싫어한다. 그대의 6척 되는 몸뚱이는 어디서 왔는가? 아버지의 정기와 어머니의 피로 그 몸뚱이가 생겨났다. 그대여 부디 늙어 가는 부모님을 잘 대접하라. 젊었을 때 그 부모님이 너를 위하여 살과 뼈가 해어졌다.

{餘說} 이 대문도 앞 대문의 계속이다.

┌ 幼兒屎糞穢는
└ 君心無2厭忌1로되,

┌ 老親涕唾零은
└ 反有2憎嫌意1라.

┌ 六尺軀來2何處1오,
└ 父精母血成2汝體1라.

┌ 勸>君敬2待老來人1하라.
└ 壯時爲>爾筋骨敝니라.

　이 팔반가의 구조를 살펴보면, 오언이 4행, 육언이 1행, 칠언이 3행 순으로 합하여 8행 47자로 된 것이 특징이며, 그 내용은 부모에게 효도할 것을 권하는데 어린 자식에게 대하는 것과 부모에게 대하는 반대적인 행위를 들어 효도를 힘써 권하고 있다.

1-4/ 새벽에 시장에 들어가서 보라

看君晨入市。買餠又買餻。少聞供父母。多說供兒
간 군 신 입 시　매 병 우 매 고　소 문 공 부 모　다 설 공 아

曹。親未啖兒先飽。子心不比親心好。勸君多出買餠
조　친 미 담 아 선 포　자 심 불 비 친 심 호　권 군 다 출 매 병

錢。供養白頭光陰少。
전　공 양 백 두 광 음 소

1240 개정증보 명심보감강의

{讀法} 看>君晨入>市하여 買>餠又買>餻하되 少₃聞供₂父母₁하고 多₃
說供₂兒曹₁라. 親未>啖兒先飽하니 子心不>比親心好₁라. 勸>君多₂
出買>餠錢₁하여 供₃養白₂頭光陰少₁하라.

• • •

{直譯} 그대는 보라, 새벽에 시장에 들어가서 보리 떡을 사고 또
가루 떡을 사되, 부모를 공양한다는 말은 적게 듣고, 아이들에게
준다고 많이 말한다. 부모는 아직 맛도 못 보았는데 아이들은 먼저
배가 부르니, 자식 마음은 부모 마음이 좋아하는 데 비하지 못한
다. 그대에게 권하노니 떡 살 돈을 많이 내어서 사실 날이 얼마 남
지 않은 늙은 부모를 공양하라.

{語義} ○晨(신) : 새벽. ○市(시) : 저자. 시장. ○餠(병) : 보리 떡. ○餻(고) : 가
루 떡. ○供(공) : 공양함. 줌. ○啖(담) : 먹음. 삼킴. ○光陰(광음) : 세월. 시간.

{意譯} 그대여 일찍 시장에 가서 보게, 보리 떡 사고 가루 떡 사는
데 부모님 공양한다는 말은 적고, 어린아이들에게 준다는 말이 많
네. 부모는 아직 입도 대지 않았는데 아이들은 벌써 배불리 먹으
니, 이는 자식 된 마음 부모 된 마음만 못함일레. 그대여! 떡 살 돈
아끼지 말고 많이 내어서, 세월이 많이 남잖은 늙은 부모를 공양
하게.

{餘說} 이 대문도 역시 〈팔반가〉인 앞 대문의 계속으로 문형도 그와 똑같다.

```
┌─ 看>君晨入>市하여
└─ 買>餠又買>餻하되,

┌─ 少3聞供2父母1하고
└─ 多3說供2兒曹1라.

┌─ 親未>喫兒先飽하니
└─ 子心不>比親心好1라.

┌─ 勸>君多2出買>餠錢1하여
└─ 供3養白2頭光陰少1하라.
```

이상에서 살펴본 바와 같이, 두 줄씩 짝은 짝이되 대를 이루지 못하고 뜻의 계속에 지나지 않는다.

1-5/ 시장의 약 파는 가게에

市間賣藥肆。惟有肥兒丸。未有壯親者。何故兩般
시 간 매 약 사 유 유 비 아 환 미 유 장 친 자 하 고 양 반
看。兒亦病親亦病。醫兒不比醫親症。割股還是親的
간 아 역 병 친 역 병 의 아 불 비 의 친 증 할 고 환 시 친 적
肉。勸君亟保雙親命。
육 권 군 극 보 쌍 친 명

{讀法} 市間賣>藥肆에 惟>有2肥>兒丸1하되 未>有2壯>親者1하니 何故兩般看고? 兒亦病親亦病에 醫>兒不>比>醫2親症1이라. 割>股還>是親的肉이니 勸>君亟保2雙親命1하라.

• • •

{直譯} 시장에 있는 약 파는 가게에 오직 아이들 살찌게 하는 약이 있을 뿐이로되, 아직 부모를 건강하게 하는 것은 있지 않으니 무슨 까닭으로 두 가지를 보는고? 아이들도 병이고 부모도 또 병인데, 아이들의 병을 고치는 것은 부모의 병을 고치는 것에 비하지 못할 것이다. 자기의 다리를 베어 부모를 고치는 일이 있더라도 이는 도로 부모의 살이니, 그대에게 권하노니 빨리 양친의 목숨을 보전케 하라.

{語義} ○賣>藥肆(매약사) : 약 파는 가게. ○肥>兒丸(비아환) : 아이를 살찌게 하는 환약. ○壯>親(장친) : 부모의 혈기가 왕성하게 함. ○何故(하고) : 무슨 까닭에. ○兩般(양반) : 두 가지. ○醫(의) : 벽을 고침. ○症(증) : 증세. 병의 성질. ○割股(할고) : '割股啖腹(할고답복)'의 '割股'로, 허벅다리의 살을 베어서 먹임. ○還>是(환시) : 곧. 이는 도리어. ○亟(극) : 빨리. ○雙親(쌍친) : 양친.

{意譯} 시장 안의 약 파는 가게에, 다만 아이들을 살찌게 하는 약은 있되, 아직 부모를 혈기가 왕성하게 하는 건 없으니, 이 무슨

까닭으로 두 가지를 보는가? 아이나 부모나 병들기는 마찬가진데, 아이들은 고치고 부모는 그렇지가 못하네. 제 다리의 살을 베어도 역시 부모의 살인 것이니, 그대여 부디 양친의 명을 보전하라.

{餘說} 이 대문도 〈팔반가〉의 다섯째의 가사다.

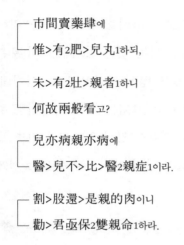

市間賣藥肆에
└ 惟>有2肥>兒丸1하되,

未>有2壯>親者1하니
└ 何故兩般看고?

兒亦病親亦病에
└ 醫>兒不>比>醫2親症1이라.

割>股還>是親的肉이니
└ 勸>君亟保2雙親命1하라.

이상과 같이 분석된다. 가사조는 오언이면 다섯 자씩, 육언이면 여섯 자씩, 칠언이면 일곱 자씩 되는 것이 원칙이다.

1-6/ 부유하게 살 적엔

富貴養親易。親常有未安。貧賤養兒難。兒不受饑
부 귀 양 친 이 친 상 유 미 안 빈 천 양 아 난 아 불 수 기

寒。一條心兩條路。爲兒終不如爲父。勸君養親如養
한 일 조 심 양 조 로 위 아 종 불 여 위 부 권 군 양 친 여 양

兒。凡事莫推家不富。
아 범 사 막 추 가 불 부

{讀法} 富貴養>親易로되 親常有>未>安하고, 貧賤養>兒難이로되 兒
不>受2饑寒1이라. 一條心兩條路에 爲>兒終不>如>爲>父라. 勸>君
養>親如>養>兒하고, 凡事莫>推2家不1>富하라.

• • •

{直譯} 부유하게 살 적엔 부모 봉양하기가 쉬웠는데, 부모는 늘 아
직 편안치 못함이 있고, 빈천할 적엔 아이 기르기가 어려웠는데,
아이는 주리고 추운 것을 받지 아니하였다. 한 줄기 마음과 두 줄
기 길에, 아이를 위함이 마침내 부모를 위하는 것과 같지 않다. 그
대에게 권하노니, 부모 봉양하기를 아이를 기르는 것 같이 하고,
모든 일을 집이 넉넉지 못하다고 미루지 말 것이다.

{語義} ○饑寒(기한) : 배고프고 추위에 떪. 전하여 의식(衣食)이 모자라 고
생함. ○一條心(일조심) : 한 줄기 마음. ○兩條路(양조로) : 두 줄기의 길.

{意譯} 부귀하게 살 적에는 부모 봉양하기가 쉬웠는데, 부모는 항
상 편치 못하였고, 빈천하게 살 적에는 아이 기르기 어려웠는데,
그 아이 주리지 않았네. 한 줄기 마음에 두 줄기 길이니, 아이 위
하는 것이 부모 위하는 것만 못하다고 하네. 그대여 부모 봉양을

아이 기르듯 하고, 모든 일을 집이 가난하다 미루지 말게.

{餘說} 이 대문도 팔반가의 여섯째 글이다.

┌ 富貴養>親易로되
└ 親常有>未>安하고

┌ 貧賤養>兒難이로되
└ 兒不>受2饑寒1이라.

┌ 一條心兩條路에
└ 爲>兒終不>如>爲>父라.

┌ 勸>君養>親如>養>兒하고,
└ 凡事莫>推2家不1>富하라.

　이 대문도 앞 대문들과 같이 분석된다.

1-7/ 부모를 봉양하는 데 단지 두 사람뿐인데

養親只二人。常與兄弟爭。養兒雖十人。君皆獨自
양 친 지 이 인　상 여 형 제 쟁　양 아 수 십 인　군 개 독 자

任。兒飽煖親常問。父母饑寒不在心。勸君養親須竭
임　아 포 난 친 상 문　부 모 기 한 부 재 심　권 군 양 친 수 갈

力。當初衣食被君侵。
력　당 초 의 식 피 군 침

{讀法} 養>親只二人이로되, 常與2兄弟1爭하고, 養>兒雖2十人1이나 君皆獨自任이라. 兒飽煖親常問하되, 父母饑寒不>在>心이라. 勸>君養>親須竭>力하라. 當初衣食被2君侵1이니라.

• • •

{直譯} 부모를 봉양하는 데는 단지 두 사람뿐인데, 항상 형제간에 더불어 다투고, 아이를 기르는 데는 비로 열 사람이라 할지라도, 그대는 모두 홀로 스스로가 맡는다. 아이가 배부르고 따뜻한 것은 어버이인 그대가 항상 묻는데, 부모의 배고프고 추운 것은 마음에 두지도 않는다. 그대에게 권하노니 부모를 봉양하기를 모름지기 힘을 다하라. 당초에 입을 것과 먹을 것을 그대에게 침탈당하였다.

{語義} ○ 獨>自>任(독자임) : 홀로 스스로 맡음. ○ 飽煖(포난) : 배부르고 따뜻함. ○ 被(피) : 당함. ○ 侵(침) : 침탈. 빼앗김.

{意譯} 부모 봉양하는 데는 두 사람뿐인데, 항상 형제끼리 서로 다투고, 자식 기르는 데는 열 명이 있어도, 모두 다 자기 혼자 맡아 기르네. 아이는 배부른지 춥지 않은지 항상 물어도, 부모의 주림과 추위는 묻지 않네. 그대여 부모 봉양에 모름지기 힘을 다하라. 당초에는 옷 입고 밥 먹는 것 모두 부모의 것이었네.

{餘說} 이 대문은 〈팔반가〉의 일곱째 대문이다.

> ┌ 養>親只二人이로되,
> └ 常與2兄弟1爭하고,

> ┌ 養>兒雖2十人1이나
> └ 君皆獨自任이라.

> ┌ 兒飽煖親常問하되,
> └ 父母饑寒不>在>心이라.

> ┌ 勸>君養>親須竭>力하라.
> └ 當初衣食被2君侵1이니라.

이상과 같이 구문이 분석된다.

1-8/ 부모는 많이 사랑했는데

親有十分慈。君不念其恩。兒有一分孝。君就揚其
친 유 십 분 자 군 불 념 기 은 아 유 일 분 효 군 취 양 기

名。待親暗待兒明。誰識高堂養子心。勸君漫信兒曹
명 대 친 암 대 아 명 수 식 고 당 양 자 심 권 군 만 신 아 조

孝。兒曹親子在君身。
효 아 조 친 자 재 군 신

{讀法} 親有2十分慈1하되, 君不>念2其恩1하고, 兒有2一分孝1로되, 君

就揚2其名1이라. 待>親暗待>兒明하니, 誰識2高堂養>子心1고? 勸>君漫2信兒曹孝1어든, 兒曹親子在2君身1이니라.

• • •

{直譯} 부모는 십분 사랑함이 있는데, 그대는 그 은혜를 생각지 않고, 아이는 조금만 효도하여도, 그대는 나아가 그 이름을 드러낸다. 부모 대접에는 어둡게 하고 아이 대접에는 밝게 하니, 누가 부모의 자식 기르는 마음을 알리오? 그대에게 권하노니 부질없이 아이들의 효도를 믿거든, 아이들의 어버이요 그대 부모의 자식인 그대의 처신에 있다.

{語義} ○慈(자) : 부모가 자식을 사랑함. ○一分(일분) : 기장〔나서(糯黍)〕한 알의 길이. 아주 작은 것. ○揚(양) : 드날림. ○高堂(고당) : 부모. ○漫信(만신) : 부질없이 믿음.

{意譯} 부모는 십분이나 사랑하는데, 그대는 그 은혜 생각지 않고, 자식은 조금만 효도를 하였어도, 그대는 그 이름을 드러내고 있네. 부모 대접은 어둡게 하고 자식 대접은 밝게 하니, 부모가 자식 기르는 마음 누가 알리오? 그대여 부질없이 자식들의 효도를 믿거든, 그들의 어버이요 부모의 자식인 그대 처신에 있네.

{餘說} 이 대문은 팔반가의 끝인 여덟째의 글이다.

┌ 親有2十分慈1하되,
└ 君不>念2其恩1하고,

┌ 兒有2一分孝1로되,
└ 君就揚2其名1이라.

┌ 待>親暗待>兒明하니,
└ 誰識2高堂養>子心1고?

┌ 勸>君漫2信兒曹孝1어든,
└ 兒曹親子在2君身1이니라.

이 〈팔반가〉 8수는 가사조의 문형이며, 8수 전부가 자수나 문형이 완전히 각 수 공통으로 47자씩이다.

이 편은 우리나라 사람인 손순(孫順)·상덕(尙德)·도시복(都始復)의
효행에 관한 설화(說話)를 한문으로 적은 것이다.

2-1/ 손순이 집이 가난하여

孫順家貧。與其妻傭作人家以養母。有兒每奪母食。
손 순 가 빈　여 기 처 용 작 인 가 이 양 모　유 아 매 탈 모 식

順謂妻曰。兒奪母食。兒可得。母難再求。乃負兒往歸
순 위 처 왈　아 탈 모 식　아 가 득　모 난 재 구　내 부 아 왕 귀

醉山北郊。欲埋掘地。忽有甚奇石鐘。驚怪試撞之。舂
취 산 북 교　욕 매 굴 지　홀 유 심 기 석 종　경 괴 시 당 지　용

容可愛。妻曰。得此奇物。殆兒之福。埋之不可。順以爲
용 가 애　처 왈　득 차 기 물　태 아 지 복　매 지 불 가　순 이 위

然。將兒與鐘還家。縣於樑。撞之。王聞鐘聲淸遠異常。
연　장 아 여 종 환 가　현 어 량　당 지　왕 문 종 성 청 원 이 상

而覈聞其實。曰。昔郭巨埋子。天賜金釜。今孫順埋兒。
이 핵 문 기 실　왈　석 곽 거 매 자　천 사 금 부　금 손 순 매 아

地出石鐘。前後符同。賜家一區。歲給米五十石。
지 출 석 종　전 후 부 동　사 가 일 구　세 급 미 오 십 석

{讀法} 孫順이 家貧하여 與2其妻1로 傭2作人家1以養>母할새 有>兒

每奪2母食1이라. 順이 謂>妻曰, 兒奪2母食1하니 兒는 可>得이어니와 母

는 難2再求1라 하고 乃負>兒往2歸醉山北郊1하여 欲>埋掘>地러니 忽

有2甚奇石鐘1이어늘 驚怪試撞>之하니 舂容可>愛라. 妻ㅣ 曰, 得2此

奇物₁은 殆兒之福이라. 埋>之不>可라 하니 順이 以爲然하여 將兒與>鐘으로 還>家하여 縣₂於樑₁하고 撞>之러니, 王이 聞하고 鐘聲이 淸遠異常하여 而覈₂聞其實₁하고 曰, 昔에 郭巨ㅣ 埋>子엔 天賜₂金釜₁러니, 今에 孫順이 埋>兒엔 地出₂石鐘₁하니, 前後符同이라 하고 賜₂家一區₁하고 歲給₂米五十石₁하니라.

• • •

{直譯} 손순이 집이 가난하여 그의 아내로 더불어 남의 집에 고용되어 일함으로써 어머니를 봉양하였는데, 아이가 있어 늘 어머니의 음식을 빼앗는 것이었다. 순이 아내에게 타일러 말하기를, "아이가 어머니의 음식을 빼앗으니, 아이는 또 얻을 수 있거니와 어머니는 다시 얻기 어렵다." 하고, 곧 아이를 업고 취산 북쪽 교외에 가서 묻으려고 땅을 팠더니, 별안간 몹시 기이한 돌로 된 종이 있거늘 놀라 괴이하게 여겨 시험 삼아 두드려 보니, 두드려서 나는 소리가 사랑할만하였다. 아내가 말하기를, "이 괴이한 물건을 얻은 것은 거의 아이 복이다. 그 애를 묻는 것은 옳지 못하다." 하니, 순이 생각건대, 그러리라 하여 마침내 아이와 종으로 더불어 집에 돌아와서 들보에 달아놓고 이를 두드렸더니, 왕이 듣고 종소리가 맑고 은은하고 이상하여서 그 사실을 조사케 하여 듣고 말하기를, "옛적에 곽거가 자식을 묻을 적에는 하늘이 금솥을 주시더니, 이제 손순이 아이를 묻으려는 데는 땅에서 석종이 나오니, 앞뒤의 일이 똑같다." 하고, 집 한 채를 주고 해마다 쌀 50석을 주었다는 것이다.

{語義} ○孫順(손순) : 신라 모량리(牟梁里) 사람. ○傭作(용작) : 고용되어 일함. ○每奪(매탈) : 늘 빼앗음. ○難2再求1(난재구) : 다시 얻기 어려움. ○往歸(왕귀) : 가다. 여기서는 '歸'도 '往'과 같은 뜻임. ○醉山(취산) : 산 이름. 손순이 가서 살았다는 모량리(牟梁里) 가까운 곳에 있었을 듯함. ○北郊(북교) : 북쪽에 있는 인가가 없는 들. ○忽(홀) : 문득. 별안간. ○甚奇(심기) : 몹시 기이함. ○石鐘(석종) : 돌로 된 종. ○驚恠(경괴) : 놀라 괴이히 여김. ○撞(당) : 두드림. ○舂容(용용) : 두드림. ○以爲然(이위연) : 생각건대 그러함. '以爲'는 생각건대. ○覈(핵) : 조사함. ○郭巨(곽거) : 융려(隆慮) 사람으로, 이 대문에 나오는 이야기의 주인공. ○符同(부동) : '符合'. 부신(符信)이 서로 들어맞는 것 같이 조금도 틀림없이 꼭 들어맞음. 부신은 나무 조각 또는 대 조각에 글을 쓰고 증인(證印)을 찍은 후에 두 쪽으로 쪼개어, 한 조각은 상대자에게 주고 다른 한쪽은 자기가 보관하였다가 후일에 서로 맞추어 증거로 삼는 것. ○一區(일구) : 한 구획의 땅. ○歲給(세급) : 해마다 줌.

{意譯} 손순이 집이 몹시 가난하여 자기 아내와 함께 남의 집에 고용되어 일함으로써 자기 어머니를 봉양하였는데, 순에게 어린 자식이 있어 늘 어머니의 음식을 뺏어 먹는 것이다. 순이 자기 아내에게 말했다. 《"아이가 어머니의 음식을 뺏어 먹으니 아이는 또 낳을 수 있지만 어머니는 다시 얻지 못합니다."》 하고, 곧 아이를 업고 취산 북쪽 인적이 드문 들에 가서 묻으려고 땅을 팠더니 별안간 이상한 석종이 나오기에 놀라 괴이하게 여겨 시험 삼아 이 종을 쳐봤더니 두드리어 나는 종소리가 몹시 아름다웠다. 아내가 말했다. "이 기이한 물건을 얻은 것은 거의 아이의 복이오, 땅에 묻는 것은 옳지 못한 짓이오." 하니, 순이도 생각건대 그러리라 하

여 마침내 아이를 업고 종을 가지고 집으로 돌아와서 들보에 달아매고 이를 쳤더니, 마침 왕이 이를 듣고, 종소리가 맑고 은은하고 이상하여 그 사실을 조사케 하여 듣고 말했다. "옛적에 곽거가 자기 자식을 땅에 묻으려 할 적에는 하늘이 금솥을 주시더니, 이제 손순이가 아이를 땅에 묻으려 하는 데는 땅에서 석종이 나오니, 앞일과 뒷일이 서로 부합한다." 하고 집 한 채를 주고 해마다 쌀 오십 석을 주었다 한다.

{餘說} 신라시대 설화(說話)의 한 토막이다. 독자들의 참고가 될까 하여 원문을 다시 적어가며 현토도 하고 새김 부호도 달아 보겠다. 설화체의 문장 해득을 위하여 문형을 익혀두기 바란다.

孫順이 家貧하여 與2其妻1로 傭2作人家1以養>母할새, 有>兒每奪2母食1이라. 順이 謂>妻曰, 兒奪2母食1하니,

┌ 兒는 可>得이어니와   ┌ 乃負>兒往2歸醉山北郊1하여 欲>埋掘>地러니
└ 母는 難2再求1라 하고,   └ 忽有2甚奇石鐘1이어늘,

驚怪試撞>之하니 舂容可>愛라. 妻ㅣ 曰, 得2此奇物1은 殆兒之福이라, 埋>之不>可라하니 順이 以爲然하여 將兒與>鐘으로 還>家하여 縣2於樑1하고 撞>之러니, 王이 聞하고 鐘聲이 淸遠異常하여 而覈2聞其實1하니 曰,

昔에 郭巨ㅣ 埋>子엔 天賜2金釜1러니,   ┌ 前後符同   ┌ 賜2家一區1하고
今에 孫順이 埋>兒엔 地出2石鐘1하니,   └ 이라 하고 └ 歲給2米五十石1하니라.

2-2/ 상덕이 흉년과 질병을 만나서

尚德值年荒癘疫。父母飢病濱死。尚德日夜不解衣。
상 덕 치 년 황 려 역 부 모 기 병 빈 사 상 덕 일 야 불 해 의

盡誠安慰。無以爲養。則刲髀肉食之。母發癰吮之卽瘉
진 성 안 위 무 이 위 양 즉 규 비 육 식 지 모 발 옹 연 지 즉 유

王嘉之。賜賚甚厚。命旌其門。立石紀事。
왕 가 지 사 뢰 심 후 명 정 기 문 입 석 기 사

{讀法} 尚德이 値2年荒癘疫1하여 父母ㅣ 飢病濱>死라. 尚德이 日夜
不>解>衣하고 盡>誠安>慰하되, 無2以爲1>養하니 則刲2髀肉1食>之하
고, 母發>癰에 吮>之卽瘉라. 王이 嘉>之하여 賜2賚甚厚1하고, 命>旌2
其門1하고, 立>石紀>事하니라.

• • •

{直譯} 상덕이 흉년과 질병을 만나서 부모가 굶주리어 병으로 죽음
에 다다랐다. 상덕이 낮이나 밤이나 옷을 풀지 않고 정성을 다하여
안심하도록 위로를 하였는데, 가지고 봉양할 것이 없어 넓적다리
의 살을 베어 이것을 잡수시도록 하고, 어머니가 종기가 남에 이것
을 입으로 빨아서 곧 낫게 하였다. 왕이 이것을 가상히 여기어 몹
시 후하게 물건을 하사하고, 그 집 문 앞에 정문을 세우게 명하고
비석을 세워 사실을 기록하게 하였다.

{語義} ㅇ尚德(상덕) : 신라 사람으로 덕행이 지극하여 이웃의 칭송이 자자

했던 분임. ○値(치) : 만남. ○年荒(연황) : 흉년. ○癘疫(여역) : 전염병. ○濱死(빈사) : 죽음이 임박함. 거의 죽게 됨. '瀕死(빈사)'와 같음. ○不>解>衣(불해의) : 옷을 벗지 아니함. ○安慰(안위) : 안심이 되도록 위로함. ○刲(규) : 벰. ○髀肉(비육) : 넓적다리의 살. ○發>癰(발옹) : 종기가 남. ○吮(연) : 입으로 빨다. ○卽瘉(즉유) : 곧 병이 나음. ○嘉(가) : 가상히 여김. 칭찬함. 기림. ○賜>賚(사뢰) : 물건을 하사함, 또 하사품. ○甚厚(심후) : 몹시 후하게. 퍽 많이. ○旌(정) : 표창함. 여기서는 '정문(旌門)'의 뜻으로 쓰임. '정문'은 충신·효자·열녀 등을 표창하기 위하여 그 집 앞에 세운 붉은 문. 홍문(紅門). ○立>石(입석) : 비석을 세움. ○紀>事(기사) : 사실을 적음, '紀'는 '記'와 같음.

{意譯} 신라 때 상덕이라는 사람은 흉년이 들고 전염병이 유행하는 해를 만나서 부모님은 굶주리고 전염병으로 거의 죽게 되었다. 상덕이는 낮이나 밤이나 옷을 입은 채로 정성을 다하여 부모님을 안심시키고 위로했으나 아무것도 없어서 부모님을 봉양할 수가 없이 되자, 자기의 넓적다리의 살을 베어 부모님께 이를 잡수시게 하고, 어머니가 종기가 나자 입으로 종기를 빨아서 곧 낫게 하였다. 왕이 이 일들을 칭찬하여 하사품을 퍽 많이 주고 그 집문 앞에 정문을 세우게 지시하고 비석을 세워 이 사실을 적게 하였다.

{餘說} 이 대문도 삼국시대 신라에 있었던 설화다. 이 대문도 앞 대문과 똑같은 문형의 글이다. 이런 것을 기전체(紀傳體)의 문장이라 한다.

2-3/ 도씨는 집이 가난하나

都氏家貧至孝。賣炭買肉。無闕母饌。一日於市。晚
도 씨 가 빈 지 효 매 탄 매 육 무 궐 모 찬 일 일 어 시 만

而忙歸。鳶忽攫肉。都悲號至家。鳶旣投肉於庭。一日
이 망 귀 연 홀 확 육 도 비 호 지 가 연 기 투 육 어 정 일 일

母病索非時之紅柿。都彷徨柿林。不覺日昏。有虎屢遮
모 병 색 비 시 지 홍 시 도 방 황 시 림 불 각 일 혼 유 호 누 차

前路。以示乘意。都乘至百餘里山村。訪人家投宿。俄
전 로 이 시 승 의 도 승 지 백 여 리 산 촌 방 인 가 투 숙 아

而主人饋祭飯。而有紅柿。都喜問柿之來歷。且述己
이 주 인 궤 제 반 이 유 홍 시 도 희 문 시 지 내 력 차 술 기

意。答曰。亡父嗜柿。故每秋擇柿二百個。藏諸窟中。而
의 답 왈 망 부 기 시 고 매 추 택 시 이 백 개 장 저 굴 중 이

至此五月。則完者不過七八。今得五十個完者。故心異
지 차 오 월 즉 완 자 불 과 칠 팔 금 득 오 십 개 완 자 고 심 이

之。是天感君孝。遺以二十顆。都謝出門外。虎尙俟伏。
지 시 천 감 군 효 유 이 이 십 과 도 사 출 문 외 호 상 사 복

乘至家。曉鷄喔喔。後母以天命終。都流血淚。
승 지 가 효 계 악 악 후 모 이 천 명 종 도 류 혈 루

{讀法} 都氏는 家貧至>孝라. 賣>炭買>肉하여 無>闕2母饌1이러라. 一
日은 於市에 晚而忙歸러니 鳶忽攫>肉이어늘 都悲號至>家하니 鳶旣
投2肉於1>庭이러라. 一日은 母病索2非>時之紅柿어늘 都ㅣ 彷2徨柿
林1이라가 不>覺2日昏1이러니 有>虎屢遮2前路1하고 以示2乘意1라. 都ㅣ
乘至2百餘里山村1하여 訪2人家1投宿이러니 俄而主人이 饋2祭飯1而
有2紅柿1라. 都ㅣ 喜問2柿之來歷1하고 且述2己意1한대 答曰, 亡父
嗜>柿라. 故로 每秋擇2柿二百個1하여, 藏2諸窟中1, 而至2此五月1이

면 則完者不>過2七八1이라가 今得2五十個完者1라. 故로 心異>之러니 是天感2君孝1라 하고 遺2以二十顆1어늘 都ㅣ 謝出2門外1하니 虎尙俟>伏이라. 乘至>家하니 曉鷄喔喔이러라. 後에 母以2天命으로 終1에 都ㅣ 流2血淚1러라.

• • •

{直譯} 도씨는 집은 가난하나 효도가 지극하였다. 숯을 팔아 고기를 사서 어머니의 반찬을 빠짐이 없이 하였다. 하루는 시장에서 늦게 바삐 집으로 돌아오는데 솔개가 홀연히 고기를 채어가거늘, 도씨가 슬피 울며 집에 이르니 솔개가 이미 뜰 안에 고기를 던졌었다. 하루는 어머니가 병이 나서 때가 아닌 홍시를 찾거늘 도씨가 감나무 수풀에서 방황하다가 날이 저문 것도 깨닫지 못하고 있었는데, 호랑이가 있어 여러 번 앞길을 가로막으며 이로써 타라는 뜻을 나타내었다. 도씨가 타고 백여 리나 되는 산동네에 이르러 사람의 집을 찾아 잠을 잤는데, 얼마 안 되어서 주인이 제삿밥을 차려주는데 홍시가 있었다. 도씨가 기뻐하면서 홍시의 내력을 묻고 또 자기의 뜻을 말하였는데 대답하여 말하기를, "돌아가신 아버지가 감을 즐기셨으므로 해마다 가을에 감 200개를 가려서 모두 굴 안에 감추어두었다가 이 5월에 이르면 상하지 않은 것이 칠팔 개에 지나지 않다가 이제 쉰 개나 완전한 것을 얻었으므로 마음으로 이를 이상히 여겼더니 바로 하늘이 그대의 효성에 감동한 것이다." 라 하고, 스무 개를 내어주거늘 도씨가 고마운 뜻을 말하고 문밖에 나오니 호랑이는 아직도 누워서 기다리고 있었다. 호랑이를 타고

서 집에 당도하니 새벽닭이 울었다. 뒤에 어머니가 천명으로 돌아가시니 도씨가 피눈물을 흘렸다.

{語義} ○ 都氏(도씨) : 경상북도 예천(醴泉) 사람으로, 조선조 철종(哲宗, 재위 1849~1863) 때 사람. 이름은 시복(始復). 자는 사홍(士弘), 호는 야계(也溪), 본관은 성주(星州). 생졸 1817~1891. ○ 饌(찬) : 반찬. ○ 鳶(연) : 솔개. ○ 攫>肉(확육) : 고기를 움켜 감. ○ 悲號(비호) : 슬피 큰 소리를 내어 욺. ○ 索(색) : 찾음. ○ 紅柿(홍시) : 연시(軟柿). ○ 彷徨(방황) : 일정한 방향이나 목적이 없이 이리저리 돌아다님. 배회함. ○ 柿林(시림) : 감나무 수풀. ○ 日昏(일혼) : 날이 저물어. ○ 屢遮(누차) : 여러 번 가로막음. ○ 饋(궤) : 식사를 권함. 음식을 보냄. ○ 嗜(기) : 즐김. ○ 完者(완자) : 완전한 것. ○ 顆(과) : 낱알. ○ 尙(상) : 아직. ○ 俟>伏(사복) : 누워서 기다림. ○ 曉鷄(효계) : 새벽닭. ○ 喔喔(악악) : 닭 우는 소리.

{意譯} 도씨는 집은 가난하나 효심은 지극하였다. 늘 숯을 팔아 고기를 사서 어머니의 반찬에 고기가 빠지는 일이 없었다. 하루는 시장에서 늦게 바삐 집으로 돌아오는데 솔개가 느닷없이 고기를 움쳐가는 것이었다. 도씨가 엉엉 울며 집에 다다라 집안에 들어와 보니 뜰 안에 솔개가 이미 고기를 던져놓았었다. 또 하루는 어머니가 병이 나시어 철 아닌 연시를 찾으시어 감나무 수풀을 왔다 갔다 하다가 날이 늦는 것도 모르고 있었는데 호랑이가 나타나서 여러 번 앞길을 막으며 등에 타라는 뜻을 보였다. 도씨가 타니 백여 리 밖 산마을에 이르러 인가를 찾아 투숙하려 했더니 갑자기

주인이 제사 음식을 내오는데 연시가 있었다. 도씨가 기뻐하면서 연시에 대한 내력을 물으며 또 자기의 뜻을 설명하였더니 주인이 대답하여 말했다. "돌아가신 제 아버지가 연시를 좋아하셨으므로 매년 가을에 감 200개를 골라서 모두 굴속에 저장하였다가 오월이 되면 상하지 않은 것 불과 일고여덟 개였던 것이 금년은 쉰 개가 완전하므로 마음에 이상했더니 이는 당신의 효심이 하늘에 감동된 것이다." 하고, 스무 알을 주기에 도씨는 고마운 뜻을 말하고 문밖으로 나오니 호랑이는 아직 엎드려 기다리고 있었다. 타고 집에 이르니 새벽닭이 울고 있었다. 뒤에 어머니가 천명으로 돌아가시니 도씨는 피눈물을 흘리었다 하였다.

{餘說} "지성(至誠)이면 감천(感天)"이란 말은, 이 대문과 같은 일을 두고 한 말 같다. 여러 번 읽고 또 읽어 효심(孝心)도 기를 것이고 설화체의 한문 문형도 익히기 바란다.

이 편은 우리나라 사람인 인관(印觀) 및 홍기섭(洪耆燮), 그리고 온달(溫達)-평강공주(平岡公主)의 청렴(淸廉)과 의리(義理)에 대한 이야기를 한문체로 기술(記述)한 것이다.

3-1/ 인관이 시장에서 솜을 파는데

印觀賣綿於市。有署調者。以穀買之而還。有鳶攫其
인관매면어시 유서조자 이곡매지이환 유연확기

綿。墮印觀家。印觀取歸市署調曰。鳶墮汝綿於吾家。
면 타인관가 인관취귀시서조왈 연타여면어오가

故還汝。署調曰。鳶攫綿與汝天也。吾何爲受。印觀曰。
고환여 서조왈 연확면여여천야 오하위수 인관왈

然則還汝穀。署調曰。吾與汝者。市二日。穀已屬汝矣。
연즉환여곡 서조왈 오여여자 시이일 곡이속여의

二人相讓。幷棄於市而歸。掌市官以聞王。並賜爵。
이인상양 병기어시이귀 장시관이문왕 병사작

{讀法} 印觀이 賣綿於市할새, 有2署調者1하여 以>穀買>之而還이러니 有>鳶이 攫2其綿1하여 墮2印觀家1어늘 印觀이 取歸>市署調曰, 鳶이 墮3汝綿於2吾家1라 故로 還>汝하노라. 署調曰, 鳶이 攫>綿與1>汝는 天也라 吾何爲>受리오? 印觀曰, 然則還2汝穀1하리라. 署調曰, 吾與汝者ㅣ 市二日이니 穀已屬>汝矣라 하고 二人이 相讓이라가 幷棄>於>市而歸하니 掌>市官이 以聞>王하여 並賜>爵하니라.

• • •

{直譯} 인관이 시장에서 솜을 파는데, 서조라는 사람이 있어 곡식으로써 이것을 사가지고 돌아가더니 솔개가 있어 그 솜을 채어서 인관의 집에 떨어뜨렸거늘, 인관이 가지고 시장에 돌아와 서조에게 말하기를, "솔개가 너의 솜을 내 집에 떨어뜨렸다. 그러므로 너에게 도로 보낸다." 하였다. 서조가 말하기를, "솔개가 솜을 채다가 너에게 준 것은 하늘이 한 것이다. 내가 어찌 받을 수 있겠는가?" 하니, 인관이 말하기를, "그렇다면 너의 곡식을 돌려보내겠다." 하였다. 서조가 말하기를, "내가 너에게 준 지가 장날이 두 번이나 지났으니 곡식은 이미 너의 것이다." 하고, 두 사람이 서로 사양하다가 솜과 곡식을 시장에 버려두고 돌아가니, 시장을 맡아 다스리는 사람이 임금에게 이로써 아뢰어 다 같이 벼슬을 주었다는 것이다.

{語義} ○印觀(인관) : 신라(新羅) 때 사람. ○署調(서조) : 신라 때 사람. ○鳶(연) : 솔개. ○攫(확) : 움키다. 채다. ○墮(타) : 떨어뜨림. ○相讓(상양) : 서로 양보함. 서로 사양함. ○幷棄>於>市(병기어시) : 모두 시장에다 버림. ○掌>市官(장시관) : 시장을 관장하는 벼슬아치. ○賜>爵(사작) : 벼슬을 내림.

{意譯} 신라 때 인관이란 사람이 시장에서 솜을 파는데, 서조라는 사람이 있어 곡식으로써 그 솜을 사가지고 돌아가는 도중에 솔개가 나타나 그 솜을 채어다가 인관의 집에 떨어뜨렸다. 그래서 인관이 그를 가지고 시장에 돌아와서 서조에게 말했다. "솔개가 자네의 솜을 채어다가 내 집에 떨어뜨렸으므로 자네에게 도로 돌려

보낸다."고 하니, 서조가 말했다. "솔개가 솜을 채다가 자네를 준 것은 하늘이 한 짓이니 내가 어찌 도로 받겠나?" 하고 사양하니, 인관이 다시 말했다. "그렇다면 자네의 곡식을 돌려보내겠네." 하니, 서조가 이에 말했다. "내가 자네에게 곡식을 준 지는 장날이 두 번이나 지났으니 이미 곡식은 자네의 것일세." 하고, 두 사람이 서로 사양하다가 솜과 곡식을 시장에 버려두고 돌아가니 시장을 관리하는 관리가 이를 왕에게 아뢰어 두 사람에게 벼슬이 내려졌다고 한다.

{餘說} 이 대문은 《삼국사절요(三國史節要)》에 있는 신라 때의 설화(說話)이다. 이러한 설화체의 대문을 반복하여 익혀두면 고설화(古說話)의 원문 해독에 큰 힘이 될 것이다.

'幷 · 並' 자의 경우 '幷'은 并의 본자로 자전의 '干部 5획(畫)'과 '3획'에 각각 수록되어있다. 훈(訓)을 살펴보면, ㊀아우를 병. ㉠합침 '合幷'. ㉡아울러 가짐. 겸하여 가짐. '兼幷' ㊁어울릴 병. 조화됨. ㊂물리칠 병. '屛'과 통용. '並'은 자전 〈一部 · 7주〉에 수록되어 있다. 훈은 ㊀나란히 설 병. 나란히 할 병. 가지런히 섬. 가지런히 함. '並列'. ㊁나란할 병. 가지런함. 같음. ㊂나란히 병. 가지런히. 모두. 함께 '並育'. '並擧'. ㉚아우를 병. 병합함. ⑭연할 방. 연접함.

이상에서 살펴본바 같은 듯하며 같지 않음을 알았으리라고 본다.

3-2/ 홍기섭이 어릴 때 몹시 가난하여

洪嗜燮少貧甚無料。一日早婢兒踊躍獻七兩錢曰。
홍기섭소빈심무료 일일조비아용약헌칠량전왈

此在鼎中。米可數石。柴可數駄。天賜天賜。公驚曰。是
차재정중 미가수석 시가수태 천사천사 공경왈 시

何金。卽書失金人推去等字。付之門楣而待。俄而姓劉
하금 즉서실금인추거등자 부지문미이대 아이성유

者。來問書意。公悉言之。劉曰。理無失金於人之鼎內。
자 래문서의 공실언지 유왈 리무실금어인지정내

果天賜也。盍取之。公曰。非吾物何。劉俯伏曰。小的昨
과천사야 합취지 공왈 비오물하 유부복왈 소적작

夜。爲竊鼎來。還憐家勢蕭條而施之。今感公之廉价。
야 위절정래 환련가세소조이시지 금감공지렴개

良心自發。誓不更盜。願欲常侍。勿慮取之。公卽還金
양심자발 서불갱도 원욕상시 물려취지 공즉환금

曰。汝之爲良則善矣。金不可取。終不受。後公爲判書。
왈 여지위량즉선의 금불가취 종불수 후공위판서

其子在龍爲憲宗國舅。劉亦見信。身家大昌。
기자재룡위헌종국구 유역견신 신가대창

{讀法} 洪嗜燮이 少貧甚無>料러니, 一日早에 婢兒ㅣ 踊躍獻2七兩
錢1曰, 此在2鼎中1하니, 米可2數石1이오. 柴可2數駄1니, 天賜天賜니다.
公이 驚曰, 是何金고? 卽書2失>金人推去等字하여, 付2之門楣1而
待러니, 俄而姓劉者ㅣ, 來問2書意1어늘, 公이 悉>言>之한대, 劉ㅣ 曰,
理3無失2金於人之鼎內1하니, 果天賜也라. 盍取>之니꼬? 公이 曰, 非
2吾物1에 何오? 劉ㅣ 俯伏曰, 小的이 昨夜에, 爲>竊>鼎來라가 還憐2
家勢蕭條1而施>之러니, 今感2公之廉价하고, 良心自發하여, 誓不2更

盜1하고, 願2欲常侍1하노니, 勿>慮取>之하소서. 公이 卽還>金曰, 汝之爲>良則善矣나, 金不>可>取라 하고, 終不>受러라. 後에 公이 爲2判書1하고, 其子在龍이 爲2憲宗國舅1하며, 劉亦見>信하여 身家大昌하니라.

• • •

{直譯} 홍기섭이 어렸을 때 가난이 심하여 말할 수 없더니, 하루아침에 계집종 아이가 기뻐하여 뛰면서 일곱 냥의 돈을 바치며 말하기를, "이것이 솥 가운데 있으니 쌀이 두서너 섬이 될 것이고, 나무가 두서너 바리가 될 것이니 하늘이 주신 것일 것입니다." 하였다. 공이 놀라면서 말하기를, "이것이 어찌 된 돈인고?" 하고, 곧 돈 잃은 사람은 찾아가라는 등의 글자를 써서 이것을 문미에 붙이고 기다리더니, 이윽고 성이 유라는 사람이 와서 글의 뜻을 묻거늘 공이 이 말을 자세히 하였는데, 유가 말하기를, "남의 솥 속에 돈을 잃어버릴 리가 없으니 정말 하늘이 주신 것입니다. 어찌 이것을 갖지 아니합니까?" 하니, 공이 말하기를, "내 물건이 아니니 어찌하겠소?" 하니, 유가 엎드려 말하기를, "소인이 어젯밤에 솥을 훔치러 왔다가 도리어 가세가 쓸쓸하여 가엾게 여겨 이를 베풀었더니, 지금 공의 청렴결백함에 감동하고 양심이 스스로 생기어 맹세코 다시 도둑질을 아니 하고 늘 모시기를 원하오니, 염려 마시고 이것을 가지십소서." 하니, 공이 곧 돈을 도로 주며 말하기를, "네가 좋게 된 것은 좋지만 돈을 가질 수는 없다." 하고 끝끝내 받지 아니하였다. 뒤에 공이 판서가 되고 그 아들 재룡이 헌종(憲宗)의 부원군이 되며, 유도 또한 믿음을 보여서 몸과 집이 크게 번창하였다.

{語義} ㅇ洪耆燮(홍기섭) : 본관은 남양(南陽), 공조판서(工曹判書)를 지냄.
{餘說} '在龍' 항을 보라. ㅇ料(료) : 헤아림. 추측함. ㅇ早(조) : 여기서는 아
침. ㅇ婢兒(비아) : 여자아이 종. ㅇ踴躍(용약) : 좋아서 뜀. '踴'은 '踊'의 속
자. ㅇ獻(헌) : 드림. 바침. ㅇ柴(시) : 나무. ㅇ數馱(수태) : 두서너 바리의 짐.
'馱'는 '駄'의 속자임. 짐의 경우는 음이 '타'이고, '싣는다. 태운다'의 경
우는 음이 '태'로 되나 본음은 '타'이다. ㅇ推去(추거) : 찾아서 가져감. ㅇ門
楣(문미) : 문 위에 가로댄 상인방. ㅇ俄而(아이) : 이윽고. ㅇ鼎(정) : 세 발 솥.
ㅇ盍(합) : 어찌 아니할까? ㅇ俯伏(부복) : 엎드림. ㅇ蕭條(소조) : 쓸쓸한 모
양. ㅇ廉价(염개) : '廉介'로 씀이 보통이며 청렴하고 결백함. ㅇ憲宗(헌종) :
조선조 제24 대왕. 휘(諱)는 환(奐), 호는 원헌(元軒). 순조의 손자. 8세에 즉
위, 5년에 천주교를 탄압하여 기해사옥(己亥邪獄)이 일어났음. 재위
1834~1840. ㅇ國舅(국구) : 부원군. 임금의 장인. 왕비의 생부. ㅇ大昌(대창) :
크게 번창함. 크게 창성함.

{意譯} 홍기섭이 어려서 가난이 심하여 말할 수 없더니, 어느 날
아침에 계집종 아이가 좋아하며 뛰어와 돈 일곱 냥을 바치며 말했
다. "이 돈이 솥 속에 있사옵니다. 쌀로 치면 여러 섬이고, 나무로
치면 여러 바리가 될 것입니다. 이것은 실로 하늘이 주신 것일 것
입니다." 하고 아뢰니, 공이 놀라며, 말하기를, "이게 무슨 돈인
고?" 하고, 곧 돈을 잃은 사람은 찾아가라고 글을 써서 이것을 문
미에 붙이고 기다렸더니, 이윽고 성이 유라는 사람이 찾아와 글
뜻을 묻기에 공이 그 일을 자세히 말하였더니, 유가 하는 말이 "남
의 솥 속에 돈을 잃을 까닭이 없으니 정말 하늘이 주신 것입니다.
어찌 갖지 않으십니까?" 하니, 공이 말했다. "내 물건이 아닌데 어

찌 가질 것인가?" 하니, 유가 엎드려 말했다. "소인이 어젯밤에 솥을 훔치러 왔다가 공의 집의 형세가 너무 쓸쓸함을 도리어 가엾게 여겨 이것을 놓고 돌아갔더니, 지금 공의 마음이 청렴결백함에 감동이 되어 양심이 스스로 나서 다시 도둑질을 아니할 것을 맹세하옵고 늘 모시기를 원합니다. 염려 마시고 그것을 가지십시오." 하니, 공이 곧 돈을 돌려주며 말했다. "네가 좋은 사람이 된 것은 참으로 좋으나 돈을 가질 수 없다." 하고, 끝끝내 받지 않았다. 뒤에 공이 공조판서가 되고, 공의 아들인 재룡이 조선조 제24대의 헌종(憲宗)의 부원군(府院君)이 되었으며 유도 또한 믿음을 보여서 몸과 집이 크게 번창하였다 한다.

{餘說} 이 대문은 조선조 제24대 헌종왕 때의 홍기섭에 대한 일화이다. 전기체의 문장이다. 이 대문의 윤곽을 알기 위하여 홍기섭(洪耆燮)' 의 아들 홍재료(洪在龍)에 대한 약력을 소개한다. 홍재룡은 1794년(정종 18년)부터 1863년(철종 14년)까지 산 사람으로 조선조 헌종의 장인이다. 자는 경천(景天), 본관은 남양(南陽)이다. 1865년(헌종 1년) 증광문과(增廣文科)에 병과로 급제, 대호군(大護軍)을 지내고, 1844년 딸이 왕의 계비(繼妃: 明憲王后)로 책봉되자 영돈령부사(領敦寧府事)에 올라 익풍원부원군(益豊原府院君)에 봉해졌다. 그 후 총융사(摠戎使)·어영대장(御營大將)·훈련대장(訓練大將)을 역임. 1862년(철종 13년) 광주부유수(廣州府留守)가 되었다. 영의정(領議政)에 추증되고, 시호(諡號)는 익헌(翼憲)이다.

3-3/ 바보 온달과 평강공주

高句麗平原王之女。幼時好啼。王戲曰。以汝將歸于
고 구 려 평 원 왕 지 녀 유 시 호 제 왕 희 왈 이 여 장 귀 우

愚溫達。及長欲下嫁于上部高氏。女以王不可食言。固
우 온 달 급 장 욕 하 가 우 상 부 고 씨 여 이 왕 불 가 식 언 고

辭。終爲溫達之妻。盖溫達家貧。行乞養母。時人目爲
사 종 위 온 달 지 처 개 온 달 가 빈 행 걸 양 모 시 인 목 위

愚溫達也。一日。溫達自山中。負楡皮而來。王女訪見
우 온 달 야 일 일 온 달 자 산 중 부 유 피 이 래 왕 녀 방 견

曰。吾乃子之匹也。乃賣首飾而買田宅器物。頗富。多
왈 오 내 자 지 필 야 내 매 수 식 이 매 전 택 기 물 파 부 다

養馬以資溫達。終爲顯榮。
양 마 이 자 온 달 종 위 현 영

{讀法} 高句麗平原王之女ㅣ 幼時에 好啼러니, 王이 戲曰, 以>汝로
將歸>于2愚溫達1하리라. 及>長에 欲>下3嫁于2上部高氏1한대, 女ㅣ
以>王不>可2食言1으로 固辭하고, 終爲2溫達之妻1하니라. 盖溫達이
家貧하여 行乞養>母러니, 時人이 目爲2愚溫達1也러라. 一日은 溫達이
自2山中1으로 負2楡皮1而來하니, 王女ㅣ 訪見曰, 吾乃子之匹也라 하
고, 乃賣2首飾1, 而買2田宅器物1하여 頗富하고, 多養>馬以資2溫達1
하여 終爲2顯榮1하니라.

• • •

{直譯} 고구려 평원왕의 딸이 어릴 때 울기를 좋아하더니, 왕이 희
롱하여 말하기를, "너를 장차 바보 온달에게 시집보내겠다." 하였
다. 자라매 상부 고씨에게 시집을 보내려 하였는데, 딸이 왕으로서

식언할 수 없다는 것으로 굳이 사양하고 마침내 온달의 처가 되었다. 어찌나 온달이 집이 가난한지 다니며 구걸하여 어머니를 봉양하더니, 그때 사람들이 보고서 바보 온달이라 하였다. 일일은 온달이 산중으로부터 느릅나무 껍질을 지고서 돌아오니, 왕녀가 찾아와 보고서 말하기를, "나는 곧 그대의 아내라." 하고, 곧 목걸이를 팔아서 전답과 집과 세간을 사서 매우 넉넉하게 되고, 많은 말을 길러 온달을 도와서 마침내 벼슬과 명망이 높고 빛나게 되었다.

{語義} ○ 高句麗(고구려) : B.C. 38년경에 압록강을 중심으로 고주몽(高朱蒙)이 세운 나라로, 북쪽은 만주 지방과 남쪽은 대동강 유역까지 영토를 가졌던 큰 나라다. 주몽은 동명성왕(東明聖王)이라 하며 고구려의 시조이다. 고구려는 28왕 705년 동안 성하였다. ○ 平原王(평원왕) : 제25대의 왕. 평강왕(平岡王)이라고도 함. ○ 溫達(온달) : 고구려 평원왕 때 사람으로 사람들이 바보 온달이라고 하였는데, 이 대문과 같이 공주를 만나 잘 살게 되고 공주에게서 글도 배우고 말타기를 익혔는데, 고구려에는 3월 3일이 되면 해마다 고구려회렵(高句麗會獵)이라 하여 말을 타고 사냥을 하는 행사가 있었다. 어느 해에는 공주가 온달도 이 회렵(會獵)에 참가시켜 말을 잘 타고 사냥도 가장 많이 하여 평원왕의 칭찬을 받았는데, 그것이 온달이라는 것을 알고 난 왕은 깜짝 늘라며 더욱 칭찬하였다. 그 후 후주(後周) 무제(武帝)가 요동(遼東)을 쳐들어오니 평원왕은 온달을 시켜 배산(拜山)에서 싸우게 하여, 이를 물리치고 큰 공을 세웠다. 평원왕은 온달의 공이 크다 하여 궁(宮) 안에 들어와 살게 하고 대형(大兄)이라는 벼슬을 주었다. 평원왕이 죽으매 다시 싸움에 나아가 전사하였다. 시신이 움직이지 아니하여 공주가 가서 우니

그때 비로소 움직였다고 함. ○食言(식언) : 거짓말. ○盖(개) : 대개. 발어사 (發語辭). 여기서는 '어찌'의 뜻, 또는 대개. ○楡皮(유피) : 느릅나무 껍질. ○首飾(수식) : 목걸이. ○資(자) : 도움. ○顯榮(현영) : 입신하여 번영함.

{意譯} 고구려 평원왕의 딸이 어렸을 때 잘 울었는데, 왕이 놀리는 말을 하였다. "너는 장차 바보 온달에게 시집을 보낼 것이다."고. 딸이 자라서 상부 고씨에게 시집을 보내려고 하였는데, 딸은 임금 으로서 거짓말을 할 수 없다 하며 끝끝내 굳이 사양하고 마침내 온달의 아내가 되었다. 어쩌나 온달의 집이 가난한지 다니면서 구 걸을 하여 어머니를 봉양하였는데, 그때 사람들이 보고 바보 온달 이라고 하였다. 어느 날 온달이 산에서 땔나무로 느릅나무 껍질을 지고 집으로 돌아오니 공주가 찾아와 보고 말했다. "나는 곧 당신 의 배필이다." 하고, 즉시 목걸이를 팔아서 전답과 집과 살림 기구 를 사들여 매우 넉넉하게 되고, 많은 말을 길러서 온달을 도와서 마침내 지위가 높아지고 영화롭게 되었다 한다.

{餘說} 《삼국사기(三國史記) · 열전(列傳)》에 수록되어있는 설화(說話)이 다. 원문과 이 대문과는 똑같지는 않으나 뜻은 거의 같다.

{讀法} 寶鑑之爲>書는 博2考經傳1하고 采2摭要語1하여 分爲2二十篇1하니라. 是皆切2於人倫1하며, 日用而其要하여, 不>過3先明2諸心1而已니라. 若將2此鑑1하여 常接2乎目1하고 每警2于心1하여 善可>法하고 惡可>戒, 則天之所>佑ㅣ 奚可>罄>紀리오. 此書는 但有2唐本1으로 監司閔相國이 思欲2廣布1하고 鳩工鋟>梓하니 不>月而功訖이라. 人人易>印하여 無>人>不>學2善敎1면, 興>民風淳하고 傳2之後世1, 而無>窮矣니 豈曰2小補1>之哉아. 景泰五年甲戌十一月初吉에 奉直卽淸州儒學,敎授官,庾得和는 謹跋하노라.

{語義} ○跋文(발문) : 책의 끝에 그 책에 관하여 적은 글. ○博考(박고) : 널리 상고(詳考)함. ○經傳(경전) : 경서(經書)와 그 경서를 주해(註解)한 책. ○采摭(채척) : 주워 모음. 채습(采拾). ○要語(요어) : 요긴한 말. 중요한 말. ○諸心(제심) : 여러 사람의 마음. ○若(약) : 여기서는 '이에'. '乃'와 같음. ○將(장) : 여기서는 '받들어서'. '奉'과 같음. ○常接2乎目1(상접호목) : 항상 눈에 접함. '乎'는 '於'와 같음. ○每警2于心1(매경우심) : 늘 마음에 경계함. '于'는 '於'와 같음. ○善可>法(선가법) : 선을 본보기로 할 만함. ○惡可>戒(악가계) : 악을 경계할 만함. ○所>佑(소우) : 돕는 바. ○奚可>罄>紀(해가경기) : 어찌 다 기록할 수 있겠는가? '罄'은 다함. '紀'는 '기록. 적는다'의

뜻. ○唐本(당본) : 중국 책. 여기서 '唐'은 당나라라는 뜻이 아니라 중국의
뜻임. ○監司(감사) : 관찰사(觀察使). 조선조에 외관직(外官職)으로 문관 종2
품 벼슬, 팔도(八道) 또는 고종 32년의 23부, 1년 뒤의 13도에 있어서의 수
직(首職)으로, 민정(民政)·군정(軍政)·재정(財政)·형정(刑政) 등을 통할하며
관하의 수령(守令)을 지휘 감독함. 도백(道伯)·도신(道臣)·방백(方伯). ○閔
相國(민상국) : 충청도관찰사인 민건(閔騫)을 이르는데 어떻게 해서 상국(相
國)이라 했는지 모르겠다. '相國'은 재상의 일컬음이다. 본디는 승상(丞相)
의 윗자리 벼슬이었으나 뒤에 승상(丞相)도 상국이라 일컬었기 때문에 드디
어 재상의 통칭이 되었다. 그렇다면 가선대부(嘉善大夫) 충청도관찰(忠淸道
觀察) 출척사겸감창(黜陟使兼監倉) 안집전수권농관학사(安集轉輸勸農管學事)
제조형옥병마공사(提調刑獄兵馬公事)라는 직함을 가진 민건(閔騫)이지만 상국
에 해당하는 직함은 하나도 없다. ○廣布(광포) : 널리 폄. 세상에 널리 펴서
알림. ○鳩>工(구공) : 공장이를 모음. ○鋟>梓(침재) : 판목을 새김. '鋟'은
새김. '梓'는 판목. ○不>月(불월) : 몇 달이 걸리지 않아서. ○功訖(공흘) : 일
을 마침. ○興>民(흥민) : 백성을 성(盛)하게 함. ○風淳(풍순) : 풍속이 순박해
짐. ○景泰(경태) : 명(明)나라 대종〔代宗, 일명(一名) 경제(景帝), 주기전(朱祁鈺)〕의
연호(年號). 1450~1457년 사이로 조선조 단종(端宗) 때에 해당함. 곧 경태 5
년 갑술이면 서기 1454년임. ○初吉(초길) : 초하루. 초1일(初一日). ○奉直
郎(봉직랑) : 조선조 문관·종친(宗親)의 종5품의 품계, 처음에는 문관의 품계
로만 사용되었다가 뒤에 종친에게도 사용함. ○儒學(유학) : 공자를 시조로
하는 중국 고대의 정교일치(政敎一致)의 학문. ○敎授官(교수관) : 사학(四學)
의 유생을 가르치던 벼슬아치. ○庾得和(유득화) : 사람의 성명. 봉직랑으로
청주에 있어 유학을 가르치던 벼슬아치의 한 사람. 세종 23년 식년시 정과
(丁科) 23위. 본관 무송(茂松). 아버지는 유영(庾營). ○謹跋(근발) : 삼가 발문
을 적다.

{直譯}《보감》이라는 책은 경전을 널리 상고하고 요긴한 말을 모아서 나누어 20편으로 한 것이다. 이는 모두가 인륜에 절실한 것이며, 일용에 그것이 필요하여 우선 여러 사람의 마음을 밝혀주는 데 불과할 뿐이다. 이에 이《보감》을 받들어서 항상 눈에 접하고 마음을 경계하여 선을 본받을 수 있고 악을 경계할 수 있다면, 하늘의 돕는 바를 어찌 다 기록할 수 있겠는가? 이 책은 다만 중국본(中國本)만 있을 뿐으로 충청감사 민상국이 생각하기를 널리 펴서 알리고자 하고 기술자를 모아 판목에 새기니 몇 달이 걸리지 않아 일을 마쳤다. 사람마다 쉽게 인쇄하여 선을 가르쳐 배우지 않음이 없다면 백성이 성하고 풍속을 순화하여 이를 후세에 전하여서 끝이 없을 것이니, 어찌 조그만 도움이라 하겠는가? 경태 5년, 즉 갑술년 11월 초하루에 봉직랑 청주 유학 교수관 유득화는 삼가 발문을 적다.

{意譯}《명심보감》이라고 하는 책은 경전을 널리 참고하고 중요한 말씀들을 뽑아서 가려내어 스무 편으로 나눈 것이다. 이 내용들은 모두 날마다 쓰는 인륜 도덕에 절실한 것으로, 그 요점은 먼저 자신에게 명백히 여러 마음을 알려주는 데 불과할 뿐이다. 만약에 장차 이 책을 항상 눈으로 접하고, 매번 마음에서부터 깨우치고, 선을 법으로 하고 악을 경계한다면 하느님이 보우하사 어찌 인륜 도덕이 사라지는 것이 가능하겠는가? 이 책은 단지 중국본만 있어서 감사 민상국이 사사로이 널리 반포하려는 욕심이 있어

판목을 새기는 장인들을 모아 몇 달이 걸리지 않아 이 일을 이룰 수가 있었다. 사람마다 쉽게 베껴서 못 배운 사람이 없게 선을 가르쳐 백성을 일으키고 풍속을 순화하여 무궁토록 후세에 전할 수만 있다면 어찌 작은 도움이라고 말할 수 있겠는가. 1454년 11월 초하루에 봉직랑 청주 유학 교수관 유득화는 삼가 발문을 적다.

《명심보감》을 거듭 펴내는 데 대한 서문

嘗聞鑑能照物,而姸無或遺也。郁離子曰："明鑒照膽, 不啓
櫳簾之顔。"

일찍이 듣기를, "거울은 사물을 잘 비출 수 있어서 예쁘고 추한 것을 빠트리지 않는다."고 하였다. 욱리자*가 말하기를, "밝은 거울은 마음을 비춰 볼 수 있어도** 창문 장막 속의 얼굴은 열지 못한다."고 하였다.

---

* 욱리자(郁離子) : 《욱리자(郁離子)》를 저술한 유기(劉基)의 별호(別號)이다. 자는 백온(伯溫)이다. 생졸 1311~1375. 유기는 명(明) 태조 주원장(朱元璋)의 군사(軍師)로 명나라를 세운 개국공신이며, 천문지리와 병법에 정통하였다. 뒷날 모함을 받아 우울하게 죽었으며 문성공(文成公)의 시호를 받았다. 저서로는 《욱리자(郁離子)》·《복부(覆瓿)》 등을 남겼다. 《명사(明史) 卷128 劉基列傳》. 《욱리자(郁離子)》는 도가(道家)와 유가(儒家)를 아우르는 치세(治世)의 근본이념과 방략(方略)을 담고 있으며, 《장자(莊子)》의 정수를 계승했다는 평가를 받기도 한다.

** 조담(照膽) : 진(秦)나라 함양궁(咸陽宮)에 있었다는 크고 네모난 거울. 오장(五臟)의 병(病)을 비추어 볼 수 있고, 여자가 나쁜 마음을 품으면 쓸개가 커지고 심장이 떨리는 것을 볼 수 있었다고 한다.

今以鑑名書, 而有明心之益, 不謂之寶而何哉? 雖然, 鑑有
照膽之明,而櫳簾之顔尙尤不啓, 矧能明其心乎?

지금 '감(鑑)'으로써 책의 이름을 지어 마음을 밝게 하는 데 도움이 있게
하였으니, 이것이 보물이 아니고 무엇이겠는가? 비록 그러하나 거울에는
마음을 비춰볼 수 있는 밝음이 있으나 창문 장막 속의 얼굴은 오히려 특히
열 수 없는데 하물며 그 마음을 밝게 할 수 있겠는가?

嗚呼! 通是說者, 可謂知其道矣。何也? 鑑固可以照形, 而
理尙可以明心, 正湯之盤銘之意。有曰 : 湯以人之洗濯之心
以去惡, 如沐浴其身以去垢, 故銘其盤。

아! 이 말을 통달한 자는 가히 그 도(道)를 안다고 할 수 있을 것이다. 왜
그런가? 거울은 진실로 겉모습을 비출 수 있으니 이치상 오히려 마음을 밝
게 할 수 있다. 이것이 바로 탕(湯) 임금이 세숫대야에 명문(銘文)을 새긴 뜻
이다. 이런 말이 있다 : "탕(湯) 임금이 사람들이 빨래하는 마음으로써 악
(惡)을 제거하기를, 자신의 몸을 목욕하여 때를 제거하듯이 하였기 때문에
그 세숫대야에 명문(銘文)을 새겼던 것이다."

今書名《寶鑑》, 是集群聖之大成, 萃諸賢之蘊奧, 其義惟
在明善復初窮理盡性, 而有日新之益, 其明心得不因此而明
焉。

지금 책 이름을 《보감》으로 한 것은, 바로 뭇 성인(聖人)의 큰 성취를 모

으고 뭇 현인(賢人)의 깊고 오묘한 말들을 모았기에 그 뜻이 오직 선(善)을 밝히고 본성을 되찾으며 이치를 궁구하고 본성을 충분히 발휘하여 날로 새로워지는 도움이 있게 하는 데 있으니, 어찌 마음을 밝게 하는 데 있어서 이 책을 인(因)하지 않고서 밝게 할 수 있겠는가?

予平生珍愛是書, 於侍禦之暇, 朝夕披覽, 其所喜者, 字句立意, 多以忠孝爲先。但其中文字多舛, 邃搜正拾遺, 捐俸錄梓, 以廣其傳, 俾人同歸於忠孝之域矣。其於世敎未必無小補云。

내가 평소 이 책을 보배처럼 아꼈는데, 임금을 받들어 모시는 여가에 아침저녁으로 펴보고 그 기뻐한 것은 자구(字句)로 뜻을 세움에 충성과 효도를 우선으로 삼은 것이 많다는 것이었다. 다만 그 가운데 문자가 많이 잘못돼 있어 드디어 바른 것을 수색(搜索)하고 빠진 것을 수습(收拾)하여 녹봉을 털어 인쇄하여 널리 전하여 사람으로 하여금 충성과 효도의 영역으로 함께 돌아가게 하였으니 세상의 교화에 반드시 작은 보탬이 없다고 할 수 없을 것이다.

大明嘉靖歲次癸丑〔1553년〕, 仲秋上浣之吉, 守庵曹玄序

명(明) 가정(嘉靖) 계축년〔서기 1553년〕 8월 상순 첫날에 수암조현(守庵曹玄)은 서(序)하다.

한글 제목

[색인(索引)]

ㅂ